미국신문발달사

1690–1960

미국신문발달사: 1690–1960

초판 1쇄 인쇄 2014년 12월 15일
초판 1쇄 발행 2014년 12월 20일

지은이 차배근
펴낸곳 서울대학교출판문화원
펴낸이 성낙인

책임 편집 김미진
디자인 장혜원

출판등록 제15-3호

주소 151-742 서울 관악구 관악로 1
대표전화 02-880-5252 | **팩스** 02-888-4148
마케팅팀(주문상담) 02-889-4424, 02-880-7995
이메일 snubook@snu.ac.kr
홈페이지 www.snupress.com

ISBN 978-89-521-1635-2 93070

미국신문발달사 1690–1960

차배근 지음

서울대학교출판문화원

머리말

젱거재판(Zenger Trial), 페니신문(penny newspaper), 황색신문(yellow newspaper), 조셉 퓰리처(Joseph Pulitzer), 윌리엄 허스트(William R. Hearst), 「뉴욕 타임스」(*New York Times*), 「워싱턴 포스트」(*Washington Post*) 등등, 이런 말이나 이름들을 들어 보지 못한 언론전공 학생이나 언론인은 아마도 없을 것이다. 그러나 막상 이들의 역사에 관하여 정확하게 아는 사람들은 그리 많지 않다. 또한 우리나라에서 외국신문들을 거론할 때는 특히 미국신문을 많이 언급하고 있다. 그러나 이상하게도 아직까지 우리나라에 미국의 신문역사를 종합적으로 소개한 책은 거의 없었다.

이것이 1983년 내가 『미국신문사』라는 책을 낸 동기였다. 그러나 이 책은 내가 처음 썼던 역사책인지라 부실한 부분이 많았다. 그래서 다시 제대로 고쳐 쓰겠다고 다짐했으나, 차일피일 미루다가 2007년 가을 대학에서 정년을 맞게 되었다. 그때부터 틈틈이 조금씩 고치기 시작한 것이 이제야 끝나게 되었다.

이 책을 다시 고쳐 쓰면서 미국신문역사의 시대구분부터 다시 해서 모두 10개 시기로 나눈 다음, 미국신문의 발달과정을 각 시기의 사회적 특징 내지 상황들과 관련지어 고찰해 보고자 했다. 따라서 각 시기의 신문발달과정을 살펴보기에 앞서, 그 시기의 시대적 상황부터 간단히 소개한 다음, 각 시기의 신문발달과정에서 중요한 특징과 동태들을 고찰해 보았다. 그러다 보니, 1983년에 썼던 『미국신문사』의 내용을 거의 모두 뜯어고치게 되었다. 그래서 차제에 책 제목도 『미국신문발달사』로 고쳐 보았다. 그러나 이번에도 1690년 미국 최초의 신문 「퍼블릭 오커렌시스」(*Publick Occurrences*)의 창간 이후, 1960년까지 270년 동안의 신문발달사만 소개했다.

이 책을 쓰면서 내가 계속해서 망각하지 않으려고 애쓴 점이 한 가지 있었다면, 그것은 바로 '영웅 콤플렉스'(the hero complex)의 오류에 빠지지 않으려는 것이었다. 신문의 역사를 쓰다가 보면, 의식적 또는 무의식적으로 특정 신문이나 신문인들을 과대평가하거나 미화하거나, 또는 그 반대로 하는 오류에 빠지기 쉽기 때문이다. 따라서 이 책에서는 미국의 신문들이 그 발달과정에서 보여주었던 미추 양면을 그대로 공정하게 제시하려고 노력하였다. 그러나 탈고해 놓고 보니, 후련함보다는 불만과 아쉬움이 앞선다. 앞서 말했듯이 이 책에서는 1960년까지의 미국신문역사만 소개하고 말았는데, 이것도 못내 아쉽다. 그러나 1961년부터 현재까지 미국신문역사는 다른 사람이 더 잘 소개해 줄 것으로 믿는다.

끝으로, 이 책을 쓰면서 많이 참고한 책과 논문들의 저자들에게 감사드리고 싶다. 그중에서도 특히 프랭크 모트(Frank L. Mott) 교수의 영전에 고맙다는 말을 전하고 싶다. 이 책의 시대구분도 그의 『미국저널리즘역사』(*American Journalism: A History*, 3판, 1962)에서의 시대구분을 많이 따랐고, 그 밖에도 많은 것들을 참조했다. 그러나 일일이 주(note)를 달아서 헌공하지 못한 것들도 많음을 미안하게 생각한다.

2014년 8월
화성시 우거 낭형당에서
저자 차배근 적음

차례

제3장 제1차 정론기 1783-1800

제4장 제2차 정론기 1801-1832

제5장 페니신문기 1833-1860

제6장 남북전쟁기 1861-1871

제7장 독립신문기 1872-1891

제8장 황색신문기 1892-1913

제9장 인수합병기 1914-1940

제1장

맹아생성기(1690–1764)

미국신문의 생성과정과 그 주요 선구지들

1690년 9월 25일 아침 미국 최초의 신문이 드디어 뉴잉글랜드주 보스턴시에서 탄생했다. 벤자민 해리스(Benjamin Harris)가 창간한 「퍼블릭 오커렌시스 보스 포린 앤드 도메스틱」(*Publick Occurrences Both Forreign and Domestick*)이라는 긴 제호의 이 첫 신문은, 영국인들이 미국대륙으로 건너와 버지니아주 제임스타운(Jamestown)에 최초의 정착지를 세운 지 83년 뒤의 일이었다. 이 장에서는 1690년 「퍼블릭 오커렌시스」의 창간에서부터, 미국의 독립투쟁 시작 이전인 1764년까지 영국식민지시대 미국신문들의 생성과정에 관해 살펴보기로 하되, 우선 이 시기의 시대적 상황부터 간단히 살펴보고 넘어가기로 하겠다.

1. 미국 이민의 시작과 그 초기의 실태

크리스토퍼 콜럼버스(Christopher Columbus)가 아메리카 대륙을 처음 발견한 것은 1492년 10월 12일이었다. 콜럼버스가 신대륙을 발견하자, 그의 탐험을 지원했던 스페인은 1519년 멕시코의 정복을 시작으로 중남미와 남미를 계속 정복해 들어갔다. 그러나 영국은 헨리 8세의 절대왕정 확립과 종교개혁 등으로 인한 분쟁 때문에 해외진출에 신경을 쓸 겨를이 없었다. 그러다가 1607년 존 스미스(John Smith) 선장을 위시한 104명의 개척자들을 현재의 미국 버지니아주에 보내서 처음 식민지를 건설토록 했다.

버지니아에 최초의 영국식민지 건설

'미국'이라는 신대륙은 자연의 혜택이 두드러진 곳이었으나, 개척자들은 아직 생산하지 못하는 물품을 얻기 위해 유럽과의 교역이 절대적으로 필요했다. 따라서 버지니아주 제임스타운에 유럽과의 교역장을 만들고, 이곳을 자신들의 정착지이자 유럽과의 교역장으로 삼았다. 또한 이곳을 연초재배지로도 발전시켰는데, 당시 영국은 연초의 좋은 시장이었기 때문이다. 그리하여 1620년경에는 제임스타운 연안에 커다란 연초재배농장들이 들어섰다. 또한 인구도 1,000여 명으로 늘어났는데, 이처럼 인구가 크게 늘어난 이유의 하나는, 미국으로 먼저 건너와 어느 정도 자리를 잡은 젊은 남자들이 결혼할 여자들을 영국에서 모집하여 데려왔기 때문이다.

이렇게 해서 17세기 초엽부터 시작된 영국인들의 미국 이민 물결은 그 후 3세기 동안이나 계속되면서 수백만 명이 미국으로 건너갔는데, 이들은 작은 배에 빽빽이 타고 5,000킬로미터나 되는 대서양을 6주 내지 12주간의 긴 항해 끝에 건너 신대륙에 도착했다. 그러나 도중에 배가 난파되거나 질병으로 인해 죽는 사람들도 적지 않았다.

이처럼 목숨을 걸고 17세기 초부터 미국으로 건너온 영국인들은 그 대부분이 경제적 이유로 고국을 떠났다. 1620년부터 1635년까지 영국을 휩쓴 불경기는 숙련된 기술자들까지도 생계를 꾸려 나가기 어렵게 만들었다. 거기에다 흉년까지 계속 들자, 수많은 영국인들이 조국을 등지고 새로운 삶의 터전을 찾아 미국으로 이민의 길에 올랐던 것이다.

이들과는 달리, 종교적 또는 정치적 탄압으로부터 벗어나기 위해 미국으로 건너온 사람들도 없지 않았다. 16세기와 17세기에 걸쳐 영국에서 청교도(Puritan)라고 불리는 사람들이 영국의 국교인 성공회(the Anglican Church)를 내부로부터 개혁하려고 했다. 이에 당황한 영국정부가 청교도들을 박해하기 시작하자, 이를 견디지 못한 청교도들 중 한 집단이 신세계 미국으로 이주를 결심하고, 1620년 메이플라워(Mayflower)호를 타고 미국으로 건너가 플리머스(Plymouth)에 식민지를 건설했는데, 이들이 바로 '필그림스'(Pilgrims)로 알려진 집단이었다. 그 뒤 1625년 영국에서 찰스 1세가 즉위한 뒤, 청교도에 대한 박해가 더욱 심해지자, 더 많은 청교도들이 종교 자유를 찾아 속속 미국으로 건너가 식민지를 건설했다. 그리하여 그 후 10년 동안 미국에는 청교도 색채를 띤 대여섯 개의 식민지들이 생겨나게 되었다.

한편 정치적 이유로 미국으로 이주한 영국인들도 많았는데, 처음에는 영국 찰스 1세의 독재정치를 피해 이주한 사람들이 대부분이었다. 그러나 1640년대에 찰스 1세가 올리버 크롬웰(Oliver Cromwell)이 영도한 반대파에게 쫓겨나자, 이번에는 찰스 1세 편에 섰던 왕당파들이 미국으로 도망 와 버지니아에서 새 운명을 개척했다.

비영국계 이민들도 해마다 증가

17세기에 미국으로 건너온 이민들의 대부분은 순수 영국인들과 영국계인 스코틀랜드와 아일랜드 사람들이었다. 독일인 · 프랑스인 · 스페인인 · 이탈리아인 · 네덜란드인 · 스웨덴인들도 끼어 있었는데, 이들은 주로 중부 지방과 사우스캐롤라이나 등지에 정착했다. 이들 비영국계 이민들도 여러 가지 이유로 미국으로 건너왔는데, 예컨대 독일인들은 소군주들의 억압과, 오랫동안의 전쟁을 피해서 미국으로 왔다.

한편 이탈리아와 스위스인 등은 주로 가난을 벗어나기 위해 신세계를 찾아왔는데, 이들 중에는 당시 6–8 파운드나 들던 항해 비용을 마련할 수 없는 사람들도 많았다. 그래서 이런 사람들은 부유한 이민자들에게 2–7년 동안 노동력을 제공해 주겠다는 노역계약(indentures)을 맺고 항해 비용을 얻어서 미국으로 건너왔는데, 이처럼 노역계약을 맺고 건너온 사람들을 '연기계약 노동자'(indentured servants)라고 불렀다. 이와 같은 연기계약 노동자들과는 달리, 1619년부터는 아프리카로부터 흑인들을 노동자로 데려오기 시작했는데, 이들을 처음에는 하인(servant)이라고 부르다가 점차 '노예'(slave)라고 불렀다. 그리하여 흑인노예들이 생기게 되었다.

이처럼 아프리카 흑인들도 데려오고, 특히 1680년 이후 독일·아일랜드·스코틀랜드·스위스·프랑스로부터 다수의 이민들이 건너옴으로써 영국계 이민의 시대는 끝나고, 그 대신 세계 각국 사람들의 이민 시대가 되었다. 그러면서 미국의 인구는 날로 증가해서, 1620년에는 약 2,000명에 불과했던 것이 1700년에는 약 25만, 1730년에는 약 60만, 1760년에는 약 160만 명으로 늘어났다.

13개 식민주의 건설과 영국의 식민정책

위와 같이 인구가 증가함에 따라 식민주들의 수도 계속 늘어나서, 1607년에는 '버지니아주' 하나밖에 없던 것이, 1733년에는 13개 주로 늘어났다. 이들 식민주는 영국정부가 직접 건설한 것이 아니라, 영국 국왕이 특허를 준 민간인, 민간회사 또는 귀족들이 건설했다. 예컨대, 버지니아와 매사추세츠 식민주는 영국 국왕 제임스 1세가 특허를 준 '런던회사'라는 민간회사가 1607년 104명의 개척자들을 미국으로 보내서 건설했으며, 뉴저지주는 돈 많은 영국이주민들이 영국으로부터 근로층 이민지원자들을 모집해서, 이들에게 이주비와 장비구입비 등을 부담해 주면서 건설했다.

그런가 하면, 뉴햄프셔, 메인, 메릴랜드, 노스캐롤라이나, 사우스캐롤라이나, 펜실베이니아주 등은 영국의 상류계급이나 귀족들이 왕으로부터 하사받은 땅에다가, 소작인과 하인들에게 정착자금을 대 주어 건설했다. 한편 로드아일랜드와 코네티컷주는 식민지 미국의 어머니격인 매사추세츠 사람들이, 그리고 조지아주는 박애주의와 실용주의자들인 제임스 오글도프(James E. Oglethorpe) 일파가 건설했다.

뉴욕주는 1621년 네덜란드인들이 자신들의 식민지로 건설해서 뉴네덜란드(New Netherland)라고 불렀던 것을 1664년 영국이 탈취해서, 당시 영국 국왕 찰스 2세가 그의 동생 요크 공(Duke of York)에게 하사해 영주식민지인 뉴욕주가 되었다가 1685년 왕령식민주가 되었다. 한편 뉴저지는 요크 공이 찰스 2세로부터 하사받은 뉴욕주의 서남쪽 땅을 그의 친구에게 주었던 것이 1702년 왕령식민주로 된 것이다.

이렇게 해서 1733년까지 모두 13개 주가 건설되었는데,[1] 영국정부는 처음에는 각 식민주 건설의 주체가 된 민간이나 회사 또는 귀족영주에게 해당 식민주의 통치권을 부여했다. 그러면서 각 식민주의 주민들에게 영국인으로서의 권리를 보장해 줌으로써. 각 식민주 주민들이 식민지 통치에 참여할 수 있는 길을 열어 주었다.

그러나 17세기 말부터 영국정부는 식민주들에 대한 국왕의 통치권을 강화하기 위해 식민주들을 왕령식민주로 바꾸면서, 각 식민주에 지사를 임명하여 해당 식민주를 통치하도록 했다. 그러면서 각 식민주 지사는 본국 의회가 제정한 법률을 시행할 뿐 아니라, 지방관리와 판사의 임면권도 갖게 함으로써, 행

1 이들 13개 주는 버지니아(Virginia, 1607) · 뉴햄프셔(New Hampshire, 1623) · 매사추세츠(Massachusetts, 1630) · 메릴랜드(Maryland, 1634) · 코네티컷(Connecticut, 1635) · 로드아일랜드(Rhode Island, 1663) · 뉴욕(New York, 1664) · 펜실베이니아(Pennsylvania, 1681) · 뉴저지(New Jersey, 1702) · 델라웨어(Delaware, 1704) · 노스캐롤라이나(North Carolina, 1729) · 사우스캐롤라이나(South Carolina, 1729) · 조지아(Georgia, 1733)주였다(건설 연도 순).

정과 사법의 양권을 장악하게 했다. 또한 지사는 식민주의회의 소집·해산·거부권도 발동할 수 있도록 했다. 그래서 일부 식민주 지사는 온갖 횡포를 부리게 됨으로써, 자유를 찾아 미국으로 건너온 이주민들은 또다시 정치적·종교적 탄압 등을 받게 되었다.

다양한 문화들의 융합과 미국문화의 형성

위와 같이 식민주 지사들의 횡포에다가 인디언들의 습격 등 어려움이 적지 않아서, 이주민들은 미국대륙에 새로운 삶의 터전과 국가를 건설하기가 쉽지 않았다. 그중에서도 특히 어려웠던 점은, 다양한 동기로 미국에 건너온 다양한 출신의 여러 나라 이주민들을 어떻게 서로 뜻과 힘을 합치도록 해서 새로운 국가를 건설하느냐 하는 것이었다.

그러나 이러한 어려움 내지 과제는 특히 개신교 성직자들과 법률가 등, 훌륭한 사회지도자들의 노력으로 서서히 해결되어 갔다. 예컨대, 매사추세츠 식민주의 존 와이즈(John Wise) 목사는 민주주의를 새로운 국가의 이념적 기초로 내세우면서, "다른 사람에게 해를 끼치지 않으면서 각자의 권리·생명·자유·재산·명예를 보전하자"고 이주민들에게 역설함으로써 다른 사람들과의 갈등과 이해관계 등을 민주적으로 해결토록 했다. 그런가 하면, 법률가들은 이주민들 간의 갈등 해결과 권리보호를 위해 여러 가지로 노력했다. 그 결과, 다양한 출신의 여러 나라 이주민들은 점차 화합해서 살게 되었다.

그러면서 비영국계 이주민들은, 먼저 정착한 영국인들의 언어·법률·풍습 등을 많이 받아들이면서 미국생활에 적응해 나갔다. 그렇다고 영국인들에게 동화된 것은 아니었는데, 당시 영국인들의 문화라는 것도 이미 '미국'이라는 새로운 환경에 의해 많이 수정된 것이었기 때문이다. 그 결과, 미국에는 하나의 독특한 문화가 나타나게 되었는데, 그것은 영국과 유럽대륙의 특성이 신세계의 새로운 환경에 의해 조절, 융합된 '미국적 문화'였다. 또한 각 식민주의 문화는 저마다 다른 특색들을 갖는 다양성을 지녔는데, 이는 각 주마다의 환경과 그곳에 정착한 이민들의 생활상에서 연유된 것이었다.

한편 이주민들은 각지에 초등학교를 세워서 자녀들에게 읽기·쓰기와 셈하기를 가르치기 시작했다. 그런가 하면, 매사추세츠주에서는 1636년 하버드대학을 설립하여 고등교육도 실시했다. 그러자 다른 주에서도 대학을 설립하여 사회지도자들을 양성했다.[2] 그러면서 각종 교육에 필요한 교재와 서적 및 성경 등의 출판을 위해 인쇄소들도 만들었다.

2. 신문 출현 이전의 언론·출판실태

위와 같이 미국에 초·중등학교와 대학까지 설립되고, 각종 교육에 필요한 교재와 서적 등의 출판을 위한 출판사들도 세워졌다. 그러나 신문은 영국 이주민들이 1607년 미국대륙에 최초의 정착지 제임스타운을 세운 지 83년 뒤인 1690년 9월 25일 아침에야 첫 선을 보였다. 그러나 이 「퍼블릭 오커렌시스 보스 포린 앤드 도메스틱」(*Publick Occurrences Both Forreign and Domestick*)이라는 첫 신문은, 식민지당국자의 탄압으로 말미암아 창간호가 곧 종간호가 되고 말았다. 그 뒤 1704년 두 번째 신문인 「보스턴 뉴스-레터」(*Boston News-Letter*)가 나와서 계속 발행함으로써 이때부터 실제로 미국신문의 역사가 시작되었다. 따라서 당시 영국과 독일 등지에서는 신문이 유행하고 있었음에도 불구하고, 미국 사람들은 1607년 미국에 정착하기 시작한 이래 97년 동안이나 신문을 갖지 못하고 살아왔던 셈인데, 그렇다면 그 이유는 무엇인가?

---

2 버지니아주에서는 1693년 윌리엄 앤드 메리대학(William and Mary College)을, 코네티컷주에서는 1701년 코네티컷대학(Connecticut College, 현 예일대학)을, 뉴저지주에서는 1736년 프린스턴대학(Princeton College)을, 뉴욕주에서는 1754년 킹스대학(King's College, 현 컬럼비아대학)을, 펜실베이니아주에서는 1755년 펜실베이니아대학(Pennsylvania College)을, 로드아일랜드주에서는 1764년 브라운대학(Brown College)을 설립했다.

신문생성의 주요 전제조건 미숙

어느 사회에서나 신문이 생성되려면 그 전제조건들이 어느 정도 성숙되어야 한다. 그러나 18세기 이전의 미국사회에는 그러한 조건들이 성숙되어 있지 못했기 때문에, 당시 유럽에서는 근대신문이 이미 유행하고 있었지만 미국이주민들은 신문을 갖지 못하고 살아왔던 것이다.

첫째로 신문이 생성되려면 독자들이 신문을 사서 볼 수 있는 경제적·시간적 여유가 있어야 하며, 일반대중의 교육 수준 내지 문자해득률도 어느 정도에 달해야 한다. 그러나 모든 개척자들이 그러하듯이, 미국으로 건너간 초기의 이주민들도 그 대부분이 가난에 쪼들리고 일에 쫓겨 지적 또는 문화적 가치를 추구할 겨를이 없었다. 즉 책이나 신문이 있더라도 그것들을 사서 볼 경제적·시간적 여유가 없었다.

게다가 일반대중은 교육 수준과 문자해득률도 낮았다. 유럽에서 미국으로 건너온 이민들 중에는 본국에서 정치적 또는 종교적 탄압을 피해서 온 지식인들도 물론 적지 않았으나, 대부분은 오직 빵만을 찾아서 신대륙으로 건너온 가난한 노동자와 농민들이었기 때문이다.[3] 따라서 대다수의 당시 주민들은 읽고 쓸 수 없는 실정이었기 때문에 신문이 생성, 발전할 수 없었다.

둘째로 신문이 생성되려면 또한 언론의 자유가 있어야 한다. 유럽에서 정치적 또는 종교적 탄압을 피해 온 지식인들은 신대륙에 자유로운 국가사회를 건

---

3 그러나 이러한 이민자들도 자식들의 교육을 위해서는 많은 노력을 했다. 1647년 매사추세츠주가 의무적 초등교육제도를 제정하자, 로드아일랜드주를 제외한 뉴잉글랜드 지방의 모든 식민주가 그 뒤를 따랐다. 그러나 남부 농업 지역에서는 사람들이 밀집해 살지 않았기 때문에 지역학교를 세울 수 없어, 일부 대농장주들만이 가정교사를 채용해서 자녀를 가르치거나 영국으로 유학을 보내기도 했다. 한편 중부 지방에서는 각 주마다 사정이 달랐는데, 뉴욕은 물질적 발전에만 급급한 나머지, 교육문제를 등한시하여 학교도 빈약했다. 반면 뉴욕과 이웃하고 있는 펜실베이니아주는 교육 면에서 가장 진취적 식민주로서 1683년 이미 학교를 세웠는데, 이곳의 퀘이커교도들은 자녀들에게 어떤 방식으로든 초등교육을 시켰다. 초등교육은 무료였으나, 돈이 있는 사람은 수업료를 내게 했다. 필라델피아에는 성인들을 위한 야간학교도 있었는데, 펜실베이니아주의 이러한 지적·문화적 발전은 제임스 로간(James Logan)과 벤자민 프랭클린(Benjamin Franklin) 두 사람의 정력적 노력에 힘입은 바 크다.

설하기 위해서는 무엇보다도 대중교육이 절실히 필요하다는 것을 인식하고, 그 수단의 하나로 언론·출판에 관심을 갖게 되었다. 그러나 언론에 대한 영국정부의 탄압이 심해서 그 뜻을 제대로 이루기 힘들었다. 그 결과, 18세기 이전의 미국 사회에는 신문이 생성, 발전할 수 없었다. 그렇다면 당시 미국에서 언론·출판에 대한 영국식민당국의 탄압은 얼마나 심했는가?

언론·출판에 대한 영국정부의 엄격한 통제

청교도들에 대한 영국정부의 탄압을 견디지 못하여 메이플라워호를 타고, 대서양을 건너 1620년 12월 미국의 케이프 코드(Cape Cod, 뒤에 Plymouth로 이름을 바꿈)에 상륙한 영국 청교도 이민단 필그림스(Pilgrims) 중에는 윌리엄 브류스터(William Brewster)라는 사람이 끼어 있었는데, 그는 네덜란드에서 인쇄업에 종사하던 사람으로 당시 네덜란드에서 발행한 「더치 뉴스-시트」(*Dutch News-Sheet*)라는 근대적 신문을 보았을 것으로 추측된다. 한편 우연의 일치로, 필그림스가 플리머스에 도착한 1620년 12월, 영어로 된 최초의 근대적 신문인 「뉴스-시트」(*News-sheet*)가 네덜란드에서 발행되었다. 그리고 1621년부터는 영국에서도 「뉴스-시트」와 「뉴스-북스」(*News-Books*)라는 근대적 인쇄신문들을 발행하기 시작했다. 따라서 그 뒤에 미국으로 건너온 사람들은 이들 신문에 관해 알고 있었을 것이다.

그러나 당시 미국에서는 이러한 신문들의 발행을 엄두도 못 냈는데, 미국 최초의 인쇄소가 생긴 것도 1638년에 와서였을 뿐 아니라, 이 인쇄소는 케임브리지(Cambridge)의 하버드대학(1636년 창설) 부속기관으로 운영하면서 동 대학 당국자들의 엄격한 감시 아래 주로 역서(曆書)·설교집·교리문답집·기도서·법률서 등만 출판했다. 이는 당시 영국정부가 인쇄기를 매우 위험한 물건으로 간주해서 이에 관한 법을 제정하여 인쇄·출판을 허가제로 만들어 엄격한 검열을 실시했기 때문인데, 이러한 법을 17세기 말까지 시행해 왔으며 그 뒤에는 명예훼손법(Libel Law)이라는 것도 만들어 거의 100여 년 동안이나 인쇄·출판을 더욱 통제했다.

따라서 17세기 초기까지는 식민지 미국의 어느 곳에도 언론자유니 출판자유니 하는 것이 발붙일 곳이 없었다. 이는 또한 당시 영국왕실이 임명한 식민지 미국의 주지사들이 그들이 하는 일에 대해 국민들이 왈가왈부하는 것을 절대로 용납하지 않아서, 자연히 지식인들과 출판을 대단히 꺼렸기 때문인데, 예컨대 38년간이나 버지니아주 지사를 지내다가 1671년 영국으로 돌아간 윌리엄 버클리 경(Sir William Berkeley)은 인쇄소에 관해 다음과 같은 극언을 하기도 했다.

> 우리 주에는 아무나 입학할 수 있는 학교도, 인쇄소도 없다는 사실에 나는 하나님께 감사하고 있다. 앞으로도 몇 백 년 동안 계속해서 이러한 것들이 없기를 나는 희망하고 있다. 왜냐하면 교육은 이 세상에 불복과 이단과 파벌을 가져다주며, 인쇄·출판은 그러한 것들을 전파하고 정부를 비방하기 때문이다. 하느님은 이들 두 가지 것으로부터 우리들을 보호해 줄 것이다(Mott, 1962, p. 6에서 재인용).

그러나 이러한 버클리 경과는 달리, 뉴잉글랜드주 지사는 어느 정도 자유주의적이어서 교육과 인쇄·출판을 권장하기도 했다.[4] 그리하여 비록 엄격한 감독은 했지만, 하버드대학 부속 케임브리지인쇄소가 생긴 뒤 7–8년 뒤에는 민간인들의 청원을 받아들여 보스턴시에 또 하나의 인쇄소의 설립을 허락했다. 그러나 주법원은 계속해서 언론·출판에 대한 검열을 실시했다. 한편 매사추세츠와 뉴욕 및 기타 식민주들도 허가제 등을 통하여 출판자유를 제한해 왔다. 하지만 차츰 인쇄·출판의 중요성이 인식되어, 필라델피아 등지에서도 인쇄소가 생겨나기 시작하면서 17세기 말기에는 언론·출판 활동에 약간의 숨통이 트이게 되었다.

---

4 한편 뉴잉글랜드주의 경우는 많은 서적들을 런던에서 수입했는데, 특히 보스턴의 서적상들은 이미 1680년대부터 고전문학·역사·정치·철학·과학·신학·순수문학 서적들을 런던에서 수입해 팔아서 많은 이익을 남겼다.

신문 대신 여러 다른 방법으로 뉴스욕구 해소

비록 위와 같이 인쇄소는 1638년부터 생겨나 서적을 출판하기 시작했으나, 신문을 발행한다는 것은 감히 생각할 수가 없었다. 만약 출판물을 통해 식민정부의 비위를 건드리게 되면 재산상의 손실은 물론, 가혹한 처벌이 기다리고 있다는 것을 인쇄업자들은 충분히 알고 있었기 때문이다. 또한 미국보다 자유로운 영국 본토에서도 신문을 잘못 발행했다가 곤욕을 치른 사람들의 이야기들을 많이 들어서 익히 알고 있었기 때문이다. 그러나 당시 미국주민들은 모두가 뉴스에 굶주리고 있었다. 그러자 신문 대신 뉴스를 전달해 주는 여러 가지 수단 내지 매체들이 신문의 기능을 대행해 주었는데, 그중에서 대표적인 것들만 몇 가지 들어 보면 아래와 같다.

첫째는 '뉴스편지'(letters of news)였는데, 이는 해외나 다른 주에 살고 있는 상인이나 일반인들이 동료상인이나 친구들에게 편지로 뉴스를 서로 알려 주는 것이었다. 그러다가 이것이 발전하여 나중에는 직업적으로 뉴스편지를 써서 재계·정치계 및 지식층 인사들에게 발송하고 그 대가를 받는 사람들이 뉴스 중심지인 보스턴·필라델피아·뉴런던에서 나타나기도 했는데, 이러한 뉴스편지는 중세에 이탈리아·독일·영국 등지에서 유행하던 소위 '편지신문'(서한신문)과 같은 일종의 전근대적 신문 현상이었다.

둘째는 영국·독일 등 유럽에서 보내오는 신문뭉치였는데, 이는 유럽에 살고 있는 친척이나 동료 또는 동업자·관리들이 미국에 사는 사람들을 위해 보내오는 것으로서 선편을 통해 미국의 여러 항구에 들어왔다. 이러한 유럽신문들 중에서 가장 많이 미국에 들어와서 읽힌 것은 영국의 「런던 가제트」(*London Gazette*)였다. 이 「런던 가제트」는 1665년 런던에서 창간한 영국정부의 관보로서, 정기적으로 발행했는데 그 형태는 오늘날의 신문과 비슷했다. 이러한 「런던 가제트」를 미국에서 그대로 복제해서 배포한 적도 한두 번 있었다고 한다. 이 밖의 런던신문들은 미국 주요 도시의 커피 하우스(coffee house)와 주점 주인들이 수입해 오기도 했는데, 이들 신문을 자신들의 가게에 비치해 놓고 손님들이 읽게 하기 위해서였다. 따라서 당시 커피 하우스와 주점은 미국인들의 사교장인 동시에 뉴스와 가십의 중심지이도 했다.

셋째는 관청에서 발행하는 포고문이라든지, 공공문제들을 다루는 팸플릿, 뉴스 사건들을 소재로 한 민요(ballad) 등으로서, 이들도 뉴스의 주요 전달수단 내지 일종의 전근대적 신문 현상으로 뉴스에 굶주려 있던 당시 미국인들을 어느 정도 만족시켜 주었다. 이들 중에서 특히 흥미로운 것은 시사적 내용의 민요로서, "해적선장 아무개가 체포되어 사형당했다"든지 "누가 누구와 무슨 짓을 했다"든지 하는 대중적 관심의 사건과 스캔들 등을 잘 알려진 민요조의 시로 엮어, 이를 한 장의 종이에 단면인쇄해 길거리에서 큰 소리로 외치면서 몇 전씩 받고 팔았다. 이를 '브로드사이즈'(broadsides)라고 불렀는데, 이것은 특히 일반대중들에게 인기가 대단히 많았다고 한다.

3. 보스턴에서 처음으로 신문 출현

미국에서 '신문'이라는 근대적 뉴스 매체가 출현하기 이전, 위와 같은 여러 가지 전근대적 신문 현상들이 신문의 기능을 대행하면서 뉴스에 대한 미국주민들의 굶주림과 갈망을 달래 주었다. 그러다가 1690년 9월 25일 드디어 미국에서도 처음으로 신문이 탄생했는데, 이는 매사추세츠주 보스턴에서 벤자민 해리스(Benjamin Harris)가 창간한 「퍼블릭 오커렌시스 보스 포린 앤드 도메스틱」(*Publick Occurrences Both Forreign and Domestick*)이라는 신문이었다. 그러면 해리스는 어떻게 해서 이 신문을 창간하게 되었는가?

미국 최초 신문의 창간과 폐간

벤자민 해리스는 영국인으로 본래 런던에서 출판사를 경영하면서 「도메스틱 인텔리전스」(*Domestick Intelligence*)라는 친 휘그당(Whig, 민권당)계 신문과 서적·팸플릿 등을 발행했다. 그러다가 "인권과 재산 및 프로테스탄트 종교의 보호를 위한 호소문"이라는 제목의 글을 그의 신문 「도메스틱 인텔리전스」에 실은 것이 문제가 되어 폭동교사죄로 체포, 투옥되었다가 벌금형을 받고 석방된 틈을 타서 1666년 미국으로 도망했다.

그리하여 미국 매사추세츠주 보스턴에 상륙한 해리스는 이곳에서 서점과 커피 하우스를 경영하면서도 출판에 대한 그의 집념을 버릴 수가 없었다. 그래서 다시 출판업을 시작하여 만세력과 『뉴잉글랜드 입문』(*New England Primer*)이라는 책 등을 발행하면서 출판인으로 명성을 얻었다. 그러다가 신문도 발행하기로 결심, 1690년 9월 25일 드디어 「퍼블릭 오커렌시스 보스 포린 앤드 도메스틱」(이하 「퍼블릭 오커렌시스」로 약칭)이라는 미국 최초의 신문을 창간했는데, 이 신문은 뉴스기사들도 훌륭했고 편집도 깔끔했다. 신문의 크기는 4.875×8.625인치(12.38×21.91cm)로서 아주 작았으며, 면수는 4면이었으나, 제4면은 아무 것도 인쇄하지 않은 백지였는데, 이는 독자들이 신문을 읽고 나서 다른 곳의 친구나 친척들에게 보낼 경우, 그 백지 위에 추가 뉴스들을 써 넣으라는 의도에서였다.

이러한 미국 최초의 신문은 그 창간호에서 "한 달에 한 번씩 발행하겠으나 중대한 사건이 있을 경우에는 더 자주 내겠다"고 밝혔다. 그러나 첫 호가 나온 지 나흘 뒤, 매사추세츠주 지사와 의회가, "「퍼블릭 오커렌시스」는 당국의 허가는 물론, 심지어는 당국에 신고도 하지 않고 발행했으며 그 내용에도 의심이 가고 확실치 않은 여러 가지 보도들이 있다"면서 "이 팸플릿의 발행 중지 및 압수를 명령한다"고 포고했다. 그러나 실제로 이러한 처분을 내린 주요 이유의 하나는 매사추세츠주 지사와 의회가 그 포고문에서 「퍼블릭 오커렌시스」는 "매우 본질적 문제들을 반영하고 있다"고 언급했듯이, 이 신문은 당시 프랑스왕의 부도덕성을 꼬집는가 하면, 최근에 발생했던 프랑스와 인디언들 간의 전쟁에서

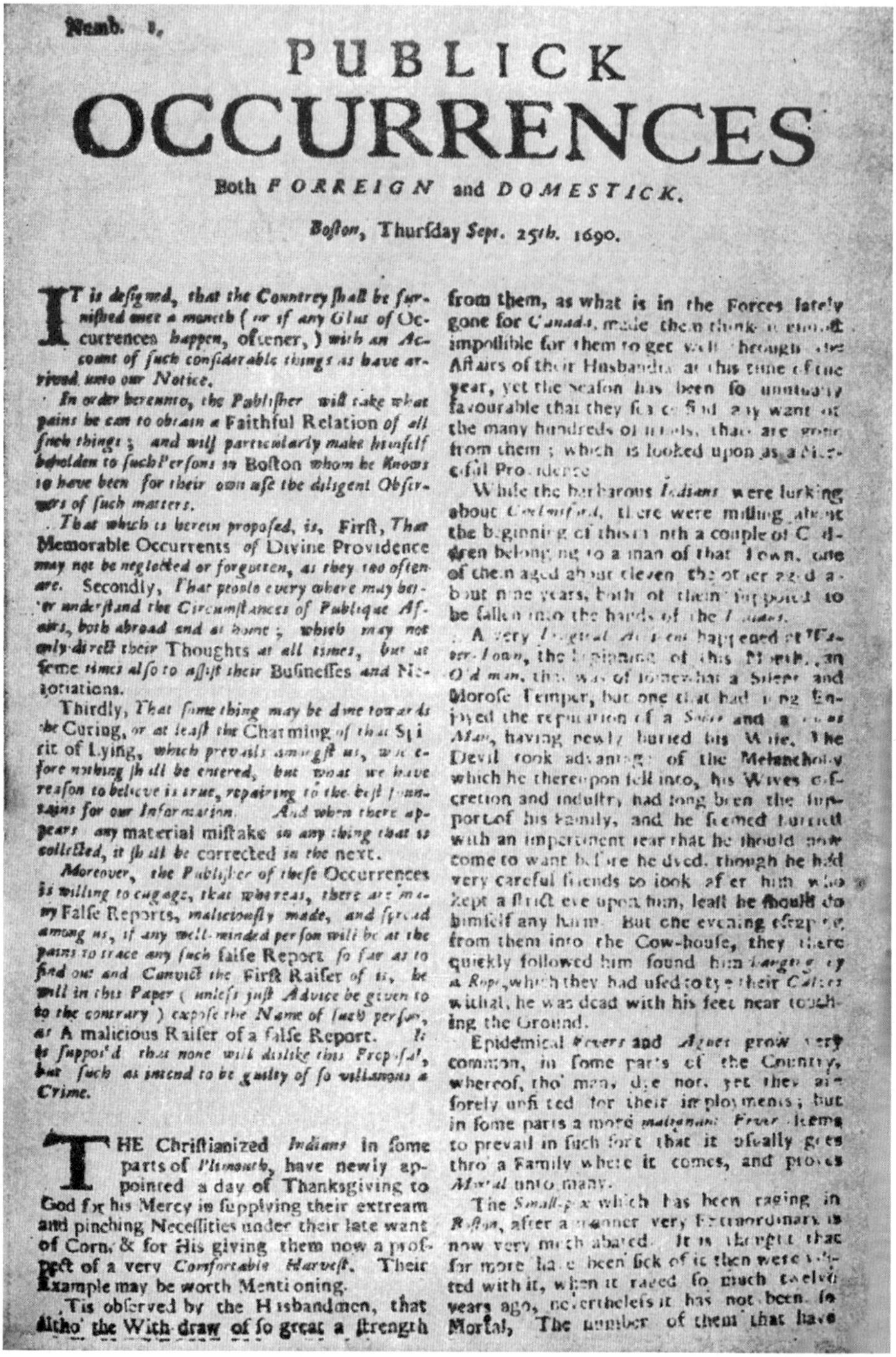

Numb. 1.

PUBLICK OCCURRENCES

Both FORREIGN and DOMESTICK.

Boston, Thursday Sept. 25th. 1690.

IT is designed, that the Countrey shall be furnished once a moneth (or if any Glut of Occurrences happen, oftener,) with an Account of such considerable things as have arrived unto our Notice.

In order hereunto, the Publisher will take what pains he can to obtain a Faithful Relation of all such things; and will particularly make himself beholden to such Persons in Boston whom he knows to have been for their own use the diligent Observers of such matters.

That which is herein proposed, is, First, That Memorable Occurrents of Divine Providence may not be neglected or forgotten, as they too often are. Secondly, That people every where may better understand the Circumstances of Publique Affairs, both abroad and at home; which may not only direct their Thoughts at all times, but at some times also to assist their Businesses and Negotiations.

Thirdly, That some thing may be done towards the Curing, or at least the Charming of that Spirit of Lying, which prevails amongst us, wherefore nothing shall be entered, but what we have reason to believe is true, repairing to the best fountains for our Information. And when there appears any material mistake in any thing that is collected, it shall be corrected in the next.

Moreover, the Publisher of these Occurrences is willing to engage, that whereas, there are many False Reports, maliciously made, and spread among us, if any well-minded person will be at the pains to trace any such false Report so far as to find out and Convict the First Raiser of it, he will in this Paper (unless just Advice be given to the contrary) expose the Name of such person, as A malicious Raiser of a false Report. It is suppos'd that none will dislike this Proposal, but such as intend to be guilty of so villanous a Crime.

THE Christianized Indians in some parts of Plimouth, have newly appointed a day of Thanksgiving to God for his Mercy in supplying their extream and pinching Necessities under their late want of Corn, & for His giving them now a prospect of a very Comfortable Harvest. Their Example may be worth Mentioning.

'Tis observed by the Husbandmen, that altho' the With draw of so great a strength from them, as what is in the Forces lately gone for Canada, made them think it almost impossible for them to get well through the Affairs of their Husbandry at this time of the year, yet the season has been so unusually favourable that they scarce find any want of the many hundreds of hands, that are gone from them; which is looked upon as a Merciful Providence.

While the barbarous Indians were lurking about Chelmsford, there were missing about the beginning of this month a couple of Children belonging to a man of that Town, one of them aged about eleven, the other aged about nine years, both of them supposed to be fallen into the hands of the Indians.

A very Tragical Accident happened at Water-Town, the beginning of this Month, an Old man, that was of somewhat a Silent and Morose Temper, but one that had long Enjoyed the reputation of a Sober and a Pious Man, having newly buried his Wife, The Devil took advantage of the Melancholly which he thereupon fell into, his Wives discretion and industry had long been the support of his Family, and he seemed hurried with an impertinent fear that he should now come to want before he dyed, though he had very careful friends to look after him who kept a strict eye upon him, least he should do himself any harm. But one evening escaping from them into the Cow-house, they there quickly followed him found him hanging by a Rope, which they had used to tye their Calves withal, he was dead with his feet near touching the Ground.

Epidemical Fevers and Agues grow very common, in some parts of the Country, whereof, tho' many dye not, yet they are sorely unfitted for their imployments; but in some parts a more malignant Fever seems to prevail in such sort that it usually goes thro' a Family where it comes, and proves Mortal unto many.

The Small-pox which has been raging in Boston, after a manner very Extraordinary is now very much abated. It is thought that far more have been sick of it then were visited with it, when it raged so much twelve years ago, nevertheless it has not been so Mortal, The number of them that have

〈그림 1-1〉 미국 최초의 신문 「퍼블릭 오커렌시스」 창간호 제1면(판면의 크기: 12.38×21.91cm)

영국 편 인디언들이 프랑스군 포로들을 야만적으로 다루었다고 비난하는 등 영국식민정부당국에 불리한 내용들을 다루었기 때문이다.

때문에 매사추세츠주 지사와 의회는 「퍼블릭 오커렌시스」의 발행 중지와 압수를 명령하면서 “앞으로도 당국의 허가를 받지 않고, 그 무엇이든지 인쇄 · 발행하는 행위는 엄격하게 금지하겠다”고 덧붙였다. 그 결과, 비록 해리스에 대한 처벌은 없었지만 그가 창간한 미국 최초의 신문 「퍼블릭 오커렌시스」는 단 1호로 끝나고 말았으며, 그 뒤에도 해리스는 다시 신문을 발간할 수 없게 되었다.

이렇게 되자 해리스는 크게 실망하고 있던 차에, 마침 영국에서 혁명이 일어나 국왕 제임스 2세가 쫓겨나고 윌리엄이 왕좌에 오름으로써 휘그당원들에 대한 탄압이 중지되고 언론 · 출판에 대한 검열도 폐지하려 한다는 소식을 듣게 되었다. 그러자 고향에 대한 향수가 크게 도지게 된 해리스는 미국에 온 지 9년 만인 1695년 영국으로 돌아가고 말았다. 그러나 그의 이름은 미국신문역사에 영원히 남게 되었다.

두 번째로 「보스턴 뉴스-레터」의 창간과 계속 발행

「퍼블릭 오커렌시스」가 첫 호로 폐간당한 뒤, 무려 14년 동안이나 미국에는 미국인 손으로 발행한 신문이 없었다. 그러다가 1704년 4월 24일 미국역사상 두 번째 신문인 「보스턴 뉴스-레터」(*Boston News-Letter*)가 역시 보스턴에서 나왔는데, 이는 역사적으로는 비록 두 번째였지만, 오랫동안 계속 발행한 신문으로는 첫 번째였다. 따라서 이 신문을 미국 최초의 신문으로 삼기도 하는데, 이 신문을 시작으로 사실상 미국신문의 역사가 시작되었기 때문이다.

• 존 캠블이 「보스턴 뉴스-레터」를 창간

「보스턴 뉴스-레터」의 창간자는 당시 보스턴우편국장이었던 존 캠블(John Campbell)이었는데, 이 사람은 스코틀랜드 출신으로 본래는 서점을 경영하다가 50세에 보스턴우편국장이 되었다. 그는 우편국장을 역임하면서 또 한편으로는 그가 서점을 경영할 당시의 고객들과 보스턴항구에 드나드는 선장들 및 우편배달부들로부터 뉴스를 수집하여 그의 형 던칸 캠블(Duncan Campbell)과 함께 편지 형태의 필사서한신문(manuscript news-letters)을 만들어서 돈을 받고 사회인사들에게 배포하기 시작했는데, 이들 배포대상자 중에는 다른 식민주들의 지사도 포함되어 있었다.

이렇게 처음에는 서한신문을 펜으로 일일이 필사해서 배포하다가 배포부수가 점점 증가하자 1704년 4월 24일부터 인쇄해서 배포하기 시작했는데, 이것이 바로「보스턴 뉴스-레터」였다. 이 신문은 앞서의「퍼블릭 오커렌시스」와는 달리, 매사추세츠주 당국이 발행을 금지시키지 않아 계속 발행했는데, 모든「보스턴 뉴스-레터」의 제호 바로 밑에는 "당국에 의해 발행"(Published by Authority)이라는 문구가 인쇄되어 있었다. 이를 볼 때,「보스턴 뉴스-레터」는 주지사나 주정부 관리들로부터 사전 검열을 받아 발행했음이 분명한데, 주정부당국자들이 싫어할 기사가 거의 없기도 했다.

•「보스턴 뉴스-레터」의 주요 내용과 편집체재

「보스턴 뉴스-레터」의 내용과 편집체재는 당시 영국의「런던 가제트」와 거의 비슷했는데, 이는 영국신문들을 그대로 모방한 때문이었다. 또한 기사들도 당시 영국에서 발행한 신문이나 간행물에서 많이 전재했다. 그리하여 신문 전체 내용의 3분의 2는 영국의 정치·법원 및 유럽전쟁 등에 관한 기사들이었으며,[5] 나머지 3분의 1 정도만 미국에 관한 것이었는데, 이들은 주로 선편·사망·예배·정치행사·태풍·인디언과 해적들의 약탈·위조지폐사건·화재·사고·재

---

5 이처럼 영국 관계 기사들을 많이 실은 주요 이유의 하나는, 당시 미국대륙에 살고 있던 주민들의 대부분은 영국에서 건너온 사람들로서, 이들은 영국의 전통과 문화를 그대로 지니고 있었을 뿐 아니라 영국을 조국이라고 생각했기 때문이다. 그래서 살고 있는 곳의 이름도 영국 지명을 따다가 그 앞에 '뉴'(New)라는 말만 붙여, 예컨대 '뉴잉글랜드'(New England), '뉴욕'(New York), '뉴저지'(New Jersey), '뉴햄프셔'(New Hampshire)니 하고 불렀다. 또한 영국에서 발행하는 신문·잡지들을 배편으로 가져다가 보았다. 그 결과, 당시 미국에서 나온 신문들도 영국신문들을 그대로 모방하게 되었다.

판 등에 관한 아주 짤막한 기사들이었다. 그러나 해운 관계 기사는 약간 자세히 다루었으며, 마지막 단 아래에는 몇 가지 광고를 싣는 것이 통례였다.

이러한 「보스턴 뉴스-레터」는 오늘날의 A4 용지보다 약간 큰 한 장짜리 종이에 기사들을 2단으로 나누어 단면인쇄를 해서 주간으로 발행했으나 때로는 3면 또는 4면짜리 신문도 냈다. 하지만 3면 내지 4면에 모두 뉴스를 인쇄한 것은 아니고, 2면 정도는 공백으로 남겨 두기도 했는데, 이는 통신원들이 추가기사들을 써넣어 배포토록 하기 위해서였다.

이와 같은 「보스턴 뉴스-레터」가 나오자 그간에 뉴스에 굶주렸던 미국주민들은 대체로 환영했다. 그러나 신문이 그리 번창하지는 못했는데, 당시 보스턴시의 인구는 1만 명에 달해서 미국대륙에서 가장 큰 도시가 되었으나, 신문을 구독할 수 있는 문자해득력과 경제적 여유를 가진 사람들은 그리 많지 않았기 때문이다. 당시 「보스턴 뉴스-레터」의 값은 1부당 2펜스였으며, 1년간 정기구독료는 12실링이었지만, 이런 액수의 돈을 들여 신문을 본다는 것은 사치스러운 일이었다. 그리하여 "유언비어 · 가십 · 험담을 일삼는 뉴스 장사꾼들이 발행하는 비싼 신문을 보스턴 시민들이 사서 보아야 할 것이냐" 하는 문제가 대중들 사이에 논란거리가 되기도 했다.

• 재정난 속에서도 「보스턴 뉴스-레터」는 계속 발간

위와 같은 이유 등으로 신문이 잘 팔리지 않자, 경영난에 부딪치게 된 「보스턴 뉴스-레터」는 창간 후 6년 동안에 두 번이나 자진휴간했다가 각각 2개월과 8개월 뒤에 속간했다. 그러나 창간 7년째 되는 해에도 발행부수가 고작 250부 정도였고, 창간 15주년인 1719년도에도 발행부수가 300부를 넘지 못했다.

그럼에도 불구하고 「보스턴 뉴스-레터」는 계속해서 명맥을 유지해 나갔다. 1718년 캠블이 우편국장직을 사임했으나 신문은 계속 발행하다가 1723년 그 판권을 이 신문의 인쇄업자였던 바솔로뮤 그린(Bartholomew Green)에게 넘기고 은퇴했다. 따라서 1723년부터는 그린이 「보스턴 뉴스-레터」를 맡아서 운영했으나 10여 년 뒤에 그린이 사망하자, 그의 사위 존 드래퍼(John Draper)가 「보

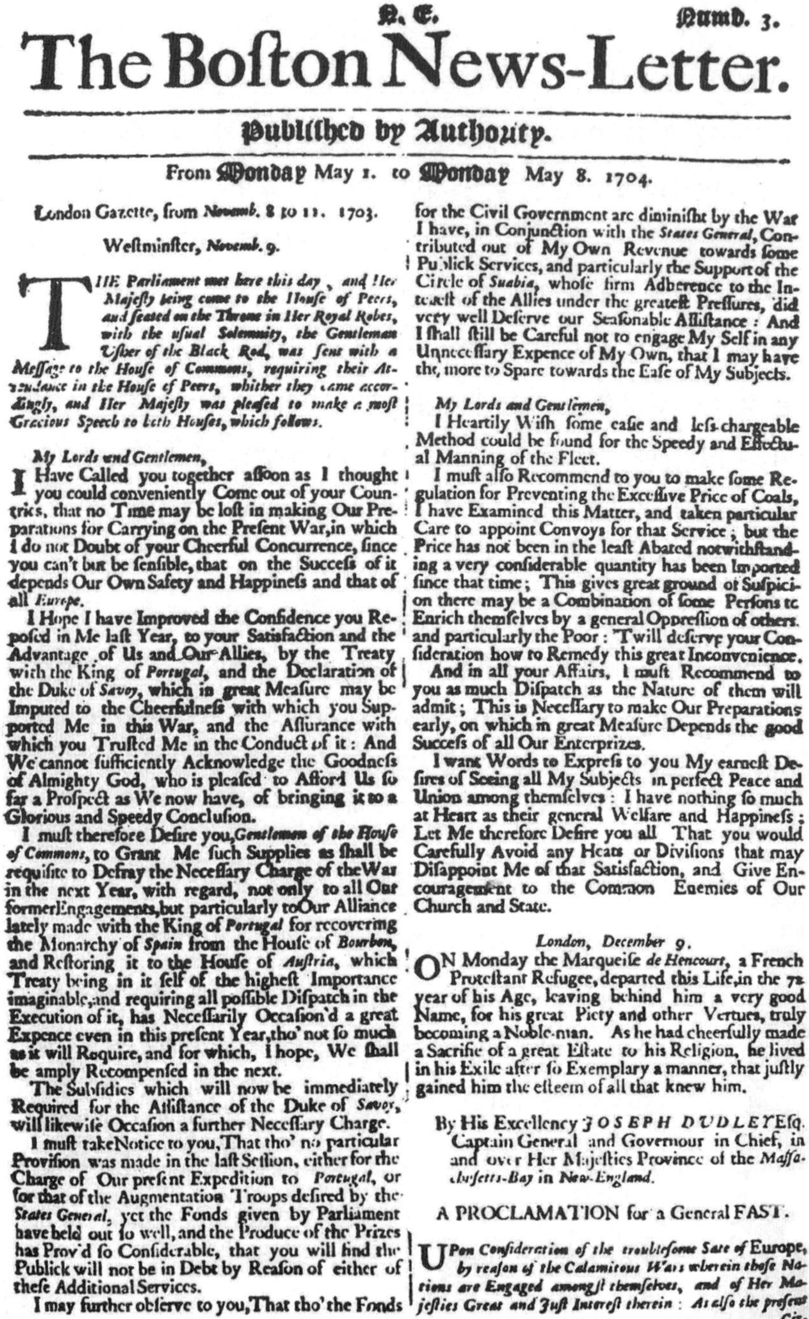

N. E. Numb. 3.

The Boston News-Letter.

Published by Authority.

From Monday May 1. to Monday May 8. 1704.

London Gazette, from Novemb. 8 to 11. 1703.

Westminster, Novemb. 9.

THE Parliament met here this day, and Her Majesty being come to the House of Peers, and seated on the Throne in Her Royal Robes, with the usual Solemnity, the Gentleman Usher of the Black Rod, was sent with a Message to the House of Commons, requiring their Attendance in the House of Peers, whither they came accordingly, and Her Majesty was pleased to make a most Gracious Speech to both Houses, which follows.

My Lords and Gentlemen,

I Have Called you together assoon as I thought you could conveniently Come out of your Countries, that no Time may be lost in making Our Preparations for Carrying on the Present War, in which I do not Doubt of your Cheerful Concurrence, since you can't but be sensible, that on the Success of it depends Our Own Safety and Happiness and that of all *Europe*.

I Hope I have Improved the Confidence you Reposed in Me last Year, to your Satisfaction and the Advantage of Us and Our Allies, by the Treaty with the King of *Portugal*, and the Declaration of the Duke of *Savoy*, which in great Measure may be Imputed to the Cheerfulness with which you Supported Me in this War, and the Assurance with which you Trusted Me in the Conduct of it: And We cannot sufficiently Acknowledge the Goodness of Almighty God, who is pleased to Afford Us so far a Prospect as We now have, of bringing it to a Glorious and Speedy Conclusion.

I must therefore Desire you, *Gentlemen of the House of Commons*, to Grant Me such Supplies as shall be requisite to Defray the Necessary Charge of the War in the next Year, with regard, not only to all Our former Engagements, but particularly to Our Alliance lately made with the King of *Portugal* for recovering the Monarchy of *Spain* from the House of *Bourbon*, and Restoring it to the House of *Austria*, which Treaty being in it self of the highest Importance imaginable, and requiring all possible Dispatch in the Execution of it, has Necessarily Occasion'd a great Expence even in this present Year, tho' not so much as it will Require, and for which, I hope, We shall be amply Recompensed in the next.

The Subsidies which will now be immediately Required for the Assistance of the Duke of *Savoy*, will likewise Occasion a further Necessary Charge.

I must take Notice to you, That tho' no particular Provision was made in the last Session, either for the Charge of Our present Expedition to *Portugal*, or for that of the Augmentation Troops desired by the *States General*, yet the Fonds given by Parliament have held out so well, and the Produce of the Prizes has Prov'd so Considerable, that you will find the Publick will not be in Debt by Reason of either of these Additional Services.

I may further observe to you, That tho' the Fonds for the Civil Government are diminisht by the War I have, in Conjunction with the *States General*, Contributed out of My Own Revenue towards some Publick Services, and particularly the Support of the Circle of *Suabia*, whose firm Adherence to the Interest of the Allies under the greatest Pressures, did very well Deserve our Seasonable Assistance: And I shall still be Careful not to engage My Self in any Unnecessary Expence of My Own, that I may have the more to Spare towards the Ease of My Subjects.

My Lords and Gentlemen,

I Heartily Wish some easie and less chargeable Method could be found for the Speedy and Effectual Manning of the Fleet.

I must also Recommend to you to make some Regulation for Preventing the Excessive Price of Coals, I have Examined this Matter, and taken particular Care to appoint Convoys for that Service; but the Price has not been in the least Abated notwithstanding a very considerable quantity has been Imported since that time; This gives great ground of Suspicion there may be a Combination of some Persons to Enrich themselves by a general Oppression of others, and particularly the Poor: 'Twill deserve your Consideration how to Remedy this great Inconvenience.

And in all your Affairs, I must Recommend to you as much Dispatch as the Nature of them will admit; This is Necessary to make Our Preparations early, on which in great Measure Depends the good Success of all Our Enterprizes.

I want Words to Express to you My earnest Desires of Seeing all My Subjects in perfect Peace and Union among themselves: I have nothing so much at Heart as their general Welfare and Happiness; Let Me therefore Desire you all That you would Carefully Avoid any Heats or Divisions that may Disappoint Me of that Satisfaction, and Give Encouragement to the Common Enemies of Our Church and State.

London, December 9.

ON Monday the Marqueise *de Hencourt*, a French Protestant Refugee, departed this Life, in the 72 year of his Age, leaving behind him a very good Name, for his great Piety and other Vertues, truly becoming a Noble-man. As he had cheerfully made a Sacrifice of a great Estate to his Religion, he lived in his Exile after so Exemplary a manner, that justly gained him the esteem of all that knew him.

By His Excellency JOSEPH DUDLEY Esq. Captain General and Governour in Chief, in and over Her Majesties Province of the *Massachusetts-Bay* in *New-England*.

A PROCLAMATION for a General FAST.

UPon Consideration of the troublesome Sate of Europe, *by reason of the Calamitous Wars wherein those Nations are Engaged amongst themselves, and of Her Majesties Great and Just Interest therein: As also the present Cir-*

〈그림 1-2〉「보스턴 뉴스-레터」 제3호(1704. 5. 6) 제1면(판면의 크기: 22×30cm)

스턴 뉴스-레터」를 물려받았는데, 드래퍼는 지면을 종래의 4면에서 6면으로 늘리는 동시에 뉴스도 믿을 만한 뉴스원에서만 취재해서 보도했다. 또한 인쇄도 선명하게 하고, 광고도 지면 여기저기 적당한 위치에 끼워 넣으면서 지면을 쇄신하여 독자들의 환영을 받았다.

하지만 1762년 드래퍼가 사망하자, 그의 아들 리차드 드래퍼(Richard Draper)가 「보스턴 뉴스-레터」를 물려받아 계속 발행하다가 독립전쟁 초기인 1776년 친영계 신문이라는 이유로 폐간당하고 말았다. 이렇게 해서 미국신문역사상 두 번째 신문인 「보스턴 뉴스-레터」는 72년 만에 사라지고 말았는데, 당시까지는 가장 오랫동안 지속된 3개 신문 중 하나였다.

미국신문의 발상지 보스턴의 초기 신문들

「보스턴 뉴스-레터」가 창간된 지 15년 뒤인 1719년 보스턴에서 「보스턴 가제트」(*Boston Gazette*)라는 신문이 또 나왔고, 1721년에는 「뉴잉글랜드 쿠란트」(*New-England Courant*)도 창간해서 3개 신문이 존재하게 되었다. 그 뒤 1727년 「뉴잉글랜드 위클리 저널」(*New-England Weekly Journal*), 1731년 「뉴잉글랜드 위클리 리허설」(*New-England Weekly Rehearsal*), 1734년 「보스턴 포스트-보이」(*Boston Post-Boy*)라는 신문이 또 등장했다. 그리하여 보스턴은 미국신문의 발상지가 되었으나, 모두 6개 신문들이 약 2만 명 정도의 보스턴 시민들을 놓고 서로 치열한 경쟁을 벌여야만 했다.

• 보스턴우편국장이 「보스턴 가제트」를 창간, 운영

「보스턴 가제트」는 1719년 당시 보스턴우편국장 윌리엄 브루커(William Brooker)가 창간한 것이었는데, 「보스턴 뉴스-레터」의 발행인 겸 편집자 존 캠블이 1718년 보스턴우편국장직에서 물러나게 되자, 그 대신 윌리엄 브루커가 그 자리에 앉게 되었다. 새로 우편국장이 된 브루커는, 신문을 발행하는 것이 우편국장의 특권 중 하나라고 생각하여 캠블에게 「보스턴 뉴스-레터」를 넘겨

줄 것을 요구했다. 그러나 이를 캠블이 거부하자, 브루커는 새로 신문을 내기로 결심, 1719년 12월 21일 「보스턴 가제트」라는 주간신문을 창간하여 발행하기 시작했다.

그리하여 미국신문역사상 세 번째 신문이 등장하게 되었는데, 이 신문도 캠블이 창간한 「보스턴 뉴스-레터」와 마찬가지로 제호 밑에 "당국에 의해 발행"이라는 문구를 넣었다. 또한 편집체재나 편집방침도 「보스턴 뉴스-레터」와 비슷했으나, 새로운 외국 뉴스들이 더 많았으며, 인쇄도 캠블의 「보스턴 뉴스-레터」보다 깨끗하고 선명했다. 그러나 「보스턴 가제트」를 창간해서 발행하던 브루커는 1년도 되지 않아 우편국장직에서 물러나게 되었다. 그러자 그는 캠블과는 달리, 「보스턴 가제트」를 자신의 후임국장에게 인계했으며, 이것이 관례가 되어 그 뒤부터는 보스턴우편국장들이 「보스턴 가제트」를 차례로 맡아서 발행해 나갔다.

하지만 제5대 우편국장 때 「보스턴 가제트」는, 이 신문을 인쇄해 오던 인쇄업자에게 넘어가서 인쇄업자가 몇 년 동안 발행했다. 그러다가 판권이 다시 벤자민 에드즈(Benjamin Edes)와 존 길(John Gill)에게로 넘어가게 되었는데, 당시 보스턴에서 막 인쇄업을 시작한 이들 젊은 두 사람은 「보스턴 가제트」를 인수하자마자 주정부에 대한 비판적 논조를 펴기 시작했으며, 그 뒤 영국으로부터 미국의 독립투쟁시기에는 가장 유명한 애국적 신문으로 명성을 떨치기도 했다.

• 「뉴잉글랜드 쿠란트」의 출현과 수난 · 폐간

「뉴잉글랜드 쿠란트」는 미국의 역사적 인물인 벤자민 프랭클린(Benjamin Franklin)의 형인 제임스 프랭클린(James Franklin)이 1721년 8월 7일 창간했다.[6] 제임스 프랭클린은 본래 인쇄업자로 「보스턴 가제트」를 인쇄해 주었으며, 이때

---

6 「뉴잉글랜드 쿠란트」(*New-England Courant*)라고 신문제호를 붙인 것은 매사추세츠주의 보스턴뿐 아니라 뉴잉글랜드(New England) 지방 전체의 신문(courant)이라는 뜻에서였는데, '뉴잉글랜드'는 미국 북동부의 대서양 연안에 있는 6개 주, 즉 매사추세츠주, 코네티컷주, 로드아일랜드주, 버몬트주, 메인주, 뉴햄프셔주를 말한다.

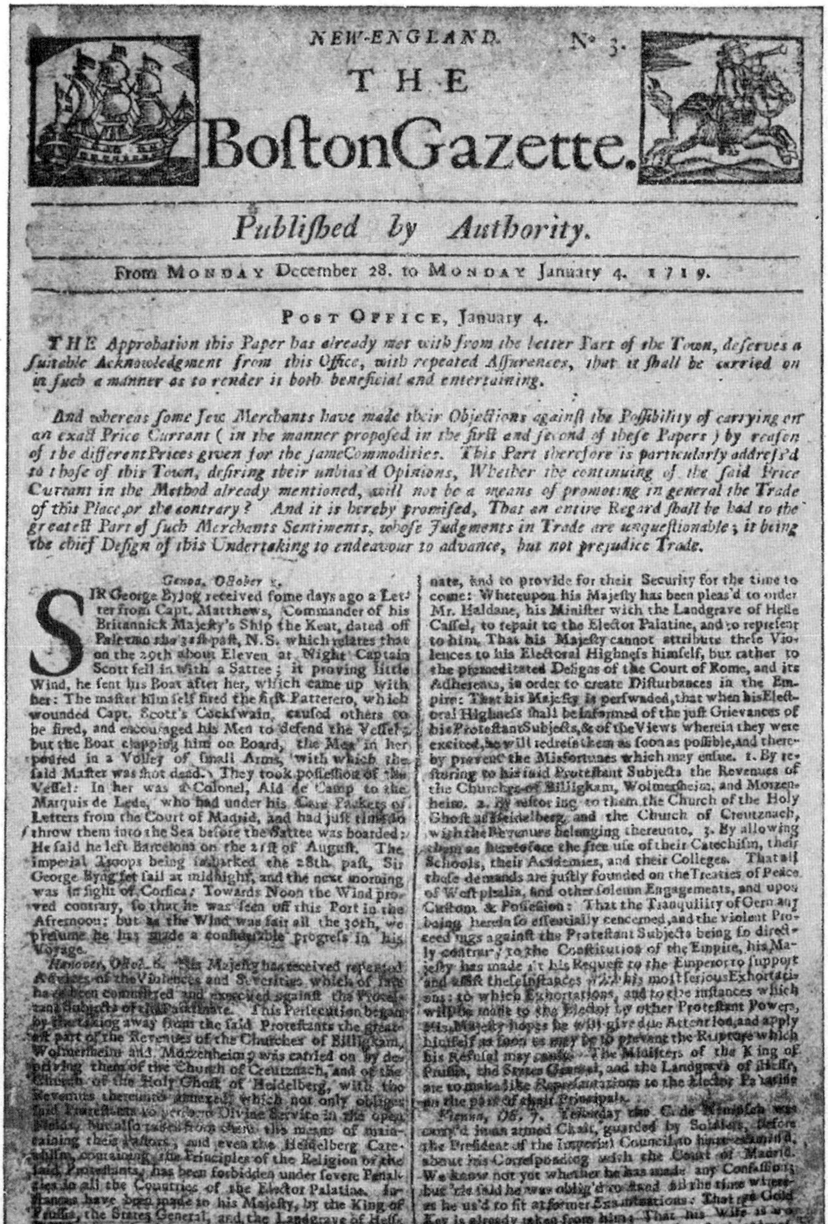

NEW-ENGLAND. N° 3.

THE Boſton Gazette.

Publiſhed by Authority.

From MONDAY December 28. to MONDAY January 4. 1719.

POST OFFICE, January 4.

THE Approbation this Paper has already met with from the better Part of the Town, deſerves a ſuitable Acknowledgment from this Office, with repeated Aſſurances, that it ſhall be carried on in ſuch a manner as to render it both beneficial and entertaining.

And whereas ſome few Merchants have made their Objections againſt the Poſſibility of carrying on an exact Price Currant (in the manner propoſed in the firſt and ſecond of theſe Papers) by reaſon of the different Prices given for the ſame Commodities. This Part therefore is particularly addreſs'd to thoſe of this Town, deſiring their unbias'd Opinions, Whether the continuing of the ſaid Price Currant in the Method already mentioned, will not be a means of promoting in general the Trade of this Place, or the contrary? And it is hereby promiſed, That an entire Regard ſhall be had to the greateſt Part of ſuch Merchants Sentiments, whoſe Judgments in Trade are unqueſtionable; it being the chief Deſign of this Undertaking to endeavour to advance, but not prejudice Trade.

Genoa, October [illegible].

SIR George Byng received ſome days ago a Letter from Capt. Matthews, Commander of his Britannick Majeſty's Ship the Kent, dated off Palermo the 31ſt paſt, N.S. which relates that on the 29th about Eleven at Night Captain Scott fell in with a Sattee; it proving little Wind, he ſent his Boat after her, which came up with her: The maſter himſelf fired the firſt Patterero, which wounded Capt. Scott's Cockſwain, cauſed others to be fired, and encouraged his Men to defend the Veſſel; but the Boat clapping him on Board, the Men in her poured in a Volley of ſmall Arms, with which the ſaid Maſter was ſhot dead. They took poſſeſſion of the Veſſel: In her was a Colonel, Aid de Camp to the Marquis de Lede, who had under his Care Packets of Letters from the Court of Madrid, and had juſt time to throw them into the Sea before the Sattee was boarded: He ſaid he left Barcelona on the 21ſt of Auguſt. The Imperial Troops being imbarked the 28th paſt, Sir George Byng ſet ſail at midnight, and the next morning was in ſight of Corſica; Towards Noon the Wind proved contrary, ſo that he was ſeen off this Port in the Afternoon; but as the Wind was fair all the 30th, we preſume he has made a conſiderable progreſs in his Voyage.

Hanover, Octob. 6. His Majeſty has received repeated Advices of the Violences and Severities which of late ha[illegible] been committed and executed againſt the Proteſtant Subjects of the Palatinate. This Perſecution began by the taking away from the ſaid Proteſtants the greateſt part of the Revenues of the Churches of Billigkam, Wolmerſheim and Mozzenheim; was carried on by depriving them of the Church of Creutznach, and of the Church of the Holy Ghoſt of Heidelberg, with the Revenues thereunto annexed; which not only obliges ſaid Proteſtants to perform Divine Service in the open Fields, but alſo takes from them the means of maintaining their Paſtors, and even the Heidelberg Catechiſm, containing the Principles of the Religion of the ſaid Proteſtants, has been forbidden under ſevere Penalties in all the Countries of the Elector Palatine. Inſtances have been made to his Majeſty, by the King of Pruſſia, the States General, and the Landgrave of Heſſe Caſſel, to employ his Offices effectually to procure Satisfaction to the ſaid Proteſtant Subjects of the Palatinate, and to provide for their Security for the time to come: Whereupon his Majeſty has been pleas'd to order Mr. Haldane, his Miniſter with the Landgrave of Heſſe Caſſel, to repair to the Elector Palatine, and to repreſent to him, That his Majeſty cannot attribute theſe Violences to his Electoral Highneſs himſelf, but rather to the premeditated Deſigns of the Court of Rome, and its Adherents, in order to create Diſturbances in the Empire: That his Majeſty is perſwaded, that when his Electoral Highneſs ſhall be informed of the juſt Grievances of his Proteſtant Subjects, & of the Views wherein they were excited, he will redreſs them as ſoon as poſſible, and thereby prevent the Misfortunes which may enſue. 1. By reſtoring to his ſaid Proteſtant Subjects the Revenues of the Churches of Billigkam, Wolmersheim, and Mozzenheim. 2. By reſtoring to them the Church of the Holy Ghoſt at Heidelberg, and the Church of Creutznach, with the Revenues belonging thereunto. 3. By allowing them as heretofore the free uſe of their Catechiſm, their Schools, their Academies, and their Colleges. That all theſe demands are juſtly founded on the Treaties of Peace of Weſtphalia, and other ſolemn Engagements, and upon Cuſtom & Poſſeſſion: That the Tranquility of Germany being herein ſo eſſentially concerned, and the violent Proceedings againſt the Proteſtant Subjects being ſo directly contrary to the Conſtitution of the Empire, his Majeſty has made it his Requeſt to the Emperor to ſupport and aſſiſt theſe Inſtances with his moſt ſerious Exhortations: to which Exhortations, and to the inſtances which will be made to the Elector by other Proteſtant Powers, His Majeſty hopes he will give due Attention, and apply himſelf as ſoon as may be to prevent the Rupture which his Refuſal may cauſe. The Miniſters of the King of Pruſſia, the States General, and the Landgrave of Heſſe, are to make like Repreſentations to the Elector Palatine on the part of their Principals.

Vienna, Oct. 7. Yeſterday the C. de [illegible] was carry'd in an armed Chair, guarded by Soldiers, before the Preſident of the Imperial Council to be examined, about his Correſponding with the Court of Madrid. We know not yet whether he has made any Confeſſions; but 'tis ſaid he was oblig'd to ſtand all the time whereas he us'd to ſit at former Examinations: That the Gold Key is already taken from him; That his Wife is no longer ſuffered to come to Court, & that ſhe is ordered to retire into the Country. 'Tis added, that C. Colloredo, Gover-

〈그림 1-3〉「보스턴 가제트」 제3호(1719. 1. 4) 제1면(판면의 크기: 16.51×29.21cm)
제호 왼쪽에는 범선 그림을, 오른쪽에는 나팔을 불면서 말을 타고 달리는 우편배달부의 그림을 넣었다.

그의 동생 벤자민 프랭클린은 13세의 나이로 형 밑에서 조수 노릇을 했다. 그러나 「보스턴 가제트」의 창간자 브루커가 우편국장직에서 물러나면서 「보스턴 가제트」의 발행도 후임 국장에게 넘기자, 새 우편국장은 「보스턴 가제트」의 인쇄를 새뮤얼 크닐랜드(Samuel Kneeland)라는 인쇄업자에게 맡겼다. 그러자 이에 화가 난 제임스 프랭클린은 자신도 신문을 내기로 결심, 「뉴잉글랜드 쿠란트」(주간)를 창간했던 것이다.

비록 이 신문은 겨우 5년 반 만에 폐간하고 말았지만 18세기 미국신문들 중에서 가장 특기할 신문 중 하나였는데, 「뉴잉글랜드 쿠란트」는 앞서 「보스턴 뉴스-레터」나 「보스턴 가제트」와는 애초부터 성격이 다른 신문으로, 영국의 「런던 가제트」의 체재를 모방한 것이 아니라, 영국의 문예·해설신문 「런던 스펙테이터」(*London Spectator*)와 「런던 가디언」(*London Guardian*)을 모델로 삼았다. 따라서 뉴스보도기능보다는 오락기능에 초점을 맞추었는데, 이와 같은 「뉴잉글랜드 쿠란트」의 편집·제작방침은 1723년 2월 11일자 지면에 제임스 프랭클린이 "본 주간신문의 기본방침은 인간생활에서 가장 우스꽝스럽고 재미난 사건들의 제시를 통해 보스턴 시민들을 즐겁게 해 주는 데 두고 있다"고 밝힌 것에서도 엿볼 수 있다.

그러나 「뉴잉글랜드 쿠란트」가 오로지 흥미본위의 대중신문인 것은 결코 아니었는데, 이 신문은 당시 보스턴의 상류사교클럽인 '런던 클럽'의 비리를 비롯한 상류사회계층과 권력층 인사들의 비리를 과감하게 폭로, 비판하면서 비판기능의 수행에도 앞장섰다. 그러나 1722년 여름 「뉴잉글랜드 쿠란트」가 해적들에 대한 매사추세츠주 정부의 미지근하고 졸렬한 태도를 비판하고 나서자, 매사추세츠주 평의회는 「뉴잉글랜드 쿠란트」의 발행인 겸 편집자 제임스 프랭클린을 불러다가 조사 끝에 투옥했다. 하지만 이를 「뉴잉글랜드 쿠란트」가 격렬하게 항의하자 매사추세츠주 정부는 제임스 프랭클린을 얼마 후 일단 석방했다.

그러나 「뉴잉글랜드 쿠란트」의 논조를 계속 못마땅하게 생각해 온 매사추세츠주 정부는 이듬해 주법원에게 「뉴잉글랜드 쿠란트」의 발행을 중지시키도록 했다. 그러자 주법원은 "제임스 프랭클린이 「뉴잉글랜드 쿠란트」는 물론, 어떠한 간행물도 인쇄·발행하는 것을 엄격히 금지한다"는 결정을 내렸다. 그리하자 제임스 프랭클린은 「뉴잉글랜드 쿠란트」 발행인 명의를 그의 동생 벤자민 프랭클린으로 바꿔 신문을 계속 발행토록 했다.[7] 벤자민 프랭클린은 매사추세츠주 정부의 간섭을 피하기 위해 날카로운 비판의 필봉을 더 이상 휘두르지 않고, 주로 오락기능만 수행하며 3년 동안 계속해 발행하다가 1726년 폐간하고 말았으나, 「뉴잉글랜드 쿠란트」는 미국신문역사에서 오락기능을 신문의 주요 기능의 하나로 인식시키는 데 크게 공헌했다.

• 크닐랜드의 「뉴잉글랜드 위클리 저널」 창간

「뉴잉글랜드 위클리 저널」은 「뉴잉글랜드 쿠란트」 폐간 이듬해인 1727년 새뮤얼 크닐랜드가 창간한 주간신문이었다. 크닐랜드는 앞서 말했듯이 「보스턴 가제트」 창간자 브루커가 우편국장직에서 물러나면서 「보스턴 가제트」도 후임 국장에게 넘기자, 새 우편국장이 「보스턴 가제트」의 인쇄를 맡겼던 인쇄업자였다. 그러나 프랭클린의 경우와 마찬가지로 신임 우편국장이 취임하며 「보스턴 가제트」의 인쇄를 다른 인쇄업자에게 맡겼다.

그러자 크닐랜드는 자신도 신문을 창간하기로 결심했는데, 이때는 마침 「뉴잉글랜드 쿠란트」가 막 폐간한 뒤였다. 따라서 크닐랜드는 「뉴잉글랜드 쿠란트」의 스타일을 그대로 계승해서 「뉴잉글랜드 위클리 저널」을 내기 시작했는데, 그는 문필에 센스가 있던 사람으로 처음에는 기사도 직접 쓰고, 편집도 하고, 인쇄도 직접 했다. 그러다가 몇 달 후 인쇄작업은 그의 동료에게 맡기고, 그 자신은 편집에만 전념했다. 그러면서 영국신문 「런던 스펙테이터」를 모방하여, 정치문제보다는 사회적이고 인간흥미적 토픽들, 예컨대 교육·여성·의복·유행 그리고 웃음거리 등에 관한 기사에 중점을 둠으로써 대중의 인기를 끌었다. 그

---

7 제임스 프랭클린은 뉴욕을 거쳐 필라델피아로 도망갔다가 그 뒤 로드아일랜드(Rhode Island)로 가서, 1732년 「로드-아일랜드 가제트」(*Rhode-Island Gazette*)라는 제호의 로드아일랜드 최초의 신문을 창간하여 죽을 때까지 발행했다.

러나 뉴스의 보도도 소홀히 하지 않아서 4면 중에서 1면 정도는 국내외 뉴스의 보도에 할애했다.

•「위클리 리허설」과「보스턴 포스트-보이」의 등장

「뉴잉글랜드 위클리 리허설」은 문필에 소질이 있던 젊은 변호사 제레미 그리들리(Jeremy Gridley)가 1731년 창간한 주간신문이었는데, 그리들리는「위클리 리허설」의 전체 기사의 절반 정도를 직접 작성해서 발행했다. 그러나 약 1년 동안 발행하다가 신문을 토머스 플리트(Thomas Fleet)라는 인쇄업자에게 인계하고 말았다.

그러자「뉴잉글랜드 위클리 리허설」을 인수한 플리트는 제호를「뉴잉글랜드 이브닝 포스트」(*New England Evening Post*)로 고치는 동시에 지면을 쇄신하여 보스턴에서 가장 훌륭하고 인기가 많은 신문이 되었다. 이는「뉴잉글랜드 이브닝 포스트」가 중립성과 공정성을 사시로 내세우면서 이를 준수하고자 노력했을 뿐 아니라, 뉴스보도기사들에 재치와 생동감이 넘쳤고, 피처기사(feature articles)들의 주제도 정성스럽게 선정해서 흥미롭게 작성했기 때문이다. 그 결과, 보스턴에서 가장 훌륭하고 인기 있는 신문으로 정평을 받았는데, 이러한「뉴잉글랜드 이브닝 포스트」는 플리트가 죽은 후에도 그 아들들이 이어받아 독립혁명시기까지 계속 발행했다.

「보스턴 포스트-보이」는 1734년 당시 보스턴우편국장이 창간했는데, 앞서 말했듯이 보스턴우편국장들은「보스턴 가제트」도 차례로 맡아서 발행하는 것이 관례였다. 그러나 1734년 사임한 우편국장이「보스턴 가제트」의 편집권을 내놓지 않자, 신임국장이 새로 창간한 것이 곧「보스턴 포스트-보이」였는데, 이 신문은 1750년대에 한때 휴간했다가 새로운 제호로 속간했다. 하지만 그 뒤 제호를 다시「보스턴 포스트-보이」로 환원해서 발행했다.

4. 보스턴 이외 도시들에서도 신문 출현

위에서는 우선 미국신문의 발상지인 매사추세츠주 보스턴에서 나온 초기의 신문들에 관해 살펴보았다. 보스턴에서 윌리엄 브루커가 미국신문역사상 세 번째 신문인 「보스턴 가제트」를 창간한 이튿날인 1719년 12월 22일 펜실베이니아주 필라델피아에서도 「아메리칸 위클리 머큐리」(*American Weekly Mercury*)라는 주간신문이 등장했다. 이는 보스턴시 밖에서 나온 최초의 신문이었는데, 이를 시작으로 1710년대 말부터는 보스턴시 이외의 지역에서도 신문이 속속 나와서 약 45년 뒤인 1765년에는 13개 식민주들 중 10개 주에서 신문을 갖게 되었다.

필라델피아에서도 여러 신문 창간

보스턴 이외의 지역들 중에서 신문이 처음 나온 곳은 펜실베이니아주 필라델피아였는데, 이 도시는 1682년 처음 생긴 이후 인구가 급속히 증가하여 18세기 초에는 미국에서 두 번째로 큰 도시가 되었다(1749년에는 가장 큰 도시가 되었음). 그러자 이곳에서 인쇄소를 경영하던 앤드류 브래드포드(Andrew Bradford)가 1719년 12월 22일 「아메리칸 위클리 머큐리」라는 주간신문을 창간함으로써 필라델피아에서도 신문의 역사가 시작되었다.

• 첫 번째로 「아메리칸 위클리 머큐리」의 창간

필라델피아에서 신문의 역사를 이야기하자면 우선 윌리엄 브래드포드와 그의 가문에 대해 한마디 하지 않을 수 없는데, 브래드포드는 '필라델피아'라는 도시가 생긴 지 3년 뒤인 1685년 이미 이곳에 인쇄소를 차렸으며, 그의 가족들도 모두 출판·인쇄분야에 종사함으로써 '언론·출판 가문'이라는 명성을 얻게 되었다. 하지만 이 가문의 출판·인쇄사업은 당시 펜실베이니아주의 권력을 쥐고 있던 퀘이커교도(Quaker)들의 심한 박해를 받게 되어, 브래드포드는 인쇄소를 차린 지 8년 만인 1694년 결국 인쇄소를 팔고, 필라델피아를 떠나 뉴욕으로 자리를 옮기고 말았다.

하지만 그의 아들 앤드류 브래드포드(Andrew Bradford)가 몇 년 뒤 필라델피아로 되돌아와 그의 아버지가 본래 경영했던 인쇄소를 다시 사들였다. 그리고 1719년 12월 22일 「아메리칸 위클리 머큐리」를 창간했는데, 이는 필라델피아 최초의 신문이자 또한 보스턴 밖의 지역에서 나온 최초의 신문이었다. 그러나 이 신문은 당시 보스턴에서 발행한 신문들과 체재나 내용이 비슷했으며, 다만 지방 뉴스의 처리방법이 약간 더 밝고 자유스러웠을 뿐이었는데, 매호의 지면은 2–3면 또는 4면으로, 때에 따라 면수를 다르게 발행했다.

이와 같은 「아메리칸 위클리 머큐리」를 창간한 앤드류 브래드포드는 신문기사 내용 때문에 펜실베이니아주 정부당국과 가끔 마찰을 빚었다. 하지만 몇 년 동안은 비교적 별 탈 없이 신문을 발행해 왔는데, 간혹 주정부에 대한 비판적 기사가 말썽이 되어 주지사에게 불려가서 곤욕을 치르기는 했지만, 사과를 하면 무사히 빠져나올 수 있었다.

그러나 몇 년 뒤 "자유와 세습적 권력"이라는 기사가 문제가 되었을 때는 투옥까지 당했다가 겨우 풀려났다. 그러자 앤드류 브래드포드는 주정부에 대해 더욱 비판적 필봉을 휘두르면서, 당시 영국의 비판적 신문 「카토스 레터스」(*Cato's Letters*)의 기사들을 그대로 전재하는가 하면, 정치적 자유에 관한 글들을 더 많이 실었다. 그러다가 1742년 앤드류 브래드포드가 사망하자, 그의 미망인이 약 4년 동안 「아메리칸 위클리 머큐리」를 발행하다가 폐간하고 말았다.

이렇게 해서 필라델피아 최초의 신문은 사라지고 말았다. 그러나 그 정신은 앤드류 브래드포드의 조카 윌리엄 브래드포드 3세(William Bradford III)가 창간한 「펜실베이니아 저널」(*Pennsylvania Journal*)이 이어받았는데, 앤드류 브래드포드 밑에서 일하던 그의 조카 윌리엄 브래드포드 3세는 그의 숙부 앤드류 브래드포드가 사망하자 곧 독립해서 그해(1742) 「펜실베이니아 저널」을 창간했다. 그런데 이 신문은 앞서의 「아메리칸 위클리 머큐리」보다 논조가 더 대담했으며, 영국으로부터 미국의 독립투쟁기에는 애국신문(patriot organ)으로 명성을 날리기도 하면서, 윌리엄 브래드포드 3세와 그의 아들 토머스(Thomas)가 50여 년 간이나 계속 발행했다.

• 두 번째로 「펜실베이니아 가제트」의 등장

1719년 12월 22일 「아메리칸 위클리 머큐리」가 나오자, 이를 뒤따라 필라델피아에서 또 여러 신문들이 등장했다. 그중 대표적인 것으로는 「펜실베이니아 가제트」(*Pennsylvania Gazette*)를 손꼽을 수 있는데, 이 신문은 저 유명한 벤자민 프랭클린(Benjamin Franklin)이 발행했다. 벤자민 프랭클린은 보스턴에서 그의 형 제임스와 「뉴잉글랜드 쿠란트」(1721. 8. 7. 창간)를 발행하다가 그곳 주정부의 탄압을 이기지 못해 1726년 폐간하고 필라델피아로 도망쳐 왔다. 그리하여 여러 가지 고생 끝에 유망한 젊은 인쇄업자로 기반을 잡게 된 프랭클린은 1728년 신문발행계획을 세웠는데, 당시 필라델피아에는 「아메리칸 위클리 머큐리」만 존재하면서 많은 이윤을 내고 있었기 때문이다.

그러나 벤자민 프랭클린이 새로운 신문의 창간을 계획하고 있다는 소리를 들은 새뮤얼 케이머(Samuel Keimer)라는 인쇄업자가 선수를 쳐서, 프랭클린보다 먼저 「유니버설 인스트럭터 인 올 아츠 앤드 사이언시스: 앤드 펜실베이니아 가제트」(*Universal Instructor in all Arts and Sciences: and Pennsylvania Gazette*)라는 긴 이름의 신문을 서둘러 창간했다. 그러자 당황한 프랭클린은 케이머의 신문을 넘어뜨리기 위해 그것을 '비지-보디 신문'(Busy-Body paper)이라고 부르면서 풍자하는 글을 써서 「아메리칸 위클리 머큐리」에 발표했는데, 이처럼 프랭클린이 케이머의 신문을 '비지-보디 신문'이라고 부르며 풍자한 것은 그 신문이 백과사전식 신문이었기 때문이다.

이렇게 풍자한 프랭클린의 글의 영향 때문이었는지는 모르겠으나, 케이머의 신문은 인기를 끌지 못했다. 그래서 이 신문을 케이머가 팔 의사를 비치자, 프랭클린이 1729년 가을 싼값으로 사들였다. 그리고 신문제호를 간단하게 「펜실베이니아 가제트」(*Pennsylvania Gazette*)로 고치는 동시에, 지면도 쇄신하여 생동감이 넘치는 신문으로 만들었는데, 주요 기사들은 프랭클린 자신이 직접 쓰기도 했다.

1750년대로 들어와서 「펜실베이니아 가제트」는 지면을 6페이지 내지 8페이지로 늘려 발행했다. 그러나 42세가 되던 해, 프랭클린은 공적인 일과 과학연구에 전념하기 위해 신문사 일에서 손을 떼면서, 그가 영국에서 데려온 데이비드 홀(David Hall)이라는 사람에게 신문사를 맡겼다. 그랬다가 1766년 신문사를 아예 홀에게 넘기고 말았다. 그러자 홀과 그의 아들, 손자들이 대를 이어서 「펜실베이니아 가제트」를 계속 발행하다가 1815년 폐간하고 말았다.

• 영어 이외의 외국어신문과 잡지들도 등장

위와 같은 영어신문들 이외에 필라델피아에서는 미국 최초의 외국어신문들도 등장했는데, 그 최초는 1732년 창간한 「필라델피아 차이퉁」(*Philadelphia Zeitung*)이라는 독일어신문으로, 발행인은 벤자민 프랭클린이었고 편집자 겸 역자는 루이스 티모시(Louis Timothée)였다. 그러나 이 독일어신문은 몇 호를 내다가 사라지고 말았다.

그 뒤 또 여러 개의 외국어신문들이 필라델피아와 그 인근 저먼타운(Germantown)에 나타났다. 그러나 1년 내지 2년 이상 계속 발행된 것은 오직 2개의 독일어신문뿐이었는데, 이들은 하인리히 밀러(Heinrich Miller)가 창간한 「보헨트리헤 필라델피쉐 슈타츠보테」(*Wochentliche Philadelphische Staatsbote*)와 크리스토퍼 소버(Christopher Sower)가 저먼타운에서 창간한 「도이체 차이퉁」(*Deutsche Zeitung*)이었다. 이들 중 「도이체 차이퉁」은 18세기 미국 내 외국어신문들 중에서 가장 인기가 있었는데, 이 신문의 발행인 소버는 기능분야의 천재로서 신문을 내는 일 외에도 그의 아들과 함께 제지공장, 활자주조공장, 인쇄잉크공장도 경영했다.

한편 필라델피아에서는 미국 최초의 잡지도 나왔다. 그러나 2개의 잡지가 동시에 나와서 어떤 것이 먼저인지 그 선후를 가릴 수 없는데, 잡지발행 계획을 먼저 세운 사람은 당시 필라델피아에서 「펜실베이니아 가제트」라는 신문을 발행하던 벤자민 프랭클린이었다. 하지만 프랭클린의 잡지창간 계획이 그의 경쟁자였던 「아메리칸 위클리 머큐리」라는 주간신문의 발행인 앤드류 브래드포드에게 새어 나가자 브래드포드도 잡지발간의 준비를 서둘렀다.

그 결과, 브래드포드가 창간한 「아메리칸 매거진」(*American Magazine*)이라는 잡지와 프랭클린이 창간한 「제너럴 매거진」(*General Magazine*)이라는 잡지가 1741년 1월 동시에 나오게 되었다. 따라서 이들 중 어떤 것이 미국 최초의 잡지인지를 가리기 힘드나, 「아메리칸 매거진」이 「제너럴 매거진」보다 사흘 앞서 판매를 시작했다. 그러나 이들 두 잡지는 모두 성공을 거두지 못하고 「아메리칸 매거진」은 3호, 「제너럴 매거진」은 6호를 끝으로 발행을 중단하고 말았는데, 당시 미국 사회는 잡지가 성공할 정도로 여가와 문화수준이 성숙되지 못했기 때문이다.

뉴욕에서도 신문의 등장과 수난

필라델피아에 이어 1725년에는 뉴욕시에서도 처음으로 신문이 나타났는데, 당시 뉴욕주의 중심부였던 뉴욕시는 미국 전체에서 세 번째로 큰 도시였으며, 인쇄소가 생긴 것도 미국에서 세 번째이고, 또한 신문이 생긴 것도 미국 도시들 중에서 세 번째였다. 그러나 당시 가장 독재적 주지사로 악명이 높던 뉴욕주 지사 윌리엄 코스비(William Cosby)는 신문에도 가혹한 탄압을 가했다. 그리하여 저 유명한 젱거사건(Zenger Trial)을 야기하기도 했다.

• 뉴욕 최초의 신문 「뉴욕 가제트」와 그 후속지들

뉴욕에서 처음 신문을 창간한 사람은, 필라델피아 최초의 신문인 「아메리칸 위클리 머큐리」의 창간자 앤드류 브래드포드(Andrew Bradford)의 아버지 윌리엄 브래드포드(William Bradford)였다. 앞서 말했듯이 필라델피아에서 퀘이커교도들의 심한 탄압을 받던 윌리엄 브래드포드는, 뉴욕주 평의회에서 뉴욕주정부의 인쇄업자로 오라는 제의를 받자 기꺼이 뉴욕으로 와서 맨하탄섬에 1693년 인쇄소를 차렸다. 그리고 아들 앤드류와 함께 인쇄소를 운영했는데, 몇 년 후 앤드류는 필라델피아로 돌아가 인쇄업에 종사하면서 1719년 「아메리칸 위클리 머큐리」를 창간하여 성공을 거두었다.

그러자 이와 같은 아들의 성공을 본 윌리엄 브래드포드는 자신도 뉴욕에서 신문을 내기로 결심하고, 1725년 11월 8일 「뉴욕 가제트」(*New York Gazette*)를 창간했는데, 이것이 뉴욕에서 나온 최초의 신문이었다. 그러나 당시 「뉴욕 가제트」는 아주 보잘것없는 신문이었다. 6×10인치(15.24×25.4cm) 정도의 조그만 종이에 조잡하게 인쇄한 2면짜리 이 신문은, 3개월 내지 6개월이나 지난 낡은 외국 뉴스들, 선편의 발착시간과 그 선박들의 명단, 고작 두세 개의 광고만 실었다.

그럼에도 불구하고, 「뉴욕 가제트」는 거의 20년 동안 계속 발행하다가 1743년 윌리엄 브래드포드가 80세 고령으로 은퇴하면서 그의 부하 헨리 드포리스트(Henry DeForest)에게 넘겨주었다. 드포리스트는 「뉴욕 가제트」를 약 2년 동안 그대로 발행하다가 1745년 폐간과 동시에 「뉴욕 이브닝-포스트」(*New York Evening-Post*)라는 석간신문을 창간해서 6년 동안 발행하다가 1751년 폐간했다.

• 젱거의 「뉴욕 위클리 저널」 창간과 수난

1733년 11월 5일 뉴욕에서 「뉴욕 위클리 저널」(*New York Weekly Journal*)이라는 또 하나의 신문이 등장했는데, 이는 존 피터 젱거(John Peter Zenger)라는 사람이 창간한 것이었다. 젱거는 소년시절에 독일의 팔라티나트(Palatinate)에서 미국으로 건너온 가난한 이민으로, 뉴욕의 윌리엄 브래드포드 인쇄소에서 일하며 인쇄술을 배운 후 독립해서 인쇄소를 차렸다. 그리하여 인쇄업을 하면서 친교를 맺은 자유주의 인사들의 권장에 따라 「뉴욕 위클리 저널」을 창간했다. 그러나 젱거는 문장력이 없었기 때문에 자유주의자인 젊은 변호사 제임스 알렉산더(James Alexander)를 비상임 편집인으로 앉히고, 친우들의 도움을 받아 소형 4면짜리 주간신문 「뉴욕 위클리 저널」을 발행했다.

이 신문은 첫 호부터 당시 뉴욕주 지사 윌리엄 코스비를 비판하는 기사를 싣기 시작했는데, 코스비는 지사로 부임하자마자 자신의 급료문제로 주평의회와 싸움을 벌이는가 하면, 주상급법원을 마음대로 쥐고 흔들기 위해 주상급법원장을 내쫓고 자신의 신복 제임스 딜랜시(James Delancy)라는 젊은 사람을 그 자리에 앉혀 놓았기 때문이다. 따라서 젱거의 「뉴욕 위클리 저널」은 코스비의 여러 가지 잘못들을 비난하고 또한 대의정치를 주창하는 글들을 게재하면서 뉴욕 주정부 반대파의 대변지 역할을 했다.

그러자 주지사 코스비와 그의 친정부파 인사들은 젱거의 「뉴욕 위클리 저널」을 없애 버리기로 결정하고, 코스비의 신복인 주법원장 딜랜시로 하여금 1734년 4월 대배심원단(grand jury)을 소집하여 젱거를 '폭동선동적 명예훼손죄'(seditious libels)로 기소토록 했다. 그러나 이를 대배심원단이 거부하자, 그해 10월 다시 대배심원들에게 젱거를 기소토록 압력을 가했다가 또 거부당하고 말았다. 그러자 코스비와 그 일당인 주평의회는 젱거를 처벌하기 위한 여러 가지 방법들을 강구했다. 그러나 성공할 수 없게 되자, 같은 해 11월 코스비는 직접 체포영장을 발부하여 젱거를 투옥시켜 버렸다.

이렇게 해서 투옥된 젱거는 딜랜시 판사의 보석제의도 거부한 채 9개월 동안 감옥에 갇혀 있었다. 그러면서도 투옥 직후 단 한 호만 결행했을 뿐, 계속해서 신문을 발행했는데, 이는 젱거가 감옥 창문을 통해 그의 부인과 종업원들에게 신문편집계획을 지시해 주었기 때문이다.

• 젱거에 대한 재판과 언론자유의 개가

1735년 8월 4일 드디어 젱거는 재판을 받기 위해 주법원 재판정으로 불려 나왔다. 재판정은 젱거를 동정하여 몰려온 시민들로 꽉 들어찼다. 판사들이 붉은 옷에 하얀 가발을 쓰고 위엄도 당당하게 입정했으나, 이들 판사들보다 더 방청객들의 눈길을 끈 사람은 재판석 앞에 앉아 있는 백발의 낯선 사람이었다. "저 사람이 젱거의 변호를 위해 필라델피아에서 온 변호사래"라고 소근거리는 소리가 방청석 한구석에서 들려왔는데, 이는 사실이었다. 젱거를 위해 그의 친구들이 당시 식민지 미국에서 가장 유명한 80세의 노변호사 앤드류 해밀턴(Andrew Hamilton)을 필라델피아에서 뉴욕으로 불러왔던 것이다.

재판이 시작되자, 주정부 검사가 일어나서 "젱거가 문제의 신문을 발행하고 있다는 사실을 인정했으므로 본 재판은 이미 끝난 것과 마찬가지다"라고 주장했다. 이러한 검사의 주장에 대해 변호사 해밀턴이 "말 자체가 명예훼손적,

즉 거짓이고 스캔들적이며 선동적이라고 해서 유죄라고는 할 수 없다"면서 항변하려 하자, 재판장 딜랜시가 그의 말을 막으면서 "젱거가 유죄라는 증거사실들을 인정했다"고 말했다. 이에 해밀턴은 다시 "그러한 신문을 발행했다는 사실의 인정이 반드시 명예훼손이냐, 아니냐"에 대해 따지려 들자 재판장은 다시 그의 말을 막으면서 "사법부의 의견에 대해 이러쿵저러쿵 논란하는 행위는 용납하지 않겠다"고 소리쳤다.

그러자 해밀턴은 "고맙다"고 재판장에게 머리를 숙여 인사한 뒤, 배심원단을 향해 돌아서서 "배심원 여러분! 저는 이제 여러분께 호소할 수밖에 없습니다"라고 말문을 열면서 굳은 신념에 찬 목소리로 저 유명한 연설을 시작했다. 해밀턴은 배심원들에게, 젱거의 신문기사내용이 진실임을 밝혀 주는 증인이 되어 달라고 호소하는 한편, 무법적 권력자를 공공연하게 비난하며 그러한 통치자들의 전횡을 막는 길은 오직 자유를 사랑하는 길뿐이라고 역설했다([참고자료] 참조).

이러한 연설을 끝내고 해밀턴이 자리에 앉자, 재판장은 배심원들에게 은근히 위협을 가하는 말을 했다. 배심원들이 투표를 하기 위해 재판정 밖으로 나갔다가 곧 돌아와서 "젱거에게 무죄평결을 내렸다"고 재판장에게 보고했다. 그 순간 재판정의 방청객들은 모두 일어나 만세를 부르면서 서로 얼싸안았다. 재판장 딜랜시는 재판봉으로 책상을 마구 두드리며, 조용히 하지 않는 자는 감옥으로 보내겠다고 고함을 쳐댔다.

그날 밤, 뉴욕시 블랙호스 주점(Black Horse Inn)에서는 해밀턴을 위한 축하파티가 벌어졌다. 하지만 그 자리에 젱거는 참석하지 못했는데, 그는 이튿날에야 석방됐기 때문이다. 그러나 이튿날 아침, 해밀턴이 필라델피아로 떠날 때는 젱거도 참석하여 해밀턴이 탄 배가 저 멀리 사라질 때까지 눈물을 흘리고 서 있었다. 그때 뉴욕항구에는 축포가 울려 퍼지고 있었다. 그 뒤 뉴욕시의회에서는 황금상자에 든 '시의 열쇠'를 만들어 해밀턴에게 보냈다.

[참고자료]

젱거의 변호를 위한 해밀턴 변호사 연설

권력은 커다란 강에 비유할 수 있습니다. 만약 강물이 제 길대로 조용히 흘러간다면 그것은 아름답고 우리에게 유용한 것이 됩니다. 그러나 강물이 제방을 넘어서 아무 곳으로나 거세게 흘러가게 된다면, 그리고 우리가 그러한 물길을 제대로 잡을 수 없다면, 그것은 모든 것을 파괴하고 황폐시키게 됩니다. 권력의 본질도 이와 마찬가지입니다. 따라서 우리는, 권력이 자유를 위해 유용하게 쓰이도록 우리의 최선을 다해야 되겠습니다. 그것만이 불법적 권력을 막는 보루입니다.

[…]

여러분이 보시는 바와 같이, 본인은 여러 해 동안 힘든 일들을 해 오다 보니 이제는 몸도 늙고 쇠약해졌습니다. 비록 이렇게 늙고 쇠약해졌으나, 권력자들의 불법적 행위를 비판하고 또는 불평했다고 해서 그러한 시민의 자유를 박탈하려고 힘없는 사람들을 처벌하려는 경우가 있고, 또한 그러한 경우에 불쌍한 사람들이 본인의 도움을 요청한다면, 그곳이 이 대륙의 어느 곳에 위치해 있더라도 본인은 기꺼이 달려갈 생각이며, 그것은 본인에게 주어진 의무로 알고 있습니다.

[…]

현재 이 법정과 그리고 배심원 여러분 앞에 놓여 있는 이 문제는 결코 조그맣고 개인적인 문제가 아닙니다. 또한 저 가련한 인쇄업자만의 문제도 아니고 뉴욕주만의 문제도 결코 아닙니다. 절대로 아닙니다. 그 결과에 따라, 이 문제는, 현재 영국의 통치 아래 살고 있는 전 미국대륙의 자유민 모두에게 영향을 미치게 될 실로 중대한 문제입니다. 이것은 저 자유… 진실을 말하고 글로 씀으로써 전횡적 권력의 잘못을 폭로하는 동시에 그것에 반대할 수 있는 자유, 바로 그런 자유에 관한 문제입니다.

〈"Freedom of the Press Vindicated," *Harper's Monthly Magazine*, July, 1878〉에서 인용

• 젱거사건 이후 「뉴욕 위클리 저널」의 실태

뉴욕에서 위와 같은 언론자유의 승리는 미국은 물론, 영국에까지 커다란 영향을 미치게 되었다. '젱거사건'(Zenger Trial)이라고 부르는 이 재판은 언론자유의 중요성을 일반인들에게 인식시켜 주었을 뿐 아니라, '자유'라는 개념의 확산과 발전에도 크게 기여했다. 그러나 젱거에 대한 재판이 있은 다음 해, 악명 높던 코스비 뉴욕지사가 사망하자, 코스비에 대한 젱거의 정치적 투쟁도 시들

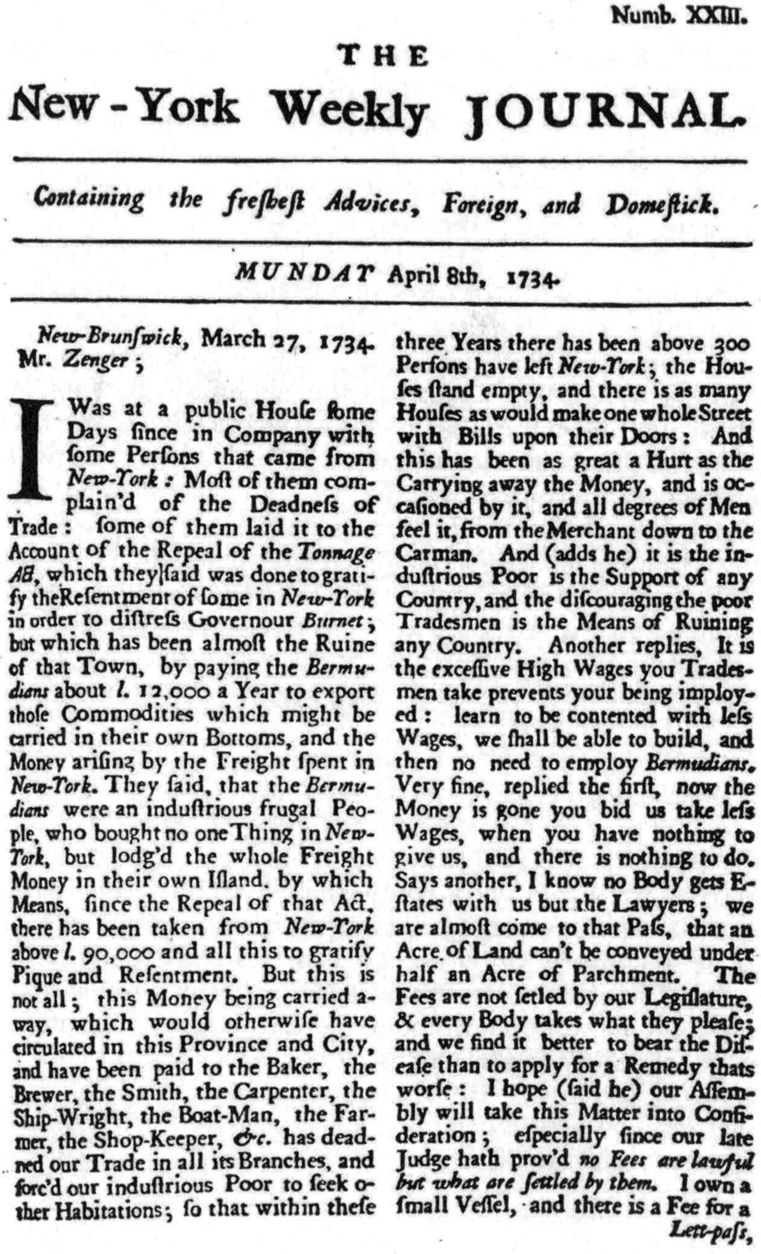

Numb. XXIII.

THE

New-York Weekly JOURNAL.

Containing the freſheſt Advices, Foreign, and Domeſtick.

MUNDAY April 8th, 1734.

New-Brunſwick, March 27, 1734.
Mr. *Zenger*;

I Was at a public Houſe ſome Days ſince in Company with ſome Perſons that came from *New-York*: Moſt of them complain'd of the Deadneſs of Trade: ſome of them laid it to the Account of the Repeal of the *Tonnage Act*, which they ſaid was done to gratify the Reſentment of ſome in *New-York* in order to diſtreſs Governour *Burnet*; but which has been almoſt the Ruine of that Town, by paying the *Bermudians* about *l.* 12,000 a Year to export thoſe Commodities which might be carried in their own Bottoms, and the Money ariſing by the Freight ſpent in *New-York*. They ſaid, that the *Bermudians* were an induſtrious frugal People, who bought no one Thing in *New-York*, but lodg'd the whole Freight Money in their own Iſland, by which Means, ſince the Repeal of that Act, there has been taken from *New-York* above *l.* 90,000 and all this to gratify Pique and Reſentment. But this is not all; this Money being carried away, which would otherwiſe have circulated in this Province and City, and have been paid to the Baker, the Brewer, the Smith, the Carpenter, the Ship-Wright, the Boat-Man, the Farmer, the Shop-Keeper, *&c.* has deadned our Trade in all its Branches, and forc'd our induſtrious Poor to ſeek other Habitations; ſo that within theſe three Years there has been above 300 Perſons have left *New-York*; the Houſes ſtand empty, and there is as many Houſes as would make one whole Street with Bills upon their Doors: And this has been as great a Hurt as the Carrying away the Money, and is occaſioned by it, and all degrees of Men feel it, from the Merchant down to the Carman. And (adds he) it is the induſtrious Poor is the Support of any Country, and the diſcouraging the poor Tradesmen is the Means of Ruining any Country. Another replies, It is the exceſſive High Wages you Tradesmen take prevents your being imployed: learn to be contented with leſs Wages, we ſhall be able to build, and then no need to employ *Bermudians*. Very fine, replied the firſt, now the Money is gone you bid us take leſs Wages, when you have nothing to give us, and there is nothing to do. Says another, I know no Body gets Eſtates with us but the Lawyers; we are almoſt come to that Paſs, that an Acre of Land can't be conveyed under half an Acre of Parchment. The Fees are not ſetled by our Legiſlature, & every Body takes what they pleaſe; and we find it better to bear the Diſeaſe than to apply for a Remedy thats worſe: I hope (ſaid he) our Aſſembly will take this Matter into Conſideration; eſpecially ſince our late Judge hath prov'd *no Fees are lawful but what are ſettled by them.* I own a ſmall Veſſel, and there is a Fee for a *Lett-paſs*,

〈그림 1-4〉「뉴욕 위클리 저널」 제23호(1734. 4. 8) 제1면(판면의 크기: 14.2×25.4cm)

어 가게 되었다.

그러자 젱거의 「뉴욕 위클리 저널」은 현지 뉴스보다는 외국 뉴스와 영국 잡지들에서 초록한 피처기사들을 주로 실으면서 계속 발행했다. 「뉴욕 위클리 저널」의 창간 초기, 젱거는 자유주의자들의 이용물이 되기도 했으나, 점차 진정한 언론인이 되어 죽을 무렵에는 신문편집 능력도 대단히 훌륭해졌다. 그가 무죄석방 이후 11년 뒤인 1746년 사망하자 그의 미망인이 「뉴욕 위클리 저널」을 이어받아서 발행하다가 그 뒤는 그의 아들이 맡아서 1751년까지 계속 발행했으나 재정적 후원자를 얻지 못해서 폐간하고 말았다.

• 뉴욕에서 그 외 신문들의 창간과 폐간

1751년 젱거의 「뉴욕 위클리 저널」이 폐간되고, 이듬해에는 「뉴욕 이브닝-포스트」(*New York Evening-Post*)도 발행을 중단했는데, 이 신문은 뉴욕 최초의 신문 「뉴욕 가제트」의 창간자 윌리엄 브래드포드가 1743년 은퇴하면서 그의 부하 헨리 드포리스트(Henry DeForeest)에게 「뉴욕 가제트」를 넘겨주자, 이를 2년 동안 그대로 발행하다가 1745년 폐간과 동시에 새로 창간한 것이었다. 그러나 이 「뉴욕 이브닝-포스트」도 「뉴욕 위클리 저널」의 폐간 다음 해 폐간하고 말았다. 그러자 뉴욕시에는 「뉴욕 위클리 포스트-보이」(*New York Weekly Post-Boy*)라는 신문만 남게 되었는데, 이는 1743년 윌리엄 브래드포드가 은퇴하자, 그의 밑에서 일하던 제임스 파커(James Parker)가 「뉴욕 가제트」에서 나와서 창간한 것이었다.[8]

파커는 윌리엄 브래드포드가 맡았던 정부간행물의 인쇄일도 인계받아서 계속했는데, 파커는 당시 미국의 인쇄업자들 중에서 가장 유능한 사업가로, 「뉴욕 위클리 포스트-보이」의 창간 이후, 벤자민 프랭클린과 동업으로 코네티컷과 뉴저지에서 각각 최초의 신문을 창간했는가 하면, 뉴저지에서 인쇄업도 병행했다. 그런가 하면, 파커는 윌리엄 웨이만(William Weyman)이라는 사람을 동업자로

---

8 그러므로 윌리엄 브래드포드의 「뉴욕 가제트」는 그의 두 명의 도제들인 헨리 드포리스트의 「이브닝-포스트」와 제임스 파커의 「위클리 포스트-보이」로 승계되었다고 말할 수 있다.

끌어들여, 「뉴욕 위클리 포스트-보이」를 확장하면서 1752년 제호를 「뉴욕 가제트 오어 더 위클리 포스트-보이」(*New York Gazette or the Weekly Post-Boy*)로 바꾸었는데, 당시 뉴욕시에는 이 신문만이 존재했기 때문에 곧 크게 성장했다.

그러자 이 신문사에서 일하던 휴 게인(Hugh Gaine)이라는 아일랜드 출신의 젊은 인쇄업자가 1753년 「뉴욕 머큐리」(*New York Mercury*)라는 신문을 창간하여 뉴욕시에는 2개의 신문이 존재하게 되었다. 「뉴욕 머큐리」는 창간 이후 1760년까지는 종종 대형판 6면 중 5개 면을 광고로 채우기도 하면서 사업상 커다란 성공을 거두었다. 또한 현 컬럼비아대학의 전신인 킹스대학(King's College)의 운영권을 둘러싸고 감리교회파와 장로교파가 「뉴욕 머큐리」를 이용하여 지상논쟁을 벌일 때 양쪽에서 게재료를 받아서 톡톡히 재미를 보기도 했다.

1759년 「뉴욕 가제트」(*New York Gazette*)라는 새 신문이 나와서 뉴욕시의 신문은 모두 3개로 늘어났는데, 새로 나온 「뉴욕 가제트」는 윌리엄 웨이만이 창간한 것이었다. 웨이만은 앞서 말했듯이 제임스 파커와 함께 「뉴욕 위클리 포스트-보이」를 확장하여 「뉴욕 가제트 오어 더 위클리 포스트-보이」로 개제해서 발행하던 동업자였는데, 파커와 웨이만은 신문의 독립성(중립성)을 내세우면서 「뉴욕 가제트 오어 더 위클리 포스트-보이」에 대담한 비판기사들을 실었다. 그러다가 두 사람이 함께 뉴욕주 당국에 체포되어 곤혹을 치르면서 서로 간에 금이 가기 시작하자 웨이만이 파커와 결별하고, 1759년 혼자서 「뉴욕 가제트」라는 신문을 창간했던 것이다. 그러나 이 신문은 8년 동안 발행하다가 1767년 중단하고 말았다.

남부 지방에서도 각종 신문 출현

뉴욕에 이어 1727년에는 13개 식민주 중에서 네 번째로 메릴랜드주의 애나폴리스(Annapolis)에서 「메릴랜드 가제트」(*Maryland Gazette*)라는 신문이 등장했다. 그 뒤를 이어 남부 지방 여러 주에서도 신문이 출현했다.

• 메릴랜드 최초로 「메릴랜드 가제트」의 등장

영국식민지 시대에 미국의 남부 지방이라고 하면 메릴랜드주에서 조지아주까지 5개의 주들, 즉 메릴랜드 · 버지니아 · 노스캐롤라이나 · 사우스캐롤라이나 · 조지아주를 말하는데, 이들 남부 지방에는 일찍부터 대규모 농장들이 들어선 까닭에 큰 도시들이 없었다. 때문에 신문도 비교적 뒤늦게 나오게 되었다. 그러나 메릴랜드주만은 예외로서, 이 주는 이미 1727년 13개 식민주 중에서 네 번째로 신문을 갖게 되었다.

메릴랜드주에서 처음 나온 신문은 1727년 윌리엄 파크스(William Parks)가 애나폴리스에서 창간한 「메릴랜드 가제트」였는데, 이 신문의 창간자 파크스는 재능과 학식을 겸비한 인물로 문필력도 뛰어났다. 따라서 「메릴랜드 가제트」의 뉴스기사들은 문장이 아주 깔끔한 데다가 특히 문예란이 훌륭했으며, 미국신문들 중 최초로 '공정한 중개자'(Plain Dealer)라는 표제의 고정칼럼을 설치하여 수필들을 연재하기도 했다. 그리하여 「메릴랜드 가제트」는 다른 주의 신문들보다 뛰어나다는 평가를 받았다.

그러나 파크스가 버지니아주에 인쇄소를 차리면서 애나폴리스의 「메릴랜드 가제트」는 그의 동업자에게 맡겨 운영하다가 1734년 폐간하고 말았다. 이로부터 11년 후인 1745년 애나폴리스에서 또 「메릴랜드 가제트」라는 제호의 신문이 등장했는데, 이는 조나스 그린(Jonas Green)이 창간한 것으로, 100여 년 동안 계속 발행하다가 1839년 폐간했다.

• 노스 · 사우스캐롤라이나주에서도 각각 신문 출현

1730년대 초반에는 당시 미국에서 가장 남쪽에 위치해 있던 사우스캐롤라이나주에서도 신문이 등장했다. 1733년 사우스캐롤라이나주 의회가 정부간행물 인쇄업자를 모집한다는 광고를 내자 당시 필라델피아에서 인쇄업을 하면서 「펜실베이니아 가제트」라는 신문을 발행하던 벤자민 프랭클린이 그의 부하 한 사람을 사우스캐롤라이나주로 보내서 인쇄소를 차렸다. 그리고 이듬해 「사우스-캐롤라이나 가제트」(*South-Carolina Gazette*)라는 신문을 찰스턴(Charleston)에서 발행하기 시작했는데, 이것이 곧 사우스캐롤라이나주에서 처음 나온 신문이었다.

그러나 이 신문을 맡아서 발행하던 사람이 병사하자, 프랭클린은 그와 함께 「필라델피아 차이퉁」(독일어신문)을 발간했던 루이스 티모시(Louis Timothée, 후에 Lewis Timothy로 바꿈)를 다시 파견하여 신문을 맡게 했다. 하지만 티모시도 4년 만에 죽자, 그의 아들 피터 티모시(Peter Timothy)가 발행인 겸 편집인이 되었다가 그 뒤에는 그의 미망인, 그의 손자 벤자민 프랭클린 티모시의 순으로 발행인이 바뀌어 가면서 19세기 초까지 발행했다.

이처럼 사우스캐롤라이나주에서는 1734년부터 「사우스-캐롤라이나 가제트」라는 신문이 나왔으나, 노스캐롤라이나주에서는 1750년대 직전까지도 신문이 나오지 않았다. 그러다가 주정부가 버지니아주에서 제임스 데이비스(James Davis)라는 사람을 공공간행물 인쇄업자로 초청해 오자, 그가 1751년 뉴베른(New Bern)에서 「노스-캐롤라이나 가제트」(*North-Carolina Gazette*)라는 신문을 창간했다. 그리하여 노스캐롤라이나주도 신문을 갖게 되었는데, 이 신문은 미국 독립전쟁 시까지 계속 발행했다.

• 버지니아주 최초의 「버지니아 가제트」 창간

한편 버지니아주에서는 1736년 「버지니아 가제트」(*Virginia Gazette*)라는 신문이 처음 나왔는데, 버지니아주는 1682년 윌리엄 버클리(William Berkeley)가 미국 대륙에서 두 번째 인쇄소를 차렸던 곳이다. 그러나 당시는 인구가 그리 많지 않아 신문이 나올 여건이 되지 못했다. 하지만 그 뒤 인구가 점차 증가하여, 1730년대 초반에는 당시 미국의 13개 식민주들 중에서 인구가 가장 많은 주가 되었다. 그러면서 인쇄물의 수요도 크게 증가하자, 버지니아주 당국은 당시 메릴랜드주 애나폴리스에서 「메릴랜드 가제트」를 발행하던 윌리엄 파크스(William Parks)를 초청하여 윌리엄스버그(Wiliamsburg)에 인쇄소를 차리게 했다.

이렇게 해서 파크스는 버지니아주 윌리엄스버그에 인쇄소를 설립하여 운영하는 한편, 신문발행에도 손을 대서 1736년 「버지니아 가제트」를 창간하게 되었는데, 이 신문은 「메릴랜드 가제트」와 마찬가지로 매우 훌륭했으며 특히 문예면이 돋보였다. 그러나 1750년 파크스가 사망하자, 윌리엄 헌터(William Hunter)가 「버지니아 가제트」를 맡아 10여 년 동안 발행하다가 그 뒤 경영권이 여러 사람 손으로 넘어가면서 한때는 잠시 휴간까지 했다. 그러다가 신문사를 리치몬드(Richmond)로 이전하여 18세기 말까지 존속했다.

• 조지아주에서는 1763년에야 최초의 신문 등장

버지니아주에 이어 조지아주에서도 신문이 탄생했으나, 미국 남부 지방의 5개 주들 가운데서 가장 늦게 1763년에야 신문이 나왔다. 이 신문은 「조지아 가제트」(*Georgia Gazette*)였으며, 창간자는 영국 스코틀랜드 출신의 인쇄업자 제임스 존스턴(James Johnston)이었는데, 당시 존스턴은 조지아주 지정 인쇄업자로 서적상도 겸하고 있었다.

「조지아 가제트」의 창간 2년 뒤인 1765년 영국식민지정부가 인지세법(Stamp Act)을 공포하자, 이에 반대해 「조지아 가제트」는 잠시 발행을 중단했으며, 독립전쟁기간에도 발행을 중단하기도 했다. 「조지아 가제트」는 40여 년 동안 존속하다가 폐간하고 말았다.

뉴잉글랜드 코네티컷주에서도 신문 출현

위와 같이 1727년부터는 남부 지방의 여러 주에서도 신문이 나타났으나, 이상하게도 뉴잉글랜드 지방에서는 매스추세츠주의 보스턴에서만 일찍부터 신문이 발달했고, 그 밖의 5개 주의 도시들에서는 1730년대에 와서야 신문이 발행되기 시작했다. 매사추세츠주를 제외한 뉴잉글랜드 지방의 5개 주들 중에서 맨 처음 신문이 나온 곳은 로드아일랜드주로서, 1732년 「로드-아일랜드 가제트」(*Rhode-Island Gazette*)라는 신문이 창간되었다.

다음으로 1755년 코네티컷주 뉴헤븐에서도 「코네티컷 가제트」(*Connecticut Gazette*)라는 신문이 나왔는데, 이는 당시 뉴욕시에서 「뉴욕 위클리 포스트-보이」(*New York Weekly Post-Boy*)라는 신문을 발간하던 제임스 파커(James Parker)가 창간한 것이었다. 파커가 뉴헤븐에서도 신문을 내게 된 것은, 한때 그의 동업자였던 벤자민 프랭클린이 당시 우정성차관으로 있으면서 파커를 뉴헤븐우편국장으로 임명했기 때문이다. 그러나 파커는 주로 뉴욕에 체류하며 그의 부하를 시켜 뉴헤븐우편국과 「코네티컷 가제트」를 경영하며 인쇄소도 운영했다. 그러다가 1764–65년간에 15개월 동안이나 「코네티컷 가제트」를 휴간했다가 속간하여, 프랭클린의 조카 벤자민 메콤(Benjamin Mecom)이 약 3년 동안 운영하다가 발행을 중단하고 말았다.

1758년에는 코네티컷주의 항구도시 뉴런던(New London)에서도 신문이 처음 나왔는데, 뉴런던에는 식민지 초기에 케임브리지에서 인쇄소를 경영한 새뮤얼 그린(Samuel Green) 가문의 일원이 일찍이 인쇄소를 설치하여 여러 가지 간행물들을 출판하고 있었다. 그럼에도 불구하고 신문은 나오지 않다가 1758년에 와서야 티모시 그린 2세(Timothy Green, Jr.)가 「뉴런던 서머리」(*New London Summary*)라는 조그만 신문을 처음 창간했다. 그리하여 5년 동안 착실히 발행해 오다가 1763년 티모시 그린 2세가 사망하자 그의 아들 티모시 그린 3세가 신문제호를 「뉴런던 가제트」(*New London Gazette*)로 바꾸어 8년 동안 발행하다가 1771년 폐간하고 말았다.

이에 앞서 1762년에는 코네티컷주 프로비던스(Providence)에서도 윌리엄 고다드(William Goddard)가 「프로비던스 가제트」(*Providence Gazette*)라는 신문을 창간해서 1825년까지 계속 발행했는데, 이 신문의 창간자 고다드는 그 후 뉴욕·필라델피아·볼티모어에서도 신문사를 경영했으며, 독립혁명시기에는 우편제도의 발전에 큰 공헌을 했다. 한편 1764년 코네티컷주 하트포드(Hartford)에서도 「코네티컷 쿠란트」(*Connecticut Courant*)라는 신문이 나왔는데, 이는 당시 뉴런던에서 「뉴런던 가제트」를 발행하던 티모시 그린 3세의 동생 토머스 그린(Thomas Green)이 창간한 것으로, 1914년까지 계속 발행되다가 제호가 「하트포드 쿠란트」(*Hartford Courant*)로 바뀌었다.

5. 생성 초기 신문들의 여러 가지 양태

위와 같이 보스턴·필라델피아·뉴욕 이외의 여러 지역에서도 신문이 나타나기 시작하여 1765년 1월 현재 13개 식민주들 가운데 중부의 2개 주, 즉 델라웨어주와 뉴저지주를 제외한 11개 주에서 모두 신문을 갖게 되었으며, 신문의 종수는 모두 23개에 달하게 되었다. 당시 미국의 주요 도시 대부분이 대서양 연안 항구에 위치해 있었기 때문에 1765년 이전에 창간한 신문들도 그 4분의 3이 항구도시에서 발행되었다. 그러면 1690년 「퍼블릭 오커렌시스」의 창간 이후, 1765년 미국신문들도 영국으로부터의 독립투쟁을 시작하기까지 75년 동안에 나왔던 초기 신문들은 어떤 모습들을 지니고 있었는가?

초기 신문들의 발행인 · 편집인 · 인쇄인

우선 발행인과 편집자들부터 살펴보면, 이들은 거의 대부분이 인쇄업자들이었는데, 당시 유럽과 미국에서는 인쇄소 주인인 도인쇄공(master printer)들이 부업으로 신문도 발행하는 것이 관례였기 때문이다. 그래서 이들은 인쇄소를 경영하면서 영리를 위해 부업으로 신문도 발행하며 편집을 직접 맡기도 했다.

• 대부분 인쇄업자들이 신문발행과 편집을 겸해

이와 같이 미국 초기의 신문발행인과 편집자들은 거의가 인쇄업자들이었다. 그러나 물론 예외도 없지 않았는데, 예컨대 보스턴의 「퍼블릭 오커렌시스」는 커피 하우스 주인 겸 출판인이 편집·발행했고, 「보스턴 뉴스-레터」와 「보스턴 가제트」는 우편국장이 편집·발행했고, 「보스턴 위클리 리허설」은 변호사가 편집했다.

하지만 이러한 몇몇 신문들을 제외하고, 1765년 이전의 미국신문 대부분은 인쇄업자들이 편집·발행하면서, 부하 인쇄공(journeyman-printer)들과 함께 해당 지역 뉴스를 취재하여 기사를 직접 쓰기도 했다. 따라서 인쇄소 주인들은 신문발행인·편집인·인쇄인·도인쇄공·신문경영인·기자 등을 모두 겸한 셈이 되었다. 그러나 이들은 본래가 인쇄업자였기 때문에 신문을 발행하는 이외에 책도 출판하고, 인쇄물도 주문받아서 인쇄해 주었으며, 정부간행물지정인쇄업자인 경우는 우편국장까지 겸하기도 했다.

그런가 하면, 서점도 경영하면서 자신들이 출판한 책들을 팔기도 하고, 유럽에서 각종 서적들을 수입해다가 팔기도 했으며, 심지어는 잡화상까지 겸한 경우도 있었다. 이를 통해서도 엿볼 수 있듯이 당시 대부분의 신문발행인 겸 편집자들은 오직 영리를 목적으로 신문을 발행했다. 이러한 신문발행인 겸 편집인들 중에는 벤자민 프랭클린(Benjamin Franklin), 윌리엄 파크스(William Parks), 제임스 파커(James Parker) 등과 같은 유능한 인물들도 있었으나, 무식하고 책임감 없는 사람들도 적지 않았다.

• 인쇄업은 10여 년 간의 도제교육을 통해 배워

한편 이들 인쇄업자 겸 신문발행인들은 거의 대부분이 영국을 비롯한 유럽대륙에서 미국으로 건너온 사람들이었다. 이들 밑에서 도제 노릇을 하면서 인쇄술을 배운 사람들이 뒤에는 신문을 발행하게 되었는데, 이러한 사람들로는 벤자민 프랭클린, 윌리엄 브래드포드(William Bradford) 등을 들 수 있다.

당시에 인쇄술을 배우기 위해서는 인쇄소에 들어가서 약 10년 동안 도제교육을 받아야만 했다. 도제교육은 보통 12세 정도에 시작하여 21세가 될 때까지 계속되었는데, 일단 도제가 되면 주인의 법적 하인으로 취급되었다. 그리하여 고된 일 때문에 도망치더라도 강제로 주인에게 돌려보내졌는데, 18세기의 유명한 미국신문인들 중에서 벤자민 프랭클린, 이사이아 토머스(Isaiah Thomas), 제임스 파커 등도 모두 어린 시절에 인쇄업자들의 도제 노릇을 하다가 도망쳤던 경험이 있다.

하지만 일단 도제기간이 끝나면, 도제들은 자유로운 인쇄기능공(journeyman)이 되어 자신이 원하는 인쇄소에 취직하거나 인쇄소를 차리게 되었다. 그러나 인쇄소를 바로 차리는 것은 쉽지 않았는데, 당시 인쇄소를 새로 차리려면 75 내지 100파운드가 필요했으며, 중고인쇄시설을 산다고 하더라도 50파운드가 필요했으나, 이만한 돈을 벌기에는 인쇄공의 급료가 너무 낮았기 때문이다. 예컨대, 1745년 휴 게인(Hugh Gaine)이 도제교육을 막 끝내고 뉴욕의 제임스 파커 인쇄소에 취직했을 때, 1주일에 겨우 9실링을 받았다. 그러나 그는 6년 뒤 자신의 인쇄소를 차렸으며, 1753년에는 「뉴욕 머큐리」(*New York Mercury*)라는 신문까지 창간했다.

초기 신문들에 나타난 주요 뉴스기사들

다음으로 1765년 이전의 초기 신문들에 나타난 기사들을 보면, 당시에도 여러 가지 다양한 기사들과 광고들을 실으면서, 신문의 4대 주요 기능들, 즉 보도기능, 지도기능(논평·해설기능), 오락기능, 광고기능을 어느 정도 수행했다. 그러나 당시에도 보도기능을 위한 뉴스기사(news articles)들이 가장 큰 비중을 차지했으며, 다음은 광고(advertisements)였고, 논평과 해설기사(editorials) 및 흥밋거리 피처기사(interesting features)는 매우 적었다.

• 뉴스보도기사들의 주요 내용

우선 뉴스보도기사들부터 살펴보면 유럽에 관한 것들이 가장 큰 비중을 차지했으며, 그중에서도 특히 정치와 전쟁에 관한 것들, 예컨대 왕위계승을 둘러싼 오스트리아전쟁, 영국에서 제임스 2세의 아들과 손자 간의 왕위쟁탈전, 7년 전쟁 등에 관한 것들이 가장 많았다. 또한 영국에서 조지 왕의 즉위, 내각 멤버들의 등장과 퇴진, 재판 등에 관한 뉴스도 큰 비중을 차지했다. 그리고 영국에서 일어난 각종 범죄·재해·기이한 사건들에 관한 뉴스도 심심치 않게 실렸다. 그러나 언제나 제1면을 장식한 것은 영국왕실의 각종 포고문과 영국의회에서의 각종 연설들이었는데, 이는 영국의 신문들에서와 마찬가지로 일종의 관례 때문이기도 했다.

다음으로는 미국에 관한 뉴스들도 많이 실었으나, 이들은 거의가 정치와 행정에 관한 것들이었으며, 그중에서도 특히 주지사와 국민당원들 간의 갈등에 관한 뉴스가 큰 비중을 차지했다. 이러한 기사들은 2개 면에 걸쳐 크게 보도되기도 했는데, 당시 대부분의 미국신문들은 원하든 또는 원하지 않든 간에 각종의 정치적 갈등 내지 암투에 개입되어 있었기 때문이다. 그러나 정치적 통제 때문에 주요 뉴스를 보도하지 못하는 경우도 많았는데, 예컨대 브래드포드의 「뉴욕 가제트」를 보면 존 피터 젱거의 재판사건에 대한 보도가 전혀 나와 있지 않다. 하지만 통제대상이 아닌 정치연설 · 포고문 · 공지사항 등은 신문들이 거의 무조건 게재함으로써, 다른 주요 기사들이 경시되는 결과까지 야기했다.

당시 미국신문들을 보면, 미국대륙에서 영국과 프랑스 간의 전쟁, 인디언과의 전쟁에 관한 소식도 많은 지면을 차지했다. 또한 해적 · 해운 · 무역 등에 관한 해양기사도 매우 중요시했다. 사건기사도 많이 실었는데, 특히 화재 · 위조지폐 · 살인 · 강도 · 자살 등에 관한 뉴스가 큰 비중을 차지했다. 이 밖에 천연두 · 황열병 등의 전염병과 이를 둘러싼 의학적 논란에 관한 뉴스도 많이 실었다.

하지만 각 신문이 위치한 지역사회 뉴스(local news)들은 그리 많이 싣지 않았는데, 이는 아마도 당시의 지역사회는 매우 작아서 그 지역에서 일어나는 일들을 독자들이 모두 잘 알고 있었기 때문인 것 같다. 예를 들어 「뉴잉글랜드 쿠란트」를 보면, 당시 보스턴에서 일어난 일식에 관해 언급하면서 "너무 많은 사람들이 일식을 직접 보아서 이를 뉴스로 다룰 수 없다"고 불평하고 있다. 그렇지만 주요 인사들의 결혼 · 사망 · 축하행사 · 주지사의 동정에 관한 뉴스(society news)들은 열심히 보도했다.

그런가 하면, 종교 관계 뉴스들도 많이 실었으나, 그 대부분은 특별한 계기에 행한 설교에 관한 소식과 설교내용을 소개하는 것들이었다. 또한 각 종파 간의 갈등에 관한 뉴스도 꽤 많이 실렸다. 그러나 스포츠 뉴스는 아직 찾아보기 힘들었다.

• 유럽 관계 뉴스의 비중과 뉴스의 시의성

위와 같이 미국의 초기 신문들의 뉴스보도기사들을 보면 미국보다는 영국을 비롯한 유럽에 관한 것들이 가장 큰 비중을 차지했는데, 이는 당시 미국주민의 대부분이 유럽, 특히 영국으로부터 건너온 이주자들로서 자신들의 고국에서 일어나는 사건들에 관한 뉴스를 원하고 있었기 때문이다. 따라서 이러한 독자들의 욕구를 충족시켜 주기 위해 미국의 초기 신문들은 미국보다도 영국을 비롯한 유럽에 관한 뉴스들에 큰 비중을 두었던 것이다.

그러나 당시 미국신문들이 영국을 비롯한 유럽대륙에 관한 뉴스를 얻을 수 있는 유일한 수단은, 유럽으로부터 4–8주나 걸려 대서양을 건너오는 범선밖에 없었으며, 그 범선들도 정기선이 아니었다. 때문에 런던에서 발생한 어떤 사건에 관한 뉴스가 미국신문에 보도되었을 때는 그 사건이 발생한 지 이미 두 달 정도 지난 뒤였으며, 폴란드의 바르샤바(Warsaw)에서 일어난 사건의 뉴스가 게재됐을 때는 이미 3개월이 지난 뒤였다.

하지만 이런 뉴스를 당시 미국인들은 과거의 일로 보지 않고 가장 새로운 뉴스로 받아들였다. 그 결과, 신문편집자들도 자연히 뉴스의 시의성(timeliness)에 대해서는 등한시하는 경향이 생기기도 했다. 그리하여 예컨대 벤자민 프랭클린의 「펜실베이니아 가제트」는, 몇 주 동안 유럽에서 배가 들어오지 않자 6개월이나 지난 뉴스들을 다시 꺼내 '외국 뉴스'라는 이름으로 게재하기도 했는데, 1730년 2월 19일자 신문을 보면, 5–6개월 전에 영국에서 일어났던 사고와 범죄 및 위조지폐사건을 보도했다. 이처럼 오래전 사건들도 아무렇지 않게 보도하는 미국신문들의 경향은 미국 내에서 일어난 사건들의 보도에서도 그대로 나타나게 되어, 당시 미국신문들은 뉴스의 시의성에 별로 신경을 쓰지 않았으며, 이에 대해 독자들도 별로 불만을 나타내지 않았다.

• 18세기 초반의 뉴스취재방법

당시 신문들의 뉴스 수집 또는 취재방법을 보면, 외국 뉴스의 주요 정보원은 영국에서 발행하는 신문들이었는데, 이들 신문은 유럽과 미국 사이를 왕래하던 범선들의 선장 손을 거쳐 미국으로 건너와서 미국의 신문발행인·편집자들의 손으로 들어갔다. 한편 외국에서 미국의 신문발행인·편집자나 상인 또는 관리들에게 보내오는 편지들도 주요 뉴스원이 되었는데, 앤드류 브래드포드가 발행한 「아메리칸 위클리 머큐리」지의 1720년 2월 22일자 지면을 보면 "유럽 또는 기타 지역으로부터, 확실한 근거가 있다고 생각되는 그곳 뉴스들을 편지로 받은 독자 여러분께서는 그 편지를 저희들에게 보내 주시기 바랍니다"라는 사고가 실려 있다. 이를 보더라도 당시 신문들은 외국에서 미국인들에게 보내는 편지들에서도 뉴스를 취재, 보도했음을 알 수 있다.

그 다음 미국 국내 뉴스들의 수집 또는 취재방법을 보면, 각 신문이 위치한 지역사회 뉴스들은 신문편집자들이 직접 취재했다. 그리고 다른 도시나 식민주의 뉴스는 통신원을 통해 수집했는데, 예컨대 「보스턴 뉴스-레터」의 경우, 뉴욕·뉴포트·퍼스카타콰(포츠머스)·필라델피아·샐럼 등지에 각각 통신원을 두고, 이들로 하여금 해당 지역의 주요 뉴스들을 취재해서 송고케 했다. 그러나 당시 각 신문사 통신원들은 오늘날과 같은 특파원이 아니라, 해당 지역의 우편국장들이 다른 지역신문사의 부탁으로 통신원 노릇을 했다. 따라서 이들은 뉴스를 부정기적으로 보냈을 뿐 아니라, 그 뉴스들의 범위도 제한되어 있었다.

때문에 각 신문사에서는, 다른 지역의 주민들이 해당 지역의 주민들에게 보내오는 편지들에 만약 중요한 소식이 들어 있으면, 그것을 신문사에 알려 달라고 부탁해서 다른 지역 뉴스를 수집하기도 했다. 그러다가 여러 주요 도시들에 신문이 생기게 되자, 서로 국내 뉴스를 교환하여 다른 도시나 주의 뉴스들을 수집해서 보도하기도 했다. 그러나 당시 신문들을 보면, 다른 도시나 다른 주에 관한 뉴스는 그리 많이 실려 있지 않다.

뉴스 이외의 다른 주요 기사들

위에서는 1765년 이전의 초기 신문들에 게재된 주요 내용들 중에서 우선 뉴스에 관해서 살펴보았는데, 그러면 뉴스 이외의 기사들로는 주로 어떤 것들을 실었는가? 당시 신문들의 지면을 보면, 뉴스 이외에도 여러 가지 기사들이 실려 있으며, 광고도 많이 실려 있다. 이들을 크게 세 가지 유형, 즉 논설·논평기사(editorials), 흥밋거리 피처기사(interesting features) 및 광고(advertisements)로 나누어 간단히 살펴보기로 하겠다.

• 논설 · 논평기사들의 주요 내용

첫째로 논설이나 논평기사들을 보면, 오늘날과는 달리 논설·논평란이나 면(page)이 따로 없었으며, 공식적 논평도 매우 드물었는데, 이는 신문에 대한 정부당국의 탄압으로 신문발행인과 편집자들이 정치적·사회적 문제 등에 대한 논평을 꺼렸기 때문이었다. 그 결과, 공공문제에 많은 관심을 가졌던 벤자민 프랭클린의 「펜실베이니아 가제트」에도 이렇다 할 논평기사가 실려 있지 않으며, 다만 1729년 10월 9일자에 매사추세츠주 지사 선거에 관해 보도하면서 '자유인'이라는 말과 '분열되어 있는 영국식민지'라는 표현을 사용한 것만 눈에 뜨일 뿐이다.

그러나 독자편지란을 보면 정치나 공공문제에 관한 논의나 논평들이 종종 실려 있는데, 이들 중에는 실제로 독자가 투고한 것도 있었지만, 신문편집자가 정부당국의 간섭을 피하기 위해 독자의 투고편지인 양 가장해서 쓴 것이 많았다고 한다. 또한 기고자들로부터 정치나 사회문제에 관한 비판적 글을 받아서 신문에 싣기도 하고, 또는 실제로는 신문편집자가 썼으나 기고자의 글로 가장해서 신문에 게재하기도 했는데, 그래서 그랬는지, 당시 기고자들은 실명 대신 필명을 사용한 것이 특색이었다.

그런가 하면, 당시 신문들은 또한 책이나 팸플릿 등에 실린 비판적 글들을 발췌해서 싣거나 또는 그대로 전재하는 방법을 통해서 신문의 논평기능을 행사하기도 했다. 이러한 방법을 많이 사용한 신문의 하나로는 앞서 말한 젱거의 「뉴욕 위클리 저널」을 들 수 있는데, 이 신문은 당시 영국에서 발행한 신문·잡지·서적 등에서 비판적 기사들을 골라서 전재함으로써 당시 미국에 대한 영국정부의 식민정책을 은근히 비난하기도 했다. 따라서 표면적으로 볼 때는 당시 신문들에는 논설이나 논평기사들이 없었던 것 같지만, 간접적 논설이나 논평기사들이 적지 않았다.

그러나 당시 신문들은 개인문제에 관한 사적 비판은 되도록 삼가했는데, 토머스 플리트(Thomas Fleet)가 "어떤 특정 인물이나 개인적 이해에 관련된 문제에 관한 것은 신문에서 다루지 말자"고 제의하는 글을 「뉴욕 위클리 리허설」에 발표하자, 여러 신문발행인들이 찬동하며 이를 실천에 옮기기도 했다. 하지만 플리트의 제의는 언론의 대원칙, 즉 "언론자유의 원리는 모든 사람들, 특히 반대의견을 가진 사람들도 그들의 의견을 발표할 수 있도록 누구에게나 지면은 공개되어야 한다"는 원칙에 위배된다고 일부 발행인들이 반대하고 나서자 흐지부지되고 말았다. 그러나 벤자민 프랭클린은, "나의 신문은 누구에게나 좌석을 제공하는 역마차(stagecoach)가 아니다"라고 주장하면서 개인들 간의 언쟁이나 비난은 끝까지 그의 신문에 싣지 않았다.

• 흥밋거리 피처기사들의 주요 내용

둘째로 흥밋거리 피처기사들을 보면, 아주 초기의 신문편집자들은 이러한 기사들에 별로 관심이 없었다. 따라서 흥밋거리 피처기사들을 별로 싣지 않았다. 그러나 18세기 중반에 가까워 오면서 신문편집자들이 점차 흥밋거리 피처기사들을 중시하기 시작했는데, 이에 결정적 영향을 미친 신문은 보스턴의 「뉴잉글랜드 쿠란트」였다. 왜냐하면 이 신문이 지면의 대부분을 흥미로운 피처기사들로 채우면서 독자들의 인기를 끌었기 때문이다.

그러자 벤자민 프랭클린도 1729년 「펜실베이니아 가제트」를 창간하면서 "유용하면서도 재미있는 기사를 많이 싣겠다"고 밝히면서 오락적 피처기사들을 많이 다루었다. 이들 피처기사들은 대부분이 수필과 시 등의 문예물이었는데, 이러한 문예물을 신문에 게재한 이유는 딱딱한 신문을 약간 부드럽게 만들겠다는 것이었다. 따라서 당시 신문들에서의 흥밋거리 피처기사들은 아직도 '끼워넣기 기사'(filler)에 지나지 않았다고 볼 수 있다.

• 신문광고들의 주요 내용

셋째로 신문광고들을 보면, 당시에도 광고가 신문발행사업의 주요 재원이었기 때문에 광고가 차지하는 지면의 비율도 대단히 높았는데, 아주 초기의 일부 신문들은 광고물량이 많지 않아 재정난에 부딪쳐 폐간하기도 했다. 하지만 각종 산업의 발전에 따라 광고물량이 점차 늘어나자 18세기 중반에는 3–5개 면을 모두 광고로 채우는 신문들도 나타나면서 재정적 호황을 누리기도 했다.

당시 신문광고들을 보면 거의가 상품광고, 상인이나 무역업자들이 새로운 상품의 입하를 알리는 고지광고(announcements), 회사·상점의 개업광고 등이었다. 상품광고들 중에는 망토(mantuas)·코르셋(stays)·모자(hats and millinery)·페티코트(petty coat)·듀케입스(ducapes) 등의 여성용 복장으로부터 시작해서 뉴잉글랜드산 럼주, 영국산 포도주 등의 주류와 당밀·설탕·소금 등의 식료품 및 보히차(Bohea tea) 등의 광고가 가장 많았다.

한편 복권광고와 만병통치약품광고도 많았으며, 가옥·토지·가축·선박 등을 팔거나 사겠다는 광고도 많이 실렸고, 연극·서커스 등 연예광고도 적지 않았으며, 도망간 노예나 도제 또는 사기꾼 등을 찾는 심인광고도 눈에 많이 띄었다. 당시 신문광고들의 크기는 1단 2–3행부터 시작해서 길어야 10행 내외였는데, 광고요금은 새로 광고를 낼 경우는 10행 이하에 5실링이었으며, 일단 조판해서 냈던 광고를 다시 계속 낼 경우는 매번 1실링에서 3실링씩 받았다.

당시 광고들은 대체로 1단으로 조판했는데, 활자는 본문활자를 사용했으나, 제목이나 첫 행의 첫 글자는 큰 활자를 써서 인쇄했다. 그러나 초기에는 광고들을 서로 구별짓는 괘선조차 넣지 않다가, 뒤에는 괘선을 광고들 사이에 넣었다. 한편 광고문안 옆에 배(선박)·말 등의 조그만 삽화 컷을 넣기도 했으나, 오늘날의 삽화광고(illustrated display advertisement)와는 거리가 먼 것이었다. 따라서 당시의 광고들은 전체적으로 볼 때 오늘날의 안내광고(classified advertisement)와 비슷했다.

초기 신문들의 조판체재와 인쇄

다음으로 초기 신문들의 체재를 보면, 지면의 크기가 대부분 폴리오판(folio) 또는 크라운판(crown)이었다.[9] 그러나 이러한 신문들은 대부분이 비교적 큰 도시에서 나온 신문이었으며, 작은 도시에서 나온 소규모 신문들은 판면(인쇄부분)의 크기가 4.875×8.625인치(12.39×21.91cm) 또는 6.5×11.5인치(16.51×29.21cm) 정도로 매우 작았다. 또한 미국 최초의 신문들인 「퍼블릭 오커렌시스」와 「보스턴 가제트」를 비롯하여 아주 초기에 나온 신문들도 아주 작았다. 그리고 면수는 대개 4면(페이지)이었으나, 가끔 6면 내지 8면을 발행하기도 했는데, 이러한 경우는 대부분 대광고주가 광고를 낼 때였다.

• 신문들의 조판체재와 사용 활자

초기 신문들도 모두 활판인쇄했는데, 소규모 신문들은 다 닳아빠진 활자들을 그대로 사용했고 인쇄잉크도 좋지 않아 인쇄상태가 아주 불량했다. 그러나 거의 모든 신문들이 제1면의 제호만은 장식 컷(emblematic cuts set)을 사용하여 미화했는데, 이러한 장식 컷을 맨 처음 사용한 신문은 「보스턴 뉴스-레터」로서 1707년 1월 26일자 신문부터였다. 그러자 다른 신문들도 제호에 장식 컷을 사용하게 되었으며, 제호 이외에도 종종 장식 컷을 사용하는 신문들도 있었다.

본문의 활자체로는 주로 로마체(Roman type-face)를 사용하다가 1750년경부터 일부 신문들이 캐슬론체(Caslon type-face)를 사용함으로써 지면이 훨씬 보기 좋게 되었다. 본문활자의 크기는 대부분 12포인트의 파이카활자(pica type)였으나 가끔은 두세 가지 크기의 활자를 섞어 쓰기도 했는데, 이는 기사의 중요도를 나타내기 위한 것이 아니라 인쇄소에서 보유하고 있는 동일한 크기의 활자

---

9 폴리오판은 19×25인치(48.26×63.5cm)의 전지를 한 번 접어서 4페이지가 되게 한 것으로 인쇄했을 때 인쇄된 판면의 크기는 11×17인치(27.94×43.18cm)가 된다. 한편 크라운판은 폴리오판보다 조금 작은 10×15인치(25.4×38.1cm)의 판형을 말한다.

가 부족했기 때문이다.

당시 신문들에는 오늘날의 신문에서 볼 수 있는 기사제목(headlines)은 찾아보기 힘들었으며, 제목 비슷한 것이 있기는 했지만, 그것은 오늘날의 '데이트라인'(dateline, 뉴스원과 사건일자를 밝히는 기사 첫머리 구절)에 불과한 것이었다. 그러나 기사제목이 없는 대신, 각 기사를 쉽게 구별할 수 있게 하기 위해 각 기사 첫머리의 첫 글자를 본문활자의 5-6배 크기로 인쇄했다. 그러다가 1760년경부터 오늘날의 기사제목 비슷한 것이 일부 신문, 예컨대 「메릴랜드 가제트」 등에서 나타나기 시작했으나, 그 제목의 크기는 1단을 넘지 못했다.

• 신문의 인쇄방법과 용지 및 인쇄잉크

신문인쇄기와 활자는 영국에서 구입해다가 사용했는데, 당시 인쇄기들의 대부분은 250여 년 전에 구텐베르크가 사용했던 것과 비슷한 구식 기계들이었다. 따라서 대부분이 목재로 만들어진 수동식 인쇄기였기 때문에 2, 3년만 사용하면 고장이 났으나 쉽게 고칠 수도 없었다. 그리고 활자판에 잉크를 묻힐 때에는 양가죽으로 만든 주머니에 양털을 넣고 히코리(hicory) 나무 손잡이를 단 북채 모양의 공에 잉크를 발라서 썼는데, 자칫 잘못하다가는 인쇄공 옷에 잉크를 묻히기가 십상이었다. 이렇게 활자판에 잉크를 바른 뒤 그 위에 종이를 놓고 솔로 두드려서 인쇄를 했기 때문에 인쇄 속도가 매우 느려서 숙련된 인쇄공이라야 한 시간에 200면가량을 인쇄할 정도였다. 따라서 큰 인쇄소들은 2, 3대의 인쇄기들을 갖고 있었다.

한편 인쇄용 잉크도 대부분은 영국에서 수입해다가 썼으며, 아주 소량만 인쇄업자들이 직접 제조해서 사용했다. 또한 신문용지도 대부분 영국에서 수입하여 사용했다. 미국 최초의 신문 「퍼블릭 오커렌시스」가 보스턴에서 창간된 1690년 우연하게도 미국 최초의 제지공장이 펜실베이니아주 저먼타운(Germantown)에 세워졌으며, 그 뒤 1765년까지 모두 9개의 제지공장이 세워졌으나, 당시 미국에서 생산하는 신문용지는 지질도 좋지 못했을 뿐 아니라, 미국 내에서의 수요를 충족시킬 수 없었다.

당시 미국에서 충분한 신문용지를 생산하지 못한 이유에는 크게 두 가지가 있었는데, 첫째는 영국정부와 영국상인들이 미국에서 용지생산을 제약했기 때문이요, 둘째는 당시 종이는 넝마로 만들었는데 넝마를 구하기가 어려웠기 때문이다. 따라서 신문용지는 대부분 영국에서 수입해서 사용했는데, 당시는 영국에서도 넝마로 종이를 만들었기 때문에 종이 표면이 매끈하지 않았다. 그러나 목재펄프로 만든 오늘날의 신문용지에 비해 매우 질겼다.

신문의 발행부수와 배포방법

위에서는 우선 1765년 이전에 미국에서 창간한 초기 신문들의 내용과 체재 등에 관해 간단히 살펴보았다. 그러면 당시 미국신문들의 발행부수는 얼마나 되었으며, 이들 신문은 독자들에게 어떻게 배포했는가?

• 당시 신문발행부수와 신문의 배포방법

1765년 이전 각 신문의 발행부수는 적은 것은 200 내지 300부였고, 많아야 약 1,000부 정도였는데, 18세기 중반 보스턴의 4개 신문들의 평균 발행부수는 약 600부 정도였다. 따라서 각 신문의 발행부수를 600부로 잡는다면, 당시 미국에는 모두 23개의 신문이 있었으므로 이들 전체의 발행부수는 1만 4,000부쯤 되었다고 추정된다. 따라서 당시 미국에 살고 있던 전체 백인(흑인과 인디언 제외) 가구들 중에서 약 5%가 신문을 구독했을 것으로 추정되는데, 당시 미국의 백인 인구수는 약 150만 명이었으므로 한 세대의 가족 수를 5명으로 잡는다면 30만 가구가 되기 때문이다. 그러나 실제 신문구독가구는 이보다 훨씬 많았을 것으로 추정되는데, 당시 미국에서는 한 집에서 신문을 다 읽고 나면 다른 집에 보내서 여러 가정이 돌려가면서 읽는 경우가 많았기 때문이다.

당시 신문구독료가 얼마나 되었는지는 정확히 알 수 없는데, 18세기 중반까지도 미국에서는 여러 가지 화폐가 통용되었고 인플레이션도 심해서 당시의 신문대금을 정확히 알아보거나 비교해 볼 수 없기 때문이다. 그러나 대체로 1년간 신문구독료는 6–24실링이었다고 하는데, 한 가지 재미난 사실은 신문대금을 현금뿐 아니라 땔감이나 식량으로도 받았다는 것이다.

각 가정이나 회사·상점으로의 신문배달은, 시내의 경우는 배달소년들이 직접 배달했는데, 이들 배달소년은 신문인쇄소에서 활판에 잉크를 바르는 도제들이었다. 그러나 이들이 직접 배달이 불가능한 시외나 다른 식민주에는 우편으로 신문을 보냈는데, 당시 미국에서는 우편국장들이 신문을 발행하는 경우가 많았기 때문에 한 우편국에서 다른 우편국으로 신문을 보낼 때는 우송요금을 내지 않았다. 그러나 각 우편국에서 각 가정으로 신문을 배달할 때는 요금을 받았는데, 그 요금은 구독자가 신문을 받을 때마다 우편배달부에게 내도록 했다. 이렇게 한 것은 1758년부터였는데, 그렇다면 이전에는 어떠했는가?

• 신문의 발달과 미국 우편제도의 발달

1704년 「보스턴 뉴스-레터」가 창간될 때까지도 미국의 우편제도는 정부의 허가를 받은 개인들이 독점해서 운영했고 보스턴·뉴욕·필라델피아를 연결하는 지역에만 우편이 배달되었다. 보스턴과 뉴욕 간에는 1주일에 한 번씩만 우편마차가 운행되었으며, 한 번 편도운행에 14일씩이나 걸렸는데, 그것도 겨울 3개월 동안은 우편마차가 다니지 않았다. 한편 뉴욕과 필라델피아 간에도 1주일에 한 번씩 우편마차가 운행했으며, 이곳들 사이는 이틀밖에 걸리지 않았으나 날씨가 나쁘거나 중도에서 사고가 났을 때는 시간이 더 걸렸고 또한 우편마차들이 서로 잘 연결되지 않아서 시간을 맞추기가 힘들었다. 따라서 우편을 통해 신문을 정기적으로 배달하는 것은 거의 불가능했다.

하지만 1711년 영국 앤 여왕의 우편국법(Queen Anne's Postoffice Act)이 제정됨에 따라, 우편제도가 개인의 손에서 정부 관할로 넘어오면서 우편서비스가 많이 개선되기 시작했다. 또한 우편망도 버지니아주 윌리엄스버그까지 확장되고, 1765년에는 사우스캐롤라이나주의 찰스턴까지 이르게 되었다. 그러나 편지나 신문이 뉴욕에서 버지니아주까지 가는 데 6주가 걸렸으며, 노스캐롤라이나주까지 가는 데는 그 2배가 걸렸다.

그러다가 1753년 두 명의 신문발행인, 즉 「펜실베이니아 가제트」의 벤자민 프랭클린과 「버지니아 가제트」의 윌리엄 헌터(William Hunter)가 식민지 미국 전체의 우정성차관에 동시에 임명되면서, 이들이 우편망 · 우편일정 · 우편료 등을 적극 개선하기 시작했다. 또한 1758년에는 신문에 관한 우편규정을 신문사 측에 매우 유리하게 고쳐, 한 우편국에서 다른 우편국으로 신문을 보낼 때 우송요금은 무료로 하고, 우편국에서 각 가정으로 신문을 배달할 때는 우편배달료를 매 50마일마다 연간 영국화폐로 9펜스로 결정하는 동시에 우편배달료와 신문구독료를 우편배달부가 독자들로부터 징수하도록 했다. 그러나 신문구독자들이 신문구독료와 우편배달료를 내지 않고 떼어먹는 경우도 많아서 골치를 썩이기도 했다고 한다.

제2장

독립투쟁기 (1765–1782)

영국으로부터 독립을 위한
신문들의 투쟁

앞서 제1장에서는 미국에서 신문의 생성과정과 그 초기 신문들의 실태에 관해 살펴보았다. 제2장에서는 1765년 영국의회가 인지세법(Stamp Act)을 공포한 해부터 1783년 영국과의 독립투쟁이 끝나기 전해인 1782년까지 17년 동안의 미국신문들의 동태에 관해 살펴보기로 하겠다. 이 시기는 미국신문들도 영국으로부터 독립을 위해 싸운 '독립투쟁기'였다.[1] 그러나 이 시기는 또한 영국으로부터 미국의 독립을 찬성하는 소위 '애국파' 신문들과, 이에 반대하는 보수파 신문들로 나뉘어 서로 싸운 신문들끼리의 투쟁기이기도 했다. 그러면 우선 이 시기의 시대적 상황부터 간단히 살펴본 다음, 신문들의 주요 동태에 관해 살펴보기로 하겠다.

1. 영국으로부터 독립투쟁의 시작과 승리

영국으로부터 미국의 독립전쟁은 1775년 4월 18일 밤부터 시작되어, 6년 반 만인 1781년 10월 19일 미국의 승리로 끝났다. 그러나 독립투쟁은 1765년부터 시작되었는데, 이러한 독립투쟁을 미국인들은 도대체 왜, 어떻게 벌이게 되었는가?

독립투쟁의 주요 원인들

1607년 영국이 존 스미스(John Smith) 선장을 미국에 보내 버지니아주 제임스타운에 최초의 영국인 정착지를 건설한 이래, 영국은 미국을 식민지로 통치해 왔다. 그러나 영국은 미국에 대한 일관성 있는 정책이 없었으며, 오직 하나의 지침이 있었다면 그것은 "식민지는 모국에 원료를 공급해야 하며, 제조업부문에서는 모국과 경쟁을 해서는 아니 된다"는 식의 중상주의적 정책뿐이었다.

• 서부개척의 제한에 대한 반발

이러한 정책조차도 제대로 시행되지 않았는데, 당시 영국 왕실 내부에서는 여러 해 동안 왕들 사이에 큰 싸움이 있어서 신세계 식민지에서 자기들의 정책을 강행할 만한 경황이 없었기 때문이다. 그 결과, 미국의 식민주들은 자기들이 영국의 예속적 존재라고 생각하지 않았고, 다만 자기 주를 영국연방의 한 주 정도로 생각했으며, 모든 식민주들은 사실상 자치를 해 오다시피 했다. 그러면

---

1 미국의 독립투쟁은 1765년 영국의 인지세법(Stamp Act)에 대한 반대에서 비롯되어 1783년 영국과 강화조약을 체결함으로써 끝나게 되었다. 따라서 여기서는 미국의 독립투쟁기를 1765년부터 1782년까지 17년 동안으로 잡았다. 그러나 영국과 실제로 전쟁을 치른 것은 1775년 4월 19일 콩코드(Concord)와 렉싱턴(Lexington)에서의 총격전부터 시작해서, 1781년 10월 19일 버지니아주 연안의 요크타운(Yorktown)에서 영국군 콘월리스(Lord Cornwallis) 장군이 항복할 때까지 꼭 6년 6개월이었다. 하지만 영국과의 강화조약은 1783년에 정식으로 체결했으므로 독립전쟁은 1783년까지 8년 동안 계속되었다고 말하기도 한다.

서 미국의 여러 식민주들은 경제와 문화 면에서 엄청나게 성장했다. 또한 인구도 증가했는데, 이들은 주로 대서양 연안 지역에 정착하여 살았다.

18세기에 접어들면서 인구가 급격히 증가하자, 대서양 연안 지역에서 농토를 차지하지 못했거나 또는 농토가 있더라도 계속된 경작으로 말미암아 농토가 점차 메말라서 농산물 수확이 감소하자 더 좋은 땅을 찾으려는 사람들이 점차 서부 내륙으로 이주해 갔다. 그러자 대서양 연안 지역의 인력을 잃게 될 것을 우려한 영국정부는 인구유출을 막기 위해 토지소유자격 및 종교생활 등에 관한 정책을 계속 완화하는 등 선심을 쓰기 시작했다.

그러나 서부로 이동의 물결을 막을 수 없게 되자, 이들 서부개척민들이 인디언들과 분쟁을 일으키는 것을 두려워한 영국정부는 앨리게이니 산맥(Alleghenies)을 식민지 미국 개척의 서부 한계선으로 선포하고, 미국주민들이 앨리게이니 산맥 서부로 넘어가는 것을 금지했다. 그러자 서부의 땅을 필요로 했던 미국주민들은 자신들의 가장 기본적 권리를 무시하는 처사라고 반발했는데, 이것이 식민지 미국주민들이 영국으로부터 독립투쟁을 벌이게 만든 주요 원인의 하나가 되었다.[2]

• 무거운 세금 부과에 대한 불만

이와 같은 원인과 함께 미국인들에게 영국으로부터 독립투쟁을 불러일으킨 또 하나의 주요 원인은, 영국정부의 무거운 세금에 대한 미국주민들의 불만이었다. 영국정부는 점점 늘어나는 영국제국의 판도에 필요한 돈을 마련코자 1764년 '설탕조례'(Sugar Act)라는 것을 발표하여, 영국 이외의 지역에서 미국으로 들어오는 설탕에 높은 관세를 부과했다. 또한 포도주·비단·커피 및 기타 사치품에 대해서도 관세를 부과토록 했다. 그러자 그동안 럼주를 빚기 위해 많은

2 당시 미국인들의 서부로의 이동은 미국의 미래에 중요한 역할을 했다. 서부개척민들은 인디언들이 사는 지역에서 통나무집을 요새로 하여 자신과 총에만 운명을 걸고 살아야 했기 때문에 자연히 강인하고 독립심이 강한 사람이 되기 마련이었고, 이러한 정신은 후에 미국이 서부를 개척해 나가는 데 큰 원동력이 되었기 때문이다.

설탕을 프랑스령과 네덜란드령 서인도 제도로부터 관세를 물지 않고 수입해 오던 뉴잉글랜드 주민들은 대단한 불만을 나타냈다.

그러자 이러한 미국주민들의 불만을 봉쇄하기 위해 영국의회는 "무역을 규제하기 위해 식민지의 상품에 대해서도 세금을 부과할 수 있다"는 과세권을 들고 나왔다. 그리하자 이러한 영국의회의 편법주의적 과세권에 대해 미국상인들과 입법원 및 시읍회의들이 항의하고 나섰으며, 새뮤얼 애덤스는 그것을 '참정권 없는 납세의무'라고 비판했다. 이러한 항의와 비판에 미국의 많은 애국자들이 공감하면서 영국의 지배에 반대하는 소리가 높아 갔다.

그럼에도 불구하고 1764년 영국의회는 또 '통화조례'라는 것을 제정해서 경화가 부족한 식민지 미국의 경제에 심각한 부담을 안겨 주었다. 또한 1765년에는 '숙식할당법'이라는 것도 통과시켜 미국이 미국주둔 영국군 부대에 숙식을 제공토록 하자, 미국주민들의 불만과 반대는 더욱 고조되었다.

• 인지세법에 대한 거센 항거

이러한 미국주민들의 불만과 반대에 대한 조직적 항거의 불을 붙여 준 것은 1765년 영국의회가 또 제정한 '인지세법'(Stamp Act)이었다. 이는 "모든 신문 · 인쇄물 · 팸플릿 · 허가장 · 차용계약서와 기타 법률문서에 수입인지를 첨부하고 거기서 얻은 수입은 식민주들을 방위하고 보호하며 안전케 하기 위해 사용한다"는 요지의 법규였다. 이러한 인지세는 가벼운 부담이라고 생각되어 영국의회에서도 별다른 토론 없이 통과되었다.

하지만 인지세법에 대한 반발은 당시 미국의 13개 식민주들에서 예상 밖으로 맹렬하게 일어났는데, 인지세법은 전국 어디에서나 적용되지 않는 곳이 없었기 때문이다. 그리하여 해상운송화물의 선적과 하역증서에도 인지세가 붙게 되자, 무역업자들은 영국상품의 불수입운동을 벌이면서 인지세법에 항거함으로써 1765년 여름 영국과의 교역량은 급격히 줄어들게 되었다.

저명인사들도 '자유의 아들들'(Sons of Liberty)이라는 이름으로 결사를 맺어 인지세법에 조직적으로 항거했고, 인지세법에 화가 난 군중들은 보스턴시가에서 시위행진을 벌였다. 그러면서 전국이 인지세법의 무효를 선언하고 나서면서 인지들을 모아서 파기해 버리기도 했다.

이처럼 미국주민들이 인지세법의 폐기를 강력하게 주장했으나, 이를 영국의회는 받아들일 생각이 없었다. 그러다가 미국에서 영국상품의 불매운동이 가져올 결과를 두려워한 영국상인들까지도 인지세법의 폐기운동에 가담하고 나서자, 1766년 영국의회는 부득이 인지세법을 폐기하고 설탕조례도 개정했다. 그러자 이를 미국주민들이 환영하면서, 상인들도 영국상품불수입협정을 폐기했고, 인지세법에 대한 '자유의 아들들'의 반대운동도 진정되면서 영국과의 교역도 재개되어 영국과의 화평이 다시 찾아온 것같이 보였다.

• 타운센드관세법과 '보스턴 대학살' 사건의 발생

이러한 분위기는 그러나 곧 깨지고 말았다. 식민지에서 관세징수를 더 효율화함으로써 영국인들의 세부담을 줄이려는 문제만을 골똘히 생각해 오던 당시 영국 재무상 찰스 타운센드(Charles Townshend)의 건의에 따라 영국의회가 1767년 영국에서 식민지로 수출하는 종이 · 유리 · 납 · 차(tea)에 대한 관세를 새로 부과하는 타운센드관세법(Townshend Act)을 제정했기 때문이다. 그러자 미국상인들은 다시 영국상품의 불수입동맹에 들어갔고, 학생들은 미국에서 만든 종이만 사용하기로 했으며, 부녀자들은 차의 대용품을 찾는 등 간접적 저항운동을 전개했다. 그래도 영국의 세관관리들이 관세를 징수하려 들자 이들 관리를 미국주민들이 구타했으며, 보스턴에서는 폭동까지 일어났다.

사태가 여기에까지 이르자 영국정부는 세관관리들의 보호를 위해 2개 연대의 병력을 보스턴에 급파했다. 그러자 보스턴에 급파되어 온 영국군 병사들과 주민들 사이에 적대감정이 점차 커지다가 1770년 3월 5일 드디어 폭발하고 말았다. 영국병사가 쏜 총에 세 사람의 보스턴 시민이 눈 위에 죽어 넘어지자, 보스턴 주민들은 이를 '보스턴 대학살'(Boston Massacre)이라고 부르면서 대대적으로 소요를 일으켰다.

그러자 이를 진정시키기 위해 영국의회는 전략적 후퇴를 하기로 결정하고, 차(tea)에 대한 관세를 제외하고는 타운센드의 제안에 따라 제정했던 모든 상품에 대한 관세를 폐지했는데, '차세'(tea tax)만 남겨 둔 것은 영국 국왕 조지 3세가 말한 것처럼, "권리를 유지하기 위해서는 언제나 한 가지 세금은 있어야 한다"는 이유에서였다. 따라서 영국의회가 차에 대한 관세를 제외한 모든 상품에 대한 관세를 폐지하자, 미국주민들이 반영운동을 중지하면서 영국과의 관계가 다시 잘 풀려나갈 것같이 보였다.

독립투쟁의 본격화와 영국에 대한 불만선언

이렇게 되자 미국의 '급진파' 인사들은 영국과의 분쟁을 지속시키기 위해 "차세가 존속되는 한 영국의회가 식민지 미국을 다스릴 권한이 있다는 원칙이 그대로 존속되는 것"이라고 주장하고 나섰다. 이들 급진파 인사들의 목표는 차에 대한 관세의 폐지가 아니라 영국으로부터 미국의 독립이었기 때문이다.

• 독립투쟁조직 '통신위원회'의 설립

바로 이러한 목표를 가진 미국의 급진파 인사들 중 대표적 인물은 매사추세츠주 출신으로 하버드대학을 졸업한 새뮤얼 애덤스(Samuel Adams)였는데, 그는 비록 사업에는 실패했으나 군중들을 잘 다룰 줄 알아서 정치에는 수완이 있는 인물이었다.

이러한 애덤스는 1772년 보스턴시의회로 하여금 식민지 주민들의 권리와 불평을 진술하고, 그에 관해 다른 시읍들과 통신하면서 공동으로 대처하기 위한 '통신위원회'(Committees of Correspondence)를 만들도록 유도했다. 그러자 보스턴시뿐 아니라 모든 식민주들도 통신위원회를 설치함으로써 미국의 독립을 위한 효율적 혁명조직의 바탕이 마련되었다. 애덤스와 그 일파들은 영국과 싸울 명분을 찾고 있었다. 1773년 영국정부가 무의식중에 애덤스와 그 일파들이 바라던 투쟁의 실마리를 던져 주고 말았는데, 그것은 영국의 동인도회사가 금융상의 중대한 난관에 봉착하자 동인도회사에게 도움을 주기 위해 식민지에 수출하는 모든 차의 독점권을 허가해 준 것이었다.

그러자 애덤스 일파는 차 수입권을 빼앗긴 미국상인들을 추동하여, 이들과 함께 미국의 모든 항구에서 동인도회사 대리점원들에게 사직을 강요하면서 새로 입하된 차는 영국으로 돌려보내거나 창고에 쌓아 놓게 했다. 그러나 동인도회사 보스턴대리점원들이 사직을 거부하고 입하된 차를 양륙하려고 하자, 1773년 12월 16일 밤, 모호크족 인디언으로 가장한 애덤스 일파는 보스턴항에 정박 중이던 3척의 영국 배에 뛰어올라 그에 실려 있던 차를 모두 바다로 내던져 버렸다.

• 영국의 '강압법'에 대한 미국주민들의 반발

이러한 '차 폭동' 사건이 일어나자, 만약 이를 그대로 묵과한다면 대영제국이 식민지 미국을 다스릴 수 없다는 것을 만천하에 시인하는 꼴이 된다고 판단한 영국정부는 '차 폭동'을 야만적 행위로 규탄하면서, 식민지 미국의 반도들을 순종시키기 위한 법적 조치를 주창했다. 이러한 주창에 호응하여 영국의회가 새로운 법을 제정했는데, 그 법의 요지는 "폭도들이 바다에 버린 차를 배상할 때까지 보스턴항을 폐쇄하는 동시에 지금까지 식민지 미국 주민들이 선출하던 매사추세츠주 평의원들을 영국왕이 임명하고, 법관과 보안관의 임명 및 해임권은 지사가 가지며, 배심원들의 선정과 소집은 지사의 부하인 보안관이 맡는다"는 것이었다.

그러자 이러한 법을 미국주민들은 '강압법'이라고 부르면서 크게 반대했다. 이렇게 되자, 매사추세츠주민들을 굴복시켜 보려고 했던 영국의 법은 본래의 의도와는 달리 오히려 반발만 더 초래했으며, 나아가 다른 식민주들로 하여금 매사추세츠주민들을 돕기 위해 서로 규합하게 만듦으로써, 식민지 미국 전체가 힘을 합쳐서 반영운동을 벌이게 만드는 계기가 되었다.

• 제1차 대륙회의의 소집과 영국에 대한 불만선언

1774년 9월 5일, 버지니아주 하원의 제의에 따라, "아메리카 식민지의 현재의 불행한 상태에 관해 협의를 하기 위해" 각 식민주 대표들이 필라델피아에 모였다. '제1차 대륙회의'(The First Continental Congress)로 알려진 이 회의에 참석한 대표들은 지방의 의회나 주민대회에서 선출한 사람들로, 조지아주를 제외한 모든 식민주가 1명 이상씩을 파견하여 모두 55명이 되었다.

이들 식민주 대표 55명이 모여 "아메리카 식민지의 현재의 불행한 상태에 관해" 회의를 열었지만, 당시 미국은 엄연한 영국식민지였기 때문에 독립의지를 공공연하게 내보일 수는 없었다. 그렇다고 해서 확고한 단합의 모습, 즉 영국정부가 양보하도록 만들기 위한 결연한 모습을 보여 주지 않아서도 아니 되었다. 그래서 조심스러운 기조연설에 이어 영국의 '강압법'에 순종할 수 없다는 결의를 표명한 다음, 영국국민에게 보내는 '권리와 불만의 선언'(Declaration of Rights and Grievances)을 채택하고 제1차 대륙회의는 폐막했다.

이러한 제1차 대륙회의가 한 일 중에서 가장 중요한 것은 협의회의 구성이었다. 이 협의회는 도처에서 주도권을 장악하고 새로 조직된 지방단체들을 부추겨 영국왕실의 권위의 잔재를 없애도록 했으며, 주민들을 위협하여 반영민중운동에 가담토록 하는 한편, 반대자들에게는 응징을 가했다. 또한 군수품을 모으고 병사들을 동원하기 시작했으며 여론을 선동하여 독립혁명의 열기를 높였는데, 이러한 일에 앞장선 협의회의 구성멤버들은 거의가 급진적인 소위 애국당원들(Patriots)이었다.

독립선언과 6년 동안의 독립전쟁에서 승리

이처럼 미국의 애국당원들은 독립혁명의 열기를 높였지만, 당시 영국 국왕 조지 3세는 식민지 미국을 양보할 생각이 없었다. 그리하여 그는 1774년 9월 필라델피아의 퀘이커교도(Quaker)들이 제출한 강압법철회 탄원서를 보고 비웃으면서 "이제 주사위는 던져졌다. 식민지 미국은 굴복하거나 승리하는 일만 남아 있다"고 말했다. 그즈음 보스턴주민들은 생업을 거의 전폐하고, 독립혁명에만 열중하고 있었다.

• 영국군과 미국민병대와의 유혈충돌

당시 영국군 보스턴수비대 사령관은 토머스 게이지(Thomas Gage) 장군이었는데, 그는 식민지 미국에 대한 영국의 강압법들을 시행할 사명을 띠고 있었다. 그때 매사추세츠주 애국당원들이 보스턴에서 3킬로미터 떨어진 콩코드읍(Concord Town)에서 화약과 군수물자들을 모으고 있다는 소식이 그에게 전해졌다. 그러자 1775년 4월 18일 밤, 게이지 장군은 수비대에게 "콩코드읍으로 가서 탄약을 압수하고, 그 주동자 새뮤얼 애덤스와 존 핸콕(John Hancock)을 체포해서 영국으로 압송하라"는 명령을 내렸다.

이에 영국군 병사들이 콩코드로 떠나, 하룻밤의 행군 끝에 렉싱턴(Lexington) 마을에 도착하자, 약 50명의 민병대원(주민)들이 무장을 하고 마을 앞 광장에 도열해 있는 것이 보였다. 그 순간 한 발의 총성이 들리자 즉각 영국군과 민병대 간에 사격전이 벌어졌고, 잠시 후 민병대 측이 8구의 시체를 남기고 흩어졌다.

영국군 병사들이 다시 콩코드를 향해 진군하여 노스 브리지(North Bridge)에 이르자, 그곳에서 진을 치고 있던 농부들이 사격을 가해 왔다. 영국군이 마침내 콩코드에 도착하자, 이곳에서도 역시 민병대들이 여러 곳에 숨어서 영국병사들을 저격했다. 그리하여 지칠 대로 지친 영국병사들이 비틀거리면서 보스턴으로 되돌아왔을 때는 미국 측 민병대보다 거의 3배나 많은 사상자를 낸 뒤였다.

• 제2차 대륙회의에서 영국에 총 들 것을 결의

위와 같은 렉싱턴과 콩코드 사건 소식이 이 고장에서 저 고장으로 급속히 번져 13개 식민지에 두루 퍼지면서, 미국의 애국심이라는 공동의 정신을 불러일으켰다. 그리하여 1775년 5월 10일 제2차 대륙회의가 필라델피아에서 소집되었는데, 이 회의의 의장은 보스턴 출신의 존 핸콕이었고, 그 자리에는 토머스 제퍼슨(Thomas Jefferson)과 벤자민 프랭클린(Benjamin Franklin)도 있었다. 회의가 시작되자마자 영국과의 전쟁 여부 문제부터 상정했는데, 그때까지만 해도 대영제국의 일부인 미국이 영국에 대항하여 전쟁을 벌인다는 것에 대해 회의적인 대표들이 상당수 있었다. 그러나 여러 토론 끝에 영국에 총을 들기로 결의했다. 그리고 그 결의문은 존 디킨슨(John Dickinson)과 제퍼슨이 공동으로 기초했는데, 우리가 '무기를 드는 이유와 필요성'(Causes and Necessity of Taking up Arms)이라는 제목의 결의문 요지는 아래와 같았다.

> 우리의 주장은 정당하다. 우리의 연합은 완벽하다. 우리의 내부 자원은 풍부하며, 필요하다면 외부의 원조도 틀림없이 받을 수 있다. … 우리의 적 때문에 우리가 마지못해서 들게 된 무기를 우리는… 우리의 자유를 지키기 위해 사용할 것이다. 우리는 노예로 사느니보다 자유인으로 죽기를 한마음으로 결의한다.

이러한 요지의 결의문을 채택한 제2차 대륙회의에서는 민병대를 미국 군대로 편성하며, 총사령관에는 조지 워싱턴(George Washington)을 임명하기로 의결했다. 이러한 사실들은 곧 영국정부에 알려졌다. 그러나 영국정부는 아무런 타협안도 내놓지 않고 있다가, 3개월이 훨씬 지난 1775년 8월 23일 "아메리카 식민지가 반란상태에 들어갔다"는 포고문만 조지 영국왕의 이름으로 발표했다. 그러고 나서 또 영국과 미국이 모두 아무런 추가 조치나 행동도 취하지 않은 채 5개월이 흘러갔다.

그때 영국으로부터 미국의 독립을 강력하면서도 설득력 있게 주장한 「상식」(Common Sense)이라는 50쪽 분량의 팸플릿이 나왔다. 이를 본 미국주민들의 독립의지는 굳어졌는데, 이 팸플릿은 영국 출생의 정치이론가 토머스 페인(Thomas Paine)이 쓴 것으로, 그는 박력 있는 필치로 "전제적 왕과 낡아빠진 정부에 계속 굴종할 것인가, 아니면 자주독립 공화국으로서 자유와 행복을 찾을 것인가를 양자택일하라"고 미국인들에게 설득력 있게 호소했다.

• 1776년 마침내 영국으로부터 독립선언

그즈음 대륙회의가 또다시 열려 미국의 독립문제를 논의했다. 그러나 먼저 각 식민주로부터 명백한 승인을 얻지 않고서는 영국으로부터 분리, 독립하는 것과 같은 결정적 조치를 취해서는 안 된다는 것이 중론이었다. 하지만 급진파들이 각 지방위원회들을 강화하고 고무적 결의안들을 내서 애국심에 불을 붙임으로써 대륙회의 내에서 급진파의 세력은 날로 우세해 갔다.

그 결과, 1776년 5월 10일 열린 대륙회의에서 마침내 "일도양단하자"는 결의안이 채택되었다. 이제 남은 것은 독립을 정식으로 선언하는 일뿐이었다. 따라서 독립선언문을 작성하기 위한 5인위원회를 구성했으며, 위원장으로는 토머스 제퍼슨을 선출했다. 그리하여 제퍼슨을 비롯한 5인위원회에서 작성한 독립선언문을 1776년 7월 4일 대륙회의에서 만장일치로 채택함으로써, '미국'이라는 새 나라의 탄생을 세계만방에 알리게 되었다.

> 모든 인간은 평등하게 창조되었으며, 모든 인간에게는 조물주로부터 남에게 양도할 수 없는 일정한 권리가 부여되었으며, 그 권리 속에는 삶과 자유 및 행복의 추구권이 들어 있다는 사실을 우리는 자명한 진리로 받든다. 또 이 권리를 보장하기 위해 국민이 정부를 조직하며, 그 정당한 권리는 국민의 동의에서 나오며, 어떤 형태의 정부라도 이 목적에 어긋나게 되는 경우는 언제라도 그것을 고치거나 폐지하고, 국민의 안전과 행복을 가장 효과적으로 도모할 수 있는 것으로 생각되는 원칙에 바탕을 두고, 그 권력을 그러한 형태로 조직하여 새 정부를 조직하는 것이 국민의 권리라는 사실을 자명의 진리로 받든다.

이와 같은 독립선언문은 단순히 미국의 독립을 공표하는 것 이상의 훨씬 고차원적 목적을 가진 것으로서, 인간의 자유의 정치철학을 온 세계에 제시한 것이었다. 미국의 독립선언문에 나타난 이와 같은 사상은 미국의 대의에 대한 대중의 열망을 고취시켰다. 또한 일반국민들로 하여금 그들 자신이 중요한 존재라는 의식을 갖게 함으로써, 개인의 자유와 자치 및 존엄성을 지키기 위해 투쟁해야 한다는 점을 인식시켜 주었다.

• 영국과 무력적 독립전쟁의 시작

이렇게 미국은 독립을 선포했으나 완전한 독립을 쟁취한 것은 아니었는데, 영국이 순순히 물러섰던 것이 아니었기 때문이다. 그리하여 독립이 선언된 뒤에도 완전한 독립을 위한 전쟁이 6년 이상이나 계속되면서 미국 각처에서 영국군과의 전투가 벌어졌다.

처음에는 미국 측이 주로 패배했는데, 첫 패배는 뉴욕에서의 전투였다. 1777년 9월 영국의 하우 장군(General Howe)이 필라델피아를 점령하자, 대륙회의에 참가했던 대표들은 도망하고, 미군총사령관 워싱턴 장군은 휘하 장병들과 함께 밸리요새(Valley Forge)에 들어가서 겨울을 나야 하는 곤혹을 치러야 했다.

그러나 사라토가전투(Battle of Saratoga)에서 거둔 미군의 승리는 전세를 뒤바꿔 주었다. 1777년 9월, 영국의 존 버고인(John Burgoyne) 장군은 챔플레인호(Lake Champlain)와 허드슨강(Hudson River)을 잇는 지대를 장악하여, 뉴잉글랜드 지방을 다른 식민주들로부터 고립시킬 목적으로 캐나다로부터 군대를 이끌고 남하했다. 그러자 처음에는 버몬트민병대가 사라토가 근처에서 영국군들을 맞아 싸워 큰 타격을 안겨 주었고, 아놀드(Benedict Arnold) 장군이 이끌던 미군이 사라토가에서 영국군을 기다리고 있다가 또다시 치명적 타격을 안겨 주었다. 그러자 영국군 버고인 장군은 그해 10월 17일 드디어 그의 휘하 6,000여 명의 영국군과 함께 미국군에 항복하고 말았다.

• 6년간의 독립전쟁에서 마침내 승리

이렇게 영국군이 결정적 타격을 입자, 이를 본 프랑스는 미국 측에 가담했다. 프랑스는 1763년 미시시피강 유역에서 영국에 패한 이래로 복수의 기회를 노리고 있던 중이었으며, 미국의 대의에 열성적 지지를 보내고 있었기 때문이다. 그리하여 프랑스의 루이 16세가 1778년 6,000명의 원정군과 함대를 미국에 파병하자, 영국군은 필라델피아에서 철수할 수밖에 없었다.

1779년 영국군은 오하이오강 유역에서도 패배함으로써, 북서부 지역을 모두 상실했다. 그러나 남부에서는 계속 우세하여 1780년 초에는 찰스턴항구를 점령하고 캐롤라이나 일대를 석권한 뒤, 그 이듬해에는 버지니아주를 정복하려 들었다. 하지만 1781년 여름, 버지니아주 연안의 요크타운(Yorktown)에 주둔하고 있던 콘월리스 경(Lord Charles Cornwallis) 휘하의 영국군 8,000명이 1만 5,000명에 달하는 미·프합동군에게 포위되자, 그해 10월 19일 드디어 항복하고 말았다.

요크타운에서의 패배가 전해지자 영국하원은 전쟁을 끝내기로 결의하고, 1782년 4월부터 미국 측과 강화협상을 시작했다. 이 협상은 11월까지 계속된 끝에 드디어 강화예비조약을 체결하고, 그 이듬해 프랑스 파리에서 정식으로 강화조약에 서명했다. 이 조약에 따라 영국은 미국 13개 주의 독립과 자유와 주권을 인정하는 동시에, 미시시피강 서쪽의 많은 땅도 미국에 양도했다. 또한 북부의 캐나다와의 국경선도 지금의 그것과 비슷하게 그어 주었다. 그리하여 드디어 미국은 완전한 독립을 쟁취했다.

2. 각종 세법에 대한 미국신문들의 반대

위에서는 1765년 영국의회가 인지세법을 공포한 해로부터 시작해서 1783년 영국과의 독립전쟁이 끝나기까지 미국의 시대적 상황부터 간단히 살펴보았다. 그렇다면 이 시기에 미국의 신문사정은 어떠했는가? 미국신문들도 역시 영국으로부터 미국의 독립을 위해 투쟁했다. 그러나 또 한편으로는 영국으로부터 미국의 독립을 찬성하는 소위 '애국파' 신문들과, 이에 반대하는 보수파 신문들로 나뉘어 서로 싸우기도 했다.

영국의 인지세법에 대한 반대운동

앞서 말했듯이, 영국정부는 1764년 '설탕조례'에 이어, 1765년에도 '숙식할당법' 등을 제정해 식민지 미국에 주둔하는 영국군 부대의 숙식을 제공토록 하였다. 또 인지세법도 공포하여, 모든 신문 · 인쇄물 · 팸플릿 · 허가장 · 차용계약서 · 기타 법률문서에 수입인지를 붙이게 했다.

이와 같은 여러 가지 조례들 중, 미국의 주민들과 신문들의 가장 강력한 반대에 부딪쳤고, 또한 영국에 대한 조직적 항거에 불을 붙인 것은 역시 인지세법이었다. "각종 인쇄물 및 공공문서에 수입인지를 첨부, 거기서 얻은 재원으로 식민주들을 방위하고 안전케 한다"는 요지의 인지세법안을 영국정부로부터 받은 영국의회는, 그 부담이 별로 무겁다고 생각하지 않았기 때문에 별다른 토론 없이 통과시켰다. 그러나 이 법안이 1765년 3월 영국의회를 통과, 그해 11월부터 발효하게 되자, 이에 대한 미국 13개 주에서의 반발은 온건한 사람들도 놀라게 할 만큼 맹렬했다. 그도 그럴 것이, 이 법은 전국 어디에서나 적용되지 않는 곳이 없었으며, 그 부담은 결코 가벼운 것이 아니었기 때문이다.

신문의 경우만 보더라도, 이 법으로 인하여 2면짜리 신문에는 1부당 2분의 1페니가, 4면짜리 신문인 경우에는 1페니의 세금이 붙게 되었는데, 이 금액은 신문대금의 50%에 해당하는 액수였으며, 이 밖에 신문광고에도 1건당 2실링의 세금을 광고주가 물어야 했기 때문이다. 이 인지세법은 특히 인쇄업자들에게 큰 충격을 안겨 주었기 때문에 신문들도 이 법에 대해 강력한 반대를 들고 나왔다. 그중에서도 특히 보스턴의 「보스턴 가제트」(*Boston Gazette*), 뉴욕의 「뉴욕 이브닝-포스트」(*New York Evening-Post*), 필라델피아의 「펜실베이니아 저널」(*Pennsylvania Journal*) 등이 가장 앞장섰다.

1765년 11월 1일, 인지세법이 발효되기에 앞서 그해 여름 인지세 징수원들의 명단이 발표되자, 일부 극렬한 미국대중들이 그 징수원들에게 린치를 가하는 한편 사임을 강요하기도 했고, 이러한 사건들을 미국신문들은 대서특필로 보도했다. 11월 1일, 드디어 인지세법이 발효하게 되어 인지를 붙인 신문들이 나오자, 성난 군중들이 신문사까지도 파괴하는 사태로 번지게 되었다. 그러자 어떤 신문도 감히 인지를 붙인 신문을 배포할 엄두를 내지 못했다.

인지세법에 대한 신문들의 항쟁과 승리

이렇게 되자 신문들은 난처한 입장에 빠져 인지를 붙일 수도 없고, 그렇다고 해서 인지세법에 위반되는 줄 알면서 인지를 붙이지 않고 신문을 배포할 수도 없게 되었다. 그러자 신문들은 더욱 인지세법에 반대하고 나섰다. 특히 뉴잉글랜드 지방 신문들이 앞장서서, 예컨대 「뉴욕 가제트」(*New York Gazette*)와 「가제트 오어 더 위클리 포스트-보이」(*Gazette: or, the Weekly Post-Boy*)는 익명의 독자편지임을 가장해서 인지세법의 부당성을 주장하는 글들을 게재했다. 필라델피아의 「펜실베이니아 가제트」(*Pennsylvania Gazette*)와 「펜실베이니아 저널」 등은 인지세법에 항의하여 정간을 선언하고 나섰다.

이 밖의 대부분 신문들도 인지세법에 항의하면서, 그 법을 교묘히 피하기 위해 지령번호를 표시하지 않는가 하면, 제호도 붙이지 않고 신문을 발행하기도 했다. 예컨대 「뉴욕 머큐리」(*New York Mercury*)는 제호 대신 그 자리에 "No Stamped Paper to Be Had"라는 제목을 달아서 발행했고, 「펜실베이니아 가제트」도 본래의 제호 대신에 "Remarkable Occurrences"라는 제호를 박아서 발행하기도 했다. 그런가 하면, 「펜실베이니아 저널」은 인지세법에 항의해서, 1765년 10월 31일자 제1면을 묘비와 같은 모양으로 디자인해서 발행했다(〈그림 2-1〉 참조). 또한 많은 신문들은 휴간했다가 얼마 뒤 속간하면서, 「메릴랜드 가제트」(*Maryland Gazette*)와 같은 신문은 그 속간 첫 호의 제호 자리에 "고(故) 「메릴랜드 가제트」의 유령, 「가제트」는 죽지 않았으나 현재 잠자고 있다"라는 문구를 넣어서 발행하기도 했다. 특히 남부 지방의 신문들은 상당히 오랫동안 휴간했으며, 새로 창간하는 신문도 없었다(Schlesinger, 1935, pp. 63-83).

이처럼 신문을 비롯하여 미국주민들이 인지세법에 반대하면서 영국상품에 대한 불매운동까지 벌이자, 영국상인들도 인지세법의 폐기운동에 가담하고 나섰다. 그러자 1766년 3월, 영국의회는 인지세법을 제정 1년 만에 폐기하고 설탕조례도 개정했다.

Thurſday, October 31, 1765. THE NUMB. 1195.

PENNSYLVANIA JOURNAL; AND WEEKLY ADVERTISER.

EXPIRING: In Hopes of a Reſurrection to LIFE again.

I AM ſorry to be obliged to acquaint my Readers, that as The STAMP-ACT, is fear'd to be obligatory upon us after the *Firſt of November* enſuing, (the *fatal To-morrow*) The Publiſher of this Paper unable to bear the Burthen, has thought it expedient to STOP a while, in order to deliberate, whether any Methods can be found to elude the Chains forged for us, and eſcape the inſupportable Slavery; which it is hoped, from the juſt Repreſentations now made againſt that Act, may be effected. Mean while, I muſt earneſtly Requeſt every Individual of my Subſcribers, many of whom have been long behind Hand, that they would immediately Diſcharge their reſpective Arrears, that I may be able, not only to ſupport myſelf during the Interval, but be better prepared to proceed again with this Paper, whenever an opening for that Purpoſe appears, which I hope will be ſoon. WILLIAM BRADFORD.

〈그림 2-1〉 「펜실베이니아 저널」(1765. 10. 31) 제1면
인지세법에 항의, 판면을 묘비와 같은 모양으로 디자인했다.

타운센드관세법을 둘러싼 신문들의 분란

이렇게 해서 미국주민들과 신문들은 인지세법의 폐기에 일단 성공했으나, 다음 해 영국정부는 또 타운센드관세법(Townshend Act)이라는 것을 공포했는데, 이는 앞서 말했듯이 당시 영국 재무상 찰스 타운센드(Charles Townshend)의 제의에 따라 제정한 것으로서, 영국에서 식민지 미국으로 수출되는 종이·유리·납·페인트·주류·차(tea) 등에 관세를 부과하는 조례였다.

이러한 타운센드관세법이 공포되자, 이에 대해 미국주민들은 또 반대운동에 나섰다. 미국상인들은 다시 영국상품의 불매운동에 들어갔으며, 이 동맹에 불참하는 사람들에게는 호된 비난을 퍼부었다. 그러자 일반 주민들 중 남자들은 집에서 손으로 짠(home-spun) 옷을 입었고, 여자들은 차(tea) 대신에 그 대용품을 사용해야 했는가 하면, 집에 페인트칠도 하지 않았다. 한편 학생들은 미국에서 만든 종이만 사용했다.

그러자 미국신문들도 영국상품의 불매운동에 앞장서고 나섰는데, 이는 타운센드관세법에 의해 신문용지에도 높은 관세가 붙게 되었기 때문이기도 했다. 그러나 인지세법의 반대운동 때와는 달리 모든 신문들이 영국상품의 불매운동에 적극 참여하고 나선 것은 아니었는데, 일부 신문들은 타운센드관세법에 의해 부과된 신문용지를 사서 썼기 때문이다. 그러자 신문들 간에는 분열이 움트기 시작했으며, 그것이 급기야는 미국신문들을 애국당파 신문들(patriots papers)과 친영당파 신문들(loyalists papers)로 갈라놓음으로써 신문들 간의 공방전시대를 초래하게 되었다. 그러나 이와 같은 미국신문들의 양분 현상은 각 신문은 물론, 도시나 지역에 따라서도 차이가 있었다.

3. 보스턴 지역 신문들의 독립투쟁과 수난

우선 보스턴 지역 신문들을 보면, 그 대부분이 애국당파였는데, 이는 당시 보스턴의 전체 분위기가 그러했기 때문이기도 했다. 따라서 1767년 6월 타운센드관세법이 공포되자, 항상 상업상의 이해관계에 예민한 반응을 보여 왔던 보스턴 시민들은 크게 반발하고 나섰으며, 신문들도 역시 마찬가지였다.

애국신문 「보스턴 가제트」의 독립투쟁

타운센드관세법을 비롯한 영국의 식민지정책에 적극 반대하고 나섰던 보스턴의 여러 애국당파 신문들 중에서도 가장 대표적인 것은 「보스턴 가제트」(*Boston Gazette*)였다. 이 신문의 발행인 겸 인쇄인은 벤자민 에드즈(Benjamin Edes)와 존 길(John Gill)이었는데, 에드즈는 정치가로서 '자유의 아들들'(Sons of Liberty)이라는 급진주의적 정치집단의 일원이었다. 때문에 「보스턴 가제트」의 지면은 영국으로부터 독립을 주장하는 급진주의자들이 쓴 정치적 기사들로 가득 채워졌다.

1765년 인지세법이 공포되었을 때도 「보스턴 가제트」는 당시 미국의 여러 신문들 중에서 가장 혹독한 반대기사들을 실었으며, 인지세법이 폐기된 후에도 계속 애국주의자들의 대변지 내지 선전지 역할을 해 왔다. 따라서 당시 매사추세츠주 지사는 「보스턴 가제트」를 가리켜 "가장 지독한 폭동선동자들이 우글거리는 가장 형편없는 주간신문"이라고 비난하면서 그 발행인인 에드즈와 길을 명예훼손죄로 처벌하려고 몇 번이나 시도했다. 그러나 대배심원들이 이들에 대한 예심과정에서 기소를 거부하면서 "언론의 자유는 시민들의 자유의 중요한 보루이다. 따라서 시민의 자유를 옹호, 유지하는 것은 신문발행인들에게 주어진 의무이다"라고 주장했기 때문에 매사추세츠주 지사는 그 뜻을 이루지 못했다. 그리하여 「보스턴 가제트」는 급진주의자들의 대변지로 계속 발행되면서 발행부수가

2,000부에 이르는 최고의 기록을 세우기도 했다(*Boston Gazette*, 1797. 1. 2일자).

이러한 「보스턴 가제트」는 1767년 영국정부가 타운센드관세법을 제정하자, 이의 폐기에 앞장서면서 미국주민들을 선동했다. 그리하여 1770년 3월 5일에는 급기야 '보스턴 대학살'(Boston Massacre) 사건까지 발생하자, 영국의회는 차에 대한 관세를 제외한 모든 상품에 대한 관세를 폐지했다. 그러나 「보스턴 가제트」는 미국주민들로 하여금 영국과의 분쟁을 지속시키기 위해 반영논조를 굽히지 않았다. 그러면서 친영계 보수주의자들을 비난하면서 계속 웃음거리로 만들자, 친영계 보수주의 인사들은 당시 보스턴에 주둔하고 있던 영국군들에게 "폭동을 선동하고 있는 「보스턴 가제트」의 발행인 에드즈와 길을 위시하여 이 신문에 글을 쓰고 있는 자들을 처단하라"는 내용의 편지를 써서 돌리기도 했다.

1775년 4월 19일 보스턴의 교외 렉싱턴(Lexington) 마을에서 영국군과 미국측 민병대 간 총격전이 도화선이 되어 마침내 미국의 독립전쟁이 시작되자, 보스턴의 애국당원들은 「보스턴 가제트」와 「매사추세츠 스파이」지를 계속 살리기 위해 다른 곳으로 피난을 시키기로 결정했다. 이러한 결정을 받아들인 「보스턴 가제트」지는 그날 밤 찰스강(Charles River) 건너편에 있는 워터타운(Watertown)으로 옮겼다. 그리하여 이곳에서 신문을 발행하다가 그 이듬해에 영국군이 보스턴에서 철수하자 다시 보스턴으로 돌아와서 계속 신문을 발행했다. 그러나 1783년 영국과의 독립전쟁이 끝나자 「보스턴 가제트」에 대한 독자들의 인기가 떨어지기 시작하여 재정난에 부딪치게 되었고, 결국 1798년 폐간하고 말았다.

「매사추세츠 스파이」의 출현과 독립투쟁

1770년, 소위 '보스턴 대학살' 사건이 일어난 해, 보스턴에서는 「보스턴 가제트」를 능가한 또 하나의 급진주의적 애국당파 신문이 새로 등장했는데, 이는 「매사추세츠 스파이」(*Massachusetts Spy*)였다. 이 신문의 창간자는 약관 21세의 이사이아 토머스(Isaiah Thomas)였는데, 이처럼 젊은 사람이 어떻게 급진주의적 애국당파 신문을 창간하게 되었는가?

• 또 하나의 애국신문 「매사추세츠 스파이」의 출현

토머스는 일찍이 아버지를 여의고 6살의 어린 나이로 제카리아 파울(Zechariah Fowle)의 인쇄소에 도제로 들어갔다. 이 인쇄소에서 그는 벤자민 해리스(Benjamin Harris)가 지은 『뉴잉글랜드 입문』(*New England Primer*), 월터 파터(Walter Pater)가 쓴 『지식신서』(*New Book of Knowledge*) 등의 교과서를 조판하면서 여러 가지 지식을 배웠다.

16살 때, 인쇄소에서 도망쳐서 핼리팩스(Halifax)로 갔다가, 다시 남부의 여러 곳을 떠돌아다녔던 토머스는 다시 보스턴으로 돌아와서, 버뮤다(Bermuda) 출신 아가씨와 결혼하고 정착했다.

그리고 토머스는 「매사추세츠 스파이」를 창간했는데, 이 신문을 창간할 당시, 본래는 중립적 신문(nonpartisan paper)으로 만들 작정이었다. 그래서 처음에는 "모든 당파에 문호를 개방, 그러나 어느 당파의 영향도 배제"(Open to All Parties, but Influenced by None)라는 구호를 내세웠다. 그러나 격동기였던 당시에 '중립'이 불가능하다는 것을 토머스는 곧 깨닫게 되었다. 뿐만 아니라, 그의 성격은 본래 독립적이었기 때문에 곧 미국의 독립을 주장하는 애국주의자들의 편에 서게 되었다. 그리하여 애국주의자들과 친교를 맺으면서, 이들의 글을 「매사추세츠 스파이」지에 싣기 시작했다.

• 애국신문으로 「매사추세츠 스파이」의 변신

급진주의자 조셉 그린리프(Joseph Greenleaf)가 '무시어스 스캐볼라'(Mucius Scavola, 끈덕지고 미친 자라는 뜻)라는 가명으로 매사추세츠주 지사를 '강탈자'라고 매도하는 글을 「매사추세츠 스파이」에 실었을 때, 매사추세츠주 평의회는 토머스에게 소환명령을 내렸다. 그러나 이를 토머스는 무시했을 뿐 아니라, 그 명령을 가지고 온 주평의회의 메신저(messenger)까지 냉대했다. 그러자 화가 치민 주검사장은 당시 치안판사를 해고시켜 버리기도 했다.

한편 「매사추세츠 스파이」지는 뉴스보도에서도 주로 영국상품의 불매·불용운동을 펼치기 위한 시민회의의 개최라든지, 시민들이 주지사에게 제출한 항의내용, 독립주의자들이 결성한 감시위원회(Committees of Inspection)·통신위원회(Committees of Correspondence)·자유의 아들들(Sons of Liberty) 등의 활동사항들을 집중적으로 보도했다. 또한 미국의 독립을 주장하는 글들을 익명의 독자가 보낸 것으로 가장해서 계속 게재했다. 또한 1770년 3월 5일 발생한 소위 '보스턴 대학살' 사건, 즉 영국군 병사들이 발포해서 세 사람의 보스턴 시민이 죽었던 사건의 추도행사들을 매년 대서특필로 다루었다. 따라서 「매사추세츠 스파이」지는 당시 미국 전체에서 가장 선동적 간행물로 평가되면서, 대중들의 인기도 대단해서, 당시로는 엄청난 3,500부라는 발행부수를 자랑하게 되었으며 광고주들도 가장 많이 갖고 있었다(*Massachusetts Spy*, 1780. 12. 21일자 1면).

미국의 독립전쟁이 시작되자, 「매사추세츠 스파이」지도 다른 곳으로 피난을 갔는데, 「매사추세츠 스파이」지는 「보스턴 가제트」지보다 더 서쪽인 워세스터(Worcester)로 가서, 그곳에서 신문을 발행했다. 독립전쟁기간에는 겨우 명맥만 유지하다가, 전쟁이 끝나자 다시 호황을 누리게 되었는데, 보스턴으로 돌아가지 않고 워세스터에 아주 정착했다. 이 신문의 발행인 토머스는 다른 곳에도 신문사와 인쇄소 및 서점들을 운영하면서, 예술과 과학 분야의 후원자로서 명성을 날렸으며, 말년인 1810년에는 미국 최초로 미국신문역사에 관한 책도 출판했다.[3] 그리하여 18세기 미국에서 대단히 유명한 인물의 하나가 되었다.

애국당원들에 의한 보스턴 신문들의 수난

위와 같이 보스턴의 「매사추세츠 스파이」지와 「보스턴 가제트」는 독립전쟁기간은 물론, 그 이전에도 수난을 거의 받지 않았다. 그러나 보스턴의 여러 다른 신문들은 이래저래 수난을 당해야만 했는데, 한편으로는 영국정부와 영국군

3 이 책은 *The History of Printing in America, with a Biography of Printers and an Account of Newspaper* (Worcester, MA: The American Antiquarian Society, 1810)인데, 내용은 18세기에 미국에서 발행한 신문들에 대한 소개와 그 발행인들의 인적 사항, 전기 등이다.

대에 의해, 또 한편으로는 애국당원들에 의해 수난을 받아야만 했기 때문이다. 그런데 애국당원들에 의한 수난을 더 많이 겪은 것은 아이러니컬하게도 애국당계 신문들이었다.

• 신문에 대한 애국당원들의 압력과 탄압

애국당계 신문들이 애국당원들로부터 더 많은 수모를 받은 것은, 격렬하고 성급한 애국당원들과 애국주의단체들은 털끝만치의 주저함도, 중립성도, 타협도 절대로 용서하지 않았기 때문이다. 그리하여 이들은 보스턴의 모든 신문들에게 자신들의 독립투쟁대열에 앞장설 것을 강요하면서 만약 이러한 요구를 즉시 받아들이지 않을 때는 가차 없이 친영신문으로 몰아세우면서 가혹한 비난의 화살을 퍼부었다.

신문의 공정성(impartiality)·독립성(independence)·불편부당성(nonpartisanship)—이것은 "신문이 어느 한 당파의 통제 아래 있을 때는 절대로 자유로운 신문이 될 수 없다"는 원칙(doctrine) 아래, 신문 스스로가 자존심·품위·이성을 갖고 양방의 의견을 모두 보도·논평하는 것을 의미한다. 그렇다고 해서, 즉 양방의 견해를 모두 다룬다고 해서, 마치 양어깨에 물통을 얹고 걸어가면서 그 물을 엎지르지 않으려는 식으로 양방 견해를 다루는 것은 공정성이 될 수 없다.

이와 같이 신문에는 공정성이라는 중요한 원칙이 있음에도 불구하고, 이것을 당시 애국당원들은 절대로 용납하지 않았다. 자신들 편이 아닌 것은 무조건 적이었다. 따라서 자신들 편에 서지 않는 신문은 모두 독립을 반대하는 토리당(Tory), 즉 영국왕당파 신문으로 몰아세웠다. 그러나 만약 토리주의(Toryism)를 지지했다손 치더라도 그런 신문들 모두가 미국의 독립을 반대하고 영국만 지지했던 것은 아니었다. 다만 방법론상에서 급진주의적 애국주의자들과 견해를 달리하는 보수주의신문들이었을 뿐이었다.

그럼에도 불구하고, 1765년 인지세법에 대한 반대운동에서부터 1783년 영국과의 독립전쟁이 끝나기까지 18년 동안, 보스턴 신문들은 애국주의자 내지 애국당원들의 가혹한 비판을 면치 못했다. 그리하여 토리당계 신문들은 말할 것도 없고, 애국당계 신문들도 견디지 못해서 자진정간이나 자진폐간까지 했다. 예컨대, 토리당계 신문이었던 「보스턴 포스트-보이」(*Boston Post-Boy*)지는 1765년 영국정부가 인지세법을 공포하자, 이에 반대하는 글을 싣기도 했으나 매사추세츠주 정부간행물의 인쇄를 맡고 있던 터여서, 토리당 대변지 노릇을 하면서 독립애국당과 그 지도자들을 비난했기 때문에, 독립애국당의 보복이 두려워 독립전쟁이 시작되자 자진폐간하고 말았다.

• 「크로니클」과 「이브닝-포스트」의 폐간

한편 중립지였던 「보스턴 크로니클」(*Boston Chronicle*)은 독립전쟁이 시작되기 이전인 1770년 애국당원들의 위협 때문에 폐간하게 되었는데, 이 신문은 스코틀랜드 출신의 인쇄업자 존 메인(John Mein)과 존 플리밍(John Fleeming)이 1767년에 창간한 것으로, 편집도 잘하고, 인쇄도 깨끗했으며, 특히 문예면이 좋았다. 또한 이 신문은 정치적 또는 사회적으로 논란되고 있는 문제에 대해서는 그 양방의 견해를 모두 제시했다. 그 결과, 대중들의 환영을 받아서 창간 이듬해에 본래의 주간에서 주2회간으로 발행회수를 늘릴 정도였다. 그리하여 보스턴 최초의 주2회간지(semiweekly)가 되었으나, 얼마 되지 않아 소위 '애국주의자'들의 손에 걸려들고 말았다.

애국주의자들은 「보스턴 크로니클」지의 발행인 메인에게 영국상품 불매운동에 앞장설 것을 강요했다. 그러나 천성적으로 고집이 셌던 메인은 그 강요에 불응하는 한편, 애국주의자들의 과격한 행동을 자신의 신문을 통해 비난했다. 그러자 애국주의자들은 메인의 허수아비를 만들어, 거리로 끌고 다니면서 구타하는 한편, 메인에게 보스턴을 떠날 것을 강요했다. 그런가 하면, 일부 성난 군중들은 메인의 집을 습격하여 그에게 부상을 입히기도 했다. 이처럼 분위기가 점점 험악해지면서 교수형까지 당할 처지가 되자, 메인이 영국으로 도망함으로써 그의 「보스턴 크로니클」지는 1770년에 자동폐간되고 말았다.

비록 약간의 정도 차이는 있지만, 「보스턴 이브닝-포스트」지도 「보스턴 크로니클」지와 비슷한 수난을 당했다. 당시 토머스 플리트(Thomas Fleet)의 두 아들이 편집하던 「보스턴 이브닝-포스트」지는 전국에서 가장 훌륭한 신문의 하나로서, 신문의 공정성을 일관성 있게 내세웠다. 그리하여 애국주의자들이 쓴 강경한 내용의 글을 싣는가 하면, 왕당파 보수주의자들이 보내오는 편지도 신문에 게재했다. 그러자 이러한 태도를 못마땅하게 생각한 애국주의자들이 「보스턴 이브닝-포스트」지에 위협을 가함으로써, 1775년 4월 24일, 렉싱턴에서 미국독립전쟁의 시작을 알리는 총성이 울린 지 닷새 만에 폐간하고 말았다.

• 한때 보스턴에는 신문이 모두 사라져

위와 같이 「보스턴 이브닝-포스트」지도 폐간하자, 보스턴에는 토리당계 신문이던 「보스턴 뉴스-레터」만 남게 되었는데, 이 신문은 앞서 말한 「보스턴 포스트-보이」지와 함께 매사추세츠주 정부간행물의 인쇄를 맡고 있었다. 때문에 토리당계 신문이 되었으나, 애국당원들의 독립투쟁이 본격화되자 부정기적으로 발행하면서 겨우 명맥만 유지해 왔다. 그러나 영국군이 보스턴에서 철수하려고 하자 1776년 2월 22일 자진폐간하고 말았다. 그리하여 이때부터 2개월 동안이나 보스턴에는 아무 신문도 존재하지 않게 되었다.

그러다가 「인디펜던트 크로니클」(*Independent Chronicle*)이라는 신문이 케임브리지(Cambridge)로부터 이전해 오고, 한 달 뒤에는 벤자민 에드즈(Benjamin Edes)와 함께 「보스턴 가제트」지를 발행하다가 1775년 「보스턴 가제트」지에서 손을 떼었던 존 길(John Gill)이 「컨티넨탈 저널」(*Continental Journal*)이라는 신문을 새로 창간했다. 그리고 같은 해 10월에는 워터타운으로 피난 갔던 「보스턴 가제트」지가 다시 돌아옴으로써, 보스턴에는 3개 신문이 존재하게 되었다.

4. 뉴욕의 독립당계와 친영계 신문들의 실태

뉴욕 신문들의 실태도 보스턴의 경우와 비슷했는데, 1765년 영국정부가 공포한 인지세법에 대한 반대를 시작으로 미국의 독립투쟁이 본격화될 당시, 뉴욕에는 3개의 신문만 발행되고 있었다. 첫째는 제임스 파커(James Parker)가 창간한 「뉴욕 위클리 포스트-보이」(*New York Weekly Post-Boy*)지의 후신으로서, 1765년 당시는 존 홀트(John Holt)가 발행하고 있던 「뉴욕 저널」(*New York Journal*)이었는데, 이는 독립당계 신문이었다. 둘째는 휴 게인(Hugh Gaine)이 1753년 창간한 「가제트 앤드 위클리 머큐리」(*Gazette and Weekly Mercury*)지였는데, 이는 친영계 신문이었다. 그리고 셋째는 윌리엄 웨이만(William Weyman)이 1759년 창간한 「뉴욕 가제트」였으나, 이 신문은 중립적 신문이었다.

독립당원들에 의한 친영계 신문들의 수난

위와 같이 1765년 당시 뉴욕에는 3개의 신문들이 있었으나, 웨이만이 발행한 「뉴욕 가제트」는 1767년 발행을 중단했다. 1773년 제임스 리빙턴(James Rivington)이 「뉴욕 가제터」(*New York Gazetter*)라는 중립적 신문을, 1775년에는 새뮤얼 루던(Samuel Loudon)이 「뉴욕 패킷」(*New York Packet*)이라는 독립당계 신문을 창간했다. 또한 「컨스티튜셔널 가제트」(*Constitutional Gazette*)라는 극단적 반영신문도 나왔으나, 이 신문은 1776년 9월 영국군이 뉴욕을 점령하자 문을 닫아 버렸다. 1777년에는 「로열 아메리칸 가제트」(*Royal American Gazette*)라는 친영계 신문이 새로 나왔고, 1779년에는 「뉴욕 머큐리」(*New York Mercury*)라는 또 하나의 친영계 신문을 윌리엄 루이스(William Lewis)가 창간했다.

• 「뉴욕 가제터」 발행인 리빙턴의 신문사상

위와 같이 1765년부터 1783년까지 미국의 독립투쟁기간에 뉴욕에는 여러 개의 신문들이 있었는데, 이들 신문은 모두가 독립당원들이나 영국 측으로부터 수난을 받아야만 했다. 그중에서 가장 많은 고초를 겪은 것은 바로 리빙턴의 「뉴욕 가제터」지였다. 이 신문의 창간자이자 발행인 리빙턴은 본래 영국의 유명한 서적출판인의 아들로서, 상당한 교육을 받은 후에 그의 아버지 사업에 관여하고 있었다. 그러나 경마에 미쳐서 재산을 탕진한 뒤, 다시 돈을 벌고자 미국으로 건너와 뉴욕에 서점을 열고 런던으로부터 서적을 수입해서 팔았다.

그러다가 영국에서 인쇄시설을 들여와 인쇄소도 차리고 1773년부터는 신문도 창간하게 되었다. 이 신문의 제호는 「뉴욕 가제터; 또는 코네티컷, 뉴저지, 허드슨스 리버 앤드 퀘벡 위클리 애드버타이저」(*New-York Gazetter; or the Connecticut, New-Jersey, Hudson's River, and Quebec Weekly Advertiser*)라는 긴 이름(이하 「뉴욕 가제터」로 약칭)이었는데, 이러한 제호의 부제처럼 이 신문은 곧 미국에서 가장 널리 배포되는 신문의 하나가 되었다. 이 신문은 판면의 크기가 10×16$\frac{3}{8}$인치(25.4×41.59cm)로서 당시에는 큰 지면에 깨끗한 인쇄로 유명했으며, 특히 외국 뉴스와 문예기사가 특출했다. 또한 지방 뉴스나 전국 뉴스도 당시 다른 신문들에 비해 훨씬 밝았으며 문장도 좋았다. 그래서 광고도 많이 유치할 수 있었다.

이러한 「뉴욕 가제터」는 "누구에게나 항상 열려 있으나 누구의 영향도 받지 않는 신문"(Ever Open and Uninfluenced Press)이라는 구호를 내걸면서 토리당(Tory, 왕당파)과 휘그당(Whig, 독립당), 친영주의자와 애국주의자(독립주의자)들 모두에게 서로 번갈아 가면서 상대방을 공격할 지면을 제공해 주었다. 그러나 이처럼 토리당의 주장도 신문에 게재해 주는 것에 화가 난 휘그당계 독립당원들이 리빙턴에게 계속 항의하다가, 리빙턴의 허수아비를 만들어 화형식을 올리기까지 했는데, 이는 「뉴욕 가제터」가 창간된 지 불과 1년도 채 되지 않은 때의 일이었다.

• 리빙턴과 그의 신문에 대한 독립당원들의 행패

이처럼 독립당원들이 리빙턴을 계속 비난, 공격하자, 그는 "여러 가지 주장의 글들을 게재하는 것은 자유인쇄인으로서의 맡은 바 책무이다"라고 설명

THURSDAY, April 22, 1773.

RIVINGTON'S

NEW-YORK GAZETTEER;

OR THE

CONNECTICUT, NEW-JERSEY, HUDSON'S-RIVER, AND QUEBEC WEEKLY ADVERTISER.

To the Subscribers for RIVINGTON'S NEW-YORK GAZETTEER.

The CENSOR. No. I.

〈그림 2-2〉「뉴욕 가제터」 창간호(1773. 8. 27) 제1면(판면의 크기: 25.4×41.59cm)

하면서 독립당원들을 설득하려고 노력했다. 하지만 독립당원들이 리빙턴에 대한 공격을 멈추자 않자, 화가 난 리빙턴은 1775년 4월 20일자 「뉴욕 가제터」에 자신의 허수아비가 화형당하는 장면의 삽화와 함께 게재한 한 기사에서 아래와 같이 술회했다.

> 신문은 글을 싣는 데 모든 당파들에게 그 문호를 개방해야 한다는 것이 본 인쇄인의 신념이었고, 또한 본인은 그렇게 실천해 왔다. … 본인은 신문을 공기(公器)로 간주, 모든 사람이 그러한 공기를 이용할 권리를 가지고 있다고 생각해 왔다. 그러나 이러한 본인의 신념 때문에, 그리고 일부 선동정치가(demagogues)들의 위험한 생각과 획책에 반대한다는 이유로, 본인은 이제 이 나라의 적으로 낙인찍혔다는 것을 알게 되었다(*New York Gazetter*, 1775. 4. 20일자).

이러한 기사를 낸 뒤, 리빙턴은 독립당파에 대한 감정적·지성적 적대경향을 나타내면서 그의 신문도 점차 보수파 편으로 기울어져 갔다. 그러자 독립당원들이 그의 신문에 대한 보이콧운동을 전개하는 가운데, 그의 「뉴욕 가제터」 신문사가 두 번이나 군중들의 습격을 받았다. 1775년 11월 일어난 두 번째 습격에서는 코네티컷으로부터 온 '자유의 아들들'이라는 애국단체원들이 신문인쇄시설을 완전히 박살내어 「뉴욕 가제터」는 발행을 중단할 수밖에 없었다. 그때는 이미 독립전쟁이 터진 뒤여서 독립군들이 전국을 돌아다니며 친영인사들을 체포, 처벌하고 있었기 때문에 리빙턴도 독립군에게 붙잡혔다가 간신히 빠져나와 영국으로 도망치고 말았다.

그랬다가 3년 뒤인 1777년, 영국군 윌리엄 하우(William Howe) 장군이 뉴욕을 어느 정도 평정하자, 리빙턴은 영국으로부터 뉴욕으로 돌아와 본래의 「뉴욕 가제터」의 제호를 「뉴욕 로열 가제트」(*New York Royal Gazette*)로 고쳐서 다시 신문을 발행했다. 그러면서 편집방침도 바꾸어 모든 뉴스를 친영 편에서 다루었다. 그러나 1782년 독립전쟁이 끝난 뒤, 새로 권력을 잡게 된 애국당원들의 압력으로 말미암아 결국은 신문발행을 중단하고 말았다. 그 뒤 리빙턴은 죽을 때까지 서점만 경영하면서 살아갔다.

• 게인과 그의 「뉴욕 머큐리」도 혹독한 수난

리빙턴과 마찬가지로 「가제트 앤드 위클리 머큐리」지의 발행인 휴 게인(Hugh Gaine)도 혹독한 수난을 당했는데, 그는 아일랜드 출신의 인쇄공으로, 1753년 「뉴욕 머큐리」(*New York Mercury*)라는 신문(뒤에 「가제트 앤드 위클리 머큐리」로 개제)을 창간했다. 그리하여 그는 근면과 절약으로 신문을 키워 왔으며, 성공한 뒤에도 다 낡아 빠진 옷을 입고 열심히 뛰었다. 그러면서 게인은 '불편부당'(nonpartisanship)을 신문경영의 방침으로 강조하며, 그를 독립당 편으로 끌어들이려는 독립당원들의 여러 가지 위협과 조직적 압력을 거부해 왔다.

그러다가 1776년 9월, 영국군이 뉴욕을 점령하자, 게인은 신문사를 뉴저지주 뉴아크(Newark)로 옮겨서 신문을 계속 발행했다. 그러자 뉴욕을 점령한 영국군은 신문을 통한 선전을 위해 게인이 남겨 놓고 간 인쇄시설들을 사용하는 동시에 그 제호도 그대로, 즉 「뉴욕 가제트 앤드 위클리 머큐리」라는 이름을 도용해서 자기들의 주장과 전황을 보도했다. 따라서 비록 내용은 전혀 달랐지만, 똑같은 제호의 신문이 뉴욕과 뉴아크에서 동시에 나오게 되었다. 그러나 게인 자신이 뉴아크에서 발행한 진짜 「가제트 앤드 위클리 머큐리」는 전쟁으로 인한 용지난 때문에 얼마 안 되어 휴간해야 했다.

당시 미국독립군 총사령관은 조지 워싱턴 장군이었는데, 그는 뉴욕을 곧 탈환하겠다고 큰소리쳤으나, 영국군 윌리엄 하우 장군에게 계속 밀리기만 하고 있었다. 그러자 뉴아크에서 가난에 굶주려야만 했던 게인은 1776년 11월 뉴욕으로 돌아와서 왕당파들(Tories)과 손을 잡고, 영국군이 발행하던 자신의 본래 신문 「뉴욕 가제트 앤드 위클리 머큐리」를 다시 맡아서 발행하기 시작하면서, 이때부터 완전히 친영 쪽으로 기울어져 영국군 대변지 노릇을 했다. 그러나 독립군이 승세를 잡으면서 뉴욕을 다시 탈환하자, 게인은 반역자로 몰려 그의 신문은 발행이 중단되고 개인적으로도 많은 고초를 당했으며 그의 왕당파 친구들마저도 그를 모른 척했다. 그래서였는지, 1781년 10월 19일 전쟁이 끝나고 평화가 다시 찾아왔지만 게인은 신문을 다시 속간하지 않았다.

그밖의 친영계와 독립당계 신문들의 실태

위와 같이 독립투쟁시기에 뉴욕의 친영계 신문들도 이래저래 수난을 받았다. 그러나 1776년 9월 영국군이 뉴욕을 점령했다가 1782년 10월 철수할 때까지 6년 동안은 영국군의 보호를 받으면서 영국정부와 영국군의 대변지 노릇을 했다. 이러한 친영계 신문들은 모두 4개나 되었는데, 이들은 위에서 말한 ① 휴 게인의 「뉴욕 가제트 앤드 위클리 머큐리」, ② 독립당원들의 위협 때문에 영국으로 도망했던 리빙턴이 1777년 뉴욕으로 돌아와 「뉴욕 가제터」를 다시 발행하면서 제호를 바꾼 「뉴욕 로열 가제트」(*New York Royal Gazette*), ③ 이 신문을 발행하기 얼마 전에 제임스와 알렉산더 로버트슨(James and Alexander Robertson) 형제가 창간한 「로열 아메리칸 가제트」(*Royal American Gazette*) 및 ④ 1779년 루이스(William Lewis)가 창간한 「뉴욕 머큐리」(*New York Mercury*)였다.

이들 4개의 친영신문들은 서로 발행 요일을 조정하여, 주간지였던 「가제트 앤드 머큐리」는 월요일에, 주2회간지였던 「로열 아메리칸 가제트」는 화요일과 목요일에, 역시 주2회간지였던 「로열 가제트」는 수요일과 토요일에, 그리고 「뉴욕 머큐리」는 금요일에 발행함으로써, 모든 요일에 친영계 신문이 나왔다. 그러나 이들 신문은 1782년 10월 영국군이 뉴욕에서 철수하면서 모두 폐간되고 말았다.

위와 같은 친영계 신문들이 영국군의 보호를 받으면서 그 대변지 노릇을 했듯이, 독립당계 신문들은 독립군의 보호를 받으며 그 대변지 노릇을 했는데, 1776년 9월 영국군이 뉴욕을 점령할 당시, 독립당계 신문들은 모두 3개가 있었다. 즉 ① 「뉴욕 위클리 포스트-보이」(*New York Weekly Post-Boy*)지의 후신으로서, 당시는 존 홀트(John Holt)가 발행하고 있던 「뉴욕 저널」(*New York Journal*), ② 1775년 새뮤얼 루던(Samuel Loudon)이 창간한 「뉴욕 패킷」(*New York Packet*) 및 ③ 「컨스티튜셔널 가제트」(*Constitutional Gazette*)라는 극단적 반영신문이 있었는데, 이들 중에서「컨스티튜셔널 가제트」는 영국군이 뉴욕을 점령하자 문을 닫아 버렸다.

그러나「뉴욕 저널」과「뉴욕 패킷」은 독립당의 명령에 따라 다른 곳으로 피난을 가서 발행을 계속했다.「뉴욕 저널」은 킹스턴(Kingston)으로 옮겨 가 이듬해 7월 7일부터 다시 신문을 내면서, 주로 독립전쟁에 관한 뉴스와 새로 탄생한 미국정부의 공시사항 등을 보도했다. 그러나 15주 만에 킹스턴도 영국군에 함락되자 다시 포우킵시(Poughkeepsie)로 피난 가서 발행하다가 1783년 독립전쟁이 끝나자 뉴욕으로 돌아왔다. 한편「뉴욕 패킷」지는 영국군이 뉴욕으로 쳐들어오기 직전 피쉬킬(Fishkill)로 피난 가서, 독립군 대변지로서 활동하다가 종전이 되자 뉴욕으로 되돌아와 9년 동안 계속 발행했다.

5. 필라델피아 신문들의 양분과 대결

필라델피아에서도 역시 독립투쟁기간에 신문들이 독립당파(애국당파)와 왕당파(토리당파)로 양분되어 서로 입장을 달리하면서, 뉴스의 공정한 보도보다는 정치선전과 대중설득에 앞장섰다. 당시 독립당계의 대표적 3대 신문은「펜실베이니아 저널」(*Pennsylvania Journal*),「펜실베이니아 가제트」(*Pennsylvania Gazette*),「펜실베이니아 패킷」(*Pennsylvania Packet*)지였으며, 이들에 대립적인 토리당계 신문들로는「펜실베이니아 이브닝 포스트」(*Pennsylvania Evening Post*),「펜실베이니아 레저」(*Pennsylvania Ledger*),「로열 펜실베이니아 가제트」(*Royal Pennsylvania Gazette*)가 있었다.

독립당계 3대 신문들과 그 실태

위와 같은 독립당계 3대 신문들 중에서, 첫째로「펜실베이니아 저널」은 처음부터 독립당계 신문으로서, 1765년 3월 영국의회가 인지세법을 제정하자, 이를 가장 강력히 반대하면서 며칠 동안 휴간했다가 다시 속간했다. 또한 인지세법이 발효되기 바로 전날인 1765년 10월 31일자 제1면을 묘비 모양으로 꾸밈으로써 유명해지기도 했다. 「펜실베이니아 저널」은 단순히 인지세법에 대한 반대에 그치지 않고 미국의 독립도 주장하면서, 당시 유명한 독립주의자 토머스 페인(Thomas Paine)의 글을 전적으로 게재했다.

당시 「펜실베이니아 저널」은 윌리엄 브래드포드 3세(William Bradford III)가 발행하고 있었는데, 그는 사업과 그 밖의 모든 일에서 매우 활동적이고 적극적인 사람으로, 「펜실베이니아 저널」을 발행하는 이외에 서적도 출판·판매했고 커피하우스도 경영했으며 해상보험사업도 해서 많은 재산을 갖고 있었다. 그런가 하면, 그는 1754년 프랑스인과 인디언 간에 전쟁이 일어나자 민병대 대위로 참전했으며, 1775년 4월 19일 영국과의 독립전쟁이 시작되자 57세라는 나이로 독립군에 입대해서 혁혁한 공을 세움으로써 대령으로 진급하기도 했다. 이처럼 브래드포드 3세는 독립전쟁에 직접 참전하면서도, 「펜실베이니아 저널」을 계속 발행했다. 그러나 1777년 9월 영국군 하우 장군이 필라델피아를 점령하자 휴간할 수밖에 없었다. 하지만 영국군이 물러가자 다시 신문을 내기 시작했으나, 곧 경영권을 그의 아들 토머스 브래드포드(Thomas Bradford)에게 맡겼다. 그리하여 이때부터 토머스 브래드포드가 독립전쟁이 끝난 1783년까지 독립군 편에서 신문을 계속 발행했다.

둘째로 「펜실베이니아 가제트」는 앞서 제1장에서 말했듯이 1729년부터 벤자민 프랭클린(Benjamin Franklin)이 발행하기 시작한 신문이었다. 그러나 1766년 프랭클린은 신문사를 그의 동업자 데이비드 홀(David Hall)에게 물려주었으며, 독립투쟁기간에는 홀의 두 아들과 윌리엄 셀러스(William Sellers)가 발행했는데 이들도 프랭클린과의 깊은 관계 때문에 애국당계 신문이 될 수밖에 없었다. 그러나 1777년 9월 영국군이 필라델피아를 점령하자, 「펜실베이니아 가제트」는 대륙회의(Continental Congress)를 쫓아 펜실베이니아주 요크(York)로 피난 가서 그곳에서 6개월 동안 신문을 내다가 돌아왔다. 그 후 경영자가 여러 번 바뀌면서도 계속 발행해 오다가 1815년 사라지고 말았다.

셋째로 「펜실베이니아 패킷」은 1771년 존 던랩(John Dunlap)이 창간했는데,

이 신문은 디자인과 편집이 좋아서 곧 많은 광고를 유치할 수 있었다. 따라서 광고분량도 대단히 많았다. 그러나 1775년 독립전쟁이 시작되고, 1777년 9월 영국군이 필라델피아를 점령하자, 이 신문은 랜카스터(Lancaster)로 피난했다가 영국군이 철수하자 곧 필라델피아로 돌아와서 계속 신문을 냈다. 이 신문의 발행인 던랩은 독립전쟁기간에 독립군의 일원으로 활약했으며, 종전 후에는 대륙회의 지정인쇄업자가 됨으로써 그의 「펜실베이니아 패킷」은 새로 세운 미국정부의 대변지가 되었다. 이러한 「펜실베이니아 패킷」은 본래 주간지로 출발했으나, 1780년부터는 주2회간으로, 1781년부터는 주3회간으로 발행하다가 1783년부터 일간으로 변경함으로써, 미국 최초의 일간신문이 되기도 했다.

친영보수주의 3대 신문들의 양태

위와 같은 독립당계 3대 신문에 맞서서 영국 편을 들었던 토리당계 3대 신문들은 앞서 말했듯이 「펜실베이니아 이브닝 포스트」, 「펜실베이니아 레저」, 「로열 펜실베이니아 가제트」였다. 이들 중, 첫째로 「펜실베이니아 이브닝 포스트」지는 1776년 1월 벤자민 타운(Benjamin Towne)이 창간한 신문이었는데, 타운은 매우 영리한 인쇄업자로 확고한 이념이 없었다. 그래서 창간 초기에는 독립당 편을 들어 토리당의 주장을 공격함으로써 독립당에 잘 보여 대륙회의의 인쇄물 일부를 맡아서 인쇄해 주기도 했다. 때문에 1776년 7월 6일, 미국신문들 중에서 맨 처음으로 독립선언문(1776년 7월 4일 채택)을 게재하는 영광을 차지하기도 했다. 그러나 이듬해 9월 영국군이 필라델피아를 점령하자, 다른 신문들은 모두 피난을 가거나 발행을 중단했음에도 불구하고, 「펜실베이니아 이브닝 포스트」지만은 그대로 남아 신문을 계속 내면서, 토리당 편으로 돌아섰다. 그러나 1782년 영국군이 필라델피아에서 철수하자 「펜실베이니아 이브닝 포스트」지의 발행인 타운은 독립당지도자들에게 아부해서 "신문을 계속 내도 좋다"는 허락을 받아 냈다. 하지만 변절을 두 번씩이나 하게 되자 독자들로부터 외면을 받게 되어, 결국은 얼마 안 가서 폐간하고 말았다.

둘째로 「펜실베이니아 레저」지는 본래부터 열성적 토리당원이던 제임스 험프리스(James Humphreys)가 발행했는데, 이 신문도 1775년 1월, 즉 타운이 「펜실베이니아 이브닝 포스트」를 창간한 같은 해, 같은 달, 같은 주에 창간했다. 창간하자마자 이 신문이 토리당을 지지하자, 당시는 독립당 편을 들던 「펜실베이니아 이브닝 포스트」의 공격대상이 되기도 했다. 이처럼 「펜실베이니아 레저」지는 본래부터 토리당계 신문이었지만, 1777년 9월 영국군이 필라델피아를 점령하자, 일단 정간하고 그 발행인 험프리스는 피난을 갔다가 곧 되돌아와서 신문을 속간했다. 그러나 1782년 영국군이 필라델피아에서 철수하자, 험프리스도 영국군을 따라 떠남으로써 「펜실베이니아 레저」지는 자연히 폐간되고 말았다.

셋째로 「로열 펜실베이니아 가제트」는 1777년 9월 영국군이 필라델피아를 점령하자, 제임스 로버트슨(James Robertson)이라는 뉴욕 사람이 필라델피아로 와서 그해에 창간한 토리당계 신문이었다. 그러나 1782년 영국군이 필라델피아에서 철수하자, 이들을 따라 로버트슨도 떠남으로써 자연히 「로열 펜실베이니아 가제트」지는 없어지고 말았다.

영국군들이 필라델피아를 점령하고 있는 동안 위와 같은 3개의 토리당계 신문들 외에 또 하나의 토리당계 신문이 발행되었는데, 이는 필라델피아를 점령한 영국군이 「보헨트리헤 필라델피쉐 슈타츠보테」(*Wochentliche Philadelphische Staatsbote*)라는 독일어신문을 접수해서, 그 제호를 「펜실베이니아 슈타츠 쿠리어」(*Pennsylvania Staats Courier*)로 고치고, 크리스토퍼 소버 3세(Christopher Sower III)라는 사람에게 발행토록 한 것이었다. 그러나 이 신문도 영국군이 철수하자 자연히 발행이 중지되었으며, 소버 3세는 반역자로 몰려 재산까지 모두 잃고 말았다.

6. 그 밖의 주요 지역 신문들의 사정

위에서는 우선 미국의 독립투쟁 당시 보스턴·뉴욕·필라델피아 지역 신문들의 사정을 살펴보았다. 그러면 당시 그 밖의 다른 지역 신문들의 사정은 어떠했는가? 이들 지역의 신문사정도 비슷했다. 따라서 특기할 만한 지역이나 도시의 대표적 신문들의 사정만 간단히 살펴보기로 하겠다.

메릴랜드주 「메릴랜드 저널」의 수난

메릴랜드주의 경우, 가장 특기할 만한 신문은 「메릴랜드 저널」(*Maryland Journal*)이었는데, 이 신문은 본래 윌리엄 고다드(William Goddard)가 1773년 볼티모어(Baltimore)에서 창간한 것이었다. 고다드는 당시 유명한 인쇄업자의 한 사람으로, 1762년 로드아일랜드주 프로비던스에서 「프로비던스 가제트」(*Providence Gazette*)라는 신문을 창간해서 발행했다. 그러다가 필라델피아로 와서 1767년 「펜실베이니아 크로니클」(*Pennsylvania Chronicle*)지를 창간하고, 저 유명한 존 디킨슨(John Dickinson)의 "한 농민으로부터의 편지"(Letters from a Farmer)라는 글—영국의 식민지정책을 비판하고 미국의 독립의 필요성을 제시한—을 그의 신문에 게재함으로써 널리 알려진 인물이다.

이러한 고다드는 그 뒤 다시 메릴랜드주 볼티모어로 가서 「메릴랜드 저널」을 창간했다. 그러나 당시 고다드는 미국 우편제도의 개선작업에 매달려 있어, 실제 신문발행은 그의 여동생 메리 고다드(Mary K. Goddard)가 맡아서 했다. 하지만 편집방향 등은 윌리엄 고다드가 결정했는데, 그는 독립주의자였음에도 불구하고 아이러니컬하게도 그 지방의 애국주의자단체인 휘그클럽(Whig Club)과 심한 싸움을 두 번씩이나 벌이게 되었다.

첫 번째는 1777년 영국이 미국에 제의한 휴전안을 받아들이자는 내용의 독자편지를 그의 신문 「메릴랜드 저널」에 게재한 것이 말썽이 되어, 휘그클럽

회원들로부터 48시간 내에 볼티모어를 떠나라는 명령을 받게 됨으로써 싸움이 벌어졌던 것이다. 이때 고다드는 휘그클럽의 강요에 굴복하지 않고 언론자유의 원칙을 내세우면서 자신의 신변 보호를 메릴랜드주정부에 요구하기까지 했으나, 이러한 첫 번째 싸움은 그럭저럭 넘어갔다.

하지만 2년 뒤에 다시 두 번째 싸움이 터졌는데, 이번에는 독립군 찰스 리 장군(General Charles Lee)의 글을 그의 신문에 실은 것이 또 말썽이 되었기 때문이다. 이 글은 몬머스전투(Battle of Monmouth)에서 리 장군의 패전책임을 물어, 당시 독립군 총사령관 조지 워싱턴 장군이 리 장군을 면직시킨 데 대해 리 장군이 자신의 행동을 변호하면서 워싱턴 장군을 공박한 내용의 글이었다. 이러한 글을 「메릴랜드 저널」에 게재하자, 워싱턴 장군의 친구들이 분노해서 고다드에게 사과문을 내라고 강요했으며, 군중들은 신문사를 습격하기도 했다. 하지만 고다드는 사과문을 내는 것을 끝까지 거부하고 주정부당국에 호소해서 독립군의 요새로 피신함으로써 교수형은 면할 수 있었다. 이와 같은 두 차례의 싸움에서 고다드가 보여 준 언론인으로서의 신념과 용기는 주민들에게 인정되어, 그의 「메릴랜드 저널」은 18세기 말까지 계속 발행되었다.

영국해군점령 항구도시 신문들의 고난

독립전쟁 때 특히 대서양 연안 항구도시 신문들이 많은 어려움을 겪었는데, 당시 대서양 연안의 대부분의 항구도시들은 영국해군의 손 안에 들어 있었기 때문이다. 따라서 이러한 항구도시의 신문들은 영국군으로부터 수난을 받아야 했는데, 그중에서도 특히 애국당계 신문들은 더 많은 수난을 당해야만 했다.

로드아일랜드주 뉴포트(Newport)의 경우, 1776년 영국해군에 점령당하자, 이곳에서 발행한 「뉴포트 머큐리」(*Newport Mercury*)지의 발행인 솔로먼 사우스위크(Solomon Southweeck)는 그의 인쇄시설을 땅에다 묻어 버리고 다른 곳으로 피난을 갔다. 그러나 그 뒤 영국군이 철수하자 다시 뉴포트로 돌아와서 신문을 속간했는데, 이 신문은 당시 미국 전체에서도 가장 대표적인 애국당 선전지의 하나로서 미국의 독립에· 중요한 영향을 미쳤다. 한편 독립전쟁 말기에 프랑스가 미국의 독립전쟁에 참전하면서 뉴포트에 와서 주둔하자, 「가제뜨 프랑세스」(*Gazette Française*)라는 미국 최초의 프랑스어신문이 이곳에서 나왔다. 그러나 이 신문은 오래가지 않아서 사라지고 말았다.

버지니아주 노포크(Norfolk)도 독립전쟁 초기에 영국해군이 점령하자, 그들은 이곳에서 존 홀트(John Holt)가 발행하던 「버지니아 가제트」(*Virginia Gazette*)지의 모든 인쇄시설을 빼앗았다. 그리고 영국해군은 그 인쇄시설을 자기들 군함 로드 던모아(Lord Dunmore)호로 옮겨다 놓고, 「버지니아 가제트」라는 제호를 도용하여 자기들의 선전지를 발행하기도 했다.

사우스캐롤라이나와 조지아주의 신문사정

사우스캐롤라이나주의 찰스턴(Charleston)에서는 독립전쟁 이전, 「사우스-캐롤라이나 앤드 아메리칸 제너럴 가제트」(*South-Carolina and American General Gazette*)라는 친영계 신문을 로버트 웰스(Robert Wells)가 발행하고 있었다. 그러나 1775년 4월 19일 독립전쟁이 시작되자, 로버트 웰스는 영국으로 가고, 그 아들 존(John)이 신문을 맡으면서 독립당계로 전환시켜 발행했다. 그러나 1780년 영국군이 찰스턴을 점령하자 존 웰스도 영국으로 가 버리고, 그의 동생이 신문 제호를 「로열 가제트」(*Royal Gazette*)로 바꾸며 영국정부 대변지로 만들었다.

한편 영국군은 찰스턴을 점령하자, 당시 미국 남부 지방에서 가장 독립당계 색채를 강하게 띠고 있던 「사우스-캐롤라이나 가제트」(*South-Carolina Gazette*)지의 발행인 피터 티모시(Peter Timothy)를 체포해서 투옥했다. 그리하여 티모시는 많은 고초를 겪다가 이듬해 석방되었으나, 곧 태풍을 만나서 찰스턴 항구에서 익사하고 말았으며, 그의 신문도 폐간되고 말았다.

그리하여 당시 찰스턴에서는 영국정부의 대변지 「로열 가제트」만 발행되고 있었다. 그러나 1781년 말 전쟁이 끝나고 영국군이 철수하자, 「로열 가제트」는 플로리다주 세인트오거스틴(St. Augustine)으로 옮겨 가서 「이스트-플로리다

가제트」(*East-Florida Gazette*)로 제호를 바꿔 1783년부터 그 이듬해까지 발행했다. 당시 플로리다주는 하나의 독립주는 아니었지만(1845년 주로 승격), 「이스트-플로리다 가제트」는 플로리다주 최초의 신문이 되었다.

찰스턴 남쪽 조지아주 사반나(Savannah)에서는 1775년 4월 19일 독립전쟁이 시작될 당시, 「조지아 가제트」(*Georgia Gazette*)라는 신문이 발행되고 있었다. 이 신문의 발행인 제임스 존스턴(James Johnston)은 어느 정도 친영적이기는 했지만, 신문의 공평성을 지킴으로써 1776년까지는 별 탈 없이 계속 발행할 수 있었으나, 결국은 독립당에 의해 강제 정간되고 말았다. 그 후 영국군이 사반나를 점령하자, 존스턴은 「조지아 가제트」의 제호를 「로열 조지아 가제트」(*Royal Georgia Gazette*)로 바꾸어 3년 동안 다시 발행했다. 그러나 독립전쟁이 끝나자, 존스턴은 반역자로 몰려 사반나에서 추방되고, 그의 신문도 자연히 폐간되고 말았다.

메인 · 버몬트 · 델라웨어주에서는 신문이 처음 등장

위와 같이 독립전쟁기간에 미국신문들은 여러 가지로 수난을 겪었다. 그러나 그 와중에서도 새로운 신문들이 수십 개 창간되기도 했다. 그중에서 특기할 만한 것은, 메인주, 버몬트주, 델라웨어주에서 처음 신문이 등장했다는 사실인데, 이들 주는 역사가 오래고 또한 그 인근의 주들에서는 이미 신문이 나왔음에도 불구하고, 이상하게도 1780년까지 신문을 갖지 못했다.

버몬트주에서는 1780년 처음으로 신문이 나왔는데, 이는 「버몬트 가제트 앤드 그린 마운틴 포스트-보이」(*Vermont Gazette and Green Mountain Post-Boy*)로서, 티모시 그린 4세(Timothy Green Ⅳ)와 J. P. 스푸너(J. P. Spooner)가 버몬트주 웨스트민스터(Westminster)에서 창간한 것이었다.

메인주에서도 1785년 현재의 포틀랜드(Portland)인 팔머스(Falmouth)에서 「팔머스 가제트」(*Falmouth Gazette*)라는 신문이 처음 나왔다. 그리고 같은 해, 델라웨어주에서도 처음 신문이 등장했는데, 이는 윌밍턴(Wilmington)에서 나온 「델라웨어 가제트」(*Delaware Gazette*)였다.

7. 독립투쟁기 신문들의 주요 양상

위에서 독립투쟁시기 미국신문들의 일반적 실태를 살펴보았는데, 특히 1765년부터 1782년까지 독립투쟁기간에 미국신문들의 주요 양상은 어떠했는가? 그 주요 양상들 중에서 신문종수의 변동양상, 신문에 대한 통제, 신문의 주요 내용과 취재·보도·편집실태 등만 간단히 살펴보면 다음과 같다.

독립전쟁기간 중 신문종수의 변동실태

실제로 전투가 벌어진 독립전쟁기간에 신문종수의 변동실태부터 살펴보면, 독립전쟁이 시작된 1775년 4월 당시, 미국에는 모두 37개의 신문이 발행되고 있었다. 그러나 이들 중 1781년 10월 독립전쟁이 일단 끝날 때까지 살아남은 신문은 20개에 불과했다. 따라서 6년 6개월 동안의 독립전쟁기간에 무려 17개 신문들이 사라진 셈이다. 그러나 독립전쟁의 와중에서도 모두 33개 신문이 새로 창간되었다. 하지만 이들 중 18개는 몇 개월 또는 길어야 2–3년 동안 존속하다가 사라짐으로써 결국 전쟁 중에 모두 35개 신문이 폐간된 셈이 된다. 이들 폐간신문까지 모두 합치면 독립전쟁기간에 존재한 신문들이 모두 70개에 달했는데, 그중에서 15개는 토리당계(영국왕당파) 신문들이었고, 나머지 55개는 독립당계 또는 중립적 신문들이었다.

1781년 10월 19일, 버지니아주 연안의 요크타운(Yorktown)에서 영국군 콘월리스(Lord Cornwallis) 장군이 미국에 항복함으로써 독립전쟁의 총성이 울린지 꼭 6년 6개월 만에 총성이 다시 멎었을 당시, 미국 전체에는 모두 35개 신문이 있었다. 따라서 6년 6개월 전인 1775년 4월 19일 독립전쟁이 시작된 당시보다 숫자적으로는 단지 2개 신문만 부족한 셈이었으나 독립전쟁이 끝난 1781년 10월 19일 현재 발행하고 있던 35개 신문들은 거의 주간신문이었다.

이들 중에는 때때로 주2회 또는 주3회 발행한 신문들도 없지 않았으나, 정규적으로 그런 것은 아니었다. 하지만 정규적으로 주2회 발행한 신문들이 독립전쟁 말기에 뉴욕과 필라델피아에서 먼저 나타나기 시작했다. 그러다가 1783년에는 주6회 발행하는 일간신문까지 나오게 되었는데, 이러한 미국 최초의 일간신문은 필라델피아의 「펜실베이니아 패킷」(*Pennsylvania Packet*)이었다. 그러나 이 신문은 처음부터 일간신문은 아니었으며, 1771년에 본래는 주간지로 출발했으나, 1780년부터는 주2회간으로, 1781년부터는 주3회간으로 발행하다가 1783년부터 일간으로 변경함으로써 미국 최초의 일간신문이 되었다.

신문에 대한 통제와 사회적 인식의 향상

독립투쟁기간에 미국신문들은 앞서 살펴보았듯이 이래저래 여러 가지 수난과 고통을 받아야만 했다. 그러나 신문과 그 발행인, 편집인 등에 대한 사회적 인식은 그 이전에 비하여 크게 향상되었다.

• 신문에 대한 통제와 신문의 자유

미국의 독립투쟁이 시작되자, 식민정부의 주지사들과 판사들은 신문에 대한 통제도 강화했다. 그러나 독립투쟁이 점차 격화되면서 신문들이 점점 대담하게 나오자, 이를 억제하기 위해 식민정부당국자들은 여러 가지 수단들을 강구했다. 하지만 제대로 신문들을 통제할 수 없어 애를 먹었는데, 신문이나 신문인을 법으로 처벌하려면 우선 대배심원단(grand juries)에서 그들을 제소하도록 되어 있었으나, 이러한 제소를 대배심원들이 거부하는 경우가 많았기 때문이다. 그렇다고 해서 주지사나 판사가 신문 또는 신문인을 직접 처벌하면 대중들로부터 격렬한 반발이 일어날 염려가 있었기 때문에 식민지당국자들도 신문이나 신문인을 함부로 탄압할 수가 없었다. 그 결과, 독립투쟁기에는 신문에 대한 식민지 당국의 탄압이 비교적 적었으며, 신문내용에 대한 검열도 거의 없었다.

하지만 그 대신 '자유의 아들들'이라든지, 그 비슷한 독립당 관계 단체들의 압력과 위협 등에 의한 신문자유의 침해는 극심했다. 이러한 침해는 특히 토리당계 신문들이 많이 받았는데, 그중에서도 가장 폭력적이고 가혹한 탄압을 받았던 토리당계의 대표적 신문은 「뉴욕 가제터」였다. 이와 같은 토리당계 신문들 이외에, 독립당원들은 중립적이고 공평정대한 신문들에 대해서도 걸핏하면 각종 탄압을 가해서, 「보스턴 이브닝-포스트」, 「뉴욕 패킷」, 「메릴랜드 저널」 등도 커다란 고통을 받아야만 했다.

• 신문에 대한 사회적 인식과 권위의 향상

위와 같이 독립투쟁기간에 신문과 신문인들은 식민지당국 또는 독립당원들로부터 여러 가지 탄압을 받았다. 그러나 신문과 그 발행인, 편집인 등에 대한 일반인들이나 사회적 인식은 크게 향상되었다. 그리하여 독립투쟁이 시작되기 이전에는 신문발행인이 한낱 인쇄업자에 지나지 않았으며, 이러한 인쇄업자들이 내는 신문도 단순한 상업적 간행물에 지나지 않는다고 생각하는 사람들이 많았으나, 이와 같은 일반인들의 생각은 독립투쟁기를 거치면서 점차 바뀌기 시작했다. 이러한 변화는 특히 1765–66년 인지세법에 대한 신문들의 반대투쟁과 승리에서부터 비롯되었다고 볼 수 있는데, 그 말썽 많던 인지세법이 폐기되자, 이는 신문들이 일치단결해서 얻어 낸 결과라고 많은 사람이 인정했기 때문이다. 그리하여 인지세법 반대운동에 앞장섰던 한 정치지도자도 "신문(press)이 발명된 이래, 이번처럼 더 커다란 공헌을 한 적은 없다"고 서슴없이 대중들 앞에서 공언했다.

이와 같은 공언과 대중들의 인정은 신문들에게 다시 영국정부나 식민지당국자들에게 도전할 수 있는 용기를 심어 주었다. 그리하여 그 뒤에도 미국신문들은 독립투쟁에 앞장서면서 독립의 쟁취에 중요한 구실을 했다. 그러자 정치지도자와 대중들은 독립혁명의 3대 선전수단, 즉 팸플릿 · 대중연설 · 신문 중에서도 가장 강력하고 효과적인 무기로 신문을 꼽으면서, 이 새로운 권력(power)에 대해 존경까지 표했다. 독립군 총사령관 조지 워싱턴도 독립주의파 신문들에게 계속해서 격려를 보냈으며, 「뉴저지 가제트」지의 창간도 지원했고, 1777년 밸리 포지(Valley Forge)에서 겨울을 나면서 그의 휘하 장병들에게 신문을 열심히 읽도록 권했다. 또한 그는 휘하장병들로 하여금 떨어진 텐트나 옷 등의 넝마들을 수집해 제지공장에 보내서 그것으로 종이를 만들어 신문을 내도록 명령하기도 했다.

이처럼 독립투쟁기간에 미국신문들은 정치지도자를 비롯한 국민대중의 인정과 지지를 받으면서 그 권위가 크게 향상되었다. 또한 신문이 얼마나 유용하며 영향력이 큰 매체인지도 국민들에게 인식시켰다. 그러자 이러한 신문을 정치투쟁이나 여론조작 등의 수단으로 악용하려는 정치인이나 대중선동자들이 나타나게 됨으로써 독립전쟁 이후 미국신문들은 정론신문기(the era of political organ)로 들어가게 되었다.

신문의 주요 내용과 취재 · 보도 · 편집실태

1765년부터 1782년까지 17년간의 독립투쟁기에 미국신문들에 실렸던 기사들을 보면, 물론 독립투쟁과 독립전쟁에 관한 기사들이 가장 큰 비중을 차지했다. 그러나 이 기간에도 대체로 여러 가지 다양한 기사들을 실었다. 그렇다면 당시 신문들의 주요 내용은 주로 어떤 것들이었으며, 이들은 어떻게 취재하고 어떤 식으로 편집해서 보도했는가?

• 독립투쟁기 신문들의 주요 내용

우선 주요 기사들부터 살펴보면, 가장 많은 비중을 차지한 것은 영국정부의 각종 세금에 대한 미국주민들의 반대투쟁에 관한 뉴스들이었고, 다음은 독립전쟁에 관한 뉴스들이었다. 이러한 뉴스들 중 몇 가지만 들어 보면, 1766년에는 인지세법의 폐기, 1770년에는 '보스턴 대학살'(Boston Massacre) 사건, 1775년에는 매사추세츠주 콩코드읍(Concord Town)과 렉싱턴(Lexington)에서 영국군과 미국민병대와의 총격사건, 1776년에는 독립선언에 관한 뉴스 등을 꼽을 수 있다. 그러나 독립당계 신문들은 독립당의 감시위원회 · 통신위원회 · 안전위원회 등의 활동과 '자유의 아들들' · 휘그클럽 등의 독립투쟁에 관한 뉴스들도 많이 보도했으며, 시 · 읍회의(town meeting)와 주의회의 결의사항과 공표사항 등에 관한 뉴스들도 많이 다루었다.

하지만 실제 독립전쟁이 벌어진 6년 6개월 동안(1775. 4. 19–1781. 10. 29)에는 모든 신문들이 전황에 관한 뉴스를 가장 많이 다루었다. 예컨대 「뉴욕 저널」과 같은 독립당계 신문은 광고를 제외한 전체 지면의 90%를 전황에 관한 기사로 채우기도 했다(Thomas, 1932, p. 363).

그러나 모든 신문들이 이처럼 전황 뉴스들만을 많이 보도한 것은 아니었으며, 정치를 비롯하여 사고 · 파선 · 화재 · 범죄 · 태풍 · 농산물생산 · 기문기사 · 탈옥 · 전염병 · 의학적 발명 등에 관한 뉴스들도 많이 다루었다. 또한 각종 정치단체나 기관 등에서 발표하는 성명서나 결의문 · 포고문 등도 많이 게재했다. 그러나 독립전쟁 이전 신문에서 흔히 볼 수 있던 사망과 결혼 관계 기사들은 그 관계인물이 아주 저명한 경우를 제외하고는 거의 싣지 않았다.

• 각종 뉴스의 주요 취재원과 취재방법

위와 같이 미국신문들은 독립전쟁기간에도 여러 가지 다양한 뉴스기사들을 실었는데, 그렇다면 이러한 뉴스들은 도대체 어떻게 취재해서 보도했는가? 당시 대부분의 신문들은 직접 뉴스 등을 취재해서 보도한 것이 아니라, 군대나 정부 또는 독립당 등에서 공식적 또는 반공식적으로 발표하는 사항이나 또는 다른 신문 등에서 뉴스를 주로 수집해서 보도했다.

이러한 뉴스들 중, 독립전쟁에 관한 것은 주로 보스턴의 독립당에서 발표하는 「저널 오브 오커렌시스」(*Journal of Occurrences*)라는 전황보고서[4]에서 거의 그대로 전재했는데, 이 전황보고서는 보스턴의 독립당원들이 전국으로부터 전황들을 수집, 인쇄해서 매주 한 번씩 미국의 각 식민주와 영국에 배포한 것이었다. 그러나 이 전황보고서는 미국독립당이 선전을 목적으로 발행한 것이기 때문에 객관성과 정확성 등을 결여한 내용이 많았다. 또한 영국정부와 영국군의 학정

---

4 이 전황보고서의 공식명칭은 알 수 없으며, 일반적으로 *Journal of Occurrences*라고 불렀는데, 「뉴욕 저널」지와 「펜실베이니아 크로니클」지에서 이렇게 부르면서 그 내용을 전재했기 때문이다.

과 미국주민들의 수난을 과장 보도하는 것들도 많았다. 그럼에도 불구하고, 이 전황보고서는 당시 독립전쟁에 관한 미국신문들의 주요 뉴스원이 되었다. 이와 함께 군 당국이나 정부당국의 공식적 또는 반공식적 발표문도 전황에 관한 중요한 뉴스원이 되었다.

전황 관계 뉴스들 이외의 여러 가지 국내 뉴스들은 여러 곳에 사는 개인들이 서로 주고받는 편지[사신]들을 얻어서 그에 포함되어 있는 뉴스들을 수집해 보도했다. 또한 각지에서 발행하는 신문들을 서로 교환해 보면서 취재해 보도했는데, 각 신문이 보도하는 해당 지역 뉴스들은 어느 정도 신빙성이 있는 것들이었기 때문에 신문들끼리 서로 각 지역 신문들을 교환해 봄으로써 전국의 뉴스를 어지간히 파악할 수 있었다고 한다.

외국 뉴스들은 주로 외국으로부터 배편이나 인편을 통해 들어오는 신문이나 잡지 또는 편지 등에서 수집해 보도했다. 그러나 영국과의 독립전쟁이 치열해지자, 영국신문들은 더 이상 들어오지 않게 되었다. 그리하여 영국에 관한 뉴스들을 얻는 데 커다란 어려움을 겪었으며, 그 결과 영국에 관한 뉴스의 분량은 크게 감소되었다.

• 뉴스의 시의성과 때늦은 보도

위와 같이 독립투쟁기에 미국신문들은 직접 뉴스를 취재한 것이 아니라, 전황보고서나 다른 신문 등에서 뉴스를 취재해서 보도했다. 때문에 뉴스의 시의성(timeliness)을 따질 여유가 없었으며, 그때그때 뉴스가 입수되는 대로 보도했다. 따라서 뉴스의 전달이 매우 늦었다. 그런 데다가 당시 미국신문들은 거의가 주간신문이었기 때문에, 각 신문의 해당 지역에서 일어난 사건들도 1주일 후에나 보도되는 것이 예사였다.

이처럼 뉴스를 신속하게 보도할 수 없었던 가장 커다란 이유의 하나는, 전쟁으로 인하여 통신이나 교통 사정이 어려워졌기 때문이다. 1775년 영국과의 독립전쟁이 벌어지자 우편배달도 중단되었는데, 군사작전으로 말미암아 우편마차가 제대로 다닐 수 없었다. 때문에 가령 1775년 4월 19일 발생한 콩코드와 렉싱턴전투에 관한 뉴스의 경우만 보더라도, 보스턴에서는 당일 「보스턴 뉴스-레터」지가 그 뉴스를 간단히 몇 줄 보도했지만, 필라델피아에서는 4월 25일에야 그 뉴스가 신문에 처음 실렸으며, 뉴욕과 볼티모어에서는 4월 27일, 윌리엄스버그에서는 4월 29일, 찰스턴에서는 5월 9일, 그리고 사반나에서는 5월 31일에야 그 뉴스가 신문에 처음 보도될 정도였다(Mott, 1962, p. 101).

하지만 그에 앞서 1766년 3월 인지세법이 폐기되었을 때는 그 뉴스를 조금이라도 빨리 보도하기 위해 보스턴의 신문들이 연합하여 호외를 발행하기도 했다. 그런가 하면, 「펜실베이니아 패킷」지는 독립전쟁기간에 주요 사건이 있을 때 몇 번에 걸쳐 호외를 낸 적도 있다.

• 뉴스기사의 제목과 본문 작성방법

당시 뉴스기사의 제목(headline)들도 살펴보면, 오늘날의 제목과 같은 것은 없으며, 다만 오늘날의 표제(label heading)와 같은 것들만 있었다. 그러나 이러한 표제식 제목들도 주요 기사에만 달았는데, 이들은 대부분 본문활자로 되어 있으며, 본문활자보다 큰 활자로 단 제목들은 가끔 보였다. 당시 신문들 중에서 가장 큰 제목은 1776년 7월 11일자 「뉴욕 위클리 저널」이 독립선언에 관한 뉴스를 보도하면서 그 기사에 달았던 '독립선언'이라는 제목이었는데, 이 제목의 활자크기는 3분의 2인치(1.78cm)였다.

다음으로 뉴스기사의 작성방법을 보면, 오늘날과 같이 육하원칙에 따라 사건에 관한 구체적 사실들(factual details)을 제시하는 것이 아니라, 대부분 논평(editorial comment) 형식으로 작성되어 있다. 예컨대 「보스턴 가제트」지가 1770년 3월 5일 발생한 '보스턴 대학살' 사건에 관해 보도한 기사를 보면, "보스턴읍은 영국이 평화 시에도 시민들 사이에 군대를 주둔시킴으로써, 파괴적 결과의 우울한 실례를 최근에 맛보게 되었다"는 코멘트로 시작해서, 전체 기사의 약 3분의 2를 논평으로 채운 다음에, "지난 월요일 밤에 일어났던 비극적 사건의 상황은 이렇다"면서 그제서야 보스턴학살 사건에 관한 구체적 사실들을 보도했다.

• 보도기사와 논평기사의 구분 시작

이처럼 독립투쟁기의 뉴스기사들을 보면, 그것이 스트레이트 보도기사(straight news story)인지, 논평기사인지 구별이 되어 있지 않았다. 하지만 뉴스보도 기사에서 사실(fact)과 논평(comment)을 구별하는 경향이 차츰 나타나기 시작했다. 예컨대 「뉴욕 저널」을 보면, 앞서 말한 '저널 오브 오커렌시스'라는 전황 보고서의 내용들을 전재하면서, 그대로 전재한 부분은 정체로 인쇄하고, 그 내용들에 관해 자기 신문이 논평한 부분은 이탤릭체(italics)로 인쇄했다. 그러자 이러한 방법을 점차 다른 신문들도 모방하게 되었다.

그런가 하면, 보스턴 신문들은 자기들이 직접 취재해서 작성한 보도기사에는 '보스턴 뉴스'라는 표제를 붙였다. 그러자 이를 다른 지역 신문들도 모방해서, 각 신문의 편집자가 직접 취재해서 작성한 보도기사들은 별도로 '지방기사'라는 난에 실었다.

그러나 오늘날처럼 보도기사와 논설·논평기사들을 완전히 구별해서 별도의 난이나 지면에 싣지는 않았다. 따라서 독립적인 논설기사나 논평기사 또는 사설 등은 독립전쟁이 끝날 때까지도 존재하지 않았으며, 신문의 논평기능은 그전과 마찬가지로 독자들이 투고하는 논평이나 의견 등을 게재하는 것으로 대행토록 했다. 그런데 이들 투고형식의 논평이나 의견 등의 필자 이름은 실명이 아니라, 필명을 사용했는데, 그중에는 신문편집자나 발행인이 쓰고 독자의 투고로 가장해 싣는 경우도 많았다.

• 신문광고의 증가와 발전

신문광고도 간단히 살펴보면, 전쟁 중임에도 불구하고 광고량이 상당히 많았고 또한 광고 상품이나 서비스(용역)의 품목도 그전에 비해 훨씬 다양했는데, 그 주요 이유는 병사를 모집한다든지, 군대에 보낼 위문품, 특히 의복을 수집한다든지 하는 등 전쟁에 관련된 광고가 늘어났기 때문이다. 예컨대, 1777년도 11월 5일자 「코네티컷 저널」(*Connecticut Journal*)에 실려 있는 '누더기 옷과 맨발의 병사들'(Ragged, Barefooted Soldiers)이라는 제목의 광고를 보면, "할당된 양의 의복을 아직까지 내지 않은 우리 주(코네티컷)의 시·읍들은 혹독한 추위가 닥치기 전까지 그 의복들이 병사들에게 전달될 수 있도록 곧 의복들을 보내라"는 내용의 광고가 실려 있다. 이는 미국독립군 총사령관 조지 워싱턴 장군이 영국군의 윌리엄 하우 장군에게 밀려서 필라델피아를 버리고 그의 휘하 장병들과 함께 밸리 포지로 가서 겨울을 나게 되자 옷을 모아서 보내 달라는 광고였다.

이렇게 전쟁 관련 광고가 크게 늘어났으나 전쟁으로 인하여 신문용지가 부족하게 되자, 각 신문사로 들어오는 광고들을 모두 실어 주지 못하는 경우도 많아졌다. 그러자 각 신문은 조금이라도 더 많은 광고를 싣기 위해 광고에 삽화는 되도록 넣지 않았으며, 그 대신 각 광고 사이에 굵은 구획괘선을 넣어서 약간의 미화효과를 내기도 했다.

신문용지가 부족하자 자연히 용지 값도 올라간 데다가 전쟁기간에 다른 물가들도 많이 올랐다. 그러자 신문광고료도 크게 올라서, 독립전쟁 이전에는 10행 내외의 신문광고를 한 번 낼 경우의 광고료가 5실링이었으나, 1779년 말에는 10실링으로서 갑절이나 올랐다. 또한 같은 광고를 두 번, 또는 세 번 낼 때의 광고료도 7–8실링으로 인상되었다.

신문의 판형과 인쇄 및 용지

당시 신문들의 판형·인쇄·용지 등에 관해서도 살펴보면, 18세기 중반부터 신문의 판형이 점차 커지는 경향이 있었으나, 독립전쟁이 시작되면서 신문용지가 품귀해지자, 신문판형을 오히려 줄이는 경향이 나타났다. 그리하여 독립전쟁 이전에는 대형 디마이판(demy size, 16×21인치, 40.64×53.34cm)으로 내던 신문들조차도 풀스캡판(foolscap size, 12–13½×15–17인치, 30.48–34.20×38.1–43.18cm)으로 줄여서 신문을 발행하게 되었다.[5]

5 디마이판(demy size)의 크기는 미국에서는 16×21인치이나, 영국에서는 17.5×22.5인치이다.

• 신문의 판형 · 조판체재 · 활자 · 인쇄

그런가 하면, 전쟁으로 인하여 신문용지를 구하기 힘들어지자 구할 수 있는 아무 용지나 닥치는 대로 사용하는 신문들도 없지 않았다. 따라서 당시 신문들을 보면, 동일한 신문이라도 용지의 크기와 질이 일정치 않다. 또한 신문활자도 독립전쟁 이전보다 작아졌는데, 이는 신문용지가 귀해지자, 일정한 지면에 더 많은 기사를 싣기 위한 고육책에서였다. 그리하여 대부분의 신문들이 미니언활자(minion type, 약 7포인트)를 사용했다.

당시 신문들은 또한 편집이나 지면구성에 대해서도 별로 신경을 쓰지 않았다. 그러나 제임스 리빙턴(James Rivington)이 뉴욕에서 발행한 「뉴욕 가제터」(*New York Gazetter*)는 주요 뉴스를 파이카 연활자(pica lead type, 12포인트)를 사용해서 조판, 인쇄하기도 했다. 한편 전쟁기간에는 거의 모든 신문이, 삽화 컷(cut)도 제호나 광고를 제외하고는 별로 쓰지 않았다. 하지만 일부 독립당계 신문들은 "단결이냐 죽음이냐"(Join or Die)라는 구호의 뱀 모양 컷을 사용했으며, 영국정부나 그 관리들을 만화로 풍자할 때 종종 컷들을 사용하기도 했다.

이처럼 독립투쟁시기의 미국신문들은 그 이전에 비해 오히려 여러 가지로 퇴보했다. 그러나 이상하게도 인쇄분야만은 예외로서, 새로운 인쇄기와 활자들이 개발되는 등 괄목할 만한 발전을 이룩했다. 1760년대 후반, 영국상품 불매운동이 전국을 휩쓸면서, 영국에서 인쇄기와 활자를 수입할 수 없게 되자, 당시 하트포드(Hartford)의 시계수리공이었던 아이삭 둘리틀(Issac Doolittle)이 마호가니 나무로 1769년부터 인쇄기를 제작하기 시작했으며, 그 인쇄기를 「메릴랜드 저널」(*Maryland Journal*) 등이 사용해서 신문을 인쇄했다.

그런가 하면, 코네티컷의 공예가 아벨 뷰얼(Abel Buell)은 1769년부터 신문활자를 주조하기 시작, 이 방면에 선구자가 되었다. 독일 출신의 필라델피아 사람 저스터스 폭스(Justus Fox)와 제이콥 베이(Jacob Bay)는 미국에서 처음으로 타인기(punch)를 만들기도 했다. 그리하여 독립투쟁기간임에도 불구하고, 인쇄기와 활자제조업이 활기를 띠게 되었다.

• 신문용지난과 제지산업의 발전

한편 제지술도 약간의 발전을 이룩했다. 독립투쟁기간에 미국신문계에서 가장 큰 문제는 무엇보다도 신문용지난이었는데, 그 원인은 물론 전쟁에도 있었다. 하지만, 이보다는 영국상품의 불매동맹에 더 큰 원인이 있었는데, 1767년 영국정부가 타운센드관세법(Townshend Act)을 제정해서, 종이수입에도 높은 관세를 붙이자, 미국주민들은 영국상품의 불매동맹을 함으로써, 미국의 그 어느 인쇄업자도 감히 영국산 종이를 수입해서 쓸 수 없었기 때문이다. 그렇다고 해서 미국산 종이를 사서 쓸 수도 없었는데, 당시 미국에서 생산된 종이는 얼마 되지 않아 모든 수요를 충당할 수 없었을 뿐 아니라, 용지수입이 중단되자 미국산 종이의 값도 엄청나게 치솟았기 때문이다.

1770년 영국상품의 불매동맹은 일단 깨졌으나, 1775년 영국과의 독립전쟁이 발발하자 영국으로부터의 용지수입도 자연히 다시 막히게 되었다. 그러자 신문용지난을 자체적으로 해결하기 위해 「코네티컷 쿠란트」지는 1775년 후반에 이스트 하트포드(East Hartford)에 제지공장을 설립했고, 「메릴랜드 저널」지의 발행인 윌리엄 고다드(William Goddard)도 제지공장을 세워 그의 신문에 필요한 용지를 자체 생산했다. 이 밖의 여러 신문발행인들과 인쇄업자들도 제지공장을 세웠다. 그 결과, 수많은 제지공장들이 생겼으며, 이들에게 미국정부가 재정적 지원을 해 주자, 미국의 제지업계는 활기를 띠게 되었다.

하지만 당시 미국의 제지공장들에서 생산한 용지들은 모두가 넝마로 만들었기 때문에 표면도 매끄럽지 않았고 또한 표백도 제대로 되지 않아서 회색 빛깔이 났다. 그래서 흰 빛깔을 내려고 청색 물감을 넣으면, 이번에는 종이에 푸른 반점들이 생겼다. 그런 데다가 용지 재료인 넝마가 귀해서 종이를 충분히 생산할 수 없었다. 그래서 애국주의자 단체들에서는 넝마 수집운동을 전개하기도 했다. 또한 인쇄업자들도 사람들을 고용해서 넝마를 수집했다. 그러나 그 분량에 한계가 있어서, 넝마 값이 계속 치솟아, 1780년에는 넝마 1파운드에 10실링이나 했다고 한다.

신문의 보급률과 보급방법의 양태

끝으로 독립투쟁기에 미국신문들의 보급현황과 배포방법 등에 관해서 살펴보면, 신문보급률은 계속 증가추세를 보였는데, 이는 독립전쟁에 관한 뉴스에 미국주민들의 관심이 그만큼 높았기 때문이다. 그러나 신문배포에 여러 가지 어려움을 겪어야만 했는데, 전쟁으로 말미암아 신문배포의 주요 수단이던 우편제도가 그 기능을 제대로 수행하지 못했기 때문이다.

• 신문보급률의 증가와 신문구독료

신문보급률은 특히 1775년 독립전쟁이 가까워지면서 급격히 증가하기 시작했는데, 1774년 10월 13일 당시, 미국 전체에서 최고 발행부수를 자랑한 신문은 뉴욕의 「뉴욕 가제터」(*New York Gazetter*)지로서, 발행부수가 3,600부에 이르렀다(1774. 10. 13일자 제1면). 한편 보스턴의 「매사추세츠 스파이」(*Massachusetts Spy*)도 발행부수가 많은 신문의 하나였는데, 1775년 현재 3,700부를 발행했다.

그러나 1776년 뉴욕이 영국군에 점령당한 뒤에는 하트포드(Hartford)에서 발행한 「코네티컷 쿠란트」(*Connecticut Courant*)가 독립당계의 대표적 신문으로 부상하면서 발행부수가 급격히 증가해서, 1778년 현재 8,000부에 이르렀는데(Trumbull, 1886, p. 250), 이러한 발행부수는 당시 영국 런던의 주요 신문들보다도 많은 것이었다. 하지만 이러한 「코네티컷 쿠란트」 등의 대규모 신문들과는 달리, 당시 미국신문들 중에는 불과 200–300부를 발행하는 신문들도 많았다. 그러면 신문구독료는 얼마나 되었는가?

당시는 신문구독료가 일정치 않고, 신문마다 달랐는데, 예컨대 뉴버리포트(Newbury-port)에서 발행한 「에섹스 저널」(*Essex Journal*)은 1년 구독료가 불과 6실링 8펜스였으나, 「뉴저지 가제트」(*New Jersey Gazette*)는 26실링이나 되었다. 독립전쟁 중반까지는 대체로 12실링인 신문이 가장 많았으나, 1778년 미국화폐가 평가절하되면서 신문 값도 낮아졌다. 그러나 독자들이 신문 값을 잘 내지 않는 경우가 많아 신문들이 여러 가지로 재정적 타격을 받았다고 한다. 그러면 당시 독자들에게 신문은 어떻게 배포했는가?

• 우편배포 이외의 새로운 배포방법

독립전쟁 이전까지는 신문배포의 가장 중요한 수단이 우편이었다. 그러나 전쟁이 터지자, 우편제도가 제 기능을 발휘할 수 없게 되었는데, 1775년 이전, 미국에는 영국정부가 운영하는 이른바 '의회우편제도'(Parliamentary Post)가 있었다. 그러나 이 우편제도는 우편물을 부정기적으로 배달할 뿐 아니라, 우편물 내용들을 검열하면서 독립당계 신문들을 불공평하게 다루었다.

그러자 독립당계 신문들은 자신들의 우편제도를 갖기를 원하고 있었는데, 바로 그즈음 「메릴랜드 저널」의 발행인 윌리엄 고다드가 '콘스티튜셔널 우편제도'(Constitutional Postal System), 즉 헌법우편제도를 새로 만들려는 작업을 추진하고 있었다. 그러자 이를 대륙회의가 인수해서, 1775년 새로운 '헌법우편제도'를 만들었는데, 초대 우편총국장에는 벤자민 프랭클린을 임명했으나 곧 그의 사위 리차드 바흐(Richard Bache)가 그 직을 이어받아서 헌법우편제도를 운영했다.

그러나 이 우편제도도 전쟁 관계로 제대로 그 기능을 발휘할 수 없게 되자 신문사들은 공동으로 신문배달부들을 고용해서 신문을 배달하는 동시에 구독료도 징수해 오게 했다. 한편 시내에는 신문배달소년들에게 신문을 배달토록 함으로써 이때부터 시내에는 일반소년들이 신문을 배달하게 되었는데, 그 이전에는 신문을 발행하는 인쇄소의 도제들이 시내의 신문배달을 맡았다.

제3장

제1차 정론기(1783–1800)

정론시대의 개막과 그 초기의 신문양상

앞서 제2장에서 말했듯이 영국과의 독립투쟁을 통하여 신문의 권위가 올라가고, 또한 신문이 매우 중요하며 강력한 선전매체의 하나임을 증명한 것까지는 좋았다. 그러나 이러한 신문의 유용성을 인식하게 된 정치지도자들이 그 후에도 계속 신문을 대중조작과 여론형성의 도구로 삼게 됨으로써 미국신문들은 바야흐로 정론기(the era of political organs)로 돌입하게 되었다. 즉 이때부터 미국신문들은 각 정당 내지 정파의 대변지 또는 선전지로 전락, 뉴스의 보도기능보다는 자기 정파의 선전기능에 열을 올렸으며, 이러한 경향은 1860년까지 무려 80여 년 간이나 계속되었다. 그러면 여기서는 우선 1783년부터 1800년까지 제1차 정론기의 신문양상부터 살펴보되, 그에 앞서 당시 미국의 시대적 상황부터 알아보고 넘어가기로 하겠다.

1. 독립전쟁 직후의 시대적 상황

1781년 10월 19일, 미국과 프랑스의 합동군에 밀린 영국군이 버지니아주 연안의 요크타운(Yorktown)에서 대패하여 8,000여 명이 항복하자, 영국하원은 전쟁을 끝내기로 결의하고, 1782년 4월부터 미국과 강화협상을 시작했다. 그리하여 11월 예비조약을 체결하고, 이듬해 정식으로 강화조약에 서명했다. 이 조약에 따라 영국이 미국 13개 주의 독립과 자유와 주권을 인정함으로써, 미국은 마침내 독립을 얻게 되었다.

독립 이후 각 주들 간의 이해다툼 시작

영국으로부터 독립을 쟁취하자, 미국은 1776년 7월 4일 선포한 독립선언문에서 표명됐던 정치적 이상의 구체화에 착수했다. 그러나 곧 여러 가지 문제들에 봉착하게 되었다. 그중에서도 가장 커다란 문제는 각 주들 간의 자치권과 상호이해 등의 문제였는데, 이러한 문제가 그간에는 독립전쟁의 효과적 수행을 위해 모든 주들이 상부상조해야 한다는 생각에서 별 문제 없이 해결되어 왔다. 또한 1781년 식민지 연합규약(The Articles of Confederation)이라는 것을 만들어 각 주들 간에 발생하는 이해관계 문제들을 해결하면서, 각 주들을 서로 느슨하게나마 하나의 미국이라는 국가로 묶어 놓을 수 있었다.

그러나 이제 영국이라는 공동의 적이 사라지자, 각 주들 간의 태도가 조금씩 달라졌다. 각자 자기 주의 이익을 내세우기 시작하면서, 경계선에 관한 분쟁들이 일어났고, 각 주의 법원들은 서로 모순된 판결을 내리는가 하면, 매사추세츠 · 뉴욕 · 펜실베이니아주 의회가 관세법을 제정하자, 뉴저지주 주민들이 허드슨강을 건너 뉴욕시장에 야채를 팔려면 무거운 입출항세를 내야만 했다.

뿐만 아니라, 국제관계는 오직 중앙정부만이 관장해야 함에도 불구하고 몇몇 주는 외국과 독자적 교섭을 벌이기까지 했다. 그런가 하면, 9개 주가 독자적 육군을 조직했으며, 소규모 해군을 조직한 주도 몇몇 있었다. 또한 괴상한 주화들이 잡다하게 나돌자, 중앙정부가 발행한 지폐는 그 가치가 급속도로 하락했다. 그러나 중앙정부는 이러한 것들을 규제할 만한 힘도 없었고, 또한 1781년부터 실시한 '연합규약'만을 가지고서는 어찌할 수가 없었다.

중앙정부 개념의 대두와 연방헌법의 제정

포토맥강의 항해권 문제를 놓고, 또 메릴랜드주와 버지니아주 간에 분규가 발생하자, 이에 관해 토의하기 위해 1786년 5개 주 대표들이 애나폴리스에 모이게 되었다. 그러자 이 기회를 이용하여 대표 중 한 사람인 알렉산더 해밀턴(Alexander Hamilton)이, "각 주들 간의 분쟁문제는 매우 심각하고도 중요한 것이므로 모든 주의 대표들이 모여 미국연방회의(Federal Convention)를 개최해서 그 회의에서 연방정부의 연합규약을 보완, 개정하여 연방의 긴급사태를 처리하는데 알맞도록 만들자"고 동료대표들을 설득했다.

• 연방정부의 조직과 헌법 제정에 착수

이러한 설득에 대해 모든 참석자들이 동의하면서, 모든 주에 미국연방회의에 내보낼 대표를 선출하도록 요청할 것을 결의했다. 그러자 이러한 결의에 대해 기존의 대륙회의는 분개해서 항의했으나 버지니아주가 연방회의에 보낼 대표로 과거 독립군총사령관 조지 워싱턴을 뽑았다는 소식을 접하자 항의를 중단했다. 이렇게 되자, 버지니아주를 뒤따라 로드아일랜드주를 제외한 모든 주들도 선거로 연방회의에 내보낼 대표들을 뽑았다.

1787년 5월, 드디어 필라델피아의 주의사당에서 열린 첫 연방회의는 각 주의회가 과거 식민지와 주정부, 대륙회의, 법조계, 그리고 전쟁터에서 경험이 풍부한 지도자들을 뽑아 보내서 미국 명사들의 집회를 방불케 했다. 이 첫 회의에서 의장으로는 조지 워싱턴을 선출했으며, 당시 81세의 고령이던 벤자민 프랭클린도 대표로 참석, 재치 있는 유머와 폭넓은 경험을 동원해서 여러 대표들 간의 의견 차이를 좁혀 주었는데, 당시 55명의 대표자들의 평균연령은 42세로서 소장층이 단연 많았다.

본래 이 연방회의는 1781년 제정한 연합규약의 개정안만 기초할 권한이 부여되어 있었다. 그러나 이러한 연합규약의 개정안은 제쳐 놓은 채, 혈기왕성한 소장층 대표들은 새로운 형태의 정부를 건설하는 일을 추진해 나갔다. 이미 반독립적이 된 13개 주가 행사하고 있는 지방관할권을 조절하기 위해서는 중앙정부의 강력한 권한이 필요하다는 이유에서였다. 그러나 이러한 중앙정부의 기능과 권한은 새로운 것이고, 전체적이며 포괄적인 것이기 때문에, 그 기능과 권한은 조심스럽게 정의되고 표현되어야 하며, 그 밖의 모든 기능과 권한은 주에 속하게 해야 한다는 원칙을 채택했다. 하지만 중앙정부는 각 주를 통제할 수 있는 실권을 가져야 한다는 의견에 따라, 중앙정부에게는 화폐를 주조하여 상거래를 규제하고, 전쟁을 선포하고 강화를 할 수 있는 권한을 부여해야 한다는 것에 대체로 합의를 보았다.

• 연방헌법 초안의 완성과 그 주요 내용

이와 같은 합의에 따라, 연방회의는 곧 연방헌법의 제정에 착수했는데, 당시 연방회의 대표들은 "민주정치에서는 권력들 간의 균형이 잡혀야 한다"는 몽테스키외(Charles de Montesquieu) 사상의 신봉자들이었다. 따라서 정부에는 동등하고 대등한 3개 부, 즉 입법·행정·사법부를 설치해야 하며 이들 3부는 어느 한쪽이 다른 쪽을 지배하지 못하도록 잘 조화되고 균형이 잡히도록 해야 한다는 데 의견을 같이했다. 또한 입법부는 영국의회처럼 양원제로 해야 한다는 점에도 견해를 같이했다.

하지만 그 구체적 방법에 대해서는 각 주 대표들 간에 날카로운 의견의 차이가 생겼다. 예컨대 각 주의 대표자 수를 정하는 문제에서, 큰 주의 대표들은 인구비례대표제를 주장한 반면, 뉴저지주와 같은 작은 주의 대표들은 그에 반대하고 나섰다. 또한 어떤 주 대표들은 중앙정부의 관료들을 직선제로 뽑아야 한다고 주장하는가 하면, 다른 주 대표들은 간선제를 내세웠다. 또 일부 대표들은 성장일로에 있는 서부에 주(state)로 승격할 기회를 주기를 바랐고, 다른 일부는 그에 반대했다.

이와 같은 찬반 의견의 대립과 무더운 여름 더위 속에서도 연방회의 대표자들은 마침내 그때까지 인간이 고안해 낸 것 중에서 가장 복잡한 연방중앙정부조직법을 포함한 미국헌법의 초안을 완성했다. 이 초안에서 연방회의 대표자들은 연방중앙정부에 과세·자금차입·균일관세·공과금과 내국세책정·주화제조·도량형결정·특허권과 판권수여·우체국설립·도로건설을 위한 모든 권한 등을 부여했다. 또한 육군과 해군을 조직·유지하고 각 주들 간의 교역을 규제하는 권한도 부여했다. 그런가 하면, 인디언문제·국제관계와 전쟁수행·외국인의 귀화·공유지관리·새로운 주의 연방가입 등에 대한 법률을 통과시킬 수 있는 권한도 부여했다.

• 세심한 토의 끝에 연방헌법의 완성과 서명

연방회의가 이와 같은 수많은 권한을 중앙정부에 부여하기로 의결하자, 연방회의는 다시 커다란 문제에 직면하게 됐는데, 그것은 새 중앙정부에서 그러한 권한들을 실제로 어떻게 행사해야 하는가 하는 문제였다. 왜냐하면, 아무리 중앙정부가 방대한 권한을 갖더라도 만약 각 주가 그것들을 존중하지 않는다면 아무런 소용도 없기 때문이다. 따라서 이럴 경우, 중앙정부가 무력을 사용하도록 한다는 해결책을 처음에는 내놓았다.

그러나 중앙정부가 각 주에 무력을 사용한다면 연방이 깨지고 만다는 것을 곧 깨달았다. 그래서 다음으로 생각해 낸 해결책이 바로 미국의 법률을 연방법원에서뿐 아니라 주법원에서도 시행할 수 있도록 만들자는 것이었다. 이러한 해결안을 연방회의가 채택하면서 미국헌법에 다음과 같이 명시하기로 했다.

> 제1조 제8절: 이 헌법에 따라, 의회는 미국정부에 부여된 권한을 행사하기 위해 필요하고 적절한 모든 법률을 제정할 권한을 갖는다. …
>
> 제6조: 이 헌법에 따라 제정될 미국법률, 그리고 미국 권한으로 이미 체결했거나, 체

결될 모든 조약은 이 나라의 최고법이다. 그리고 각 주의 법관은 각 주의 헌법 이나 법률에 이에 반대되는 규정이 있다고 해도 이 헌법의 제약을 받는다.

1787년 9월 17일, 드디어 16주간의 심의 끝에 완성된 헌법이 연방회의에 참석한 각 주 대표들의 만장일치로 서명되었다. 조지 워싱턴을 비롯한 대표들은 그 엄숙한 순간에 감동했다. 이 날 연방회의는 맡은 바 소임을 모두 끝내고, 대표들은 '시티주점'으로 자리를 옮겨 식사를 같이한 뒤, 서로 정중한 작별의 인사들을 나누었다. 그러나 이들이 만든 헌법이 그 효력을 발효하려면 아직도 국민들이 선출한 주대회의 비준이 필요했다. 연방회의는 13개 주들 중 9개 주의 대회에서 비준되는 즉시 헌법이 발효되도록 결정했기 때문이다.

• 연방헌법에 권리장전의 추가와 비준

그러나 1787년 말까지 겨우 3개 주에서만 헌법을 비준했다. 아직 6개 주의 비준이 더 필요했으나, 과연 비준이 이루어질지 아닐지는 확실치 않았다. 왜냐하면 "이 헌법에 따라 수립하는 강력한 중앙정부가 국민을 억압하고 무거운 세금으로 국민을 괴롭히고 국민들을 전쟁으로 끌어들이지나 않을까?" 하고 우려하는 사람들이 적지 않았기 때문이다.

그리하여 미국 국민들은 강력한 중앙정부를 지지하는 연방주의자들(Federalists) 즉 연방파와, 각 주들 간의 느슨한 유대를 지지하는 공화주의자들(Republicans) 즉 공화파로 갈라져서, 각자의 주장을 신문·주의회·주대회 등을 통해 서로 날카롭게 내세우게 되었다. 그러자 유난히도 날카로운 의견대립을 보였던 매사추세츠주에서 그 절충안으로 권리장전을 수정조항 형식으로 주헌법에 추가키로 했다. 이어서 다른 주들도 그와 비슷한 것을 주헌법에 추가했다.

그러자 미국 최고의 법인 연방헌법에도 10개 수정조항의 권리장전(Bill of Rights)이 추가되었는데, 이들은 미국 국민들에게 종교·언론·출판과 집회의 자유를 보장해 주고, 또한 상비군 대신 민병대의 조직, 배심원에 의한 재판을 받을 권리, 국법에 의한 신속한 재판, '일반체포영장'의 발부금지 등을 보장해 주는 것이었다. 이와 같은 권리장전이 헌법에 추가되자 그때까지 망설이던 주들이 곧 헌법을 비준했다. 그리하여 1788년 6월 25일, 마침내 연방헌법이 그 효력을 발효하게 되었다.

새 중앙정부의 발족과 아메리카합중국의 탄생

연방헌법이 발효되자, 그에 따라 연방회의는 초대 대통령선거를 선출하고 1789년 3월 4일을 새 연방정부의 발족일로 정하기로 했다. 연방회의는 조지 워싱턴을 만장일치로 대통령으로 선출했으며, 4월 30일 워싱턴이 정식으로 초대 대통령에 취임했다. 이렇게 해서 아메리카합중국(The United States of America, 이하 '미국'으로 약칭)이 새롭게 태어났다.

새 헌법에 따라 구성한 의회(the Congress)는 곧 국무성과 재무성을 창설했고, 워싱턴 대통령은 토머스 제퍼슨(Thomas Jefferson)을 국무장관에, 그리고 독립전쟁 중에 자신의 보좌관이었던 알렉산더 해밀턴(Alexander Hamilton)을 재무장관에 임명했다. 의회는 또한 연방사법부를 조직, 대법원 · 순회법원(3개) · 지방법원(13개)을 설치했다. 그 뒤, 연방정부는 헌법에 따라 육군성 · 법무성 등을 조직했고, 그 장관들을 임명해서 모든 성의 장관으로 구성되는 내각이 성립되었다.

신생국가였던 미국이 맨 먼저 할 일의 하나는 국내경제를 튼튼히 하고 연방정부의 재정을 확고하게 하는 것이었다. 그러나 국제관계도 소홀히 할 수 없었는데, 당시 미국은 프랑스와는 긴장관계에 있었고, 영국과는 불편한 관계에 있었기 때문이다. 영국군 부대의 일부는 아직도 서부의 요새들을 점령하고 있었으며 영국해군은 해상에서 미국의 교역에 훼방을 놓고 있었다. 하지만 새 정부의 노력으로, 워싱턴 대통령의 제2차 임기가 끝날 무렵에는 모든 것이 안정되어 갔고 두드러진 발전이 이루어지고 있었다.

한편 정부의 조직도 완전히 끝났고, 국가의 신용도 확립되었고, 해상무역이 번성했으며, 영국으로부터 서북의 영토를 다시 찾았고, 평화가 유지되고 있었다. 그러자 워싱턴을 다시 대통령으로 추대하자는 움직임이 있었으나, 그는 대통령직을 8년 이상 맡는 것을 극구 사양하고 1797년 은퇴했다. 그리고 당시 부통령이던 매사추세츠 출신의 존 애덤스(John Adams)가 제2대 대통령으로 선출되었다. 그러나 그는 취임하기도 전에 알렉산더 해밀턴과 싸우는 등 분열을 야기했으며, 취임 후에는 국민들의 바람과는 어긋나는 정책을 시행하는 등, 국민들의 불만을 사다가 1801년 대통령직에서 물러났다. 그렇다면 1783년 영국과의 강화조약 이후, 1800년까지 17년 동안에 미국신문들의 실태는 어떠했는가?

2. 제1차 정론기의 개막과 대표적 정론신문들

1782년 4월부터 미국의 독립전쟁에 관한 영국과의 강화협상이 시작되어 1783년 강화조약이 정식으로 체결될 때까지 많은 신문들이 폐간되었는데, 독립전쟁에서 미국이 승리하자, 그간의 왕당파나 친영신문들은 자진폐간하거나 또는 독립당원들의 압력으로 폐간했기 때문이다. 그러나 영국으로부터 독립하여 자유를 찾게 되자, 새로운 신문들도 나타나기 시작, 1780년대 중반까지만도 무려 60여 개 신문이 창간되었다. 그러나 이들을 포함한 당시의 거의 모든 신문들은 연방파(Federalists)와 공화파(Republicans)로 양분되어 서로 격렬한 논쟁을 벌이기 시작했으며, 이러한 싸움은 1800년까지 무려 17년 동안이나 계속되었다. 따라서 이 시기, 즉 1783년부터 1800년까지를 미국언론사에서는 제1차 정론지시대(the first era of political organs)라고 부르고 있다.

제1차 정론기의 시작과 그 주요 원인

이와 같은 제1차 정론지시대가 시작된 것은, 영국으로부터 독립 후, 13개 주를 효과적으로 통제할 수 있는 "강력한 중앙정부를 세울 것이냐, 말 것이냐?"

하는 문제를 둘러싸고 정치인을 비롯한 미국 국민들이 두개의 파, 즉 "강력한 중앙정부를 세우자"는 소위 연방파와 이에 반대하는 공화파로 양분되어 서로 논쟁을 벌이게 되자, 이러한 논쟁에 신문들도 두 파로 나뉘어 각 파의 대변지 노릇을 하게 되었기 때문이다. 그렇다면 왜 이처럼 국민들뿐 아니라 신문들까지도 두 파로 나뉘게 되었는가?

• 강력한 중앙정부의 수립문제를 둘러싼 논쟁

앞서 말했듯이 독립전쟁 때는 미국 13개 주들이 일치단결하여 공동으로 싸웠으나, 전쟁에 승리해서 영국이라는 공동의 적이 사라지자 각 주가 자기 주의 이익을 내세우기 시작하면서, 주경계선에 관한 분쟁들이 일어났고, 일부 주는 관세법을 제정하여 자기 주를 출입하는 다른 주의 주민이나 선박들에 무거운 관세를 물리는가 하면, 심지어는 외국과의 독자적 교섭을 벌이고, 독자적 군대를 조직하고, 주화까지 발행해서 중앙정부가 발행한 지폐는 그 가치가 급속도로 하락했다. 그러나 중앙정부는 이런 것들을 규제할 만한 힘도 마땅한 법도 없었다. 그러자 일부 정치인들과 국민들은 "강력한 중앙정부를 세워서 13개 주를 체계적으로 규제하자"고 주장하고 나섰다.

그러나 이러한 주장에 반대하는 사람들도 많았는데, "강력한 중앙정부를 세우면 그것이 국민을 억압하고 무거운 세금으로 국민을 괴롭히고 또한 국민들을 전쟁으로 끌어들이지나 않을까?" 하고 우려해서 오히려 중앙정부의 권력을 각 주로 분산시켜야 한다고 생각했기 때문이다. 이렇게 생각한 사람들 중에는, 당시 강력한 권력을 행사하던 유럽 전제국가들의 억압과 무거운 세금을 피해 미국대륙으로 건너온 사람들이 많았다.

그리하여 "강력한 중앙정부의 수립 문제"를 둘러싸고 이를 찬성하는 소위 연방주의자들과 그에 반대하는 공화주의자들로 나뉘어 서로 논쟁을 벌였으며, 이러한 논쟁에 신문들도 가세해서 진흙탕 싸움을 벌임으로써 제1차 정론지시대가 시작되었던 것이다.

• 신문들의 양분과 새로운 정론신문들의 창간

이와 같이 신문들도 연방파와 공화파로 나뉘어 논쟁을 벌이면서 정론지시대로 들어가게 된 것은 물론 신문들이 자발적으로 나선 면도 있으나, 또 한편으로는 정치인들이 신문을 논쟁의 수단으로 이용했기 때문이기도 했다. 즉 독립투쟁시기에 신문이 강력한 선전매체의 하나로서 독립혁명에 아주 중요한 역할을 하자, 이러한 신문의 힘을 인식하게 된 정치지도자들이 신문을 자신들의 주장의 선전매체와 대중조작, 여론형성 등의 도구로 이용하려 했다.

그리하여 연방파와 공화파 정치인들을 신문을 끌어들여 "강력한 중앙정부의 수립 문제"에 관한 각각 자기편 입장을 대변하면서 상대편을 공격토록 했다. 그러다가 정치인들은 한 걸음 더 나아가, 아예 새로운 신문을 직접 창간해서 자기 정파의 대변지로 삼기 시작했다. 그 결과, 1783년 미국의 독립 이후 몇 년 사이에 60여 개의 새로운 신문들이 나타났다. 물론 이들 신문이 모두 연방파나 공화파의 대변지나 정론신문들은 아니었으나, 어떻든 간에 새로운 정론신문들의 증가추세는 1790년대까지 계속되었다.

이처럼 수많은 정론신문들이 새로 나타나서 각종 정치문제를 놓고 서로 찬반 논쟁을 벌이자, 상업신문들도 그에 가세하기 시작했다. 그 결과, 신문마다 정치성을 띠게 되면서 "정치로부터의 신문의 독립"이라는 것은 심각히 고려되지 않았다. 결국 본래부터 상업신문으로 출발했던 신문들도 정론신문과 비슷해짐으로써, 그 제호나 부제호만 보고서는 어떤 것이 상업신문인지 정론신문인지를 구별할 수 없게 되었다. 다만 구분할 수 있다면, 정론신문의 값이 상업신문에 비하여 약간 쌌을 뿐이었다. 그렇다면 당시 각 정파나 정당의 대표적 정론신문들로는 어떤 것들이 있었는가?

뉴욕에서 미국 최초의 정당 대변지 출현

독립 이후 정치인들과 신문들이 연방파니 공화파니 하는 정파로 갈라져 서로 논쟁을 벌였지만, 당시 이들 연방파나 공화파는 현대적 의미의 정당은 아니었다. 미국에서 오늘날과 같은 정당제도가 확립된 것은 1836년 대통령선거에서 민주당과 휘그당이 각각 '당'(party)이라는 이름으로 후보를 내면서부터였으며, 그 이전에는 '연방파', '공화파', '민주공화파', '국민공화파' 등의 정파만 존재했다. 그러므로 그 이전에 연방파 대변지니, 공화파 대변지니 하는 것들도 오늘날과 같은 정당기관지는 아니었으며, 각 정파의 대변지였을 뿐이다.

• 연방파가 페노에게 대변지 창간 요청

말썽 많던 연방헌법이 일부 수정을 거쳐 마침내 비준되고, 1789년 3월 4일 새 헌법에 따라서 연방정부가 발족되었다. 그러자 새 정부의 수도였던 뉴욕이 정치의 중심지가 되면서, 뉴욕의 신문들도 각 정파의 편을 들게 되었다. 그러나 강력한 연방파 대변지 또는 공화파 대변지는 없었다. 그러자 강력한 집권을 추진하던 연방파 정치지도자들은 자기들의 순수한 대변지(political organ), 즉 연방파 편을 드는 상업신문이 아니라, 연방파의 순수한 대변지의 필요성을 절실히 느끼고 있었다.

바로 그즈음 존 페노(John Fenno)라는 인물이 보스턴 연방주의자들의 추천서를 가지고 뉴욕에 나타났는데, 그 추천서에는 페노가 문필가·편집자 그리고 정당인으로서의 탁월한 능력을 가진 사람이라고 적혀 있었다. 그러나 페노는 신문편집자는 아니었고 보스턴에서 교사 생활을 하면서 그 지역 신문에 종종 기고를 하곤 했었다. 따라서 신문편집에 관심을 갖고 있었으며, 어느 정도의 지식도 가지고 있었다. 그야 어떻든 페노가 가지고 온 보스턴 연방주의자들의 추천서를 본 알렉산더 해밀턴을 비롯한 연방파 정치지도자들은 페노에게 되도록 빨리 연방파 대변지를 창간토록 요청했다.

• 최초의 연방파 대변지 「가제트」의 창간

이러한 요청을 받은 페노는, 조지 워싱턴이 새 정부 초대 대통령으로 취임을 15일 앞둔 1789년 4월 15일, 「가제트 오브 더 유나이티드 스테이츠」(*Gazette of the United States*)라는 신문을 세상에 처음 내놓았는데, 이것이 연방파 최초의 대변지이자 새 중앙정부의 대변지였다. 이 신문은 1주에 두 번 발간했는데, 특이한 점은 광고를 싣지 않은 것이었다. 페노는 광고가 신문의 품위를 저해한다고 생각했기 때문이다.

페노는 「가제트 오브 더 유나이티드 스테이츠」를 전국에 배포하는 전국지로 만들려고 여러 가지로 노력했다. 그러나 그는 처음부터 여러 가지 비난을 면치 못했는데, 페노는 의례적 행사에 관한 보도에 너무 치중했고, 연방파 정치지도자들에게 너무 아첨했을 뿐 아니라, 군국주의를 동경하는 경향도 나타냈기 때문이다. 따라서 페노와 그의 「가제트 오브 더 유나이티드 스테이츠」는 특히 공화파 정치인들과 신문인들로부터 많은 공격을 받았다. 그러나 「가제트 오브 더 유나이티드 스테이츠」는 당시 중앙정부의 재무장관 알렉산더 해밀턴과 부통령 존 애덤스 등, 당시 연방파 지도자들의 글을 많이 실었기 때문에 비교적 권위 있는 신문으로 유지될 수 있었다.

필라델피아로 수도 이전 뒤 뉴욕 신문들

위와 같이 1789년 4월 15일 연방정부 수립 이후, 뉴욕이 미국 수도로서 정치 중심지가 되면서 최초의 정파 대변지이자 연방파 대변지인 「가제트 오브 더 유나이티드 스테이츠」도 이곳에서 나왔다. 그러나 연방정부가 1년 반 뒤인 1790년, 수도를 뉴욕에서 필라델피아로 옮기자, 정부관리들과 많은 정치인들도 필라델피아로 갔으며, 연방파 대변지 「가제트 오브 더 유나이티드 스테이츠」도 필라델피아로 옮겨 갔다. 그러자 정치에 관한 뉴욕 주민들의 관심도 점차 식게 되었는데, 당시 뉴욕은 지리적으로도 다른 도시들과 멀리 떨어져 있었을 뿐 아니라, 인구도 많지 않았기 때문이다. 따라서 수도가 필라델피아로 옮겨 간 이후, 뉴욕의 신문 대부분은 정당이나 정파보다는 상인계급들의 지원을 받으면서 발행한 상업신문들이 되었다.

• 뉴욕의 대표적 상업신문들

1800년 현재 뉴욕에는 모두 11개 신문들이 발행되고 있었는데, 그중에서 대표적인 것은 「머캔타일 애드버타이저」(*Mercantile Advertiser*)라는 상업신문이었다. 이 신문은 독립전쟁 당시 독립당파 인쇄인 새뮤얼 루던(Samuel Louden)이 1792년 「머캔타일 다이어리」(*Mercantile Diary*)라는 제호로 창간했다. 그 뒤 「머캔타일 애드버타이저」로 개제한 이 신문은 뉴욕 상업신문들 중에서 가장 발행부수가 많았다.

하지만 당시 뉴욕에서 가장 권위 있는 신문은 1793년 12월 9일 노아 웹스터(Noah Webster)가 창간한 「아메리칸 미네르바」(*American Minerva*)였는데, 이 신문의 창간인이자 발행인 웹스터는 당시 유명한 문필가였지만 오늘날에는 『웹스터 사전』 편집자로 우리에게 더 잘 알려져 있다. 웹스터는 예일대학을 졸업한 뒤, 중등학교 교사를 하다가 법률가가 되어 정치에 관한 글들을 신문에 많이 썼는데, 1780년대 초 당시의 연합규약 대신에 새로운 연방헌법을 제정하자고 맨 처음 주장했던 사람도 그였다. 따라서 그는 연방주의자였고, 그래서 연방파 지도자들이 그에게 연방파 대변지를 창간하도록 요청하기도 했으나, 이러한 요청을 거부하고 독자적으로 신문을 창간했는데, 그것이 바로 「아메리칸 미네르바」라는 상업신문이었다.

이 신문의 기사들 중 많은 부분을 웹스터 자신이 직접 썼으며, 특히 커티우스(Curtius)라는 필명으로 그가 썼던 일련의 논설문들, 그중에서도 특히 영국과의 조약을 옹호한 논설들은 매우 설득력이 있었다. 그 결과, 「아메리칸 미네르바」는 곧 뉴욕에서 가장 권위 있는 신문으로 명성을 얻게 되었다. 그런가 하면, 이 신문은 지방독자들을 위한 지방판(country edition)을 매주 2회 또는 1회 발간해서 싼값으로 배포함으로써 대단한 인기를 끌기도 했다. 그러나 다른 일에도 욕심이 많던 웹스터는 「아메리칸 미네르바」를 창간 5년 만에 다른 사람에게 넘기고 말았다. 그러자 그 사람은 신문제호를 「커머셜 애드버타이저」(*Commercial Advertiser*)로 고쳤는데, 이 신문은 그 후 무려 100여 년 동안 계속 발행하다가 폐간되었다.

• 그린리프의 「뉴욕 저널」과 「아거스」

영국으로부터 독립 이후, 뉴욕에는 앞서 말한 「머캔타일 애드버타이저」의 창간자 새뮤얼 루던과 「아메리칸 미네르바」의 창간자 노아 웹스터 이외에 또 한 명의 유명한 신문인이 있었는데, 그는 바로 토머스 그린리프(Thomas Greenleaf)라는 사람이었다. 그린리프는 1787년 「뉴욕 저널」(*New York Journal*)이라는 신문을 창간했는데, 이 신문은 지방독자들을 위한 지방판을 별도로 매주 2회 또는 1회 발행해서 싼값으로 배포하는 방법을 처음 시도함으로써 지방독자들의 커다란 호응을 받았다. 하지만 「뉴욕 저널」지는 겨우 6개월 동안 발행하다가 폐간함으로써 이 신문의 지방판도 자연히 사라지고 말았다. 그러나 이러한 「뉴욕 저널」지의 지방판 제도를, 웹스터가 1793년 12월 9일 「아메리칸 미네르바」를 창간하면서 다시 도입함으로써 지방독자들로부터 대단한 인기를 끌었다.

「뉴욕 저널」의 폐간 8년 뒤인 1795년, 그린리프는 다시 「아거스」(*Argus*)라는 신문을 역시 뉴욕에서 창간했는데, 「아거스」라는 제호는 그리스신화에 나오는 100개의 눈을 가진 거인의 이름에서 따온 것이었다. 이러한 제호의 「아거스」지는 친공화파의 정치적 및 상업적 신문이었다. 그러나 창간 3년 후인 1798년, 뉴욕에서도 황열병이 크게 유행하자 「아거스」지의 종업원들은 모두 다른 곳으로 피난을 갔으나, 그린리프는 혼자 남아서 신문을 계속 내려다가 황열병에 걸려 죽고 말았다. 그러자 그의 미망인이 「아거스」지를 맡아서 계속 발행하다가 1800년 제호를 「아메리칸 시티즌」(*American Citizen*)으로 바꾸어, 그 후에도 계속 발행했다.

3. 새 수도 필라델피아 정론신문들의 대결

1789년 4월 15일 연방정부가 수립되고 나서 1년 반 동안 뉴욕은 미국의 수도로서 정치의 중심지가 되었다. 그러나 1790년 연방정부가 수도를 뉴욕에서 필라델피아로 옮기자, 연방파 대변지 「가제트 오브 더 유나이티드 스테이츠」를 비롯한 일부 정론신문들도 필라델피아로 옮기면서, 필라델피아는 정치와 언론의 새로운 중심지가 되었다.

필라델피아로 수도 이전 이후의 연방파 「가제트」

「가제트 오브 더 유나이티드 스테이츠」가 필라델피아로 이전한 지 약 1년 만인 1791년 10월 31일, 공화파에서도 그 대변지로 「내셔널 가제트」(*National Gazette*)라는 신문을 창간했다. 그리하여 연방파 대변지 「가제트 오브 더 유나이티드 스테이츠」는 공화파 대변지 「내셔널 가제트」가 1792년 말 폐간할 때까지 약 1년 동안, 여러 가지 정치문제를 놓고 격렬한 논전을 벌이기도 했다.

그러나 「가제트 오브 더 유나이티드 스테이츠」의 발행부수는 점차 떨어지기 시작했는데, 1793년에는 1,400부 정도를 발행했으나, 그중에서 제대로 돈을 내고 보는 사람은 1,000명 정도에 불과했다(*Gazette of the United States*, 1791. 12. 7일자). 그러자 재정난에 봉착하게 된 「가제트 오브 더 유나이티드 스테이츠」는 창간 당시의 방침을 바꾸어 광고를 게재하기 시작했다. 하지만 광고수입으로도 재정난을 극복할 수가 없게 되자, 1793년 가을에는 약 3개월 동안이나 휴간을 하기도 했다.

이렇게 되자 「가제트 오브 더 유나이티드 스테이츠」의 발행인 페노는, 이 신문의 스폰서이자 연방파 지도자였던 알렉산더 해밀턴에게 2,000달러를 빌려줄 것을 요청했다. 그러자 연방파는 페노의 요청액보다 훨씬 많은 돈을 그에게 주어서 속간과 동시에 일간신문으로 전환시켰다. 그러나 5년 뒤, 페노가 황열병으로 죽게 되자, 그의 아들 존 워드 페노(John Ward Fenno)가 「가제트 오브 더 유나이티드 스테이츠」지를 맡아서 약 2년 동안 발행하다가 그도 그만두었다. 그러자 그 뒤 이 신문의 경영권이 여러 사람의 손으로 넘어가면서 겨우 명맥을 유지하다가 1818년 완전히 사라지고 말았다.

공화파 최초의 대변지 「내셔널 가제트」의 창간

위와 같이 연방파 최초의 대변지 「가제트 오브 더 유나이티드 스테이츠」가 뉴욕에서 필라델피아로 이전한 지 약 1년 만인 1791년 10월 31일, 공화파도 그 최초의 대변지로 「내셔널 가제트」라는 신문을 창간했다. 그리하여 연방파 대변지 「가제트 오브 더 유나이티드 스테이츠」와 논전을 벌이기 시작했는데, 「내셔널 가제트」는 실제적으로는 토머스 제퍼슨(Thomas Jefferson)이 창간한 것이었다.

• 공화파도 대변지 「내셔널 가제트」 창간

1789년 3월 연방정부의 첫 내각을 구성할 때, 대통령 조지 워싱턴은 제퍼슨을 초대 국무장관에 임명했는데, 비록 제퍼슨은 공화주의자였으나, 그의 외교적 경험을 높이 샀기 때문이다. 그러나 제퍼슨의 자유민주적 사상과 프랑스에 대한 동정심이 곧 당시 재무장관 알렉산더 해밀턴(Alexander Hamilton)과의 의견 대립을 가져오게 되었는데, 당시 해밀턴은 「가제트 오브 더 유나이티드 스테이츠」라는 연방파 대변지를 만들어 놓고 그 신문을 통하여 자신의 정치적 입장과 의견 내지 주장을 옹호하고 있었다.

그러자 해밀턴과 대립관계에 있던 제퍼슨과 그의 공화파에서도 자기 정파의 이익을 옹호하기 위해, 연방파 대변지 「가제트 오브 더 유나이티드 스테이츠」에 대응할 수 있는 신문의 필요성을 절실히 느끼게 되었다. 그리하여 제퍼슨의 절친한 친구 제임스 매디슨(James Madison)이 주축이 되어 필립 프레노(Philip Freneau)라는 사람을 필라델피아로 불러다가, 제퍼슨의 통역관으로 임명하고, 연봉 250달러를 주면서 공화파 대변지를 창간토록 했다. 그리하여 프레노가 창간한 것이 바로 「내셔널 가제트」(주 2회 발행)로서, 1791년 10월 31일 그 첫 호를 발행했다.

「내셔널 가제트」지는 창간하자마자 해밀턴의 재정정책, 특히 그의 미국중앙은행 설립안을 공격하고 나섰다. 또한 당시 부통령 존 애덤스(John Adams)에 대해서도 빈번히 비난을 퍼부었다. 그러자 더 이상 참을 수가 없게 된 해밀턴은

「내셔널 가제트」지를 침묵시키기로 결정하고 1792년 여름, 「가제트 오브 더 유나이티드 스테이츠」지에다 익명으로 된 독자편지 형식의 글을 실었는데, 그 내용인즉, "국무성 통역관으로 있으면서 연봉을 250달러나 타 먹는 프레노라는 자가 정부를 비방하고 나서는 것은 비윤리적 처사가 아니겠느냐"고 문제를 제기한 것이었다. 바로 이러한 요지의 글이 「가제트 오브 더 유나이티드 스테이츠」에 실리자, 국민들 사이에서 「내셔널 가제트」지가 제퍼슨의 개인적 신문이냐, 아니냐 하는 문제로 커다란 논란이 일어났다.

• 「내셔널 가제트」의 폐간과 그 주요 이유

이와 같은 논란이 일자, 프레노는 "신문제작에 대해 제퍼슨으로부터 어떠한 지시도 받은 적이 없다"고 변호하고 나섰고, 제퍼슨도 자신은 "「내셔널 가제트」에 글을 쓴 적이 없다"고 주장했다. 그러나 이러한 논란이 「내셔널 가제트」지에 커다란 타격을 준 것은 사실이었다. 그로부터 몇 달 뒤인 1792년 말, 「내셔널 가제트」는 결국 자진 폐간하고 말았는데, 가장 큰 이유는 이 신문의 스폰서였던 제퍼슨이 1792년 말 국무장관 자리에서 물러났기 때문이다.

제퍼슨이 국무장관 자리에서 물러난 것은 재무장관 해밀턴과의 불화가 점점 더 심해졌기 때문인데, 1789년 7월 프랑스에서 혁명이 일어나자 제퍼슨은 그에 동정적이었다. 그리하여 「내셔널 가제트」의 편집실도 프랑스혁명에 대한 지지자들의 집합소가 되었으며, 이들은 돈을 모아서 새로 탄생한 프랑스혁명정부에 보내기도 했다. 하지만 해밀턴은 미국이 프랑스혁명에 관여하는 것을 반대하면서 엄정중립을 주장했으며, 이를 워싱턴 대통령도 찬성했다. 그러자 1792년 말 제퍼슨은 국무장관직에서 스스로 사퇴하고 말았으며, 이렇게 되자 「내셔널 가제트」는 자진 폐간하게 되었다.

그러나 「내셔널 가제트」가 폐간한 또 하나의 이유는 당시 필라델피아에 황열병이 심하게 돌아서 이곳의 모든 신문들이 잠시 휴간에 들어가자, 「내셔널 가제트」도 임시휴간을 했다가 속간하지 못하고 말았던 것이다. 또한 「내셔널 가제트」가 폐간한 세 번째 이유는 재정난으로 프레노와 그의 인쇄인이 파산했기 때문인데, 당시 「내셔널 가제트」는 광고도 게재하지 않는 상태에서 겨우 1,500부 정도를 발행해서는 채산이 맞을 수가 없었으며, 그렇다고 해서 「가제트 오브 더 유나이티드 스테이츠」처럼 돈을 대 주는 사람도 없었기 때문이다. 그리하여 「내셔널 가제트」지는 창간 2년 만에 결국 문을 닫고 말았다.

또 하나의 공화파 대변지 「오로라」의 등장

위와 같이 비록 「내셔널 가제트」지는 1792년 말 폐간하고 말았지만, 그 몇 달 전에 또 하나의 강력한 공화파 대변지가 필라델피아에 나타났는데, 이는 「제너럴 애드버타이저」(*General Advertiser*)라는 신문이었다. 이 신문은 본래 벤자민 프랭클린의 외손자인 벤자민 프랭클린 바흐(Benjamin Franklin Bache)가 1790년 10월 4일 필라델피아에서 창간해서 발간해 오던 것이었는데, 창간 이후 처음 1–2년간은 워싱턴 대통령의 정부에 호감을 갖고 있었다. 그러나 워싱턴 대통령이 프랑스혁명에 대해 중립을 선언하면서 프랑스의 새 혁명정부를 냉대하자, 이에 분개한 바흐는 1792년 여름 자신의 「제너럴 애드버타이저」를 공화파 대변지로 전환시켰던 것인데, 바흐는 프랑스에서 교육을 받은 경험이 있으며, 프랑스혁명을 적극 지지했기 때문이다.

이렇게 해서 공화파 대변지가 된 「제너럴 애드버타이저」는 공화파의 정책을 옹호하는 한편, 연방파의 정책, 특히 프랑스에 대한 정책을 신랄하게 비판하기 시작했다. 그러다가 1794년 11월 8일부터 신문제호를 「오로라」(*Aurora*, 서광이라는 뜻)라고 바꾸면서 워싱턴 대통령에 대한 인신공격까지 퍼붓기 시작하여, 그가 1797년 대통령직에서 물러날 때까지 계속 물고 늘어졌다. 그러면서 1796년 12월 워싱턴이 대통령직에서 물러나기에 앞서 국민들에게 '이별연설'을 했을 때도 「오로라」지는 이렇게 그를 몰아 세웠다.

> 역사를 통하여, 만약 한 국가가 한 사람에 의해 타락한 경우가 있다면, 그것은 워싱턴에 의해 타락한 미국이다. 만약 한 사람의 잘못된 영향력에 의해 한 국가가 고

통을 당한 경우가 있다면, 그것은 워싱턴에 의해 고통을 받게 된 미국이다. 만약 한 사람에 의해 한 국가가 기만당한 경우가 있다면 그것은 워싱턴에 의해 기만당한 미국이다. 그렇다면 우리는 그의 행위를 미래의 거울로 삼기로 하자. 또한 아무도 우상이 될 수 없다는 사실에 대한 경고로 삼기로 하자(*Aurora*, 1797. 12. 23일자).

이런 식으로 「오로라」지가 정파적 감정을 갖고 워싱턴 대통령을 공격하자, 연방파 군중이 그 신문사로 몰려가서 인쇄시설을 파괴하고 바흐를 구타하기도 했다. 그런가 하면, 「가제트 오브 더 유나이티드 스테이츠」의 발행인 페노가 길거리에서 바흐를 만나자 그의 얼굴을 때렸고 이에 바흐는 단장으로 페노를 내려쳐서 서로가 부상을 입은 적도 있다. 그러나 이와 같은 길거리에서의 난투극이 있은 지 약 1년 뒤에 이들 두 사람은 모두 그즈음 유행한 황열병에 걸려 죽고 말았다. 당시 바흐는 30세도 못 되는 젊은 나이였으며, 그때까지 8년 동안 「제너럴 애드버타이저」와 「오로라」를 발행하면서 무려 1만 4,700달러의 엄청난 손실을 보았다.

바흐가 죽고 나서 「오로라」지는 윌리엄 듀앤(William Duane)이라는 사람이 맡아 발행하면서 바흐의 논조를 그대로 몇 년 동안 유지해 왔다. 그 뒤 듀앤은 바흐의 미망인과 결혼하면서 「오로라」지는 더 강력한 공화파 대변지가 되었다. 그러나 1800년 후반, 연방정부가 필라델피아에서 다시 워싱턴으로 옮겨 가고, 이듬해 공화파 토머스 제퍼슨이 제3대 대통령으로 당선되자, 그간에 반정부신문으로 명성을 얻었던 「오로라」지의 인기는 크게 떨어지게 되었다.

연방파 정론신문 「포큐파인 가제트」의 창간

위와 같은 「오로라」지가 야당인 공화파 대변지로 한창 명성을 날리던 1797년 3월 4일, 당시 미국의 수도 필라델피아에서 또 하나의 연방파 신문이 나타나서 「오로라」지와 논쟁을 벌이게 되었는데, 그것은 윌리엄 코베트(William Cobbett)가 창간한 「포큐파인 가제트」(*Porcupine Gazette*)지였다. 코베트는 본래 영국 사람이었는데, 영국군 내의 직권남용실태를 폭로하여 영국군 장교들의 미움을 사자 프랑스로 피신했다가 다시 미국으로 건너와 필라델피아에서 프랑스계 이민들에게 영어를 가르치면서 생계를 유지했다. 그러면서 각종 정치적·사회적 문제 등에 대한 자신의 의견들을 써서 팸플릿으로 발행하자, 이러한 코베트를 「오로라」지가 '거짓말을 일삼는 유독한 동물'이라고 몰아세웠다. 그러자 화가 난 코베트는 자신도 신문을 발행하기로 결심하고, 「포큐파인 가제트」라는 일간신문을 창간했다.

이 신문은 창간하자마자 연방파 편에 서서 공화파 대변지 「오로라」와 논전을 벌였는데, 코베트는 「포큐파인 가제트」지 첫 호에서부터 "신문의 공평성, 그 따위 것은 무용지물일 뿐 아니라 넌센스인 것이다"라고 선언하면서 욕설 조 스타일로 기사를 쓰기 시작했다. 그리하자 비록 「포큐파인 가제트」는 일간신문으로 인쇄도 선명하고 보기에도 산뜻했지만, 공화파 인사들은 물론, 연방파 인사들로부터의 호감도 사지 못했다. 그러자 처음에는 「포큐파인 가제트」를 「오로라」지와 대적시키려고 생각했던 연방파 지도자들은 곧 그 생각을 바꾸어, "코베트로 하여금 과격파 공화주의 여우나 스컹크 또는 뱀들을 사냥하게 만드는 것보다 우리가 직접 그들을 잡는 것이 더 낫겠다"는 말까지 하게 되었다.

이렇게 연방파들도 「포큐파인 가제트」를 외면하자, 이 신문은 자연히 많은 결손을 보게 되었다. 거기다가 설상가상으로 「포큐파인 가제트」는 당시 필라델피아에서 가장 유명한 의사, 벤자민 러쉬(Benjamin Rush)의 명예를 훼손한 죄로 5,000달러의 손해배상금을 러쉬에게 주라는 판결을 받게 되었다. 당시 필라델피아에서 유행한 황열병 치료법으로 수은하제의 사용과 인공출혈법을 쓰고 있던 러쉬를 비판하는 글을 「포큐파인 가제트」가 실었기 때문인데, 사실 「포큐파인 가제트」의 주장은 옳았다. 그러나 어떻든 패소하게 되자, 배상금을 낼 돈이 없던 코베트가 1799년 11월 영국으로 도망가 버리자, 그의 신문 「포큐파인 가제트」도 자연히 폐간되고 말았다.

4. 보스턴의 정론신문들 간의 대결

위와 같이 1790년 연방정부가 필라델피아로 옮겨 간 후, 이곳의 연방파 대변지로 「가제트 오브 더 유나이티드 스테이츠」와 「포큐파인 가제트」지가 나왔으나, 이들은 그 기능을 제대로 완수하지 못했고 대중들의 호응도 받지 못했다. 그러나 보스턴에서는 연방파 신문이 야당인 공화파 신문보다 명성을 떨치고 있었는데, 그것은 바로 「컬럼비안 센티널」(*Columbian Centinel*)이라는 신문이었다.

연방파 정론신문 「컬럼비안 센티널」의 창간

「컬럼비안 센티널」은 처음부터 정론신문으로 출발한 것이 아니라 처음에는 상업신문으로 출발해서, 중립지 성격을 지니고 있었다. 이 신문의 창간인 겸 발행인은 벤자민 러셀(Benjamin Russell)이었는데, 그는 소년시절에 「매사추세츠 스파이」 발행인 이사이아 토머스(Isaiah Thomas)의 인쇄소에서 도제로 일하다가 독립전쟁이 발발하자 토머스 대신 독립군에 입대해서, 소령으로 제대한 인물이었다.

제대 후 인쇄기능공(journeyman)이 된 러셀은 1784년 「매사추세츠 센티널」(*Massachusetts Centinel*)이라는 소형신문을 창간했는데, 이 신문은 처음에는 별로 인기가 없었다. 그러나 미국연방헌법이 각 주에서 여러 가지 어려움을 겪으면서 점차 비준되어 가고 있던 1787–89년간에 그 비준상황을 도표를 통하여 자세히 보도함으로써 일약 유명해지기 시작했다. 1786년, 1790년, 1792년에 각각 판형을 확대하면서 독자들도 늘다가 1794년에 들어서자 자유주의적 대중들의 커다란 호응을 받게 되었다. 그러면서 뉴잉글랜드 지방은 물론 남부와 서부에서도 많이 읽히게 되자, '매사추세츠'라는 지역성을 띤 제호인 「매사추세츠 센티널」 대신 「컬럼비안 센티널」로 이름을 바꾸었다.

이렇게 제호를 바꾼 「컬럼비안 센티널」은 점차 연방파 신문으로 전향했는데, 그 주요 이유의 하나는 조지 워싱턴 대통령이 바로 러셀의 우상이었기 때문이다. 따라서 필라델피아의 「오로라」지가 워싱턴 대통령에게 인신공격까지 퍼붓자, 러셀은 「컬럼비안 센티널」을 통하여 워싱턴 대통령을 계속 옹호하고 나섰다. 그러면서 워싱턴 대통령의 외교정책, 특히 프랑스에 대한 정책도 지지하고 나섰다. 그 후 1800년 대통령선거 때는 공화파 토머스 제퍼슨 후보에게 공격을 퍼부었으며, 이 선거에서 연방파가 패배한 후에도 계속해서 연방파 연방정부의 치적을 찬양하는 글을 실었다.

이러한 「컬럼비안 센티널」은 비록 정론신문이기는 했지만, 뉴스와 광고에서 우수성을 보여 주었다. 또한 당시 다른 신문들은 모두가 외국 뉴스들을 유럽신문들에서 그대로 전재했음에도 불구하고, 「컬럼비안 센티널」만은 외국 뉴스들을 그대로 싣지 않고 다시 요약해서 기사화함으로써 오히려 유럽신문들이 「컬럼비안 센티널」의 기사들을 다시 전재하기도 했다.

연방파 대변지와 공화파 대변지의 대결

위와 같이 「컬럼비안 센티널」이 보스턴 지역에서 연방파 대변지의 역할을 수행하는 동안, 그와 정론적 대결을 벌였던 공화파 신문도 없지 않았는데, 그것은 바로 「인디펜던트 크로니클」(*Independent Chronicle*)이었다. 이 신문은 1776년 4월 케임브리지로부터 보스턴으로 이전해 온 신문으로, 토머스 애덤스(Thomas Adams)와 그의 동생 아비자(Abijah)가 발행했다.

이러한 「인디펜던트 크로니클」지는 당시 뉴잉글랜드 지방의 대표적인 공화파 대변지로서, 연방파 대변지 「컬럼비안 센티널」지와 서로 논쟁을 벌이면서 욕설도 퍼부었다. 심지어 그 발행인들이 서로 육체적 싸움까지 벌였는데, 이러한 싸움은 당시 거의 모든 연방파와 공화파 신문들 간의 일반적 풍토의 하나였다.

「인디펜던트 크로니클」과 「컬럼비안 센티널」지의 발행인들이 서로 육체적 싸움까지 벌인 것은 두 신문이 자기파 사람들이 기고하는 격렬한 내용의 글들을 서로 경쟁적으로 실었기 때문이다. 그리하여 자연히 그 발행인들 간에도 언쟁이 붙게 되자, 「인디펜던트 크로니클」의 발행인 애덤스가 「컬럼비안 센티널」지 발행인 러셀의 얼굴을 주먹으로 때렸다. 그러자 러셀이 애덤스를 고발해서 애덤스가 20실링의 벌금을 물었다. 그 뒤 애덤스는 치안법에 걸리기도 했는데, 공화파의 과격분자들이 연방주의자들에게 테러를 가한 사건이 일어나자, 이를 「인디펜던트 크로니클」이 오히려 옹호했기 때문이다. 이와 같은 사례들은 당시 정론적 신문들이 보여 준 여러 가지 병폐들 중 하나였다.

5. 남부와 서부 지방 신문들의 실태

위와 같이 1783년 미국의 독립 이후, 뉴욕·필라델피아·보스턴 등의 정치도시들에서는 정론신문들이 판을 치고 있었다. 그러나 남부와 서부 지방의 도시들에서는 아직도 신문들이 정치에 덜 오염되어 있었다. 그렇다면 이들 지역의 신문실태는 어떠했는가?

남부 지방 신문들의 실태

당시 남부 지방에서 가장 큰 도시는 사우스캐롤라이나주의 찰스턴(Charleston)이었는데, 이곳에서 가장 대표적 신문은 「사우스-캐롤라이나 스테이트 가제트」(*South-Carolina State Gazette*)와 「시티 가제트」(*City Gazette*)였다. 전자는 벤자민 프랭클린이 다른 사람을 시켜 1732년 창간했던 「사우스-캐롤라이나 가제트」의 후신으로, 1783년 당시는 벤자민 프랭클린 티모시(Benjmin Franklin Timothy)가 발행하고 있었다. 그리고 후자는 1783년 「사우스-캐롤라이나 위클리 가제트」(*South-Carolina Weekly Gazette*)라는 이름으로 창간해서 발행하다가 「시티 가제트」로 개제한 것으로, 1786년부터는 일간으로 발행했다. 이 신문의 편집인은 피터 프레노(Peter Freneau)였는데, 그는 필라델피아의 「내셔널 가제트」지의 편집·발행인 필립 프레노(Philip Freneau)의 동생이었다.

한편 버지니아주 리치먼드(Richmond)에는 「리치먼드 이그재미너」(*Richmond Examiner*)라는 주간신문이 발행되고 있었는데, 이는 친공화파 신문이었다. 그러나 1798년 12월 3일 창간해서 약 5년간 계속되다가 1804년 1월 7일 폐간하고 말았다. 이 밖에도 리치먼드에는 몇 개의 신문이 더 있었으나, 이들은 그 제호와 경영자가 자주 바뀌면서 오래 계속되지 못했다.

당시 노스캐롤라이나주, 버지니아주, 메릴랜드주에서도 한창 신문들이 성행해서 많은 주간신문들이 창간되기도 했다. 그러나 이곳 신문들은 뉴잉글랜드 지방 신문들과는 달리 아직 정론신문시대로 접어들지 않고 있었으며, 신문체재와 내용들도 미국 초기 신문들의 그것과 비슷했다. 특히 이 시기의 특징 중 하나는 지방신문들의 대두로서, 많은 신문들이 소도시나 농촌 지역에서 출현하게 되었는데, 그 이유의 하나는 대도시 인쇄소들에서 도제교육을 받은 사람들이 인쇄기능공이 된 뒤에 소도시나 농촌 지역으로 내려가서 신문을 발행했기 때문이다.

서부 지방 신문들의 현황

1765년 독립전쟁이 시작되면서 미국인들의 서부로의 확장은 그 속도가 가속화되기 시작해서, 1783년 종전이 될 무렵에는 펜실베이니아주 서쪽과 켄터키 지방에도 이미 조그만 읍이나 도시들이 무수히 펼쳐져 있었다. 그리하여 1792년에는 켄터키주가, 1796년에는 테네시주가 각각 독립된 주로 승격했으며, 1803년에는 오하이오주가 연방에 편입하게 되었다. 이렇게 미국인들이 계속해서 서부로 뻗어나가자 신문들도 새로운 도시들을 따라가며 이곳저곳에서 나타나게 되었다.

• 앨리게이니 산맥 서쪽에서도 신문 등장

앨리게이니 산맥(Allegheies) 서쪽 너머에서 최초로 나타난 신문은 피츠버

그의 「피츠버그 가제트」(*Pittsburgh Gazette*)였는데, 이 신문은 1786년 존 스컬(John Scull)과 조셉 홀(Joseph Hall)이 창간했다. 이들은 「피츠버그 가제트」를 창간할 때, 인쇄기를 마차로 싣고 갔다. 그리고 신문용지는 계속 말 등에 실어서 날랐으나, 용지가 제대로 들어오지 않을 때는 피트요새(Fort Pitt)의 군대에서 얻어 쓰기도 했다. 그러다가 1797년 제지공장을 세워 용지를 자체 공급함으로써 형편이 나아졌으며, 이듬해에는 우편제도도 실시됨으로써 신문도 쉽게 배포할 수 있었다.

1787년에는 켄터키주(1792년 독립주로 승격)의 렉싱턴(Lexington)에서도 「켄터키 가제트」(*Kentucky Gazette*)라는 신문을 존 브래드포드(John Bradford)가 발행하기 시작했다. 당시 켄터키주는 버지니아주의 일부였는데, 버지니아주로부터 켄터키주를 독립시키기 위해서는 이러한 주장을 펼 신문이 필요했다. 그래서 켄터키주민들이 브래드포드에게 신문을 내도록 만든 것이 바로 「켄터키 가제트」였는데, 이 신문은 1787년 4월 11일 창간해서 60여 년 동안이나 계속 발행하다가 1848년 폐간했다.

1790년에는 웨스트 버지니아주 세퍼드스타운(Shepherdstown)에서도 이 지역 최초의 신문이 등장하게 되었다. 그 이름은 「포토맥 가디언」(*Potomac Guardian*)이었고, 창간자는 보스턴의 출판업자였던 나타니엘 윌리스(Nathaniel Willis)였다.

• 18세기 말까지 모두 21개 신문들의 창간

1791년에는 테네시주(1796년 독립주로 승격)에서도 이 주 최초의 신문이 나왔는데, 그 제호는 「녹스빌 가제트」(*Knoxville Gazette*)였다. 이 신문은 조지 로울스턴(George Roulston)이 창간했는데, 창간 이후 5년 동안은 2주에 한 번씩 신문을 내다가 그 뒤부터는 주간으로 발행했다.

1793년에는 현재의 오하이오주(1803년 미국연방에 편입)에서도 신문이 처음 나왔는데, 그것은 윌리엄 맥스웰(William Maxwell)이라는 사람이 창간한 「센티널 오브 더 노스-웨스턴 테리토리」(*Centinel of the North-Western Territory*)였다. 이 신문은 당시 스페인의 지배 아래 있던 미시시피강을 미국의 상업을 위해 개방할 것을 계속 요구했다. 그 결과, 미국정부가 스페인과 조약을 체결함으로써 1795년부터 미시시피강이 미국인들에게도 개방되었다.

그러나 당시 미시시피강과 그 서쪽의 루이지애나 지역은 스페인의 지배 아래 있었기 때문에 미국의 신문들도 그 서쪽으로는 더 이상 나가지 못했는데, 1800년 당시 미국의 맨 서쪽에 위치해 있던 신문은 1799년 벤 스토크스(Ben M. Stokes)가 나체즈(Natchez)에서 창간한 「미시시피 가제트」(*Mississippi Gazette*)였다.

위와 같이 1765년 독립전쟁이 시작되면서부터 미국인들의 서부로의 확장이 가속화되어 서부로 계속 뻗어나가자 신문들도 새로운 도시들을 따라가면서 이곳저곳에서 나타나게 되었다. 그리하여 18세기 말까지 앨리게이니 산맥 서쪽에서 나온 신문이 모두 21개(이들 중 8개는 켄터키주에서 나왔음)나 되었다. 그러나 그중 일부는 곧 폐간되기도 했다.

6. 제1차 정론기 신문들의 여러 주요 양상

앞에서는 1783년 미국의 독립 이후, 1800년까지 제1차 정론기 주요 신문들의 실태를 간단히 살펴보았다. 그러면 이 시기 신문들의 여러 가지 주요 양상들을 간단히 요약·정리하고 나서, 다음 제4장에서는 제2차 정론기의 신문실태를 살펴보기로 하겠다.

새 신문의 증가와 신문종수의 증감실태

우선 이 시기에 신문종수의 변화실태부터 간단히 살펴보면, 1783년 미국이 영국과의 독립전쟁에서 미국이 승리하자, 그간의 왕당파나 친영신문들은 자진폐간하거나 또는 독립당원들의 압력을 견디지 못해 폐간했다. 그러나 미국이 영국으로부터 독립하여 자유를 찾자, 새로운 신문들도 나타나기 시작, 1780년대 중반까지만도 무려 60여 개의 새로운 신문들이 창간되었으며 이러한 증가추세는 1790년대 말까지 계속되었다. 하지만 재정난 등으로 인하여 문을 닫는 신문들도 속출해서 1790년대에는 모두 463개 신문들이 명멸했다.

그렇다고 해서 이들 463개 신문들이 모두 동시에 존재했던 것은 아니며, 한편에서는 새로운 신문들이 나오는가 하면, 또 다른 한편에서는 기존의 신문들이 사라지기도 했다. 그리하여 1800년 말 현재 발행 중인 신문은 모두 202개였는데, 이들 중 독립투쟁 이전부터 존재했던 신문들은 겨우 13개에 불과했다. 따라서 1783년 미국의 완전한 독립 이후, 1800년 말까지 17년 사이에 무려 261개 신문이 폐간된 셈이 된다.

이렇게 수많은 신문들이 창간되기도 하고, 폐간되기도 했던 것은 각 정파가 자신의 주장을 서로 내세우면서 대중들을 설득하기 위해 대변지 등의 각종 정론신문들을 서로 다투어 창간했다가 재정난 등으로 폐간하는 신문들도 속출했기 때문이다. 이때부터 미국신문들의 본질적 성격이 바뀌기도 했는데, 1780년대 이전까지만 해도 신문이란 인쇄업자들이 생계나 돈을 벌기 위해 발행하는 인쇄소의 한 부속간행물에 지나지 않았으나, 1780년대부터는 각 정파가 정치적 수단의 하나로 신문을 발행하기도 했다. 그러면서 미국신문들은 바야흐로 정론신문의 시대로 돌입하게 되었다. 하지만 당시의 모든 신문들이 정론신문은 아니었으며, 영리를 목적으로 한 상업신문들도 적지 않아서, 정확히 말하면 정론신문과 상업신문의 혼성시대를 이루게 되었다.

언론자유의 보장과 한계 및 악용의 실태

위와 같이 1780년대 초반부터 미국에서 수많은 신문들이 새로 나오게 된 주요 원인의 하나는 각 정파들이 자신들의 주장을 서로 내세우면서 대중들을 설득하기 위한 정론신문들을 다투어 창간했기 때문이다. 또 한편으로는 영국으로부터 독립한 이후 미국의 새로운 연방헌법이 언론자유를 보장해 주었기 때문이다. 그러나 이렇게 언론자유를 연방헌법에 의해 보장받기까지는 여러 가지 곡절을 겪어야만 했다.

• 언론자유를 위한 투쟁과 마침내 승리

1783년 미국이 영국으로부터 독립은 되었지만, 그렇다고 해서 곧 언론자유를 마음껏 누리게 된 것은 아니었다. 왜냐하면 각 주정부가 여러 가지 방법으로 신문들을 규제했기 때문이다. 그중 대표적 사례의 하나로는 1787년 매사추세츠주에서 제정한 일종의 인지세법을 들 수 있는데, 이는 신문·연감·법률문서 등에 세금을 부과하는 세법으로, 영국식민지시대에도 주의 재원을 충당하기 위해 실시했던 것이다.

그러나 이 세법이 제정되자, 신문 1부당 0.7페니의 세금을 내야 했던 매사추세츠주 신문들은 물론, 그 밖의 다른 주의 신문들까지 그에 반대하고 일어났다. 일부 신문들은 발행을 중단하거나 잡지로 바꿔 발행하겠다고 강경한 자세를 보였다. 그러자 매사추세츠주정부는 신문에 대한 과세는 취소하는 대신, 신문광고에 대해서만 12행(1 square)에 6펜스, 그리고 20행과 그 이상 분량의 광고에는 1실링의 세금을 부과하겠다고 세법을 변경했다. 그러나 이에 대한 반발도 역시 거세자, 3년 만인 1790년 광고에 대한 과세도 전면 취소하고 말았다.

그즈음 각 주들에서 각각 주헌법을 제정해서 그 채택을 거의 끝내고 있었는데, 13개 주들 중에서 9개 주가 그 주헌법에 언론자유를 보장한다는 조항을 삽입했다. 그러나 1787년 9월 17일 완성된 연방헌법 초안에는 막상 언론자유에 관한 조항이 빠져 있었다. 그래서 이 문제가 커다란 논란을 불러일으키게 되었는데, 4개 주를 제외한 나머지 9개 주들에서 만약 언론자유조항과 기타 수정조항, 즉 후에 권리장전(Bill of Rights)을 구성하게 된 조항들을 삽입하지 않는 한 연방헌법을 비준하지 않겠다고 들고 나섰다. 그러자 연방헌법 초안 작성에 참여했던 알렉산더 해밀턴(Alexander Hamilton)은, 연방헌법에서 언론자유조항의 생략 이유를 이렇게 설명하면서 연방헌법의 비준을 촉구했다.

> 언론자유(liberty of the press) 조항을 반드시 명문화해서 연방헌법에 삽입해야 한다는 주장은 무엇을 의미하는가? 도대체 언론자유가 무엇인가? 그 자유의 침해여부를 명확히 가릴 수 있는 정의를 누가 정확하게 내릴 수 있겠는가? 본인은 그것

이 실제적으로는 불가능하며 비현실적이라고 생각한다. 따라서 언론자유에 관한 아무리 훌륭한 조항을 연방헌법에 삽입해 넣는다고 하더라도 그 자유의 보장은 실제로 여론과 국민과 정부의 일반적 정신에 의존할 수밖에 없다고 믿는다. 그러므로 언론자유를 구태여 헌법에 명문화시킬 필요가 없다고 생각한다.

그러나 연방헌법의 초안 작성에 참여하지 않았던 토머스 제퍼슨(Thomas Jefferson)은 언론과 종교 자유의 보장에 관한 조항을 연방헌법에 삽입하지 않는 한 그 비준을 거부하라고 버지니아주 주민들을 충동하면서 계속 해밀턴을 비롯한 연방주의자들의 주장에 맞섰다. 그 결과, 연방헌법에 다시 언론자유를 포함한 10개 조항의 이른바 '권리장전'을 삽입한 뒤에야 9개 주의 비준을 획득하여, 1791년 12월 15일부터 그 효력이 발생하게 되었는데, 언론과 종교의 자유를 보장하는 미국연방헌법 수정조항 제1조는, "의회는 종교를 설립하거나 그 신앙의 자유를 금하는, 그리고 언론(speech)이나 출판(press)의 자유를, 또는 자신들의 고충의 해결을 위해 평화스럽게 집회하고 그것을 정부에 청원하는 권리를 제한하는 그 어떠한 법률도 제정할 수 없다"고 되어 있다.

• 언론자유의 한계와 일부 신문들의 악용

이렇게 언론·출판의 자유가 헌법에 의해 보장받게 됨으로써 미국의 신문들은 1791년 12월 15일부터 그 자유를 마음껏 향유할 수 있게 되었다. 그러나 언론의 자유를 명확히 정의하기란 쉽지 않다는 해밀턴의 주장도 틀린 말이 아니었다는 사실이 곧 드러나게 되었다. 언론의 자유는 개인에 대한 인신공격까지를 포함하느냐, 아니냐 하는 문제를 매사추세츠주 던스테이블(Dunstable)이라는 조그만 읍내의 한 상점사무원이 제기하자 이 문제를 놓고 주민회의가 열렸다. 그 결과, "만약 언론의 자유에 대한 아무런 제한규정이 없으면, 언론의 자유를 부정직한 신문들이 악용할 소지가 있다. 즉 그들은 아무런 풍문이라도 인쇄에 붙이게 됨으로써 선량한 개인들까지도 상처를 입힐 수 있다"는 중론에 따라, 매사추세츠주 헌법에서는 언론자유의 한계를 명확하게 지어 줘야 한다는 쪽으로 의견이 모였다.

하지만 이러한 주민들의 의사에 아랑곳없이, 일부 신문들은 개인들의 인격까지 마구 손상시키는 횡포를 자행하기 시작했다. 특히 애덤스, 해밀턴, 제퍼슨 등이 그 반대파 신문들의 호된 인신공격대상이 되었으며, 이러한 신문들의 횡포는 1795년까지 계속되었다. "어떠한 정당이나 정파의 영향도 받지 않으면서 우리는 오직 정의만을 위해 존재한다"는 구호를 내걸어서 일반국민들로부터 존경을 받아 왔던, 보스턴의 연방파 신문 「컬럼비안 센티널」(*Columbian Centinel*)도 그 구호를 무시한 채 제퍼슨에게 혹독한 인신공격을 퍼부었다.

그런가 하면, 신문들끼리도 서로 경쟁지의 발행·편집인들을 헐뜯었다. 예컨대, 필라델피아의 공화파 대변지 「오로라」는 뉴욕의 중립지 「아메리칸 미네르바」의 발행인 노아 웹스터(Noah Webster)를 "사악하고 줏대 없는 비열한"(impious, disorganizing wretch)이라고 헐뜯었다(*Aurora*, 1796. 11. 12일자). 그런가 하면, 연방파 최초의 대변지이자 연방정부 대변지였던 「가제트 오브 더 유나이티드 스테이츠」의 창간자 존 페노(John Fenno)에 대해서는 '미스터 페노에게'라는 제목의 광고(1800. 4. 1일자)를 통하여, "그대는 악한이며 거짓말쟁이임을 만천하에 공개하는 바이다. 그대가 그런 인간이라는 것은 이미 잘 알려진 사실이지만 다시 한 번 세상에 알린다"는 요지의 욕설을 퍼부었다.

• 언론자유를 빙자한 신문들의 횡포와 인신공격

한편 뉴욕의 「가제트 오브 더 유나이티드 스테이츠」는 1798년 9월 21일자 지면을 통하여, 필라델피아의 연방파 신문 「포큐파인 가제트」의 발행인 겸 편집자 윌리엄 코베트(William Cobbett)를 "타이번(Tyburn, 런던의 사형장)에서 처형된 중죄인들보다 더 흉악한 범죄인"이라고 몰아세웠다(*Porcupine Gazette*, 1799. 1. 20일자에서 인용).

그런가 하면, 「오로라」지의 창간자 벤자민 바흐(Benjamin Franklin Bache)가 황열병에 걸려 1798년 사망하자, 보스턴에서 벤자민 러셀(Benjamin Russell)이 발행하던 연방파 정론지 「컬럼비안 센티널」지는 잘되었다는 듯이 "야비한 벤자민 바흐의 집 문간에서 과격파 공화주의 놈(jacobins)들이 모여 껑껑거리며 울고 있는데 그 모습은 마치 그들 악당 중의 한 명이 절도죄로 사형당했을 때와 흡사했다. 이 야비한 악한에 대한 기억은 오랫동안 저주로서 남게 될 것이다"라고 보도했다(1799. 1. 29일자).

이처럼 일부 신문들의 횡포와 인신공격 등이 극심했으나 이를 규제할 방도가 없었다. 물론 명예훼손을 당한 측에서 법정에 고소하는 길이 있긴 했지만, 그것은 재력이 있는 상류층 사람들만 할 수 있는 일이었고, 일반 소시민들의 경우는 가만히 앉아서 당하는 길밖에 없었다. 이 밖에 신문의 횡포를 저지하는 방법이 또 하나 있었다면 그것은 신문편집인을 구타하는 것이었는데, 이 방법이 '법적 제재방법보다 더 효과적'이라고 벤자민 프랭클린은 반농담조로 술회한 적도 있다.

• 외국인과 치안방해법의 제정과 신문인들의 수난

1791년 12월 15일 연방헌법이 효력을 발휘하기 시작한 직후부터 신문들의 언론자유는 위와 같은 실례들에서도 엿볼 수 있듯이 거의 방종에 가까울 정도였다. 이를 신문인 자신들도 인식했던 듯, 보스턴의 「컬럼비안 센티널」지는 그와 정론적 대결을 벌이던 공화파 신문 「인디펜던트 크로니클」이 1797년 반역적 내용의 기사를 게재하자, 이를 개탄하면서 "현재 미국에는 우리 집을 방화할 정도의 자유보다 조금 덜한 신문자유가 있다"고 말한 바 있다.

그러나 이듬해 미국과 프랑스와의 전쟁이 불가피한 상황으로 접어들자, 이에 대비해서 미국의 연방파 의원들은 폭동을 선동하는 언사를 제재하는 동시에 말썽을 일으키는 외국인들을 추방하는 법률, 즉 '외국인과 치안방해법'(Alien and Sedition Act)을 급히 입안해서, 이를 1798년 여름 의회에서 통과시킴으로써 언론자유가 크게 위축되었다. 당시 공화파 신문편집자들의 몇몇 대표적 인물들은 외국에서 온 이주민들이었는데, 이들이 바로 외국인법에 걸려 추방될 수 있었기 때문이다. 그러나 프랑스와의 전쟁 위험이 곧 사라지자 실제로 이 법에 걸려서 추방된 신문인은 없었다.

하지만 치안방해법은 전쟁의 위험이 사라진 뒤에도 계속 언론자유에 큰 타격을 주었으며, 논란을 초래했다. "미국정부나 의회상하의원의 명예를 훼손 또는 권위를 추락시키려는 의도 아래 허위적·비방적·악의적 언사를 하거나 그런 것을 글로 쓰거나 인쇄하는 자는 2년 이내 징역 또는 2,000달러 이내의 벌금형에 처한다"는 요지의 이 치안방해법은 아무리 전쟁의 위험이 있고 또한 신문의 횡포가 심하다고 하더라도 그것이 반정부 신문들의 입을 봉쇄하고 연방파 정부에 대한 비판을 방지하는 데 악용될 소지가 있다고 하여 곧 정치적 문제로 부상했다.

• 치안방해법의 악용과 폐기

그럼에도 불구하고 치안방해법은 그대로 강행되어 25명의 위반자가 체포되었는데, 그중 15명이 재판에 붙여져 11명이 유죄판결을 받았다. 또한 3-4명의 공화파 신문인들이 고발당했는데, 「오로라」지의 발행인 바흐도 그중 한 사람이었지만 재판 전에 사망하고 말았다. 한편 「아거스」지의 당시 편집인 겸 발행인 그린리프 부인(Mrs. Thomas Greenleaf)도 치안방해법에 걸려 100달러의 벌금형과 4개월의 징역형에 처해졌다. 또한 보스턴의 「인디펜던트 크로니클」지의 부편집인 아비자 애덤스(Abijah Adams)도 매사추세츠주정부의 명예를 훼손했다는 죄목으로 30일간 징역을 살았다.

이처럼 치안방해법에 걸려 재판을 받게 됨으로써 가장 유명해진 사람은 토머스 쿠퍼(Thomas Cooper)였는데, 그는 리딩(Reading)에서 발행한 「위클리 애드버타이저」(*Weekly Advertiser*)지에다가 당시 존 애덤스 대통령을 무능한 인물이라고 표현한 것이 말썽이 되어 재판을 받게 되었다. 그러자 쿠퍼는 재판장에게, "애덤스를 증인으로 불러다가 그에 대한 나의 표현이 사실인가 아닌가를 직접 말하도록 해 달라"고 요청했다. 이러한 쿠퍼의 요청은 법원에 의해 묵살되고, 100달러의 벌금형과 6개월의 징역형에 처해졌으나, 이를 계기로 쿠퍼는 '치안방해법'이라는 악법을 폐기하는 데 앞장선 인물로 추앙되기도 했다.

이 밖에도 여러 신문의 발행인·편집인들이 유죄판결을 받게 되자, 치안방해법에 대한 반대는 치열해져 결국 1800년도 대통령선거에서 연방파의 애덤스 후보가 패배하고, 그 대신 공화파의 토머스 제퍼슨이 대통령으로 당선되어 정권이 바뀌게 되었다. 제퍼슨이 새 대통령으로 취임하자, 곧 치안방해법으로 유죄판결을 받았던 모든 사람들을 사면했다.

치안방해법이 분명히 헌법에 위배되는 법률임에도 불구하고 그 누구도 그것을 연방최고법원에 제소한 경우는 없었다. 하지만 드디어 연방의회 하원 법사위원회가 제22차 회의에서 치안방해법을 위헌적 법률로 폐기를 선언하는 동시에 이 법으로 벌금형을 받았던 사람들에게 이자를 붙여 벌금을 상환해 주도록 했다. 그리하여 그 말썽 많던 치안방해법은 제정 후 3년 만인 1801년 영원히 폐기되고 말았다.

일간신문의 등장과 그 주요 요인들

제1차 정론기의 미국신문에서 또 하나 괄목할 만한 사실은 바로 일간신문의 출현이었다. 영국에서는 이미 1702년 런던에서, 독일에서는 1718년 아우그스부르크(Augsburg)에서, 프랑스에서는 1777년 파리에서 이미 일간신문들이 등장했다. 그러나 미국에서는 신문이 생긴 지도 이미 90여 년이 지났고, 시대적으로도 18세기 말에 이르렀음에도 불구하고, 아직 일간신문이 없었다. 하지만 1783년 5월 30일, 드디어 미국에서도 최초의 일간신문이 나타나게 되었다.

• 미국 최초 일간신문의 등장

미국 최초의 일간신문을 출현시킨 사람은 벤자민 타운(Benjamin Towne)이었는데, 그는 1775년 영국과의 독립전쟁이 시작된 해 필라델피아에서 「펜실베이니아 이브닝 포스트」(*Pennsylvania Evening Post*)라는 신문을 창간해서 주3회(tri-weekly) 발행했다. 이 신문을 창간할 당시, 타운은 애국주의자였으나, 독립전쟁 중 영국군이 필라델피아를 점령하자 신문을 살리기 위해 토리당 편으로 돌아서 신문을 냈다. 그러나 독립전쟁이 끝나자 타운이 배반자로 몰리면서 그의 신문도 대중들로부터 외면당하기 시작했다.

그러자 그즈음 그가 생각해 낸 것이 바로 자신의 「펜실베이니아 이브닝 포스트」지를 일간신문로 전환시키자는 것이었는데, 그렇게 하면 다시 대중의 호응을 얻을 수 있다고 믿었기 때문이다. 그리하여 우선 부정기적으로 주2회 신문을 내 보다가 1783년 5월 30일부터 일간으로 발행하기 시작함으로써 미국에서도 비로소 일간신문이 나타나게 되었다.

하지만 「펜실베이니아 이브닝 포스트」를 일간신문으로 전환한 뒤 얼마 되지 않아 타운은 독립전쟁 때 반역을 했다는 이유로 고소를 당했다. 그리하여 비록 유죄판결은 면했지만, 이것이 원인이 되어 그의 일간신문은 대중과 광고주들로부터 호응을 받지 못해 재정난에 허덕이다가, 일간신문으로 전환한 지 17개월 만에 결국 폐간하고 말았다.

• 여러 일간신문들의 계속적 출현

이렇게 해서 미국 최초의 일간신문은 사라지고 말았으나, 그 한 달 뒤인 1784년 9월 21일, 두 번째 일간신문이 나오게 되었으니, 그것은 역시 필라델피아에서 나온 「펜실베이니아 패킷」(*Pennsylvania Packet*)이라는 신문이었다. 이 신문도 본래는 주간신문으로 1771년 존 던랩(John Dunlap)이 창간했던 것을 그 뒤 주2회 그리고 다시 주3회 발행하다가 일간신문으로 전환한 것이었다. 이 일간신문은 첫 호부터 전체 16개 단 중에서 10개 단을 광고로 채우면서 광고에 주력해서 재정적 성공을 거두게 됨으로써 50년 동안이나 계속 발행할 수 있었다.

이처럼 「펜실베이니아 패킷」지가 필라델피아에서 일간신문으로서 성공할 가능성을 보이자, 몇 달 뒤 뉴욕에서도 일간신문들이 등장하기 시작했다. 그 첫 번째는 1785년 2월 23일부터 일간으로 전환한 「뉴욕 모닝 포스트」(*New York Morning Post*)지였고, 두 번째는 다음 주인 3월 1일 창간한 「뉴욕 데일리 애드버타이저」(*New York Daily Advertiser*)지였으나, 이들 중, 「뉴욕 모닝 포스트」는 1792년 다시 주간신문으로 되돌아갔다. 그러나 「뉴욕 데일리 애드버타이저」는 1879년까지 계속 발행했는데, 이 신문은 처음부터 일간신문으로 창간했다는 점에서 미

WEDNESDAY, March 16, 1785. THE

NEW-YORK DAILY ADVERTISER.

Printed by F. CHILDS and Co. No. 17, Duke-Street, the first Door from the Corner of the Old-Slip and ... Price 4d.

FOOD for the MIND.
The Sons of Science are respectfully informed, that the
LITERARY BANQUET
is again opened,
At No. 23, Corner of King and Queen-streets, precisely half past six in the Evening, at which time will commence,

By public auction

The Sale of a third scarce, curious, instructive, and entertaining Collection of

BOOKS,

Adapted to the respective tastes of those whose chiefest luxury is the refinement of reason, and who' wish for an opportunity of becoming purchasers of their favourite authors, by virtue of the Talismanical Mallet.
Wm. PRITCHARD, Auctioneer.

Catalogues to be had at the Coffee-house, and place of Sale.
March 14th.

TO BE SOLD,

THAT well known FARM, whereon the late Doctor Ogden lived, containing 50 acres of land, lying within one quarter of a mile of the pleasant town of Jamaica on Long-Island, and on the main road leading to New-York: There is on the premises, a large and good dwelling house, two stories high, and well finished; containing four rooms on a floor, and a cellar under the whole, a large Dutch built barn, barrack, bake-house, smoak house and corn crib; and a good well of water: The garden is large and well stocked with all kinds of fruit trees, and two large beds of asparagus, and is in high improvement; on this farm there is two good apple orchards, and one peach orchard of the best grafted fruit: the land is exceeding good, and a very considerable quantity of good English hay is cut yearly on it. There is also between 6 and 7 acres of fine young wood land, lying about three quarters of a mile from the above farm; and about seven or eight acres of salt meadow, lying about two miles from the same. The whole will be sold together, and a good title given.

For further particulars, inquire on the premises, or of Peter Mackie, No. 34, Little-Dock street, New-York.

If the above House and Farm is not sold at private sale before Tuesday the 5th of April next, it will then be sold at public vendue: and likewise some houshold furniture and farming utensils. The sale to begin at 2 o'clock, on the premises.

SITCHER & JOHNSTON,
No. 21, Fair-street, Taylors,

TAKE this method to inform the Public, and their Friends in particular, that they still continue to carry on their Business in its various branches. With pleasure they return their friends and constant Customers their sincere thanks for their past favours, and can only hope for a continuation of them.

WANTED, a Man of a good character, with a small family, to take charge of a little Farm, not 10 miles from N. York, on certain terms to be agreed upon by the parties.—Enquire of the Printers hereof.

To be SOLD,
SEVERAL new Window FRAMES, with sash lights complete.—Enquire at No. 33, Broad-Street.

CHIMNEY-OFFICE,
For the City of New-York.

WHEREAS the subscriber has made application to the Corporation for leave to open a Chimney-office in this city, and they have been pleased to recommend and encourage the undertaking, as promising advantages to the public: therefore the subscriber proposes to procure a number of hands, sufficient to clean all the chimneys of the subscribers to these proposals in this city, as often as may be thought necessary.

He will keep an office where the name of every person who choses to favor this undertaking shall be registered, with the number of chimneys which are daily used, and the days, from time to time, on which they were last cleaned.

He will engage that every subscriber without the trouble of sending or searching for a person, shall be waited on every six weeks, or month, if required, precisely on the day, from the beginning of September to the latter end of April.

In the summer season, the kitchen chimnies to be swept every two months.

He will engage to pay the fine laid by law, if the chimney takes fire within five weeks after it has been cleaned by his people; unless the chimney be cracked, or the fire begin in some other part of the room.

That the persons employed by the undertaker, shall be distinguished by caps, numbered, and having his name on them; that they shall be under the direction of a deputy, and attend to assist at all fires.

He promises to employ such as have hitherto ... business, if they require it.

The payment for cleaning each chimney, shall be no more than the customary price of one shilling and six-pence, paid at the time to the deputy.

In consideration of the great trouble and expence which must attend the establishing so useful a regulation, the subscriber entreats the public the subscription of the inhabitants to an engagement not to engage any other than the persons who may belong to the intended office, in cleaning their chimneys, so long as what is above proposed, engaged and promised, shall be punctually observed by himself and servants.

A copy of these articles shall on the first day of entry on the business, be delivered to each subscriber signed by the undertaker, to furnish the means of forcing a compliance with what is engaged; it is also expected, that the subscribers will pay for the number of chimneys (which will be only those daily used) entered in the book, during the above-mentioned time, though they employ others than the office boys to do the business; unless it appears that they did not attend at the necessary time.

That the hours for cleaning the chimnies shall be from four to eight in the morning, and from two to sun-set in the evening.

That each subscriber, after each season, shall be at entire liberty to withdraw his name from the office.

JOSEPH BECK.

We have become subscribers to this plan.
James Duane, Mayor,
Richard Varick,
B. Blagge,
Tho. Randall,
W. Nielson,
W. Gilbert,
Ab. Lott,
Tho. Ivers,
J. Broome,
Aldermen.
Robert Benson, Clerk.

To be SOLD,
(And entered upon immediately.)

THAT pleasant country seat situated on York-Island, on the East-river, about six miles from the city of New-York, containing about 28 acres of land, the whole can be made into meadow if required, the soil being exceeding rich; on it is a two story dwelling house, situated on an eminence, 53 feet front, and 40 feet broad, with four rooms on a floor, and a spacious entry through the whole, and a good dry cellar under the house, with complete milk rooms; adjoining the house 2 rooms and a large kitchen, with three bedrooms on the upper floor; a good old mansion house; outhouses, such as a Dutch barn, a large chair house, fowl, and waggon house, and ash houses, near to the kitchen a well of a never failing spring of water issuing out of a rock; at the rear of the house a large garden; a young bearing orchard grafted with the best of apples, and a variety of other fruit. This seat needs no comment: and any person inclining to purchase, may view the premises and judge of the prospect. For terms apply to

DIRCK LEFFERTS,
In Maiden-lane, No. 21.

Just imported, and to be Sold by

Hugh Gaine,

At his Printing-Office, at the Sign of the Bible in Hanover-Square,

GUTHRIE'S *History of the world* 15 vol. *Guthrie's grammar; Brooke's and Spilman's American gazetteer; Johnson's, Bayley's, Fenning's, and Dyche's dictionaries; Cole's and Young's Latin dictionary; Boyer's French dictionary, and grammar; Shaverel's lexicon, Smart's and Francis's Horrace; Erasmus, Corderi, Rudiman's rudiments; Mair's and Clark's introduction; Addison's, Pope's, and Young's works; Johnson's and Stevenson's Shakespear; beauties of Milton, Johnson, Shakespear, Goldsmith, Pope, Fielding and Swift; Buffon's natural history; Goldsmith's animated nature; Gibson's and Hook's Roman Empire; Plutarch's lives; Goldsmith's England; Rollin's belles letters; letters on public liberty; Edinburgh pharmacopœia; Howel's medulla; Herne's principia; ... lectures; Coxe's sketches; Knox's ... drammatica; Colman's terences; Bolingbroke's letters; Stone's Euclid; Martin's philosophy; Buchan's domestic medicine; Pringle on the army; Pemberton's dispensatory; Macquer's chymistry; Beatti's dissertations; Clater's farrier; Duncan's logic; Kindson's French guide ...; Arabian knights; Chrysal; Female sensibility; large Dutch and English bibles, with cuts; small bibles, testaments, and all other school Books; with a great variety of other Books, both scarce and valuable.*

Also to be had at the same place,—Blank books of various sorts, writing paper of all sizes and qualities, quills and pens of superior quality, sealing wax, and wafers in boxes, red and black ink powder, penknives, spectacles and razors, all sorts of pocket books, Middleton's pencils, pounce and pounce boxes, playing cards, fiddles, &c. &c. Genuine Haerlem Oil, Ryen's sugar plumbs, Jesse's balsam, Hill's American balsam of honey, Anderson's pills; British oil, Dr. James's fever powders, and a most excellent never failing Eye water, &c.

To be LET,
and immediate possession given,
A *Very good Tan-yard, near Fresh-water; For terms apply to the Printers hereof.*

〈그림 3〉 미국 최초의 본래 일간신문 「뉴욕 데일리 애드버타이저」 제17호(1785. 3. 19) 제1면

국 최초의 일간신문이라고도 할 수 있다. 이러한 일간신문을 처음 창간한 프란시스 차일즈(Francis Childs)는 당시 약관 21세의 청년이었다.

• 일간신문이 늦게 출현한 주요 이유

위와 같이 필라델피아와 뉴욕에서 등장하기 시작한 일간신문들은 이들 두 도시를 중심으로 계속 나타나서 18세기 말에는 필라델피아에 6개, 뉴욕에 5개의 일간신문들이 생겨났다. 그 사이에 보스턴에서도 2개의 일간신문들이 출현했으나 상업적 뒷받침이 부족해서 곧 중단되고 말았다. 그러나 새로운 상업중심지로 부상하던 볼티모어에서는 1800년까지 3개의 일간신문들이 생겨나서 모두 호황을 누렸다. 또한 당시 미국에서 네 번째 대도시이자, 남부 지방에서 가장 큰 도시였던 사우스캐롤라이나주의 찰스턴(Charleston)에서도 2개의 일간신문들이 출현했다.

그리하여 일간신문의 시대가 활짝 열리기 시작했다. 그러나 앞서 말했듯이 유럽의 영국, 독일, 프랑스 등에 비하면 늦은 감이 없지 않았는데, 그렇다면 왜 미국에서는 일간신문들이 유럽 주요 국가들보다 늦게 나타나게 되었는가?

그 이유에는 여러 가지가 있겠으나 가장 중요한 이유의 하나는, 미국에는 1780년 이전에는 대도시가 형성되어 있지 않았기 때문이었다고 볼 수 있다. 미국에서 최초로 성공을 거두었던 일간신문 「뉴욕 데일리 애드버타이저」가 1785년 3월 1일 출현할 당시 필라델피아와 뉴욕의 인구는 각각 2만 5,000명 정도에 불과했으며, 상업도 그리 발달하지 못했다. 그러다가 1780년대에 와서야 상업이 크게 발달하기 시작, 상품정보와 상품광고의 중요성도 크게 인식됨으로써 일간신문이 존재할 수 있는 경제적 여건이 성숙하게 되었다. 또한 신문독자들이 크게 늘어나고, 신문 값도 저렴해지자 일간신문이 나오게 되었는데, 「펜실베이니아 패킷」지가 일간신문이 되면서 신문 값을 1부당 6센트로 내려 받자, 이를 다른 신문들도 뒤좇았다. 그리하여 신문 값이 저렴해지자, 일반대중들도 신문을 많이 보게 되었는데, 이것도 결과적으로 일간신문의 발달을 촉진시켰다고 볼 수 있다.

신문의 주요 내용과 취재 · 보도방법의 변모

위와 같은 일간신문의 출현과 함께 또한 제1차 정론기의 미국신문에서 특기할 만한 것은 논설기사와 논설란의 출현이었다. 그러나 이에 관해 살펴보기에 앞서 이 시기 미국신문들에 실렸던 주요 기사들의 내용들부터 간단히 살펴보고 넘어가기로 하겠는데, 비록 이 시기는 정론기였지만, 그렇다고 해서 신문들이 정치적 문제들만 다룬 것은 아니었으며 비교적 다양한 뉴스들을 보도했다.

• 외국 뉴스들의 중시와 주요 내용

외국 뉴스들을 보면 프랑스혁명(1789–95)에 관한 것이 가장 많았고, 다음은 프랑스혁명 전쟁(1792–1802)에 관한 기사였다. 특히 이들 중에서도 가장 크게 다룬 것은 프랑스왕 루이 16세의 교수형(1793. 1. 21)과 오스트리아에 대한 프랑스 혁명정부의 선전포고(1792. 4. 20)였는데, 이들 두 가지 사건에 관한 뉴스가 뉴욕의 신문들에 처음 보도된 것은 사건 이후 3개월이 지나서였지만 그래도 새로운 뉴스로서 커다란 센세이션을 불러일으켰다.

이들 외국 뉴스는 거의 모두가 영국과 기타 유럽대륙의 신문들로부터 취재한 것들이었는데, 이러한 외국 뉴스는 당시 미국신문에서 아주 중시되었다. 왜냐하면 당시의 독자들은 외국 뉴스, 특히 영국에 관한 뉴스의 수집과 공급을 신문의 가장 중요한 서비스라고 생각하고 있었기 때문이다. 비록 영국으로부터 독립은 했지만, 그래도 미국은 여러 가지 면에서 영국에 의존하고 있었으며, 영국의 신문과 정치는 미국인들의 모델이 되었다.

이렇게 외국 뉴스들이 여전히 중시되는 가운데 미국신문들은 외국 뉴스의 보도방법에 새로운 경향을 보이기 시작했는데, 그것은 곧 국내 뉴스와의 연결보도였다. 가령 해운 관계 기사도 단순히 외국상선의 입항과 외국상품의 수입에 관한 소식만 보도하지 않고 그것들을 필라델피아 · 뉴욕 · 보스턴 등지의 상황과 곁들여 보도했으며, 수입상품들은 어느 도매상에서 취급한다는 것 등을 덧붙여서 보도했다. 바로 이와 같은 상업적 뉴스들의 중시는 앞서 말한 「뉴욕 데일리 애드버타이저」지 등 일간상업신문들의 출현을 가져오게 되었다.

• 국내 뉴스들의 각 유형별 주요 내용

국내 뉴스들을 보면, 정치 관계 기사가 가장 많은 지면을 차지했는데 1787–88년간에는 연방헌법의 비준문제에 관한 뉴스, 1789년에는 워싱턴 대통령의 취임 뉴스, 그 후에는 연방의회의 각종 안건과 활동에 관한 뉴스, 중앙은행의 설립과 영국과의 조약의 승인문제 등에 관한 뉴스가 큰 비중을 차지했다. 그리고 1799년과 1800–01년간에는 워싱턴 전 대통령의 사망 및 제퍼슨 대통령의 당선과 취임 뉴스가 특종으로 다루어졌다.

사건 뉴스로는 1786–87년간에 뉴잉글랜드에서 일어난 쉐이(Shay)의 반란, 1791년 세인트클레어(St. Clair)에서 인디언들에게 미국군의 패배, 1794년 펜실베이니아에서 발생한 위스키폭동, 1799년 동부 펜실베이니아주에서 일어난 세금폭동 등에 관한 기사가 대종을 이루었다. 또한 시민들의 각종 시위사건에 관한 뉴스도 큰 비중을 차지했다. 그리고 천재지변 뉴스로는 1784년 와이오밍계곡의 대홍수사건, 1795년과 1798년 두 차례 걸쳐 유행한 황열병에 관한 뉴스들이 크게 보도되었다.

• 각종 뉴스들의 취재 · 보도방법

국내외 각종 뉴스의 취재와 보도방법에 관해서도 간단히 살펴보면, 이 시기에도 역시 외국 뉴스의 취재에 어려움을 겪고 있었다. 특히 외국 뉴스의 주요 뉴스원인 외국신문들의 신속한 입수가 여의치 않아서 대체로 2개월씩이나 뒤진 외국 뉴스들을 보도해야 했기 때문이다. 그렇다고 해서 국내 뉴스는 제때 입수할 수 있었느냐 하면, 그것도 아니었다. 당시 다른 지역 뉴스들은 각 지역에서 발행하는 신문들을 서로 우편을 통해 교환해 보면서 취재했는데, 우편이 사고나 기후 관계 등으로 말미암아 지연되는 경우가 많아서 편집자들이 애를 먹었다.

그 결과, 예컨대 조지 워싱턴이 1799년 12월 14일 밤 서거했을 때도 그 뉴스가 윈체스터(Winchester)의 「버지니아 센티널」(*Virginia Centinel*)지에 실린 것은 나흘 뒤인 18일이었고, 필라델피아의 「오로라」(*Aurora*)지에는 19일에, 뉴욕의 「아거스」(*Argus*)지에는 21일에, 보스턴의 「컬럼비안 센티널」(*Columbian Centinel*)지와 워세스터의 「매사추세츠 스파이」(*Massachusetts Spy*)지에는 11일 뒤인 21일에, 「샐럼 가제트」(*Salem Gazette*, 후에 *Salem Register*로 개제)지에는 27일에, 뉴햄프셔의 「파머스 위클리 뮤지엄」(*Farmer's Weekly Museum*)지에는 30일, 「켄터키 가제트」(*Kentucky Gazette*)지에는 다음 해 1월 2일에, 신시내티의 「웨스턴 스파이」(*Western Spy*)지에는 1월 7일에야 보도될 정도였다. 이는 당시 대부분의 신문이 주간신문이어서 뉴스를 입수하고도 며칠 있다가 게재하는 경우도 있었기는 했지만, 당시에는 국내 뉴스도 신속하게 입수할 수 없었기 때문이다.

한편 당시 신문들은 뉴스 취재를 위한 체계적 제도도 제대로 갖추어지지 않아서, 사건현장으로부터 몇 다리를 거쳐 들어온 뉴스들을 보도해야 했다. 때문에 입수한 뉴스의 사실여부도 확인할 길이 없어서 일부 신문들은 그 뉴스를 보도하면서 "중요함, 만약 사실이라면"(Important—If True)이라는 부제목을 붙이는 경우도 많았다.

그러나 이 시기에 뉴스의 취재와 보도에서 한 가지 중요한 변화가 있었다면 그것은 다른 신문에서 뉴스를 전재할 때 그것을 그대로 싣는 대신, 편집자가 다시 정리·요약해서 싣는 경향이 강해진 것이었다. 그러면서 이렇게 정리·요약해서 싣는 기사들에는 편집자 자신의 논평이 어느 정도 섞이게 되었는데, 특히 이러한 경향은 뉴잉글랜드 지방 신문들, 예컨대 「컬럼비안 센티널」, 「파머스 위클리 뮤지엄」, 「샐럼 가제트」 등에서 많이 나타났다.

• 논설 · 논평기사의 등장과 그 효시

바로 위와 같이 다른 신문들에서 뉴스를 전재할 때 그것을 편집자가 다시 정리·요약해서 싣는 경향이 점차 발전하여 논평이나 논설기사로 독립하게 되었는데, 이는 미국신문역사에서 괄목할 만한 변화의 하나였다. 왜냐하면 당시 영국신문에는 '리더'(leader) 또는 '논설수필'이라는 이름의 논설기사가 별도로 있었지만, 이러한 것이 미국신문들에는 1796년까지 없었으며, 어떤 사건이나 이슈에 관한 신문사 또는 편집자의 의견이나 주장들은 독자편지란이나 뉴스보도기사 중간중간에 넣는 논평구절들을 통하여 표현해 왔기 때문이다.

그러다가 1793년부터 뉴욕의 노아 웹스터(Noah Webster)가 그의 신문 「아메리칸 미네르바」(*American Minerva*)에 '뉴욕'이라는 표제 아래 논설을 종종 싣기 시작하다가, 1796년부터는 '미네르바'라는 표제의 컷 밑에 정기적으로 논설을 게재함으로써, 미국신문에 최초로 논설란이 나타나게 되었다.

그러자 이를 모방해서 보스턴의 「컬럼비안 센티널」도 논설란을 신설했고, 1800년에는 필라델피아의 공화파 대변지 「오로라」는 제2면 전체를 논설면으로 할애해서, '우리'(we)라는 제1인칭 복수대명사를 사용한 각종 논설기사들을 게재했다. 그리하자 다른 여러 신문들도 편집자가 집필하는 1개 내지 2개의 논설칼럼을 다투어 설치함으로써 이때부터 논설기사가 미국신문들에서 독립된 기사의 한 유형으로 자리 잡게 되었다.

• 광고물량의 증가와 광고수법의 발전

이 시기에는 광고물량이 대폭 증가했다. 그러자 그 수요를 충족시키기 위해 상업일간신문들은 각 면의 16개 단 중에서 10–12개 단(후에는 20개 단 중 16개 단)을 광고로 채우기도 했다. 또한 대부분의 일간신문들은 제1면도 거의 광고로 채웠으며, 1단 정도에만 주요 기사들을 실었다. 그러나 보스턴의 「인디펜던트 크로니클」과 「컬럼비안 센티널」 등은 광고주가 몰려들지 않아서 광고를 많이 싣지 못했으며, 뉴욕의 「아거스」와 필라델피아의 「오로라」도 광고물량이 많지 않아서 전체 지면의 약 반 정도만 광고로 채우는 형편이었다.

이러한 정론신문들 이외의 대부분의 신문들은 광고물량이 크게 증가했는데, 그러자 신문편집자들은 심각한 딜레마에 빠지기도 했다. 왜냐하면 광고수입을 올리기 위해서는 광고를 많이 실어야 하지만, 그렇다고 광고를 많이 싣게 되면 기사가 그만큼 줄어들어 신문판매에 지장을 주었기 때문이다. 이러한 딜레마는 상업신문보다 정론신문들이 더 많이 느끼게 되었는데, 특히 정론신문들이 광고를 많이 싣는 것을 독자들은 좋지 않게 여겼기 때문이다. 따라서 이러한 딜레마의 해결방법의 하나로, 일부 신문은 호외(extras)나 별호(postscripts)를 종종 발행하면서 거기에 광고를 싣기도 했는데, 광고료는 첫 번째 광고일 경우는 1스퀘어(square, 약 12행)에 3실링이었으나, 동일 광고를 두 번 또는 그 이상 그대로 다시 게재할 경우는 2실링을 받았다.

당시 신문에 실려 있는 광고들의 내용을 보면, 도망친 노예나 도제 또는 가축을 찾는 광고와, 각종 상품이나 주류·서적·부동산·복권·선편안내 등의 광고가 주류를 이루었다. 특허약품 광고도 크게 증가했는데, 이들 약품광고는 사용자가 그 약효를 증언하는 소위 '증언광고수법'(testimonial advertising technique)을 많이 사용했다. 그런가 하면, 일부 상업일간신문들은 수입상품의 입하, 경매, 극장, 법적 공지사항, 선편안내 광고들을 전문적으로 다루기도 했다.

이 시기에는 신문광고 메시지에도 변화가 생기기 시작했는데, 과거에는 거의 모든 광고가 1단인 데다가 활자도 아주 작았으나, 이 시기에는 2단에다가 컷과 커다란 고딕활자를 사용한 광고들도 나타나기 시작했다. 그런가 하면, 「뉴욕 데일리 애드버타이저」와 보스턴의 「인디펜던트 크로니클」 및 여러 주간신문들은 각종 괘선과 칸막이 선을 사용하여 광고의 장식효과를 내기도 했다. 그리하여 1785년경에는 광고들이 종래의 단순성에서 어느 정도 벗어나게 되었다. 하지만 신문용지의 부족과 늘어나는 광고량 때문에, 1790년대 후반에는 다시 1단에 작은 활자를 사용한 광고체재로 되돌아가기도 했다.

신문의 편집·제작과 인쇄술의 발전

제1차 정론기에는 또한 신문의 편집·제작·인쇄 등에도 많은 발전이 있었는데, 그 주요 요인은 전문편집인이 등장하기 시작했기 때문이다. 한편 이 시기에는 활자주조기와 인쇄기가 미국에서 생산되기 시작하면서, 신문인쇄술도 크게 발전했으며, 많은 투자를 하지 않고서도 조그만 신문을 새로 창간할 수 있게 되기도 했다.

• 전문편집인의 등장과 편집기술의 향상

미국독립 이전의 시기에는 거의 모든 신문들을 인쇄업자들이 발행해 왔다. 그러면서 인쇄업자들은 신문발행인과 신문편집인의 역할까지를 수행해 왔다. 그 이유는 인쇄업자들이 각종 간행물을 인쇄해 주는 한편, 부업으로서 신문도 발행하는 것이 일반적 경향이었을 뿐 아니라, 당시는 신문편집이라는 것도 여기저기서 입수한 여러 뉴스들 중에서 신문에 게재하고자 하는 것들을 단순히 취사선택하는 것이 전부여서, 이러한 작업은 인쇄업자나 신문발행인이 직접 수행해도 충분했기 때문이다.

그러나 미국의 독립 이후, 1783년경부터 각 정파 또는 정치인들이 정치적 목적에서 신문을 발행하기 시작하면서 신문의 발행과 편집을 전문인들에게 맡기게 됨으로서 이때부터 유능한 편집인들이 나타나게 되었고, 또한 이들 편집인의 사상이나 주관 등이 신문지면에 나타나기 시작했다. 물론 그렇다고 해서 신문편집인이 오늘날처럼 완전히 독립된 직책은 아니었고, 여전히 신문발행인이나 인쇄인들이 겸하는 경우가 많았지만, 어떻든 이 시기부터는 신문편집인이 단순한 인쇄업자나 인쇄기술자(press mechanics)는 더 이상 아닌, 전문직으로 부상하기 시작했다.

그러면서 문필에 재주가 있는 사람들이 신문발행과 편집 분야로 진출하기 시작했다. 그 결과, 신문의 편집기술도 그 이전에 비해 크게 향상되기 시작했다. 하지만 아직도 신문발행인이나 편집인들 중에는 신문에 대해 잘 알지 못하는 직업적 인쇄업자들도 많았는데, 이들은 문필력의 부족 때문에 다른 신문의 기사들을 그대로 자신들의 신문에 전재하는 경우가 여전히 많았다. 그런가 하면, 때로는 감정에 휩쓸린 기사를 통하여 횡포를 부리기도 했다.

• 신문판형의 확대와 신문용지난

제1차 정론기에는 또한 신문의 제작과 인쇄 등의 기술도 크게 발전했다. 대도시 신문들은 대부분이 판형을 4-5단짜리 중형판으로 확대하는 동시에 단의 폭도 늘리고, 그 대신 작은 활자를 사용함으로써 그 이전보다 많은 양의 기사들을 싣게 되었다. 예컨대, 「피츠버그 가제트」(*Pittsburgh Gazette*)지는 약 15×20인치(38.1×50.8cm) 크기의 크라운판을 사용하다가 1790년대 말에는 로열판(royal sheet, 20×25인치, 50.8×63.5cm)으로 다시 지면을 확대했는데, 당시 이 신문은 4면을 발행했으나, 큰 사건이 있을 때에는 호외나 속보판을 발행하기도 했다.

그러나 이러한 대도시 신문들과는 달리, 소도시나 지방의 신문들은 아직도 작은 소형판을 그대로 사용했다. 그런가 하면, 서부 지방의 소규모 신문들은 풀스캡판(foolscap, 12–13½×15–17인치, 30.48–34.29×38.1–43.18cm)을 그대로 사용했다.

대도시 신문들이 판형의 크기와 발행면수를 점차 늘리고 또한 새로운 신문들도 계속 증가하자 신문용지난이 계속되었다. 왜냐하면 제지공장들도 거의 배로 늘어났으나, 당시까지도 종이를 일일이 수작업으로 만들어야만 해서 계속 늘어나는 용지의 수요를 모두 충족시킬 수가 없었기 때문이다. 그 결과 용지를 충분히 확보할 수 없는 신문들은 종종 본래보다 작은 판형의 용지를 써서 발행하기도 했다.

• 국내에서 신문활자와 인쇄기의 자체 생산

비록 신문용지난은 계속되었으나, 신문활자는 미국에서 자체 생산해서 충분히 사용할 수 있었다. 미국에서 맨 처음 활자주조에 성공한 사람은 존 베인(John Bain)으로, 그는 1787년 스코틀랜드로부터 활자주조기기들을 필라델피아로 가져다가 활자를 만들기 시작했다. 그러자 다른 사람들도 활자주조회사를 차려서 활자를 생산했는데, 그중에서 가장 대표적 회사는 1796년 필라델피아에 설립한 비니 앤드 로날드슨 회사(Binny and Ronaldson Co.)였다.

한편 1796년부터는 미국에서 인쇄기도 생산하기 시작했는데, 애덤 람메이지(Adam Ramage)라는 사람이 강하고 인쇄 속도가 빠른 압착식 인쇄기를 미국에서 처음 만들어 냄으로써 인쇄기분야에 큰 변혁을 가져왔다.

이렇게 활자와 인쇄기가 미국에서 생산되기 시작하자, 그 값도 자연히 싸져서, 중고인쇄시설을 마련하는 것보다도 돈이 적게 들어 18세기 말에는 200–300달러면 신문인쇄소를 차릴 수 있게 되었다. 그러자 많은 돈을 투자하지 않고서도 조그만 신문을 새로 창간할 수 있게 되었으며, 이것이 새로운 신문 증가의 주요 요인 중 하나가 되기도 했다.

당시는 인쇄공들의 임금도 적었기 때문에 신문발행에 많은 돈이 들지 않았는데, 인쇄기능공의 평균임금은 주당 6달러에 1,000자를 조판하는 데 25센트씩 별도로 추가해 주었다. 그러나 작업시간이 길고 일이 고되었다. 그런데도 1786년 필라델피아의 한 인쇄업자가 인쇄공의 주당임금을 몇 센트 내리려고 했다. 그러자 인쇄공들이 동맹파업을 일으켰는데 이것이 미국 최초의 인쇄공들의 파업이었다. 그 뒤 1794년 뉴욕의 인쇄공들이 노동조합을 조직, 임금투쟁을 벌여 주당임금을 6달러에서 8달러로 올려놓았다. 하지만 뉴욕 인쇄공들의 노동조합은 곧 해체되고 말았다.

신문발행부수와 배포방법 및 구독료

마지막으로 제1차 정론기 신문의 보급률과 배포방법, 구독료 등도 간단히 살펴보면, 우선 신문보급률이 크게 증가했다는 점을 하나의 특징으로 들 수 있는데, 그 주요 요인으로는 광고물량의 증가에 따른 새로운 신문들의 증가와 함께 대중들의 문자해득률과 신문구독률의 증가를 들 수 있겠다. 이들 요인은 서로 인과관계를 갖고 있다고 볼 수 있는데, 대중들의 문자해득률 증가가 신문보급률을 신장시켰다고 볼 수도 있지만, 그 반대로 신문의 대량보급이 대중들의 문자해득률과 신문구독률을 조장했다고도 볼 수도 있다.

당시 주요 신문들의 발행부수를 보면, 보스턴의 연방파 신문 「컬럼비안 센티널」이 4,000부로서 전국에서 가장 발행부수가 많았고, 다음은 필라델피아의 연방파 신문 「포큐파인 가제트」로, 1799년 초 발행부수는 2,000부를 약간 상회했다. 그리고 세 번째로 발행부수가 많은 신문은 필라델피아의 공화파 대변지 「오로라」로서 약 1,700부를 발행했다. 한편 지방신문들 중에서는 뉴잉글랜드의 「파머스 위클리 뮤지엄」(*Farmer's Weekly Museum*)이 전성기에는 2,000부를 발행하여 최대의 부수를 자랑했다. 그러나 이들 대규모 신문들과는 달리, 대부분의 일간신문, 주2회간신문, 주간신문들의 평균 발행부수는 약 600–700부 정도로서 매우 적었다(Mott, 1962, p. 159).

하지만 전체적으로는 발행부수가 예전에 비해 많이 증가했는데, 이는 정기구독부수뿐만 아니라 가판부수도 증가했기 때문이다. 그런가 하면, 커피 하우스나 주점들에서는 신문열람실을 설치, 그곳에 전국 각지의 신문들을 구해다가 비치해 놓고 "각종 유명신문, 유럽과 미국신문들을 볼 수 있음"이라고 광고하며 손님들을 유치하기도 했다.

신문배달은 시내나 읍내의 경우는 배달소년들이 했고, 시외의 경우는 우편배달원들을 통해 배포하면서 신문대금도 징수해 오도록 했는데, 이럴 경우 우편배달원들은 신문대금의 징수액의 2분의 1을 갖도록 했다. 그러나 신문대금을 떼어먹는 독자들이 많아 우편배달원들이 애를 먹었다. 그러자 지방신문들은 발행인이나 편집자들이 직접 시골로 다니면서 신문을 배달하는 동시에 그 대금을 받아냄으로써 배달료도 절약하고, 신문대금의 징수율을 높이기도 했는데, 독자가 현금이 없을 경우는 대신 농산물을 받기도 했다.

신문대금은 신문에 따라 차이가 많았으나, 1800년 현재 일간신문들의 연간구독료는 6–10달러로서 평균 8달러(당시 밀가루 1배럴의 값이 9달러)였고, 주간신문과 주2회 발행신문들의 연간구독료는 평균 2–3달러였으나, 배달부를 통해 신문을 구독할 경우는 구독료를 약간 더 받기도 했다. 한편 서부개척지 신문들의 연간구독료는 좀 더 비싸서 처음에는 4–5달러 정도 받다가 발행부수가 늘면 조금씩 인하했다(*Kentucky Gazette*, 1799. 5. 1일자).

제4장

제2차 정론기(1801–1832)

제2차 정론기의 시작과 암흑시대의 도래

앞서 제3장에서 살펴보았듯이 미국신문들은 1783년부터 제1차 정론기(the 1st era of political organs)로 돌입하여 각 정파의 대변지 내지 선전지 노릇들을 했는데, 이러한 경향은 1801년 공화파 토머스 제퍼슨(Thomas Jefferson)이 제3대 대통령으로 취임하면서 일단 가라앉는 듯했다. 그러나 연방주의자들과 공화주의자들 간의 대립이 끝났던 것은 아니었으며, 이번에는 연방정부정책과 영미전쟁 등을 둘러싸고 서로 정치적 싸움에 열을 올림으로써 1801년부터 1832년까지 31년간은 가히 정론신문들이 극치에 이르렀는데, 이 시기를 흔히 제2차 정론기(the 2nd era of political organs)라고 부른다. 그렇다면 이 시기 미국신문들의 실태는 어떠했는가? 그 실태를 보기에 앞서, 이 시기의 시대적 상황부터 간단히 살펴보고 넘어가기로 하겠다.

1. 제2차 정론기의 시대적 상황

1800년도 대통령 선거에서 연방파 후보이자 당시 대통령 존 애덤스가 패배하고, 공화파 후보 토머스 제퍼슨이 제3대 대통령에 당선되었다. 천성이 민중의 지도자였던 제퍼슨은 대통령이 되자, 미국의 이상을 국민들에게 제시하면서 재산에 따른 투표자격제를 폐지하고 채무자와 범죄자들에 대한 인도적 법률을 통과시킴으로써 국민의 엄청난 환호를 받았다.

제퍼슨과 매디슨 대통령의 업적과 영미전쟁

제퍼슨의 또 하나의 커다란 업적은 국토를 2배로 늘린 것이었는데, 그는 프랑스에 엄포를 놓아서 1803년 프랑스로부터 260만 평방킬로미터에 이르는 방대한 루이지애나를 1,500만 달러를 주고 사들이는 동시에 뉴올리언스(New Orleans)항을 차지했다. 이러한 업적을 낸 제퍼슨은 1804년 대통령에 재선되었다. 그러나 이듬해부터 시작된 2차 임기 중에는 영불전쟁의 여파에 휘말려 대외무역을 금지하는 법령을 통과시킴으로써 미국 경제에 큰 타격을 주어 국민들로부터 많은 비난을 샀다.

1808년 대통령선거에서는 제퍼슨의 뒤를 이어, 역시 공화파인 제임스 매디슨(James Madison)이 제4대 대통령에 당선되었는데, 당시 영국은 미국 시민들을 강제로 끌어다가 영국군에 편입시키는 등 미국에 모욕을 안겨 주었다. 그러자 영·미 양국 간의 관계는 더욱 악화되었고, 1812년 미국은 마침내 영국에 선전포고를 하기에 이르렀다. 그러나 미국육군은 작전 실패로 오히려 영국군에게 미시간주의 디트로이트(Detroit)를 빼앗기기도 했다. 하지만 미국해군은 거듭 승전하여 미국의 자신감을 회복시켜 주었다. 서로 밀고 밀리던 영미전쟁은 1814년 양국 간의 겐트조약(Treaty of Ghent)으로 끝을 맺게 되면서, 전투는 중지되고 점령지는 반환되었으며 국경분쟁의 해결을 위한 위원회가 조직되었다.

이렇게 끝난 영미전쟁은 어떤 의미에서는 제2의 독립전쟁이었다. 그 전까지만 해도 미국은 국제사회에서 다른 국가들과 동등한 대우를 받지 못하고 있었으나 영미전쟁 이후, 미국은 독립국가로서의 대우를 거부당하는 일이 다시는 없게 되었다. 또한 내적으로도 영미전쟁은 미국의 국가적 단합과 국민들의 애국심을 강화해 주는 커다란 계기가 되었는데, 이 전쟁 이전에는 미국 국민들이 너무 이기주의적이고 너무 지역중심으로만 생각하는 경향이 많았다. 그러나 영미전쟁이 있은 뒤에는 국민들이 더 총체적인 애국심을 갖게 되었고, 더욱 미국적 국민이 되었다. 그리하여 미국인들은 한 국민이라는 의식을 더욱 많이 갖고 행동하게 되었다.

영미전쟁 이후 20년간의 '기분 좋은 시대'

1814년 영미전쟁이 끝난 이후 약 20년간은, 당시 미국 사람들이 말했듯이 '기분 좋은 시대'였다. 국가적 통일의 성취로 자유와 질서 간의 균형이 잡혔고, 국가의 채무도 얼마 남지 않았고, 서부대륙은 처녀지 그대로 개간의 손을 기다리고 있었고, 평화와 번영 및 사회발전의 전망이 이 나라 앞에 열려 있었다.

경제적으로도 국가의 단결이 굳건해졌다. 영미전쟁은 미국의 정치적 자립을 위해 싸운 것이니, 이제부터는 경제적 자립을 위해 싸워야 한다는 주장이 설득력 있게 받아들여졌다. 의회에서는 '보호무역주의'가 제창되는 상황에서 1816년 관세율이 새로 책정되어 제조업 분야에 많은 혜택을 주었다.

그즈음 연방정부의 위치는 대법원의 선언으로 더욱 강화되었다. 1801년 새로 대법원장에 임명된 존 마셜(John Marshall)은 35년 동안이나 재임하면서 그 전까지만 해도 약체였던 사법부를 의회와 정부와 똑같은 위치로 끌어올렸다. 그는 재임 기간에 약 50여 건의 중요한 결정을 내렸는데, 그중에서 가장 대표적인 것은, 대법원이 연방의회나 주의회에서 제정한 어떤 법률이라도 심사할 수 있는 권한을 명확히 확립해 놓은 것이었다.

서부로의 이주와 변방에서의 문화발전

이 시기에는 문화 면에서도 순수한 미국문학이 나타남으로써 미국의 국가의식이 더욱 강하게 일어났다. 당시 새로 나타난 미국작가들 중에서 가장 대표적 인물은 워싱턴 어빙(Washington Irving)과 제임스 페니모 쿠퍼(James Fenimore Cooper)였다. 미국문학에서 또 하나 중요한 의의를 갖게 된 일은 1815년 제어드 스팍스(Jared Sparks)가 편집한 「노스 아메리칸 리뷰」(*North American Review*)라는 잡지의 창간이었다. 이 잡지는 뉴잉글랜드의 젊은 지성인들로부터 충분한 기고와 지원을 받아, 발전하는 미국문화에서 거의 영속적 위치를 차지하게 되었다.

그러나 미국문화, 나아가서는 미국생활을 창조하는 데 많은 힘이 된 것은 오히려 변방 지역이었다. 대서양 연안 일대의 각박한 사정은 새로운 지성을 찾아 서부로의 이주를 재촉했다. 이러한 서부로의 이동은 곧 애팔래치아 산맥을 넘어서서 1810년대에 이르러서는 불과 5, 6년 만에 6개 주가 새로 생겼다. 즉 1816년에는 인디애나주, 1817년에는 미시시피주, 1818년에는 일리노이주, 1819년에는 앨라배마주, 1820년에는 메인주, 1821년에는 미주리주가 새로 탄생해서 미국연방에 편입되었다. 그런가 하면, 플로리다주도 1819년 스페인으로부터 할양받았다.

이들 변방의 정착민들은 다양한 집단이었다. 먼저 사냥꾼과 모피장수들이 포장마차를 타고 진출하여 통나무집을 짓고, 인디언과 싸우면서 정착하기 시작했다. 다음은 농부들이 뒤따랐는데, 이들 중 일부는 많은 땅을 가지고 농사를 짓다가 땅값이 오르면 그것을 팔아넘기고 더욱 먼 서부로 진출했다. 농부들의 뒤를 따라 곧 의사 · 변호사 · 상인 · 간행물편집인 · 목사 · 기계공 · 정치인들이 이주해 와서 활발한 사회를 이룩했다. 그러면서 불과 몇 년 사이에 거의 믿기 어려운 변화가 일어나곤 했다. 예컨대 1830년에만 하더라도 요새만 하나 덩그렇게 서 있던 보잘것없는 교역촌이던 시카고가 몇 년 후에는 대도시로 변했다.

노예제도를 둘러싼 남북 갈등의 시작

한편 남부에서는 면화재배가 크게 활기를 띠었다. 새로운 품종의 면화가 들어오고, 헨리 휘트니(Henry Whitney)라는 사람이 면화씨를 빼내는 조면기를 발명해 내면서 면화재배가 더욱 활발해졌다. 당시 유럽에서 산업혁명으로 방적 산업이 대규모화하자 원면에 대한 수요가 엄청나게 늘었기 때문이다. 그러면서 면화재배가 대서양 연안지대의 주들로부터 급속히 남부 여러 주들을 거쳐 미시시피강 유역, 그리고 마침내는 텍사스로까지 확대되었다.

그런가 하면, 루이지애나 동남부에서는 사탕수수 재배가 활기를 띠었는데, 이 지역은 땅이 기름지고 기온이 높아서 사탕수수 재배에 이상적이었기 때문이다. 그리하여 이 지역이 1830년에 이르러서는 전국 설탕공급량의 약 50%를 차지하게 되었다. 한편 연초재배지도 점차 서부로 이동해 나갔다.

그런데 이들 면화·사탕수수·연초 재배 등의 농업은 많은 노동력을 요구하는 분야였다. 따라서 이들 분야는 노예제도의 확장을 촉진시키고 있었는데, 당시 미국은 아프리카로부터 흑인노예들을 사들여다가 이런 농업에 종사시키고 있었다. 그러나 농업 지역이 아닌 북부의 여러 정치지도자들은 인도적 견지에서 노예제도의 폐지와 노예해방을 진심으로 바라고 있었다. 그리하여 1808년 우선 노예무역부터 폐지했다.

하지만 점차 증대한 새로운 경제적 요인 때문에 노예제도가 더욱 절실히 필요하게 된 남부에서는 노예제도를 지지하며 굳게 뭉치기 시작했다. 그러면서 북부와의 지역적 견해가 서서히 벌어지기 시작하다가, 드디어 1817년 미주리주의 연방편입을 둘러싸고 남북 간의 감정이 폭발하고 말았다. 만약 미주리주가 노예제도를 금지하는 자유주로 연방에 편입하지 않는다면, 그 편입을 반대하겠다고 북부 사람들이 주장하고 나서자 남부에서는 이에 대한 항의와 폭동이 일어났다.

그러자 의회도 얼마 동안 교착상태에 빠졌다. 그러나 미주리주의 연방편입 문제는 1820년 연방의회에서 타협안이 채택되어 일단 해결되었다. 즉 미주리주는 노예제도를 인정하는 노예주로 편입시키되, 그 대신 메인주는 자유주로 편입시킴으로써 동수로 균형을 맞추자는 것이었다. 그렇다고 해서, 이러한 임시적 방편이 남북 간의 견해 차이를 근본적으로 해결해 놓은 것은 아니었다.

먼로 · 애덤스 · 잭슨 대통령 때의 국내외정세

1817년 제임스 매디슨(James Madison)의 뒤를 이어, 공화파의 제임스 먼로(James Monroe)가 제5대 미국대통령에 취임했다. 먼로는 1821년 재선되었는데, 1823년 12월 2일 의회에 제출한 소위 '먼로 독트린'(The Monroe Doctrine)에서, "미국은 해외에서 영구적 또는 뒤얽히는 동맹관계에 간섭하지 않겠다"는 불간섭주의를 천명했다. 그럼에도 불구하고, 당시 스페인으로부터 독립을 위해 투쟁하던 중남미대륙의 스페인식민지 주민들에게는 동정을 보내면서, 그들의 자결권원칙을 표명했다. 왜냐하면 미국이 영국으로부터 독립을 쟁취하자, 중남미에서도 독립운동이 일어나서 1821년에는 아르헨티나와 칠레가, 1822년에는 남미의 여러 국가들이 독립을 얻었는데, 이들 신생국가들에 대해 1822년 먼로 대통령은 독립을 인정한 바 있었기 때문이다.

1824년도 대통령선거에는 모두 다섯 명의 후보자들이 나와 치열한 경쟁을 벌였다. 그러나 제2대 대통령 존 애덤스의 아들 존 퀸시 애덤스(John Quincy Adams)가 압도적 승리를 거두어, 먼로 대통령의 뒤를 이어 1825년 제6대 대통령으로 취임했다. 존 퀸시 애덤스 대통령의 재임 중에는 미국에 새로운 정당의 진용이 갖추어졌는데, 애덤스의 추종자들은 '전국공화파'라는 이름의 정당을 조직했다가, 이를 뒤에 '휘그당'(Whigs Party)으로 개칭했다. 존 퀸시 애덤스는 정직하고 능률적인 정치를 폈지만 국민들의 인기를 얻지 못했다. 그리하여 그는 1828년도 대통령선거에서 새로 조직한 민주당(Democrat Party)을 이끌던 앤드류 잭슨(Andrew Jackson)에게 패배를 당하게 되었다.

미국 7대 대통령으로 당선된 앤드류 잭슨은 제1차 임기가 거의 끝나 갈 무렵, 보호관세 문제로 사우스캐롤라이나주와 대립하게 되었다. 당시 관세법은 북부의 제조업자들에게만 혜택이 돌아가고 남부의 대농장주들에게는 부담만 안겨 준다고 사우스캐롤라이나주 주민들은 주장하면서 그 개정을 바라고 있었다. 그런데 이러한 사우스캐롤라이나주 주민들의 바람을 무시한 새로운 관세법을 1832년 연방의회가 제정하자, 그에 잭슨 대통령은 주저 않고 서명했다. 그러자 사우스캐롤라이나주는 새로운 관세법의 무효화를 주장하며 연방정부와 대립을 벌였는데, 이 문제는 그 뒤 서로 양보해서 해결되었지만 남북 간의 지역적 감정을 심화시키는 결과가 되었다.

2. 신문들 간의 정쟁과 암흑기의 도래

위에서 우선 1801년부터 1831년까지 32년 동안의 미국의 시대적 상황부터 간단히 살펴보았는데, 이 시기에 미국은 비록 영국과의 전쟁도 있었고, 노예문제를 둘러싸고 남북 간에 갈등도 시작되기는 했지만, 여러 면에서 괄목할 만한 발전을 이룩했다. 그러나 신문은 발전하지 못하고, 연방파와 공화파로 양분되어 서로 정치적 싸움에만 열을 올렸다. 그리하여 1801년부터 1832년까지의 시기를 흔히 '제2차 정론기'(the 2nd era of political organs) 또는 '정론신문의 암흑기'(the dark ages of partisan journalism)라고 부르고 있다. 그러면 이런 시기는 어떻게 해서 시작되었는가?

제2차 정론기의 시작과 신문종수의 기록적 증가

1800년 여름과 가을에 걸쳐 연방정부는 수도를 필라델피아로부터 워싱턴으로 다시 옮겼다. 그러자 정치중심지가 된 워싱턴에서 새로운 정론신문들이 나타나기 시작했다. 1800년 11월 실시한 대통령선거에서 연방파 후보이자 당시 대통령인 존 퀸시 애덤스가 패배하고, 공화파 후보 토머스 제퍼슨이 제3대 대통령에 당선되어, 이듬해 3월 4일 미국 제3대 대통령으로 취임했다. 그러자 1783년부터 무려 80여 년 동안이나 계속되었던 신문들 간의 정파싸움은 일단 가라앉는 듯했다. 그러나 1801년부터 다시 제2차 정론기가 시작되면서 이전보다 더 소란스러운 정치적 저널리즘의 양상이 대두하기 시작해 1832년까지 무려 30여 년 간이나 계속되었다.

이러한 제2차 정론기의 미국신문의 시기적 특징의 하나로는 우선 양적 확장을 들 수 있는데, 1801년 현재 미국 전체 신문종수는 모두 200여 개에 불과했으나, 이 시기의 말인 1832년에는 무려 1,200여 개로서, 불과 31년 동안에 무려 6배의 증가율을 기록했다. 이러한 증가율은 일찍이 세계 어느 나라의 신문역사에서도 찾아볼 수 없던 현상으로, 어쨌든 그 결과, 미국은 세계에서 신문이 가장 많으며, 신문의 발행부수도 가장 많은 국가로 대두하게 되었다. 그리하여 미국 도처에서 신문이 발행되어, 당시 미국을 방문한 한 유럽인은 아래와 같이 술회한 바도 있다.

> 미국신문의 영향력과 보급실태는 유럽에서 볼 수 있는 것보다 그 정도를 훨씬 초월하고 있다. 사실대로 말해서, 미국인들 중 90%는 신문을 제외하고는 거의 읽는 것들이 없다. … 모든 읍내, 아니 모든 촌락마다 신문이 있으며… 신문은 미국 전역의 조그만 틈바구니에까지 침투해 들어가 있다(Hamilton, 1833, pp. 72-73).

이렇게 신문들이 급속도로 성장했지만, 당시까지만 해도 일간신문은 그리 많지 않았는데, 1801년에 약 20개였던 것이 1832년에는 65개로 늘어나, 일간신문은 31년 동안에 겨우 3배의 증가율을 보였을 뿐이다.

정론신문들 간의 치졸한 정치싸움

미국을 방문한 외국인들은 수많은 신문뿐 아니라 또한 이들 신문의 정치활동에 대해서도 놀랐던 것 같다. 프랑스인 알렉시 드 토크빌(Alexis de Tocqueville)이

지은 『미국의 민주주의』라는 책을 보면, "미국의 신문은 그 큰 땅덩어리의 모든 지역의 정치생활을 추진시켜 나가고 있는 권력체이다. … 이러한 신문의 권력은 국민의 권력 다음으로 크다"라고 술회하기도 했다(Tocqueville, 1835).

• 정치적 비난과 공격만 일삼던 신문들

당시 미국신문들은 그 어느 때보다도 정치를 강조했다. 물론 대도시의 일부 상업신문들은 정치보다는 상업뉴스를 강조하는 경향이 없지는 않았으나, 이들도 점차 정치문제에 편을 들고 나서기 시작했다. 그런가 하면, 중소도시의 신문들과 조그만 읍내의 주간신문이나 주2회 발행의 소규모 신문들까지도 모두 관심의 초점을 정치에 맞추고 있었다. 그렇다고 해서 이들 모두가 정치집단이 운영하거나 또는 정치집단을 위해 존재하는 것은 아니었다. 하지만 "미국신문들은 이제 정치에 완전히 휩쓸려 그 발행인들의 개인적 선거운동의 도구로 삼는 상태에까지 이르렀다"(*Nile's Weekly Register*, Vol. 27, 1835. 2. 10, p. 286)고 당시의 지성인 헤제키아 나일스(Hezekiah Niles)가 개탄할 정도로 신문들은 거의가 정론신문들이 되어 있었다.

이 시기의 미국신문들은 또한 개인들에 대한 인신공격이나 모함도 그 어느 때보다 극심했다. 뉴욕시 허드슨에서 해리 크로스웰(Harry Croswell)이 발행하던 「워스프」(*Wasp*)라는 신문은 '성질 내는 까다로운 사람'이라는 뜻의 그 제호 그대로 욕설적 정치공격만을 위해 존재했다고 해도 과언이 아닐 정도였다. 이 신문의 기사에 담긴 유머라는 것들도 대부분이 야비한 정치적 비방이었으며 비열한 비꼼과 인신공격으로, 누가 보아도 재미란 찾아볼 수 없었다.

간단히 말해서, 1801–32년간은 여러 측면에서 미국신문역사상 가장 창피한 시기였으며, '암흑기'(dark ages)라고 불러도 지나치지 않을 정도였다. 이는 당시 미국의 사회상을 그대로 반영했던 것인지는 모르겠으나, 아무튼 욕설·비난·뻔뻔스러움·부정 등이 당시 신문들의 진면목이었다(Mott, 1962, p. 169).

• 신문발행인들 간의 결투와 폭행의 난무

이렇게 신문들이 개인에 대한 인신공격까지 일삼자 그에 대한 항의는 여러 가지 무력행사로 번져 구타와 결투도 빈발했다. 미국역사상 가장 유명한 신문인들 간의 결투(duel)는 알렉산더 해밀턴(Alexander Hamilton)과 애런 버어(Aaron Burr) 간의 권총결투였는데, 이 결투는 신문기사의 한 문단이 원인이었다.

해밀턴이 「워스프」지의 발행인 겸 편집자 해리 크로스웰의 명예훼손사건을 변호하기 위해 뉴욕주 올버니에 와 있을 때, 그는 평소부터 못마땅하게 생각해 온 애런 버어에 대한 험담을 사석에서 했는데, 그것이 「올버니 레지스터」(*Albany Register*)지에 보도되었다. 그러자 버어가 해밀턴에게 결투를 신청했다.

1804년 7월 어느 날 아침, 올버니의 위호우켄(Weehawken) 언덕에서 만난 두 사람은 심판인의 신호에 따라 서로 권총의 방아쇠를 당긴 결과, 해밀턴이 쓰러지게 되었다. 이는 단순한 개인 간의 결투가 아니라 신문 간의 결투였는데, 이들 두 사람은 서로 반대정파의 지도자였을 뿐 아니라, 또한 경쟁신문의 발행인이었기 때문이다. 애런 버어는 뉴욕의 「모닝 크로니클」(*Morning Chronicle*)이라는 신문을 발행하고 있었고, 해밀턴은 「뉴욕 이브닝 포스트」(*New York Evening Post*)지 발행인으로, 이들은 그간에 지면을 통해 서로 대결을 벌여 오고 있던 터였다.

이 밖에도 신문발행인이나 편집인들에 대한 폭행이나 또는 이들 간의 결투는 드문 일이 아니었다. 1806년 켄터키주 프랭크포트(Frankfort)의 「웨스턴 월드」(*Western World*)지 편집인 조셉 스트리트(Joseph M. Street)가, 당시 애런 버어가 중심이 되었던 미국정부에 대한 반란음모를 그의 신문 「웨스턴 월드」에 폭로하자, 이 사건에 관계된 켄터키주민들이 스트리트에게 결투를 신청해 왔다. 그리하여 곧 벌어진 결투에서 스트리트가 주민 한 사람을 쏘아 죽이게 되었다. 그러자 곧 어떤 사람이 스트리트를 암살하려고 해 심한 부상을 입고 겨우 목숨을 건졌는데, 이러한 위험과 부상을 당하면서도 스트리트는 신문을 계속 발행했다.

• 제퍼슨 대통령도 연방파 신문들이 집중공격

"신문 없는 정부보다 정부 없는 신문을 선택하겠다." 이는 토머스 제퍼슨이 재야에 있을 때 한 말이었다. 그러나 아이러니컬하게도 신문에 의해 가장 많은 피해를 당한 장본인이 바로 제퍼슨 대통령이었다. 그는 대통령이 되기 이전부터 신문들의 집중공격대상이 되었는데, 1800년도 대통령선거기간 중에 보스턴의 연방파 정론신문 「뉴잉글랜드 팔러디엄」(*New-England Palladium*)은 제퍼슨에게 아래와 같은 인신공격을 가했다.

> 이단자 제퍼슨을 대통령으로 뽑아야 할 것인가? 그의 당선은 '죽음의 봉인'(seal of death)을 의미하는바, 그 순간부터 우리의 성스러운 종교와 교회는 뒤엎어질 것이며, 이성의 여신으로 가장한 창녀가 우리 성전을 차지하고 더러운 설교를 하게 될 것이다(Mott, 1962, p. 169에서 재인용).

하지만 제퍼슨은 대통령으로 당선되었고, 교회도 무너지지 않았다. 그러나 그의 반대파 신문들은 계속 그에게 비난의 화살을 퍼부었다. 이런 신문들 중에서도 가장 복수심에 불타서 혹독한 비난을 퍼부은 신문은 「리치먼드 레코더」(*Richmond Recorder*)였는데, 이 신문은 제퍼슨의 사생활까지 야비하게 들먹였다. 한편 「가제트 오브 더 유나이티드 스테이츠」(*Gazette of the United States*)지도 1802년 제퍼슨 대통령의 인품을 비난하는 4단짜리 기사를 게재했으며, 이 기사를 연방파의 수많은 신문들이 그대로 전재해서 널리 배포했다.

신문에 대한 법적 규제와 언론자유

이렇게 되자 버지니아주 의회는 "대통령을 모독하는 방종한 연방파 신문편집인"들의 행위를 비난하고 나서면서, 이들에 대한 제재방법을 논의하기에 이르렀다. 그러나 그때는 말썽 많던 치안방해법이 막 폐기된 직후라 감히 신문자유를 제약할 수 있는 법은 만들 수 없었다. 그러자 뉴욕주에서 「워스프」지의 발행·편집인 해리 크로스웰을 관습법(common law)에 의거 명예훼손죄로 제소해 버렸다.

• 제퍼슨에 대한 명예훼손죄와 그에 대한 법적 제재

이렇게 뉴욕주가 크로스웰을 제소한 것은 그의 「워스프」지에 “제퍼슨이 칼렌더(Calendar)를 돈으로 매수해서 워싱턴 전 대통령을 배반자·강도·위증자라고 부르게 했다”는 기사를 게재했기 때문이었다. 여기서 칼렌더라는 인물은 「리치먼드 레코더」지의 발행인으로, 제퍼슨에 대한 비난에 앞장섰다가 변신해서, 제퍼슨의 지지자가 되었던 인물이었다.

뉴욕주의 제소에 따라 크로스웰의 재판을 맡은 뉴욕주 법원은, 그가 워싱턴 전 대통령을 비난한 내용의 진실 여부에 관한 증언들의 채택을 거부하면서 크로스웰에게 유죄를 선고했다. 그러자 크로스웰의 변호사 알렉산더 해밀턴은 신문의 자유에 관한 아주 유명한 항변을 제기했다. “모든 방책이나 인간은 신중하고도 철저하게 공개적으로 논의되어야 한다. 왜냐하면 현명치 못한 방책을 내세우는 사람은 정부에게 위험을 가져다줄 수 있기 때문이다”라고 해밀턴은 전제한 다음, “비록 욕설이나 중상모략은 페스트병균과 같은 사회악”이지만 “모든 주장의 진실 여부를 가릴 수 있는 증거자료들을 배심원들 앞에 제시해야 한다”면서 크로스웰의 경우도 그의 주장의 진실성 여부가 우선 가려져야 된다고 주장했다.

이에 담당 판사들도 결정을 내리지 못하고 있는 상태에서, 해밀턴의 주장에 감명을 받은 뉴욕주 의회는 먼저 법규제정에 착수했는데, 그것은 선의의 동기에서 어떤 진실을 인쇄·출판했을 경우, 형법상의 명예훼손죄에서 면책될 수 있다는 내용의 법조항이었다. 바로 이와 같은 소위 ‘해밀턴 원칙’(Hamiltonian doctrine)의 법조항을 뉴욕주 의회에서 뉴욕주 헌법에 추가하자, 이를 다른 주들도 거의 모두가 따르게 되었다. 그럼에도 크로스웰은 결국 유죄판결을 받게 되었고, 그는 「워스프」지의 발간을 중단한 뒤 성공회 목사가 되었다. 그러면 이를 지켜본 제퍼슨의 심정은 어떠했을까?

• 신문의 기능과 현실에 대한 제퍼슨의 생각

1787년 연방헌법이 비준되기 전, 제퍼슨은 “신문 없는 정부를 가질 것인가, 아니면 정부 없는 신문을 택할 것인가를 나에게 결정하라고 한다면, 나는 후자를 선택하는 데 조금도 주저하지 않을 것이다"라고 말한 바 있다. 그 뒤에도 그는 워싱턴정부를 비판하는 것은 신문의 권리라고 내세우면서 계속 신문을 두둔해 왔는데, 이러한 그의 기본적 입장은 그가 대통령이 된 뒤에 반정부신문들의 혹독한 비난을 받으면서도 변하지 않았을 것이다. 하지만 당시의 신문들이 올바른 길을 걷고 있지 않다고는 생각한 듯한데, 그는 두 번째 대통령 임기가 끝날 무렵인 1807년 2월 1일, 다음과 같이 술회했기 때문이다.

> 나는 나 자신을 커다란 실험대상물로 던졌다. 그것은 총화와 공통의 이해를 바탕으로 운영되는 정부는, 방종한 신문들의 허위보도에 의해 결코 무너질 수 없다는 것을 증명해 보이기 위해서였다. 또한 방종한 신문들에 법적 제재를 가함으로써 야기될지도 모르는 진리의 손상을 가져오지 않으면서도 나의 정부를 지탱할 수 있다는 것을 보여 주기 위해서였다. 이러한 실험은 또한 "언론의 자유와 정부는 상충될 수밖에 없다"는 일반적 선입견의 잘못을 보여 주기 위한 것이었다. 그래서 나는, 나에 대해 그렇게도 부지런하게 비방하는 신문들과 결코 대적하지 않았다. 그러나 신문이 그 자신을 허위 속으로 던져버릴 때는 무능하고 쓸모없게 되기 때문에, 그것을 진리의 영역 안으로 불러들임으로써 그 힘을 다시 회복하도록 만들려고 노력했다. 그것이 진리의 영역 안에 존재하고 있을 때만 신문은 고상한 제도요 또한 과학과 시민의 자유의 친구가 될 수 있기 때문이다(Ford, 1904, p. 30).

제퍼슨은 또한 언론계에 투신하려는 한 소년에게 보낸 편지에서, "신문에 나타나 있는 그 어느 것도 모두 믿을 것이 못된다. 그 오염된 매체(신문)에 들어가는 진리는 모두 의심스러워지고 있다"고 개탄했다. 그러나 한 가지 이해하기 힘든 것은, 바로 자신에게 가장 공격적 신문에 재정적 원조를 해 주었던 것인데, 제퍼슨이 왜, 어떤 의도에서 그랬는지는 알 수 없다.

• 명예훼손죄에 대한 규제와 해밀턴 원칙

제퍼슨 대통령에 대한 크로스웰의 명예훼손사건에 이어, 또 하나의 유명한 명예훼손사건이 일어났다. 그것은 필라델피아에서 발행한 정치·문예주간지 「포트 폴리오」(*Port Folio*)의 발행·편집인 조셉 데니(Joseph Dennie)가 "현 정부의 정치체제는 형편없고 타락해서 증뢰와 수뢰가 횡행한 대표적 시기로 기억될 수 있을 것"이라는 내용의 기사를 그의 신문(1805. 12. 7일자)에 게재한 것이 문제가 되어 선동적 명예훼손죄로 재판에 회부된 사건이었다. 그러나 데니는 그의 유명한 변호사 조셉 홉킨슨(Joseph Hopkinson)의 논리적 변호 덕분에 무죄가 되었다. 하지만 그 후부터 데니는 위축되어 제퍼슨 대통령을 직접 공격하고 나서지는 못했다.

이 밖에도 형법상 또는 민법상 명예훼손죄로 신문들이 고소를 당한 경우는 부지기수였는데, 어떤 신문은 1년 동안에 무려 대여섯 차례나 고소를 당하기도 했다. 그렇다고 해서 제퍼슨정부에 반대하고 나섰던 연방파 신문들만이 고소대상이 된 것은 아니었다. 공화파 신문인 보스턴 「인디펜던트 크로니클」(*Independent Chronicle*)의 공동발행인 아비자 애덤스(Abijah Adams), 「샐럼 레지스터」(*Salem Register*)의 편집인 윌리엄 칼턴(William Carlton), 「컨스티튜셔널 텔레그래프」(*Constitutional Telegraph*)의 편집인 존 릴리(John S. Lillie) 등도 명예훼손죄로 실형을 받기도 했는데, 이는 각 정파의 인사들이 서로 반대파 신문을 고소했기 때문이다.

이렇게 신문들이 형법상 또는 민법상 명예훼손죄로 빈번하게 고소를 당하자, 동부의 여러 주들, 예컨대 펜실베이니아주, 뉴욕주, 매사추세츠주 등에서 앞서 말한 '해밀턴 원칙'에 따라 신문에 보도한 기사내용이 사실인 경우는 그 발행인에게 면책특권을 주도록 법률들을 개정함으로써, 명예훼손죄로 인한 형법상의 고소건수가 크게 줄어들었다.[1]

---

1 하지만 판사나 법원을 비판했다가 법정모독죄로 벌을 받은 신문들이 적지 않았는데, 예컨대 1826년 「세인트루이스 인콰이어러」(*St. Louis Enquirer*)지가 연방법원 판사 제임스 펙(James F. Peck)의 판결내용

영미전쟁을 둘러싼 신문들의 양분과 화해

1809년 제임스 매디슨(James Madison)이 제퍼슨의 뒤를 이어, 제4대 대통령이 되었다. 그 뒤 영국과의 관계가 더욱 악화되어, 1812년 미국은 마침내 영국에 선전포고를 함으로써 영국과의 제2차 전쟁에 돌입하게 되었다. 그러자 미국은 내부적으로 심각한 분열상을 띠게 되었는데, 남부와 서부는 전쟁에 찬동한 데 반하여, 뉴욕주와 뉴잉글랜드 지방은 전쟁에 반대했으며, 연방주의자들도 전쟁에 반대하고 나섰다. 여기에 신문들도 가세해서, 한쪽에서는 전쟁에 찬동하고, 또 한쪽에서는 반대하며 서로 격렬한 논쟁을 벌임으로써, 신문들의 정론지 현상은 더욱 심화되었다.

• 영미전쟁에 대한 신문들 간의 찬반싸움

모든 전쟁 때는 대체로 언론자유가 위축되는 것이 상례임에도 불구하고 영국과의 전쟁을 반대하는 연방주의자들의 주장은 극렬했다. 특히 뉴잉글랜드 지방의 연방파 신문 「컬럼비안 센티널」(*Columbian Centinel*)의 발행인 벤자민 러셀(Benjamin Russell)은 그의 신문에 "무용하고 불필요한 영국과의 전쟁은 피와 재산의 낭비"라고 계속해서 썼다. 또한 다른 연방파 신문들도 러셀과 같은 글들을 계속 실었다. 뉴스난에는 미국군의 승전보를 크게 실으면서도, 논설에서는 공화파 지도자들의 '피묻은 손'들을 비난하고 나섰다.

그러자 이들을 전쟁찬성자들이 그대로 놓아두지 않았다. 볼티모어의 「페더럴 리퍼블리컨」(*Federal Republican*)지가 미국의 대영선전포고를 강력히 반대하

을 비판한 한 변호사의 글을 실었다가 그 발행인과 변호사가 모두 법정에 불려 나가 발행인은 경고만 받고 석방됐으나 변호사는 벌금형과 징역형을 받는 동시에 자격정지까지 당했다. 이에 연방상원의회에서 펙 판사의 탄핵을 발의했으나 21 대 22로 부결되고 말았다. 그런가 하면, 1828년에는 「디트로이트 가제트」(*Detroit Gazette*)지가 재판과정에 시간낭비가 많다는 비판을 했다가 법정모독죄로 그 편집인 존 셸던(John P. Sheldon)이 징역형을 받았다. 그러나 그는 대중의 영웅으로 일약 유명해져, 대중이 모금한 돈으로 보석되자 주민들이 그를 위해 형무소마당에서 성대한 축하파티를 열어 주기도 했다.

는 기사를 싣자, 전쟁을 찬성하는 군중들이 그 신문의 인쇄소를 습격하여 인쇄 시설을 파괴하고 건물까지 허물어 버리기도 했다. 그러자 「페더럴 리퍼블리컨」지 편집자는 조지타운(Georgetown)으로 도망가 그곳에서 신문을 제작해서 그것들을 볼티모어로 가져다가 배포했다. 이에 군중들은 더욱 분노해서 그의 집을 때려 부수는 동시에 연방파들에게까지 습격을 가했다. 이에 시당국이 이들 군중에게 해산명령을 내리며, 만약 이에 불복하는 자는 체포, 투옥하겠다고 발표하자 성난 군중들은 형무소로 달려가서 건물을 파괴하는 동시에 그곳에 갇혀 있던 죄수들을 닥치는 대로 죽여 버리기도 했다.

• 영미전쟁의 종전과 화해분위기의 조성

이와 같은 사건들도 따지고 보면, 당시 정파들 간의 대결과 그에 가세한 정론신문들 간의 싸움에서 비롯된 것이었다고 볼 수 있다. 그러나 이러한 싸움에도 불구하고 영미전쟁은 미국의 국가적 단합과 애국심을 강화해 주는 결과가 되었다. 즉, 영미전쟁을 계기로 미국인들은 같은 국민이라는 의식을 어느 정도 갖고서 행동하게 되었다. 따라서 극렬한 대립을 일삼던 신문들도 1814년 겐트 강화조약으로 2년간의 영미전쟁이 끝을 맺게 되자 서로 간의 화해 분위기가 조금씩 감돌기 시작했다. 그러면서 당시 매디슨 대통령에 대한 신문들의 공격도 그 이전 제퍼슨 대통령에 대한 것에 비해 덜 신랄하고 덜 인신공격적이 되었다. 그러나 아직도 신문들이 자기쪽 정파는 무조건 지지하고, 상대방 정파는 무조건 비난하는 경향이 팽배하자, 매디슨 대통령은 헌법 제1수정조항에 따라 언론자유를 보장하겠다고 의회에서 밝히면서, 신문들에게 양쪽 정당의 견해를 공평하게 다루어 줄 것을 촉구하기도 했다.

1816년도 대통령선거에서 공화파 후보 제임스 먼로(James Monroe)가 연방파 후보 루퍼스 킹(Rufus King)을 누르고 대통령에 당선되었는데, 1817년 1월 취임식을 끝낸 먼로 대통령은 얼마 후 뉴욕과 뉴잉글랜드 지방을 방문했다. 그는 가는 곳마다 국민들이 열렬한 환영과 환호를 받았는데, 그가 보스턴에 갔을 때는 당시 연방파의 대표적 대변지였던 「컬럼비안 센티널」까지도 먼로 대통령의 보스턴 방문을 환영하며 먼로 대통령의 시대는 곧 '화해의 시기'라고 표현했고, 이러한 표현을 다른 신문들도 널리 인용했다. 아직도 연방중앙은행문제, 국제문제, 관세문제, 노예제도 등을 둘러싼 정파들 간의 대립이 첨예했기 때문에 먼로의 시대가 결코 '화해의 시대'였다고는 볼 수 없었으나, 뉴잉글랜드 지방의 정국에 관한 한 그 표현은 적절했다고 볼 수 있다. 그리하여 보스턴의 신문계에서도 「컬럼비안 센티널」지와 「인디펜던트 크로니클」 간의 적대관계가 사라지기 시작, 그 뒤 이들 두 신문은 마침내 합병하기에 이르렀다.

하지만 그 이전부터 노예제도에 관해 견해를 달리해 왔던 남부와 북부가 1817년 미주리주의 연방편입을 둘러싸고 감정이 폭발하면서 신문들도 노예제도의 찬성파와 반대파로 나뉘어 서로 논쟁을 벌이기 시작했다. 그리하여 신문들은 다시 새로운 정론시대를 맞게 되었는데, 이에 관해서는 다음 제5장에서 살펴보기로 하겠다.

3. 각 도시별·지역별 신문들의 실태

위에서는 1801년부터 1832년까지 31년 동안의 정론신문들의 실태를 개관해 보았다. 그러나 이 시기에도 순수 상업신문들이 적지 않았는데, 당시 미국신문들의 양태를 보면 정치중심지였던 워싱턴에서는 정론신문들이 판을 쳤으나, 상업도시였던 뉴욕에서는 상업신문들이 주류를 이루는 등, 지역에 따라 차이가 많았다. 그러면 지금부터는 각 도시별 또는 지역별 신문실태를 살펴보기로 하겠다.

새 수도 워싱턴의 대표적 정론신문들

1800년 연방정부는 수도를 필라델피아에서 워싱턴으로 다시 옮겼다. 그러자 정치중심지가 된 워싱턴에서 여러 개의 정론신문들이 나타나기 시작했는데, 그중에서 대표적인 것들로는 「내셔널 인텔리젠서」(*National Intelligencer*), 「유나이티드 스테이츠 텔레그래프」(*United States Telegraph*), 「워싱턴 글로브」(*Washington Globe*)를 들 수 있다. 이들 중에는 비교적 점잖은 정론신문도 있었는데, 그것은 「내셔널 인텔리젠서」였다.

• 워싱턴 최초 정론신문 「내셔널 인텔리젠서」의 창간

「내셔널 인텔리젠서」는 1800년 연방정부가 워싱턴으로 이전한 뒤 새로운 수도에서 첫 번째로 나타난 정론신문으로, 이 신문은 그 뒤 워싱턴 신문계에서 대표적 존재가 되었다. 이 신문은 새뮤얼 해리슨 스미스(Samuel Harrison Smith)가 창간했는데, 그는 본래 필라델피아에서 「인디펜던트 가제티어」(*Independent Gazetteer*)라는 신문을 발행해 온 젊은 언론인으로, 그곳 문필계에서 명민하기로 이름이 나 있었다. 그즈음인 1800년 연방정부가 워싱턴으로 옮기게 되고, 또한 대통령선거도 있게 되자, 당시 공화파 대통령 후보 제퍼슨이 그에게 신문인쇄소를 워싱턴으로 옮겨서 새 정부의 대변지를 발행해 줄 것을 요청했다. 이에 스미스는 제퍼슨의 요청을 수락, 새 수도 워싱턴으로 와서 새 신문을 창간했는데, 이것이 바로 「내셔널 인텔리젠서」로서 1800년 10월 31일부터 주3회 발행하기 시작했다.

새뮤얼 스미스는 사교적 성품의 훌륭한 문필가이자 신문발행인으로서, 제퍼슨이 대통령이 되자 그를 포함한 정치지도자들과 친교를 맺었고, 제퍼슨과의 약속대로 「내셔널 인텔리젠서」는 제퍼슨의 새 정부의 권위 있는 대변지 노릇을 했다. 그러나 연방하원의회가 연방파와 공화파로 갈라져 서로 팽팽한 대립을 벌이면서, 연방파가 스미스에게 회의내용을 취재·보도하지 못하도록 함으로써 그는 한때 어려움을 겪기도 했다.

하지만 그 뒤 공화파가 연방하원의회를 지배하면서 스미스를 의회의 반공식적 출입기자의 신분으로 취재를 하게 만들어 줌으로써 그 뒤부터는 스미스만이 의회의 토론내용을 자유롭게 취재해서 그의 「내셔널 인텔리젠서」에 보도할 수 있는 특전을 갖게 되었다. 따라서 19세기 초반 25년간은 정부와 의회에 관한 뉴스를 「내셔널 인텔리젠서」가 거의 독점함으로써, 그 밖의 신문들은 「내셔널 인텔리젠서」를 정부와 의회에 관한 뉴스원으로 삼아야만 했다.

당시 「내셔널 인텔리젠서」는 4면을 발행했는데, 제1면과 제4면에는 광고를 실었고, 제3면에는 여러 가지 뉴스들을 게재했고, 제2면에 의회에서 회의진행내용과 기타 논평기사들을 실었는데, 그 논조가 매우 신중하고 정중했다. 비록 제퍼슨정부의 대변지 노릇은 했지만, 「내셔널 인텔리젠서」는 결코 정치적으로 투쟁적이지 않았다. 그래서 이 신문의 경쟁지들은 「내셔널 인텔리젠서」에게 "우유부단한 스미스의 평삭기"(Mr. Silky Milky Smith's Smoothing Plane)라는 별명을 붙여주기도 했다.

• 게일스에게 「내셔널 인텔리젠서」의 양도

위와 같이 1800년 10월 31일부터 10년 동안 「내셔널 인텔리젠서」를 발행해 온 스미스는 1810년 그 신문을 조셉 게일스 2세(Joseph Gales, Jr.)에게 물려주고 은퇴했는데, 게일스 2세는 사우스캐롤라이나에서 「롤리 레지스터」(*Raleigh Register*)라는 신문을 발행한 그의 아버지 밑에서 신문 일을 배우는 한편, 사우스캐롤라이나대학에서 인문과학을 공부한 젊은이였다.

이러한 게일스 2세가 처음에는 혼자서 「내셔널 인텔리젠서」를 맡아서 발행했으나, 2년 뒤 그의 아버지와 그의 매형 시튼(W. W. Seaton)이 워싱턴으로 와서 함께 일하게 되었는데, 이들은 강력한 팀을 이루어 「내셔널 인텔리젠서」를 발전시켜 나갔다. 속기(shorthand writing)를 잘했던 게일스 2세와 그의 매형 시튼은 연방의회 출입기자로 들어가 한 사람은 하원의장 왼쪽에, 또 한 사람은 상원의장 왼쪽에 앉아 속기사 노릇을 겸하면서 회의내용을 취재해 그들의 신문에 보도함으로써, 의회의 결정사항 등을 정확하고 생생하게 독자들에게 전했다.

1813년 「내셔널 인텔리젠서」는 종래의 주3회간에서 일간신문으로 전환했다. 1812-14년간의 영미전쟁 때는 게일스 2세와 시튼이 모두 군에 입대해 복무하면서도 하루씩 번갈아 휴가를 나와서 신문을 편집하는 열의를 보이기도 했다. 전후의 '화해의 시대'에도 「내셔널 인텔리젠서」지는 계속 정부와 의회의 대변지 내지 공보지로서의 위치를 지켜 왔다. 그러나 1829년 민주공화파(Democratic Republican)[2] 앤드류 잭슨(Andrew Jackson)이 대통령에 취임한 뒤에는 그 위치를 빼기게 되었다.

하지만 그 후에도 「내셔널 인텔리젠서」지는 계속 발행해 오다가 남북전쟁 후에는 휘그당(Whig Party) 최초의 대변지가 되었고, 그 뒤에는 다시 군소정당의 대변지 노릇을 하기도 했다. 그러면서도 「내셔널 인텔리젠서」지는 정확한 뉴스와 정보의 제공에 힘썼다. 또한 이 신문은 신중한 정치철학을 갖고 중립적 입장에서 정치문제들을 논평함으로써, 투쟁만 일삼던 정론지시대의 와중에서도 다른 신문들의 모범이 되었으며, 재정적 측면에서도 비교적 성공을 거두었다.

• 민주공화파의 「유나이티드 스테이츠 텔레그래프」 창간

「내셔널 인텔리젠서」와 함께 워싱턴의 또 하나의 대표적 정론신문은 「유나이티드 스테이츠 텔레그래프」였는데, 이 신문은 서부의 영웅 앤드류 잭슨이 1824년도 대통령선거에서 존 퀸시 애덤스(John Quincy Adams)에게 패배한 뒤, 그의 친구 더프 그린(Duff Green)을 시켜 1826년 창간한 신문이었다. 그린은 본래 세인트루이스 출신의 변호사였으나, 잭슨의 요청으로 「유나이티드 스테이츠 텔레그래프」의 발행인 겸 편집인이 되자, 잭슨의 입장을 적극 대변했다. 그리하여 1828년도 대통령선거에서 잭슨을 대통령으로 당선시키는 데 큰 역할을 했다.

1829년 잭슨이 대통령으로 취임하자, 「유나이티드 스테이츠 텔레그래프」는 잭슨정부의 공식적 공보지가 되었다. 그러나 얼마 뒤 그린이 잭슨 대통령의 반대음모에 가담함으로써, 「유나이티드 스테이츠 텔레그래프」는 잭슨정부 공보지로서의 지위를 상실하게 되었다. 그 뒤 그린의 「유나이티드 스테이츠 텔레

---

2 1820년대 중반부터 공화파 내부에서 분란이 일어나면서, 일부가 자신들을 '내셔널 리퍼블리컨스'(National Republicans), 즉 국민공화주의자라고 자처하고 나섰다. 그리하여 공화파는 2개의 파, 즉 국민공화파(National Republicans)와 민주공화파(Democratic Republicans)로 나뉘어서, 1828년 대통령선거 때 민주공화파는 앤드류 잭슨을 대통령 후보로 지명했고, 국민공화파는 당시 대통령 존 퀸시 애덤스(John Quincy Adams)를 후보로 지명했다.

그래프」는, 잭슨정부의 부통령을 역임하다가 잭슨 대통령과의 불화로 사직하고 사우스캐롤라이나주의 상원위원이 된 존 캘하운(John C. Calhoun) 정파의 대변지가 되었다.

이렇게 「유나이티드 스테이츠 텔레그래프」지의 발행인 겸 편집인 그린이 변절하자, 잭슨 대통령과 그의 친구들은 잭슨정부의 새로운 대변지를 서둘러 창간했다. 이것이 바로 1830년 첫 선을 보인 「워싱턴 글로브」(*Washington Globe*)였는데, 잭슨정부는 이 신문에 연간 5만 달러라는 엄청난 액수의 정부간행물인쇄를 맡기는 특전을 주어, 그 돈으로 신문도 발행할 수 있게 했다.

• 잭슨정부 대변지 「워싱턴 글로브」의 창간

「워싱턴 글로브」의 편집인으로는 프랜시스 블레어(Francis P. Blair)를 선임했는데, 그는 켄터키주 프랭크포트(Frankfort) 출신의 은행가이자 농장주였다. 그는 또한 「아거스 오브 더 웨스턴 월드」(*Argus of the Western World*)라는 신문의 편집인도 겸하면서 잭슨을 강력히 옹호하는 글들을 써 잭슨을 즐겁게 해 주기도 했던 인물로, 문필에 재능이 아주 많아서 하나의 문장을 통하여 그의 정적들을 매도시킬 정도였다.

한편 「워싱턴 글로브」지 논설위원에는 「아거스 오브 더 웨스턴 월드」지의 전 편집자 아모스 켄달(Amos Kendall)과 켄터키 출신의 존 라이브즈(John C. Rives)를 임명해서 블레어와 함께 이들 세 사람이 신문을 운영했다. 또한 이들은 잭슨 대통령의 정치 전략도 수립했다. 그래서 이들에게는 '키친 캐비넷'(Kitchen Cabinet)이라는 별명이 붙었으며, 실제로 장관들보다 더 많은 권력을 휘두르기도 했다. 잭슨 대통령이 침대에 누워 담배를 피우며 그의 생각을 켄달에게 불러주면, 켄달은 그것을 받아써서 블레어에게 넘겨주었고, 그러면 블레어가 그것을 다시 기사화해서 다음 날 「워싱턴 글로브」에 대서특필하곤 했다.[3]

---

3 「워싱턴 글로브」는 잭슨 대통령의 재임기간(1829-37)은 물론, 그의 후계자 마틴 밴 뷰런(Martin Van Buren) 대통령 때도 계속 정부 대변지 역할을 수행했다.

이러한 잭슨에 비하면, 제3대 대통령 제퍼슨은 저널리즘의 속성을 모르던 이상주의자였다. 비록 대다수 신문들의 지지는 받지 못했으나, 잭슨은 신문을 이용할 줄 알았다. 즉 자기편 신문들을 창간하는가 하면 다른 신문들을 회유하고, 유명 언론인들에게 정부의 요직을 주기도 했다. 그래서 신문을 매수했다는 비난을 받기도 했는데, 1832년 「내셔널 인텔리젠서」지가 공개한 바에 의하면, 잭슨이 대통령으로 재임하는 동안 모두 57명의 저널리스트들을 연방정부의 요직에 끌어들였다고 한다. 만약 이것이 사실이라면, 잭슨은 언론자유의 추상적 원리에 대해 아무런 존경심도 갖고 있지 않았던 것이 분명하다.

상업신문의 중심지 뉴욕의 신문실태

위와 같이 1800년 미국의 새 수도가 된 워싱턴에서는 정론신문들이 판을 쳤다. 그러나 실제로 신문의 수도는 뉴욕이었다고 볼 수 있는데, 1833년 당시 뉴욕의 인구는 보스턴, 필라델피아, 볼티모어를 모두 합친 것과 맞먹었으며, 모두 6개의 일간신문들과, 그 밖에 수많은 주간신문, 주2회간신문 등이 발행되고 있었기 때문이다.

• 대표적 상업지 「뉴욕 커머셜 애드버타이저」

당시 뉴욕의 신문들 중에서 경제적으로 가장 호황을 누린 것들은 「뉴욕 커머셜 애드버타이저」(*New York Commercial Advertiser*) · 「뉴욕 머캔타일 애드버타이저」(*New York Mercantile Advertiser*) · 「뉴욕 데일리 애드버타이저」(*New York Daily Advertiser*) 등의 상업신문들이었다. 이들은 '애드버타이저'(Advertiser)라는 제호 그대로 전체 지면의 대부분을 상업적 뉴스와 광고에 할애했음에도 불구하고, 그 발행부수에서 뉴욕의 신문계를 주름잡고 있었다.

이들 3개의 상업신문들 중에서도 특히 「뉴욕 커머셜 애드버타이저」가 가장 훌륭했는데, 이 신문은 앞에서 살펴본 노아 웹스터(Noah Webster)가 1793년 12월 9일 창간한 「아메리칸 미네르바」(*American Minerva*)지의 후신으로, 이 신문을 웹스터가 1798년 다른 사람에게 넘기자 그가 제호를 「뉴욕 커머셜 애드버타이저」로 바꾸었던 것이다.

1821년부터 「뉴욕 커머셜 애드버타이저」지의 편집은 윌리엄 스톤(William L. Stone)이 맡았는데, 그는 본래 연방주의자로 뉴욕과 코네티컷에서 정론-문예신문을 편집한 적이 있으나, 「뉴욕 커머셜 애드버타이저」의 편집을 맡고는 이 신문에 정론적 기사를 거의 싣지 않았다. 스톤은 훌륭한 문필가로 직접 많은 기사들을 쓰는 한편, 많은 훌륭한 기고가들을 동원해서 칼럼들을 집필토록 함으로써 「뉴욕 커머셜 애드버타이저」는 당시 뉴욕에서 가장 훌륭한 신문으로 평가받았다.

• 색다른 상업신문 「뉴욕 저널 오브 커머스」

당시 뉴욕에는 「뉴욕 커머셜 애드버타이저」와 같은 상업신문이면서도 약간 색다른 신문도 있었는데, 그것은 바로 「뉴욕 저널 오브 커머스」(*New York Journal of Commerce*)였다. 이 신문은 1827년, 상인이면서 동시에 개혁자였던 아서 태팬(Arthur Tappan)이 창간했는데, 태팬은 엄격한 종교인이어서 그의 신문은 극장광고나 복권광고 등은 싣지 않을 정도였다. 그런가 하면, 이 신문은 또한 노예제도, 안식일을 지키지 않는 일, 음주 등도 반대하고 나섰다.

그러나 이러한 「뉴욕 저널 오브 커머스」는 창간 얼마 뒤, 경영권이 제라드 홀록(Gerard Hallock)과 데이비드 헤일(David Hale)에게 넘어갔다. 이들 새 발행인들도 태팬의 전통을 그대로 이어 나갔는데, 태팬은 「뉴욕 저널 오브 커머스」를 발행하면서 많은 손해를 보았으나, 새 경영자들은 많은 흑자를 냈다. 왜냐하면 홀록과 헤일이 뉴욕의 금융 중심인 월가(Wall Street)의 뉴스는 물론, 선편으로 들어오는 외국 뉴스들도 열심히 취재해서 보도함으로써 발행부수가 대폭 증가했기 때문이다.

특히 홀록은 대담하면서도 중립적(independent)인 편집자였다. 그러나 노예제도가 정치적·사회적 이슈가 되자, 민주공화파였던 홀록은 그의 신문에서 노예제도를 찬성하고 나섰다. "그러면 독자가 준다"고 그의 친구가 충고했더니 홀록은 "나는 나의 원칙을 밀고 나갈 때 독자명단과 의논하지 않는다"고 대답했다. 하지만 그의 이러한 고집과 중립성이 남북전쟁 초기에 그에게 여러 가지 수난을 가져다주기도 했다.

• 정치적 상업지 「뉴욕 쿠리어 앤드 인콰이어러」

당시 뉴욕에는 「뉴욕 저널 오브 커머스」 이외에, 또 하나 색다른 신문이 있었는데, 그것은 역사에 중점을 둔 「뉴욕 쿠리어 앤드 인콰이어러」(*New York Courier and Enquirer*)라는 상업신문이었다. 이는 대령 출신의 제임스 왓슨 웹(James Watson Webb)이 1827년 「모닝 쿠리어」(*Morning Courier*)라는 신문을 매입하고 2년 뒤에 또 「뉴욕 인콰이어러」(*New York Enquirer*)지도 사들여서 이들 두 신문을 합병해 만든 것이었는데, 내용이 밝으면서도 대담했다. 그리하여 독자들이 급증해서 4,000부라는 뉴욕 최대의 발행부수를 자랑하게 되었고, 그 후 20–30년 동안 미국에서 가장 잘 알려진 신문의 하나로 군림했다.

「뉴욕 쿠리어 앤드 인콰이어러」지의 정치성향은 처음에는 잭슨 대통령을 지지했으나, 그가 중앙은행을 폐쇄하려고 하자 휘그당(Whig Party) 쪽으로 돌아섰다. 그 이유는 확실치 않으나 중앙은행이 웹에게 5만 2,000달러를 대출해 주었기 때문이라는 풍문도 있었다. 또한 「뉴욕 쿠리어 앤드 인콰이어러」지는 노예제도의 폐지를 반대하다가, 뒤에는 자유토지당 편에 섰다.

이처럼 「뉴욕 쿠리어 앤드 인콰이어러」지는 정치적 성향을 자주 바꾸었음에도 불구하고, 발행부수는 줄지 않았다. 왜냐하면 이 신문은 「뉴욕 저널 오브 커머스」지와 치열한 경쟁을 하면서 그 경쟁에서 살아남기 위해 지면과 광고의 크기, 뉴스의 취재방법 등을 계속 개혁해 나감으로써 독자들의 애호를 받았기 때문이다.

• 민주공화파 정론지 「아메리카 시티즌」

비록 위와 같은 「뉴욕 저널 오브 커머스」, 「뉴욕 쿠리어 앤드 인콰이어러」 등도 어느 정도 정치성을 띠었지만, 이들은 본래 영리에 목적을 둔 상업신문이었다. 그러나 이들과는 달리, 본래부터 정치적 목적에서 발행한 정론신문들도 적지 않았는데, 그중에서 대표적 정론신문들로는 민주공화파 대변지 「아메리칸 시티즌」(*American Citizen*)과 연방파 기관지 「뉴욕 이브닝 포스트」(*New York Evening Post*) 등을 들 수 있었다.

「아메리칸 시티즌」은 민주공화파 인사들이 토머스 그린리프(Thomas Greenleaf)의 「아거스」(*Argus*)지를 1800년에 매입해서, 제호를 고치는 동시에 지령도 제1호로 고쳐서 새로 발행하기 시작한 것이었다. 이러한 「아메리칸 시티즌」지는 처음에는 토머스 제퍼슨 대통령을 강력히 지지한 정론신문의 하나였으나, 제임스 치탐(James Cheetham)이 편집자가 되면서, 민주공화파 내 조지 클린턴파(George Clinton faction)의 기관지가 되었는데, 치탐은 영국에서 맨체스터 폭동에 가담했다가 미국으로 도망 온 급진주의자로 정치적 독설가였다. 때문에 이러한 치탐이 편집자가 된 후 「아메리칸 시티즌」지는 처음 2년 동안에만도 모두 27차례나 명예훼손죄로 고소를 당하여 그중에서 13번이나 유죄판결을 받게 되었다.

하지만 클린턴의 정적이던 애런 버어(Aaron Burr)가 세력을 잃게 되고, 클린턴이 제퍼슨 대통령의 제2차 재임(1805–09) 시에 부통령이 되자, 치탐도 중요한 정치적 위치를 차지하게 되었다. 그러자 그의 「아메리칸 시티즌」지의 지위도 자연히 부상하여, 필라델피아의 「오로라」(*Aurora*)지와 함께 민주공화파 정론신문들을 이끌어 나갔다. 그러나 본래 영국인이었던 치탐이 영국을 동정하여 1807년 제정한 제퍼슨의 대영금수령(Embargo Act, 영국과의 대외무역을 금했던 법)에 반대하고 나서자 제퍼슨 대통령의 미움을 사서 「아메리칸 시티즌」지도 영향력을 잃게 되었다가 1810년 치탐이 사망하자 곧 폐간되고 말았다.

• 연방파 정론지 「뉴욕 이브닝 포스트」

당시 뉴욕의 또 하나의 대표적 정론신문 「뉴욕 이브닝 포스트」(*New York Evening Post*)는 1801년 11월 16일 창간한 연방파 기관지였는데, 이 신문은 1800년 「아메리칸 시티즌」지가 나와서 연방파를 공격하고 나서자, 이에 대항하기 위해 알렉산더 해밀턴(Alexander Hamilton)이 주동이 되어 뉴욕의 연방파 상인과 정치인들로부터 1만 달러를 갹출해서 창간했다. 그리고 편집인으로 윌리엄 콜맨(William Coleman)을 내세웠는데, 콜맨은 변호사, 법정출입기자 등의 경력을 가졌던 정력적 인물로서 당시 연령은 35세였다.

이러한 콜맨이 편집인이기는 했지만, 논설의 방향이나 논조 등은 해밀턴이 결정했는데, 「뉴욕 이브닝 포스트」지는 계속해서 제퍼슨정부의 정책들, 예컨대 대불외교정책, 금수령, 영국과의 제2차 전쟁 등을 반대하면서 제퍼슨 대통령을 풍자하고 비난했다. 또한 그 경쟁지인 「아메리칸 시티즌」지도 비난하면서 그 편집인 치탐을 가리켜 '비열한 파충류'(vile reptile)니 '검은 심보의 악독한 중상자'니 하고 불렀다. 그러나 이는 치탐보다는 약간 점잖은 편이었는데, 치탐은 콜맨의 사생활을 적나라하게 폭로했다. 그러자 콜맨이 치탐에게 결투를 신청했으나 이 결투는 치안관이 말리는 바람에 성립되지 않았다. 하지만 이 문제로 말미암아 콜맨이 다시 치탐의 부하와 결투를 벌여서 그를 쏘아 죽이기도 했다. 그 뒤 「뉴욕 이브닝 포스트」에 실은 뉴스보도가 말썽이 되어 그 뉴스 관계자가 콜맨을 심하게 때려, 콜맨은 1929년 사망할 때까지도 건강을 완전히 회복하지 못했다.

이와 같은 콜맨이 편집한 「뉴욕 이브닝 포스트」지는 비록 정론신문이었지만 상업 관계 뉴스는 순수 상업신문들보다 훌륭했다. 또한 서평 · 연극평 등도 좋았으며 문예면도 훌륭했다. 그리하여 발행부수가 계속 증가해서, 1815년에는 1,500부가 되었고 1820년대 초에는 2,000부에 이르렀다. 그러면서 광고수입도 계속 증가해, 1830년대에 들어서서는 연간 1만 달러의 수입을 올렸다(Mott, 1962, p. 186). 그러나 1829년 콜맨이 사망하자 그 대신 시인으로서 「뉴욕 리뷰」(*New York Review*)라는 문예지를 발행하던 윌리엄 컬렌 브라이언트(William Cullen Bryant)가 「뉴욕 이브닝 포스트」지를 맡아서 약 50년 동안 발행했다. 그러나 브라이언트가 민주공화파 앤드류 잭슨 대통령을 지지하며 보호관세에 대한 반대투쟁을 벌임으로써, 본래 연방파 대변지였던 「뉴욕 이브닝 포스트」는 민주공화파 신문으로 바뀌게 되었다.

미국신문의 본산 보스턴의 주요 신문들

미국신문의 본산이었던 보스턴은 제2차 정론기(1801–32)에도 역시 신문의 중심지 노릇을 했다. 이곳의 유명한 연방파 기관지였던 「컬럼비안 센티널」(*Columbian Centinel*)은, 1800년도 대통령선거에서 제2대 대통령 존 애덤스가 패배하고 토머스 제퍼슨이 제3대 대통령이 되자, 제퍼슨정부에 계속 반대를 해 왔다. 그 후 1809년 제임스 매디슨이 제4대 대통령에 취임하자, 「컬럼비안 센티널」은 매디슨정부에도 반대하면서 영국과의 전쟁을 비난했다. 그러나 「컬럼비안 센티널」은 제임스 먼로 대통령 시대부터는 점차 중립성을 띠기 시작하다가, 정적이던 공화파 「인디펜던트 크로니클」(*Independent Chronicle*)지에 합병되고 나서는 그 정체성을 상실하고 말았다.

한편 「인디펜던트 크로니클」지도 「컬럼비안 센티널」지를 합병한 후에는 중립성을 띠다가 1817년 「보스턴 패트리어트」(*Boston Patriot*)지에 합병됨으로써 그 이름이 사라지게 되었다. 그런가 하면, 「뉴잉글랜드 팔러디엄」(*New-England Palladium*)지와 「보스턴 커머셜 가제트」(*Boston Commercial Gazette*)지는 「보스턴 데일리 애드버타이저」(*Boston Daily Advertiser*)지에 합병됨으로써, 무려 4개의 신문들이 거의 동시에 사라지고 말았다.

「뉴잉글랜드 팔러디엄」과 「보스턴 커머셜 가제트」를 합병한 「보스턴 데일리 애드버타이저」는 1813년 창간해 이듬해부터 나단 헤일(Nathan Hale)이 발행한 일간신문으로서 뉴잉글랜드 지방에서 최초로 성공한 일간신문이었다. 이 신문은 순수한 상업신문으로, 전체 24개 단 중에서 겨우 몇 단만이 기사였을 뿐 나머지는 모두 광고였으나, 헤일이 집필한 간단한 논평기사들이 명성을 얻게 되면서 연방파 정론신문으로 전향하게 되었다. 그럼에도 문학·예술·연극 등에 대한 참신한 비평란들이 독자들의 많은 호응을 받게 되어 100여 년이나 계속 발행했다.

1824년 보스턴에 또 하나의 일간신문이 나타났는데, 그것은 조셉 버킹검(Joseph T. Buckingham)이 창간한 「보스턴 쿠리어」(*Boston Courier*)라는 신문이었다.

버킹검은 자수성가한 인쇄업자로서 문필에도 재능이 많아서, 「보스턴 쿠리어」지는 가장 생동감과 문학성이 넘치는 신문으로서 호평을 받게 되었다. 또한 이 신문은 당시 연방정부의 보호관세정책을 옹호하고 나섰던 최초의 뉴잉글랜드 지역 신문이었으며 민주공화파를 지지했는데, 40년 동안 계속 발행하다가 1864년 폐간했다. 1830년을 전후해서는 보스턴에서도 요금이 싼 여러 개의 조그만 페니신문(penny paper)들이 등장했는데 이에 관해서는 다음 제5장에서 살펴보기로 하겠다.

필라델피아와 볼티모어의 신문사정

필라델피아에서는 민주공화파의 대표적 정론지였던 「오로라」(*Aurora*)지를 윌리엄 듀앤(William Duane)이 1822년까지 계속 발행해 왔다. 「오로라」지의 논조와 내용은 너무나 호전적이고 무분별한 나머지 무려 60-70차례나 명예훼손죄로 고소를 당하기도 했으나, 제퍼슨 대통령만은 듀앤의 대담하고도 독선적인 정치비평을 좋아했다. 그러나 펜실베이니아주 민주공화파와의 파쟁으로 인하여 듀앤의 영향력이 약화되자 그의 「오로라」지도 역시 지도력을 잃게 되었다.

「오로라」지의 적수였던 「가제트 오브 더 유나이티드 스테이츠」(*Gazette of the United States*)지도 제호를 「유나이티드 스테이츠 가제트」(*United States Gazette*)로 바꾸어 계속 발행했는데, 편집인은 에노스 브론슨(Enos Bronson)이라는 의욕적인 저널리스트였다. 이러한 브론슨이 편집한 「유나이티드 스테이츠 가제트」도 역시 명예훼손죄로 여러 번 고소를 당했으며, 1847년까지 존속하다가 폐간했다.

1820년에는 로버트 월쉬(Robert Walsh)가 「내셔널 가제트」(*National Gazette*)라는 정론신문을 새로 창간했다. 월쉬는 유능한 문필가로서 본래는 연방주의자였으나, 후에는 노예제도의 폐지를 주장하는 등 자유주의를 옹호하면서 「내셔널 가제트」지는 필라델피아에서 가장 많이 인용되는 신문이 되었다(그러나 1841년 폐간). 이 밖에도 1830년대 초, 필라델피아에는 모두 10여 개의 일간신문들이 있었다.

반면 볼티모어는 매우 활력 있는 도시였음에도 불구하고 신문이 그리 발달하지 못했다. 1830년 현재, 볼티모어의 인구는 필라델피아를 능가해서 미국 제2의 대도시가 되었음에도 이러한 대도시에서 손꼽을 만한 신문은 1799년 창간한 「아메리칸」(*American*)이라는 상업신문뿐이었다. 이 밖에 몇 개의 주간신문들이 발행되었는데, 그중에서 가장 명성을 떨친 것은 1811년 창간한 「나일스 위클리 레지스터」(*Niles' Weekly Register*)지였다. 이는 옥타보판(octavo, 15.3×24cm)의 조그만 신문이었는데, 논설기사는 없었지만, 어떤 사실이나, 정치적 또는 경제적 문제에 관한 각종 자료들과 연설문 등을 자세히 보도함으로써 명성을 얻을 수 있었다. 그러나 이 신문을 편집·발행하던 원만한 성격의 인쇄업자 헤제키아 나일스(Hezekiah Niles)가 1839년 사망하자, 이 신문은 점점 인기를 잃어 가다가 1849년 폐간하고 말았다.

남부 지방 주요 신문들의 실태

남부 지방의 주요 신문들을 보면, 버지니아주 리치먼드에서 가장 유명한 신문은 「리치먼드 인콰이어러」(*Richmond Enquirer*)였는데, 이 신문은 본래 메리웨더 존스(Meriwether Jones)가 발행하던 「리치먼드 이그재미너」(*Richmond Examiner*, 1798–1804)의 후신으로, 1804년부터 버지니아주 민주공화파 지도자 토머스 리치(Thomas Ritchie)가 발행하면서 제호를 「리치먼드 인콰이어러」로 바꾼 것이었다. 주2회 발행한 이 신문은 제퍼슨 대통령의 격려를 받으면서 민주공화파의 전국적 대변지 중 하나로 인정받게 되었는데, 이렇게 된 것은 또한 훌륭한 문장가이자, 기민한 편집자인 동시에 사회지도자였던 리치 때문이기도 했다.

당시 이러한 리치와 그의 신문 「리치먼드 인콰이어러」에 도전하고 있던 버지니아주 유일의 경쟁지는 「리치먼드 휘그」(*Richmond Whig*)였는데, 이 신문은 1824년 존 플리샌츠(John H. Pleasants)가 창간했다. 그리하여 「리치먼드 인콰이어러」지와 치열한 경쟁과 싸움을 벌이면서 그 편집자들이 서로 결투를 벌이기까지 했다.

한편 노스캐롤라이나주에서 가장 유명했던 신문은 「롤리 레지스터」(*Raleigh Register*)로, 1799년 조셉 게일스 1세(Joseph Gales, Sr.)가 창간한 민주공화파의 건전한 정론신문이었다. 1832년 게일스 1세가 은퇴하면서 그의 아들 웨스턴 롤리 게일스(Weston Raleigh Gales)가 신문을 맡아서 발행했다.

이 시기에 사우스캐롤라이나주 찰스턴에서는 2개의 신문이 더 생겨서 모두 6개 신문들이 발행되었는데, 그중에서 대표적인 것은 「찰스턴 쿠리어」(*Charleston Courier*)와 「찰스턴 머큐리」(*Charleston Mercury*)였다. 「찰스턴 쿠리어」는 1803년 윌링턴(A. S. Willington)이 창간한 상업신문으로서, 뉴스 취재에 열성을 보여 사우스캐롤라이나주의 대표적 상업신문이 되었다. 그리고 「찰스턴 머큐리」는 남부지도자들의 대변지로서 그들의 글을 주로 게재하면서 후에는 노예제도를 찬성하고 나서기도 했다.

1821년 플로리다주가 하나의 독립된 주로 승격한 뒤 이 주에서도 신문이 나오게 되었는데, 그 최초는 1821년 세인트오거스틴(St. Augustine)에서 창간한 「플로리다 가제트」(*Florida Gazette*)지였다. 그러나 이 신문의 창간자 리차드 에드즈(Richard W. Edes)가 곧 황열병에 걸려 사망하자, 「플로리다 가제트」지는 창간 이듬해인 1822년 폐간하고 말았다. 한편 당시는 스페인 영토였던 현재의 앨라배마주에서도 1811년 신문이 처음 나왔는데, 이는 「모빌 센티널」(*Mobile Centinel*)이라는 신문이었으나, 창간 이듬해인 1811년까지 발행하다가 사라지고 말았다.

서부 지역 신문들의 발달과 그 선구지들

19세기 초에 미국문화, 나아가서는 미국생활을 창조하는 데 많은 힘이 된 것은 동부보다 오히려 서부의 변방 지역이었다. 대서양 연안 일대의 각박한 사정은 미국개척민들에게 새로운 지성을 찾아 서부로 이주하도록 만들었다. 그리하여 애팔래치아 산맥을 넘어 1800년에 이르러서는 미시시피강과 오하이오강 유역이 크게 발전했다. 특히 1803년 미시시피강 서쪽의 광대한 루이지애나 영토를 미국이 프랑스로부터 매입함으로써, 서부시대의 문이 활짝 열리게 되었다.

• 서부 지역 각지에서 신문의 등장

개척민들이 서부로 계속 이주하면서 서부 지역 각지에서 신문도 나타나기 시작했다. 인디애나가 주로 승격하기 이전인 1804년 이미 이곳에서도 최초의 신문이 나타나게 되었는데, 그것은 빈센즈(Vincennes)에서 엘리후 스타우프(Elihu Stoup)가 발행한 「인디애나 가제트」(*Indiana Gazette*)지였다. 이 신문은 그 후 제호를 「웨스턴 선」(*Western Sun*)으로 바꾸었다가 다시 「선 커머셜」(*Sun Commercial*)로 개제했다.

미주리에서도 주로 승격하기 이전인 1808년 최초의 신문이 등장했는데, 이는 세인트루이스(St. Louis)에서 조셉 찰스(Joseph Charles)가 창간한 「미주리 가제트」(*Missouri Gazette*)였다. 소형 4면의 이 신문은 연간구독료를 현금으로는 3달러, 농산물로는 4달러에 해당되는 것을 받았는데, 그 후 지면의 크기를 늘렸으며 기사의 일부는 프랑스어로 인쇄하기도 했다. 이 신문은 창간 이후 민주공화파를 지지하고 나섰는데, 그 뒤 신문제호를 「미주리 리퍼블리컨」(*Missouri Republican*)으로 바꾸었다. 당시 세인트루이스에서 가장 대표적 정론신문은 「세인트루이스 인콰이어러」(*St. Louis Enquirer*)였는데, 이 신문은 본래 1815년 「웨스턴 저널」(*Western Journal*)이라는 제호로 창간한 것으로, 1821년 미주리주가 미국연방에 편입될 당시 노예제도를 인정하는 노예주로 연방에 편입할 것을 주장하고 나섰다.

미시간주 최초의 신문은 디트로이트(Detroit)에서 잠시 발행한 「미시간 에세이」(*Michigan Essay*)지로 알려졌으나 현재 남아 있는 지면은 1809년 8월 31일 발행호뿐으로 자세한 것은 알 수 없다. 그 뒤 1817년 또 디트로이트에서 「디트로이트 가제트」(*Detroit Gazette*)라는 신문이 창간되어 1830년까지 발행되었다.

• 새로 탄생한 주마다 신문도 탄생

1812년부터 2년 동안 영국과의 전쟁으로 미국인들의 서부이동이 한때 주춤하기도 했으나, 그 뒤 다시 가속화되어 미시시피강 동쪽은 개척이 완전히 이루어졌다. 그리하여 앞서 언급한 바와 같이 불과 5, 6년 사이 인디애나주 등 6개 주가 새로 생겼다.

현재의 일리노이주(1818년 주로 승격)에서 처음 나온 신문은 1814년 카스카스키아(Kaskaskia)에서 매튜 던칸(Matthew Duncan)이 창간한 「일리노이 헤럴드」(*Illinois Herald*)였다. 그러나 이 신문은 그 뒤 일리노이주가 주도를 밴달리아(Vandalia)로 옮기자 제호를 「일리노이 인텔리젠서」(*Illinois Intelligencer*)로 바꾸었는데, 당시 서부의 초기 신문들이 거의 그랬듯이, 이 신문도 정부인쇄물들을 인쇄해 주면서 그 수입으로 신문을 발행했다. 그 뒤 일리노이주에서 두 번째로 나온 신문은 쇼니타운(Shawnee town)에서 1820년부터 발행한 「일리노이 에미그랜트」(*Illinois Emigrant*, 후에 *Illinois Gazette*로 개제)였다.

한편 남서부인 아칸소 영토에서 출현한 최초의 신문은 「아칸소 가제트」(*Arkansas Gazette*)였는데, 이 신문은 1819년 포스트 오브 아칸소(Post of Arkansas)에서 창간해서 발행하다가 2년 뒤에 리틀록(Little Rock)으로 신문사를 옮겼다.

현재의 텍사스주에서 처음 나온 신문은 「텍사스 리퍼블리컨」(*Texas Republican*)이었는데, 이 신문은 1819년 나코그도치즈(Nacogdoches)에서 창간했으며, 편집자는 보스턴의 「데일리 애드버타이저」(*Daily Advertiser*)지 초대편집인을 역임한 호래시오 빅로우(Horatio Biglow)였다.

1803년 미시시피강 서쪽의 광대한 루이지애나 영토를 미국이 프랑스로부터 매입하자 이곳에서도 1804년 최초로 「올리언스 가제트」(*Orleans Gazette*)라는 신문이 나왔다. 그 뒤 계속해서 새로운 신문들이 나와서 1820년에는 뉴올리언스에서만도 모두 5개 신문이 발행되었다.

4. 제2차 정론기 신문들의 주요 양상들

위에서는 우선 1801년부터 1832년까지 소위 제2차 정론기에 주요 정론신문들의 실태와 각 도시 및 지역의 대표적 신문들에 관해 간단히 살펴보았다. 그러면 이 시기 신문들의 주요 내용, 각종 뉴스의 취재·보도와 편집방법, 신문의 인쇄술과 용지, 신문구독료와 보급률 등에 관해 종합적으로 살펴보기로 하겠다.

신문의 주요 내용과 지면체재

우선 이 시기의 신문들에 실려 있는 주요 내용을 보면, 여전히 국내 뉴스보다는 외국 뉴스가 많았지만, 1812년 영미전쟁이 발발하자 그 전황 뉴스에 대한 독자들의 관심이 쏠리면서 신문들은 국내 뉴스의 중요성도 인식하게 되었다. 그 결과, 외국 뉴스에 대한 비중이 점차 감소하는 대신 국내 뉴스에 대한 관심이 점차 증대했다.

• 국내외 뉴스의 주요 내용

첫째로, 외국 뉴스 중에는 프랑스 나폴레옹의 정복전쟁에 관한 것이 가장 많았다. 이는 1802년 프랑스 황제가 된 나폴레옹이 대외정복전쟁을 일으켜 유럽 여러 나라를 침탈하면서 프랑스와 영국이 서로 해상을 봉쇄하자 미국의 무역이 심한 타격을 받게 되었으며, 1814년에는 미국이 금수령을 내리는 사태까지 발생했기 때문이다. 이러한 사태를 초래한 나폴레옹이 러시아의 원정에 실패한 후, 1814년 엘바섬에 유배됐다가 이듬해 탈출하여 다시 정권을 잡았으나 또다시 세인트헬레나섬으로 귀양 가서 1821년 사망한 소식 등도 미국신문들이 크게 취급했다.

둘째로, 국내 뉴스 중에서는 전쟁 관계 뉴스가 가장 많았다. 그 이유는 이 기간에 영미전쟁(1812–14)이 발발했으며 북서부와 플로리다에서는 인디언과의 전쟁도 있었고, 1803년 루이지애나 영토의 매입과 1810–21년간의 플로리다 지역의 획득 등을 둘러싸고 영국 또는 스페인과의 전쟁위험이 고조되었기 때문이다. 그런가 하면, 1832년에는 사우스캐롤라이나에서 보호관세의 무효화를 둘러싼 반란도 있었기 때문이다.

셋째로, 이 시기에도 역시 많은 지면을 차지한 것은 국내 정치문제였는데, 이는 여러 번에 걸쳐 있었던 대통령선거, 대통령의 중요한 담화문 발표, 금수령 · 중앙은행 · 노예제도 · 보호관세 문제 등을 둘러싼 정치문제들이 잇달아 터졌기 때문이다. 한편 1804년 7월 애런 버어(Aaron Burr)와의 결투에서 알렉산더 해밀턴(Alexander Hamilton)의 사망사건, 그리고 서부의 여러 주들을 미국연방으로부터 분리시키려 했던 버어의 음모계획과 그에 대한 재판 등에 관한 뉴스도 당시 미국신문들의 지면을 센세이셔널하게 장식했다.

• 해당 지역 뉴스의 경시와 워싱턴 뉴스의 중시

위와 같이 이 시기에도 미국신문들은 비교적 다양한 뉴스를 보도했으나, 이상하게도 각 신문사의 소재 지역이나 그 인근 지역 뉴스는 조금밖에 보도하지 않았다. 소도시의 신문들 중에는 그 지역 저명인사의 사망이나 결혼 또는 화재나 태풍 등에 관한 뉴스를 간단하게 보도하는 경우가 적지는 않았으나, 이런 기사들은 주로 조그만 지방지나 주간지에서나 취급하는 것으로 인식되어 대규모 일간지에서는 거의 거들떠보지도 않았는데, 그 주요 이유는 당시 신문발행인이나 편집자들이 자기 신문사 소재 지역의 소식들을 보도하는 것은 우스운 일이라고까지 생각하는 경향이 있었기 때문이다.

이와 같은 지역 뉴스에 대한 경시 풍조는 특히 상업신문들이 더욱 심해서 선박의 발착, 해운 관계 등의 지역 뉴스들을 제외하고는 거의 싣지 않았다. 예컨대, 「뉴욕 커머셜 애드버타이저」지는 심지어 홍수 · 지진 · 전쟁 등에 관한 지역 뉴스들까지 거의 무시했다. 그러나 만약 선편의 발착기사가 하나라도 빠지게 될 경우에는 신문사 내에 온통 난리가 나곤 했다.

반면 워싱턴 관계 뉴스는 모든 신문들이 모두 중시했는데, 이들 뉴스의 주된 취재원은 당시 워싱턴에서 발행한 「내셔널 인텔리젠서」지였으나, 후에는 「유나이티드 스테이츠 텔레그래프」지와 「워싱턴 글로브」지도 중요한 뉴스원이 되었다. 일부 신문들은 그 지역대표로서 워싱턴에 가 있는 사람들을 통해 뉴스를 수집하기도 했으며, 1820년대 중반에 와서는 워싱턴에 특파원을 잠시 동안 보내거나 또는 아예 주재시키는 신문들도 일부 나타나게 되었다.[4]

• 논설과 그 밖의 피처기사들도 많이 게재

당시 신문기사들을 보면, 위와 같이 국내 정치에 관한 주요 사건들을 뉴스 기사로 보도할 뿐만 아니라, 또한 논설·논평·독자투고 등의 형식으로도 크게 다루었다. 그리하여 1810년 이사이아 토머스(Isaiah Thomas)가 지적한 대로 각종 신문들은 온통 정치 에세이들로 가득 찼으며, 편집자들조차도 뉴스보다는 이러한 정치 에세이들을 더 중시했다(Thomas, 1810, Vol. II, p. 189).

그 결과, 1820년대 말에는 많은 신문들에 고정적 논설칼럼들이 생기게 되었는데, 이들 칼럼은 대체로 제2면이나 제3면의 지방 뉴스난 아래 위치해 있었다. 그러나 이들 논설칼럼은 편집자들 자신의 의견이라기보다는 다른 간행물이나 신문들에서 따온 것이 많았으며, 개중에는 다른 사람의 글을 그대로 표절한 것도 많아서 불평이 많이 야기되기도 했다. 또한 내용도 보잘것없는 데다가 논리가 부당하거나 독자를 오도하는 것도 많았는데, 당시 신문들의 편집인은 대부분 전문 언론인이 아닌 인쇄업자들이었기 때문이다.

이러한 논설 외에, 당시 신문들은 또한 읽을거리 피처기사들, 즉 다양한 주제의 가벼운 수필, 일화와 기담, 그리고 시 등도 많이 실었다. 예컨대 필라델피아의 「가제트 오브 더 유나이티드 스테이츠」는 1810년 6월 25일자 신문에서 독자들에게 일주일에 7–8단의 지면을 다양한 읽을거리의 제공에 할애하겠다고 약속했으며, 실제로는 그 약속보다 더 많은 지면을 할애했다. 이처럼 당시 신문들은 읽을거리 피처기사들에도 많은 지면을 할애함으로써 수필·일화·기담·시 등도 신문의 주요 내용의 일부가 되었다. 이러한 기사들은 주로 제1면 또는 제4면에 게재했는데, 가령 보스턴의 「컬럼비안 센티널」을 보면, 화려한 표제의 시인

4 당시 워싱턴에 주재하면서 활약한 대표적 특파원으로는 「뉴욕 스테이츠맨」(*New York Statesman*)지의 카터(Nathaniel H. Carter), 필라델피아 「내셔널 가제트」(*National Gazette*)지의 월쉬(Robert Walsh), 「뉴욕 인콰이어러」(*New York Enquirer*)지의 베닛(James Gordon Bennet), 그리고 자신의 이름 대신 'The Spy in Washington'이라는 사인을 즐겨 사용한 뉴욕 「쿠리어 앤드 인콰이어러」(*Courier and Enquirer*)지의 데이비스(Mathew L. Davis) 등을 들 수 있다.

란을 두고 그 표제를 '헬리컨의 샘물'(Helicon Reservoir),[5] '감상의 삶'(Sentimental Sustenance), '영감의 샘'(Castalian Fount) 등으로 계속 바꾸어 가면서 여러 가지 시를 소개했다.

• 신문지면의 크기와 편집체재 및 기사제목

다음으로 이 시기 신문들의 편형과 발행면수도 간단히 살펴보면, 동부 지역 주간신문들과 지방신문들 및 서부 지역 신생신문들의 판형은 소형판 그대로였으나, 대도시 신문들의 판형은 점차 커지는 경향을 보였다. 또한 대도시 신문들은 발행면수도 종래의 4면에서 6면으로 늘어나는 경향을 보였으며, 판형이 커지면서 각 면의 단수도 6–7단으로 늘어나게 되었다.

이 시기에도 아직 표준화된 편집체재는 정립되지 않아서 각 신문마다 제각기 달랐으나, 가장 전형적인 것은 ① 제1면에는 광고를 4분의 3쯤 싣고 나머지는 문예물이나 정치 에세이로 채웠으며, ② 제2면에는 주로 외국과 국내 뉴스를 싣되, 정치연설문이나 편집자에게 보내는 독자의 편지 등도 게재했으며, ③ 제3면은 논설칼럼, 지방 뉴스, 광고 등으로 채웠고, ④ 마지막 제4면에는 광고만 게재하는 식이었다.

한편 기사제목도 아직 제대로 발달되지 않았으나, 일부 신문, 예컨대 「보스턴 가제트」 등에서는 주요 기사의 첫머리 글자를 본문활자보다 큰 활자로 인쇄해서 독자들의 눈에 띄게 함으로써, 각 기사에 대한 독자들의 관심과 주목을 끌기 위한 오늘날 제목의 광고기능을 대신하기도 했다. 그러다가 오늘날의 표제(label)와 비슷한 기사제목들이 나타나기 시작했는데, 1812–14년간의 영미전쟁 때 미군이 뉴올리언스에서 영국군을 대파하자, 이에 관한 보도기사에서 워싱턴의 「내셔널 인텔리젠서」는 "거의 믿을 수 없는 승리"(ALMOST INCREDIBLE VICTORY)라는 제목을 달았다. 그 뒤, 1828년 앤드류 잭슨이 7대 대통령으

5 그리스신화에 나오는 것으로 시상(詩想)의 원천이라는 뜻을 가지고 있다.

로 당선했을 때, 워싱턴의 「유나이티드 스테이츠 텔레그래프」지는 “영광의 승리”(GLORIOUS TRIUMPH)라는 2단 크기의 제목을 달기도 했다.

• 신문광고의 실태와 형태

끝으로 신문광고도 살펴보면, 광고비율이 계속 증가해서 대부분의 신문들은 전체 지면의 50% 이상을 광고에 할애했다. 이러한 광고의 비율은 상업신문들이 훨씬 높아서, 일부 상업신문들은 전제 지면의 5분의 4 또는 10분의 9를 광고로 채우기도 했다. 그런가 하면, 정론신문들조차도 때때로 전체 지면의 4분의 3을 광고로 채우는 경우가 적지 않았다.

그러나 이처럼 광고의 비중이 높았던 것은 광고물량이 많았기 때문이 아니라 광고료가 쌌기 때문이었다. 광고료는 싼데 광고수입을 더 올리려면 그 만큼 광고를 더 많이 싣는 방법밖에 없었다. 그렇다면 당시 신문광고료는 얼마나 되었는가? 1820년대까지는 대체로 12행(1 square)에 50센트였으나, 그 후 75센트 정도로 인상되었다. 그러나 이는 어떤 광고를 첫 번째로 게재할 경우의 요금이었으며, 같은 광고를 다시 게재할 때는 광고료가 반으로 떨어졌다.

한편 당시 신문광고의 형태를 보면, 오늘날의 일러스트레이션 광고(illustration advertisement)와 같은 것은 아직 등장하지 않았으며, 모두가 오늘날의 안내광고와 비슷한 것들만 있었다. 이러한 광고들도 삽화 등을 거의 넣지 않고 문안만 작은 활자로 조그맣게 인쇄해 넣었는데, 그 주요 이유의 하나는 제한된 지면에 되도록 많은 광고를 싣기 위해서였다.

국내외 뉴스의 신속한 보도를 위한 노력

위에서는 우선 이 시기 미국신문들의 주요 내용들을 살펴보았는데, 그러면 당시 각종 뉴스들은 어디에서 어떻게 입수 내지 취재해서 보도했는가? 비록 신문 내용들은 정론적 기사들이 판을 치고 있었으나, 각종 뉴스의 입수와 보도가 신속해지고 취재망도 많이 확대되었는데, 이에는 1812–14년간의 영미전쟁과 우편제도의 발달이 중요한 영향을 미쳤다고 볼 수 있다.

• 영미전쟁에 관한 전황 뉴스의 신속 보도

1812년 미국과 영국 간에 전쟁이 시작되었는데, 이 전쟁은 미국의 입장에서 볼 때는 제2의 독립전쟁이었다. 비록 영국으로부터 독립했지만, 당시 영국은 미국 시민들을 강제로 끌어다가 영국군에 편입시키는 등 미국에 여러 가지 모욕들을 안겨 주었다. 그러자 영·미 양국 간의 관계는 점차 악화되다가, 1812년 미국이 마침내 영국에 선전포고를 하기에 이르렀다. 미국육군은 작전 실패로 오히려 영국군에게 미시간주의 디트로이트(Detroit)를 빼앗기기도 했지만, 미국해군은 승전을 거듭해서 미국의 자신감을 회복시켜 주었다.

이렇게 미국군과 영국군이 서로 밀고 밀리는 전쟁을 거의 2년 동안이나 계속하자, 전황을 빨리 알고 싶어 하는 독자들의 요구에 부응하여, 미국신문들은 전황뉴스를 신속하게 보도해야겠다는 생각을 하게 되었다. 그리하여 동부 지역 신문들은 급행마차들을 동원하거나 또는 급행마차를 운행하던 회사들을 시켜, 전황 뉴스들을 우편마차보다 빨리 실어 오도록 해서 그 뉴스들을 신속하게 보도했다.[6]

그 결과, 1812–14년간의 영미전쟁은 신속한 뉴스보도의 발전에 중요한 영향을 미치게 되었다. 그리하여 영미전쟁이 끝난 뒤에도 미국신문들은 중요한 사건이 터지면 그에 관한 뉴스를 급행마차를 이용하여 가져다가 신속하게 보도하는 것이 거의 보편화되었다. 그러자 1825년부터 미국정부도 주요 도시들 간에 급행우편마차들을 운행하기 시작했는데, 급행우편료는 보통우편의 3배나 되었지만 배달시간은 반으로 줄어, 예컨대 뉴욕에서 뉴올리언스까지 16일이나 걸리

6 영미전쟁에 관한 뉴스보도는 아니지만, 1813년 9월 어느 날, 영국함대가 볼티모어의 맥헨리요새를 공격했으나 미군들의 완강한 저항에 막혀 함락되지 않던 전투장면을 영국전함에 억류된 채로 지켜보고 있던 메릴랜드의 젊은 변호사 프랜시스 스콧 케이(Francis Scott Key)가 그 전투장면에서 영감을 얻어 성조기의 노래(the Star-spangled Banner)를 짓자, 이를 불과 몇 시간 뒤에 「볼티모어 아메리칸」(*Baltimore American*)지가 지면에 실었는데, 이 노래가 현재 미국의 국가가 되었다.

던 것이 7일로 단축되었다. 그리하여 신문들은 급행우편마차들을 이용하여 먼 곳의 뉴스들도 신속하게 운반해서 보도할 수 있게 되었는데, 당시까지 미국신문 역사상 가장 빨리 보도된 뉴스는 1828년 앤드류 잭슨(Andrew Jackson)이 대통령으로 당선되었다는 뉴스로, 이 뉴스는 한 신문사에서 고용한 기수가 워싱턴에서 볼티모어까지 1시간 30분 만에 전달했으며, 필라델피아까지는 약 10시간, 뉴욕까지는 20시간 만에 전해졌다. 또한 이 뉴스는 특급우편마차가 시간당 10마일씩, 말들을 바꾸어 가면서 주파해 1주일 만에 세인트루이스까지 전달했다.

이렇게 신문들이 급행우편마차를 이용하여 주요 뉴스들을 보내서 신속하게 보도하면서, 우편제도의 이용도가 점차 높아져서 1830년대 초에는 전체 우편물의 90%를 신문이 차지하게 되었다. 그러자 민주공화파 지도자 존 캘하운(John C. Calhoun)은 "신문과 우편제도는 국가사회라는 신체의 신경이다"라고 피력하면서 "공간을 정복하자. 그리하여 신문잉크 냄새가 배어 있는 보스턴의 뉴스를 서부의 주민들이 읽게 하자"고 주창하기도 했다.

당시 서부로 신문의 확장도 야심적 우편제도의 확대·발전이 없었다면 불가능했을 것인데, 1932년경까지 미시시피강 동쪽에 거미줄같이 연결된 우편망은 다시 미시시피강을 넘어서까지 확대되어 가면서 서부 지역 신문들의 급속한 발전에 원동력이 되었기 때문이다. 하지만 당시 서부 지역에서는 우편물이 제날짜에 도착되지 않는 경우가 많아서, 우편 스케줄에 따라 발행하던 신문들이 골탕을 먹는 경우가 많기는 했지만 우편제도가 점차 발달함으로써 다른 지역 뉴스를 그전에 비해 비교적 신속히 입수해서 신문에 보도할 수 있었다.

• 외국 뉴스도 신속 보도를 위해 노력

이렇게 되면서 미국신문들은 뉴스의 시의성(timeliness)을 강조하게 되었으며, 이러한 경향은 국내 뉴스뿐 아니라 외국 뉴스의 경우에서도 그대로 나타나게 되었다. 그리하여 비록 당시는 유럽 신문들이 대서양을 건너 미국으로 오는데 5–6주가 걸리기는 했지만, 일단 유럽 신문들이 미국 항구에 도착하면 그때부터는 신속하게 처리하기 시작했다. 심지어 새뮤얼 톱리프(Samuel Topliff)라는 사람은 시간을 절약하기 위해 1811년부터 유럽에서 미국으로 건너오는 상선들을 먼 바다까지 마중 나가 있다가 바다 한가운데서 신문뭉치들을 인수해 오기까지 했다. 그리하여 그 신문들을 보면서 주요 뉴스기사들을 발췌해서, 뉴스 북(newsbook)을 만들어 여러 신문사에 배포하기도 했다.

그런가 하면, 제임스 베네트(James Gorden Bennett)라는 사람은 뉴스와 신문 수송선을 개발해서 운행했는데, 이 수송선은 뉴욕 신문들이 공동출자하고 연간 2,500달러의 운영비를 공동 부담하면서 각종 뉴스와 신문들을 각 지역의 항구에서 항구로 신속히 전달했다. 그러나 이 수송선제도는 「뉴욕 쿠리어」지와 「뉴욕 저널 오브 커머스」지 간의 극심한 경쟁의 결과, 이들 두 신문이 이탈하는 동시에 각자 조그만 쾌속정들을 구입해서 독자적으로 운영함으로써 와해되고 말았다. 이들 두 신문사의 쾌속정들은 유럽이나 다른 곳에서 오는 상선이 멀리서 입항을 알리는 고동을 울리면 서로 경주하듯이 달려가 신문을 먼저 받아 오는 치열한 경쟁을 벌이면서, 조금이라도 더 빨리 외국 뉴스를 보도하려고 안간힘을 썼다. 그러나 외국의 뉴스에 대한 신문과 독자들의 관심과 비중은 그 이전에 비해 점차 감소하게 되었다.

• 취재 · 보도 · 편집 등은 인쇄인이 주로 맡아

위와 같이 이 시기의 신문들은 각종 뉴스를 신속하게 제때 보도하기 위해 여러 가지 노력을 했다. 그러나 아직도 각종 뉴스의 입수 내지 취재를 위한 조직적이고 체계적인 취재망을 갖추지 못하고 있었다. 때문에, 예컨대 영미전쟁의 전황 뉴스들의 취재도 군 당국의 발표나 전쟁 지역에서 보내오는 개인들 간의 편지 등에 의존해야만 했는데, 당시에는 아직 종군기자(war correspondents)라는 말조차 없었으며, 전장에 기자를 파견한 신문은 전무했기 때문이다.

영미전쟁 당시, 종군기자와 비슷한 역할을 한 사람을 구태여 찾아본다면, 제임스 브래드포드(James M. Bradford)를 들 수 있다. 그는 루이지애나주 최초의 신문 「올리언스 가제트」의 편집인을 역임한 인물로, 영미전쟁 발발 직전에 루이지애나주 세인트프랜시스빌(St. Francisville)에서 「타임 피스」(*Time Piece*)라는 신문을 창간했다. 그러나 영미전쟁이 일어나자, 브래드포드는 뉴올리언스를 방어하던 미군 잭슨부대에 입대해서, 군생활을 하면서 편지로 전황들을 자신의 신문에 알려 주어 보도하게 했다. 따라서 혹자는 이 사람을 미국신문역사상 최초의 종군기자였다고 주장하기도 한다(Robinson, 1938).

비록 이처럼 미국 최초의 종군기자(?)를 둔 신문사도 없지 않았으나, 당시 미국신문들은 아직 조직적 취재망을 갖추지 못해서 영미전쟁의 전황도 제대로 신속하게 보도하지 못했다. 그러나 영미전쟁을 계기로 미국의 신문들과 독자들의 관심은 점차 국내 뉴스에 집중되면서, 외국 뉴스들에 대한 비중이 점차로 줄어들게 되었다.

이 시기에도 미국의 신문사들에는 별도의 취재기자가 없었으며, 각종 뉴스의 취재뿐 아니라, 신문편집도 대부분 발행인이나 인쇄업자가 겸했다. 비록 취재기자와 비슷한 것으로서, 해운 관계 뉴스를 주로 취재한 '스페셜 쉽-뉴스맨'(special ship-news men)과, 워싱턴이나 각주의 주도에 파견해서 의회 관계 뉴스를 취재한 '콩그레셔널 리포터'(congressional reporter)라는 것을 둔 신문사도 없지는 않았으나, 이들은 일정한 지위가 부여된 취재기자가 아니라 편집자들의 취재업무를 돕는 조수에 불과했다.

이처럼 신문사에 별도의 취재기자가 없었던 것은, 당시 대부분의 신문사는 인쇄업자가 몇 명의 종업원들을 데리고, 뉴스의 취재, 기사작성, 편집, 인쇄 등 신문제작의 모든 일을 담당했기 때문이다. 특히 주간신문의 경우는 인쇄업자나 신문발행인이 기자·편집인·문선조판공·인쇄공·신문보급원·광고부장 등의 직책을 모두 겸하기도 했는데, 이는 신문사의 조직규모나 수입이 형편없었기 때문이다. 따라서 당시는 '신문사'라고 부를 정도의 규모가 못 되어, 신문인쇄소(printer)라고 불렀는데, 이들 신문인쇄소는 수입도 대단치 않아서 1년에 1만 달러 정도의 돈을 버는 신문은 1833년까지 전국을 통틀어 10여 개 내외에 지나지 않았다(Mott, 1962, p. 205).

신문의 인쇄술과 용지제지술 등의 발전

비록 위와 같이 영세한 신문들이 많았지만 신문인쇄술은 그 이전에 비해 많이 발달했다. 19세기 초부터 종래의 구텐베르크식 인쇄기를 조금씩 개량해 오다가 1813년 필라델피아의 조지 클라이머(George Clymer)가 새로운 컬럼비안 인쇄기(Columbian press)를 발명했다. 또한 그간에 활자주조기(type-casting machine)가 발명되고 목재펄프를 사용한 제지술이 도입됨으로써 신문인쇄에도 커다란 혁신을 가져오게 되었다.

• 새로운 신문인쇄기의 계속적 등장

컬럼비안 인쇄기는 종래의 나사식 원리 대신에 여러 개의 레버(lever)를 이용해서 압착인쇄를 하는 동시에 인쇄기 자체도 나무 대신 철로 제작해서 아주 견고했다. 그러나 대당 가격이 400달러나 되었다. 그럼에도 뉴욕의 거의 모든 신문들이 구입해서 사용했으며, 유럽에서 사 가기도 했다.

이러한 컬럼비안 인쇄기의 발명에 이어, 또다시 신문인쇄에 혁명이 일어났는데 그것은 증기동력의 윤전인쇄기(steam-driven cylinder press)의 등장이었다. 이 새로운 인쇄기는 1810년 독일계 영국인 프리드리히 쾨니히(Friedrich Koenig)가 발명한 소위 '쾨니히식 인쇄기'였는데, 이 인쇄기를 영국의 「타임스」(*Times*)도 1814년 11월 28일부터 사용하기 시작했다.

이와 같은 쾨니히식 인쇄기를 다시 데이비드 네이피어(David Napier)가 개량했는데, 이 '네이피어식 인쇄기'는 1820년대 당시 대당 가격이 4,000–5,000달러로서 엄청나게 비쌌다. 그럼에도 1825년 미국의 「뉴욕 데일리 애드버타이저」가 미국에서는 처음으로 도입해서 시간당 2,000부의 신문을 찍어 낼 수 있었는데, 이는 당시로는 놀라운 일이었다. 그 뒤 뉴욕의 리차드 호우(Richard Hoe)라는 사람이 이 인쇄기를 다시 개량해서 시간당 4,000부를 인쇄할 수 있게 됨으로써, 신문의 대량적 속보시대의 문이 열리게 되었다.

• 신문활자주조기 · 인쇄잉크 · 용지제지술의 발달

이렇게 신문의 대량적 속보시대의 문이 활짝 열리게 만든 데에는 신문활자주조기의 발명도 커다란 역할을 했다. 1810년대까지는 신문활자들을 손으로 주조해 왔으나 1820년 데이비드 브루스(David Bruce)가 활자주조기(type-casting machine)를 발명해 냄으로써 신문활자의 대량생산이 가능하게 되었다. 그러자 신문활자주조업체들도 많이 늘어나 서로 경쟁을 벌임으로써 신문활자의 질도 좋아졌고 값도 싸졌다. 활자주조공장들은 특히 오하이오주 신시내티에 많이 생겨서, 당시 신시내티는 신문활자의 새로운 수요가 날로 증가하던 서부 지역의 신생 신문사들에게 활자를 공급해 주는 중요한 도시가 되었다.

한편 신문인쇄용 잉크의 제조에도 많은 기술적 발전이 있었는데, 필라델피아 사람 제이콥 존슨(Jacob Johnson)은 그의 아들과 함께 1804년 리글리 앤드 존슨(Wrigley & Johnson)이라는 인쇄잉크제조회사를 설립해서 본격적인 잉크생산에 돌입함으로써 1830년대 초에 와서는 미국에서 소요되는 인쇄잉크의 대부분을 공급하게 되었다. 그러나 일부 인쇄업자들은 계속해서 자신들이 필요한 잉크를 직접 만들어서 쓰기도 했다.

이 시기에는 신문용지의 제지술에도 일대 혁명이 일어났다. 1820년대 이전까지 미국에서는 넝마를 사용하여 종이를 만들었는데, 넝마를 구하기가 쉽지 않아서 신문용지 1파운드에 13센트나 되었다. 그렇다고 해서 유럽으로부터 용지를 수입해서 쓰려면 높은 보호관세가 붙어서 오히려 미국산 용지보다 비싸게 되었다. 그러자 넝마 대신, 값싼 목재펄프로 신문용지를 생산하는 제지방법을 1830년 독일로부터 도입했다. 그리하여 미국에서도 '포어드라이니어 제지기'(Fourdrinier machine)가 등장하여 목재펄프로 신문용지를 생산해 냄으로써 신문용지 값도 싸졌으며, 용지의 질도 좋아졌다.

• 인쇄공들의 도제교육과 작업환경 및 임금

위와 같이 1801년부터 1832년까지의 시기에는 신문인쇄술과 제지술 등에 커다란 발전이 있었다. 그러나 신문인쇄소의 구조와 운영, 인쇄공들의 대우와 작업환경 등은 여전히 열악했는데, 당시까지도 거의 모든 신문인쇄소는 그 주인이 몇 명의 인쇄공과 도제들을 데리고 운영하고 있었기 때문이다.

앞에서 언급했듯이 인쇄공들의 도제교육은 보통 12세 정도에 시작하여 21세가 될 때까지 약 7년 동안 계속되었는데, 일단 도제가 되면 주인의 법적 하인으로 취급되어, 도망을 치더라도 강제로 다시 주인에게 돌려보내졌다. 이러한 도제들은 약 7년 동안의 고된 도제교육이 끝나면 인쇄기능공(journeyman) 자격을 얻게 되나, 다시 이곳저곳의 인쇄소들을 돌아다니면서 연수교육을 받아야 했다. 그런데 이처럼 연수교육을 받는 인쇄기능공에 대한 인쇄업자(인쇄소 주인)들의 대우는 좋지 않았고 일은 고되어서 인쇄소 주인들이 "발바닥을 간질이고, 목을 타게 만든다"(itching feet and parched throats)는 말이 유행할 정도였다.

게다가 연수인쇄기능공에 대한 임금도 매우 낮아서 뉴욕과 필라델피아의 문선공이나 식자공의 주당임금은 8달러 정도였다. 그러자 인쇄공들은 노동조합을 결성해 임금투쟁을 벌이면서 자신들의 기관지를 발행하기도 했는데, 그 최초의 기관지는 1827년 필라델피아에서 잠시 동안 발행한 「저니맨 메커닉스 애드버케이트」(*Journeyman Mechanics Advocate*)라는 조그만 간행물이었다. 이러한 노동조합기관지가 처음 나오자, 그 후 이와 비슷한 것들이 다른 여러 곳에도 나오게 되었는데, 그중에서 가장 유명했던 것은 뉴욕의 「워킹 맨스 애드버케이트」(*Working Man's Advocate*)였다. 이는 당시 미국에서 유명했던 노동계 지도자 조지 에반스(George H. Evans)가 편집했는데, 이 노동조합기관지는 1829부터 1847년까지 18년 동안이나 계속 발행되었다.

신문구독료와 신문보급률의 실태

이 시기의 신문구독료는 신문에 따라 다양했으나 일간신문은 연간구독료가 대체로 8–10달러 정도였으며, 주간신문은 연간구독료가 평균 1.50–2.50달러였고, 주2회간지와 3회간지들의 연간구독료는 4–5달러 정도였다(*Cayuga Republican*, 1861. 12. 26일자). 하지만 이는 동부 지역의 경우이며, 서부 지역이나 그 외 개척지들에서의 신문구독료는 동부 지역보다 약간 비쌌다.

당시 신문구독료는 다른 물가들에 비해 비교적 싼 편이었으나, 독자들이 신문구독료를 제대로 내지 않아서 신문발행인들이 애를 먹었다. 그래서 신문대금을 현금 대신 현물로 받기도 했는데, 그 현물들은 주로 월동용 땔감, 버터·치즈·돼지기름(lard) 등의 식료품, 밀·옥수수·귀리·호밀 등의 곡물, 깃털·양털·아마 등의 옷감재료 따위였다. 이처럼 신문대금을 현물로 받기도 했지만 그래도 신문구독료가 제대로 걷히지 않아서, 예컨대 1822년 필라델피아의 윌리엄 듀앤(William Duane)이 그의 신문 「오로라」(*Aurora*)지를 팔려고 내놓았을 당시, 그때까지 쌓여 온 미수금이 8만 달러에 이를 정도였다. 한편 당시 워싱턴에서 발행한 「유나이티드 스테이츠 텔레그래프」(*United States Telegraph*)지의 5년 동안의 미수금도 역시 약 8만 달러가 되었다.

이처럼 신문사들이 미수금 때문에 어려움을 겪었지만, 신문보급률은 계속 증가해서 전 세계에서 가장 높은 보급률을 보였다. 그 이유의 하나로는 문자해득자들의 증가를 들 수 있는데, 1833년에는 20세 이상 백인인구의 91%가 문자를 해득하고 있었다. 따라서 신문보급률이 세계 최고를 자랑하게 되었다고 볼 수 있다. 그러나 각 신문별 발행부수는 매우 적었는데, 1833년 현재 전국에서 가장 발행부수가 많았던 「뉴욕 쿠리어 앤드 인콰이어러」(*New York Courier and Enquirer*)지의 경우도 고작 4,500부를 발행할 정도였으며, 이를 절반 정도 상회하는 신문도 그리 많지 않았다. 그리하여 1801년부터 1832년까지 제2차 정론기 전체를 통하여 각 신문의 평균발행부수는 1,000부를 넘지 못했는데, 이는 소규모의 새로운 신문들이 많이 나타났기 때문이기도 했다.

제5장

페니신문기 (1833–1860)

새로운 개혁들과 페니신문의 생성·발전

앞서 제4장에서는 1801년부터 1832년까지 제2차 정론기의 신문실태에 관해 살펴보았는데, 1830년대에 접어들면서 미국신문들의 정론지 현상은 또 다른 양상으로 나타나기 시작했다. 즉 이번에는 노예문제를 놓고 찬반으로 갈라져 논쟁을 일삼았는데, 이러한 현상은 1861년 남북전쟁이 시작될 때까지 계속되었다. 따라서 이 시기를 제3차 정론기라고 부르기도 한다. 이 시기는 또한 미국신문역사상 가장 괄목할 만한 변혁의 시기이기도 했는데, 정론신문들 간의 논쟁 속에서도 여러 가지 새로운 현상들이 나타났다. 그중에서 가장 커다란 변혁은 '페니신문'(penny papers)이라는 1센트짜리 염가지의 출현이었다. 따라서 이 시기, 즉 1833년부터 1860년까지를 '페니신문기'라고 부르기로 하겠는데, 그렇다면 이와 같은 신문의 변혁들은 어떻게 일어나게 되었는가?

1. 페니신문기의 시대적 상황

우선 이 시기의 시대적 상황부터 간단히 살펴보면, 1830년부터 노예문제를 놓고 계속해서 첨예화되어 오던 북부와 남부 간의 지방색과 이해관계는 더욱 분명하게 나타나기 시작했다. 이러한 가운데 1832년 대통령선거가 실시되었다. 그러나 이 선거에서 가장 중요한 이슈가 되었던 것은 노예제도 문제가 아니라 미국은행의 재특허문제였는데, 민주공화파 후보 앤드류 잭슨(Andrew Jackson)은 "대다수 국민의 이익을 위해 미국은행의 재특허를 불허하겠다"고 밝힘으로써, 미국은행의 재특허를 지지한 국민공화파 후보 헨리 클레이(Henry Clay)에게 압승을 거두었다.

잭슨 대통령의 재선과 휘그당의 도전

이렇게 해서 잭슨이 대통령에 재선되었으나, "사회하층계급의 이익을 위해 미국은행의 재특허를 반대한다"는 그의 정책은 경제발전에 심각한 타격을 주어 1837년 경제공황을 초래함으로써, 오히려 사회하층계급을 경제적 곤경에 몰아넣었다. 하지만 이러한 경제공황에 대해 잭슨정부는 적절한 조치를 취하지 못했으며, 1837년 잭슨을 계승한 민주당의 마틴 밴 뷰런(Martin Van Buren) 대통령 역시 경제공황을 제대로 극복하지 못해서, 불경기와 저임금으로 인하여 국민의 지지를 잃게 되었다.

그 결과, 1840년 대통령선거에서는 휘그당(Whig Party)[1]의 윌리엄 헨리 해

---

1 과거의 국민공화파가 발전한 정당이다. 1830년대 이전에는 정책보다는 인물을 중심으로 정파들이 조직되어 왔으나 이러한 정파들이 1830년대부터 정당의 성격을 띠면서, 종전의 민주공화파는 민주당(Democratic Party)으로, 국민공화파는 휘그당으로 발전하여 양당정치의 기초가 마련되었다. 그러나 1854년 캔자스-네브래스카법안(Kansas-Nebraska Act)에 반대하는 민주당원들과 휘그당원들이 연합하여 공화당(Republican Party)을 결성함으로써 휘그당은 사라지고, 그 대신 미국의 정당정치는 현재

리슨(William Henry Harrison)이 대통령에 당선되었다. 그리하여 민주당 대신 휘그당이 정권을 잡게 되었으나, 68세의 해리슨 대통령은 취임 후 1개월도 못 되어 사망하고, 그 대신 민주당 소속의 부통령 존 타일러(John Tyler)가 1841년 대통령직을 승계했다.

그 뒤 10여 년 동안, 민주당이 계속 정권을 잡으면서 정계도 비교적 안정되었으며, 이러한 가운데 특히 미국의 문화와 각종 산업이 커다란 발전을 이룩하게 되었다. 각종 공업이 동부 해안지대뿐 아니라 서부의 도시에서도 급속히 발전했다. 또한 농업도 번창하여, 경작면적이 442-780만 평방킬로미터에서 거의 유럽대륙 정도의 크기로 확대되었다. 그러면서 인구도 1812년 당시는 725만 명이었던 것이 1852년에는 2,300만 명 이상으로 증가했다. 그러나 1830년부터 특히 노예문제를 놓고 계속되어 온 북부와 남부 간의 갈등이 더욱 심화되다가 마침내 1861년 남북 간에 전쟁이 터지고 말았다.

노예제도에 대한 남북 간 논쟁의 격화

남북 간의 갈등과 분쟁은 이미 19세기 초부터 시작됐으나, 특히 격화된 것은 1830년부터 노예문제를 놓고서였다. 당시 북부의 여러 주들에서는 노예제도를 거의 폐지한 상태였지만, 남부에는 약 200만 명의 흑인노예가 있었는데, 면화경작지가 남서부 지방으로 확대되면서 노예제도가 더욱 강화되는 경향을 보였다. 그러자 북부인들은, 남부가 그 경제에 절대 필요하다는 노예제도를 남부 지방의 상대적 후진성의 산물이라고 비난하며 노예제도의 폐지를 주장했다.

이렇게 북부인들이 노예제도의 폐지를 주장하자, 남부의 실업인들은 물론, 정치지도자·전문직업인 그리고 성직자들까지도 노예제도에 대한 그때까지의 죄책감을 버리고 노예제도를 열렬히 지지하고 나섰다. 그들은 노예제도가 오히

까지도 민주당과 공화당의 양당체제로 운영되어 오고 있다. 그러나 그간에 여러 군소정당들이 나타났다가 사라지기도 했다.

려 흑인들에게 많은 혜택을 주고 있다고 주장하면서, 자본과 노동 간의 관계는 북부의 임금제도에서보다는 남부의 노예제도에서 더욱 인도적이라고 내세웠다. 또한 노예제도는 모든 영토에서 존재할 권리를 갖는다고까지 주장했다. 그러자 북부인들은 그 어떤 지역에서도 노예제도가 존재할 권리는 없으므로, 노예제도는 곧 폐지해야 한다고 맞섰다.

이처럼 남부와 북부 사람들이 노예제도의 폐지 여부를 놓고 서로 논쟁을 벌이자, 노예제도에 관심이 없던 일반국민들까지도 관심을 갖게 되었다. 이러한 관심에 특히 커다란 영향을 미친 것은 1852년 해리에트 비처 스토우(Harriet Beecher Stowe) 여사가 쓴 『톰 아저씨의 오두막집』(*Uncle Tom's Cabin*)이라는 소설이었다. 스토우 여사가 이 소설을 쓰기 시작할 때는 오로지 흑인노예들의 비참한 생활에 대한 단편적 묘사만 하려고 생각했다. 그러나 집필을 해 나가면서 더 근본적 문제, 즉 "어째서 노예제도에서 잔학행위를 떼어놓을 수 없으며, 어째서 자유사회와 노예사회가 근본적으로 서로 융화할 수 없는지"를 밝히게 되었다. 또한 인간의 기본적 감정, 즉 불의에 대한 분노와 무자비하게 착취당하고 있는 무력한 개인에 대한 연민에 호소하면서, 노예제도의 폐지를 은근히 독려했다.

이러한 소설 『톰 아저씨의 오두막집』이 단행본으로 출판되자마자 일대 센세이션을 일으켰다. 그리하여 첫 해에만도 30만 부 이상이 팔려 나갔다. 그러자 그 수요를 충당하기 위해 모두 8대의 동력인쇄기를 밤낮으로 돌리면서 소설책을 인쇄했다고 한다. 이렇게 인쇄, 출판한 소설은 미국의 모든 입법자들이나 신문들보다 노예제도의 폐지에 더 큰 영향을 미치게 되었다. 특히 이 소설은 북부의 청소년들에게 깊은 감명을 주어, 노예제도 폐지운동에 적극 앞장서게 만들었다.

남북 간 분열의 심화와 남북전쟁의 초래

이렇게 스토우 여사의 『톰 아저씨의 오두막집』이 노예제도의 폐지에 대단한 영향을 미치고 있을 즈음인 1854년, 일리노이주 출신의 민주당 고참 상원의원 스테픈 더글라스(Stephen A. Douglas)가 노예제도를 각 주의 주민들의 의사에 맡기자는 법안을 연방의회에 제출했다. 이 법안을 좀 더 구체적으로 설명하면, 캔자스와 네브래스카 2개 영토에는 그 정착민들이 노예를 데리고 들어가도록 일단 허용하되, 이들 영토가 노예제도를 금지하는 자유주로 미국연방에 가입할 것인지, 아니면 노예제도를 인정하는 노예주로 연방에 가입할 것인지는 그 주의 정착민들의 결정에 맡기자는 것이었다.

바로 이와 같은 요지의 '캔자스-네브래스카법안'(Kansas-Nebraska Act)을 더글라스가 연방의회에 제출하자, 북부인들은 "더글라스 의원이 1856년 대통령선거에서 대통령이 되려고 남부에 아첨하고 있다"고 비난했다. 또한 노예제도를 반대하는 신문들과 북부의 성직자들도 더글라스의 캔자스-네브래스카법안을 맹렬히 비난했다. 의회에서 이 법안을 심의할 때도 의원들 간에 분노에 찬 고함과 대꾸가 오갔다. 그럼에도 불구하고 1856년 5월 그 법안은 남부의 노예제도에 찬성하는 열성분자들의 환호 속에 상원을 통과하게 되었다.

이 법안은 엄청난 결과를 가져왔다. 노예제도에 대해 기회주의적이던 휘그당은 패망한 대신 강력한 새 정당인 공화당(Republican Party)이 대두하게 되었는데, 공화당의 제1차적 요구는 모든 새 영토에서 노예제도를 폐지하라는 것이었다. 그러면서 공화당은 1856년 대통령선거에 존 프리몬트(John C. Fremont)를 후보로 내세웠으나, 민주당의 제임스 뷰캐넌(James Buchanan) 후보에게 패배하고 말았다. 하지만 공화당은 북부의 많은 지역을 휩쓸었는데, 그때 키가 크고 호리호리한 일리노이주 변호사 에이브러햄 링컨(Abraham Lincoln)이 공화당 지도자로 두각을 나타내기 시작했다. 링컨은 1860년 대통령에 당선되었으며, 그 이듬해 4월 12일 남북전쟁이 터지게 되었는데, 이에 관해서는 다음 제6장에서 자세히 살펴보기로 하겠다.

2. 1센트짜리 페니신문들의 출현과 성장

위에서 살펴보았듯이 1833년부터 1860년까지 시기는 정치적으로는 특히 노예제도를 놓고 찬성자와 반대자들 간에, 또는 북부와 남부 간에 첨예한 대립을 벌린 갈등과 분열의 시기였다. 그러나 신문의 역사상으로는 가장 괄목할 만한 일대 변혁과 발전의 시기였다고 볼 수 있는데, 정론신문들 간의 계속적 갈등과 논쟁 속에서도 여러 가지 새로운 현상들이 나타났기 때문이다. 그중에서도 가장 괄목할 만한 현상은 '페니신문'(penny papers)이라는 1센트짜리 염가지의 출현이었다. 따라서 앞서 말했듯이 이 시기를 '페니신문기'라고 부르기로 하겠는데, 그렇다면 '페니신문'이란 무엇이며, 이들은 언제부터 어떻게 출현하게 되었는가?

보스턴 지역에서 처음 염가신문들의 등장

앞서 제4장에서 살펴보았듯이 제2차 정론기(1801–32)에는 일간상업신문들의 연간구독료가 평균 8–17달러였는데, 이는 당시 숙련기능공들의 주당 임금이 8–10달러였던 것에 비해 결코 싼 것이 아니었다. 더구나 이렇게 싸지 않은 구독료를 지불하고도 독자들이 받은 신문은 고작 4면에다가 그 대부분이 광고였다. 그러나 1830년을 전후해서 염가신문들이 나타나기 시작했다.

•「포틀랜드 데일리 쿠리어」와「보스턴 트랜스크립트」

미국신문역사상 최초의 염가신문은 1829년 보스턴 북쪽 메인주의 항구도시 포틀랜드(Portland)에서 시바 스미스(Seba Smith)가 창간한「포틀랜드 데일리 쿠리어」(*Portland Daily Courier*)라는 일간신문이었다. 이 신문은 비록 지면의 크기가 다른 신문들보다 훨씬 작기는 했지만, 연간구독료가 4달러로 다른 신문들의 반값인 데다가, 기사내용도 재미있어 곧 많은 독자들의 인기를 끌게 되었다.

바로 이와 같은 소형의 저렴한「포틀랜드 데일리 쿠리어」지가 성공을 거두자, 이에서 아이디어를 얻은 하버드대학 출신의 린디 월터(Lynde M. Walter)도 1830년 보스턴에서 「보스턴 트랜스크립트」(*Boston Transcript*)라는 신문을 창간했는데, 이 신문 역시 연간구독료가 4달러였으며, 크기가 10–15인치(25.4×38.1cm)인 소형신문이었다. 이 신문은 특히 논조가 정중하고 보수적이며 비정파적인데다 기사의 품위와 취향도 수준이 높았다. 또한 문예물과 연극 관계 기사를 많이 실어 문화인들의 호응을 받았다. 그런가 하면, 이 신문은 당시 미국으로 대거 이주해서 여러 가지 사회적 문제를 일으키던 아일랜드계 이민들을 옹호하는 논설들을 실으면서 약자들의 편을 들기도 했다.

1842년 창간자 린디 월터가 사망하자 그의 여동생 코넬리아 월터(Cornelia W. Walter)가 「보스턴 트랜스크립트」를 맡아 발행하게 되었는데, 그녀는 매우 총명하고 열성적인 편집자였다. 그래서 사람들은 그녀를 "총명한 숙녀편집자"라고 불렀다. 하지만 당시 미국의 유명한 시인이자 소설가 에드가 앨런 포우(Edgar Allen Poe)가 보스턴을 방문해서 시낭독회를 가졌을 때, 이를 월터가 그의 신문에서 혹평한 뒤에는 독자들이 그녀에게 "귀엽고 작은 마녀"라는 별명을 붙여주기도 했다.

이러한 "귀엽고 작은 마녀"는 「보스턴 트랜스크립트」지를 보스턴 문화계의 대변지로 만들어 놓았으며, 판형도 확대했다. 그러나 월터는 이 신문의 경영과 편집을 맡은 지 5년 뒤에 결혼하면서 은퇴하고 말았다. 그러면서 시인 에입스 서전트(Epes Sargent)가 「보스턴 트랜스크립트」의 편집을 맡아서 이 신문을 더욱 보스턴 문화계의 대변지로 자리 잡게 했다.

• 「보스턴 모닝 포스트」와 「보스턴 머캔타일 저널」

위와 같은 「보스턴 트랜스크립트」지가 창간된 이듬해인 1831년, 또 하나의 저렴한 신문이 보스턴에서 나타났는데, 이는 찰스 그린(Charles G. Greene)이 창간한 「보스턴 모닝 포스트」(*Boston Morning Post*)로서 연간구독료가 역시 4달러였다. 이 신문은 민주당계의 열성적 정론신문으로, 곧 매사추세츠주에서 가장 대표적인 정론신문의 위치를 차지하게 되었다. 그러나 그린의 타고난 유머와 위트는 정치적 논쟁의 험악함을 부드럽게 만들어 주기도 했는데, 이러한 그린은 48년 동안이나 이 신문을 이끌어 가면서 재정적으로도 재미를 보았다.

이러한 「보스턴 모닝 포스트」에 뒤이어, 1833년 보스턴에서 세 번째로 또 연간구독료가 4달러인 일간신문이 나왔는데, 이는 「보스턴 머캔타일 저널」(*Boston Mercantile Journal*)이었다. 이 신문의 창간자이자 발행인 겸 편집인은 존 슬리퍼(John S. Sleeper)였는데, 그는 '하우저 마틴게일'(Hawser Martingale)이라는 필명으로 쓴 일련의 해양소설들을 신문에 게재함으로써 「보스턴 머캔타일 저널」의 명성을 높이기도 했다. 그러나 이 신문을 더욱 유명하게 만든 사람은 스테픈 스토크웰(Stephen N. Stockwell)이라는 기자로, 그는 속기를 아주 잘해서 미국 연방의회 상원의원들의 연설들을 받아써 신문에 게재함으로써 독자들의 인기를 끌었다. 이렇게 독자들의 인기를 끌게 만든 스토크웰은 후에 이 신문의 편집인이 되었는데, 그러자 그는 신문제호를 「보스턴 저널」(*Boston Journal*)로 바꾸었으며, 신문경영에도 뛰어나서 「보스턴 저널」은 보스턴에서 가장 훌륭하면서 경영상태도 좋은 신문이 되었다.

• 진짜 '페니신문'들의 등장과 실패

위와 같이 1830년을 전후해서 염가신문들이 미국신문의 발상지인 보스턴에서 먼저 매년 하나씩 나왔다. 그러나 이들은 연간구독료가 4달러로서, 일간신문의 경우 만약 1년에 약 300호(회)를 발행한다면, 신문 1부의 대금은 1.33센트로서 1페니(penny), 즉 1센트가 넘었다. 그러므로 엄격히 말하면 진짜 1센트짜리 '페니신문'은 아니었다.

그러나 1833년 보스턴에서 2개의 진짜 '페니신문'들이 동시에 나타났는데, 하나는 벤자민 본드(Benjamin F. Bond)가 창간한 「월드 인 어 너트셸」(*World in a Nutshell*)이라는 일간신문이었고, 또 하나는 윌리엄 잉글리시(William B. English)와 제이 딜(J. B. Dill)이 함께 창간한 「데일리 페니-포스트」(*Daily Penny-Post*)라는 일간신문이었다.

하지만 이들 최초의 진짜 '페니신문'은 불행하게도 성공을 거두지 못했다.

「데일리 페니-포스트」는 겨우 창간 3주 만에 재정난으로 폐간하고 말았고, 「월드 인 어 너트셸」은 창간 2개월 만에 역시 재정난으로 폐간했다. 그러나 이들과 달리, 1833년 9월 3일 뉴욕에서 벤자민 데이(Benjamin H. Day)가 창간한 진짜 페니신문 「선」(*Sun*, 이후 「뉴욕 선」으로 호칭)은 커다란 성공을 거둠으로써, 비록 페니신문의 선구지들은 미국신문의 발생지인 보스턴에서 먼저 나오기 시작했으나, 진짜 페니신문의 발생지라는 명예는 뉴욕시에 넘겨주어야만 했다. 그렇다면 뉴욕시에서는 언제부터 페니신문이 성공을 거두었는가?

뉴욕시에서도 염가신문의 창간과 실패

"1부에 한두 푼의 맞돈을 내고 사서 보는 염가 일간신문(cheap-for-cash daily newspaper)을 발행해 보겠다"는 혁신적 시도가 뉴욕에서 처음 이루어진 것은 호레이스 그릴리(Horace Greeley)라는 인물에 의해서였다. 그러나 그가 1833년 1월 1일 뉴욕시에서 처음 창간했던 「뉴욕 모닝 포스트」(*New York Morning Post*)라는 1부당 2센트짜리 염가신문은 거의 팔리지 않아서, 3주도 못 되어 폐간하고 말았다. 그렇다면 그릴리는 어떤 인물로서 어떻게 해서 뉴욕시에서 처음 염가신문을 내게 되었는가?

• 염가신문의 선구자 호레이스 그릴리

그릴리는 뉴햄프셔주 앰허스트(Amherst) 출생으로 어린 시절을 고향 산골의 농장에서 보냈다. 그러나 그의 아버지가 1805년 연방정부가 공포한 대외금수령 파동 당시에 많은 빚을 져서 감옥에 가게 되자, 버몬트주로 도망치면서 그의 아들 호레이스 그릴리도 데리고 갔다. 이렇게 해서 버몬트주로 오게 된, 허약하고 목만 긴 어린 소년 그릴리는 어려운 환경 속에서도 독학으로 문자를 익혀서 5세에는 이미 성경을 읽을 수 있을 정도가 되었고 그의 손에 들어오는 책이나 신문은 한 줄도 빼놓지 않고 모두 읽어 버렸다.

그릴리는 15세가 되자 동네 인쇄소에 도제로 자원해서 들어갔다. 그러나 그 인쇄소가 경영난으로 문을 닫자 그때부터 그릴리는 버몬트주와 뉴욕주 시골 이곳저곳의 인쇄소를 떠돌아다니며 인쇄술을 배웠다. 그러다가 20세가 되던 해에 뉴욕시로 왔는데, 그때 그의 주머니에는 10달러밖에 없었으며, 그 밖에 그가 가졌던 전 재산은 그의 어깨에 걸쳐 있던 수건 한 장뿐이었다.

당시 뉴욕시는 아직도 인구가 25만 명밖에 되지 않았지만, 그릴리의 눈에는 대단히 크고 복잡한 도시로 보였다. 볼품없고 구겨진 홈스펀 옷에, 농부들이 신는 목이 긴 장화에, 야릇한 모자를 눌러쓴 몰골 사나운 그릴리는 뉴욕 거리를 비슬비슬 걸어 다니면서 일자리를 찾았다. 이때 만약 그를 고용할 사람들이 본다면, 오직 그의 애조 띤 음성과, 둥글고 약간 푸른색의 눈동자 및 순진한 얼굴만이 마음에 들 정도였다.

이러한 그릴리가 「뉴욕 저널 오브 커머스」(*New York Journal of Commerce*)지 편집자를 찾아가서 인쇄공 일자리를 부탁하자, 그 편집자는 그릴리에게 도망 나온 도제 같으니 주인에게 돌아가라면서 단호하게 거절했다. 며칠 뒤, 그릴리는 「뉴욕 이브닝 포스트」 신문사에 가까스로 문선공(type-picker) 자리를 얻을 수 있었다. 하지만 그가 일하던 문선실에 우연히 들렀던, 당시 「뉴욕 이브닝 포스트」 편집자 윌리엄 레게트(William Legett)가 그릴리를 보고서, "원, 저런! 얼른 해고시켜 버려! 최소한의 볼품은 있는 사람을 써야 할 것 아니야"라고 소리치는 바람에 그릴리는 신문사에서 쫓겨나고 말았다(Parton, 1854, p. 133).

• 값싼 신문를 만들어 길거리에서 팔기로

그릴리는 뉴욕시의 여러 인쇄소를 돌아다니면서 1년 또는 2년씩 인쇄공으로 일하면서 약간의 돈을 저축해 그의 동료 인쇄공 프랜시스 스토리(Francis Story)와 함께 200달러의 자산과 신용을 토대로 인쇄소를 차렸다. 그리고 주로 복권광고로 수입을 올리던 조그만 주간신문사와 계약을 맺고 그 신문을 인쇄해 주었으며, 후에는 비슷한 성격의 주3회 발간 신문을 조금 더 큰 판형으로 인쇄해 주었다.

그러다가 그릴리는 세퍼드(H. D. Shepard)라는 사람을 알게 되었는데, 그는 의학 관계 출판물의 출판에 약간의 경험을 갖고 있던 사람으로, 돈을 벌기 위해 아주 값싼 일간신문을 만들어 길거리에서 팔려는 생각을 갖고 있었다. 이러한 세퍼드가 그릴리에게 동업을 하자고 제안하자, 그릴리는 "기발한 생각이다! 상인들이 좋아할 일간신문을 내자"고 응낙했다고 한다. 왜냐하면 신문 값과 판매 방법이 실로 기발했기 때문인데, 당시까지 미국에서는 거의 모든 일간신문들이 독자들과 대부분 1년씩 계약을 해서 이들 정기구독자들에게만 신문을 배달했으며, 낱장으로 파는 신문은 흔치 않았을 뿐 아니라, 그 값도 정기구독료보다 비싸서 1부에 6–25센트씩이나 받았기 때문이다.

그러므로 "아주 값싼 일간신문을 만들어 길거리에서 팔자"는 제안을 세퍼드로부터 받은 그릴리는 그 제안을 흔쾌히 받아들여, 세퍼드와 함께 값싼 일간신문의 창간준비를 서둘렀다. 편집을 맡기로 한 세퍼드는 신문 1부에 1센트씩 받자고 주장했으나, 인쇄와 판매업무를 맡은 그릴리와 그의 인쇄소 동업자 스토리는 세퍼드를 설득해서 2센트씩 받기로 결정했다.

• 2센트짜리 「뉴욕 모닝 포스트」의 창간과 실패

이렇게 해서 1부당 2센트짜리 일간신문을 만들어 1833년 1월 1일 창간호를 뉴욕거리에 내놓았는데, 신문제호는 「뉴욕 모닝 포스트」였다. 그러나 이 신문이 처음 나오기 전날 밤에 쏟아진 폭설 때문에 길거리들이 막힌 데다가 찬바람까지 몰아쳐서 신문팔이 소년들은 길거리에서 많은 행인들을 발견할 수 없었다. 그래서 첫 호의 판매는 실패로 돌아가고 말았다. 하지만 이튿날 다시 신문을 발행했고, 그 다음날도 역시 신문을 만들어 신문팔이 소년들에게 길거리에서 팔게 했다.

이처럼 며칠간을 계속했지만, 날씨가 좋아졌는데도 불구하고 「뉴욕 모닝 포스트」지의 인기는 올라가지 않았다. 이 신문이 죽은 것은 폭설이나 찬바람 등의 날씨 때문이 아니라, 세퍼드가 신문편집자로서 부적합했기 때문이다. 그런데다가 세퍼드와 그릴리 등은 값싼 일간신문의 성공 여부를 장기간에 걸쳐 실험해 보기에 충분한 돈도 갖고 있지 않았다.

때문에 겨우 2주일 동안 2센트짜리 신문을 내다가 실패한 이들은 다시 며칠 동안은 1센트로 팔아도 보았다. 그러나 모든 것이 여의치 않자 신문발행을 중단하고 말았다. 다행이 파산은 겨우 면했는데, 당시 유행하던 복권의 인쇄가 그릴리와 스토리의 인쇄소를 살려 주었기 때문이다. 비록 세퍼드와 그릴리가 뉴욕에서 처음 창간한 2센트짜리 염가일간신문 「뉴욕 모닝 포스트」는 3주일도 못 되어 실패하고 말았지만, "아주 값싼 일간신문을 만들어 길거리에서 판다"는 염가신문에 대한 이들의 아이디어는 다른 인쇄업자들의 머릿속에 계속 살아남았다가 마침내 진짜 페니신문의 발행으로 나타나게 되었다.

뉴욕시에서 페니신문 「선」지의 성공

위와 같이 「뉴욕 모닝 포스트」지는 비록 실패했지만, 소형의 값싼 일간신문에 대한 아이디어 자체는 당시 미국 인쇄업자들의 머릿속에 그대로 살아남아 계속 맴돌고 있었다. 당시 영국에서 「페니 매거진」(*Penny Magazine*)이라는 값이 싼 주간지가 1832년 창간되어 1년 만에 발행부수가 16만 부에 이르게 되었다는 사실을 뉴욕의 인쇄업자들은 익히 알고 있어, 자기들도 값싼 신문을 만들어 보고 싶었기 때문이다. 그런 데다가 당시 새로 나온 포어드라이니어 인쇄기(Fourdrinier press)를 사용하면 신문을 값싸게 제작할 수 있었다.

• 벤자민 데이가 페니신문 「선」 창간

바로 이러한 이유에서 당시 미국 인쇄업자들 사이에서는 소형의 염가신문에 관한 논의들이 계속 이루어지고 있었다. 그때 한 사람이 다시 값싼 일간신문을 내 보겠다고 결심하게 되었는데, 그의 이름은 벤자민 데이(Benjamin H. Day)였다. 이 사람도 그릴리와 마찬가지로 20세 때 뉴욕으로 와서 1–2년 뒤에 조그만 인쇄소를 차려서 운영하고 있었는데, 이러한 데이가 염가신문을 발행하려 한 것은 오로지 돈을 벌어 보겠다는 목적에서였다.

그리하여 데이는 「선」(*Sun*)이라는 제호의 염가일간신문을 창간하여 1833년

9월 3일 아침 그 첫 호를 세상에 내놓았는데, 판면의 크기는 $7\frac{1}{2}$×10인치(19.05×25.4cm)였으며, 값은 1부에 1페니(1센트)인 진짜 페니신문이었다. 이 신문은 각종 뉴스기사들을 3단으로 나누어 조그만 활자로 깨끗하게 인쇄해 놓았는데, 그 기사들은 주로 뉴욕에서 일어난 사건들을 흥미롭고 센세이셔널하면서도 간결하고 이해하기 쉽게 작성해서, 대중들의 호기심을 충분히 자극하고 충족시켜 줄 만한 것들이었다. 그런 데다가 신문 값이 1부당 1페니여서 누구나 부담 없이 사서 볼 수 있었다.

때문에 「선」(일반적으로 「뉴욕 선」이라고 부르므로, 여기서도 앞으로는 이렇게 부르기로 한다)은 특히 대중독자들로부터 커다란 호응을 받게 되어, 창간 2개월 만에 발행부수가 2,000부가 되었다. 그 뒤 다시 2개월 뒤에는 5,000부로 껑충 뛰었는데, 이러한 발행부수는 당시 뉴욕의 모든 신문들 중 가장 많은 것이었다. 그 뒤에도 「뉴욕 선」의 발행부수는 계속 증가해서, 창간 14개월 만인 1834년 11월에는 1만부를 돌파했으며, 1835년 중반에는 1만 5,000부, 같은 해 9월에는 1만 8,000부가 되어, 미국 전체에서 최고를 기록하게 되었다. 또한 전 세계에서도 영국 런던의 「타임스」(*Times*)와 「모닝 헤럴드」(*Morning Herald*)에 이어, 세 번째로 발행부수가 많은 신문이 되었다.

이처럼 발행부수가 계속 증가하자, 「뉴욕 선」은 재정적으로도 커다란 성공을 거두었는데, 이는 신문판매량뿐 아니라 광고량도 격증했기 때문이다. 그러자 신문지면의 크기도 늘렸으며, 발행부수가 더욱 증가하자 1835년 초에는 네이피어식 동력윤전인쇄기(Napier steam-driven cylinder press)를 설치했는데, 이 인쇄기는 시간당 4,000부까지 인쇄할 수 있었다.

• 「뉴욕 선」의 주요 성공요인들

위와 같이 「뉴욕 선」지가 큰 성공을 거두게 된 데에는 여러 가지 원인들이 있었다. 그러나 이 신문이 나오자마자 대중독자들의 큰 인기를 끌게 만든 것은 치안재판소(police-court)의 치안사범사건들, 예컨대 술주정꾼·절도범·폭행범·교통사범 등에 관한 뉴스들을 흥미롭고 유머러스하게 보도했기 때문이다. 이러

THE SUN.

NUMBER 1.] NEW YORK, TUESDAY, SEPTEMBER 3, 1833. [PRICE ONE PENNY

PUBLISHED DAILY,

AT 222 WILLIAM ST ....BENJ. H. DAY, PRINTER.

The object of this paper is to lay before the public, at a price within the means of every one, ALL THE NEWS OF THE DAY, and at the same time afford an advantageous medium for advertising. The sheet will be enlarged as soon as the increase of advertisements requires it—the price remaining the same.

Yearly advertisers, (without the paper,) Thirty Dollars per annum—Casual advertising, at the usual prices charged by the city papers.

☞ Subscriptions will be received, if paid in advance, at the rate of three dollars per annum.

FOR ALBANY—PASSAGE ONLY $1.

The large and commodious steamboat COMMERCE, Capt R. H. Fitch, will leave the foot of Courtlandt street on Friday, at five o'clock P. M. for Albany stopping at the usual landing places to land and receive passengers. Passage $1. For particulars apply to the Captain on board.

REGULAR DAYS.
From New York, Mondays, Wednesdays, Fridays.
From Albany, Tuesdays, Thursdays, Saturdays. a29

FOR NEWPORT AND PROVIDENCE.

The splendid steamboat BENJAMIN FRANKLIN, Capt. E. S. Bunker, and the PRESIDENT, Capt. R. S. Bunker, will leave New York at 5 o'clock, P. M. and Providence at 12 o'clock, M. every Monday, Wednesday and Friday. For further information apply to the Captain on board foot of Courtlandt-st. or at the office, 11 Broad st. a2

FOR HARTFORD—PASSAGE 1 DOLLAR.

THROUGH BY DAYLIGHT.

The splendid low-pressure steamboat WATER WITCH, Capt. Vanderbilt, leaves the foot of Catherine street every Tuesday, Thursday, and Saturday mornings, at 6 o'clock, and arrives in Hartford at 7 o'clock the same evening. Passage One Dollar—meals extra.

The above boat leaves Hartford on Mondays, Wednesdays, and Fridays, at the same hours. a2 tf

FOR LONDON—To sail 10th of Sept.—The new packet ship Montreal, Champlin, Master, will sail on the 10th inst. For freight or passage, having elegant accommodations, apply to the Captain, on board, Pine-st. wharf, or to
a2 JOHN GRISWOLD, Agent, 69 South st.

FOR LIVERPOOL.—The fast-sailing ship Tallahasse, S. Glover, Master, will be ready to receive cargo in a few days, and have despatch. She has excellent accommodations for both cabin and steerage passengers. For freight or passage, apply to
a2 WOOD & TRIMBLE, 157 Maiden-lane.

FOR HAVRE.—The Packet ship Formosa, Orne, master, will sail on the 8th Sept. For freight or passage apply to the captain on board, or to
WM. WHITLOCK, Jr. 46 South st. a3

FOR LIVERPOOL.—Packet of the 8 Sept.—The packet ship Roscoe, J. C. Delano, master, is now in readiness to receive cargo. For freight or passage apply to the captain on board, foot of Maiden lane, or to
a2t10 FISH, GRINNELL & CO. 134 Front st.

FOR KINGSTON, JAM.—Packet 10th Sept. The elegant coppered ship Orbit will sail as above. For freight or passage, having splendid accommodations, with state rooms, apply to
a2 B. AYMAR & Co. 34 South st.

FOR NEW ORLEANS.—Packet of the 8th September, the very fast-sailing coppered ship, Nashville, Capt. Rathbone, will sail as above.—For freight or passage, having handsome accommodations, apply to E. K. COLLINS, 68 South st.
N. B. A lighter is in readiness to receive cargo at Pine street wharf. a2

FOR NEW ORLEANS—Packet of Sept. 15. The ship Tennessee, Capt. Sears, will sail as above. For freight or passage, having handsome accommodations, apply to
SILAS HOLMES & CO. 62 South st.
A lighter is in readiness to receive cargo. a2

AN IRISH CAPTAIN.

"These are as sweet a pair of pistols as any in the three kingdoms;" said an officer, showing a pair to a young student of his acquaintance, "and have done execution before now; at the slightest touch, off they go, as sweet as honey, without either recoiling or dipping. I never travel without them."

"I never heard of highwaymen in this part of the country."

"Nor I," replied the officer, "and if I had I should not trouble myself to carry the pistols on their account—Highwaymen are a species of sharks who are not fond of attacking us lobsters; they know we are a little too hard to crack. No, my dear sir, highwaymen know that soldiers have not much money, and what they have they fight for."

"Since that is the case, how come you to travel always with pistols?"

"Because," answered the officer, "I find them very useful in accommodating any little difference I may accidentally have with a friend, or which one friend may chance to have with another."

"Do you often settle differences in that way?"

"Why, I was twice out before I arrived at your age.—The first time was with a relation of my own, who said he would see my courage tried before he would contribute with the others towards the purchase of my first commission; so I sent him word that I would be happy to give him one proof the very next morning, and when we met, I touched him so smartly in the leg, that he has halted ever since. But all his doubts being now removed, he cheerfully contributed his quota with the rest of my relations, and we have been very good friends ever since."

"Pray what gave you occasion for the second?" said the young student.

"How it began originally is more than I can tell," answered the captain; all I know is, that a large company of us dined together, we sat long, and drank deep, and I went to bed rather in a state of forgetfulness, and was awaked in the morning from a profound sleep, by a gentleman who began a long story, how I had said something that required explanation; and also, that I had accidentally given him a blow, but he supposed I had no intention to affront him, and so he continued talking in a roundabout kind of way, without coming to any point. So I was under the necessity of interrupting him, "upon my conscience, Sir, (said I,) I am unable to declare, with certainty, whether I had any intention of affronting you or not, because my head is still a little confused, and I have no clear recollection of what passed, nor do I fully comprehend your drift at present, but I conjecture that you wish to have satisfaction; if so, I must beg you will be kind enough to say so at once, and I shall be at your service." Finding himself thus cut short, he named the place and the hour. I met him precisely at the time. His first pistol missed fire, but I hit him in the shoulder. At his second shot, the bullet passed pretty near me, but mine lodged in his hip, and then he declared he was quite satisfied. So as I had given a blow the preceding night, and two wounds that morning, upon declaring himself satisfied, I said I was contented."

"You would have been thought very hard to please, if you had made any difficulty."

"I thought so myself," rejoined the captain, "and so the affair ended, he being carried home in a coach, and I marching from the field of battle on foot."

"Pray, may I ask if you ever was in a battle?"

"No," replied the captain with a sigh, "I never was; I never had that good fortune, though I would give all the money I have in the world, and all the money I am owing, which is at least treble the sum, to be in one to-morrow."

"Provided you had a good cause:" replied the young student.

"I should not be squeamish respecting the cause, provided I had a good battle: that, my dear, is what is the most essential to a conscientious officer, who wishes to improve himself in his profession. I have much reason, therefore, to wish for a war; and at the present juncture, it would be much to the advantage of the nation in general, as it is dwindling into a country of ploughmen, manufacturers, and merchants. And you must know, too, that I am pretty fortunate, having already stood thirteen shots, and I never was hit but once."

"Thirteen! what, have you fought thirteen duels?"

"No, no!" replied the captain, "the last shot fired at me completed only my sixth duel."

Wonders of Littleness.—Pliny and Elian relate that Myrmecides wrought out of ivory a chariot, with four wheels and four horses, and a ship with all her tackling, both in so small a compass, that a bee could hide either with its wings. Nor should we doubt this, when we find it recorded in English history, on less questionable authority, that in the twentieth year of Queen Elizabeth's reign a blacksmith of London, of the name of Mark Scaliot, made a lock of iron, steel, and brass, of eleven pieces, and a pipe key, all of which only weighed one grain. Scaliot also made a chain of gold, of forty-three links, which he fastened to the lock and key, and put it round the neck of a flea, which drew the whole with perfect ease. The chain, key, lock, and flea, altogether weighed but one grain and a half!

Hadrianus Junis saw at Mechlin in Brabant, a cherry-stone cut into the form of a basket; in it were fourteen pair of dice distinct, the spots and numbers of which were easily to be discerned with a good eye.

But still more extraordinary than this basket of dice, or any thing we have yet mentioned, must have been a set of turnery shown at Rome, in the time of Pope Paul the Fifth, by one Shad of Mitelbrach, who had purchased it from the artist Oswaldus Norhingerus. It consisted of *sixteen hundred* dishes, which were all perfect and complete in every part, yet so small and slender that the whole could be easily enclosed in a case fabricated in a peppercorn of the ordinary size! The Pope is said to have himself counted them, but with the help of a pair of spectacles, for they were so very small as to be almost invisible to the naked eye. Although his holiness thus satisfied his own eyes of the fact, he did not, we are assured, require of those about him to subscribe to it on the credit of his infallibility; for he gave every one an opportunity of examining and judging for himself, and among the persons thus highly favored, particular reference is made to Gaspar Schioppius, Johannes Faber, a physician of Rome.

Torrianus, of whose skill so many wonderful things are related, is said to have fabricated iron mills, which moved of themselves, so minute in size, that a monk could carry one in his sleeve; and yet it was powerful enough to grind in a single day, grain enough for the consumption of eight men.

A Whistler.—A boy in Vermont, accustomed to working alone, was so prone to whistling, that, as soon as he was by himself, he unconsciously commenced. When asleep, the muscles of his mouth, chest, and lungs were so completely concatenated in the association, he whistled with astonishing shrillness. A pale countenance, loss of appetite, and almost total prostration of strength, convinced his mother it would end in death, if not speedily overcome, which was accomplished by placing him in the society of another boy, who had orders to give him a blow as soon as he began to whistle.

〈그림 5-1〉 뉴욕의 페니신문 「선」(*Sun*) 창간호(1833. 9. 3) 제1면(판면의 크기: 19.05×25.4cm)

한 기사들은 당시 뉴욕시 서민대중들의 생활상을 그대로 반영한 것으로, 그들에게 흥미와 친밀감을 주었는데, 당시 「뉴욕 선」지에 실렸던 전형적인 치안사범 사건기사의 실례를 두 가지만 들어 보면 아래와 같다(1834. 7. 4일자).

[실례 1] 마가렛 토머스(Margaret Thomas)는 어젯밤 굉장히 취했는데, 그것은 날씨가 지독하게 더웠기 때문이다. 또한 술집에서 그녀에게 옆 사람이 말하기를, "만약 한 잔의 브랜디를 각각 원샷으로 모두 아홉 잔을 계속해서 마시면 그 술값을 내주겠다"고 해서, 무려 아홉 잔의 브랜디를 계속 마셨기 때문이다. 그러나 이렇게 술을 마시는 그녀의 사생활까지도 치안판사가 간섭할 권리를 갖고 있다는 것을 그녀는 알지 못했다. 때문에 그녀는 1달러의 벌금형을 받게 되었으나, 마침 가진 돈이 없어 유치장으로 가야만 했다.

[실례 2] 패트릭 루드빅(Patrick Ludwick)은 그의 부인에 의해 교도소에 가게 되었다. 그의 부인이 경찰에서 진술한 바에 의하면, 아무런 일도 안 하면서 매일 술만 마시고 지내는 남편을 그녀는 7년 동안이나 부양해 왔다고 한다. 그러나 남편에 대한 모든 희망을 포기한 그녀는, 며칠 전 양복 한 벌을 사다가 남편에게 주면서 집을 나가서 돈을 벌어 오라고 했다. 왜냐하면 남편과 더 이상 함께 살기를 원치 않았기 때문이다. 그러나 지난밤 고주망태가 되어 돌아온 남편은 침실로 가서 침대에서 부인을 끌어낸 뒤 빰을 때렸다. 이에 그녀는 경찰을 부르게 되었고, 경찰에 연행된 남편은 아내에게 모든 감언이설로 동정을 구했지만 모든 것이 허사였다. 술주정뱅이 남편에게 구타당한 모든 부인들이 그랬듯이, 그녀도 남편의 구제를 위한 여하한 일도 거부했다. 그래서 결국 패트릭 루드빅은 교도소로 가고 말았다.

이러한 기사들을 오늘날의 독자들이 본다면 특별히 재미있다고는 생각하지 않을 것이다. 그러나 이러한 희비극적 기사들을 처음 신문에서 보게 된 당시의 미국 서민들은 마치 연극을 보는 듯 재미있었다고 한다. 그래서 「뉴욕 선」지의 인기가 올라갔던 것인데, 위와 같은 기사들의 저널리스틱 수법은 「뉴욕 선」

지가 처음 개발한 것은 아니었고, 당시 영국의 「모닝 헤럴드」지가 사용해서 인기를 끌던 수법을 모방한 것이다. 그러나 이러한 「뉴욕 선」지의 수법이 신문의 품위를 손상시킨다고, 당시 「뉴욕 인콰이어러」(*New York Enquirer*)지와 「뉴욕 모닝 쿠리어」(*Morning Courier*)지는 비난을 퍼붓기도 했다.

• 미국 최대발행부수 신문으로 성장한 「뉴욕 선」

그럼에도 불구하고 「뉴욕 선」지는 각종 범죄 사건들과 기이한 사건 등에 계속 중점을 두고 그 사건들을 간단하면서도 흥미 있게 보도하면서 발행부수를 끌어올렸다. 또한 「뉴욕 선」지는 흥미로운 사건이 발생하면 그것도 놓치지 않고 보도해서 발행부수를 올렸는데, 천왕성(Uranus)을 발견했던 윌리엄 허셸 경(Sir William Herschel)의 아들 존 허셸(John Herschel)이 1835년 8월 하순 새로운 항성을 발견하자, 이를 「뉴욕 선」지는 크게 보도했다. 그에 이어, 달(moon)의 정체에 관한 흥미 있는 과학기획기사들을 연재해서 독자들을 흥분시켰다. 그 결과, 「뉴욕 선」지의 발행부수는 갑자기 1만 8,000부로 뛰어올라 미국신문들 중 최고부수를 자랑하게 되었다. 그러자 뉴욕의 다른 신문들은 「뉴욕 선」지가 연재했던 과학기획기사들을 그대로 전재하기도 했다.

「뉴욕 선」지는 위와 같은 흥밋거리 기사들 이외에 각종 연예기사들도 많이 실었다. 그러나 정치 관계 기사들은 아주 중요한 것을 제외하고는 거의 싣지 않았다. 그러면서 「뉴욕 선」지는 종래의 전통적 미국신문들의 뉴스 개념을 지양하고, 그 대신 대중들에게 흥미를 끌고 쉽게 읽을 수 있는 모든 뉴스에 초점을 맞추었다. 그렇다고 해서 심각하고 중요한 사회문제들을 전혀 다루지 않았던 것은 아니었다. 이러한 사회문제들도 다루긴 했지만, 당시 6센트짜리 신문들과는 달리 중요한 사회문제들도 간결하고 독자들이 이해하기 쉽게 작성해서 게재했다.

그러나 이러한 혁신적이고 새로운 스타일의 기사들과는 달리, 「뉴욕 선」지의 경영방법은 혁신적인 것은 못 되었다. 신문의 보급과 판매방법 등은 당시 영국신문들의 그것들을 그대로 모방했다. 그리하여 신문판매도 주로 신문팔이 소년들을 시켜 거리에서 외치면서 팔게 했는데, 이들 신문팔이 소년들이 신문사에서 신문 100부를 현금을 내고 사다가 팔 경우는 67부의 값에 해당하는 67센트만 내게 했으나, 외상으로 사다가 팔 경우는 75부에 해당하는 75센트를 내도록 했다. 한편 신문팔이 소년들은 고정독자들에게서 미리 1주일에 6센트씩 받고 7일분의 신문을 매일 배달해 주기도 했는데, 이러한 보급방법도 영국신문들이 이미 사용하던 소위 '런던 플랜'(London plan)이라는 것이었다.

비록 이처럼 신문판매방법은 혁신적이지 못했으나, 신문광고량은 점점 증가해서 전체 지면의 4분의 3을 광고로 채우지 않으면 안 될 경우가 빈번했다. 그러자 1836년 「뉴욕 선」은 지면의 크기를 다시 늘려서 표준판 비슷한 크기가 되었는데, 이는 창간 당시보다 2배가 큰 것이었다. 이렇게 지면이 커지자 광고게재량도 늘어나고 발행부수도 1836년 말에는 다시 3만 부로 껑충 뛰면서, 「뉴욕 선」지의 연간순수익도 매년 2만 달러씩 증가했다. 그래서 벤자민 데이는 그가 본래 목적했던 대로 페니신문을 통해 큰돈을 벌게 되었다.

• 비치에게 양도한 뒤의 「뉴욕 선」

위와 같이 벤자민 데이는 「뉴욕 선」지를 창간해서 큰돈을 벌었으나, 창간 4년 만인 1837년 「뉴욕 선」지를 갑자기 다른 사람에게 팔아 버리고 말았다. "그것은 내 생애에서 가장 바보스러웠던 처사였다"고 그 뒤에 후회한 바 있지만, 데이가 갑자기 「뉴욕 선」지를 팔게 된 것은 1837년에 밀어닥친 경제공황으로 당시 뉴욕의 다른 염가신문들이 파산을 면치 못하게 되자, 이를 두려워했기 때문이다. 그런 데다가 명예훼손죄로 고소도 당하게 되자, 데이는 신문발행에 염증을 느꼈다. 그래서 그는 「뉴욕 선」지를 서적상을 하던 그의 매제 모세스 비치(Moses Y. Beach)에게 팔아버렸다.

「뉴욕 선」지를 매입한 비치는 11년 동안 발행하다가 1848년 은퇴하면서 신문사를 그의 두 아들에게 물려주었는데, 이들 두 아들은 유능한 편집자는 되지 못했으나, 신문경영과 공무에는 밝아서 지면을 여러 가지로 개선했다. 그 결과, 「뉴욕 선」지는 미국 전체의 일간신문들 중에서 최고의 발행부수를 계속 유지해 왔다. 그러나 1850년대로 들어서면서 최고 발행부수의 자리를 「뉴욕 헤럴드」(*New York Herald*)지에 빼앗기고 말았다.

한편 「뉴욕 선」지를 모세스 비치에게 팔아 버린 벤자민 데이는 그 후 다시 「브라더 조나단」(*Brother Jonathan*)이라는 주간지를 발행하기도 했다. 그러나 그는 「뉴욕 선」지를 판 큰돈으로 여생을 편안하게 보내면서 그가 창간했던 「뉴욕 선」지가 계속 발전해 나가는 모습을 조용히 지켜보았다.

• 「뉴욕 선」을 모방한 페니신문들의 속출

위와 같이 「뉴욕 선」이 커다란 성공을 거두자, 전국 각 도시의 인쇄업자와 신문발행인들도 1부에 1페니짜리 일간신문(penny dailies)의 발행을 서둘렀다. 그리하여 「뉴욕 선」지의 창간 5년 내에 뉴욕에서만도 모두 12개의 페니일간신문들이 나타나게 되었다. 그러나 그 대부분은 창간 수주일 또는 수개월 만에 재정난으로 폐간하고 말았으며, 오직 2개의 신문만 살아남아서 「뉴욕 선」지와 경쟁을 벌이게 되었는데, 이들 2개의 신문은 「뉴욕 트랜스크립트」(*New York Transcript*)와 「뉴욕 헤럴드」(*New York Herald*)였다.

이들 중 「뉴욕 트랜스크립트」는 「뉴욕 선」의 창간 이듬해인 1834년 창간했는데, 이 「뉴욕 트랜스크립트」지는 체재나 기사작성방법은 물론 판매방법까지도 「뉴욕 선」지를 모방했다. 그러나 「뉴욕 트랜스크립트」지는 유머리스트였던 아사 그린(Asa Greene)을 편집자로, 영국 출신의 인쇄업자 윌리엄 애트리(William H. Atree)를 치안재판소 출입취재기자로 고용해서, 치안 관계 경범사건 기사들에 위트, 과장, 저속한 표현들을 가미하여 「뉴욕 선」지보다 더 재미나게 보도했으며, 정치 관계 뉴스도 「뉴욕 선」지보다 조금 덜 취급했다.

이와 같은 「뉴욕 트랜스크립트」지의 센세이셔널하고 흥미로운 편집방침과 적극적 판매방법은 그 발행부수를 창간 6개월 만에 9,000부로 끌어올려 주었는데, 이는 당시 「뉴욕 선」지의 그것보다 약간 뒤떨어지는 것이었다. 한편 「뉴욕 트랜스크립트」지는 새로 개발해서 특허를 얻은 약품광고의 유치에 치중하여, 이런 광고가 전체 광고지면의 3분의 2를 차지하기도 했다. 그러면서 「뉴욕 선」지를 계속 바짝 쫓아갔다. 그러나 「뉴욕 트랜스크립트」지는 1839년 불어닥친 경제공황에다가 무리하게 신문지면을 확대한 것이 큰 타격을 가져와, 결국 1839년 발행을 중단하고 말았다. 그리하여 「뉴욕 트랜스크립트」지는 창간 5년 만에 사라지고 말았으나, 미국신문역사상 최초로 센세이셔널한 저널리즘 풍조를 도입시켰다는 점에서 중요한 위치를 차지하게 되었다.

「뉴욕 헤럴드」의 창간과 「뉴욕 선」과의 경합

위와 같이 「뉴욕 트랜스크립트」지는 창간 5년 만에 사라지고 말았으나, 이 신문보다 1년 뒤인 1835년 5월 6일 창간한 페니신문 「뉴욕 헤럴드」(원제호는 *Morning Herald*였으며 3개월 뒤 *Herald*로 개제했으나 이하 「뉴욕 헤럴드」로 호칭)는 성공을 거두어 1830년대 후반에는 가장 대표적인 페니신문으로 명성을 떨쳤다. 이 신문은 제임스 고든 베네트(James Gordon Bennett)가 창간했는데, 그는 어떻게 「뉴욕 헤럴드」를 창간하여 성공을 거두게 되었는가?

• 「뉴욕 헤럴드」의 창간자 고든 베네트

베네트는 스코틀랜드에서 출생하여 24세에 미국으로 건너와서, 교사가 되려고 몇 번이나 시도했다. 그러나 그 뜻을 이루지 못하자, 그 대신 언론계에 투신했다. 그리하여 사우스캐롤라이나주 「찰스턴 쿠리어」(*Charleston Courier*)지 기자로 출발한 그는 몇 달 뒤 뉴욕으로 와서 계속 기자생활을 했다. 그러다가 「뉴욕 인콰이어러」(*New York Enquirer*)지의 워싱턴특파원이 되어 명성을 얻게 되었으며, 「뉴욕 인콰이어러」지와 「찰스턴 쿠리어」지가 합병하여 「쿠리어 앤드 인콰이어러」가 되자, 그 편집부국장이 되었다.

이러한 베네트는 워싱턴특파원 시절에 정치에 관심을 갖게 되어 1832년 「글로브」(*Globe*)라는 정론신문을 창간해서, 당시 미국대통령 잭슨에게 추파를 던졌으나 재정난으로 1개월 만에 폐간하고 말았다. 그 후 그는 워싱턴에 가서 정부 대변지 발행에 참여하려 했으나 거절당하고 말았다. 또한 필라델피아로 가서 「펜실베이니안」(*Pennsylvanian*)지를 매입해 발행하려 했으나 재정후원자들이 등을 돌리는 바람에 뜻을 이루지 못하고 말았는데, 당시 정치지도자들이 그를 믿지 않고 두려워했기 때문이다.

비록 기자로서의 재능과 명성은 어느 정도 갖고 있었지만, 호전적이고 독설적인 그의 성격 때문에 뉴욕에서도 역시 누구도 베네트와 함께 일하기를 원치 않았다. 그래서 「뉴욕 선」지에서도 거절당했고 호레이스 그릴리에게 동업을 제의했을 때도 역시 거절당하고 말았다. 그래서 실직 상태로 있던 42세의 베네트는 전 재산이던 500달러를 몽땅 털어서 자신이 직접 페니신문을 발행하기로 결심했다. 그러나 인쇄시설을 갖출 수 없어, 한 인쇄소와 계약을 맺고 그 인쇄소에서 신문을 인쇄하기로 했다.

•「모닝 헤럴드」라는 제호로 「뉴욕 헤럴드」 창간

이렇게 해서 베네트는 1835년 5월 16일 드디어 「모닝 헤럴드」(*Morning Herald*)라는 일간 페니신문의 창간호를 세상에 내놓았는데, 그 체재와 내용은 다른 페니신문들과 조금도 다를 바 없었으나, 곧 개성을 나타내기 시작했다. 치안사범 관계 사회면 기사들을 가지고서는 다른 페니신문들과 경쟁이 되지 않는다는 것을 인식한 베네트는, 뉴욕 시내 뉴스들을 다양화하는 한편, 외국 뉴스도 좀 더 세련되게 실었고 연예계 뒷이야기(theatrical chit-chat)들도 많이 폭로했다.

또한 정치논평도 싣고, 월가(Wall Street, 금융가)에서 일어나는 일들도 자세하고 적나라하게 보도했는데, 베네트는 경제에 관해서도 일가견이 있던 사람으로, 통화 관계 기획기사들을 연재하여 상인들로부터 좋은 반응을 얻었다. 그러자 「모닝 헤럴드」지에 경제면을 신설함으로써 금융인들이 많이 사 보게 만들었다. 베네트는 노력 또한 대단해서 아침 5시에 일어나서 식사 전에 대부분의 기사들을 쓰고 나서, 오전은 주로 신문판매부에서 보냈고 오후에는 월가와 기타 뉴스센터들에서 기사를 취재했으며, 저녁에는 광고주들을 만났다.

이와 같은 베네트의 노력으로 「모닝 헤럴드」는 「뉴욕 선」지와 「뉴욕 트랜스크립트」지가 가장 두려워하는 경쟁지로 부상했다. 그러나 「모닝 헤럴드」지의 인쇄를 맡고 있던 인쇄소가 위치한 앤가(Ann street)에 1835년 8월 12일 큰 화재가 발생하여 그 인쇄소도 모두 불타 버리고 말았다. 그리하여 부득이 휴간해야 했으나, 19일 만에 「모닝 헤럴드」는 다시 속간하면서 그 제호에서 '모닝'이라는 단어를 빼 버리고(그래서 제호가 *Herald*가 되었으나 뉴욕의 *Herald*라고 해서 일반적으로 *New York Herald*라고 부름), 지령도 다시 제1호로 고치면서 아래와 같은 사고를 실었다.

> 우리는 다시 여러분 앞에 예전보다 더 크고, 더 활력에 넘치며, 더 좋고, 더 아름다우며, 더 멋들어지고, 더 독립(중립)적인 신문을 내놓는 바이다. 앤가의 대화재는 우리의 활자 · 인쇄기 · 원고 · 신문용지 그리고 좋지 않은 시집들과 도서들을 불태워 버렸다. 「헤럴드」지의 외형적 물질들은 모두 없어졌다. 그러나 그 정신—언제나 활기충만한 그 정신만은 살아남았다(1835. 8. 31일자).

• 「뉴욕 헤럴드」로 개제와 혁신

이와 같은 사고에서 밝힌 대로 「뉴욕 헤럴드」지는 그전보다 활기가 충만했다. 칼럼들은 불꽃을 튀겼으며, 모든 기사들은 주관화되고 흥미진진하게만 쓰기 시작했다. 위트가 권위를 압도하기 시작했으며, 무분별하다고 말할 정도의 대담성이 보수성의 자리로 박차고 들어갔다. 그 결과, 객관적 보도는 수난을 당하게 되었으며, 뉴스보도기사는 논평 · 논설기사와 비슷하게 되었다. 그러자 「뉴욕 헤럴드」지는 뜻있는 사람들로부터 비난을 받게 되었으며, "향신료(spice)와 소스(sauce)를 잔뜩 친 신문"이라는 악평까지 듣게 되었다.

그러나 베네트는 그 나름대로의 언론철학—그 반은 기회주의요, 나머지 반은 인도적 이상주의 철학을 견지했는데, 여기서 '기회주의'란 오름세에 있던 그의 신문을 더욱 밀어 올려 「뉴욕 선」지와 그 밖의 페니신문들을 앞질러 보겠다는 생각이었다. 그리고 '인도적 이상주의'란 그가 진지하게 주장하고 나섰던 대로 당시 미국사회를 개혁해 보겠다는 생각이었는데, 베네트는 철저한 민주당원이었으며, "백성의 소리는 곧 신의 소리"(Vox populi, Vox dei)라는 것을 진실로 신봉하고 있었다. 그리고 이러한 자신의 신념을 「뉴욕 헤럴드」의 편집방침에 반영하려고 노력했는데, 그가 「뉴욕 헤럴드」지를 창간하기 이전, 「쿠리어 앤드 인콰이어러」(*Courier and Enquirer*)지에서 편집부국장으로 일하고 있을 때 이미 아래와 같이 천명한 바 있었다.

> 신문편집자는 항상 백성들과 함께해야 한다. 그들과 함께 생각하고 그들과 함께 느껴야 한다. 그리고 편집자는 아무것도 두려워할 필요가 없다. 그는 항상 올발라야 하며, 항상 강해야 하며, 항상 인기가 있고, 항상 자유스러워야 한다. 이 세상은 오랫동안 능변가들, 험담가들, 회의꾼들, 입법자들, 그리고 이와 유사한 인간들의 속임을 충분히 당해 왔다. 지금은 논평의 시대요, 과거 그 어느 시대보다 가장 이성적 시대이다(*Courier and Enquirer*, 1831. 11. 12일자).

그러나 위와 같은 세상의 사기꾼들의 전횡에 대하여 베네트의 「뉴욕 헤럴드」가 보여 준 반항은 너무 강하여 관습적인 보통사람들에게 커다란 충격을 주었다. 그런가 하면, 베네트는 당시에 쓰고 있던 점잖은 표현의 단어(prudery)들까지 조롱해서 '각지'(limbs)라는 말 대신 '다리'(legs), '상의'(linen)라는 말 대신 '셔츠'(shirts), '하의'(unmentionables)라는 말 대신 '바지'(trousers) 등의 구어체 낱말을 서슴지 않고 신문에 활자화했다.

• 「뉴욕 헤럴드」의 재정적 성공

한편 「뉴욕 헤럴드」는 살인사건, 월가의 상황, 그 밖의 사건들도 적나라한 표현을 사용하여 보도했다. 이러한 것은 모두 인간들로 하여금 현실을 있는 그대로 직시하게 해서 미국사회를 개혁해 보겠다는 베네트의 의도였다. 그러나 그는 사회를 개혁하는 동시에 돈도 벌자는 생각을 갖고 있어서, 그의 철학과 이상은 가끔 대중들에게 의구심을 불러일으키게 만들기도 했다. 따라서 베네트가 범죄사건 등에 관한 보도를 통하여 얼마나 미국사회를 개혁했는지는 알 수 없다.

그러나 범죄 관계 기사들을 통하여 많은 돈을 번 것만은 분명한데, 베네트는 1835년 헬렌 주웨트(Helen Jewett)의 살인혐의자 로빈슨(Robinson)의 공판사건을 일찍이 신문지상에서는 볼 수 없던 정도로 가장 흥미진진하게, 그리고 유명인이 아닌 인물의 살인사건기사로는 그때까지 미국신문역사상 가장 많은 지면을 할애해 보도함으로써 엄청난 발행부수를 갑자기 올리기도 했다.

창녀였던 헬렌 주웨트는 어느 날 그녀의 방에서 피살체로 발견되었으며, 그녀의 살인혐의자로 로빈슨이라는 한 젊은 점원이 법정에 서게 되었다. 그러자 이 살인사건을 직접 내사해 본 베네트는 로빈슨에게 죄가 없다는 것을 확신하고 자신이 조사한 사건의 진상을 「뉴욕 헤럴드」지에 여러 단을 할애해서 보도했다. 그리고 이 사건에 관한 재판이 열린 기간에는 거의 이 사건만 대대적으로 보도했다. 재판과정에서 진술한 증인들의 증언들을 판·검사 및 변호사들의 질문과 함께 그대로 전재했다.

결국 로빈슨이 무죄로 석방되자 베네트는 기뻐서 어쩔 줄을 몰랐다. 이는 그의 주장대로 재판결과가 나왔기 때문이기도 했지만, 이 사건의 보도로 인하여 「뉴욕 헤럴드」의 발행부수가 그동안 거의 3배로 껑충 뛰었기 때문이다. 이러한 범죄기사의 대대적 보도수법은 그 후 여러 페니신문이 모방하기도 했다.

이처럼 베네트는 범죄사건에 관한 대대적 보도뿐 아니라, 자신이 당한 구타사건도 보도해서 발행부수를 끌어올리기도 했다. 베네트는 자신의 「뉴욕 헤럴드」지를 통하여 그 경쟁지였던 「뉴욕 선」, 「뉴욕 트랜스크립트」, 「쿠리어 앤드 인콰이어러」지 등을 여러 번 비꼬거나 직접적 비난을 가하기도 했다. 그러자 화가 난 베네트의 전 고용주 「쿠리어 앤드 인콰이어러」지의 편집인 제임스 왓슨 웹(James Watson Webb)은 1836년 1월 어느 날, 길거리에서 베네트를 우연히 만나자, 그를 지팡이로 두들겨 패서 머리에 상처를 입혔다.

그러자 베네트는 이 구타사건을 「뉴욕 헤럴드」에 자세히 보도하면서, "그 친구(웹)는 「헤럴드」지에 명성을 안겨 준 나의 훌륭한 유머와 위트를 시기해서, 이를 없애 버리고, 그 대신 자신의 투박하고 텅텅 빈 돌대가리에나 알맞은 내용을 신도록 하기 위해 내 머리를 때렸다"고 결론을 맺었다. 그러자 몇 달 뒤 웹은 다시 베네트를 구타했고, 베네트는 다시 이를 「뉴욕 헤럴드」지에 길게 보도하면서 그 기사를 대문자로 인쇄했다.

• 다른 페니신문들과 「뉴욕 헤럴드」의 경쟁

창간 당시 「뉴욕 헤럴드」지의 신문대금은 앞서 말했듯이 1부당 1센트였다. 그러나 창간 이듬해 초반, 신문대금을 2센트로 인상했는데 이는 일종의 모험이었다. 왜냐하면 「뉴욕 헤럴드」보다 발행부수가 많던 「뉴욕 선」과 「뉴욕 트랜스크립트」는 계속 1센트씩 받고 있었기 때문이다. 그러나 「뉴욕 헤럴드」는 판형을 키우고 지면을 쇄신하는 데 돈이 필요했으며, 2만 명이라는 고정 독자를 이미 확보하고 있어 자신이 있었다.

베네트가 예상했던 대로 신문 값의 인상은 판매부수에 큰 영향을 주지 않았다. 그래서 신문 값을 올려 새로 얻게 된 수입으로, 「뉴욕 헤럴드」는 판형을 키우고, 인쇄시설을 개선하고, 유럽에 특파원을 파견하고, 워싱턴에 지국을 설치하고, 미국 내 주요 도시에 주재기자들을 두었다. 또한 쾌속정을 구입해서 외국에서 뉴욕항구로 들어오는 상선들로부터 외국신문들과 우편물을 빨리 받아다가 중요한 내용을 추려 신속하게 보도함으로써, 「뉴욕 선」과 「뉴욕 트랜스크립트」 등의 경쟁지들을 따돌렸는데, 이러한 작업들은 겨우 2–3년 동안에 모두 이루어진 일이었다.

이렇게 「뉴욕 헤럴드」가 여러 가지 개혁을 단행하면서 본래의 날카로운 논조를 계속 밀고 나가자, 이를 못마땅하게 생각한 뉴욕의 다른 신문들은 「뉴욕 헤럴드」지에 집중공격의 포문을 열게 되었는데, 그 이유는 「뉴욕 헤럴드」지가 과장되고 때로는 가공적 범죄기사를 이용해서 판매부수를 올리고 있다는 것이었다. 그리하여 베네트와 그의 「뉴욕 헤럴드」에 대한 소위 '도덕전쟁'(moral war)이 시작되었다.

• 도덕논쟁에 휘말린 「뉴욕 헤럴드」

이와 같은 '도덕전쟁'은 사실상으로는 베네트의 막말에서 비롯되었는데, 1839년 파크 벤자민(Park Benjamin)이 창간한 「이브닝 시그널」(*Evening Signal*)이라

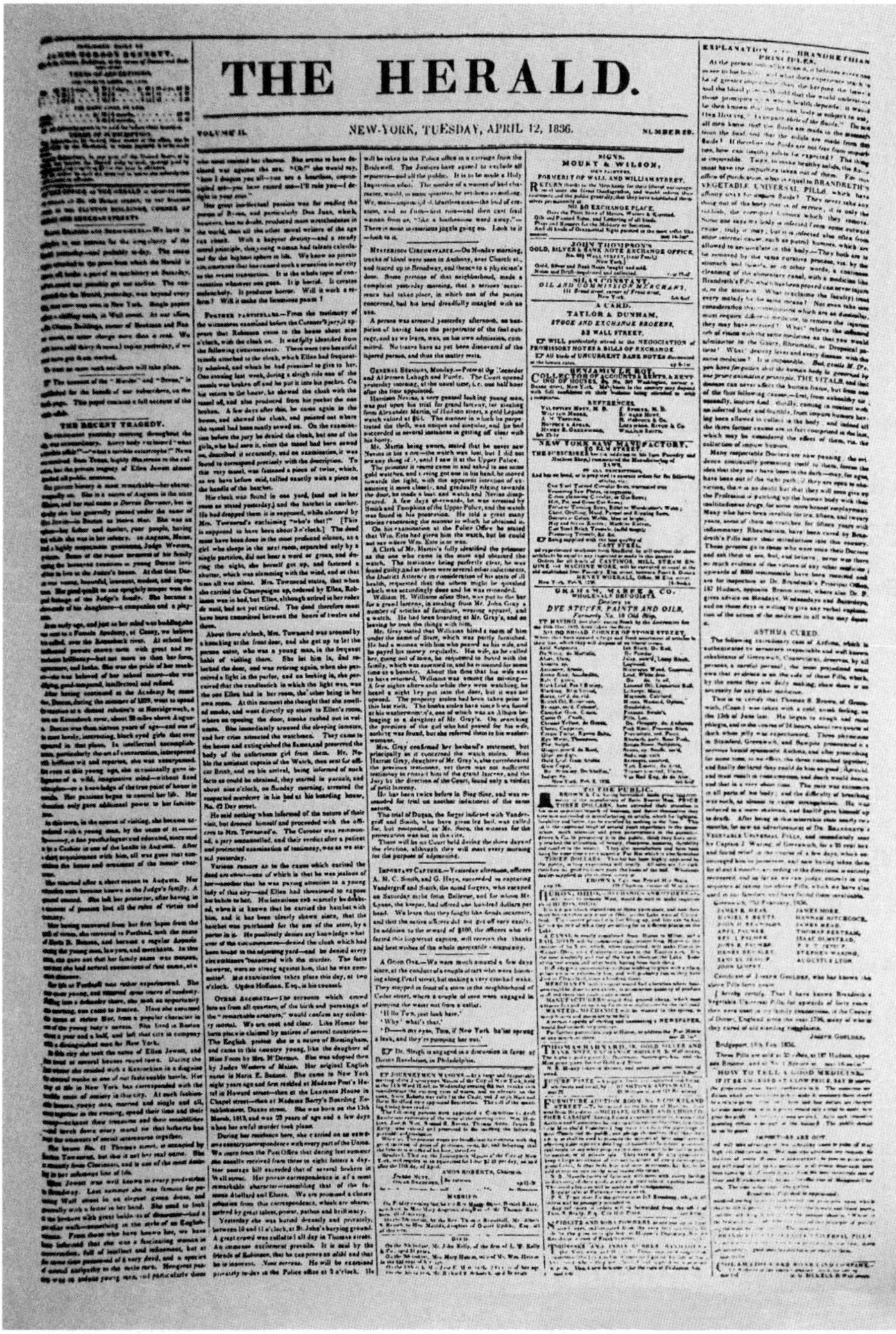

THE HERALD.

VOLUME II. NEW-YORK, TUESDAY, APRIL 12, 1836.

〈그림 5-2〉「뉴욕 헤럴드」(1836. 4. 12) 제1면(판면의 크기: 타블로이드판, 25.0×35.3cm)

는 신문이 재정난에 허덕이자, 이는 "신의 저주를 받았기 때문"이라고 베네트가 떠들어댔다. 그러자 「이브닝 시그널」은 물론, 「이브닝 스타」(*Evening Star*), 「쿠리어 앤드 인콰이어러」지도 격분해서, 「뉴욕 헤럴드」지의 구독을 보이콧하는 동시에 베네트를 뉴욕에서 추방하자는 기사들을 게재했다.

이러한 기사가 나가자, 저명한 정치가·목사·사회인사와 증권거래상들이 지지하고 나섰다. 또한 이에 보스턴·필라델피아·볼티모어·올버니 등지의 신문들도 가세하면서, "베네트가 신문의 품위를 손상시키고 있다"고 맹렬한 공격의 화살을 퍼부었다. 심지어는 영국의 신문들도 베네트를 비난하고 나섰다. 그러면서 베네트에게 온갖 욕설을 퍼붓기도 했는데, 예컨대 「이브닝 시그널」지는 그를 '음란한 부랑자', '불결한 놈', '독사'라고 불렀으며, 「이브닝 스타」지는 '노상강도', '칠면조 같은 멍청이'라고 했고, 「쿠리어 앤드 인콰이어러」지는 베네트를 '버릇없는 모험가'라고 욕설을 퍼부었다. 이 밖의 신문들도 베네트를 '잉크를 바른 사탄' 등으로 몰아세웠다.

그러자 이에 맞서 「뉴욕 헤럴드」지도 응전을 벌였지만, 이 '도덕전쟁'은 「뉴욕 헤럴드」지에 큰 타격을 주어서, 신문의 판매부수가 약 3분의 1 정도 떨어졌다(*New York Herald*, 1845. 7. 2일자). 뿐만 아니라, 베네트는 완전히 신문계의 '도깨비'(bogey-man) 취급을 받게 되었다. 그러나 그는 종전의 논조를 바꾸지 않고 계속 밀고 나갔으며, 그에 대한 혹독한 공격과 비난에도 불구하고 그의 「뉴욕 헤럴드」지는 그대로 버텨 나갔는데, 이는 무엇보다도 뉴스 서비스가 탁월했기 때문이다.

• 도덕논쟁 이후의 「뉴욕 헤럴드」

특히 1846년 5월 시작된 멕시코전쟁(Mexican War)에 관한 「뉴욕 헤럴드」지의 신속하고 자세한 보도는 다른 신문들의 추종을 불허했다. 또한 베네트는 신문경영술도 뛰어나서 1850년에는 「뉴욕 헤럴드」지의 발행부수가 3만 부에 이르게 되었는데(Mott, 1962, p. 237), 이는 당시 「뉴욕 선」지의 발행부수를 능가한 것으로서, 곧 오랫동안 최고발행부수를 자랑해 온 「뉴욕 선」지로부터 선두를 빼앗은 것이었다.

당시까지는 베네트가 「뉴욕 헤럴드」지의 편집을 거의 혼자서 맡아 왔으나, 1850년 프레드릭 허드슨(Frederic Hudson)을 부편집인으로 임명하여 그에게 실질적 편집을 맡겼다. 그러자 「뉴욕 헤럴드」지는 민주당 편으로 기울게 되는 동시에 남부의 입장을 지지하게 되었다. 이렇게 된 「뉴욕 헤럴드」지는 정론신문시대가 거의 완전히 끝날 즈음인 1860년 모두 8면을 발행했는데, 그중 5개 면은 뉴스와 기타 피처기사 및 6단 분량의 논설로 채웠으며, 나머지 3개 면은 매일 광고로 채웠다.

베네트는 1872년 사망했다. 그는 생전에 "셰익스피어는 희곡에서, 스콧은 소설에서, 밀턴과 바이런은 시에서 천재라면, 나는 신문에서 천재이다"라고 오만을 피우기도 했다. 그가 정말로 신문의 천재였는지는 알 수 없으나 당시 미국 신문계에서 가장 유명했던 3–4명의 신문인들 중 한 사람이었던 것만은 사실이다. 또한 미국신문역사를 통틀어서도 그는 열 손가락 안에 꼽을 수 있는 역사적 인물이었던 것만은 부정할 수 없다.

엘리트 페니신문 「뉴욕 트리뷴」의 등장

위와 같은 베네트의 「뉴욕 헤럴드」지가 '도덕전쟁'에 휘말려, 지식계층으로부터 혹독한 비난을 받고 있던 1841년 뉴욕에서 「뉴욕 헤럴드」나 「뉴욕 선」 등 기존의 페니신문들과는 아주 성격이 다른 소위 '엘리트 페니신문'(elite penny paper)이 나타났는데, 이는 바로 「뉴욕 트리뷴」(*New York Tribune*)이었다. 이 신문은 앞서 1833년 1월 1일 「뉴욕 모닝 포스트」(*New York Morning Post*)라는 1부당 2센트짜리 염가신문을 창간했다가 3주도 못 되어 폐간하고 말았던 호레이스 그릴리(Horace Greeley)가 다시 창간한 것이었다. 그렇다면 그릴리는 어떻게 해서 또 새로운 성격의 페니신문을 창간하게 되었는가?

•「뉴욕 모닝 포스트」의 실패 이후 그릴리

"1부에 한두 푼의 맞돈을 내고 사서 보는 염가일간신문을 발행해 보겠다"며, 1부당 2센트짜리 「뉴욕 모닝 포스트」를 창간했으나 실패한 그릴리는 휘그당의 선거운동용 신문 「컨스티튜션」(*Constitution*)을 인쇄해 주며 생계를 유지해 나갔다. 그러나 그는 단순한 인쇄업자로 만족하면서 살아갈 인물은 결코 아니었는데, 본래 강렬한 표현 욕구를 가지고 태어난 사람이었기 때문이다. 이러한 그릴리는 「뉴욕 모닝 포스트」를 폐간한 이듬해인 1834년 다시 자신의 신문을 창간했는데, 이는 「뉴요커」(*New Yorker*)라는 주간신문으로 주로 수필·소설·시와 음악 관계 기사를 실었다. 그러나 선거 관계 뉴스들을 요약해서 싣기도 했으며, 논설란을 두어 휘그당 쪽 주장들을 개진했는데, 이러한 「뉴요커」지는 내용이 훌륭해서 곧 9,000부라는 판매부수를 올리게 되었다.

1837년 어느 날, 그릴리가 평소와 다름없이 남루한 옷을 입고 인쇄소에서 「뉴요커」지를 손수 조판하고 있을 때, 올버니의 휘그당 지도자 더로우 위드(Thurlow Weed)가 찾아왔다. 그리고 그릴리에게 말하기를 1838년 뉴욕주 지사 선거 때 휘그당 후보의 선거운동용 신문을 발간하려고 하는데, 그 신문의 편집인 겸 주필을 맡아 달라고 부탁했다. 당시 미국에서는 주요 선거가 있을 때마다 각 정당에서 선거운동용 신문을 발간하는 것이 하나의 유행처럼 되어 있었는데, 이러한 선거운동용 신문은 비교적 적은 돈으로 많은 대중을 설득할 수 있는 가장 효과적 선거운동수단이었기 때문이다.

때문에 위드도 1838년 뉴욕주 지사 선거에서 그의 심복을 당선시키기 위해 선거용 신문을 발간하기로 결정하고 그 편집자를 물색하고 있었다. 그러던 차에, 그릴리가 「뉴요커」지에 게재한 훌륭한 논설들을 보고는 그에게 부탁하러 찾아왔던 것이다. 그런데 처음 보는 그릴리가 남루한 옷을 입고 조판대 앞에 서 있는 것을 보고 다소 실망했지만, 위드는 그가 찾아온 목적을 말했다. 그러자 그릴리는 그 선거운동용 신문의 편집자 겸 주필이 될 것을 쾌히 승낙했다. 그리하여 그릴리가 발간한 신문이 바로 「제퍼소니안」(*Jeffersonian*)이라는 선거운동용 신문이었는데, 이 신문은 위드가 내세운 윌리엄 슈어드(William Seward)를 뉴욕주 지사로 당선시키는 데 결정적 역할을 했다. 뿐만 아니라, 이 신문은 다른 정당의 선거운동용 신문들보다 그 내용과 체재가 훌륭해서 그릴리에게 커다란 명성도 안겨주었다.

이렇게 되자, 2년 뒤인 1840년에는 휘그당 대통령 후보 윌리엄 해리슨(William Harrison)이 그릴리를 찾아와서 선거용 신문을 만들어 달라고 요청했다. 그 요청을 받아들인 그릴리는 「로그 캐빈」(*Log Cabin*)이라는 선거운동용 신문을 6개월 동안 발행하면서, 격렬했던 대통령선거전에서 해리슨을 대통령으로 당선시키는 데 다시 중요한 역할을 했다. 그런가 하면, 「로그 캐빈」지는 6개월 동안 구독하는 데 50센트를 받았음에도 불구하고 그 발행부수가 8만 5,000부나 되는 엄청난 기록을 수립하기도 했다.

• 새로운 페니신문 「뉴욕 트리뷴」 창간

위와 같이 2개의 선거운동용 신문들이 모두 성공을 거두자, 그릴리는 다시 일간페니신문을 창간해 보려고 결심하게 되었다. 그릴리가 이러한 결심을 하게 된 데에는 두 가지 이유가 더 있었다.

첫째 이유는, 당시 뉴욕에서 발행한 2개의 대표적 페니신문들, 즉 「뉴욕 선」지와 「뉴욕 헤럴드」지가 모두 민주당계 성향을 띠고 있으므로 휘그당계 페니신문을 내면 인기를 끌 수 있을 것이라는 생각이었다. 그리고 둘째 이유는, 기존의 페니신문들은 너무 선정적이라 특히 지식층으로부터 비난을 받고 있었으므로, 건전하고 약간 보수적인 페니신문을 내면 지식층으로부터도 좋은 반응을 받을 수 있을 것이라는 생각이었는데, 이는 「뉴욕 헤럴드」가 소위 도덕전쟁에 말려들어 비난을 받는 데서 착안한 것이기도 했다.

바로 위와 같은 두 가지 생각에서, 당시 30세였던 그릴리는 다시 페니신문을 발행하되 정치적 성향은 휘그당 편이며 내용은 건전하고 약간 보수적인 페니신문을 내기로 결심하고, 자신의 돈 1,000달러에다가 인쇄소의 공동자금 1,000달러, 빌린 돈 1,000달러를 합쳐 모두 3,000달러라는 적은 금액으로 신문사를 차렸다. 그리고 드디어 1841년 4월 10일 「뉴욕 트리뷴」지 첫 호를 냈는데,

모두 4면이었던 이 신문의 각 면은 5단으로 시원스럽게 나뉘어 있었으며, 내용은 약간 보수적이고 건전하면서도 흥미로웠고, 편집은 짜임새가 있었으며, 인쇄는 선명했다.

위와 같은 그릴리의 생각은 모두 적중해서, 「뉴욕 트리뷴」지가 새로 나오자 창간 3주 만에 발행부수가 5,500부가 되었고, 7주 뒤에는 1만 1,000부로 껑충 뛰었다. 그러나 그 뒤 7년 동안은 발행부수에 커다란 변동이 없다가, 1848년부터 다시 발행부수가 급격히 증가하기 시작해서, 1860년 남북전쟁 발발 직전에는 무려 4만 5,000부를 기록하게 되었다.

• 주간지 「위클리 트리뷴」도 함께 발행

위와 같이 「뉴욕 트리뷴」의 발행부수가 날로 증가했지만 창간 초기에는 여전히 적자가 나서, 창간 4개월 뒤까지도 주당 200달러라는 손실을 보았다. 그러자 그릴리는 토머스 맥엘라스(Thomas McElrath)라는 사람에게, "앞으로 신문사에 생길 이윤의 50%를 줄 터이니 2,000달러를 투자해 달라"고 부탁했고, 맥엘라스는 선뜻 허락했다. 그리하여 맥엘라스가 2,000달러를 새로 투자하고, 신문 대금도 처음에는 1부당 1센트였던 것을 1841년 말부터 2센트로 인상하자, 「뉴욕 트리뷴」지는 이때부터 적자를 면하게 되었다.

한편 「뉴욕 트리뷴」지는 1841년 9월 2일부터 「위클리 트리뷴」(*Weekly Tribune*)이라는 주간신문도 함께 발행했는데, 이것은 과거의 「뉴요커」와 「로그 캐빈」을 합쳐서 만든 것이었다. 이 주간신문은 '클럽제도'(club system)라는 판매방법, 즉 독자들이 20명 단위의 클럽에 회원으로 가입하면, 이들 회원에게는 신문 구독료를 연간 1달러로 깎아 주는 동시에 프리미엄도 제공하는 판매방법을 새로 도입해서 독자 수를 크게 확장했다. 그 결과, 「위클리 트리뷴」지의 판매부수는 본지(일간)보다 훨씬 많아서 1860년에는 20만 부를 돌파하는 신기록을 수립하기도 했는데, 호레이스 그릴리가 전국적으로 유명해지게 된 것도 바로 「위클리 트리뷴」지의 덕택이었다.

이처럼 「위클리 트리뷴」지의 발행부수는 날로 증가했으며, 본지인 「뉴욕 트리뷴」지의 발행부수도 1848년부터 다시 급격히 증가했다. 그리하여 주간판(weekly edition) 발행부수는 그 경쟁지들인 「뉴욕 헤럴드」와 「뉴욕 선」보다 단연 많았다. 그러나 일요판(sunday edition)의 발행부수는 「뉴욕 헤럴드」와 「뉴욕 선」보다 항상 떨어졌다.

• "위대한 도덕적 신문"이라는 별명 얻어

위와 같이 「뉴욕 트리뷴」지의 발행부수가 증가한 것은 그만큼 그릴리가 노력했기 때문이다. 「뉴욕 트리뷴」지는 다양하고 흥미로운 뉴스들을 조금이라도 신속하게 보도하기 위해 당시 뉴욕 신문들이 공동으로 운영한 급행통신제도에도 참여한 것은 물론, 뉴욕과 올버니 간의 허드슨강 정기여객선 안에 조판실을 설치해서, 당시 뉴욕주의 주도였던 올버니에서 취재한 주요 뉴스들을 여객선 선상에서 조판해서 뉴욕에 도착하자마자 인쇄함으로써, 그 뉴스를 뉴욕 독자들이 곧 읽을 수 있게 했다.

「뉴욕 트리뷴」은 당시 값싼 페니신문들이 즐겨 신던, 반윤리적이고 불건전한 내용의 범죄기사들을 전혀 신지 않았을 뿐 아니라, 심지어는 신문의 품위를 손상시키는 광고도 거부했다. 따라서 「뉴욕 트리뷴」지는 "위대한 도덕적 신문"(The Great Moral Organ)이라는 별명을 얻기도 했다.

한편 「뉴욕 트리뷴」지는 문예·학술적 측면에서도 뛰어난 창의성을 보여 주었다. 유명 대학에서의 강의내용을 그대로 신문에 전재하는가 하면, 영국 서적들의 내용을 요약해서 게재하기도 했다. 또한 영국의 소설가 찰스 디킨스(Charles Dickens) 등의 단편소설들도 연재했고, 시들도 소개했다. 1856년부터는 신문에 서평란을 신설해서 각종 서적들에 관한 서평을 정기적으로 게재했다.

그러나 무엇보다도 「뉴욕 트리뷴」지에 커다란 명성을 안겨 준 것은 사회적·경제적·정치적 문제들에 관한 올바른 견해와 주장을 개진한 논설란이었다. 이러한 논설란의 영향력은 대단해서, "오늘날 대서양과 태평양 사이에 살고 있는 지성인들로서 호레이스 그릴리의 영향력을 느끼지 않은 사람은 거의 없을 것이다"라고까지 한 인사가 피력할 정도였다. 이러한 그릴리의 영향력은 모두 그의 사려 깊은 생각과 사회를 개혁해 보겠다는 강렬한 의지의 소산이었다고 볼 수 있는데, 그는 가난한 사람들과 실업자들, 그리고 고통과 천대를 받는 사람들을 위해 민주주의의 이상을 구현하고 사회를 개혁해 보려는 강렬한 의지에 불타고 있었다.

• 「뉴욕 트리뷴」지의 여러 가지 공헌

"우리 세대가 가장 필요로 하는 것은 사회개혁입니다. 노동계층의 국민들에게 일자리를 마련해 주고, 이들을 무지 · 비능률성 · 의타성 · 가난 등으로부터 구제해서 이들의 지위를 향상시켜 주어야 하는데, 이것이 바로 사회개혁입니다"라고 그릴리가 한 강연회에서 말한 바 있다. 그가 이러한 사회개혁을 주장하게 된 것은 경제공황에 시달렸던 1837–38년 겨울, 뉴욕시 빈민들의 굶주림과 고통을 직접 눈으로 보았기 때문이다.

이러한 것들을 그릴리가 본 것은 그가 「뉴욕 트리뷴」지를 창간하기 2년 전이었으나, 그 비참했던 광경들은 계속 그의 머릿속에 떠올라 그의 「뉴욕 트리뷴」지는 노동계층 편에 서게 되었던 것이다. 그래서 그릴리는 노동조합의 결성도 주장하게 되었고, 또한 실제로 그 자신이 뉴욕인쇄공노동조합(New York Printers Union)의 조직에도 앞장서서 초대 회장을 역임하기도 했다. 그러면서 「뉴욕 트리뷴」지가 많은 흑자를 낼 때도 그 자신은 월급 정도의 돈만 가져갔으며, 신문사 주식의 10분의 9는 다른 사람들에게 넘겨주었다.

그릴리의 「뉴욕 트리뷴」지는 주류판매 금지운동에도 앞장서서, 뉴욕주 의회가 주류판매금지법안(Maine Law)을 통과시키는 데 공헌했다. 그런가 하면 「뉴욕 트리뷴」지는 사형제도도 반대하고 나서서 여러 개의 주에서 사형제도를 폐지하게 만들었다. 그러나 무엇보다도 그릴리와 그의 「뉴욕 트리뷴」지가 가장 큰 영향을 미친 것은 바로 노예제도의 폐지와 노예해방이었다. 또한 그릴리와 그의 「뉴욕 트리뷴」지는 "젊은이들이여, 서부로 가라"는 운동도 전개해서 미국인들의 서부개척에도 많은 영향을 주었다.

정치에서도 그릴리와 그의 「뉴욕 트리뷴」지의 영향력은 대단하여, 이 신문의 지지를 받지 못한 대통령 후보자는 당선될 수 없을 정도였다. 다만 하나의 예외는 공화당 후보 에이브러햄 링컨뿐이었다. 그러나 그릴리 자신은 정치 일선에 나서지는 않았는데, 그의 천성은 현역 정치인보다는 오히려 정치이론가나 정치조종자에 적합했기 때문이다. 이러한 그릴리는 여론의 형성과 조작방법에 관해서도 일가견을 가졌던 인물로서, "신문의 여론지도기능은 이미 대두되기 시작한 여론을 부채질해서 불을 활활 타오르게 만드는 것"이라는 점을 알고 있었고, 그래서 그는 사회의 시대적 조류를 능란하게 탈 줄도 알았다.

그러나 무엇보다도 그릴리의 가장 큰 장점은 새로운 아이디어에 대한 폭넓은 수용이었다. "인류의 도덕적·지적 또는 사회적 여건들의 개선을 위해 제안하는 그 어떤 아이디어도 우리는 거부해서는 안 된다"고 그는 밝히면서, 다른 사람들의 어떠한 생각들이라도 그것을 받아들이려고 노력했다. 그래서 그는 "어떻게 해도 말릴 수 없는 이상주의자"라는 평을 듣기도 했다.

또 하나의 엘리트 페니신문 「뉴욕 데일리 타임스」 창간

위와 같은 「뉴욕 트리뷴」지가 성공하여 한창 명성을 얻고 있던 1851년 뉴욕에서 또 하나의 엘리트 페니신문이 나타났는데, 이는 「뉴욕 데일리 타임스」(*New York Daily Times*)로서, 오늘날까지도 명성을 떨치고 있는 「뉴욕 타임스」(*New York Times*)지의 전신이었다.[2] 이 신문은 저널리스트인 헨리 레이먼드(Henry J. Raymond), 은행가인 조지 존스(George Jones)와 에드워드 웨슬리(Edward B. Wesley)가 공동으로 창간했는데, 그러면 이들은 어떻게 해서 「뉴욕 데일리 타임스」라는 새로운 신문을 창간하게 되었는가?

---

2 이처럼 본래는 *New York Daily Times*라는 제호로 1851년 9월 18일 창간했으나, 6년 뒤인 1857년 본래의 제호에서 'Daily'라는 단어를 삭제해서 *New York Times*로 개제했다.

•「뉴욕 데일리 타임스」 창간인 레이먼드

헨리 레이먼드는 버몬트대학 출신의 유능한 젊은이로, 작은 몸집에 검은 수염을 기르고, 동작이 빨랐으며, 지칠 줄 모르는 정력가였다. 이러한 레이먼드는 처음에는 「뉴욕 트리뷴」지에서 그릴리의 조수로서 편집을 도왔는데, 그릴리는 뒷날 레이먼드에 대해, "나와 같이 일한 여러 사람들 중에서도 가장 유능하고 강한 사람으로서 현명하고 용의주도하여 아주 능률적인 저널리스트였다"고 평가했다(Greeley, 1872, p. 138).

그러나 다니엘 웹스터(Daniel Webster)가 발행하던 「쿠리어 앤드 인콰이어러」(*Courier and Enquirer*)지에서 레이먼드에게 「뉴욕 트리뷴」지보다 봉급을 더 주겠다고 하자, 레이먼드는 1843년 「쿠리어 앤드 인콰이어러」지로 자리를 옮겨 편집차장으로 일했다. 하지만 레이먼드가 신문보다 정치에 많은 더 관심을 갖고 정치적 일에 열을 올리자, 화가 난 웹스터는 레이먼드를 해고했다.

이렇게 해서 해고된 레이먼드는 그의 친구 조지 존스와 함께 신문사를 경영해 보자는 의논을 하곤 했는데, 존스도 역시 버몬트대학 출신으로 레이먼드가 「뉴욕 트리뷴」지에서 편집조수로 일할 때 존스는 같은 신문사에서 경영업무를 보았다. 그러다가 존스는 올버니로 가서 은행계에 투신했고, 당시에 성행하던 은행화폐 할인사업에 손을 대서 약간의 부를 축적할 수 있었다. 그즈음인 1848년, 올버니의 휘그당 지도자 더로우 위드(Thurlow Weed)가 「올버니 이브닝 저널」(*Albany Evening Journal*)이라는 신문을 팔려고 내놓자 이것을 존스와 레이먼드가 사려고 했으나, 「올버니 이브닝 저널」지의 한 주주가 자신의 주식을 팔기를 거부함으로써 뜻을 이루지 못하고 말았다.

• 세 젊은이들, 새로운 신문의 발행을 구상

그로부터 약 3년이 지난 1851년 초봄 어느 날, 레이몬드와 존스 두 사람이 얼어붙은 허드슨강을 도보로 함께 건너고 있을 때, 존스가 레이먼드에게 말하기를, "작년도에 「뉴욕 트리뷴」지가 6만 달러의 이윤을 얻었다는 말을 들었다"고 했다. 이 말을 들은 레이먼드는, "「뉴욕 트리뷴」과 비슷한 내용과 논조의 새

신문을 만들면 성공할 수 있다"면서 존스에게 그러한 신문을 창간하자고 제안했다. 그러자 존스는 레이먼드와 모험을 해 보기로 결정하고, 돈을 대기로 했다. 그러면서 에드워드 웨슬리도 참여시키자고 했는데, 웨슬리는 레이먼드와 존스 두 사람의 친구로서 은행가였다.

이렇게 해서 세 사람은 「뉴욕 트리뷴」지와 성격과 내용이 비슷한 엘리트 페니신문을 뉴욕시에서 창간하기로 결정했는데, 당시 뉴욕시 인구가 50만 명을 육박하면서 신문독자 인구도 급격히 늘어나고 있어, 「뉴욕 트리뷴」지와 비슷한 신문이 또 하나 나와도 성공을 거둘 수 있다고 생각했기 때문이다. 그리하여 세 사람은 곧 새로운 엘리트신문을 발행할 신문회사의 조직에 착수했다.

그러나 그간에 물가가 치솟아서, 그릴리가 1841년 「뉴욕 트리뷴」지를 창간할 때는 3,000달러면 가능했으나 이제는 10만 달러가 필요했는데, 인쇄시설을 갖추는 데만도 5만 달러가 들었기 때문이다. 그러나 레이먼드는 가진 돈이 없었다. 그래서 그는 신문편집을 담당하는 대가로 신문사의 전체 이윤의 10분의 1만 갖기로 하고, 그 나머지는 존스와 웨슬리가 갖는 대신에 신문사 설립에 필요한 모든 경비를 투자하기로 합의를 보았다. 그리하여 신문사를 설립한 다음 새로운 신문의 창간 준비를 서둘렀다.

• 「뉴욕 데일리 타임스」의 창간과 급성장

1851년 9월 18일, 이들은 드디어 뉴욕시내에 또 하나의 일간 엘리트 페니신문을 내놓았는데, 제호는 「뉴욕 데일리 타임스」였고, 편집인은 레이먼드이고, 업무국장은 존스였다. 신문의 판형은 대형판이고, 면수는 4면이었으며, 각 면은 6단으로 나누어 조판했다. 제1면은 외국과 뉴욕시 관계 뉴스로 가득 차 있었는데, 이들 뉴스기사는 종래의 신문들에서는 찾아볼 수 없었을 정도로 깔끔하게 편집되어 있었다. 그런데도 신문 값은 1부에 겨우 1페니였으며, 신문판매는 소위 '런던 플랜'(London plan)이라는 가판방법을 사용하여, 신문팔이 소년들에게 시내를 누비면서 팔게 해서 누구나 손쉽게 사 볼 수 있었다.

이러한 「뉴욕 데일리 타임스」가 나오자 대중들의 인기가 날로 높아지면서 창간 10주 만에 발행부수가 2,000부에 달했는데, 이는 새로운 신문으로서는 엄청난 것이었다. 그러나 신문용지 값이 천정부지로 솟아올라서, 창간 첫 해의 총 신문발행경비 7만 8,000달러 중에서 반이 신문용지대였다. 때문에 신문 값을 창간 이듬해에 부득이 1부당 2페니로 올렸는데, 이는 「뉴욕 헤럴드」와 「뉴욕 트리뷴」지가 했던 것과 똑같은 일이기도 했다. 그야 어떻든 간에, 「뉴욕 데일리 타임스」가 신문 값을 2페니로 올리자, 2만 6,000부였던 발행부수가 3분의 1로 떨어졌다. 그러나 이러한 현상은 잠시였는데, 신문 값을 2배로 올리면서 면수도 2배로 늘리자 「뉴욕 데일리 타임스」의 발행부수는 다시 증가하기 시작해서 1860년에는 「뉴욕 트리뷴」지에 거의 육박하게 되었다.

• 레이먼드 혼자 「뉴욕 타임스」의 경영 시작

그간에 「뉴욕 데일리 타임스」에는 몇 가지 일이 있었는데, 그중 하나는 1857년 그 제호에서 '데일리'(Daily)라는 단어를 떼어버리고, 「뉴욕 타임스」로 고친 것이었다(따라서 이하 「뉴욕 타임스」로 호칭). 그리고 창간자들에도 변동이 있었는데, 창간 1년 뒤 웨슬리는 자신이 소유한 「뉴욕 타임스」 주식을 모두 팔아버리고 독자적으로 인쇄업을 시작했고, 업무국장직을 맡았던 존스는 병이 났다. 그러자 1853년 레이먼드는 「하퍼스 먼슬리」(*Haper's Monthly*)라는 잡지의 발행인 플레처 하퍼(Fletcher Harper)를 새 동업자로 끌어들여 업무국장직을 맡겼다.

그러나 신문발행 일에는 적성이 맞지 않던 하퍼가 몇 년 후에 그만두자, 그의 주식을 웨슬리가 사들여서 다시 「뉴욕 타임스」사의 동업자가 되면서 업무국장이 되었다. 하지만 1860년 웨슬리는 그의 주식을 레이먼드에게 모두 인계하고 「뉴욕 타임스」사를 떠남으로써, 이때부터 레이먼드가 「뉴욕 타임스」의 모든 경영권을 혼자서 쥐게 되었다.

이렇게 해서 혼자서 「뉴욕 타임스」를 경영하게 된 레이먼드는 언론계 경험이 풍부하고 또한 머리가 명석한 인물로, 그의 경쟁지였던 「뉴욕 선」지나 「뉴욕 헤럴드」지와는 달리, 「뉴욕 트리뷴」지처럼 도덕적 논조를 펴 나가야 성공할 수 있다는 것을 잘 인식하고 있었다. 그러나 「뉴욕 트리뷴」지의 발행인 그릴리처럼 무슨 주의(isms)나 자신의 주장만 고집해서는 좋지 않다는 것도 알고 있었다. 따라서 레이먼드는 「뉴욕 타임스」를 도덕적이고 보수적 경향을 유지하면서, 신문다운 신문으로 만드는 데 최선을 다했다.

•「뉴욕 타임스」의 여러 가지 특성

이렇게 함으로써 「뉴욕 타임스」의 뉴스는 풍부하면서도 절대로 공정성을 잃지 않았다. 또한 외국 관계 뉴스의 보도에 역점을 두었는데, 1859년 이탈리아와 프랑스가 동맹하여 오스트리아에 대한 전쟁을 일으키자, 레이먼드는 그 전쟁을 직접 취재하기 위해 이탈리아로 건너가 그곳에서 종군기자로 활약하면서 명성을 얻기도 했다.

「뉴욕 타임스」지의 또 하나의 특색은 신사적 매너였다. 비록 「뉴욕 트리뷴」지와 비슷하게 논쟁을 좋아하고 강력한 주장을 내세우긴 했지만, 「뉴욕 타임스」지는 결코 공정성이나 신문으로서의 품위를 잃지 않았는데, 이는 영국의 「타임스」(*Times*)지를 모델로 삼았기 때문이다. 그리하여 레이먼드의 「뉴욕 타임스」는 미국신문에 새로운 패턴을 확립시키게 되었으며, 그 결과 많은 지성인들의 호평을 받았다.

하지만 「뉴욕 타임스」지가 정파성을 전혀 띠지 않았던 것은 아니었는데, 1851년 창간 당시는 휘그당계 신문으로 출발했으나, 곧 자유토지당 쪽으로 기울어졌다가, 1856년 공화당이 결성되자 공화당 편으로 방향을 돌렸다. 이처럼 「뉴욕 타임스」가 정파성을 자주 바꿨던 것은 발행인 레이먼드가 젊어서부터 정치에 관심이 있었기 때문이었는데, 그는 「뉴욕 타임스」를 창간한 이후에도 정치적 야망을 버리지 못하여 1854–56년간에는 뉴욕주 부지사를 역임하기도 했다. 또한 1856년 휘그당의 일부 당원들이 공화당을 결성할 때도 참여해서 중요한 역할을 담당했다. 이렇게 레이먼드는 계속 정치에 참여함으로써 그의 「뉴욕 타임스」지의 명성을 적지 않게 훼손시키기도 했다.

뉴욕 이외 주요 도시들의 페니신문들

위에서 살펴보았듯이 1830년경부터 뉴욕에서 여러 개의 페니신문들이 성공을 거두자 보스턴, 필라델피아, 볼티모어 등지에서도 페니신문들을 다투어 창간하기 시작했다. 그리하여 페니신문들이 전국으로 급속히 확산되면서 바야흐로 페니신문의 시대가 열리게 되었다. 그러면 뉴욕 이외의 다른 주요 도시들에서 페니신문들의 실태는 어떠했는가?

• 보스턴의 「데일리 타임스」와 기타 페니신문들

보스턴은 미국신문의 발상지답게 페니신문의 생성 · 발전에서도 중요한 구실을 했다. 비록 그릴리의 「뉴욕 모닝 포스트」지보다는 8개월 늦었지만, 「뉴욕 선」지보다는 한 달 앞선 1833년 9월, 보스턴에서 이미 2개의 일간페니신문들이 출현했다. 이들은 앞서 살펴보았듯이, 하나는 벤자민 본드(Benjamin F. Bond)가 창간한 「월드 인 어 너트셀」(*World in a Nutshell*)이었고, 또 하나는 윌리엄 잉글리시(William B. English)와 제이 딜(J. B. Dill)이 함께 창간한 「데일리 페니-포스트」(*Daily Penny-Post*)였다. 그러나 이들 중 「데일리 페니-포스트」는 불과 3주 만에, 그리고 「월드 인 어 너트셀」은 2개월 만에 재정난으로 폐간하고 말았다.

하지만 다음 해인 1834년에 5–6개의 페니신문들이 다시 나타났고, 1835–37년간에 또 10여 개의 일간페니신문들이 새로 나왔다. 그러나 이들 중 단 하나만 성공하고, 나머지 페니신문들은 모두 실패하고 말았다. 이 기간에 성공한 단 하나의 페니신문은 1836년 조지 로버츠(George Roberts)와 윌리엄 가필드(William Garfield)가 창간한 「보스턴 데일리 타임스」(*Boston Daily Times*)였는데, 이 신문은 당시 뉴욕에서 붐을 일으키고 있던 일간페니신문들을 그대로 모방해서, 정치기사는 전혀 다루지 않고 주로 치안 관계 경범죄사건들을 흥미 위주로 보도했다.

또한 「뉴욕 헤럴드」지가 대서특필했던 로빈슨-주웨트 재판사건을 전재하는가 하면, 이와 비슷한 재판사건들을 찾아서 대서특필하기도 했다. 「보스턴 데일리 타임스」는 이러한 사건들의 보도를 통하여 일반대중들을 계몽 · 교육하는 것이 마치 맡은 바 사명인 양 내세웠다. 그러자 창간 초부터 발행부수가 급증하여, 4개월 만에 1만 2,000부에 육박했다. 그래서 네이피어식 윤전인쇄기 2대를 새로 설치해야 할 정도였다. 1837년 경제공황으로 발행부수의 증가율이 다소 떨어지기는 했지만, 1850년까지 2만 부 정도를 계속 유지했다.[3]

1840년 보스턴에서 또 하나의 일간페니신문 「보스턴 메일」(*Boston Mail*)이 창간되어 16년간 존속했지만, 그 발행부수는 「보스턴 데일리 타임스」에 훨씬 못 미쳤다. 1844년과 1846년 각각 또 2개의 일간페니신문이 새로 보스턴에 출현했는데, 1844년 창간한 페니신문은 별로 인기가 없었다. 그러나 1846년 창간한 「보스턴 헤럴드」(*Boston Herald*)는 휘그당계 독자들로부터 대단한 인기를 얻어서 곧 「보스턴 데일리 타임스」의 발행부수를 능가하게 되었다. 그러나 「보스턴 헤럴드」지는 1857년 「보스턴 데일리 타임스」지에 합병되고 말았다.

• 필라델피아의 대표적 페니신문 「퍼블릭 레저」

페니신문의 붐은 필라델피아에서도 역시 마찬가지로 일어났는데, 사실상 미국에서 최초로 페니신문의 발행을 시도한 곳은 필라델피아였다고도 볼 수 있다. 왜냐하면 1830년 크리스토퍼 콜럼버스 콘웰(Christopher Columbus Conwell)이라는 사람이 필라델피아에서 「센트」(*Cent*)라는 제호의 1센트(페니)짜리 신문을 몇 호 내다가 중단한 적이 있기 때문이다. 그러나 뉴욕에서 시작된 페니신문과 같은 신문이 필라델피아에 처음 등장한 것은 1835년으로, 윌리엄 드레인(William L. Drane)이 창간한 「데일리 트랜스크립트」(*Daily Transcript*)지였다.

다음 해인 1836년 3월 25일 또 하나의 일간페니신문이 필라델피아에 나타났는데, 이는 「퍼블릭 레저」(*Public Ledger*)라는 신문이었다. 이 페니신문은 뉴욕에서 온 세 사람의 인쇄업자들, 즉 윌리엄 스웨인(William M. Swain), 아루나 아벨(Arunah S. Abell), 아자리아 사이먼스(Azariah H. Simmons)가 창간한 것이었다. 이

---

3 이 「보스턴 데일리 타임스」는 비교적 성공을 거두면서 21년 동안 존속했는데, 1860년에는 발행부수가 매일 5만 4,000부를 기록했다.

들 세 사람은 모두 벤자민 데이의 「뉴욕 선」지에서 일하던 사람들로, 데이의 권유에 따라 필라델피아로 와서 「퍼블릭 레저」를 창간하게 되었다. 이 페니신문 역시 뉴욕의 페니신문들과 비슷하게, 범죄사건들의 보도에 많은 지면을 할애하면서 치안경범자들에 관한 재판사건을 흥미 위주로 보도했으며, 「뉴욕 헤럴드」지가 대서특필했던 로빈슨-주웨트 재판사건도 크게 보도했다.

그러나 「퍼블릭 레저」지가 당시 뉴욕의 페니신문들과 한 가지 다른 점이 있다면, 그것은 재판정의 판사·배심원·증인 등을 혹독하게 비난한 논설들이었는데, 이러한 논설은 변호사 출신의 러셀 자비스(Russell Jarvis)가 주로 썼다. 「퍼블릭 레저」지는 또한 필라델피아시의 저명인사들도 마구 공격해서, 명예훼손죄로 고소당하거나 군중의 습격을 받기도 했다. 그런가 하면, 비록 폭동을 선동하지는 않았으나 급진주의자들의 표현자유를 대변하고 나서기도 했고, 폭도들이 가톨릭교회를 불지르며 국수주의운동을 벌이는 것을 옹호하기도 했다.

이러한 「퍼블릭 레저」지는 그 뒤 「데일리 트랜스크립트」지를 병합하면서 발행부수가 2만 부에 이르게 되었고, 1850년에는 4만 4,000부로 증가했다. 이는 새로운 통신수단들을 이용하여 각종 뉴스를 신속히 보도하는 한편, 새로운 인쇄기를 설치하면서 지면을 쇄신하고 확대했기 때문이기도 했다. 그리하여 「뉴욕 선」지의 인쇄감독으로 주당 12달러를 받던 스웨인은, 필라델피아에 와서 「퍼블릭 레저」지를 창간한 지 28년 만인 1864년 300만 달러의 돈을 벌어 은퇴할 정도로 부자가 되었다.

• 볼티모어에서 가장 성공한 페니신문 「선」

1830년대 후반 미국에서 세 번째로 큰 도시였던 볼티모어에서도 역시 페니신문들이 붐을 이루었다. 그중에서 성공을 거둔 대표적 페니신문은 「선」(*Sun*)이었다(뉴욕의 「선」지와의 구별을 위해 이하 「볼티모어 선」으로 호칭). 이 「볼티모어 선」지는 방금 위에서 살펴본 필라델피아의 「퍼블릭 레저」를 창간해서 발행하던 세 사람의 인쇄업자들, 즉 스웨인, 아벨, 사이먼스가 약 1년 뒤인 1837년 5월 17일 창간한 것으로, 「퍼블릭 레저」지의 자매지였다.

그러므로 「볼티모어 선」은 세 사람의 공동소유였지만, 스웨인과 사이먼스는 필라델피아에서 「퍼블릭 레저」지의 경영을 맡고, 아벨만 볼티모어로 가서 「볼티모어 선」지의 경영을 맡았는데, 「볼티모어 선」의 체재나 내용은 물론, 논조까지도 필라델피아의 「퍼블릭 레저」지와 똑같았다. 이러한 「볼티모어 선」지도 곧 인기를 끌기 시작하여 창간 6개월 만에 발행부수가 1만 2,000부가 되었으며, 1850년에는 3만 부, 1860년에는 4만 부가 되었다(Mott, 1962, p. 241). 그간에 「볼티모어 선」지는 신문지면을 계속 확대해 나갔으며, 인쇄시설도 계속 개량해 나갔다. 1851년에는 사옥빌딩도 신축했는데, 건물구조가 당시 미국신문사들 중에서 가장 최신식이었다.

「볼티모어 선」지도 필라델피아의 「퍼블릭 레저」지와 똑같이 전신·급행우편제도·기차 등을 이용해서 각종 뉴스를 신속하게 입수해서 보도하는 한편, 워싱턴에 특파원을 주재시켜 연방정부 관계 뉴스를 자세히 보도했다. 그런가하면, 1898년 미국과 멕시코와의 전쟁이 발발하자, 「볼티모어 선」지와 필라델피아의 「퍼블릭 레저」지는 「뉴욕 헤럴드」지와 함께 공동취재를 벌여서, 미국신문역사상 새로운 기록을 남기기도 했다.

페니신문들이 당시 신문계에 미친 주요 영향

위에서 페니신문들의 생성과정과 주요 도시들의 대표적 페니신문들의 실태에 관해 살펴보았는데, 당시 페니신문들은 미국신문계에 여러 가지 새로운 변화 내지 변혁들을 가져다주었다. 그렇다면 구체적으로 어떠한 변화 내지 변혁들을 가져다주었는가? 그중 중요한 것들만 몇 가지 들어 보면 아래와 같다.

• 하류노동계층까지로 독자층의 확대

첫째로, 페니신문들이 가져온 가장 큰 변혁으로는 모든 경제계층(economic class)의 사람들을 신문독자로 만들어 주었다는 것을 들 수 있다. 왜냐하면 페니신문이 나오기 이전, 일간신문 1부에 6센트씩 하던 때는 오직 부유한 계층만 신문을 사서 보았으나, 1센트짜리 페니신문이 나오자 가난한 계층도 부담 없이 사 볼 수 있게 되었기 때문이다. 따라서 페니신문들은 경제계층 간의 장벽을 허물어뜨려서 신문독자층을 엄청나게 확대시켰는데, 당시 이런 현상에 대해 필라델피아의 「퍼블릭 레저」지도 아래와 같이 보도한 바 있다.

> 인구 30만 명의 뉴욕과 브루클린시의 경우, 일간페니신문의 보급부수가 7만 부를 상회하게 되었다. 이는 이 도시에 사는 거의 모든 성인남자들은 물론, 신문을 읽을 만큼 나이 든 모든 소년들의 손에까지 신문이 쥐어졌다는 것을 말해 주고 있다. 페니신문들은 거리와 골목 그리고 호텔 · 주점 · 상점 등 모든 곳에서 찾아볼 수 있다. 짐꾼들과 짐마차꾼들까지도 일이 없을 때는 손에 신문을 들고 앉아서 읽고 있다(*Public Ledger*, 1836. 3. 25일자).

이러한 현상, 즉 짐꾼이나 짐마차꾼들까지 직접 신문을 읽게 되었다는 것은 사회적 · 정치적으로도 커다란 변혁이었다. 왜냐하면 그 이전에는 부유층이나 식자층으로부터 정치와 사회 현실에 관한 정보나 의견을 간접적으로 전해 듣던 짐마차꾼과 같은 하류노동계층도 이제는 사회와 정치가 어떻게 돌아가는지를 페니신문들을 통해 잘 알게 되면서 사회와 정치에 참여할 수 있는 집단으로 변하게 되었기 때문이다. 그리하여 「패밀리 매거진」(*Family Magazine*)이라는 잡지가 1834년 5월 17일에 발행한 제2호 40쪽에서 지적했듯이, "페니신문들은 사회현실의 깊숙한 곳까지 파고들면서 그 이전에는 조용히 흐르던 사회의 물결을 서서히 동요시키기 시작했다".

• 뉴스의 개념과 내용에도 변화 초래

둘째로, 페니신문들이 가져온 또 하나의 주요 변혁으로는 뉴스 자체에 대한 기존관념을 바꾸어 주었다는 것을 들 수 있는데, 뉴스란 일반적으로 말하면, 새로운 사건 등에 대한 시의적 보도라고 할 수 있다. 그러나 신문인들의 입장에서 볼 때는, 뉴스란 독자 대중이 알고 싶어 하고 중요하다고 생각하는 사건 등에 관한 보도라고 할 수 있다. 때문에 1830년대 이전의 미국신문인들은 미국의 신문독자들이 그들의 고국인 영국을 비롯한 유럽 각국의 뉴스를 가장 알고 싶어 하고, 또한 그것들을 중요시한다고 간주해서, 주로 영국신문들을 가져다가 그중 중요한 정치적·상업적 뉴스 등을 추려서 이들을 중점적으로 보도했다. 그 결과, 미국 국내, 특히 중소도시나 지방에서 일어난 사건들에 관한 뉴스는 경시해서 제대로 다루지 않았다.

그러나 이와는 달리 페니신문들의 발행인이나 편집인들은, 앞서 말했듯이 독자들의 거주 지역 내에서 발생한 치안 관계 범죄사건 등에 관한 뉴스를 집중적으로 보도하기 시작했는데, 일반 독자대중이 이러한 뉴스들을 원하고 있다는 것을 알았기 때문이다. 이는 또한 독자대중이 적극적으로 요구했기 때문이기도 한데, 예컨대 「볼티모어 선」지가 창간된 지 얼마 안 된 1837년 5월 하순 어느 날 저녁, 볼티모어 시내 한 모퉁이에서 깡패들 간에 큰 싸움이 벌어져서 피를 흘린 사건이 발생하자, 이를 「볼티모어 선」지가 그 이튿날 아침에 간단하게 보도했다. 그러자 독자들의 일부가 신문사로 몰려와 그 사건을 자세히 보도해 달라는 시위를 벌이기도 했다.

이처럼 당시 페니신문의 독자들은 자진해서 신문들에게 지역사회의 범죄사건 뉴스 등을 자세하게 보도해 달라고 요구하기까지 했다. 이러한 현상은 페니신문들이 크게 대두하면서 독자층이 일반대중으로 확대됨에 따라, 독자대중이 원하고 중요시하는 뉴스의 내용에도 변화가 일어나게 되었기 때문이다. 다시 말해서, 1830년대 이전의 미국의 신문독자들은 자신들의 고국인 영국을 비롯한 유럽 각국의 뉴스를 가장 알고 싶어 하고, 또한 중요시했으나, 1830년대 초부터 페니신문들이 크게 대두하여 짐꾼이나 짐마차꾼들까지 신문을 읽게 되면서, 이들 독자대중은 자신들의 거주 지역에서 일어나는 생생하고 흥미로운 사건들에 관한 뉴스를 원했기 때문이다. 그 결과, 페니신문들은 뉴스의 개념이나 그 주요 내용에도 변화를 가져왔는데, 그중 주요 변화로는 ① 독자들의 거주 지역 뉴스의 증가, ② 센세이셔널한 뉴스, 특히 범죄사건 등에 관한 뉴스의 강조, ③ 인정미담 뉴스(human-interest news)의 출현 등을 손꼽을 수 있다.

• 뉴스의 시의성과 속보성도 변화시켜

셋째로, 페니신문들은 또한 뉴스의 시의성(timeliness)이나 속보성에도 변화를 가져다주었는데, 물론 페니신문들이 대두하기 이전에도 신문인들이 뉴스의 시의성과 속보성을 중시하지 않은 것은 아니었다. 그러나 그 이전의 미국신문들은 앞서 말했듯이 영국을 비롯한 유럽 각국의 뉴스들을 중시했으나, 이러한 뉴스들이 선편을 통하여 미국에 도달하려면 적어도 한두 달이나 걸렸기 때문에 뉴스의 시의성이나 속보성을 왈가왈부할 처지가 못 되었다. 하지만 페니신문들이 크게 대두하면서 특히 뉴스의 신속한 보도에 많은 정열을 쏟아 넣기 시작했는데, 페니신문은 독자들의 거주 지역 내에서 발생하는 범죄사건 등에 관한 뉴스들을 주로 보도하며, 이들 뉴스를 되도록 신속하게 보도해야만 다른 많은 신문들과의 치열한 경쟁에서도 살아남을 수 있었기 때문이다.

그런 데다가 전신과 우편 등의 통신수단과, 철도와 증기선 등 교통수단의 발달이 페니신문들의 신속한 뉴스보도를 뒷받침해 주었는데, 1838년 이전에는 미국신문들의 주요 뉴스원인 영국의 신문과 잡지 등이 선편으로 미국으로 건너오는 데 최소한 4주에서 8주까지 걸렸다. 그러나 1838년 대서양횡단 증기선의 취항은 그 기간을 3주 이내로 단축시켰다가 몇 년 후에는 다시 2주 이내로 단축시켜 주었다. 따라서 유럽으로부터 들어오는 뉴스도 2주 내에 미국신문에 보도할 수 있었다.

한편 국내 뉴스의 신속한 보도를 위해 각 신문들이 급행우편마차들을 이용해서 뉴스를 실어 날랐으며, 말이 끄는 객차가 등장하자 이것도 뉴스의 송고에 이용했다. 그런가 하면, 「뉴욕 선」지 등은 다른 지역 뉴스들을 전서구, 즉 통신용 비둘기를 이용해서 신속하게 송고하기도 했다. 그러다가 전신이 발명되자, 「볼티모어 패트리어트」(*Baltimore Patriot*)지가 이를 1844년 5월 25일 처음으로 이용하여 워싱턴 뉴스를 받아서 보도했다. 그 뒤 전신료가 인하되자 다른 여러 신문들도 전신을 뉴스 송고에 널리 활용하기 시작했다.

이렇게 새로운 통신과 교통수단들이 발달하자, 이를 신문들이 활용하면서 뉴스의 속보에 열을 올리게 되었다. 그 결과 뉴스의 시의성과 속보성이 점차 강조되었는데, 이렇게 만드는 데 중요한 역할을 한 것이 바로 페니신문들이었다.

• 멕시코전쟁 때는 취재의 기동성도 높여

넷째로, 페니신문들은 또한 취재의 기동성, 다른 신문과의 합동취재, 현대적 종군기자, 진중신문(camp newspaper) 등의 발달에도 중요한 영향을 미쳤는데, 이러한 영향은 특히 1846년 미국과 멕시코와의 전쟁을 계기로 나타나게 되었다. 1846년 5월 멕시코와의 전쟁이 발발하자, 미국신문들은 그 전황의 신속한 보도를 위해 급행마차들을 동원하여 뉴스를 송고하면서 서로 취재경쟁을 벌였다. 그런가 하면, 2개나 그 이상의 페니신문들이 서로 합동하여 공동취재를 벌임으로써 취재경비를 절감하기도 했다. 이러한 실례로는 「찰스턴 쿠리어」(*Charleston Courier*)지와 「뉴욕 선」지의 연합 및 필라델피아의 「퍼블릭 레저」지와 「뉴욕 헤럴드」지의 연합공동취재 등을 들 수 있는데, 이러한 새로운 취재방법도 페니신문들이 앞장섰다.

한편 현대적 종군기자제도도 멕시코와의 전쟁을 계기로 대두하기 시작했는데, 특히 이에 앞장선 신문들은 바로 뉴올리언스의 페니신문들이었다. 당시 뉴올리언스는 전장에서 가장 가깝던 주요 도시로서, 이곳 신문들은 종군기자들을 전장에 파견해 전황을 직접 취재해서 보도했다. 당시 가장 명성을 날린 종군기자로는 「피키윤」(*Picayune*)지의 조지 켄달(George W. Kendall)을 들 수 있는데, 그는 테일러 장군 부대를 따라다니면서 전황을 정확하게 보도해 주는 한편, 영웅적 군인들의 무용담을 재미있게 기사화해서 신문에 게재함으로써 명성을 얻게 되었다. 또한 「델타」(*Delta*)지의 제임스 프리너(James L. Freaner)도 종군기자로서 대단한 활약을 했는데, 이들 종군기자들이 취재해서 보도한 전황 관계 기사들을 전국 각지 신문들이 다시 싣게 됨으로써, 결과적으로 뉴올리언스의 페니신문들은 전국 각지에 전황 뉴스를 공급해 준 셈이 되었다.

비록 페니신문의 영향은 아니지만, 멕시코와의 전쟁은 진중신문을 등장시키기도 했는데, 당시 미군이 세계 신문역사상 처음으로 진중신문을 만들어 미군들에게 배포해서, 병사들의 전의를 북돋았기 때문이다. 당시 미국의 여러 부

대들에서 나온 진중신문 중 가장 대표적인 것은 스콧 육군부대(Scott's Army)에서 발행한 「아메리칸 플래그」(*American Flag*)였는데, 이 진중신문은 여러 일반신문들의 중요한 뉴스원이 되기도 했다.

• 뉴욕 AP통신사의 결성에도 큰 역할

다섯째로, 페니신문들은 미국 최초의 연합통신사의 결성에도 큰 역할을 했다. 멕시코와의 전쟁기간에 뉴스의 취재와 송고에서 여러 가지 불편을 느끼면서, 또 한편으로는 몇몇 신문들이 공동취재를 통하여 과중한 전신료의 부담 등을 절감하는 것을 보게 된 뉴욕의 페니신문들은 연합통신사의 필요성을 인식하게 되었다. 그리하여 1848년 5월 「뉴욕 선」지의 사무실에 모인 뉴욕의 주요 페니신문사 대표들은 신문사들 간의 무리한 취재경쟁을 막는 한편, 비싼 전신요금을 절약하기 위해, 유럽에서 보스턴항으로 들어오는 외항선에서 취재한 외신들을 공동부담 아래 전신을 이용해서 각 신문에 송고토록 하자는 데 뜻을 모았는데, 이에 참여한 신문들은 「뉴욕 선」·「뉴욕 헤럴드」·「뉴욕 트리뷴」·「쿠리어 앤드 인콰이어러」·「익스프레스」·「저널 오브 커머스」지 등 모두 6개 신문이었다.

이들 6개 신문의 연합체는 처음에는 극히 비공식적인 것이었다. 하지만 곧 하버 뉴스 어소시에이션(Harber News Association)이라는 연합체를 공식적으로 결성해서, 뉴욕항으로 들어오는 외항선들로부터 뉴스와 신문들을 공동으로 입수해서 나누기로 합의했다. 그리고 1856년 「저널 오브 커머스」지 발행인 제라드 홀록(Gerard Hallock)을 회장으로 선임하는 동시에 업무도 확장시켜, 뉴스실을 공동으로 만들어 운영하면서 그 비용은 6개 신문들이 똑같이 부담했다.

1851년 「뉴욕 타임스」(*New York Times*)지가 창간되자 이 신문도 하버 뉴스 어소시에이션에 참가함으로써, 회원사가 7개가 되었다. 그러면서 종래의 '하버 뉴스 어소시에이션'이라는 명칭을 '뉴욕 어소시에이티드 프레스'(New York Associated Press), 즉 뉴욕연합통신사로 바꾸었다. 그리고 뉴스취재망을 넓혀 미국의 주요 도시들에 특파원을 주재시키면서 각종 뉴스를 수집해 회원신문사들에게 공급하는 한편, 비회원신문사들, 즉 보스턴, 필라델피아와 기타 도시의 신문들에게도 팔기 시작했다. 이러한 뉴욕연합통신사가 바로 현재의 AP통신사(Associated Press)의 모체인데, AP통신사로 개칭한 것은 1892년이었다.

• 페니신문들은 여러 가지 역기능도 초래

위와 같이 페니신문들은 미국신문계에 여러 가지 새로운 변화 내지 변혁들을 가져왔다. 또한 페니신문들은 짐마차꾼과 같은 하류의 노동계층도 신문독자로 끌어들여 이들을 사회와 정치에 참여할 수 있는 집단으로 변하게 만듦으로써 사회적 변혁을 초래하기도 했다. 하지만 또 한편으로는 특히 노동계층에게 좋지 않은 영향을 미치기도 했는데, 「디모크래틱 리뷰」(*Democratic Review*)라는 잡지의 한 필자가 개탄했듯이, "페니신문들은 병들고 굶주린 노동계급자들의 정신적 창자에 영양가 있는 음식은 제공하지 않고 향신료 등의 자극적 조미료만 먹여 주었다"(1852. 4, Vol. 30, p. 365). 그렇다면 당시 일간 페니신문들의 발행인과 편집인들은 자신들이나 신문의 사명은 도대체 무엇이라고 인식하고 있었는가?

당시 페니신문들의 발행인들과 편집인들은 솔직히 말해서 신문의 사명보다는 영리적 이윤에 더 많은 관심을 두고 있었다. 하지만 때때로 자신들의 신념이나 신조를 피력하기도 했는데, 그에 나타난 그들의 사명감을 몇 가지 간추려 보면 아래와 같다(Mott, 1962, pp. 242-243에서 인용).

① 신문의 제1차적 사명은 독자들에게 뉴스를 제공하는 것이지 어떤 정당이나 상인계급을 지지하는 것이 아니다.

② 독자들의 거주 지역 뉴스와 인정미담 뉴스(human-interest news)도 중요하다.

③ 비록 아직까지는 일종의 터부(taboo)로 되어 있지만, 이제는 대중들도 정치적 · 사회적 현실을 직시하고 그에 관한 자신들의 견해를 피력하도록 신문이 도와주어야 한다.

④ 교회 · 법정 · 정부 · 은행 · 증권시장 등의 비리는 과감히 폭로해야 한다.

바로 이와 같은 신념이나 신조를 갖고 있는 페니신문의 발행인들과 편집인들도 물론 적지 않았다. 하지만 사회적 비리나 다른 사람들의 비행을 폭로하면서도 자신들의 비리나 잘못은 생각하지 않고, 돈을 버는 데만 혈안이 된 발행인이나 편집자들이 더 많았다. 그리하여 이들이 독자대중들의 저속한 취향에 영합하여, 각종 범죄와 성에 관한 사건들을 대서특필해서 발행부수를 올리고, 과대광고도 마구 실어 광고수입을 증대시킴으로써, 페니신문들은 특히 노동계층에게 좋지 않은 영향을 미쳤다는 평가를 듣게 되었다.

3. 신문계를 계속 지배한 정론신문들의 실태

위에서 페니신문의 출현과 성장과정에 관해 살펴보았는데, 1833년부터 1860년까지 27년 동안은 바로 이러한 페니신문의 시대였다고 말할 수 있다. 그러나 아직도 실제로 미국신문계를 지배한 것은 페니신문들이 아니라 정론신문들이었다. 따라서 이 시기를 제3차 정론신문기 내지 정론신문말기라고 부르는 역사학자들도 적지 않다. 그렇다면 그 이유는 무엇인가?

페니신문들에 대한 정론신문들의 대응

1830년대 초반부터 페니신문들이 대두하기 시작하여 독자대중들의 인기를 끌게 되자, 이에 대한 대처방안의 하나로서 대규모의 상업신문들은 종래의 편집방침을 더욱 고수해 나가면서 고정독자들을 확보해 신문사의 경영을 유지해 나갔다. 반면 정론신문들은 페니신문들과의 경쟁에서 살아남기 위해 정당이나 정치인들에게 더욱 아첨을 떨거나 그 앞잡이 노릇을 하면서 재정적 원조를 받아 신문을 꾸려 나갔다. 그리하여 만약 어떤 정치인이 득세할 것 같으면, 으레 한두 개의 정론신문들이 그 정치인을 지지하고 나섰다. 그런가 하면, 어떤 정파가 새로운 정당을 만들면 곧 한두 개의 정론신문들이 그 정당의 기관지를 자처하고 나섰다. 그러면 이를 정치인이나 정당들도 환영해서, 그 신문들에 재정적 후원을 해 주는 대신 앞잡이로 이용했는데, 신문은 정치적 성공에 절대적으로 필요한 도구였기 때문이다.

이러한 사실은 당시 뉴욕의 민주당계 한 정파의 두목 마틴 밴 뷰런(Martin Van Buren)이 올버니의 그의 부하에게 보낸 편지에서, 「아거스」(*Argus*)지에 재정적 후원을 해 주라면서, "우리가 원하는 대로 하는 신문을 가지지 못하는 것은, 마치 우리가 하프(harp)를 버드나무에 매달아 놓은 것과 같다"(Hudson, 1873, p. 276)라고 한 말에서도 여실히 엿볼 수 있다. 때문에 정치인이나 정당은 신문에 재정후원을 해 주는 대가로 신문을 자신들의 앞잡이로 이용했고, 정론신문들은 정치인이나 정당의 앞잡이 노릇을 해 주는 대가로 재정후원을 받아 신문을 꾸려 나갔다.

그 결과, 페니신문들이 크게 대두하여 대중독자들을 끌어들였음에도 불구하고 정론신문들은 그대로 생존해 나갈 수 있었다. 그러면서 페니신문들과의 경쟁에서 살아남기 위해 심지어는 미국정치를 이끌어 나가던 대표적 정론신문들조차도 정치인이나 정당에 더욱 아첨하면서 신문계를 지배해 나갔다. 그러자 중립적 신문은 오히려 잡종으로 취급될 정도가 되었는데, 1850년도에 실시한 한 조사결과를 보면, 당시 미국 전체의 신문들 중에서 오직 5%만 정치적 중립(neutral) 또는 독립(independent)을 지키고 있었다. 따라서 정치 관계 기사들을 거의 싣지 않던 페니신문들은 당시 미국신문계의 정치적 판도를 바꾸어 놓을 수 없었다. 때문에 1833–60년간을 '페니신문기'(the era of penny papers)라고 부르지만, 제3차 정론신문기 또는 정론신문말기라고 부르는 언론학자들도 적지 않다. 그렇다면 이 시기에 정론신문들의 실태는 도대체 어떠했는가?

주요 정당들과 정론신문들의 판도

정론신문들의 실태에 앞서, 이 시기의 미국의 주요 정당들의 실태부터 간단히 살펴보면, 처음에는 양대 정당인 민주당(Democratic Party)과 휘그당(Whig Party)이 서로 각축을 벌였다. 그러나 1840년대 후반에는 2개의 군소정당, 즉 자유토지당(Free-Soilers Party)과 아메리칸당(American Party)도 나와서 정당정치에 참가했다. 그러다가 1856년 휘그당이 해체되고 그 대신 공화당(Republican Party)이 대두하여 민주당과 대결을 벌이면서, 양당체제가 이루어지게 되었다.

• 1833-1860년 사이 각종 정당들의 실태

위와 같이 1833년부터 1860년까지의 시기에 미국에서는 2개의 큰 정당과 2개의 군소정당들이 서로 정치적 대결을 벌였다. 그러나 실제적으로는 민주당의 시대였는데 휘그당의 재커리 테일러(Zachary Taylor)와 밀라드 필모어(Millard Fillmore) 대통령의 재임기간 4년(1849-53)을 제외하고는 민주당이 항상 우세했으며, 모두 일곱 차례의 대통령선거 중에서 다섯 번을 민주당이 승리했기 때문이다. 이러한 민주당은 1854년까지는 보호관세와 중앙은행제도를 반대한 앤드류 잭슨(Andrew Jackson) 중심의 국민주의자(nationalist)들의 정당이었다.

한편 이러한 민주당의 반대당인 휘그당은 1830년대 초 5-6개의 반잭슨정파들, 예컨대 국민공화파(National Republicans), 남부의 반잭슨민주파(Anti-Jackon Democrats) 등이 연합해서 결성한 정당으로, 지도자는 다니얼 웹스터(Daniel Webster)와 헨리 클레이(Henry Clay)였다. 그러나 스테픈 더글라스(Stephen A. Douglas) 상원의원이 제안한 '캔자스-네브래스카법(Kansas-Nebraska Act)이 1856년 5월 연방의회 상원에서 통과되자, 그간에 노예제도에 대해 기회주의적이던 휘그당 내부에서 노예제도를 둘러싸고 내분이 일어나 결국 휘그당은 해체되었다. 그 대신 노예제도를 반대하는 정치인들이 모여 공화당(Republican Party)을 새로 결성해서, 모든 새 영토에서 노예제도를 폐지하라고 주장하며 노예제도를 찬성한 민주당과 대결을 벌이게 되었다. 그리하여 이때부터는 민주당과 공화당이 양대 정당으로서 서로 정치적 대결을 벌이게 되었다.

그러나 이들 양대 정당 이외에 군소정당 2개가 존재했는데, 그중 하나는 1848년 결성한 자유토지당으로, 이 정당은 "노예제도를 제한 또는 국지화한다"는 정강정책을 들고 나왔다. 그리고 또 하나는 아메리칸당으로, 이 정당은 이민의 유입과 가톨릭교를 반대하고 나섬으로써 1850년대에는 상당한 호응을 불러일으켰다.

• 각 정당별 정론신문들의 실정

위와 같이 1833년부터 1860년까지 시기에 미국에는 2개의 큰 정당과 2개의 군소정당들이 서로 정치적 대결을 벌였다. 그러나 실제적으로는 민주당 시대로서, 이 시기 내에 실시한 모두 일곱 차례의 대통령선거 중 다섯 번을 민주당이 승리해 연방정부를 이끌어 갔다. 하지만 이상하게도 신문계에서는 휘그당계 신문들이 그 종수에서 민주당계 신문들을 누르고 있었으며, 특히 일간신문들에 휘그당계가 압도적으로 많았다. 그렇다면 그 이유는 무엇이었을까?

그 이유의 하나는 어느 시대, 어느 나라를 막론하고 여당신문들보다 야당신문들이 우세하기 때문이라고 볼 수도 있다. 그러나 이러한 이유보다는, 당시 미국의 상인계층은 대체로 휘그당 편이어서 이들이 주로 휘그당계 신문에 광고를 주자, 그 광고를 유치하기 위해 도시의 상업신문들이 휘그당계로 자처함으로써 결과적으로 휘그당계 신문의 종수가 더 많게 되었다고 보는 것이 더 타당할 것 같다. 당시 휘그당계 신문들은 상인들로부터 많은 광고를 얻을 수 있어서 호황을 누린 데 반하여, 대도시의 민주당계 신문들은 광고수입이 적어서 어려움을 겪었기 때문이다.

1850년도 센서스 조사결과를 보면, 뉴욕시와 볼티모어의 경우 민주당계 신문은 각각 1개만 있었고, 보스턴과 필라델피아에는 각각 2개씩 존재한 것으로 나타나 있다. 그런데 이들 대도시의 민주당계 신문들은 민주당이 직접 발행하거나 또는 재정지원을 해 주면서 간접적으로 발행한 것들이었다.

반면, 대부분의 휘그당계 신문들은 휘그당을 지지는 했지만, 휘그당의 재정적 지원으로 운영한 것이 아니라, 주로 휘그당 편 상인들로부터 광고를 유치해서 그 수입으로 독자적으로 운영했다. 그러나 민주당계 신문들은 당시 대부분이 휘그당 편이던 상인들로부터 광고유치가 힘들어 광고수입만으로는 신문의 운영이 불가능했기 때문에 민주당의 재정적 후원을 받아서 신문을 발행할 수밖에 없었다. 그러나 1856년 휘그당이 해체되고 그 대신 강력한 새 정당인 공화당이 출현하여 민주당과 정치적 대결을 벌이게 되면서, 정론신문들도 민주당계와 공화당계로 나뉘게 되었는데, 이에 관해서는 조금 뒤에 살펴보기로 하겠다.

연방정부의 대변지들과 그 교체실태

위에서 살펴보았듯이 1833년부터 1856년까지의 시기에도 각 정당은 정치적 도구 내지 수단으로써 신문을 직접 발행하거나, 또는 특정 신문들에게 재정지원을 해 주면서 대변지로 삼았다. 그런가 하면, 신문들도 재정적 지원을 받거나 광고를 유치하거나 또는 그밖의 이익을 위해 특정 정당의 편을 들게 됨으로써 여전히 정론신문들이 판을 치게 되었다. 그렇다면 이러한 정론신문들의 실태는 어떠했는가?

• 대통령에 따른 연방정부 대변지의 실정

각 정당의 정론신문들의 실태에 앞서 연방정부 대변지들의 실태부터 간단히 살펴보면, 누가 대통령이 되느냐에 따라 그 정부의 대변지도 계속 바뀌었다. 1829년 대통령에 취임한 민주당의 앤드류 잭슨은 「워싱턴 글로브」(*Washington Globe*)지를 연방정부 대변지로 삼았다. 그리하여 연방정부 대변지가 된 「워싱턴 글로브」는 잭슨 대통령의 재임 기간(1829-37)은 물론, 마틴 밴 뷰런 대통령의 재임기간(1837-41)까지도 연방정부 대변지로서 계속 큰 영향력을 발휘했다.

하지만 1841년 휘그당의 윌리엄 해리슨이 대통령으로 취임하자 「내셔널 인텔리젠서」(*National Intelligencer*)지를 연방정부 대변지로 바꿨다. 그러나 해리슨 대통령이 취임 한 달 만에 사망하자, 그 뒤를 이은 민주당의 존 타일러 대통령은 「매디소니언」(*Madisonian*)이라는 새 신문을 워싱턴에서 창간해서 이를 자신의 연방정부 대변지로 삼았다.

그러나 1845년 민주당의 제임스 포크가 대통령으로 취임하자, 앞서의 「워싱턴 글로브」를 다시 정부 대변지로 부활시켰다. 하지만 당시 이 신문의 편집인 프랜시스 블레어(Francis P. Blair)가 제대로 말을 듣지 않자, 포크 대통령은 블레어에게 압력을 가해 「워싱턴 글로브」지를 매수, 그 제호를 「유니언」(*Union*)으로 바꾸는 동시에 버지니아주 「리치먼드 인콰이어러」지 편집인 토머스 리치(Thomas Litchie)를 새 편집인으로 임명하고, 「유니언」지를 정부 대변지로 삼았다.

그러나 나이가 많았던 리치가 「유니언」지를 제대로 이끌지 못하면서 포크 대통령과 불화가 생기자, 포크정부는 1846년 새로운 규정을 마련하여, 정부출판물의 인쇄권을 경쟁입찰에 붙여 최소금액의 입찰자에게 그 권한을 줌으로써, 「유니언」지는 정부인쇄물의 인쇄권이라는 특전을 뺏기고 말았다. 그러자 정부간행물인쇄를 맡은 신문이 자연히 정부 대변지가 됨으로써 「유니언」지의 영향력도 줄게 되었다.

• 정권에 따라서도 정부 대변지가 교체돼

위와 같이 대통령이 바뀔 때마다 거의 정부 대변지도 바뀌었다. 따라서 정권이 바뀌면 두말할 것도 없었는데, 1849년 휘그당이 다시 정권을 잡게 되자, 재커리 테일러 대통령은 새로 「리퍼블릭」(*Republic*)이라는 신문을 창간해서 이를 자기 정부의 대변지로 삼았다. 그러나 그 이듬해 테일러 대통령이 사망하자, 그 자리를 승계한 휘그당의 밀라드 필모어 대통령은 앞서 윌리엄 해리슨 대통령 때인 1841년도에 정부 대변지였던 「내셔널 인텔리젠서」지를 다시 정부 대변지로 부활시켰다.

하지만 1856년 민주당이 다시 정권을 잡으면서 프랭클린 피어스 대통령은, 앞서 제임스 포크 대통령 때 정부 대변지였던 「유니언」지를 다시 정부 대변지로 삼았다. 그 다음 제임스 뷰캐넌 대통령 역시 「유니언」지를 그대로 정부 대변지로 삼았으나, 그 이전처럼 강력한 정치적 논조를 펴지 못했다.

민주당계 주요 정론신문들의 실태

위에서 우선 1833부터 1860년까지 시기에 연방정부 대변지들의 실태부터 간단히 살펴보았는데, 어느 정당의 누가 대통령이 되느냐에 따라 연방정부의 대변지도 계속 바뀌었다. 왜냐하면 대통령이 그 자신이나 소속 정당 또는 정파의 정치목적에 부합하는 신문을 정부 대변지로 삼았기 때문이다. 이와 마찬가지로 각 정당에도 여러 개의 대변지나 정론신문들이 존재하게 되었는데, 그 실태를 민주당·휘그당·공화당 순으로 살펴보기로 하겠다.

• 민주당계 각 정파의 대표적 대변지들

우선 민주당계 정론신문들의 실태부터 간단히 살펴보면, 1830년대 초부터 민주당이 3개의 정파, 즉 잭슨정파, 리치먼드정파, 올버니정파로 갈리면서 이들 각 정파는 각각 그 나름대로의 기관지나 대변지를 갖게 되었다.

첫째로 잭슨정부의 '키친 캐비닛'(Kitchen Cabinet)이라고 불리던 잭슨파는 그 대변지로 「워싱턴 글로브」(*Washington Globe*)를 갖고 있었는데, 이 신문은 앞서 말했듯이 잭슨 대통령의 재임기간(1829–37)은 물론, 마틴 밴 뷰런 대통령의 재임기간(1837–41)까지도 연방정부 대변지가 되어 커다란 영향력을 발휘했다. 그러나 그 다음 휘그당의 해리슨 대통령(1841)과 민주당의 타일러 대통령(1841–45) 때는 연방정부 대변지 자리를 빼앗겼다가 1845년 민주당의 포크가 대통령이 되자, 「워싱턴 글로브」를 다시 정부 대변지로 부활시켰다. 하지만 당시 이 신문의 편집인 프랜시스 블레어(Francis P. Blair)가 제대로 말을 듣지 않자, 포크 대통령은 「워싱턴 글로브」를 매수해서 제호를 「유니언」(*Union*)으로 바꾸어 자신의 정부 기관지로 삼았다.

둘째로 리치먼드 군사혁명위원회(Richmond Junta)라는 별명의 리치먼드정파는 버지니아주 리치몬드의 「리치먼드 인콰이어러」(*Richmond Enquirer*)지를 대변지로 삼고 있었는데, 이 신문은 본래 1789년 메리웨더 존스(Meriwether Jones)가 「리치먼드 이그재미너」라는 제호로 창간해서 발행하던 것을 1804년 토머스 리치

(Thomas Ritchie)가 인수하면서 「리치먼드 인콰이어러」로 개제한 것이었다. 이 신문은 당시 제퍼슨 대통령의 격려를 받게 되면서 곧 민주당의 전국적 대변지의 하나로 부상하게 되었고, 리치도 버지니아주의 민주당 지도자가 되었다.

이러한 리치를, 1846년 민주당 포크 대통령이 「워싱턴 글로브」를 매수하여 제호를 「유니언」으로 바꿔 정부 대변지로 삼으면서 그 편집인으로 임명하자, 리치는 워싱턴으로 올라가면서 「리치먼드 인콰이어러」는 그의 아들들에게 맡겼다. 그러나 그의 아들들은 종래와 같이 리치먼드정파를 대변하면서 휘그당과 계속 마찰을 빚게 된 끝에, 토머스 리치 2세(Thomas Ritchie, Jr.)가 휘그당원 존 플리샌츠(John H. Pleasants)와 권총과 단도로 결투를 벌여서 플리샌츠를 죽이게 되었다. 그리하여 살인죄로 재판을 받게 되었으나 무죄로 석방되었다.

셋째로 올버니섭정단(Albany Regency)이라는 별명의 올버니정파는 뉴욕의 「아메리칸 시티즌」을 자신들의 대변지로 갖고 있었는데, 이 신문은 1795년 토머스 그린리프(Thomas Greenleaf)가 뉴욕에서 창간해서 발행하던 「아거스」(*Argus*)지를 1800년 올버니의 민주당 인사들이 매입하여, 그 제호를 「아메리칸 시티즌」으로 고치는 동시에 지령도 제1호로 고쳐 발행한 것이었다. 이 신문은 계속하여 민주당의 올버니정파를 대변해 오다가 민주당이 뉴욕주의 정권을 잡게 되자, 뉴욕주정부의 간행물인쇄권을 얻게 되어 경제적으로 호황을 누리기도 했으나 올버니정파가 분열되자 불행에 처하게 되었다.

• 주요 도시의 대표적 민주당계 정론신문들

위와 같은 민주당 세 정파의 대변지들 이외에도, 물론 민주당계 정론신문들이 전국에 수십 종 있었는데, 그중에서 대표적인 것들로는 뉴욕의 「뉴욕 이브닝 포스트」(*New York Evening Post*), 보스턴의 「보스턴 포스트」(*Boston Post*), 뉴햄프셔의 「뉴햄프셔 패트리어트」(*New Hampshire Patriot*), 필라델피아의 「펜실베이니안」(*Pennsylvanian*), 볼티모어의 「볼티모어 리퍼블리컨」(*Baltimore Republican*), 찰스턴의 「찰스턴 머큐리」(*Charleston Mercury*), 테네시주 내쉬빌의 「내쉬빌 유니언」(*Nashville Union*), 오하이오주 콜럼버스의 「오하이오 스테이츠맨」(*Ohio Statesman*) 등을 들 수 있다.

이들 중, 뉴욕의 「뉴욕 이브닝 포스트」에 관해서는 조금 뒤에 자세히 살펴보기로 하고, 그 밖의 신문들부터 간단히 살펴보면, 「보스턴 포스트」지는 당시 찰스 그린(Charles G. Greene)이 발행한 것으로 뉴잉글랜드 지방에서 가장 대표적 민주당계 정론신문의 하나였다. 「뉴햄프셔 패트리어트」(1808년 창간)도 역시 뉴잉글랜드 지방의 대표적 민주당계 신문의 하나였는데, 당시 이 신문의 편집인 아이삭 힐(Isaac Hill)은 후에 연방상원의원과 뉴햄프셔주 지사를 지냈다. 「펜실베이니안」은 필라델피아에서 가장 대표적인 민주당계 신문으로, 발행인과 편집인이 여러 번 바뀌었는데, 한때는 잠시 동안 「뉴욕 헤럴드」지의 제임스 베네트가 경영하기도 했으며, 그 편집인들 중 가장 유명한 사람은 정치평론가 존 포니(John W. Forney)였다.

「볼티모어 리퍼블리컨」은 그 제호와는 달리, 볼티모어에서 가장 격렬한 민주당 대변지였다. 그리고 사우스캐롤라이나주 찰스턴에서 발행한 「찰스턴 머큐리」지는 노예제도의 유지를 강력히 주장하면서 민주당 대변지로서의 역할을 다했다. 그 다음 테네시주 내쉬빌에서 발행한 「내쉬빌 유니언」은 제임스 포크를 테네시주 지사와 대통령으로 당선시키는 데 큰 역할을 했다. 한편 오하이오주 콜럼버스에서 발행한 「오하이오 스테이츠맨」은 당시 북서부 지방에서 가장 대표적인 민주당 대변지였다.

• 뉴욕시 유일의 민주당계 정론신문

위에서 살펴본 민주당계 정론신문들 이외에 또한 수십 종의 민주당계 신문들이 전국 각지에 존재했다. 그러나 그중에서 뉴욕시 유일의 민주당계 정론신문이자 가장 유명했던 「뉴욕 이브닝 포스트」에 관해서만 살펴보면, 이 신문의 편집인은 본래 윌리엄 브라이언트(William C. Bryant)였으나, 그가 1834년부터 2년간 외국에 나가 있자, 그의 부하였던 윌리엄 리게트(William Leggett)가 신문편집을 맡게 되었다. 그러자 리게트는 노예제도 폐지론자와 노예들의 표현자유를 옹호하고 나서는 한편, 중앙은행·독과점행위·증권투기 등에 대해 신랄하게 공격했다. 그리하여 뉴욕 상인들의 미움을 사게 되어, 이들로부터 광고를 얻지 못하게 됨으로써 「뉴욕 이브닝 포스트」지는 재정난에 봉착하게 되었다.

이러한 재정상태를 그즈음 외국에서 돌아온 본래의 편집인 브라이언트가 보았으나, 리게트를 책망하지 않았다. 브라이언트가 「뉴욕 이브닝 포스트」를 통하여 민주당을 지지하고 나섰던 단 한 가지 이유는, 상인계급들의 독과점과 산업계의 지배를 옹호하고, 또한 노예제도를 찬성한 휘그당을 반대하기 위해서였기 때문이다. 그러나 민주당 내에서도 노예제도를 찬성하는 사람들이 늘어나서 당을 지배하게 되자, 1848년 브라이언트는 자유토지당으로 전향했다. 하지만 그 뒤 1856년 휘그당이 해체되고, 그 당원들 중에서 노예제도를 반대하는 정치인들만이 모여 공화당을 새로 결성하자, 브라이언트는 다시 공화당 편으로 돌아서면서, 그의 「뉴욕 이브닝 포스트」지도 공화당 대변지가 되었다.

이렇게 해서 비록 「뉴욕 이브닝 포스트」가 공화당 대변지가 되었으나, 브라이언트는 자유주의자로서 자유상업 · 자유언론 · 자유토지를 항상 옹호하고 나섰다. 또한 그는 문학에도 조예가 깊어 「뉴욕 이브닝 포스트」지 문예란은 당시 다른 신문들에 비해 대단히 훌륭했다. 그래서 「쿠리어 앤드 인콰이어러」지는 브라이언트를 가리켜 '노래하는 아기천사'(chanting cherub) 편집자라고 비꼬기도 했다. 이러한 브라이언트가 편집한 「뉴욕 이브닝 포스트」지는 발행부수가 많지 않아 재정적 여유는 없었지만, 그래도 전국 각처에 특파원 또는 지역주재기자들을 보내서 뉴스를 수집함으로써 상당한 명성을 얻었다.

휘그당계의 대표적 정론신문들의 실태

위와 같이 1833년부터 1860년까지 시기에는 수십 종의 민주당계 정론신문들이 존재하면서, 이 시기 내에 실시된 모두 일곱 차례의 대통령선거에서 다섯 번을 민주당이 승리하는 데 중요한 역할을 했다. 따라서 이 시기는 민주당과 그 정론신문들의 시대였다고 볼 수 있다. 하지만 이상하게도 종수에서는 휘그당계 정론신문들이 더 많아서 민주당계 신문들을 누르고 있었다. 그러나 1856년 휘그당이 해체되자 자연히 휘그당계 정론신문들은 사라지고, 그중 일부는 새로 결성한 공화당계 신문이 되었다. 그러면 1833년 이후 1856년 휘그당이 해체되기 이전까지 휘그당계 정론신문들의 실태는 어떠했는가?

• 워싱턴의 휘그당계 주요 정론신문들

우선 수도 워싱턴에서 발행한 휘그당계 신문들부터 살펴보면, 이곳에서는 「내셔널 인텔리젠서」(*National Intelligencer*)지가 가장 유명했는데, 이 신문은 1841년 휘그당의 해리슨이 대통령이 되자 그 정부 대변지가 되었다. 그러나 해리슨 대통령이 취임 한 달 만에 사망하자 그 뒤를 이은 민주당의 타일러 대통령은 「매디소니언」(*Madisonian*)이라는 신문을 창간해서 이를 자신의 정부 대변지로 삼음으로써, 「내셔널 인텔리젠서」는 연방정부 대변지 자리를 빼앗기고 말았다. 하지만 1850년 휘그당의 필모어가 대통령이 되자, 「내셔널 인텔리젠서」지를 다시 정부 대변지로 부활시켰다. 그러나 1852년 이 신문의 발행인 다니엘 웹스터(Daniel Webster)가 사망하고 또한 휘그당도 해체되기 시작하자, 「내셔널 인텔리젠서」지의 영향력은 쇠퇴하고 말았다.

다음으로 보스턴의 휘그당계 정론신문의 실태를 살펴보면, 이곳에는 「아틀라스」(*Atlas*), 「보스턴 쿠리어」(*Boston Courier*), 「보스턴 저널」(*Boston Journal*) 등을 비롯한 여러 종의 휘그당계 일간신문들이 발행되고 있었다. 그중에서 가장 선도적인 것은 휘그당 지도자 다니엘 웹스터의 대변지였던 「아틀라스」였다. 이 신문은 보스턴뿐 아니라 뉴잉글랜드 지방 전체에서도 가장 대표적 신문이었는데, 이는 정치적 측면에서뿐만 아니라 뉴스의 보도 측면에서도 그러했다.

이러한 「아틀라스」지와 함께, 「보스턴 쿠리어」(*Boston Courier*)지도 역시 휘그당계 주요 신문의 하나였는데, 이 신문은 본래 문예지로 편집은 당시 뉴잉글랜드 지방에서 가장 존경받던 신문인의 한 사람이었던 조셉 버킹검(Joseph T. Buckingham)이 맡고 있었다. 그러나 버킹검이 1848년 은퇴하자, 「보스턴 쿠리어」지는 노예제도를 적극 찬성하는 휘그당계 정론신문이 되었다.

• 필라델피아의 휘그당계 주요 정론 신문들

필라델피아에도 여러 개의 휘그당계 정론신문들이 있었다. 그중에서 가장 대표적인 것은 「노스 아메리칸」(*North American*)지였는데, 이 신문은 1839년 본래는 상업신문으로 출발하여 필라델피아의 여러 군소 신문들을 병합하면서 크게 성장했다. 그리고 몇 해 뒤, 로버트 콘라드(Robert T. Conrad)가 편집인이 되면서 휘그당의 대변지가 되었다.

이렇게 해서 휘그당 대변지가 된 「노스 아메리칸」지는 그 뒤 필라델피아에서뿐만 아니라 전국에서도 가장 보수적인 휘그당계 신문의 하나였다. 그럼에도 특히 상인층과 지식인층에 인기가 많았는데, 이는 문예기사들이 뛰어났을 뿐 아니라, 뉴스기사도 좋았기 때문이다. 이러한 「노스 아메리칸」은 1847년 그 경쟁지로서 휘그당의 반대편에 서 왔던 「유나이티드 스테이츠 가제트」를 매입하여 합병하기도 했다. 그러나 1856년 휘그당이 해산되고, 그 당원들의 일부가 공화당을 결성하자, 「노스 아메리칸」지는 공화당계 신문이 되었다.

• 뉴욕의 휘그당계 「쿠리어 앤드 인콰이어러」

뉴욕에도 여러 개의 휘그당계 정론신문들이 있었으나, 그중에서 가장 대표적인 것은 「뉴욕 쿠리어 앤드 인콰이어러」(*New York Courier and Enquirer*)와 「뉴욕 익스프레스」(*New York Express*)였다. 이들 중, 「뉴욕 쿠리어 앤드 인콰이어러」는 대령 출신 제임스 왓슨 웹(James Watson Webb)이 1827년 「뉴욕 모닝 쿠리어」(*New York Morning Courier*)라는 상업신문을 매입하고, 2년 뒤에 「뉴욕 인콰이어러」(*New York Enquirer*)라는 상업신문도 매입해서, 이들 두 신문을 병합해서 만든 것이었는데, 처음 5-6년간은 다른 상업신문들, 특히 「저널 오브 커머스」지와 뉴스 취재에 치열한 경쟁을 보이면서 뉴스보트(news-boats)와 급행마차까지 운행했다.

1850년대 말에는 지면의 크기를 블랭킷판(blanket size)으로 늘려 뉴욕에서 가장 큰 신문임을 자랑하게 되었다. 그러나 점차 정치성을 띠면서 휘그당 대변지가 되었는데, 이 신문의 발행인 제임스 웹은 강하고 독단적 성격의 인물로서, 소년시절에 영국과의 제2차 전쟁이 일어나자 집을 뛰쳐나와 미군에 입대해서 전투에 참가했다. 그 뒤 서북부에서 인디언과의 전쟁이 일어나자 다시 군에 입대해 인디언과 싸우기도 했다. 그런가 하면, 군대시절에는 동료장교들과 두 번씩이나 결투를 벌인 적도 있다.

이와 같이 거친 제임스 웹의 성격은, 그가 「뉴욕 쿠리어 앤드 인콰이어러」를 발행할 때도 그대로 남아 있어서, 메인주의 상원의원 실리가 연방의회에서 그를 비난했다는 소리를 전해 듣자, 웹은 당장 기차를 타고 워싱턴으로 달려가 실리에게 두 번씩이나 결투를 신청한 끝에 드디어 그를 죽이고 말았다. 그 뒤 워싱턴의 「유나이티드 스테이츠 텔레그래프」지 발행인 더프 그린(Duff Green)이 그를 비난했다는 말을 들었을 때도, 웹은 당장 워싱턴으로 달려가 그린에게 매질을 하려고 했으나 그린이 권총을 가지고 있는 것을 알고서는 욕만 해 주고 돌아와서는, 자기가 그린에게 '겁쟁이 강아지'(cowardly Puppy)라고 욕을 해 주었다는 글을 자신의 신문인 「뉴욕 쿠리어 앤드 인콰이어러」에 싣기도 했다.

그 뒤에도 웹은 켄터키주 출신 상원의원 마샬과 결투를 벌일 때, 바지 속에 총탄을 숨겼던 것이 발각되어 불공정 결투법에 걸려 2년간 징역형을 선고받았으나, 뉴욕주 지사가 사면해 주어 교도소에 가는 것은 면했다. 이처럼 거친 성격과 행동 때문에 웹은 많은 지탄을 받기도 했지만, 「뉴욕 쿠리어 앤드 인콰이어러」지를 뉴욕에서 가장 유명한 신문의 하나이자 대표적인 휘그당 대변지로 키우는 등, 신문계에서 많은 활약을 했다. 그러나 그의 「뉴욕 쿠리어 앤드 인콰이어러」지는 1861년 「뉴욕 월드」(*New York World*)지에 합병되고 말았다.

• 뉴욕의 또 다른 휘그당계 정론지 「뉴욕 익스프레스」

뉴욕의 또 하나의 중요한 휘그당계 정론신문은 「뉴욕 익스프레스」(*New York Express*)였는데, 이는 1836년 제임스와 에라스터스 브룩스(James and Erastus Brooks) 형제가 창간한 신문으로, 겉으로는 상업신문임을 표방했지만 실제로는 휘그당 대변지 역할을 했다. 이 신문은 조간과 석간으로 나누어 하루에 두 번씩 발행했는데, 조간판은 미국 최초로 매일 8면씩 정기적으로 발행한 기록을 갖고도 있다.

이러한 「뉴욕 익스프레스」지는 대통령선거결과를 뉴욕의 다른 신문들보다 가장 빨리 보도함으로써 유명해지기도 했다. 당시 뉴욕주의 주도는 올버니였기 때문에, 선거결과에 관한 뉴스는 올버니에 가서 취재한 뒤 올버니와 뉴욕을 왕래하는 허드슨강 여객선을 타고 뉴욕으로 돌아와 인쇄해서 보도해야 했다. 때문에 많은 시간이 걸리게 되었다. 그러자 「뉴욕 익스프레스」지는 대통령 선거결과를 조금이라도 신속히 보도하기 위해 허드슨강 여객선을 전세내서 조판시설까지 싣고 올버니에 가서 뉴스를 취재한 다음, 그 뉴스기사를 뉴욕으로 돌아오는 배 안에서 조판하고, 뉴욕에 도착하자마자 즉시 인쇄해서 보도하기도 했다.

이 신문을 창간한 브룩스 형제 중, 형 제임스는 워싱턴특파원으로 명성을 날리기도 했는데, 그는 1850년대 초 유럽에 가서 머물게 되었다. 그동안에 그의 동생 에라스터스가 「뉴욕 익스프레스」지를 종래의 휘그당 편에서 아메리칸당 편 신문으로 전향시켰는데, 당시 아메리칸당은 이민의 유입과 가톨릭교를 반대하고 나섬으로써 대중들로부터 상당한 호응을 불러모으고 있었다. 그러나 형 제임스가 돌아오자, 이번에는 「뉴욕 익스프레스」지를 민주당 편으로 돌려서 1881년까지 계속 발행했다.

• 그 외 도시들에서의 휘그당계 주요 신문들

위에서 살펴본 도시들 이외에도 수많은 휘그당계 신문들이 전국 각지에 존재했다. 그러나 그중에서 3개의 휘그당 신문, 즉 켄터키주 루이스빌의 「루이스빌 저널」(*Louisville Journal*)과 렉싱턴의 「트루 아메리칸」(*True American*) 및 테네시주 녹스빌의 「녹스빌 휘그」(*Knoxville Whig*)만 간단히 소개해 보기로 하겠다.

「루이스빌 저널」은 1831년 코네티컷주 출신의 시인이자 언론인 조지 프렌티스(George D. Prentice)가 창간한 것이었다. 프렌티스는 이 신문의 논설을 직접 썼는데, 그의 논설은 위트와 날카로움으로 가득 차 있으며, 그의 문장은 니트로글리세린(nitroglycerine)처럼 폭발했다. 때문에 그는 "펜을 총처럼 주어진 경우에 아주 적절하게 잘 맞추어 사용하면서 싸우고 있다"는 칭송을 듣기도 했다.

그리하여 프렌티스는 전국적으로 명성을 얻게 되었으며, 그의 논설내용들을 전국의 휘그당원들이 즐겨 인용했다.

한편 렉싱턴의 「트루 아메리칸」지는 1845년 케시어스 클레이(Cassius M. Clay)가 창간한 휘그당계 정론신문이었으나, 창간하자마자 노예제도의 철폐를 들고 나왔다. 이에 노예제도 찬성자들이 신문사를 기습공격하려 하자, 클레이는 신문사에 2개의 대포와 기관총을 걸어 놓고 방어를 했다. 그럼에도 불구하고 창간 두 달 뒤, 노예제도찬성자들이 신문사를 습격해서 인쇄시설들을 몽땅 빼앗아 갔다. 그러나 클레이는 이에 굴하지 않고 렉싱턴에서 신문을 편집한 후, 그것을 신시내티로 보내 그곳에서 인쇄해서 발행했다. 1846년 8월 멕시코와의 전쟁이 일어나자, 클레이는 전쟁에 참전했으며, 그의 신문 「트루 아메리칸」은 루이스빌로 이전해서 「이그재미너」(*Examiner*)라는 제호로 계속 발행했다. 그러다가 멕시코와의 전쟁이 끝나자, 클레이가 전쟁에서 돌아와 신문을 다시 맡아서 1849년까지 계속 발행했다.

끝으로 테네시주 녹스빌에서 발행한 「녹스빌 휘그」는 휘그당의 전형적 정론신문이었다. 이 신문의 발행인 겸 편집인은 윌리엄 브라운로우(William G. Brownlow)였는데, 그는 관용을 조금도 모르던 감리교 목사 출신으로, 1832년 연방의회가 제정한 관세법의 무효화를 주장하면서 정계에 뛰어들어 정치도 시작했다. 그러면서 브라운로우는 「녹스빌 휘그」를 창간해서 휘그당의 정책과 입장을 대변했는데, 그의 논설들은 매우 격렬하고 공격적이었다. 그리하여 민주당 존 타일러 대통령(재임기간 1841–45)을 가리켜, "대통령 자리를 차지하고 있는 커다란 귀를 가진 버지니아산 당나귀"라고 헐뜯기도 했다. 이러한 브라운로우는 종종 그의 정적들로부터 결투를 초래해서 심한 부상을 입기도 했다. 그러나 그의 신문 「녹스빌 휘그」는 1850년대에는 남부에서 최고의 발행부수를 자랑하기도 했다.

공화당계 정론신문들의 출현과 그 실태

위에서는 1833부터 1856년경까지 휘그당계 정론신문들의 실태를 간단히 살펴보았는데, 앞서 말했듯이 스테픈 더글라스(Stephen A. Douglas) 상원의원이 제출한 '캔자스-네브래스카법안'(Kansas-Nebraska Act)이 1856년 5월 연방의회 상원에서 통과되자, 그간에 노예문제에 대해 기회주의적이던 휘그당 내부에서 노예제도 문제를 둘러싸고 내분이 일어나서 마침내 휘그당은 해체되었다. 그리고 노예제도를 반대하는 당원들만 모여 공화당(Republican Party)을 새로 결성했다. 그러자 공화당을 지지 또는 대변하는 정론신문들도 나타나기 시작했다.

• 공화당계 최초의 정론신문 「스프링필드 리퍼블리컨」

공화당이 출현하자 맨 먼저 지지하고 나선 신문은 일리노이주 스프링필드의 「스프링필드 리퍼블리컨」(*Springfield Republican*)지였다. 이 신문은 본래 1824년 새뮤얼 바울스(Samuel Bowles)가 국민공화파(National Republicans) 대변지로 창간하여 존 퀸시 애덤스 대통령을 지지하면서 연방주의에 반대투쟁을 벌여 왔다. 그러나 그 뒤 1830년대 초, 국민공화파, 남부의 반잭슨민주파(Anti-Jackson Democrats) 등 5-6개의 반잭슨정파들이 연합해서 휘그당을 결성하자, 「스프링필드 리퍼블리컨」지는 자연히 휘그당계 대변지가 되었다.

이러한 「스프링필드 리퍼블리컨」지는 본래 주간신문이었으나, 1844년 일간신문으로 전환하면서 새뮤얼 바울스는 경영만 맡고 편집은 당시 18세밖에 되지 않은 그의 손자 새뮤얼 바울스 3세에게 맡겼다. 그 뒤 1851년 새뮤얼 바울스 1세가 죽자, 그의 아들 바울스 2세가 「스프링필드 리퍼블리컨」지의 경영권을 이어받아 신문을 발행하다가, 1856년 공화당이 결성되자 곧 이 정당을 지지하고 나섰다.

하지만 「스프링필드 리퍼블리컨」지는 공화당의 대변지는 아니었으며, 공화당도 잘못하면 비판했다. 게다가 기사가 아주 간결하고 압축적이고 직선적이어서 큰 호평을 받았다. 그래서 이 신문을, 「뉴욕 트리뷴」지의 호레이스 그릴리조차도 “가장 훌륭하고 뛰어난 미국 초유의 지방신문”이라고 칭찬했다(Mott, 1962, p. 265에서 재인용). 「스프링필드 리퍼블리컨」지는 매주 주간판(weekly edition)을 별도로 발행했는데, 이것이 더 유명해져 일간본지의 발행부수가 1860년 현재 5,700부였던 데 비하여 그 주간판 발행부수는 1만 부를 상회했다.

• 공화당계 정론신문들의 계속적 출현

공화당이 결성되자 뉴욕주 올버니의 「올버니 이브닝 저널」(*Albany Evening Journal*)도 곧 공화당을 지지하고 나섰는데, 이 신문은 1830년 더로우 위드(Thurlow Weed)라는 정치인이 그의 정적이었던 메이슨즈와 그의 대변지에 대항하기 위해 창간한 것이었다. 그러나 그 뒤 메이슨즈의 반대신문들이 모두 휘그당에 가입하자, 「올버니 이브닝 저널」도 휘그당계 정론신문이 되었다.

비록 이처럼 위드는 정치적 목적에서 신문을 발행했으나, 그는 훌륭한 신문인이었고 노력가이기도 해서, 취재기자·교열기자·조판공 그리고 편집인 겸 발행인 역할을 모두 함께 수행했다. 바로 이러한 위드의 노력으로 그의 「올버니 이브닝 저널」은 그 경쟁지이자 정적지였던 「아거스」(*Argus*)지와 함께 1840년대 말 이전까지는 뉴욕주에서 가장 많은 발행부수를 올린 신문이 되었다. 그런가 하면, 이 신문은 휘그당이 정권을 잡게 되자 뉴욕주정부 지정인쇄소가 되어 여러 가지 경제적 특전을 누리기도 했다. 그러나 1856년 휘그당이 해체되고 공화당이 출현한 뒤에는 공화당계 정론신문이 되어 1925년까지 계속 그 대변지 역할을 수행해 왔다.

이와 같은 「올버니 이브닝 저널」 이외에도, 공화당이 출현하자 그 편으로 돌아선 신문들이 많았다. 앞서 살펴보았듯이, 필라델피아의 휘그당계 정론신문 「노스 아메리칸」도 1856년 휘그당이 해산되고 그 당원들 중 노예제도 반대자들이 공화당을 결성하자 공화당계 신문이 되었다. 그런가 하면, 민주당계 정론신문이었던 「뉴욕 이브닝 포스트」지는 1848년 자유토지당(Free-Soiler Party) 편으로 전향했다가, 1856년 공화당이 새로 결성되자, 공화당 대변지가 되었다. 한편 앞서 살펴본 뉴욕의 엘리트 페니신문 「뉴욕 데일리 타임스」도 1851년 창간 당시는 휘그당계 신문으로 출발했으나, 자유토지당 쪽으로 기울어졌다가, 1856년 공화당이 결성되자 공화당 편으로 돌아섰다.

이처럼 공화당 편으로 전향한 신문들은 그 뒤에도 계속 늘어났으며, 새로 공화당 대변지들을 창간하기도 했는데, 이는 공화당이 점차 강력한 정당으로 발전해서 1860년 대통령선거에서 민주당 후보 제임스 뷰캐넌(James Buchanan)을 누르고, 에이브러햄 링컨을 대통령에 당선시켰기 때문이다. 그러자 자연히 공화당 대변지나, 공화당 편 신문들이 계속 늘어나게 되었던 것인데, 1861년 이후 공화당계 정론신문들의 실태에 관해서는 다음 제6장에서 살펴보기로 하겠다.

4. 서부로 신문들의 계속적 확장과 그 실태

위에서는 1833년부터 1860년까지 시기에 생성한 페니신문들의 실태와, 이 시기에도 계속 미국신문계를 지배해 온 정론신문들의 실태를 살펴보았다. 그러나 이는 신문이 발달했던 동부 지역의 경우를 중심으로 살펴본 것이었다. 그러면 아직도 계속 개척 중이던 서부 지역의 신문실태는 어떠했는가?

동서부 지역에서 신문의 발달실태

이 시기에도 서부로 이민들의 물결을 타고 신문들도 서부 지역으로 계속 뻗어 나가면서 각 곳에 신문이 출현했다. 그 주요 이유는, 첫째, 개척민들이 서부로 나가면서 어떤 곳에 읍이나 도시를 새로 형성하면, 우선 신문을 만들어 그 곳을 선전하는 기사들을 가득 실어 동부로 보내야 새로운 개척민들이 그곳으로 몰려와서 번영할 수 있었기 때문이다. 둘째, 개척민들이 지지하는 정당과 신문이 자신들의 고장에서 세력을 잡아야 더 좋은 지역사회를 만들 수 있다고 생각해서, 인구 수백 명의 조그만 읍내에서도 각각 자기편 정론신문을 만들었기 때문이다. 셋째, 자신들의 종교를 새로운 고장에 전파하기 위한 수단으로 종교신문들도 창간했기 때문이다.

• 일리노이주 시카고의 주요 신문들

우선 동서부 지역 주요 도시들의 신문실태부터 살펴보면, 인구가 서쪽으로 계속 이동하면서, 1860년에는 일리노이주(1818년 주로 편입)가 전국에서 네 번째로 인구가 많은 주로 성장했으며, 신문들의 종수도 400개를 넘게 되었다. 이들 중 33개가 시카고에 있었는데, 그중에서 일간신문은 11개였으며, 나머지 22개는 주간신문들이었다.

이처럼 1860년에는 시카고에 많은 신문들이 몰려 있었으나, 1830년대 초까지만 해도 시카고는 아주 조그만 도시로서 신문이 하나도 없었다. 그러다가 야심만만한 인쇄공 존 캘하운(John Calhoun)이 1833년 「위클리 디모크랫」(*Weekly Democrat*)이라는 주간신문을 시카고에서 처음 창간했는데, 매호 10면을 발행한 이 신문은 주로 시카고의 발전상과 잭슨 대통령을 지지하는 기사들과 인디언들의 생활상에 관한 기사들로 지면을 채웠다. 그러나 개척자들의 왕래가 끊기는 겨울에는 신문용지의 수송도 어려워 몇 주일씩 휴간하기도 했다.

이러한 「위클리 디모크랫」은 창간 3년 뒤인 1836년 존 웬트워스(John Wentworth)에게로 경영권이 넘어가게 되었는데, 새 발행인 웬트워스는 이 신문을 훌륭하게 키워 나가면서 1840년 일간신문으로 전환해서 정치문제나 시카고 지역 일들에 많은 영향력을 미치게 되었다. 그러자 웬트워스는 시카고 지역대표로 연방의회에 나가서 12년 동안이나 봉사했다. 또한 시카고시장을 두 번이나 역임하기도 했다. 그러나 1861년, 그는 「위클리 디모크랫」지를 「시카고 데일리 트리뷴」(*Chicago Daily Tribune*)지에 팔아넘기고 언론계에서 은퇴했다.

「위클리 디모크랫」지를 매입해서 흡수한 「시카고 데일리 트리뷴」지는 1847년 6월 10일 사업가 존 스크립스(John L. Scripps)가 창간한 신문이었는데, 창간 초기부터 재정난을 면치 못했다. 그러자 1855년 조셉 메딜(Joseph Medill)과 그의 동업자 5명에게 팔아넘기고 말았는데, 이들 중 메딜은 본시 캐나다 출생으로 법률을 공부해서, 오하이오에서 변호사로 일했다. 그러다가 1849년 그곳의 「코삭턴 휘그」(*Coshocton Whig*)라는 휘그당계 정론신문을 매입해서 제호를 「코삭턴 리퍼블리컨」(*Coshocton Republican*)으로 바꾸는 동시에 공화당계 신문으로 전향시켜 발행하다가 1852년 클리블랜드로 가서 새 신문을 창간했다. 그리고 이듬해 「클리블랜드 리더」(*Cleveland Leader*)라는 신문을 매입해서 그의 신문과 병합해서 발행했다.

그러다가 메딜은 시카고로 와서 1855년 「시카고 데일리 트리뷴」지를 매입해 이 신문을 매우 활력 있는 뉴스매체로 만들어서, 과거에는 적자를 면치 못하던 것을 흑자로 전환시켰다. 그런가 하면, 1860년 대통령선거 때 메딜은 링컨을 지지하는 논설들을 「시카고 데일리 트리뷴」지에 계속 실어서 링컨을 대통령으로 당선시키는 데도 일조를 했다.

• 위스콘신 · 미네소타 · 아이오와 · 미주리 지역 신문들

시카고에 연해 있는 미시간호의 서쪽 지방은 1836년 이전에는 미편성 영토였으나, 1836년 미국 영토로 편입하면서 '위스콘신 영토'(Wisconsin Territory, 1848년 위스콘신주가 됨)라고 명명했는데, 그 이전인 1835년 이곳에서도 처음 신문이 등장했다. 이 신문은 나바리노(Navarino, 후에 Green Bay로 개칭)에서 나온 「그린베이 인텔리젠서」(*Green Bay Intelligencer*)였는데, 창간할 때는 매주 2회 발행하겠다고 공표했으나, 정기적으로 내지 못하다가 결국 1836년 폐간하고 말았다.

1836년 미국연방이 위스콘신을 미국 영토로 공포한 지 열흘 만에, 이 영토의 밀워키에서 또 하나의 신문이 나왔는데, 이는 다니얼 리차즈(Daniel H. Richards)가 창간한 「밀워키 애드버타이저」(*Milwaukee Advertiser*)라는 주간신문이었다. 이 신문은 그 뒤 제호를 세 번씩이나 바꾸며 발행하다가 1845년 일간신문으로 전환하면서 제호를 다시 「위스콘신 뉴스」(*Wisconsin News*)로 고쳤다. 하지만 이 신문은 위스콘신 최초의 일간신문은 아니었으며, 1837년 창간한 「밀워키 센티널」(*Milwaukee Centinel*)지가 1844년부터 일간으로 발행하기 시작해서, 위스콘신 최초의 일간신문이 되었다.

현재의 미네소타주(1858년 주로 편입)에서는 1849년 이 지역 최초의 신문인 「미네소타 파이오니어」(*Minnesota Pioneer*)지가 세인트폴(St. Paul)에서 창간되었는데, 창간자는 동부에서 온 인쇄업자 제임스 굿휴(James M. Goodhue)였다. 이 신문은 정치논평을 과감하게 하다가 발행인 굿휴가 정치인들로부터 여러 번 폭행을 당하기도 했다. 굿휴는 신문을 창간한 지 3년 만에 사망하고 말았으나 그가 창간한 「미네소타 파이오니어」는 「세인트폴 파이오니어 프레스」(*St. Paul Pioneer Press*)로 제호를 변경한 뒤, 유명한 신문으로 오랫동안 살아남았다.

미네소타 아래 위치한 현재의 아이오와주(1846년 주로 편입) 지역에서는 1836년 최초로 신문이 등장했는데, 그것은 「두부케 비지터」(*Du Buque Visitor*)라는 신문이었다. 이 신문의 발행인은 존 킹(John King)이었는데, 이 사람 역시 당시 서부신문들의 여러 창간자들처럼 인쇄업자는 아니어서, 동부에서 인쇄공을 데려다가 신문을 제작했다.

한편 미주리주(1821년 주로 편입)도 새로운 인구가 계속 유입되면서 1860년에는 전국에서 여덟 번째로 인구가 많은 주가 되었다. 당시 이 주의 중심지였던 세인트루이스에는 1850년에는 일간신문이 6개였으나, 1860년에는 10개나 되었다. 이들 중 「미주리 리퍼블리컨」(*Missouri Republican*)지는 대단한 영향력을 행사하면서, 1852년 창간한 「미주리 디모크랫」(*Missouri Democrat*)지와 치열한 경쟁을 벌였다.

중서부 지역에서 신문의 생성 · 발전

미주리주 서쪽 현재의 캔자스주에서도 일찍이 1835년 신문이 등장했으며, 현재의 유타주 지역에서는 1850년에, 현재의 네브래스카주에서는 1854년에, 현재의 사우스다코타주와 네바다주에서는 1858년에, 그리고 현재의 콜로라도주 지역에서는 1859년에 각각 처음으로 신문이 나타났다. 그리하여 이들 중서부(the Middle West)의 6개 주가 모두 신문을 갖게 되었다.

• 캔자스 지역 주요 신문들의 실태

현재의 캔자스주(1861년 주로 편입) 지역에서 처음 나온 신문은 1835년 침례교선교단이 인디언들에게 기독교를 포교하기 위해 창간한 종교신문으로, 인디언어로 발행했는데, 영문제호는 「소니 선」(*Shawnee Sun*)이었다. 인디언어 종교신문에 이어 1854년에는 영어로 된 최초의 일반신문도 출현했는데, 이는 리븐워스(Leavenworth)에서 창간한 「캔자스 위클리 헤럴드」(*Kansas Weekly Herald*)였으나, 1861년 폐간했다.

「캔자스 위클리 헤럴드」의 창간에 이어 곧 캔자스에 여러 개의 신문들이 나타났는데, 그중 대표적 신문들은 1855년 창간한 「캔자스 프리 스테이트」(*Kansas Free State*), 「헤럴드 오브 프리덤」(*Herald of Freedom*), 「스쿼터 소버린」(*Squatter Sovereign*) 등이었다. 그러나 이들 신문은 당시 캔자스에서도 첨예화한 노예문제에 관한 각각의 입장을 대변하기 위해 창간한 정론신문들이었다. 따라서 1856년 더글라스 상원의원이 캔자스-네브래스카법안을 연방의회에 제출하자 이 법안을 둘러싸고 서로 치열한 공방전을 벌였는데, 「캔자스 프리 스테이트」지와 「헤럴드 오브 프리덤」지는 "캔자스 영토가 노예제도를 반대하는 자유주로 연방에 편입해야 한다"고 주장했다. 반면, 「스쿼터 소버린」지 등은 "캔자스 영토가 노예제도를 인정하는 노예주로 연방에 가입해야 한다"고 주장했다.

이렇게 노예제도를 둘러싸고 각 신문들이 공방을 벌이자 대중들도 그에 가세해서, 노예제도의 찬성자들은 1856년 「헤럴드 오브 프리덤」 신문사를 습격하여 그 시설들을 파괴했다. 그러자 이 신문은 몇 달 뒤, 신문활자들을 녹여서 6파운드짜리 포탄을 만들어 노예제도 찬성자들의 본거지였던 티터스요새(Fort Titus)를 포격했는데, 이때 캔자스주민들은 그 포탄을 가리켜 "「헤럴드 오브 프리덤」지의 새로운 버전"이라고 비꼬기도 했다.

• 그 외 여러 주 최초의 신문들

캔자스주 북쪽에 위치한 현재의 네브래스카주(1867년 주로 편입) 지역에는 1854년까지 신문이 없었으나, 그 동쪽 아이오와주 오마하에 네브래스카 지역 정착민들을 대상으로 한 「네브래스컨」(*Nebraskan*)과 「네브래스카 팔러디엄」(*Nebraska Palladium*)이라는 신문이 있어서, 이들 신문이 아이오와주에서 신문을 만들어 미주리강 건너 네브래스카 지역에 배포했다. 그러다가 1854년 후반 「네브래스카 팔러디엄」이 네브래스카의 벨뷰(Belleview)로 이전함으로써 네브래스카 지역에도 최초로 신문사가 나타나게 되었다.

한편 네브래스카 위쪽, 현재의 사우스다코타주(1889년 주로 편입)에서는 1858년에야 신문이 처음 출현했는데, 이는 시욱스폴스(Sioux Falls)에서 창간한 「디모크랫」(*Democrat*)지였다. 그러나 이 신문은 창간 다음 해 제호를 「노스웨스턴 인디펜던트」(*Northwestern Independent*)로 바꾸었다.

네브래스카와 캔자스 서쪽에 인접한 현재의 콜로라도주(1876년 주로 편입) 지역에서 처음 나온 신문은 1859년 4월 덴버에서 창간한 「로키 마운틴 뉴스」(*Rocky Mountain News*)지였는데, 이 신문은 본래 주간신문이었으나 창간 16개월 뒤에 일간신문으로 전환했다. 이 신문에 이어 새로운 신문들이 속출해서 1860년에는 덴버에서만도 3개의 일간신문이 발행되었는데, 당시 콜로라도에서도 금광이 발견되자 많은 사람들이 몰려들면서 특히 금광 관련 뉴스들이 인기를 끌었기 때문이다.

콜로라도 서쪽에 위치한, 현재의 유타주(1896년 주로 편입) 지역에서 최초로 나온 신문은 1850년 솔트레이크 시티에서 모르몬교도들이 창간한 「디저레트 뉴스」(*Deseret News*)였다.[4] 이 신문은 본래 주간신문이었으나 1867년 일간으로 전환함으로써, 미국의 종교신문들 중 최초의 일간신문이 되기도 했다.

콜로라도 서쪽, 현재의 네바다주(1864년 주로 편입) 지역 최초의 신문은 1858년 제노아에서 창간한 「테리토리얼 엔터프라이즈」(*Territorial Enterprise*)였는데, 이 신문은 1860년 버지니아 시티로 옮겨 갔다.

---

4 이 신문의 제호에서 'Deseret'라는 단어는, 모르몬교성서(the Book of Mormon)에 의하면 "꿀벌의 땅"(Land of Honey-Bee)을 뜻한다고 한다. 따라서 *Deseret News*라는 신문제호는 곧 "꿀벌의 땅 뉴스"라는 뜻이 되는데, 당시 모르몬교도들은 현재의 유타주 지역을 "꿀벌의 꿀이 흐르는 땅"으로 개간하려고 계획했기 때문이라고 한다.

남서부 지역 여러 주에서도 신문 출현

이 시기에는 남서부 지역(the Southwest)의 여러 주들에서도 신문이 나왔는데, 현재의 오클라호마주(1907년 주로 편입) 지역에서 처음 나온 신문은 침례교 선교사들이 체로키 인디언들에게 기독교를 포교하기 위해 1844년 현재의 웨스트빌(Westville)에서 창간한 종교신문으로, 제호는 「체로키 메신저」(*Cherokee Messenger*)였으며, 인디언어로 발행했다. 같은 해인 1844년, 침례교 선교사들은 또 하나의 인디언어 포교신문인 「체로키 애드버케이트」(*Cherokee Advocate*)를 창간했는데, 이는 비록 포교신문이었지만 그래도 신문 냄새가 좀 나는 것이었다. 그 뒤에도 이와 같은 인디언어 포교신문들이 여러 개 나타났는데, 당시 오클라호마 지역은 1891년까지 인디언 거주지역이었기 때문이다. 따라서 인디언들을 위한 신문들만 존재하다가, 1864년 남북전쟁이 끝난 뒤에야 이 지역의 미국개척민들을 위한 일반신문이 나타나게 되었다.

한편 텍사스 지역에서는 1836년 멕시코로부터 독립하기 이전부터 신문이 나왔는데, 이 지역에서 처음 나온 신문은 1819년 나코그도치즈(Nacogdoches)에서 창간한 「텍사스 리퍼블리컨」(*Texas Republican*)이었다. 이 신문을 시작으로 새로운 신문들이 계속 나와서, 1830년경에는 모두 20여 종이나 되었다. 그중에서 가장 대표적인 것은 1835년 샌펠리프(San Felipe)에서 창간한 「텔레그래프 앤드 텍사스 레지스터」(*Telegraph and Texas Register*)지였는데, 이 신문은 텍사스 지역 독립혁명정부의 기관지로, 멕시코로부터 텍사스의 독립투쟁을 고취하기 위해 창간한 신문이었다. 1836년 텍사스가 마침내 멕시코로부터 독립하여 텍사스공화국이 되자, 각종 신문들이 속속 나타나기 시작해서 1850년까지 모두 40개가 출현했으며, 1860년에는 거의 3배로 늘어났다.

텍사스 서쪽에 위치한 현재의 뉴멕시코주(1912년 주로 편입) 지역에서 처음 나온 신문은 1834년 산타페(Santa Fe)에서 창간한 「엘클레프스큐로」(*El Clepusculo*)라는 작은 크기의 신문이었는데, 이 신문은 안토니오 바레이로(Antonio Barreiro)가 하원의원에 출마하면서 자신의 선거운동에 이용하기 위해 만들었다가 선거가 끝난 뒤 폐간하고 말았다. 그 후 1847년 「산타페 리퍼블리컨」(*Santa Fe Republican*)이란 신문이 역시 산타페에서 창간되어 2년 동안 발행했는데, 이 신문은 모두 4면 중 2면은 영어로, 나머지 2면은 스페인어로 발행했다.

현재의 애리조나주(1912년 주로 편입) 지역에서는 1859년 튜백(Tubac)에서 처음으로 「위클리 애리조니언」(*Weekly Arizonian*)이라는 주간신문이 나왔다. 이 신문은 창간 2년 뒤 발행인이 강도에게 피살되자 휴간했다가 뒤에 다시 복간했는데, 이것이 현재 투손(Tucson)에서 발행하는 「애리조나 시티즌」(*Arizona Citizen*)지의 전신이다.

태평양 연안 서부 지역 신문들의 발달

한편 태평양 연안의 서부 지역(the Farwest)에서 최초로 나온 신문은 현재 오리건주(1859년 주로 편입)의 오리건시티에서 1846년 창간한 「오리건 스펙테이터」(*Oregon Spectator*)지로서, 이는 한 달에 두 번 발행한 월2회간 신문이었다. 그 뒤, 1850년 포틀랜드에서도 「위클리 오리거니언」(*Weekly Oregonian*)이라는 신문이 나왔는데, 이 신문은 본래 주간신문이었으나 1861년 일간으로 전환했으며, 그 뒤 태평양 연안 지역에서는 물론 전국에서도 유명한 신문이 되었다.

현재의 워싱턴주(1889년 주로 편입) 지역 최초의 신문은, 당시는 오리건주였던 올림피아에서 1852년 창간한 「오리거니언」(*Oregonian*)지였는데, 이 신문은 워싱턴 지역을 오리건으로부터 분리시킬 것을 주장하면서 그 뒤에 제호도 「워싱턴 파이오니어」(*Washington Pioneer*)로 바꾸었다. 이 신문은 캘리포니아에서 금광이 발견되자 이를 크게 보도해서 금광에 관심이 있던 사람들의 인기를 끌었다. 그리하여 올림피아 현지에서는 신문 값이 1부에 몇 페니였지만, 다른 먼 지역에서 이 신문을 구해 볼 때는 1부에 5–10달러씩 주어야 했다고 한다.

현재의 캘리포니아주(1850년 주로 편입) 지역에서 나온 최초의 신문은 1846년 창간한 「캘리포니언」(*Californian*)이었다. 이 신문에 이어, 이듬해 1월에는 모르몬 교도들이 「캘리포니아 스타」(*California Star*)라는 신문을 창간했다. 이들 두 신문은 1849년 합병하여 「알타 캘리포니아」(*Alta California*)지가 되었으며, 다음 해부터 일간으로 발행했다. 1848년 샌프란시스코에서도 금광이 발견되자 이곳에 갑자기 사람들이 몰려들어 커다란 도시를 이루면서 1853년까지에만도 모두 12개의 일간신문들이 나타나게 되었다. 그 후 1860년에 이르러서는 캘리포니아주에 모두 100여 개의 신문들이 존재하게 되었는데, 그중 40개(일간신문은 14개)가 샌프란시스코에 몰려 있었다. 그런데 당시 샌프란시스코는 치안이 확보되지 않은 거친 도시여서, 신문편집자들이 걸핏하면 정적이나 신문기사에 불만을 품은 사람들에게 폭행을 당했고, 심지어는 살해되기도 했다.

5. 페니신문기 신문들에서의 주요 현상

지금까지 1833년부터 1860년까지 '페니신문기'의 미국신문의 역사를 살펴보았는데, 위에서 보았듯이 이 시기에는 페니신문의 출현을 비롯하여 여러 가지 새로운 현상과 변혁들이 나타났다. 그러면 그중에서 중요한 특징 내지 현상들을 다시 한 번 간추려서 살펴보기로 하겠다.

신문독자와 신문종수의 엄청난 증가

이 시기의 미국신문역사에서 괄목할 만한 현상의 하나로는 우선 신문독자와 신문종수의 엄청난 증가를 들 수 있는데, 1833년부터 1860년까지 불과 27년 동안에 신문의 종수도 3배로 늘었지만 독자의 수는 그보다 몇 배나 더 늘어났다. 그렇다면 특히 이 시기에 신문독자가 몇 배나 증가한 이유는 무엇인가?

• 신문독자의 격증과 그 주요 요인들

신문독자의 수가 몇 배나 증가한 데는 여러 가지 복합적 요인이 작용했다.

그러나 그중에서 몇 가지 주요 요인들만 열거해 보면 아래와 같다.

첫째 요인으로는 무엇보다도 인구의 증가를 들 수 있는데, 1833–60년간에 미국 인구가 거의 2배 내지 3배로 증가하자, 자연히 신문독자도 늘어났다고 볼 수 있다.

둘째 요인으로는 신문 값의 저렴화와 신문의 대중화를 들 수 있는데, 1830년 이전에는 신문 값이 비싸서 상류계층만 신문을 구독했으나, 1930년대부터 1부에 1페니 또는 2페니짜리 페니신문들이 길거리에 등장하자 사회하류층도 경제적 부담이 거의 없이 신문을 사 보게 되면서 독자가 격증했다.

셋째 요인으로는 대중교육의 발달을 들 수 있는데, 이 시기에 대중교육이 발달하면서 전체 인구의 문자해득률이 91%로 올라가자, 자연히 신문독자가 늘게 되었다고 볼 수 있다.

넷째 요인으로는 민주정치의 발달을 들 수 있는데, 민주주의가 발달하면서 일반대중도 정치와 공공문제 등에 더 많은 관심을 갖게 되면서, 그에 관한 정보나 의견 등을 주로 신문을 통하여 구하거나 얻었다.

다섯째 요인으로는 여성독자의 증가를 들 수 있는데, 신문들이 점차 다양한 내용들을 다루게 되자 그 이전까지는 신문을 잘 보지 않던 여성들도 신문을 읽게 되었고, 이것이 유행처럼 됨으로써 신문보급률이 크게 증가했다.

여섯째 요인으로는 등화기구의 발달도 들 수 있는데, 1830년대부터 가정에서도 석유램프를 사용하기 시작하고 그 뒤에는 가스램프도 보급되자, 가정에서 밤에도 신문을 읽을 수 있게 되면서 신문보급률이 크게 증가했다.

일곱째 요인으로는 신문우송료의 면제를 들 수 있는데, 1845년 연방정부는 신문보급률을 올리기 위해 우편법을 개정해서 30마일 이내 지역의 독자들에게 배달되는 모든 신문의 우송료를 무료로 했다가, 1847년부터는 거리에 관계없이 신문사가 소재한 군(county) 내의 모든 독자들에게 배달되는 신문의 우편료를 무료로 함으로써,[5] 시골에 거주하는 사람들도 무료우편을 통해 신문을 구독할 수 있게 되어 신문독자가 크게 증가했다.

• 신문종수와 발행부수도 크게 증가

위와 같은 여러 요인들로 말미암아 신문독자가 크게 증가하자, 그에 부응해 새로운 신문들을 계속 창간함으로써 신문종수도 크게 늘어났다. 그리하여 1833년 당시는 전국의 신문종수가 모두 합쳐 약 1,200개였던 것이 1860년에는 3,000개로 늘어나서 2.5배의 증가율을 보였다. 그 결과 1833년도에 미국의 신문종수가 영국과 프랑스보다 3배나 더 많던 것이 1860년에는 거의 5배나 더 많게 되었다.

하지만 당시 미국신문들 대부분은 주간신문, 주2회 발행신문 또는 주3회 발행신문 등이었는데, 이는 서부개척지들에서 대거 출현한 새로운 신문들은 거의가 주간신문이나 주2회 또는 3회 발행의 신문으로 출발했기 때문이다. 따라서 당시 미국의 전체 신문들 중에서 일간신문이 차지한 비율은 1840년에는 10%였다가, 1860년에는 겨우 11%로 증가했을 뿐이다.

비록 이처럼 일간신문의 비율은 낮았으나, 신문종수가 크게 늘어나고 독자들의 수도 증가하자 그에 따라 신문발행부수도 크게 증가했다. 1833년 당시만 해도 발행부수가 5,000부를 넘는 신문은 미국 전체에서 찾아볼 수 없었으나 그로부터 27년이 경과한 1860년에는 「뉴욕 헤럴드」지의 발행부수만도 무려 7만 7,000부에 달해서 세계에서 가장 많은 발행부수를 자랑하게 되었다. 한편 「뉴욕 레저」(*New York Ledger*)지는 4만 부, 「뉴욕 위클리 트리뷴」지는 2만 부를 매일 발행했다.

하지만 이들 신문은 특별한 경우였고, 대부분의 일간신문들은 2,000–3,000부 정도를 발행했으며, 주간신문들 중에는 몇 백 부를 발행하는 것도 많았다. 그래서 보스턴의 한 주간신문이 어떤 사람에 관한 좋지 않은 기사를 싣자, 그 사람이 자기에 관한 기사가 실린 신문을 몽땅 사 버렸는데 겨우 19달러밖에 들지 않았다는 에피소드까지 있었다.

---

5 그러나 1852년 우편법을 다시 개정해서, 신문우송료의 완전 무료제를 폐지하는 대신, 신문사나 독자가 신문우송료를 선불할 경우는 그 요금을 절반으로 할인해 주었다.

특수신문들의 대거 출현과 그 실태

이 시기의 미국신문역사에서 괄목할 만한 또 하나의 현상으로는 외국어신문(foreign language newspaper)과 일요일에만 발행한 일요신문(sunday paper) 등 특수신문들의 대폭적 증가를 손꼽을 수 있다. 이러한 특수신문들의 종수가 1833년에는 모두 합쳐 200 내지 300개에 지나지 않던 것이, 1860년에는 무려 1,000여 개로 늘어났기 때문이다. 그렇다면 이처럼 특수신문들이 크게 증가한 이유는 무엇이며, 이들 특수신문의 실태는 어떠했는가?

• 외국어신문들의 급증과 그 실태

우선 외국어신문부터 살펴보면, 미국에서 영어 이외에 다른 외국어로 된 신문이 나타나기 시작한 것은 1774년 독립전쟁 이전에 펜실베이니아에서 독일계 이민자들이 독일어신문을 처음 발행하면서부터이다. 그러나 그 뒤, 독일어신문을 비롯한 외국어신문들은 이렇다 할 증가추세를 보이지 않았다.

그러다가 1830년부터 독일계 이민들이 미국으로 쏟아져 들어오면서 거의 모든 주에서 독일어신문들이 나타나게 되었으며, 그중에서도 특히 뉴욕·신시내티·시카고·버팔로·세인트루이스가 독일어신문들의 중심지가 되었다. 그리하여 1850년에는 전국에 모두 133개의 독일어신문들이 존재하게 되었으며, 그 후 10년 동안에 그 숫자는 2배로 증가해서, 1860년에는 독일어 일간신문들만도 27개가 전국의 15개 주요 도시에서 나왔다. 이들 중 가장 유명한 것은 1834년 제이콥 열(Jacob Uhl)이 창간한 「뉴요커 슈타츠-차이퉁」(*New Yorker Staats-Zeitung*)지로서, 이 독일어신문은 전국적으로 명성을 떨쳤다.

이처럼 독일어신문들은 1860년 현재 모두 260여 종이 전국에서 발행될 정도로 많았지만, 그 밖의 외국어신문들은 많지 않아서, 프랑스어·이탈리아어·네덜란드어·스웨덴어·노르웨이어·웨일스어 신문들이 각각 몇 개씩 있었을 따름이었다. 그러나 이들 중, 1828년 뉴욕에서 창간한 프랑스신문 「쿠리에 데제타쥐니」(*Courrier des Etats-Unis*)는 그 뒤 110여 년 동안이나 계속 발행하면서 미국에서 프랑스 문화를 대변해 주기도 했다.

이러한 외국어신문들의 중심지는 처음에는 뉴욕이었으나, 1860년에는 샌프란시스코에서도 독일어·스페인어·프랑스어·이탈리아어 등의 일간신문들이 나타나기 시작했다. 그리하여 점차 전국으로 확산되었는데, 당시 외국어신문들은 물론 미국에 이민 온 자국인들을 대상으로 발행했지만 본국으로 많이 수출하기도 했다.

• 일요신문의 역사와 증가실태

위와 같은 외국어신문들과 함께, 일요신문(sunday paper)들도 크게 증가했는데, 그 이전에도 일요신문이 없었던 것은 아니다. 1775년부터 1781년까지 독립전쟁기간에 호외 형식으로 일요판 신문이 나왔던 적이 있으며, 1796년에는 볼티모어에서 「보스턴 저널」(*Boston Journal*)이라는 일간신문사가 화재를 당해서 매일 신문을 발행할 수 없게 되자, 그 대신 잠깐 동안 「선데이 모니터」(*Sunday Monitor*)라는 신문을 일요일마다 낸 적도 있다. 또한 1797년에는 역시 보스턴에서 「위클리 뮤지엄」(*Weekly Museum*)이라는 신문을 일요일마다 발행하다가 5개월 만에 중단한 적이 있다.

그 뒤 여러 도시에서 일요신문이 나왔고, 토요신문(saturday newspaper)도 등장했는데, 그중 대표적 일요신문은 뉴욕에서 나온 「선데이 머큐리」(*Sunday Mercury*)와 보스턴의 「뉴잉글랜드 갤럭시」(*New England Galaxy*)였으며, 대표적인 토요신문은 필라델피아의 「새터데이 이브닝 포스트」(*Saturday Evening Post*)였다.

한편 일간신문사에서 그 자매지로 낸 최초의 일요판 신문은 보스턴의 「보스턴 글로브」(*Boston Globe*)지로서 이 일요판은 1832년부터 1년간 발행하다가 그만두었다. 그 뒤 1835년 뉴욕의 「뉴욕 헤럴드」가 「선데이 헤럴드」(*Sunday Herald*)라는 일요판을 내기 시작했으나 다른 신문들의 반대에 부딪쳐 곧 중단했다가 1838년 다시 시도하여 3개월 동안 발행하다가 또 중단했다. 그러나 1841년부터 또다시 일요판을 내기 시작했는데, 이것이 성공을 거두며 계속 발행함으로써 일요판 신문의 정착을 보게 되었다.

그러자 1844년 미주리주 세인트루이스의 「리베일」(*Reveille*)지가 일요신문을 창간했으며, 1847년에는 「시카고 트리뷴」(*Chicago Tribune*)지도 일요신문을 별도로 발행하기 시작했다. 그러나 초기의 일요신문들은 안식일을 엄수해야 한다고 주장한 기독교인들의 맹렬한 반대에 부딪쳐 수난을 당하기도 했다. 예컨대 펜실베이니아주의 경우 주일(일요일)에 유흥·오락 등을 금한 청교도적 엄법(blue laws) 때문에, 필라델피아 「선데이 디스패치」(*Sunday Dispatch*)라는 일요신문은 매주 4달러의 벌금을 물어야만 했는데, 신문팔이 소년들이 신문을 사라고 떠들며 다니는 것이 이 엄법에 저촉되기 때문이었다. 한편 뉴욕의 「선데이 헤럴드」지의 경우도 그 신문팔이 소년들을 경찰이 소란죄로 체포하자, 이를 신문사에서 항의하기도 했다. 그럼에도 불구하고 「선데이 헤럴드」지는 1860년에 이르러서는 발행부수가 1만 부를 돌파하게 되었다.

신문의 자유와 책임의 실태

1833년부터 1860년까지 소위 페니신문기에 나타난 또 다른 주요 현상의 하나로, 정부로부터의 신문자유(liberty from the Government)는 법적으로 비교적 잘 보장되었으나, 군중들로부터의 신문자유(liberty from the public)는 크게 위축당했으며, 또한 신문들도 신문의 자유를 올바로 사용하지 못했다는 것을 들 수 있다. 그렇다면 이 시기에 신문의 자유는 어떠했으며, 그 자유를 신문은 어떻게 사용했는가?

• 정부로부터 신문자유는 비교적 향유

1846년 5월부터 1848년 2월까지 멕시코와의 전쟁기간에는 군사기밀의 보호라는 명목 아래, 신문들이 정부나 군대로부터 여러 가지 제약을 받았다. 그런가 하면, 멕시코와의 전쟁을 반대한 신문들은 정부는 물론, 대중들로부터도 많은 직접적 또는 간접적 탄압을 받아서 신문의 자유가 크게 훼손되었다. 그러나 멕시코와의 전쟁기간을 제외하고는 신문들이 비교적 많은 자유를 누렸다.

특히 이 시기에는 연방의회에서 취재기자들의 접근을 막는 사태가 거의 없어졌다. 물론 감정 때문에 한두 번 특정 기자들의 회의취재를 방해한 적은 있으나 1860년에 와서는 모두 75명의 취재기자들이 의회출입기자로 승인을 얻어서 의회에 자유롭게 출입하며 취재를 할 수 있었다.

하지만 신문의 자유를 제약하려는 정부의 시도가 전혀 없었던 것은 아니었는데, 그 대표적 실례로는 아모스 켄달(Amos Kendall) 우정상이 신문의 우송 거부를 통하여 신문을 통제하려 했던 사건을 들 수 있다. 켄달은 본래 신문인이었으나 1835년 앤드류 잭슨 대통령이 우정성 장관으로 임명했는데, 그가 우정성 장관으로 취임한 첫 해, 사우스캐롤라이나주 찰스턴의 우편국장이 그곳의 「리버레이터」(*Liberator*) 등, 노예제도폐지를 주장한 신문들(abolitionist papers)의 우송을 거부했다. 그러자 켄달은 이를 옹호하면서 한술 더 떠서, "노예제도폐지를 주장하는 신문들은 폭동을 선동하고 있으므로 우편국장들은 그런 신문들을 우송하지 말고 태워 버려도 좋다"는 승인을 내렸다.

그리고 켄달은 그해 연말보고서에서, "우편국장이 선동적 신문의 우송을 거부할 수 있는 권한을 갖도록 대통령이 연방의회에게 요청해 달라"고 요구했다. 그러자 잭슨 대통령은 켄달의 요청 내용을 약간 수정하여, "치안을 방해하는 내용의 신문을 우편으로 배포할 경우, 그 신문에 벌금을 부과토록 해 달라"는 요지의 법안을 연방의회에 제출했다. 그러자 당시 우편관계위원회 의장이던 상원의원 존 캘하운(John C. Calhoun)은 위와 같은 법안의 조치가 헌법에 위배된다고 선언하면서도 그 법안을 의회에 상정했으나, 상원의회에서 거부되고 말았다. 그리하여 노예제도 폐지를 주장한 신문들도 우송할 수 있는 자유를 헌법으로 보장받게 되었으며, 신문의 자유도 종전대로 유지하게 되었다.

그러나 남부에서는 노예제도 찬성론자들이 노예제도 폐지를 주장하는 신문사들을 습격하는 일이 빈번하게 일어났으며, 반대로 북부에서는 노예제도를 찬성하는 신문사들을 군중들이 습격했다. 그리하여 1837년 일리노이주 앨턴(Alton)에서는 노예제도를 반대한 「옵저버」(*Observer*)지의 발행인 엘리자 러브조이(Elijah P. Lovejoy)가 노예제도를 찬성하는 군중의 습격을 받아 살해되기도 했다. 그 결과, 언론자유가 크게 위축되었다.

• 신문자유의 남용과 그에 대한 억제

위와 같이 이 시기에는 멕시코와의 전쟁기간을 제외하고는 신문들이 비교적 많은 자유를 누렸다. 그러나 그 자유를 신문들이 올바로 사용하지 못하고, 공연히 개인이나 단체 등의 명예를 훼손해서 고소나 고발을 당하는 경우가 적지 않았다. 그런가 하면, 신문들이 개인들의 인신을 공격했다가 이들로부터 해당 신문의 발행인이나 편집자가 결투 신청을 받는 경우도 비일비재했다. 그러자 신문인들이 모여 개인에 대한 인신공격을 삼가자고 서로 약속하기도 했다.

신문인들은 또한 개인이나 단체 등에 대한 명예훼손도 많이 자제하게 되었다. 왜냐하면 제임스 페니모어 쿠퍼(James Fenimore Cooper)라는 사람이 1837–45년간에 신문을 명예훼손죄로 모두 16차례나 고소 또는 고발했는데, 민사소송의 경우는 14번을 모두 이겨서 적게는 55달러에서 많게는 400달러의 손해배상금을 받아 냈기 때문이다. 이렇게 신문들로부터 손해배상금을 받아 낸 쿠퍼는 당시 신문들이 사회에 좋지 않은 영향을 미치고 있다는 것을 진심으로 믿은 사람으로, “미국 국가 전체가 허위 분위기에 싸여 있는 것은 신문들이 정치적 이해를 위해 거짓말을 일삼고 있기 때문이다”라고 주장하면서, 이러한 신문의 잘못을 바로잡기 위해 명예훼손죄로 고소 또는 고발을 했던 것이다.

그러자 신문인들이 단합해서 쿠퍼에게는 물론, 법원에까지 압력을 가함으로써 쿠퍼는 고전을 면치 못했다. 그럼에도 쿠퍼는 신문에 과감하게 대항함으로써 민사소송의 경우에서는 14번을 모두 이겨서 적지 않은 손해배상금을 받아냈다. 그러나 형사소송의 경우는 2번 모두, 법정이 적극적 행동을 취하지 않아서 흐지부지되고 말았다. 하지만 이와 같은 쿠퍼의 외로운 투쟁의 결과, 신문이 근거 없는 주장으로 개인이나 단체 등의 명예를 훼손했을 경우 그것은 명예훼손죄로 인정된다는 판례를 남김으로써 신문들의 무책임한 행동에 어느 정도 제동을 걸어 주었다.

• 신문의 역기능과 그에 대한 비판

바로 위와 같이 제임스 쿠퍼 등이 당시 신문들의 무책임한 행동에 제동을 걸기도 했지만, 이 시기에도 미국신문들은 정론지적 성격을 버리지 못함으로써 여러 가지 역기능을 초래하기도 했다. 그러자 이러한 신문들의 역기능에 대해 국내외 지성인들이 신랄한 비판을 가하기도 했다. 그중에서 가장 신랄한 비판을 가한 사람은 영국 작가 찰스 디킨스(Charles Dickens)였는데, 그는 1842년 출판한 『미국여행기』(*American Notes*)라는 책에서 당시 미국신문들에 대해 다음과 같은 혹평을 하기도 했다.

> 미국신문들은 악마의 눈으로 각 가정을 감시하고 있으며, 그 검은손은 모든 관리의 임명—위로는 대통령으로부터 아래로는 우편국장에 이르기까지—에 뻗치고 있다. 또한 증권시장에까지 그 더러운 손을 뻗치고 있다. 그런가 하면, 신문을 통해서 밖에 문학작품을 대할 수 없는 일반대중들에게 저속한 작품만 소개하고 있으며, 국가수반에게까지도 더러운 욕설을 퍼붓고 있다. 이러한 신문의 악마적 행동들이 미국에서는 공공연하게 자행되고 있다(Dickens, 1842, p. 56).

한편 미국의 신문인 출신 램버트 윌머(Lambert A. Wilmer)는 당시 미국신문들의 비리를 파헤쳐서 그것을 1859년 『우리의 신문 갱 또는 미국신문들의 부패와 범죄의 진상』(*Our Press Gang; or, a Complete Exposition of the Corruptions and Crimes of the American Newspapers*)이라는 책으로 출판하기도 했는데, 그는 이 책에서 그가 신문계에 직접 종사하면서 경험한 사실들을 토대로 신문과 신문인들의 부패와 부정을 적나라하게 고발했다. 그러면서 당시 미국인들의 생활에서 모든 부패적 요소들은 곧 신문에 의해 생겨난 것들이라고 주장했다.

신문과 신문인에 대한 사회적 인식

위와 같이 찰스 디킨스와 램버트 윌머 등이 이 시기의 미국신문들에 대해 여러 가지로 혹평했다. 그럼에도 불구하고 신문과 신문인들에 대한 사회적 인식은 그 이전에 비해 대체로 많이 향상되었는데, 그 이유는 무엇이었는가?

• 신문과 신문인에 대한 사회적 인식의 향상

이 시기에도 신문발행인들은 그 이전과 마찬가지로 대부분이 인쇄업자들이었으며, 편집인들 역시 인쇄공이거나 인쇄공 출신들이 많았는데, 이러한 경향은 특히 지방의 주간신문이나 서부 지역 신문들에서 크게 나타났다. 한편 신문도 인쇄업의 한 분야 또는 부차 사업으로 발행했으며, 그 목적도 특히 광고 게재를 통하여 돈을 벌자는 것이었다. 때문에 신문 자체나 신문인들에 대한 사회적 인식이 좋지 않았고, 신문인들의 사회적 지위도 높지 않았다.

그러나 1850년대에 와서는 신문과 신문인들에 대한 사회적 인식이 그 이전에 비해 크게 향상되었는데, 그 주요 이유의 하나는 페니신문들이 가져온 신문기능의 변화 때문이었다. 다시 말해서, 페니신문들이 뉴스의 보도기능을 신문의 가장 중요한 기능으로 삼으면서 발행인이나 편집인 개인의 주장을 내세우기보다는 뉴스의 개관적 보도를 강조했기 때문이다.

그런 데다가 페니신문들이 성공을 거두면서 신문사 조직도 점차 확대되고 복잡해지자, 발행인이나 편집인 개인의 영향력도 점차 줄어들었다. 그 결과, 발행인이나 편집자의 소위 "개인적 내지 사적 저널리즘"(personal journalism) 경향은 점점 감소하고, 그 대신 신문들이 공공성과 객관성을 띠게 되자 신문에 대한 사회적 인식이 높아지게 되었다.

• 신문인들의 사회적 지위 향상의 주요 요인

이렇게 되자 자연히 신문인들의 사회적 지위도 점차 높아지게 되었다. 그러나 그 지위가 그리 높지는 않았는데, 1851년 한 신문인이 "신문에 글을 쓰는 것도 하나의 전문직(professional)이다"라고 주장한 바 있지만, 실제로는 전문직 대접을 받지 못했다. 그래서 「뉴욕 모닝 포스트」(*New York Morning Post*)지 발행인 호레이스 그릴리가 연방하원의 한 위원회에 나가 증언하면서, "신문인은 전문직과 거리가 먼 인쇄공이라고 부르면서도 신성한 의회나 법정에는 출두하라고 요구한다"고 비꼬기도 했다.

하지만 이전에 비해 신문인들에 대한 사회적 인식이나 지위가 크게 향상된 것은 사실이었는데, 그 이유의 하나는 유능한 사람들, 특히 동부 지역 명문대학 출신들이 점차 신문계에 많이 진출했기 때문이기도 했다. 이러한 사람의 하나로는 헨리 레이먼드(Henry J. Raymond)를 들 수 있는데, 그는 버몬트대학을 졸업한 뒤 「뉴욕 트리뷴」지의 편집조수로 신문계에 투신했다. 그 뒤, 「쿠리어 앤드 인콰이어러」(*Courier and Enquirer*)지로 옮겨 편집차장으로 일하다가 1851년 자신이 직접 「뉴욕 데일리 타임스」를 창간해서 명성을 얻게 되었다.

이 시기에 또 하나 괄목할 만한 것은, 취재기자들의 대거 등장이었는데, 1840년대 이전에는 대규모 신문들조차도 취재기자를 두지 않은 곳이 많았다. 그러나 페니신문들이 지역 뉴스를 중시하게 되면서, 지역 뉴스의 취재를 위한 취재기자의 필요성을 깨닫게 되었다. 그리하여 각 신문사에서 취재기자들을 채용함으로써 취재기자들이 각 신문사에서 중요한 역할을 담당하게 되었다.

한편 이 시기에는 여성들도 신문계에 진출해서 두각을 나타나게 되었으나, 이들 여성 대부분은 편집부서에서 일했다. 이처럼 여성들도 신문계에 진출하고 취재기자들의 수도 늘어나자, 신문인들은 자신들의 자질향상과 권익보호를 위한 모임을 갖기 시작했다. 그러다가 1853년부터 뉴욕주·코네티컷주·위스콘신주 등에서 신문인협회를 각각 결성하기 시작했다. 그러자 자연히 신문인들에 대한 사회적 인식과 지위도 향상되었다.

• 인쇄공들과 신문팔이의 사회적 지위는 낮아

위와 같이 신문인들에 대한 사회적 인식과 지위가 그 이전에 비해 많이 향상되었으나, 신문인쇄공들의 경우는 그렇지 못했는데, 이들의 작업환경은 열악한 데다가 임금이 매우 낮았다. 신문인쇄공들은 작업환경의 개선과 임금인상을 위해 1830년대부터 다시 노조활동을 활성화하기 시작해서, 1836년에는 전국적 규모의 노동단체를 결성했다.

신문인쇄공들이 이렇게 노동단체를 결성하게 된 것은 작업환경의 개선과 임금인상에도 목적이 있었지만, 또한 일자리를 빼앗기지 않기 위해서였다. 왜냐하면 1835년 「뉴욕 선」(*Sun*)지를 시작으로 여러 신문사들에서 인쇄기에 증기기관을 장착해서 동력화하자, 이렇게 동력화한 인쇄기가 인쇄공들의 일자리를 빼앗기 시작했기 때문이다.

그러자 인쇄공들은 자신들의 일자리와 권익보호를 위해 1850년 전국인쇄공노동조합(National Typographical Union)을 결성하고, 그 지부들을 전국 각 지역에 설치해서 1860년에는 그 수가 34개에 이르렀고 회원 수도 3,500명이나 되었다. 그리하여 자신들의 일자리를 보호하는 한편 임금투쟁도 벌임으로써, 1830년경에는 주당 12달러 정도 받던 뉴욕의 신문인쇄공들이 1844년에는 15달러를 받게 되었다.

이처럼 신문인쇄공들은 노동조합을 결성해서 자신들의 권익을 보호하려고 했지만, 전혀 그렇지 못한 신문 관계 노동자들도 있었는데, 이들은 페니신문이 생기면서 이를 길거리에서 팔기 위해 등장시킨 신문팔이 소년들이었다. 누더기 옷을 입고 신문을 사라고 외치며 거리를 누비던, 이들 신문팔이 소년은 1830년대부터 대도시의 거리에 나타난 새로운 풍경의 하나였다. 그러나 이들 소년은 대부분 집도 절도 없는 고아나 과부의 아들이었다. 따라서 길거리에서 침식을 했으며, 그중 일부는 깡패 · 도박꾼 또는 술집문지기 노릇도 하면서 연명을 해야 했다. 그러나 이들이 있었기에 페니신문들도 존재할 수 있었고, 신문도 발전할 수 있었다.

신문지면에 나타난 주요 변화양상들

이 시기에는 신문지면에도 여러 가지 새로운 변화들이 나타났는데, 특히 판형이 종전보다 커졌고, 논설면이나 논설란이 거의 모든 신문에 일반화되었으며, 스포츠 관계 기사들도 눈에 많이 띄기 시작했다. 그런가 하면, 각 기사에는 제목들(headlines)이 붙기 시작했고, 기사의 전문, 즉 리드(lead)도 나타나기 시작했으며 삽화도 종종 보였다.

• 신문판형의 확대와 대형판 신문들의 유행

이와 같은 여러 가지 변화들 중에서도 가장 눈에 띄는 것은 신문판형이 1830년대 이전에 비해 많이 커진 것이었는데, 1835년경부터 여러 신문들이 서로 다투어 판형을 블랭킷판(blanket size)으로 확대했다. 그러자 이러한 경향을 가리켜, 「뉴욕 미러」(*New York Mirror*, 1835. 5. 23일자)지는 "미국신문계의 열병"이라고 부르면서, 일부 일간신문은 블랭킷판보다 더 큰 신문을 내려고 하는데 그 크기가 두 소년이 양쪽에서 붙잡아 주어야 읽을 수 있다고 비꼬기도 했다.

이처럼 신문들이 신문판형을 확대하게 된 것은, 윤전인쇄기의 보급으로 대형판 신문의 인쇄가 가능해졌기 때문이기도 했지만, 실제로는 영국신문들을 본뜬 것이었다. 당시 영국에서 신문의 발행면수를 기준으로 인지세를 부과하자, 인지세를 덜 내기 위해 신문판형을 블랭킷판으로 키우고 있었다. 그런데 이를 그대로 미국신문들이 모방함으로써 신문의 인지세가 없던 미국에서도 블랭킷판이 유행하게 되었던 것인데, 이는 순전히 신문들 간의 경쟁심 때문이었다. 그리하여 신문들이 서로 다투어 신문판형을 확대하자, 예컨대 「뉴욕 옵저버」(*New York Observer*)지는 1840년 신문의 가로를 무려 21인치(53.34cm, 1단이 3인치인 7단으로 조판)로 늘리면서, 세계에서 가장 판형이 큰 종교신문이라는 광고를 내서 자랑까지 했다.

이렇게 종교신문까지 판형을 키우자, 신문 값이 1부에 6센트였던 일간신문들도 판형을 8–10단(1단=3인치=7.63cm)으로 늘리게 되었는데, 당시 미국에서 가장 판형이 큰 신문은 뉴욕의 「저널 오브 커머스」(*Journal of Commerce*)지로서 크기가 3×5피트(91.44×152.4cm, 11단 횡조)나 되었다. 이처럼 1부당 6센트짜리 일간신문들도 판형을 키우자, 이들과의 경쟁을 위해 1부당 1센트인 페니신문들도 울며 겨자 먹는 식으로 신문판형을 확대할 수밖에 없었다. 그리하여, 예컨대 「뉴욕 헤럴드」지도 1840년부터 판형을 15×22인치(38.1×55.88cm, 6단조)로 키웠으며, 10년 뒤에는 발행면수도 6–8면으로 늘렸다.

그러자 1851년 창간한 「뉴욕 타임스」지도 「뉴욕 헤럴드」지의 판형을 그대로 모방함으로써, 1850년 중반 뉴욕에서 「뉴욕 타임스」·「뉴욕 헤럴드」·「뉴욕 트리뷴」지는 모두 15×22인치(38.1×55.88cm) 크기의 대형판으로 매일 8면씩 발행하게 되었으며, 다만 「뉴욕 선」지와 그 밖의 4개 페니신문들만 블랭킷판으로 계속 발행했다. 이처럼 뉴욕 신문들이 신문판형을 블랭킷판이나 15×22인치판으로 확대하자, 중소도시의 일간신문과 주간신문들도 1860년대부터 판형을 확대하게 되었다.

• 기사제목 붙이기의 시작과 보편화

한편 이 시기의 신문지면에서 또 하나 크게 눈에 띄는 것은 기사제목(headline)의 보편화인데, 기사제목은 그 이전부터 이미 나타나기 시작했다. 그러나 1851년 「뉴욕 타임스」를 창간했을 당시만 해도, 한 호에서 한두 개 제목밖에 찾아볼 수 없었다. 하지만 2–3년 뒤에는 한 호에서 5–6개의 제목을 볼 수 있었는데, 이는 다른 주요 신문들에서도 역시 마찬가지였다.

당시 이러한 기사제목의 발전에 선도적 역할을 한 대표적 신문들로는 「뉴욕 헤럴드」·「볼티모어 선」(*Baltimore Sun*)·「뉴올리언스 피키윤」(*New Orleans Picayune*) 등을 들 수 있다. 이들 신문이 주요 기사에 제목들을 달기 시작하자, 이를 다른 신문들도 모방함으로써 기사제목을 다는 것이 점차 보편화되었다. 그러나 이 시기에 일어난 커다란 사건들, 예컨대 1838년 대서양횡단 증기선 시리우스(Sirius)호와 그레이트 웨스턴(Great Western)호의 취항, 1846년 멕시코와의 전쟁 발발, 그리고 캘리포니아주에서 새로운 금광들의 발견 등도 기사제목의 발달과 보편화에 중요한 역할을 했다. 이와 같은 커다란 사건이 일어나자 신문들이 그 사건들에 관한 기사에 커다란 제목을 붙여 크게 보도하면서, 제목의 중요한 기능과 필요성을 신문인들은 물론, 독자들도 인식하게 되었다.

그리하여 거의 모든 신문들이 기사들에 제목을 달기 시작했으나, 1850년대 이전의 기사제목들은 대부분이 1단으로 6행 정도의 크기였다. 1850년대 후반에는 비록 기사제목의 가로 크기는 1단이기는 했지만, 여러 개의 다단제목들을 붙여서, 세로의 크기가 보통 2–3인치(5.08–7.62cm)나 되었다(〈그림 5-3〉「볼티모어 선」지의 셋째 단 기사제목 참조). 그러나 제목의 문장형식을 보면, 주어와 술어를 갖춘 것이 아니라 오늘날의 표제(label)의 범주를 아직 벗어나지 못하고 있었다.

• 기사의 리드와 삽화 등도 출현

위와 같이 이 시기에는 기사에 제목을 달기 시작했으며, 전문, 즉 리드(lead)도 붙이기 시작했다. 그러나 그 대부분은 오늘날의 리드와 달리, 해당 뉴스를 어떻게 입수했는지에 관한 설명이나 또는 해당 뉴스에 관한 논평(editorial comment)이었다. 예컨대「볼티모어 선」지 1846년 5월 19일자 제1면에 실려 있는 멕시코와의 전쟁에 관한 기사를 보면, 〈그림 5-3〉의 셋째 단과 같이, 모두 11행으로 된 다단제목 아래 수십 행의 길다란 리드를 붙인 다음 미국의 승전에 관한 내용들을 서술함으로써 그제서야 독자들이 승전에 대한 내용을 알 수 있게 되어 있다. 이와 같은 설명식 또는 논평식 리드가 1850년대에 와서는 점차 감소하는 경향이 나타나긴 했지만, 오늘날과 같은 기사의 리드, 즉 육하원칙에 따라 사건의 전모를 간단하게 요약해 주는 리드는 찾아볼 수 없었다.

이 시기의 신문지면들에서는 목판 인쇄한 삽화 컷들도 점점 많이 보였는데, 예컨대「뉴욕 헤럴드」지를 보면 1835년 창간 초기부터 조그만 목판 삽화를 종종 싣기 시작했으며, 1845년에는 앤드류 잭슨 전 대통령의 장례식 행렬의 장면을 삽화로 그려 1면에 크게 게재해서 커다란 센세이션을 불러일으키기도 했다. 그러나 당시는 아직 사진제판술이 발명되지 않아서 삽화를 신문지면에 넣으려면 그것을 목판 컷에 새겨서 인쇄해야 했는데, 그러자면 비용도 많이 들었지

THE SUN.
VOL. XIX --NO. 2.] BALTIMORE, TUESDAY MORNING, MAY 19, 1846. [PRICE ONE CENT.
THE SUN.
Glorious News from the Army.
The Campaign opened with Victory!!
MATAMORAS REDUCED TO ASHES!
THE AMERICAN ARMY TRIUMPHANT!
700 MEXICANS KILLED!
One American only Killed.
A General Blockade of the Mexican Ports Ordered!

〈그림 5-3〉 볼티모어 「선」(*Sun*, 1846. 5. 19) 제1면 조판체재 실례(판면의 크기: 33.02×53.98cm)

만, 시간도 오래 걸렸기 때문에 「뉴욕 헤럴드」지가 잭슨 전 대통령의 장례식 장면을 삽화로 보도한 것은 장례식이 있은 지 2주일 뒤였다. 그럼에도 불구하고, 「뉴욕 헤럴드」지는 또 1846년 크리스마스 날, 그해 일어났던 멕시코와의 전쟁을 비롯한 주요 사건들에 관한 삽화를 8면에 걸쳐 특집으로 내기도 했다.

이러한 「뉴욕 헤럴드」 외에 다른 신문들도 삽화를 종종 실었는데, 1838년 대서양횡단 증기선이 처음 취항했을 때는 그 사실을 보도하면서 여러 신문들이 증기선의 삽화를 곁들여 놓았다. 또한 1846년 시작된 멕시코와의 전쟁에 관한 전황을 보도할 때는 전투 지역의 약도들을 목판 컷을 사용하여 게재하기도 했다. 그런가 하면, 「뉴욕 트리뷴」지는 1840년 미국신문들 중 최초로 인물 삽화를 1단 크기로 신문에 게재함으로써 독자들의 주목을 끌기도 했다. 한편 「올버니 이브닝 저널」(*Albany Evening Journal*)지는 1848년 대통령선거에서 휘그당 후보 제임스 포크(James K. Polk)가 승리했을 때, 그 뉴스를 보도하면서, 그 옆에 날개를 펼치고 있는 독수리 그림을 크게 싣기도 했다.

• 논설기사란 또는 논설면의 정착과 보편화

이 시기의 신문들을 보면, 또한 1850년대에 와서는 거의 모든 신문들이 독립된 논설란(editorial column)이나 논설면(editorial page)을 두고 있었는데, 논설란의 크기는 대체로 1단에서부터 4단 정도였다. 한편 논설면은 대체로 한 페이지였으나, 그에 "워싱턴으로부터의 편지"라는 기사와 서평 등을 함께 싣기도 했다. 또한 논설면에 뉴스기사도 가끔 게재했으나, 이들은 스트레이트 보도기사가 아니라 주로 정보적 성격의 논설기사(informative editorial)들이었다.

이와 같은 논설란이나 논설면이 정착 또는 보편화한 데는 호레이스 그릴리(Horace Greeley)의 영향도 적지 않았는데, 그는 다양한 주제에 관해 문예적 문체로 논설기사들을 작성해서 그의 「뉴욕 트리뷴」지의 한 면 전체에 게재하곤 했다. 그러나 이들 논설기사들을 모두 그릴리 혼자 쓴 것은 아니며, 여러 문필가들을 동원하여 그릴리의 감독 아래 쓰게 했던 것이다. 논설주제는 정치·사회·경제·문학 등 전반에 걸쳤으며, 이러한 주제의 논설기사들에서는 필자나 신문사의 의견과 주장만 내세우는 것이 아니라 여러 가지 정보와 지식도 함께 제공함으로써 논설기사의 수준을 크게 향상시켜 놓았다는 평가를 받았다.

한편 「뉴욕 헤럴드」지의 논설기사들도 호평을 받았는데, 논설기사들이 이해하기 쉽고 문장들이 간결했으며, 약간은 경박한 감이 있었지만 매우 시니컬했기 때문이다. 이러한 「뉴욕 헤럴드」와는 반대로, 「뉴욕 타임스」의 논설은 정중하고 매우 공정한 것으로 정평을 받았다. 그런가 하면, 「스프링필드 리퍼블리컨」(*Springfield Republican*)지의 논설기사들은 단락 자체는 짧고 날카로우면서도 기사 전체는 매우 긴 특성을 보여 주기도 했다.

이처럼 뉴욕을 비롯한 대도시 일간신문들의 논설기사가 인기를 끌자, 중소도시나 지방의 신문들도 대도시 일간신문들의 논설기사를 그대로 모방하여 논설란이나 논설면을 설치해서 논설기사들을 실었다. 그러나 논설의 주제들은 대부분이 정치적인 것들이었는데, 당시 중소도시 신문의 편집자들은 자신들의 역할을 목사들의 것과 같은 것으로 인식해서, 정치적 문제들을 많이 그리고 길게 취급하지 않으면 안 된다고 생각했기 때문이다.

• 스포츠기사와 스포츠신문의 등장

이 시기부터는 또한 여러 신문들에 스포츠 관계 기사들도 눈에 많이 띄기 시작했다. 그러나 그 대부분은 경마와 크리켓(cricket) 경기에 관한 것들이었는데, 당시는 경마와 같은 스포츠가 투기와 도박으로 성행했기 때문에, 이에 관한 것을 대부분의 일반신문들은 거의 보도하지 않았다.

하지만 1858년 당시 경마스포츠계의 주요 인물들이었던 존 히난과 모리세이 간에 세기적 대결이 벌어지자 이를 신문들이 크게 보도하면서, 이때부터 경마 등에 관한 뉴스들도 거의 모든 신문들이 보도하기 시작했다.

경마를 비롯한 각종 스포츠에 관한 독자들의 관심이 높아지면서, 스포츠 전문신문까지 나타나게 되었는데, 미국 최초의 스포츠신문은 1829년 뉴욕에서 창간한 「아메리칸 터프 레지스터」(*American Turf Register*, 1844년 폐간)였다. 이 신문에 이어, 1831년 「스피릿 오브 더 타임스」(*Spirit of the Times*)라는 또 하나의 스포츠 전문신문이 창간되어 대단한 인기를 끌었는데, 이 신문은 1902년까지 계속 발행되면서 명성을 떨쳤다.

신문인쇄술과 용지제지술의 발달

한편 이 시기에는 신문의 인쇄와 신문용지의 제지 분야에서도 일대 변혁이 일어났는데, 만약 이러한 변혁이 없었다면, 값이 싼 페니신문들의 출현도 불가능했을 것이다. 신문의 인쇄 속도가 느리고 신문용지 값도 비싸다면 신문제작비가 많이 들어서 1부에 1센트짜리 페니신문을 발행한다는 것은 불가능하기 때문이다.

1830년대 초 페니신문들이 나오기 이전에는 거의 모든 신문들이 리차드 M. 호우회사(Richard M. Hoe & Co.) 제품인 네이피어 활판인쇄기(Napier press)를 사용하여 인쇄를 했는데, 이 인쇄기는 당시로는 가장 빠른 인쇄기였으나 시간당 겨우 2,000부 정도밖에 인쇄할 수 없었다. 그런데 신문발행부수가 계속 증가하자 단일실린더의 수동식 네이피어 활판인쇄기로는 그 증가추세에 부응할 수 없었다. 그러자 이러한 한계를 극복하기 위해 종래의 네이피어 인쇄기에 1개의 실린더를 더 부착하여 실린더를 2개로 늘리고, 용지 피더(feeder)도 부착함으로써 시간당 4,000부까지 인쇄할 수 있게 되었다. 그렇지만 인쇄기가 수동이었기 때문에 인쇄 속도에 여전히 한계가 있었다. 그러자 1835년 「뉴욕 선」지가 수동인쇄기에 증기기관을 부착해 동력화함으로써 인쇄 속도가 빨라지고 작업이 쉬워졌다. 그러자 다른 페니신문들도 인쇄기에 증기기관을 부착했다.

그 뒤, 1847년 리차드 M. 호우회사가 윤전인쇄기(rotary press)를 발명함으로써 종전의 네이피어 활판인쇄기의 4배인 8,000부의 신문을 매시간 찍어낼 수 있게 되었다. 그러나 이 새로운 윤전인쇄기의 대당 가격은 2만 내지 2만 5,000달러나 되었다. 그럼에도 불구하고 이를 필라델피아의 「퍼블릭 레저」(*Public Ledger*)지가 맨 처음 설치하자, 다른 신문들도 윤전인쇄기를 설치하게 되었다. 그 후, 윤전인쇄기는 더욱 개량되어 실린더의 수를 늘림으로써 10개의 실린더를 부착했을 경우는 신문을 시간당 2만 부까지 인쇄할 수 있게 되었다. 하지만 이러한 윤전인쇄기는 가격이 비싸서, 지방이나 서부 개척지의 신문들은 1850년대 말까지도 구식 활판인쇄기를 사용하거나 또는 1829년 새뮤얼 러스트(Samuel Rust)가 발명한 소위 컬럼비안 인쇄기(Columbian press)를 사용했는데, 이 인쇄기는 구식 활판인쇄기를 약간 개량한 것이었다.

이 시기에는 신문용지의 제지술도 상당히 발달했는데, 종전의 포어드라이니어 제지기(Fourdrinier papermaking machine)를 더욱 개량해서 더 많은 양의 신문용지를 종전보다 싼값으로 생산해 낼 수가 있었다. 그리하여 신문용지 값이 1파운드당 8센트까지 떨어진 적도 있었다. 그러나 용지 값이 다시 오르는 등 신문용지 값은 일정치 않았다.

신문광고의 변화와 그 주요 실태

끝으로 신문광고에 관해서도 살펴보면, 이 시기에도 1840년대까지는 예전과 마찬가지로 광고가 신문 제1면을 모두 또는 거의 차지했다. 그러나 1850년대로 들어서면서 신문들이 면수를 종전의 4면에서 8면으로 증면하면서 지면의 여유가 생기자 광고를 다른 면으로 돌리기 시작했다.[6] 그러면서 8면짜리 신문들은 대부분 3–4면을 광고에 할애했다. 그러나 4면짜리 신문들은 전체 지면의 6분의 4 내지 4분의 3을 광고로 채웠다.

• 새로운 광고기법의 개발과 시도

이들 신문광고를 보면, 그 이전과 마찬가지로 도안은 거의 쓰지 않았고, 본문활자를 사용한 1단 크기의 문안광고가 대부분이었다. 2단 크기의 도안광고를 시도한 신문들도 없지 않았으나, 도안광고는 지면의 낭비이며, 영세 광고주들에

6 하지만 「뉴욕 선」(*Sun*), 「보스턴 트랜스크립트」(*Boston Transcript*)지 등은 종전 그대로 광고를 제1면에 계속 게재했다.

게 경제적 부담을 준다는 이유로 중단하고 말았다. 그리하여 대부분의 광고는 문안만으로 되어 있었으며, 그 형식은 오늘날의 안내광고와 비슷했으나 광고문안들이 매우 짧았는데, 이는 독자들이 장황하고 긴 광고보다 짧은 문안의 광고를 오히려 더 좋아했기 때문이다.

1850년대 들어 상업이 더욱 발달하면서, 일부 열성적 광고주들이 단조로운 형식의 광고를 극복할 방법을 찾기 시작했다. 그리하여 새로운 기법의 광고들이 신문에 등장하게 되었다. 예컨대 당시에 아주 유명했던 상업사진가 브래디는 자신의 사진관 광고를 신문에 내면서 그 주소를 커다란 활자를 사용하여 인쇄했다. 또한 어떤 광고주는 로고타입(logotype)을 광고에 사용하기도 했다.

그런가 하면, 「뉴욕 레저」(*New York Ledger*)라는 주간신문 발행인 로버트 보너(Robert Bonner)는 자기 신문의 판촉광고를 내면서, 문안의 반복기법(iteration copy)을 창안해, "「뉴욕 레저」를 손에 들지 않고는 오늘 저녁 집에 들어가지 말라"(Don't go home tonight without the New York Ledger)라는 문구를 계속 반복해서 한 칼럼 전체에 채워 넣기도 했다. 또한 보너는 1858년 그의 신문에 에머슨 베네트(Emerson Bennet)의 칼럼을 연재하기 시작하면서, 이를 독자대중에게 광고하기 위해 「뉴욕 헤럴드」지 7면을 모두 2,000달러에 매입해 거기에 "베네트의 칼럼을 연재한다"는 광고문안을 역시 반복기법을 사용하여 게재함으로써 그때까지 미국신문광고 역사상 "최대의 광고"라는 기록을 남기기도 했다.

보너는 또 「뉴욕 트리뷴」지의 지면도 사서, 거기에다 베네트 칼럼의 일부만 싣고, 나머지 내용은 「뉴욕 레저」지에서 보라는 광고를 내기도 했다. 바로 이런 새로운 기법을 창안해서 자기 신문을 광고한 결과, 「뉴욕 레저」지는 당시 주간신문들 중 최대 발행부수를 자랑하게 되었다.

• 당시 광고료와 광고대행사의 출현

당시 광고료는 신문에 따라 각양각색이었다. 페니신문들은 처음에는 1평방인치당(약 16행) 50센트씩 받다가 발행부수가 증가하자 6행에 50센트씩 받기 시작했다. 그러나 광고요금은 그때그때 광고주와의 흥정에 따라 결정하기도 했다. 앞서 말한 「뉴욕 레저」지 발행인 보너가 자기 신문의 판촉광고를 내기 위해 1858년 「뉴욕 헤럴드」지의 7면을 몽땅 살 때 2,000달러를 냈다고 하는데, 이것이 정확하다면 1단에 약 50달러씩 지불한 셈이 된다. 그러나 당시 많은 신문들은 광고주들과 연간 40달러의 계약을 맺고, 일정한 크기의 지면을 고정적으로 광고주들에게 제공해 주기도 했다.

한편 「뉴욕 선」지는 광고료를 선불로 받았으며, 이를 「뉴욕 헤럴드」지도 모방했다. 그러나 다른 신문들은 후불로 받았는데 광고료가 제대로 들어오지 않아서 애를 먹기도 했다. 이처럼 신문들이 광고료를 받기도 어렵고 또한 광고를 유치하는 것도 쉽지 않았을 뿐 아니라, 당시 신문발행인들은 직접 광고를 유치하는 것을 품위를 손상시키는 일로 생각했다. 그러자 광고유치와 광고료를 받는 일 등을 대행해 주는 광고대행사가 1840년대부터 나타나기 시작했는데, 초기의 광고대행사는 대부분 각 신문에서 광고 세일즈맨으로 일하던 사람들이 차린 것들이었다. 대표적 인물로는 볼네이 파머(Volney B. Palmer)를 들 수 있는데, 이 사람은 일찍이 1840년대 초에 필라델피아에서 광고대행사를 설립해서 성공을 거두자, 뉴욕·보스턴·볼티모어 등지에 지사를 두기도 했다.

이처럼 파머의 광고대행사가 성공을 거두자, 존 후퍼(John L. Hooper)도 뉴욕에서 광고대행사를 설립했다. 또한 파머의 광고대행사에서 사무원으로 일하던 피텐길(S. M. Pettengill)도 1850년대에 광고대행사를 설립했는데, 이 회사는 곧 전국에서 가장 유명한 광고대행사로 성장했다. 그러자 광고대행사들이 우후죽순처럼 나타나게 되었는데, 초기의 광고대행사들은 횡포가 심해서 전체 광고료 중 3분의 1 내지 절반을 차지하는가 하면, 자신들을 통해서만 광고를 내도록 강요했으며, 심지어는 각 신문사의 광고료도 자신들이 직접 결정하기도 했다.

그 결과, 경영상태가 좋지 않은 소규모 신문들은 점점 경영난에 허덕이게 된 반면 광고대행사들은 많은 돈을 벌게 되었는데, 그 이유의 하나는 앞서 말했듯이 신문발행인이 직접 광고를 유치하는 것은 품위를 손상시키는 일로 생각해서 광고업무를 모두 광고대행사에 맡겼기 때문이다. 예컨대, 「뉴욕 타임스」지의 창간 초기 업무국장이던 조지 존스(George Jones)는 자신이 한 번도 광고주들로부터 직접 광고를 유치한 사실이 없다는 것을 자랑으로 내세울 정도였다.

한편 「보스턴 트랜스크립트」·「볼티모어 선」을 비롯한 많은 신문의 발행인들도 존스와 비슷한 생각을 갖고 있었다. 따라서 이들은 모든 광고 관계 업무는 모두 광고대행사에 맡겼다. 그러나 이렇게 한 데에는 또 다른 이유도 있었는데, 그것은 신문발행인들이 허위광고·과대광고·정치광고 등에 대한 책임을 광고대행업자들에게 전가시켜, 그에 대한 책임을 회피하기 위해서였다.

제6장

남북전쟁기 (1861–1871)

남북전쟁과 그 재건기의 신문사정과 양태

1861년 4월 12일 마침내 남부와 북부 간에 전쟁이 터졌다. 이 전쟁은 4년 만인 1865년 4월 10일에 끝났다. 그러나 남북 간의 계속된 이견과 갈등 속에서 연방 국가를 다시 재건하는 데 또 7년이나 걸렸다. 이렇게 10여 년이나 걸린 남북전쟁[1]과 그 여파는 신문들에도 중요한 영향을 끼쳐서, 미국신문계는 새로운 국면으로 접어들게 되었다. 그러면 여기 제6장에서는 1861년부터 1871년까지 10년간을 '남북전쟁기'로 잡고, 이 시기 미국신문의 실태를 살펴보기로 하되, 우선 당시의 시대적 배경부터 간단히 알아보고 넘어가기로 하겠다.

1. 남북전쟁과 그 재건기의 시대적 배경

1860년도 16대 대통령 선거에서 공화당 후보 에이브러햄 링컨은 민주당 북부파 후보 스테픈 더글러스(Stephen A. Douglas)와 민주당 남부파 후보 존 브레킨리지(John Breckinridge) 및 입헌통일당 후보 존 벨(John Bell)을 물리치고 대통령에 당선되었는데, 링컨은 오랫동안 노예제도를 하나의 악으로 간주해 온 인물이었다. 그러면 이러한 링컨은 어떻게 해서 대통령에까지 당선되었는가?

링컨의 대통령 당선과 남부의 연방 탈퇴

1858년 일리노이주 연방상원의원 선거에 처음 출마한 링컨은, 북부의 민주당 지도자이자 상원의원이던 거물정치인 스테픈 더글러스 후보와 맞서게 되었다. 이들 두 사람은 그해 8월부터 수개월 동안 모두 7차에 걸쳐 논쟁을 벌였는데, '작은 거인'이라는 별명을 가졌던 5척 단구의 더글러스는 6척 장신의 링컨에 못지않은 웅변가로, 주민들에게 링컨보다 더 잘 알려진 인물이었다. 이러한 더글러스 의원에게 결국 링컨은 근소한 표 차이로 패배하고 말았다. 그러나 이 선거를 통해 링컨은 전국적 인물로 그 위치를 굳히게 되었다.

그리하여 1860년 대통령선거에서 공화당 후보로 지명된 링컨은, 노예제도의 폐지를 공약으로 내걸었다. 또한 산업의 보호를 위한 관세를 약속했으며, 서부개척민들에게는 자유로운 자작농장(homesteads)의 설립을 허용하는 법도 제정하겠다고 공약했다. 한편 민주당은 대통령 후보 지명대회에서 북부파와 남부파로 갈라져서, 북부파는 더글러스를 대통령 후보로 지명했고, 남부파는 브레킨리지를 대통령 후보로 내세웠는데, 켄터키주 출신의 브레킨리지는 노예제도의 존

1 이 전쟁을 미국에서는 '내란'(Civil War)이라고 하나, 우리나라에서는 '남북전쟁'이라고 부른다.

속을 공약으로 내걸었다.

그러나 노예제도의 폐지를 공약한 링컨의 당선이 확실해지자, 노예제도를 지지해 온 사우스캐롤라이나주는 재빨리 대표자 회의를 소집하여 연방으로부터 탈퇴를 선언했다. 이러한 가운데 공화당 후보 링컨은 민주당의 두 후보, 즉 북부파가 내세운 더글러스와, 남부파가 내세운 브레킨리지를 물리치고 대통령에 당선되었다. 그러자 노예제도를 지지한 남부의 다른 6개 주들도 사우스캐롤라이나주를 뒤따라 연방으로부터 탈퇴를 선언했다. 그리고 이들 7개 주는 1861년 2월 8일 아메리카연방(The Confederate States of America), 즉 '남부동맹'을 조직하고, 그 대통령으로 제퍼슨 데이비스(Jefferson Davis)를 선출했다. 그리하여 연방, 즉 미국합중국(The United States of America)으로부터 분리했다.

이렇게 분리한 남부동맹에는 다시 4개 주가 더 참가해서 모두 11개 주로 늘었는데, 이들 11개 주는 앨라배마, 아칸소, 플로리다, 조지아, 루이지애나, 미시시피, 노스캐롤라이나, 사우스캐롤라이나, 테네시, 텍사스, 버지니아주였다.

남북전쟁의 발발과 북부연방의 승리

이와 같이 남부의 11개 주가 미국합중국으로부터 탈퇴해서 별도의 아메리카연방(남부동맹)을 결성한 가운데, 링컨은 1861년 3월 4일 미국합중국 제16대 대통령 취임연설에서 남부동맹의 결성은 법적으로 무효임을 선언하며, 연방으로부터 탈퇴한 남부의 11개 주들은 속히 복귀할 것을 호소했다. 그러나 이러한 링컨의 호소를 남부동맹은 무시하고, 다음 달인 1861년 4월 12일, 당시 북부의 연방군이 주둔하고 있던 사우스캐롤라이나주 찰스턴항만의 섬터요새(Fort Sumter)를 포격함으로써 마침내 남북전쟁이 터지게 되었다.

• 남북전쟁의 시작과 북부연방군의 우세

남북전쟁이 시작되자, 링컨 대통령은 신속히 해군을 강화해서 남부의 해안을 봉쇄했다. 처음에는 이러한 해안봉쇄의 효과가 미미했다. 하지만 2년 뒤인

1863년에 이르자 남부의 유럽으로 면화 수출과, 유럽으로부터 탄약·의류·의약품 등의 수입이 거의 막혀서 남부가 커다란 곤경에 빠지게 되었다.

게다가 북부연방의 해군함대는 미시시피강 어귀에까지 올라가 남부 최대 도시인 뉴올리언스까지 함락했으며, 모빌만 항구도 봉쇄했다. 한편 북부연방의 육군도 미시시피계곡에서 승전을 거듭하면서, 미시시피주와 테네시주에 걸쳐 있던 남부동맹군의 기다란 전선을 무너뜨리고, 테네시주의 서부 지역 전체를 점령했다. 이어서 1863년 7월 4일, 북부연방군은 드디어 테네시강을 완전히 장악함으로써 남부동맹은 둘로 분단되기에 이르렀다. 그러나 버지니아주의 전투에서는 북부연방군이 패전을 거듭했다.

이러한 전쟁의 와중인 1863년 1월 1일, 링컨 대통령은 노예해방령을 선포했는데, 이 조치는 남북전쟁의 원인이요, 목표였던 노예제도의 폐지를 앞당기는 데 목적이 있었다. 하지만 또 한편으로는 남부동맹 소속의 여러 주들에 살고 있는 노예들을 해방시켜, 북부연방군에 참가하도록 유도하는 데도 목적이 있었다.

• 남부동맹군의 패배와 북부연방의 승리

노예해방 이후에도, 남북 간의 전쟁은 지지부진한 가운데 오랫동안 계속됐다. 그러다가 1863년 7월 드디어 남북전쟁의 승패를 가른 결전이 벌어지게 되었는데, 찬셀로즈빌 전투에서 승리를 거둔 남부동맹군이 공격의 기회가 왔다고 확신하고 펜실베이니아주로 북진을 시작하자, 이들을 북부연방군이 게티스버그(Gettysburg)에서 맞아 싸웠다. 그리하여 3일간의 치열한 전투 끝에, 북부연방군이 남부동맹군을 격퇴하자, 남부동맹군은 포토맥으로 후퇴하고 말았다.

이렇게 게티스버그 전투에서 패배한 남부동맹군은 설상가상으로 군수물자까지 바닥이 나고 있었다. 전쟁 직후 북부연방의 해군이 남부의 해안을 봉쇄해서, 유럽으로부터 탄약·의약품 등의 군수품 수입이 2년 동안이나 막혔기 때문이다. 이렇게 어려움에 처한 남부동맹군을 북부연방군은 여러 방향에서 협공해 들어갔다.

1864년 가을부터 북부연방군의 율리시스 그랜트(Ulysses S. Grant) 장군은 리치먼드를 향하여 서서히 그러나 확고부동하게 진군을 시작했다. 1865년 1월 2일부터는 윌리엄 셔먼(William T. Sherman) 장군 휘하의 북부연방군도 조지아주로부터 북쪽을 향하여 거슬러 올라가기 시작했다. 그러자 2월 17일 남부동맹군은 사우스캐롤라이나주의 주도 콜럼비아를 포기할 수밖에 없었다. 그리하자 북부연방군은 콜럼비아를 점령하고, 곧이어 찰스턴항도 손아귀에 넣었다.

그러자 전의를 상실한 남부동맹군은 1865년 4월 2일 버지니아주 리치먼드와 피터스버그를 포기하고 애퍼매톡스(Appomattox)로 후퇴했다. 그러나 이곳도 북부연방군에게 포위당하자, 남부동맹군을 이끌던 영웅 로버트 리(Robert E. Lee) 장군은 마침내 항복하고 말았다. 그리하여 4년 동안이나 끌었던 남북전쟁은 1865년 4월 10일 북부연방의 승리로 끝나게 되었다.

남북전쟁 이후 재건계획의 추진

1865년 4월 13일 목요일 밤, 워싱턴시는 북부연방의 승리를 축하하기 위해 모인 군중들로 가득 찼는데, 이들 군중은 밤새도록 기뻐서 날뛰었다. 그 이튿날 저녁에는 승리를 축하하기 위한 특별 연극공연이 포드즈극장에서 있었는데, 이 공연을 링컨 대통령도 관람하러 갔다. 그런데 제2막 공연 중인 밤 10시 30분, 존 윌크스 부스(John Wilkes Booth)라는 배우가 링컨 대통령의 뒷머리를 권총으로 저격해서, 치명상을 입은 링컨 대통령은 그 이튿날인 4월 15일 새벽 운명했다. 그리하여 남북전쟁 이후 전반적 재건계획을 세워 놓았던 링컨 대통령은 그 계획을 실행하지도 못한 채 영원히 눈을 감고 말았다.

• 링컨 대통령의 서거와 존슨의 대통령직 승계

링컨이 사망하자 대통령직을 승계한 부통령 앤드류 존슨은 당장 커다란 과업에 직면했는데, 그것은 남북전쟁 직전에 연방을 이탈하여 남부동맹을 결성했던 남부 여러 주들의 지위를 결정하는 일이었다. 이에 존슨 대통령은 앞서 링컨 대통령이 수립해 놓았던 재건계획에 약간 수정을 가한 뒤, 그 계획의 이행을 시작하면서 우선 대통령의 사면권을 발동하여 남부동맹에 참여했던 11개 주와 그 주민들의 정치적 권리를 회복시켜 주었다.

그러자 남부연맹에 참여했던 주들도 종전의 연방탈퇴령을 폐기하고 새로운 주헌법을 제정하는 한편, 주대표회의들을 소집해서 주지사와 주입법부 의원들을 선출하고 다시 연방으로 복귀함으로써 남북은 다시 한 나라가 되었다.

이렇게 남북이 다시 통합한 이듬해인 1866년 7월에는 흑인들에게 완전한 시민권을 부여하는 민권법이 연방의회에서 통과되었고, 그에 따라 새로운 자유민담당국(Freedmen's Bureau)이 설치되어 흑인들의 보호활동을 시작했다. 이어서 1868년 연방의회는 헌법수정조항 제14조의 추가법안을 통과시켜, 미국에서 출생하거나 또는 미국에 귀화하여 미국의 관할 아래 있는 모든 사람들은 미국과 그들이 거주하는 주의 시민이 되게 했다.

• 남북 간의 이견 속에서도 재건계획 완수

하지만 이와 같은 급진적 재건계획들이 모두 순조롭게만 이루어진 것은 아니었다. 예컨대 위에서 말한 헌법수정조항 제14조는 남부 여러 주들의 반대에 부딪쳐서 오랫동안 진통을 겪다가 1868년 7월에야 겨우 비준되었다. 그런가 하면, 전후의 재건계획을 수행해 나가던 존슨 대통령은 월권행위를 했다는 이유로 연방의회 상원에서 탄핵재판을 받기도 했으나, 무죄로 인정되었다.

한편 남부동맹에 가입했던 여러 주들이 연방에 복귀하면서 정치적 행운을 잡으려는 북부 출신의 인사들이 남부 각 주로 내려가서 주지사나 상하원의원 등에 출마하고, 또한 흑인들도 공직선거에 출마하자, 이를 저지하려는 남부의 주민들과 마찰이 생기면서 폭력사태가 빈발하기도 했다.

그러나 시간이 흐름에 따라 남북 사람들 간의 감정적 대립은 점차 해소되기 시작했다. 특히 남부의 여러 주들에서 민주당원들을 공직에 선출해 이들이 정권을 잡기 시작하자, 정국은 점차 안정되어 갔다. 그러자 1877년 러더포드 헤이스 대통령이 남부의 치안을 위해 남부에 주둔하던 연방군을 철수시킴으로써 1865년부터 1877년까지 12년 동안의 남부에 대한 북부의 통치는 마침내 끝나게 되었다. 그리하여 북부와 남부는 다시 평화를 되찾고, 대등한 관계 속에서 서로 도와 가며 미국을 건설하려는 진정한 노력이 움트기 시작했다.

2. 남북전쟁 당시 북부 신문들의 사정

위에서 살펴보았듯이 1861년 시작된 남북전쟁은 무려 4년 동안이나 계속되다가 1865년에야 끝났다. 그러면 이 기간에 신문들의 실태는 어떠했는가? 당시의 신문실태는 북부와 남부에 적지 않은 차이가 있었는데, 이 시기 미국은 두 나라로 갈라져서, 북부는 미국합중국(The United States of America), 즉 '북부연방'이 지배했고, 남부는 아메리카연방(The Confederate States of America), 즉 '남부동맹'이 통치했기 때문이다. 그러면 우선 북부의 신문실태를 살펴본 다음, 남부의 신문실태에 관해 살펴보기로 하겠다.

종군기자들의 활약과 생생한 전황보도

남북전쟁시기에 특히 신문계에서 괄목할 만한 현상은 종군기자들을 전장에 파견해서 생생한 전황 뉴스들을 취재·보도한 것이었는데, 이때처럼 신문들이 전쟁에 관한 생생한 증인이 되어 준 적은 일찍이 없었다. 물론 멕시코전쟁 때(1846-48)도 종군기자들을 파견한 적이 있지만, 남북전쟁 때처럼 여러 신문들에서 대대적으로 종군기자들을 전장에 파견한 것은 미국신문역사상 처음이었는데, 이는 남북전쟁이 오랫동안 끌면서 여러 지역으로 확산되었기 때문이다.

• 종군기자들의 대단한 활약과 생생한 보도

당시는 종군기자(war correspondent)를 '특별통신원'(special correspondent) 또는 간단히 '스페셜'(special)이라고 불렀는데, 이들은 오늘날과 같이 비전투요원으로 종군한 것이 아니라, 대부분은 장교들의 부관이나 전령 · 통신장교 · 보조요원 등의 직책을 갖고 군대에 소속되어 취재활동을 했다. 따라서 적군의 공격을 받아서 사망하거나 부상을 당하거나 또는 포로가 되는 경우가 많았다.

남북전쟁기간에 북부군을 종군한 '스페셜', 즉 종군기자들은 모두 150명 이상이나 되었고, 남부군에 소속되어 있던 종군기자도 30–40명에 이르렀는데, 이들 종군기자들을 위해 각 신문에서 4년 동안의 전쟁기간 중에 사용한 돈은 모두 합쳐 50만 달러에 이르렀다고 한다. 따라서 당시 종군기자들을 전장에 파견한 신문들은 주로 대규모 신문들이었는데, 그중에서도 「뉴욕 헤럴드」지가 가장 많은 종군기자들 파견했으며, 「뉴욕 트리뷴」지도 여러 명의 종군기자들을 각 전선에 파견했다. 또한 「보스턴 저널」, 「뉴욕 월드」, 「뉴욕 이브닝 포스트」, 「필라델피아 프레스」, 「필라델피아 인콰이어러」, 「신시내티 가제트」, 「신시내티 커머스」, 「시카고 트리뷴」지 등도 종군기자를 일선에 파견했다.

이들 종군기자 외에 신문편집인들도 직접 일선에 나가서 취재활동을 벌이기도 했는데, 그중 대표적 인물로는 「뉴욕 타임스」지의 헨리 레이먼드(Henry J. Raymond), 「뉴욕 트리뷴」지의 화이트로우 레이드(Whitelaw Reid), 「시카고 트리뷴」지의 조셉 메딜(Joseph Medill) 등을 손꼽을 수 있겠다. 이들 중 레이드는 뒤에 「뉴욕 트리뷴」지의 편집인이 되었으나 본래는 「신시내티 가제트」지의 종군기자로 활약하다가 「뉴욕 트리뷴」지의 종군기자가 되었는데, 특히 그의 게티스버그 전투에 관한 보도는 이 분야에서 가장 유명한 고전적 기사가 되었다.

그 밖에 명성을 날린 종군기자들로는 「신시내티 프레스」지의 머랫 할스테드(Murat Halstead), 「필라델피아 프레스」지의 존 러셀 영(John Rusell Young), 「뉴욕 헤럴드」지의 헨리 빌라드(Henry Villard), 「뉴욕 트리뷴」지의 앨버트 리차드슨(Albert D. Richardson)과 조지 스몰러(George W. Smaller), 「뉴욕 월드」지의 오스본(B. S. Osbon) 등을 들 수 있는데, 이들 중 오스본은 해군에 종군하면서 해전을 취재 · 보도했다.

이 밖에도 많은 종군기자들이 있었으나, 이들 모두가 다 명성을 날린 것은 아니었으며, 일부는 그야말로 종군기자로서 군대의 꽁무니만 따라다니면서 군대에서 제공하는 뉴스들만 본사에 송고했기 때문에 '뉴스 청소부'(news-scavenger)라는 조롱을 받기도 했다. 이는 전황 뉴스에 대한 군대의 통제 때문에 그럴 수밖에 없었다는 변명도 없지는 않았는데, 일부 장군들은 종군기자들을 추방하기도 했다.

• 일부 장군들에 의한 종군기자 추방과 이용

종군기자들을 싫어해서 많이 추방한 장군으로는 북부연방군의 윌리엄 셔먼(William T. Sherman) 장군과 홀렉 장군(General Halleck)을 손꼽을 수 있는데, 이들은 신문이 군사작전의 수행에 많은 해독들을 끼친다고 비난하면서, 비록 일시적인 것이기는 했지만, 그들 부대에서 모든 종군기자들을 내쫓기도 했다.

셔먼 장군은 1862년 2월 빅스버그 전투에서 두 번의 기습작전에 모두 성공하자, "이 전투에는 종군기자들이 없었기 때문이다"라고 말했는가 하면, 그 전투에서 종군기자 3명이 포탄에 맞아서 사망했다는 보고를 받자, "좋았어. 내일 아침에는 그들이 지옥으로부터 보내오는 뉴스들을 듣게 되겠군!" 하면서 웃었다고도 한다(Woodward, 1928, p. 260). 이러한 셔먼 장군은 전쟁이 끝나고서도 「뉴욕 트리뷴」지의 발행인 호레이스 그릴리와 절대로 악수를 하지 않았는데, 「뉴욕 트리뷴」지가 캐롤라이나전투의 전황을 너무 자세히 보도하는 통에 많은 병사들이 죽게 되었기 때문이다.

이러한 셔먼 장군이나 홀렉 장군 등과는 달리, 일부 장성들은 종군기자들을 자신들의 '프레스 에이전트'(press agent)로 삼아서, 자신들의 전과를 크게 보도하게 함으로써 이름을 날리기도 했고, 승진을 하기도 했다. 이렇게 일부 장군들의 프레스 에이전트 노릇을 하면서 그들의 전과를 부풀려서 보도한 것은 일부 종군기자에 국한되지 않고, 나중에는 신문편집자들에까지 번져서 논설이나 논평기사에서도 일부 장군의 전과를 부풀려 비행기를 태워 주기도 했다.

그러면서 일부 편집자들은 하룻밤 사이에 군사전략가로 둔갑해서, 전장에도 가지 않고 신문사 안락의자에 앉아서 누구의 작전이 어떠니, 누구는 어떠한 전략을 써야 한다느니 하고 왈가왈부했다. 그리하여 남북전쟁은 마치 신문인들이 지휘하는 전쟁인 듯한 인상을 짙게 풍기기도 했다. 이는 당시 전략이 뛰어난 장군이 흔치 않았기 때문이기도 한데, 사전의 충분한 준비도 없는 상태에서 남북전쟁이 갑자기 터진 데다가 전쟁이 장기화되었기 때문이다. 또한 링컨정부가 북군을 승리로 이끌 만한 유능한 장군들과 전략을 열심히 찾으면서 만능(?)의 힘을 갖고 있던 신문들의 조언도 필요로 하자, 신문들이 마치 전쟁을 지휘하듯이 이러쿵저러쿵 떠들게 되었다고 한다.

• 전장에서 취재와 송고 등의 어려움

비록 위와 같은 신문들의 과오도 있었지만, 남북전쟁이 일어나자, 많은 신문들이 종군기자들을 전장에 파견해 전투장면들을 많은 지면을 할애해서 생생하게 독자들에게 전해 주었다. 예컨대 「뉴욕 타임스」·「뉴욕 트리뷴」·「뉴욕 월드」지와 같은 뉴욕의 유명한 신문들은 매일 전체 지면(48단) 중에서 3분의 1을 전쟁에 관한 뉴스보도에 할애했다. 그러면서 「뉴욕 타임스」·「뉴욕 헤럴드」·「필라델피아 인콰이어러」 등은 전투 지역의 지도를 종종 신기도 했다.

그러나 당시 종군기자들이 전황을 취재해서 독자들에게 전해 주는 데에는 여러 가지 어려움이 많았다. 그중에서도 가장 어려운 점은 전황 뉴스를 제때에 송고할 수 없는 것이었는데, 당시는 전신과 같은 통신시설이 불충분했을 뿐 아니라, 대부분의 전투는 통신시설과 철도조차 없는 오지에서 일어나기 일쑤였기 때문이다. 따라서 종군기자들은 전황 뉴스를 취재한 다음 말을 타거나 또는 도보로 적지를 통과해서 전신이나 철도가 있는 곳까지 가야만 했다. 그리하여 그곳에서 기사를 전신으로 송고하려고 해도 군대의 검열을 받아야 했고, 또한 각종 통신문들이 폭주해서 몇 시간씩 기다려야만 했다. 그 결과 어떤 전쟁 뉴스가 신문지면에 보도되기까지에는 보통 3-4일이나 걸렸다.

이처럼 전황 뉴스의 송고에 어려움이 많고, 또한 시간이 많이 걸렸음에도 불구하고, 종군기자들을 전장에 파견해서 전황 뉴스를 생생하게 독자들에게 전해 준 신문들이 많았다. 그러나 이러한 신문들은 주로 대규모 신문들이었으며, 종군기자를 파견할 만한 능력이 없던 대부분의 중소규모 신문들은 워싱턴의 정

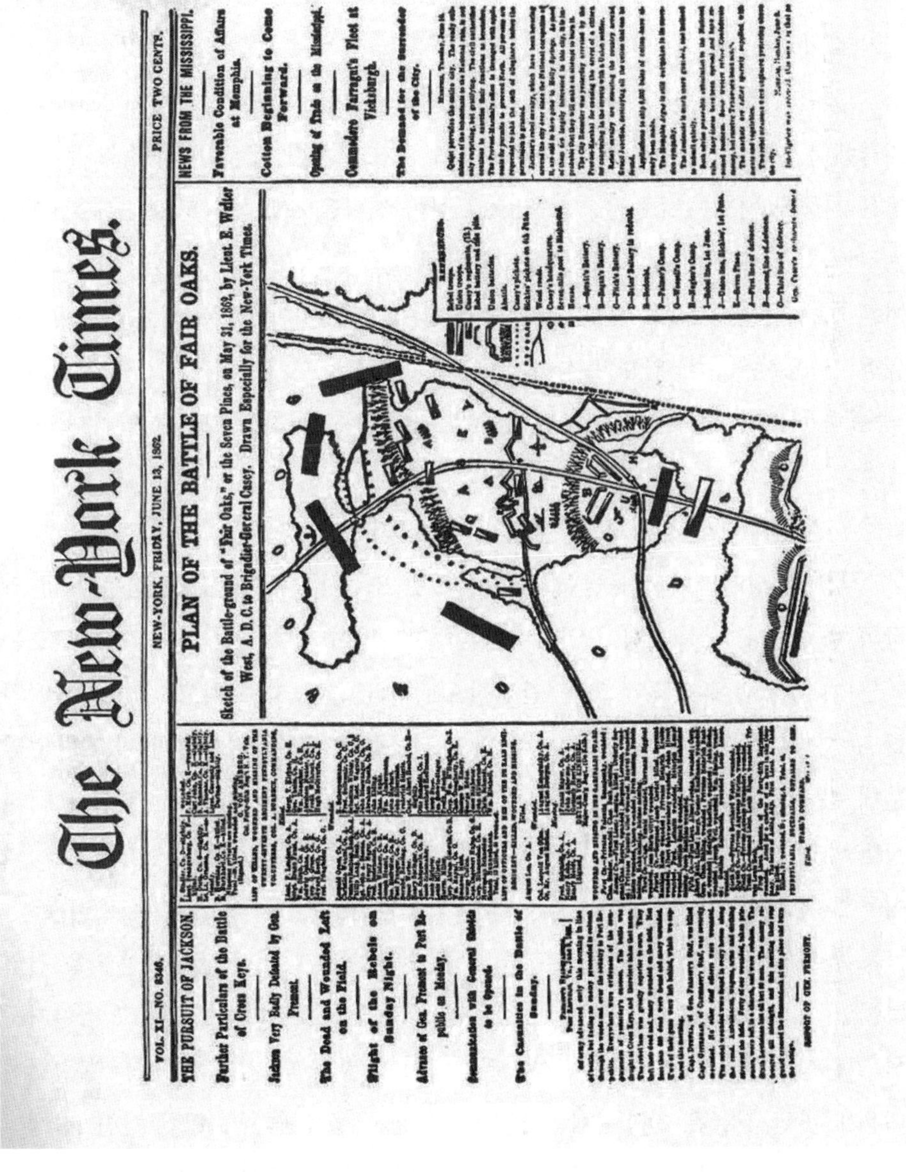

The New-York Times.

VOL. XI—NO. 3346. NEW-YORK, FRIDAY, JUNE 13, 1862. PRICE TWO CENTS.

THE PURSUIT OF JACKSON.

Further Particulars of the Battle of Cross Keys.

Jackson Very Badly Defeated by Gen. Fremont.

The Dead and Wounded Left on the Field.

Flight of the Rebels on Sunday Night.

Advance of Gen. Fremont to Port Republic on Monday.

Communication with General Shields to be Opened.

The Casualties in the Battle of Sunday.

PLAN OF THE BATTLE OF FAIR OAKS.

Sketch of the Battle-ground of "Fair Oaks," or the Seven Pines, on May 31, 1862, by Lieut. E. Walter West, A. D. C. to Brigadier-General Casey. Drawn Especially for the New-York Times.

NEWS FROM THE MISSISSIPPI.

Favorable Condition of Affairs at Memphis.

Cotton Beginning to Come Forward.

Opening of Trade on the Mississippi.

Commodore Farragut's Fleet at Vicksburgh.

The Demand for the Surrender of the City.

〈그림 6–1〉「뉴욕 타임스」(1862. 6. 13) 제1면 남북전쟁 전황 기사
페어오크(Fair Oak) 전투의 작전계획 지도를 실은 것이 괄목할 만하다.

부소식통이나, 군 당국, AP통신사 또는 다른 신문들을 뉴스원으로 삼아서 전황에 관한 뉴스를 보도했는데, 군 당국에서 발표하는 전황들은 그것을 요약하지 않고 그대로 전재했으며, 뉴스기사 아래는 전사자·부상자·실종자 명단을 작은 활자로 게재했다.

한편 일부 신문들은 일선에 나가 있는 장교나 병사들이 고향에 보내는 편지들에서 전황 관계 뉴스를 취재해서 보도하기도 했다. 그런가 하면, 일부 신문들은 시중에 떠도는 소문을 뉴스원으로 삼아 전황을 보도하기도 했는데, 전시에는 언제나 그렇듯이 남북전쟁 때도 전황에 관한 유언비어가 난무했다. 그래서 이를 '포도넝쿨'(grapevine telegraph) 통신이라고 불렀는데, 일부 신문들은 이러한 유언비어통신을 뉴스원으로 삼아서 전황 뉴스를 보도하면서 그 기사 첫머리에 "중요한 뉴스임, 만약 사실이라면"(Important—If True)이라는 단서를 달기도 했다.

• 신문에 대한 정부와 군 당국의 각종 통제

남북전쟁기간에 신문들이 겪어야 했던 또 하나의 어려움은 정부와 군 당국의 통제였다. 남북전쟁이 일어나자 곧 전시법이 발효되었는데, 그중 57조는 "군사기밀을 적에게 직접 또는 간접적으로 제공하는 자는 최고 사형에까지 처할 수 있다"는 것이었다. 신문도 이 법의 적용을 받은 것은 두말할 필요가 없었는데, 1861년 8월, 북부연방의 전쟁성(War Department)은 군대 지휘관들에게 전시법 제57조를 다시 상기시켜 주면서 군 당국자의 허락 없이 군영·군대·병력 이동 등에 관한 정보를 보도·출판하는 것을 금지할 것을 촉구했다.

한편 국무성도 워싱턴으로부터 다른 지역으로 나가는 전신내용들을 검열하여, 군대의 이동과 작전에 관한 정보는 엄격히 통제했다. 그러나 그 검열기준에 일관성이 없어 연방의회 법사위원회에서 말썽이 되기도 하다가, 모든 전신내용에 관한 검열은 전쟁성에 이관되어 검열을 실시했다. 그런가 하면, 전쟁성은 종군기자들에게 책임을 묻기 위해 그들이 쓰는 기사에는 기명을 하도록 요구했다. 그러나 이 기명기사(by-line) 제도는 별로 효과를 보지 못했는데, 종군기자들이 실명 대신 아게이트(Agate) 등의 필명을 사용했기 때문이다.

이처럼 전쟁성에서 전시법 제57조에 의거, 군 당국자의 허락 없이 군영·군대·병력이동 등에 관한 정보를 보도·출판하는 것을 금지하고, 모든 전신내용을 검열하고, 종군기자들에게 기명기사를 강요하기도 했지만, 이러한 조치들이 엄격히 지켜지지는 않았다.「뉴욕 헤럴드」지의 한 종군기자가 군사기밀을 보도했다가 군사기밀누설죄로 군법에 회부되어 6개월간의 노동형을 받기도 했지만, 전체적으로 볼 때 신문에 대한 정부나 군 당국의 통제는 사실상 극히 미미했다. 왜냐하면 신문의 자유는 민주주의에 절대 필요한 요소의 하나라는 것이 남북전쟁 이전부터 모든 사람들에게 인식되어 있어, 전쟁이 일어났어도 신문의 자유를 쉽게 제약할 수 없는 분위기였기 때문이다.

그리하여 남북전쟁이 일어나자 군사적 필요성 때문에 신문의 자유를 어느 정도 제약할 필요가 있다는 주장이 정부나 군 당국 여기저기서 나왔고, 기존의 언론관계법들을 강화한 것은 사실이나 그러한 조치들이 체계적으로 이루어진 것은 아니었다. 그 결과, 남북전쟁기간에 신문에 대한 통제는 극히 미미했다.

남북전쟁과 링컨에 대한 공화당계 신문들의 논조

위에서는 우선 남북전쟁의 전황에 관한 신문들의 보도실태와 신문에 대한 정부와 군 당국 등의 통제에 관해 간단히 살펴보았다. 그러면 당시 남북전쟁기간에 남북전쟁과 링컨정부의 시책에 대한 신문들의 논조는 어떠했는가?

• 링컨정부에 대한 뉴욕 신문들의 논조

당시 신문들의 논조는 매우 다양했는데, 북부에도 노예제도를 찬성한 신문들이 적지 않았을 뿐 아니라, 노예제도를 반대한 신문들도 모두가 링컨정부를 지지한 것은 아니었기 때문이다. 또한 신문들의 논조는 그 신문이 공화당계냐, 민주당계냐, 아니면 남부동맹을 지지한 소위 '코퍼헤드'(copperhead) 신문이냐에 따라서도 달랐다. 그런가 하면, 남북전쟁이 길어지자 공화당계 친정부 신문들까지도 때로는 링컨의 정책과 전략 등에 대해 가혹한 비판을 퍼부었다.

우선 신문의 메카였던 뉴욕시의 경우, 남북전쟁 발발 당시 모두 17개 일간 신문들이 그 위력을 자랑하고 있었는데, 그중에서 공화당계 「뉴욕 트리뷴」, 「뉴욕 이브닝 포스트」, 「뉴욕 타임스」 등 5개지만이 4년 동안의 남북전쟁기간을 통하여 링컨정부에 어느 정도 지지를 보냈으며, 이들도 때로는 링컨과 그의 정부에 비판적이었다. 반면, 9개 신문들은 링컨과 그의 정부의 정책에 적극 반대했는데, 이들 9개 신문들 중 「뉴욕 헤럴드」, 「뉴욕 월드」, 「저널 오브 커머스」, 「뉴욕 데일리 뉴스」 등 4개지는 노예제도를 찬성한 민주당계 신문이었으며, 5개는 남부동맹을 동정한 소위 '코퍼헤드' 신문들이었다.

이러한 반정부적 신문들의 영향 때문인지는 확실치 않으나, 당시 뉴욕 시민들도 실제로는 링컨 대통령에게 별로 호감을 갖지 않았는데, 1860년도 대통령선거에서 뉴욕시의 투표결과만 보면 공화당 링컨 후보가 민주당 북부파의 스테픈 더글러스(Stephen A. Douglas)에게 3 대 1로 열세를 보였다. 그리고 이러한 열세는 1864년 대통령선거에서 더욱 크게 나타났다.

• 링컨정부에 대한 「뉴욕 트리뷴」지의 비판

당시 뉴욕시 신문들 중, 우선 공화당계의 「뉴욕 트리뷴」, 「뉴욕 이브닝 포스트」, 「뉴욕 타임스」 등의 논조들을 살펴보면, 이들 신문은 남북전쟁기간에 링컨정부에 어느 정도 지지를 보내긴 했지만, 「뉴욕 트리뷴」과 「뉴욕 이브닝 포스트」는 때로 링컨과 그의 정부에 비판적이었다. 「뉴욕 트리뷴」지는 국가 이익보다는 단순히 개인적 감정에서 링컨 대통령과 그의 정책에 반대하기도 했는데, 1860년도 대통령 선거 때 「뉴욕 트리뷴」지 발행인 호레이스 그릴리는 링컨 후보를 적극 지지했다. 그래서 만약 링컨이 대통령으로 당선되면 「뉴욕 트리뷴」은 링컨의 귀와 입 노릇을 하리라고 사람들은 예상했다.

그러나 대통령에 당선된 링컨이 공화당 내의 결속을 위해 그의 정적 윌리엄 슈어드(William Seward)를 국무장관에 임명하자 그릴리와 그의 동료들이 링컨의 측근에서 밀려나게 되었다. 그러자 이에 감정을 상하게 된 그릴리는 곧 링컨정부의 정책들을 비판하면서 공격하기 시작했다. 예컨대, 링컨이 대통령으로 당선된 지 얼마 되지 않아 사우스캐롤라이나주가 연방에서 이탈하려 하자, 「뉴욕 트리뷴」지는 "만약 그것이 평화적 방법에 의한 이탈이라면 그 권리를 보장해야 한다"는 요지의 논설을 썼다가(1860. 11. 9일자), 북부인이 들고 일어나자 이를 취소하기까지 했다.

1861년 남북전쟁이 일어나자 그릴리는 링컨 대통령을 만나 전쟁에 반대하지 않겠다고 약속했다. 그러나 약속과는 달리, 그릴리는 링컨 대통령의 전쟁 관련 정책이나 전략들을 일일이 물고 늘어지기 시작했다. 특히 1863년부터는 링컨과 그의 전쟁수행방법에 대한 그릴리의 비난이 극도에 달했다. 그러나 이는 공화당이나 링컨정부에 대한 반대는 아니었고 링컨 대통령 개인에 대한 감정에서 연유한 것이 대부분이었다. 그러자 이에 성난 군중들이 1863년 7월 「뉴욕 트리뷴」사를 습격하여 기물을 파괴하고 건물 일부를 불태우기도 했다. 그리하자 「뉴욕 트리뷴」사는 무장한 경비원들을 배치하여 신문사를 요새처럼 만들었다.

이렇게 되면서 그릴리가 그전에 링컨에 대해 가지고 있던 충성심과 신뢰는 거의 사라지고 말았으며, 그릴리는 그의 종군기자들이 보내는 뉴스만을 근거로 해서, "남북전쟁을 승리로 이끄는 것은 거의 불가능하다"고 1863년 1월 10일자 「뉴욕 트리뷴」지의 사설을 통해 밝히면서 외국의 중재를 통하여 이 전쟁을 종식시켜야 한다고 주장했다. 그러면서 1864년 여름, 그릴리는 링컨 대통령을 설득하여, 캐나다를 중재국으로 끌어들이기로 하고 캐나다 대표들과 나이아가라에서 만났다. 그러나 캐나다 대표들은 캐나다 사람들을 가장한 남부동맹의 앞잡이들이었음이 드러났다.

1864년 공화당의 대통령 후보 지명대회에서 그릴리는 링컨 대신에 다른 후보를 밀었다. 그러나 링컨의 지명이 거의 확실해지자 할 수 없이 그를 지지하고 나섰다. 그리고 선거운동 기간에 그릴리는 「뉴욕 트리뷴」지의 지면을 통하여 링컨 대통령의 재선을 강력히 주장했는데, 이는 아마도 북군의 승리가 확실해지고 있었으며, 링컨으로부터 입각 약속을 받았기 때문이었다는 설도 있다(Mott, 1962, p. 343). 그러나 그 진실 여부는 알 수 없으며, 어떻든 1864년 대통령 선거 때부터 그릴리는 링컨정부를 다시 지지하고 나섰다.

• 「뉴욕 이브닝 포스트」와 「뉴욕 타임스」의 논조

「뉴욕 이브닝 포스트」도 남북전쟁기간에 공화당 링컨정부의 급진주의적 정책들, 즉 노예해방과 전략문제 그리고 노예제도 찬성자들과 민주당계 인사들을 정부에서 추방한 문제 등에 관해 논설을 통해 많은 비판을 가했다. 그러나 그 논조는 「뉴욕 트리뷴」지와 많은 차이가 있었는데, 「뉴욕 트리뷴」지의 논조는 격렬하고 편향적이었으나, 「뉴욕 이브닝 포스트」지의 논조는 확고부동하고 더 넓은 안목을 가지고 있었다.

당시 「뉴욕 이브닝 포스트」지의 발행인 겸 편집인은 윌리엄 브라이언트(William C. Bryant)였는데, 그는 링컨이 정계에 데뷔할 때부터 링컨에게 호감을 갖고 대통령 후보 지명과 선거에서도 그를 적극 지지하고 나섰다. 브라이언트는 비록 자신의 「뉴욕 이브닝 포스트」지를 통해 링컨정부의 시책들을 때때로 비판하긴 했지만, 결코 링컨 대통령을 배반하지는 않았다.

1861년 4월 12일, 남부동맹군이 섬터요새(Fort Sumter)를 향해 남북전쟁의 포문을 처음 열자, 브라이언트는 동월 15일자 「뉴욕 이브닝 포스트」지에 "이제 그리고 영원한 통일"(The Union, Now and Forever)이라는 제목의 사설을 통하여, 이제 이 전쟁이 오히려 통일을 가져오게 될 것이라고 예언했다. 그러나 이러한 예언과는 달리 남북전쟁이 장기화되면서 북군이 고전을 면치 못하자, 초조해진 브라이언트는 그의 「뉴욕 이브닝 포스트」지를 통하여 전쟁을 빨리 끝낼 것을 주장했다. 그럼에도 전쟁이 계속되자, 브라이언트는 이듬해인 1862년 여름부터 링컨의 우유부단한 정책을 비판하고 나섰다.

브라이언트도 당시 미국신문계의 소위 '필봉 장군'(editorial generals)들 중 하나로서, 근사한 탁상공론식 군사전략을 개진하면서 일선 장군들의 무능을 공격했다. 그러면서 북군의 번사이드 장군(General Burnside)이 프레드릭스버그전투에서 패배하자 그를 전범이라고 부르는가 하면, 찬셀로빌전투에서 후커 장군(General Hooker)의 전술을 가리켜서는 정신 빠진 짓이었다고 공격했다(*New York Evening Post*, 1862. 7. 3일자; 1862. 12. 18일자; 1862. 5. 7일자).

하지만 「뉴욕 타임스」는 달랐는데, 이 신문의 편집인 헨리 레이먼드(Henry

J. Raymond)도 처음에는 링컨을 대통령 후보로 지명하는 것을 못마땅하게 여겼다. 그러나 링컨이 대통령 후보로 확정되자 그를 지지하고 나섰고, 그의 당선을 기뻐했다. 남북전쟁기간에도 계속 링컨정부를 옹호하면서, 특히 남북전쟁에 대한 정확한 기록을 남기는 데 온갖 정열을 쏟아 넣었다.

• 뉴욕 이외 다른 지역 공화당계 신문들의 논조

위에서 뉴욕시의 공화당계 신문들의 논조에 관해 살펴보았는데, 그렇다면 다른 도시나 지역에서 발행한 공화당계 신문들의 논조는 어떠했는가? 대부분은 링컨정부에 계속적 지지를 보냈다. 예컨대 매사추세츠주 스프링필드의 「스프링필드 리퍼블리컨」(*Springfield Republican*)지를 보면, 비록 때로는 군사전략 면에서 링컨의 능력을 의심하면서 전쟁을 속결시킬 것을 주장했지만, 링컨의 노예해방을 지지했고 남북전쟁에 관한 링컨정부의 여러 가지 정책에 대해서도 계속 지지를 보냈다. 그러면서도 비교적 독립적 입장에서 논설들을 썼다.

한편 필라델피아의 「필라델피아 프레스」(*Philadelphia Press*)지도 링컨정부에 호의적이었다. 본래 이 신문은 1857년 존 포니(John W. Forney)가 민주당계 신문으로 창간했으나 창간 이듬해 민주당 지도자 제임스 뷰캐넌(James Buchanan)이 캔자스주를 노예주로 연방에 편입시킬 것을 제안하자 이에 반발해서 공화당 쪽으로 돌아섰다. 그 후 1860년부터 1865년까지 「필라델피아 프레스」지는 펜실베이니아주에서 가장 대표적인 공화당계 신문으로 활약했다.

「필라델피아 프레스」지 발행인 포니는 남북전쟁이 시작되자 「워 프레스」(*War Press*)라는 군사용 주간신문도 함께 발행해서 북군병사들에게 배포했다. 또한 1861년 포니는 워싱턴에서 「워싱턴 크로니클」(*Washington Chronicle*)이라는 신문도 창간하여 링컨정부 대변지 구실을 담당했다. 이처럼 포니는 「필라델피아 프레스」와 「워싱턴 크로니클」 및 이들 2개의 신문이 각각 발행하던 2개의 주간지들을 통하여 계속 링컨정부를 두둔했는데, 위대한 편집인이었던 포니는 항상 솔직하면서도 정중한 논설을 써서 높은 평가를 받았다.

필라델피아에는 「필라델피아 프레스」지 외에 또 하나의 공화당계 친링컨정부 대변지가 있었는데, 그것은 「필라델피아 인콰이어러」(*Philadelphia Inquirer*)지였다. 이 신문은 제스퍼 하딩(Jesper Harding)이 1830년 창간하여 휘그당계 신문으로 30년 동안이나 발행해 오다가 휘그당이 해산되고 공화당이 출현하자 공화당계 신문이 되었다. 이러한 「필라델피아 인콰이어러」지는 남북전쟁 직전에 그의 아들 윌리엄 하딩(William W. Harding)이 경영·편집권을 맡으면서 신문대금을 2센트로 인하하는 동시에 지면을 쇄신함으로써 필라델피아에서 가장 활기찬 신문으로 성장했다. 이 신문은 남북전쟁이 일어나자 일선에 종군기자들을 파견해 정확한 전황을 알려 주면서 전투 지역 지도를 빈번하게 곁들여 독자들의 인기를 끌었으며, 북군에도 널리 배포되었다. 그 결과 1862년에는 발행부수가 6만부에 이르기도 했는데, 이러한 「필라델피아 인콰이어러」지도 계속 링컨정부에 지지를 보냈으나, 「필라델피아 프레스」처럼 정치적으로 중요한 위치에 있지는 않았다.

시카고의 「시카고 트리뷴」(*Chicago Tribune*)지도 링컨정부를 계속 지지했는데, 특히 이 신문은 공화당의 과격파 대변지로서 남부동맹에 대해 처음부터 맹렬한 비난을 퍼부었다. 그러면서도 뉴스보도를 매우 중시하여 시카고 신문계를 선도했으며, 1864년 대통령선거에서는 일선의 장병들도 투표할 수 있게 하는 데 앞장서기도 했다.

남북전쟁과 링컨에 대한 민주당계 신문들의 논조

위와 같은 공화당계 신문들과는 달리, 남북전쟁시기에 북부의 민주당계 신문들의 논조를 보면, 대부분이 노예제도를 옹호하고 전쟁행위를 공격하면서 평화적 해결방법을 주장했다. 그렇지만 민주당계의 모든 신문들이 남북전쟁을 반대한 것은 아니었는데, 북부의 민주당계 신문들 중에는 남부와의 전쟁을 지지한 신문들도 적지 않았다. 또한 링컨정부의 각종 정책을 비판하고 불신하기는 했지만, 연방정부를 반대하면서 남부동맹을 지지한 것은 아니었다.

• 「뉴욕 헤럴드」지의 일관성 없는 논조

우선 뉴욕시의 민주당계 주요 신문들을 보면, 「뉴욕 헤럴드」, 「뉴욕 월드」, 「저널 오브 커머스」, 「뉴욕 데일리 뉴스」 등이 있었다. 이들 중 「뉴욕 헤럴드」지의 논조부터 살펴보면, 남북전쟁 이전에는 노예제도 폐지를 주장한 링컨과 그의 지지자들을 공격했다. 그런가 하면, 남북전쟁의 발발 직전 남부동맹이 결성되어 연방에서 탈퇴를 선언하자, 「뉴욕 헤럴드」지 발행인 겸 편집인 제임스 고든 베네트(James Gordon Bennett)는 남부동맹의 행위를 '혁명'(revolution)이라고 부르면서 이를 막는 것은 미친 짓이라고까지 외쳤는데(*New York Herald*, 1861. 4. 1일자), 당시 「뉴욕 헤럴드」지는 해외에까지 많은 영향을 미치고 있었다. 그러자 「뉴욕 헤럴드」지의 나쁜 영향을 우려한 링컨 대통령은 베네트에게 사람을 보내서 자제해 줄 것을 요청했으나, 그 요청을 베네트가 거절하고 말았다.

그러나 남북전쟁이 일어나자 「뉴욕 헤럴드」지의 논조에 성난 군중들이 그 신문사에 몰려가 항의 시위를 하자, 이에 굴복한 베네트는 연방국기를 신문사 앞에 게양하고 그 이튿날부터 종래의 논조를 바꾸어 전쟁을 지지하고 나섰다. 하지만 4년 동안의 전쟁기간에 「뉴욕 헤럴드」지는 종종 링컨을 공격하면서 그의 정부에서 급진주의자들을 추방할 것을 요구하기도 했다. 또한 노예해방을 극력 반대하기도 했다.

그러나 1864년 대통령 선거 때는 공화당 후보 링컨을 지지하고 나서기도 했는데, 만약 링컨 대통령이 재선되면 베네트에게 외국주재대사 자리를 준다고 약속했기 때문이었던 것으로 알려졌다(Mott, 1962, p. 350). 이렇게 「뉴욕 헤럴드」지가 일관성 없게 논조를 바꾸자 독자들은 그 논설기사들을 불신하게 되었으며, 그 결과 「뉴욕 헤럴드」지의 영향력도 떨어졌다. 그러나 뉴스기사들의 내용은 풍부해서 다른 신문들보다 많은 독자를 끌 수 있었다.

• 링컨정부에 대한 「뉴욕 월드」지의 공격

위와 같은 「뉴욕 헤럴드」지와는 달리, 「뉴욕 월드」지와 「저널 오브 커머스」지 등 민주당계 신문들은 계속해서 링컨과 그의 정부를 공격함으로써, 정부로부터 특별히 검열을 받는 수난을 치러야만 했다.

「뉴욕 월드」지는 필라델피아 출신의 언론인 알렉산더 커밍스(Alexander Cummings)가 뉴욕의 종교계 비즈니스맨들의 재정적 후원을 받아서 1860년 6월 14일 본래는 일간 종교신문으로 창간했다. 때문에 이 신문은 연예광고, 복권 관계 기사, 자세한 범죄기사, 이혼 관계 기사, 기타 선정적 뉴스는 게재하지 않았다. 신문대금은 1부에 1센트씩이었으나 많은 적자를 보게 되자 그해 11월 신문대금을 2센트로 올렸으며, 이듬해인 1861년 6월 1일에는 「쿠리어 앤드 인콰이어러」(*Courier and Enquirer*)지를 흡수·병합했다. 그럼에도 재정난을 타개할 수 없게 되자, 신문 경영권을 어거스트 벨몬트(August Belmont)와 페르난도 우드(Fernando Wood)에게 넘겨 버리고 말았다. 벨몬트는 은행가로서 민주당의 자금후원자였으며, 우드는 정치가로서 당시 뉴욕시장이었다.

「뉴욕 월드」지가 벨몬트와 우드의 손으로 넘어오자 자연히 민주당계 신문이 되었으며, 새 편집인으로 민주당계 언론인 맨턴 마블(Manton Marble)을 임명하여 「뉴욕 월드」지를 종교지에서 일반 종합신문으로 전환시켰다. 그리하여 민주당계 일반종합신문이 된 「뉴욕 월드」지는 링컨 대통령과 그의 정부를 신랄하게 공격하면서 노예해방을 가리켜 위헌적 조치라고 부르기까지 했다. 「뉴욕 월드」지는 민주당 내 평화주의파의 대변지 노릇을 했으나 종교 관계 뉴스도 계속 실었다. 그러자 발행부수가 급증하여 뉴욕 신문들 중에서 다섯 번째 신문이 되었는데, 당시 「뉴욕 월드」지의 발행부수는 「뉴욕 타임스」보다는 적었으나 「뉴욕 이브닝 포스트」보다는 많았다.

•「저널 오브 커머스」지의 반정부적 논조

「저널 오브 커머스」지도 「뉴욕 월드」지와 궤를 같이하면서 링컨정부의 정책들을 일일이 물고 늘어졌다. 1864년 5월, 「저널 오브 커머스」지와 「뉴욕 월드」지는 링컨 대통령이 40만 명의 젊은이들을 더 징집하기로 결정했다는 허위보도를 했는데, 본래 이 허위기사는 증권시장의 주가를 폭락시키기 위해 「브루클린 이글」(*Brooklyn Eagle*)이라는 신문의 편집인 조셉 하워드(Joseph Howard)가 조작한 것을 「뉴욕 월드」지와 「저널 오브 커머스」지가 그 사실을 확인해 보지도 않고 대서특필로 전재했던 것이다. 그러자 이러한 행위를 더 이상 참지 못하게 된 링컨정부는 뉴욕 헌병사령관 존 딕스 장군(General John A. Dix)으로 하여금 이들 두 신문에게 이틀간의 정간처분을 내리게 했다.

이러한 처분이 「저널 오브 커머스」지의 경우는 첫 번째가 아니었는데, 제라드 홀록(Gerard Hallock)이 편집인이던 이 신문은 과거 20여 년 동안 계속해서 노예제도를 찬성해 오면서 북쪽으로 도망한 노예들을 다시 붙들어 갈 권리가 남부인들에게 있다고 옹호하고, 자유토지당과 공화당의 정책을 반대해 왔다. 또한 1860년 남부의 여러 주들이 연방에서 탈퇴할 때도 그것은 그들의 자유라고 내세우면서 이를 강제로 막는 것은 자살행위라고 주장했다. 그러면서 남북전쟁이 났을 때도 그것은 성스럽지 못한 전쟁이라고 불렀다.

이렇게 되자 1861년 8월 대배심원단은 만약 신문들이 국가에 불충스런 행동을 하면 그것이 기소와 처벌의 대상이 되는지 여부를 법원에 문의하게 되었고, 이에 대해 법원이 "전시에 연방정부에 대해 반란을 계속 선동하는 행위는 법에 위반된다"고 응답하자, 그 1주일 뒤 연방정부의 우편성장관이 뉴욕우편국장으로 하여금 「저널 오브 커머스」지를 비롯한 5개 신문의 우편배달을 거부토록 명령했다. 그러자 홀록이 「저널 오브 커머스」지의 편집인 자리에서 물러나 이 신문의 논조도 약화됨으로써 다시 우편배달이 허용되기는 했지만 그 후에도 「저널 오브 커머스」지는 계속 링컨정부에 반대 입장을 견지해 왔다.

• 남북전쟁에 대한 「뉴욕 데일리 뉴스」의 반대

위와 같은 「저널 오브 커머스」지와 함께 1861년 8월 우편배달을 거부당했던 「뉴욕 데일리 뉴스」지도 링컨정부에 반대한 민주당계 신문의 하나였으나, 「저널 오브 커머스」지와는 성격이 좀 달랐다. 「뉴욕 데일리 뉴스」는 1855년 드레이크 파슨스(W. Drake Parsons)가 민주당 내 태머니파(Tammany Democracy)의 대변지로 창간한 것으로서, 4면 발행의 1센트짜리 조간신문으로 출발한 이 신문은 비교적 흑자를 내면서 그 뒤 발행면수를 8면으로 늘렸고, 신문대금도 2센트로 인상했다.

그러나 1861년 봄 「뉴욕 데일리 뉴스」지의 경영권이 벤자민 우드(Benjamin Wood)에게로 넘어가자 이 신문은 노예제도를 적극 찬성하면서 민주당 태머니파를 더 적극적으로 대변하고 나섰는데, 벤자민 우드는 당시 「뉴욕 월드」지의 경영자이자 뉴욕시장으로서, 1861년 뉴욕시도 남부동맹에 가입하자고 주장했던 페르난도 우드(Fernando Wood)의 동생이었다. 때문에 벤자민 우드도 그의 「뉴욕 데일리 뉴스」지를 통하여 남북전쟁을 끝까지 반대했다. 그리하여 전쟁지지자들의 항의를 받으면서도 벤자민 우드는, "형제간의 무모한 이 전쟁은 비록 남부인들을 정복할 수는 있을지언정 승복시킬 수는 없다"(*New York Daily News*, 1861. 6. 11일자)고 주장하면서 계속해서 링컨 대통령에게 비난을 퍼부었다.

그리하여 1861년 8월, 그의 「뉴욕 데일리 뉴스」지가 「저널 오브 커머스」지 등과 함께 우편배달을 거부당했을 때도 벤자민 우드는 급행마차 등을 이용해서 신문을 배포했다. 하지만 그해 9월 결국 휴간을 했다가, 18개월 뒤에 다시 석간 신문으로 속간해서도 여전히 링컨정부를 비난했다. 그러다가 1865년 남군 리 장군의 항복으로 남북전쟁이 끝났을 때도 벤자민 우드는 그것을 북부의 승리라고 그의 신문에 쓰지 않았다.

전후에 뉴욕시의 다른 신문들은 모두 신문대금을 3–4센트로 올렸으나 「뉴욕 데일리 뉴스」는 오히려 신문 값을 내림으로써 1867년 당시 뉴욕에서는 유일한 1센트짜리 신문이 되었다. 그 결과 신문발행부수가 격증하여, 1868년에는 8만 부로, 1870년에는 10만 부로 올라서 미국 최대발행부수의 신문이 되었다 (Mott, 1962, p. 354).

• 뉴욕의 기타 민주당계 여러 신문들의 논조

위에서 살펴본 「뉴욕 월드」, 「저널 오브 커머스」, 「뉴욕 데일리 뉴스」 이외에도 당시 뉴욕시에는 3–4개의 민주당계 신문들이 더 있었는데, 이들은 「데이-북」(*Day-Book*), 「브루클린 이글」(*Brooklyn Eagle*), 「프리맨스 저널」(*Freemans Journal*) 등으로, 이들도 1861년 8월 우편배포가 금지되었던 신문들이었다.

「데이-북」지는 본래부터 뉴욕 상인들 사이에 노예제도 찬성운동을 촉진하기 위해 1848년 스팀슨(N. R. Stimson)이 창간한 신문이었다. 그러나 1861년 8월 우편배포를 금지당하자 종래의 일간신문에서 주간신문으로 전환함과 동시에 「위클리 데이-북」(*Weekly Day-Book*)으로 제호를 바꾸어 1868년까지 계속 발행하면서 반정부활동에 앞장섰다.

「브루클린 이글」지는 1841년 민주당기관지로 출발하여, 1850년대에는 노예제도의 찬성에 앞장서 왔다. 1860년대에는 링컨정부에 신랄한 비판을 가했지만 그렇다고 해서 남부동맹 편을 든 것은 아니었다.

마지막으로 「프리맨스 저널」지는 1840년 가톨릭신문으로 창간해서 발행해 오다가 8년 뒤에 경영권이 감리교 목사에게로 넘어갔다. 그러자 이 신문은 민주당 지도자 제임스 뷰캐넌(James Buchanan)을 적극 지지하면서 그의 대변지 노릇을 했다. 남북전쟁이 발발하자 링컨정부를 지지하다가 전쟁이 길어지자 다시 링컨정부를 공격하여 정간을 당하기도 했다.

북부에서 발행한 '코퍼헤드' 신문들의 실태

위에서 남북전쟁 당시 북부에서의 민주당계 주요 신문들과 그 논조에 관해 간단히 살펴보았는데, 이들 신문은 비록 남북 간의 전쟁을 반대하고 링컨정부의 각종 정책을 비판했지만, 그렇다고 해서 남부동맹을 지지한 것은 아니었다. 그러나 남부동맹을 실제로 지지한 신문들도 없지 않았는데, 이들을 처음에는 '물렁팥죽'(dough faces) 신문이라고 부르다가 나중에는 '코퍼헤드'(copperhead)라고 불렀다. 코퍼헤드란 독사의 일종으로서 방울뱀처럼 소리는 내지 않았으나 그보다 더 무서운 뱀으로, 북부에서 남부를 지지한 신문들은 소리를 내지 않아서 단순한 반정부신문들과 쉽게 구별할 수 없으나, 무서운 존재였기 때문에 이러한 별명이 붙었다. 그러면 남북전쟁 당시 북부에서 이러한 코퍼헤드 신문들의 실태는 어떠했으며, 이들은 주로 어떤 일들을 했는가?

• 코퍼헤드 신문들과 그 주요 특성들

당시 북부에 '코퍼헤드 신문'들이 얼마나 있었는지는 정확히 알 수 없다. 그러나 1861년 8월 13일자 「저널 오브 커머스」지를 보면, 전국에 모두 154개의 '비둘기파 신문'(peace paper)들, 즉 남북전쟁을 '성스럽지 못한 전쟁'(unholy war)이라고 부르면서 이에 반대한 신문들이 있다고 말하고 있는데, 이들 모두가 '코퍼헤드 신문'들은 아니었다고 하더라도 그중 상당수가 남부를 지지하거나 동정한 신문들이었던 것은 사실이다.

이들 코퍼헤드 신문은 처음에는 남북전쟁을 반대하며 모병과 징집을 방해하고, 전쟁공채발행을 비난했다. 그러나 남북전쟁이 점점 격렬해지자, 코퍼헤드 신문들은 표면적으로는 반전을 크게 외치지는 못했지만 그 수법은 더욱 교묘해져 여러 가지 음성적 방법을 통하여 반전을 선동하면서 북부인들에게 은근히 남부동맹을 지지하도록 만들었다. 따라서 이러한 코퍼헤드 신문들과 단순한 반정부신문들과의 구별이 더욱 어렵게 되었는데, 1863년 5월 20일자 「뉴욕 이브닝 포스트」지를 보면, '코퍼헤드 신문'들의 특성으로서 다음과 같은 일곱 가지 공식을 제시하고 있다.

① 남부동맹군의 승전은 봉대하고 북군(Union Arms)의 승전은 침소한다.
② 남부동맹군의 병력규모와 장군들의 지휘능력을 자랑하는 남부 신문들의 기사들을 그대로 전재한다.
③ 북군 지휘관들의 능력을 비방하는 동시에 그 무능력을 크게 떠들어댄다.
④ 희망 없는 전쟁을 속히 종결시킬 것을 요구하면서 그 책임을 북부에 돌린다.
⑤ 북부의 재정제도를 조롱한다.
⑥ 어떤 일관성이나 뚜렷한 증거 없이 링컨 대통령과 그 정부를 비난 · 공격한다.
⑦ 북군에 참전하고 있는 '깜둥이'(niggers, 흑인)에 대해 중상 · 모략한다.
⑧ 징집제도를 반대하면서 은근히 입대 거부를 종용한다.

이상과 같은 공식에 대입해 볼 때, 앞서 살펴본 민주당계 「뉴욕 데일리 뉴스」지와 「데이-북」지도 실제로는 코퍼헤드 신문이었던 것 같다. 그러나 「뉴욕 익스프레스」 등은 극렬한 민주당 대변지였지만, 코퍼헤드 신문은 아니었다.

• 북부 각지의 주요 코퍼헤드 신문들의 실태

당시 코퍼헤드 신문들은 뉴욕뿐만 아니라 북부의 다른 곳에도 상당수 존재했는데, 필라델피아에서 가장 대표적 코퍼헤드 신문은 「필라델피아 이브닝 저널」지였다. 그러나 이 신문은 1863년 정간당했다가 그 뒤 폐간하고 말았다. 그 뒤를 이어 창간한 「필라델피아 에이지」(*Philadelphia Age*)라는 일간신문(조간)도 코퍼헤드 신문이었는데, 이 신문은 군중들로부터 여러 차례 습격을 받으면서도 계속 버텨 나갔다.

보스턴의 「보스턴 쿠리어」(*Boston Courier*), 올버니의 「아거스」(*Argus*), 신시내티의 「신시내티 인콰이어러」(*Cincinnati Enquirer*) 등도 대표적인 코퍼헤드 신문들이었다. 당시 오하이오주에는 「신시내티 인콰이어러」지를 비롯해서 콜럼버스의 「크라이시스」(*Crisis*)지와 「오하이오 스테이츠맨」(*Ohio Statesman*)지 등 여러 개의 코퍼헤드 신문들이 존재했다. 이 밖에 일리노이주의 「시카고 타임스」지도 대표적인 코퍼헤드 신문의 하나였다.

이들 코퍼헤드 신문은 언론자유를 내세우면서 계속 남부에 지지와 동정을 보냈다. 그러자 이를 못마땅하게 생각한 군중들이 코퍼헤드 신문사들을 여러 번 습격하기도 했다. 그러자 일부 코퍼헤드 신문들은 폐간하기도 했지만, 일부는 전쟁이 끝날 때까지 계속 살아남았다.

3. 남북전쟁 당시 남부 신문들의 사정

위에서는 우선 남북전쟁 당시 북부 신문들의 실태에 관해 살펴보았는데, 그러면 남부 신문들의 사정은 어떠했는가? 남부 신문들은 북부 신문들보다 더 많은 고난을 겪었다. 전쟁이라는 커다란 고난을 빼고서도 남부동맹의 정부와 군 당국으로부터의 언론통제와 함께 군중들의 빈번한 습격에다가 남부의 경제적 파탄으로 인한 재정난까지 겹쳐서 삼중고 내지 사중고를 겪어야만 했기 때문이다.

남부 접전 지역 신문들의 수난

이와 같은 남부 신문들의 고통은 접전 지역일수록 더욱 심했는데, 특히 메릴랜드주 볼티모어의 신문들은 군중들로부터 빈번한 습격을 받았으며, 북군과 남군들로부터의 수난도 적지 않았다. 당시 볼티모어에는 9개 신문이 있었으나 그중 양대 신문은 「볼티모어 선」(*Baltimore Sun*)과 「아메리칸」(*American*)지였는데, 전자는 비록 남부의 이탈은 반대했지만 남부동맹을 지지한 신문이었고, 후자는 북부연방의 대변지였다.

북군의 버틀러 장군(General Butler)이 볼티모어시를 장악하자, 「볼티모어 선」지는 정치문제에 관해서는 일체 언급을 피함으로써 겨우 명맥을 유지할 수 있었다. 그러나 나머지 8개 신문들은 버틀러 장군의 가혹한 언론통제로 인하여 그 편집인들이 걸핏하면 투옥을 당했으며, 북부연방 측 대변지였던 「아메리칸」지의 편집인은 한때 연금을 당하기까지 했다.

켄터키주의 신문들도 역시 마찬가지였다. 「켄터키 저널」(*Kentucky Journal*)지 발행인 조지 프렌티스(George D. Prentice) 자신은 북부연방을 지지했으나 그의 두 아들은 남군의 장교였기 때문에 그로 인한 정신적 고민을 이기지 못해 병이 나 그의 신문도 사양길을 걸어야만 했다. 한편 「루이스빌 데일리 쿠리어」(*Louisville Daily Courier*)지는 남부동맹 편을 들다가 1861년 9월 북부연방당국에 의해 강제 폐간을 당하고 말았다.

테네시주는 북부연방에서 가장 나중에 탈퇴한 남부의 주였는데, 테네시주가 남부동맹에 가입하자 북부연방의 입장을 지지하던 「녹스빌 휘그」(*Knoxville Whig*)지는 반역지로 몰려 문을 닫을 수밖에 없었다. 그리고 그 발행인 파슨 브라운로우(Parson Brownlow)는 북부로 겨우 피신했다. 그 뒤 북군이 녹스빌을 점령하자 브라운로우는 다시 돌아와 그의 신문의 제호를 「녹스빌 휘그 앤드 레블 벤틸레이터」(*Knoxville Whig and Rebel Ventilator*)로 개제해서 복간했다.

역시 접전 지역이었던 미주리주에서도 많은 신문들이 군 당국의 심한 통제를 받았는데, 세인트루이스에서만도 3개 신문들이 북군의 프레몽 장군(General Fremont)에 의해 정간처분을 받았다. 그런데 아이러니하게도 그중의 하나는 북부연방을 지지한 공화당계 신문이었다.

남부 후방 지역 신문들의 고통

비록 정도의 차이는 있었지만, 남부의 후방 지역에서 발행한 신문들도 역시 많은 통제와 고통을 받았다. 특히 남부에서는 신문에 대한 남부동맹 정부와 군사령관들의 탄압과 횡포가 심했다. 그런 데다가 경제파탄으로 인한 신문용지난과, 젊은이들이 모두 군대에 끌려감으로써 야기된 인력난 등으로 인한 고통도 많았다.

• 남부 신문들이 겪어야 했던 갖가지 고통

남부 신문들은 특히 신문용지난 때문에 많은 고통을 겪었는데, 본래부터 남부에는 미국 전체의 제지공장들 중 5%만이 자리 잡고 있었으며, 이들 공장에서 생산되는 용지는 이 지역 신문들이 필요로 하는 전체 수요 중 50%도 충족시키지 못하고 있었다. 따라서 나머지 50%의 용지는 북부나 외국에서 수입해다가 사용했는데, 전쟁이 나자 북부로부터의 수입은 물론, 해외로부터의 수입도 북군이 남부 해상을 봉쇄함으로써 모두 끊기고 말았다. 그 결과, 남부의 신문들은 부득이 지면의 크기와 면수를 줄여야만 했으며, 그것도 부족해서 포장지나 벽지에다가 신문을 인쇄해야만 했다. 그런 데다가 인쇄잉크도 부족해서 이중고를 겪어야만 했다.

남부 신문들은 또한 인력난도 겪어야만 했는데, 병력이 부족했던 남군은 인쇄공은 물론 심지어는 편집자들까지도 징집해 갔기 때문이다. 그리하여 인력난이 심해지자 자연히 임금도 오르게 됨으로써, 남부 신문들은 인력난에다가 재정난까지 겹치게 되었다. 그래서 흑인노예들에게까지 인쇄술을 가르치는 형편에 이르게 되었다.

이렇게 용지난과 인력난에 봉착하자, 남부 신문들은 신문대금을 인상하지 않을 수 없게 되었다. 그리하여 1863년 말에는 연간구독료가 16달러로 올랐고, 이듬해 여름에는 다시 50달러로, 1865년 봄에는 100–125달러까지 치솟았다 (Mott, 1962, p. 363). 그에 비해 독자들이 받아 보게 되는 신문은 겨우 소형의 2면짜리 신문이었다.

• 남부 신문들에 대한 남부동맹의 통제

위와 같은 여러 가지 고통들보다도 남부 신문들의 가장 큰 고통은 역시 군 당국에 의한 검열과 정간처분 및 신문사 자체의 파괴였는데, 이는 북군과 남군들이 전세에 따라 서로 교대하면서 신문들에게 안겨 준 고통이었다. 북군은 북군대로, 남군은 또한 남군대로 새 지역을 점령하면 그곳의 반대편 신문들을 정간시켜 버리거나 그 내용을 엄격히 검열했다. 또한 후방에 있던 남부 신문들은 남부동맹정부와 남군 당국의 엄격한 검열을 받아야만 했다.

1862년 1월, 남군은 그들을 따라 다니던 종군기자들을 모두 추방해 버렸다. 그런가 하면, 같은 달 남부동맹의회는 "남부 육해군의 병력·주둔위치·이동과 목적지에 관한 어떠한 뉴스라도 보도·출판하는 것은 이적범죄행위로 간주한다"는 법안을 통과시켰다. 그 결과, 남부에서 언론에 대한 통제는 북부보다 더욱 심했고, 또한 검열도 조직적으로 엄격하게 실시되었다. 거기에다가 전신과 우편도 모두 두절되었기 때문에 남부 신문들의 뉴스는 보잘것없게 되었다.

이렇게 되자 남부동맹의 대변지 편집자들까지도 "우리는 남군의 3대 전승 이외에 아무것도 모르며, 무소식이 희소식이라는 '행복한 무지상태'(in happy ignorance)에 빠져 있다"(*Louisville Democrat*, 1862. 2. 5일자)고 불만을 토로했다. 그러면서 남부의 신문인들은 세 차례나 회합을 갖고 언론통제를 완화시켜 줄 것을 남부동맹 정부당국에 건의했지만 이렇다 할 반응이 없었다. 오히려 남부동맹의 대통령 제퍼슨 데이비스(Jefferson Davis)는 언론에 대한 자신의 모든 통제권을 전쟁성 장관에게 위임하여 강화하도록 의회에 요청하기도 했다.

한편 남부동맹은 1863년부터 미국남부동맹통신사(The Press Association of the Confederate States of America)를 완전히 장악해서, 이 통신사를 통해서만 남부의 43개 일간신문들에 뉴스를 공급토록 했다. 그런가 하면, 국제선전을 위해 「런던 인덱스」(*London Index*)라는 선전지를 영국에서 발행하기도 했다.

• 남북전쟁에 관련된 남부 신문들의 논조

위와 같이 남부동맹은 신문들에게 엄격한 통제를 가했는데, 그렇다면 당시 남부 신문들의 논조는 어떠했는가? 남북전쟁이 발발하기 이전에는 그 논조들이 북부 신문들의 그것들과 비슷했다. 그리하여 남부 여러 주가 연방으로부터 탈퇴하여 남부동맹을 결성하는 것에 대해서도 신문들이 각각 주장을 달리하면서 그 나름대로의 입장을 내세웠다.

그러나 남북전쟁이 터진 이후에는 그 어느 신문도 남부동맹의 정책을 비판하는 것이 허용되지 않았다. 이는 북부의 경우와는 판이한 것이었는데, 북부에서는 소위 '코퍼헤드 신문'들까지도 전쟁기간에 계속 살아남아서 링컨정부를 비판하고 공격했지만, 남부에서는 데이비스정부에 대한 비방이 철저히 금지되었다. 그래서 미시시피주의 한 신문은, "남부의 모든 신문들은 신문사를 요새로 만들어 놓고, 안락의자에 깊숙이 앉아서 효과적 전쟁수행을 위한 캠페인이나 계획하고 있다"(*Natchez Daily Courier*, 1862. 6. 4일자)고 자조하기도 했다.

그러나 이러한 엄격한 통제 아래서도 남부에도 북부의 '코퍼헤드 신문'에 해당되는 신문들이 전혀 없던 것은 아니었는데, 이들 신문을 남부에서는 '유니언-스크리머스'(union-screamers)라고 불렀다. 이러한 신문들 중 가장 대표적이었던 것은 랄레이(Raleigh)에서 발행한 「노스캐롤라이나 스탠다드」(*North Carolina Standard*)지였는데, 이 신문은 미국연방으로부터 남부의 이탈을 반대해 오다가 남군이 섬터요새에 포격을 가하자 이를 과감하게 비난하기도 했다. 또한 링컨이 군인동원령을 내리자, 남부가 연합해서 북군을 격퇴해야 된다고 주장하기도 했다(*North Carolina Standard*, 1861. 4. 20일자).

하지만 남북전쟁이 장기화되자 「노스캐롤라이나 스탠다드」지는 남부동맹의 데이비스정부에 비판을 가하면서 남북전쟁을 평화적으로 끝내자고 주장하고 나섰다. 그러면서 "남북전쟁은 부유한 노예소유자들의 이해에 얽힌 전쟁이다. 그것은 부자들 간의 전쟁인데 가난한 사람들이 싸우고 있다"고 그 논설에서 밝히기도 했다. 그러자 이러한 내용의 논설이 남부인들과 남부동맹정부의 분노를 사게 되어 1863년 정간을 당하고 말았다.

4. 종전 이후 재건기의 신문실태

1861년 4월 12일 시작되어 무려 4년 동안이나 이어졌던 남북전쟁은 드디어 1865년 4월 10일 북부의 승리로 끝나게 되었다. 그러자 미국은 곧 연방 국가의 재건에 들어갔으나, 4월 15일 링컨 대통령이 암살되고, 재건계획을 둘러싼 남북 간의 계속된 이견과 갈등이 계속되어 전쟁의 상처를 치료하고 연방 국가를 다시 재건하는 데 무려 7년이나 걸렸다. 그러면 1865년 종전 이후, 1871년까지 연방 국가의 재건기에 신문들의 실태는 어떠했는가?

종전 직후 남부 신문들의 재건과 진통

남북전쟁에서 패배한 남부 지역 신문들은 전쟁의 상처를 어루만져 가면서 재기를 다짐하고 나섰다. 그러나 재기과정에서 겪은 진통은 전쟁 당시의 아픔에 못지않았다. 왜냐하면 전후에 한몫을 보려고 북부에서 남부로 내려온 뜨내기 정치꾼(carpet-badgers)들은 주정부의 요직들을 차지하고 앉아 군부의 지원을 받으면서 일부 신문들을 매수하여 자신들의 앞잡이로 내세우는 동시에, 이에 반대하는 신문들에 대해서는 여러 가지 수단으로 압력을 가하면서 때로는 정간

처분을 내리기도 했기 때문이다.

예컨대 조지아주에서는 북부에서 내려온 뜨내기 정치꾼들이 「애틀랜타 뉴에라」(*Atlanta New Era*)지를 매수하여, 자신들의 앞잡이로 내세웠으며, 사우스캐롤라이나주에서는 「컬럼비아 유니언」(*Columbia Union*)지를, 루이지애나주에서는 「뉴올리언스 리퍼블리컨」(*New Orleans Republican*)지를 매수하여 자신들의 정치적 목적에 이용했다.

한편 남부 여러 주의 주지사와 연방의회 상하의원들의 대다수도 전후에 정치적 행운을 잡으러 남부로 내려온 북부 출신의 뜨내기 정치꾼들로서, 이들이 남부의 정치는 물론 언론까지도 지배했다. 그러자 이러한 처사에 대해 남부 주민들이 항거하면서 폭력사태까지 빈번하게 일어나게 되었다.

그러나 1872년 5월, 연방의회가 포괄적 사면령을 통과시켜 약 500명의 남부동맹동조자들을 제외한 모든 남부인들에게 완전한 정치적 권리를 회복시켜 줌으로써 남부에서 북부인들에 대한 저항운동은 차츰 가라앉게 되었다. 남부의 주민들과 신문들은 민주당원들을 공직에 내보내는 데 앞장섬으로써 1870년에 이르러서는 남부의 단 3개 주에서만 공화당이 집권하게 되었는데, 당시 남부 신문들의 논조는 마치 정론지시대의 그것과 비슷한 양상을 띠고 있었다.

종전 이후 북부 신문들의 양상

비록 정도의 차이는 있었지만, 전후에 북부 신문들의 양상도 정치적 논조에서는 남부의 신문들과 비슷했는데, 남부의 재건문제를 놓고 당시 북부의 주민들과 신문들은 2개 파로 나뉘어 서로 주장을 달리했다. 즉 흑인들의 참정권을 인정하는 조건으로 남부의 여러 주들을 다시 연방에 받아들이되, 이를 만약 남부인들이 반대할 때는 무력을 사용해서라도 굴복시켜야 한다는 강경파(radicals)와, 이와는 달리 보다 온건한 방법을 사용해야 한다는 온건파(moderate party)로 나뉘어 서로 논쟁을 벌였다.

• 남부재건문제를 둘러싼 강경파와 온건파의 대립

이와 같은 2개 파 중에서, 공화당계 신문들은 거의가 강경파를 지지한 반면, 민주당계 신문들은 온건파들과 입장을 같이했다. 온건파는 남부 출신의 당시 대통령 앤드류 존슨이 선도했는데, 그는 공화당원이었음에도 불구하고, 온건파의 입장을 지지했다. 그러자 공화당계 신문들은 모두 존슨 대통령의 입장에 반대하면서 그를 비판했는데, 당시 북부의 일간신문들 중에서 존슨 대통령의 입장을 반대한 신문들은 약 60%에 달했다. 이들 중에서 대표적 신문으로는 「뉴욕 트리뷴」·「스프링필드 리퍼블리컨」·「시카고 트리뷴」·「필라델피아 프레스」지 등을 손꼽을 수 있었으며, 이들 신문은 존슨 대통령과 그의 남부재건정책을 신랄하게 공격하고 나섰다.

그러나 「뉴욕 타임스」·「뉴욕 이브닝 포스트」·「뉴욕 선」 등은 공화당계 신문이면서도 온건파 입장을 지지하고 나섰다. 그런가 하면, 중립적이던 「뉴욕 헤럴드」지는 때때로 존슨 대통령의 정책에 지지를 보냈으며, 「뉴욕 월드」지는 존슨 대통령이 공화당원들의 배척을 받자 그를 옹호하고 나서기도 했다.

이와 같은 강경파와 온건파 간의 논쟁시기에 「뉴욕 타임스」지가 취한 입장은 특기할 만한데, 그 편집인 헨리 레이먼드(Henry J. Raymond)는 1865년 3월 연방의원이 되면서 강경파들에 적극적으로 반대하고 나섰다. 그러면서 남부의 여러 주들이 연방정부로 다시 복귀할 권리가 있음을 옹호했다. 그러나 오히려 남부인들에게 배신을 당하게 된 레이먼드는 정치에 대한 환멸을 느끼고 언론계에 복귀해서 신문경영에만 전념하다가 1869년 49세의 나이로 사망했다.

• 「뉴욕 선」지의 논조와 찰스 다나의 인수

남북전쟁 이후, 특히 남부의 재건계획과 전쟁후유증 문제 등을 둘러싼 정치적 논쟁에서 가장 두각을 나타낸 신문은 역시 「뉴욕 선」지였다. 이 신문은 비록 민주당계였으나 남북전쟁 전 기간을 통해서도 오히려 공화당계 신문들보다 연방에 충성심을 보였고, 또한 링컨 대통령에 대해서도 무리한 비판은 삼가해 왔다. 그러면서 논설보다는 뉴스보도에 그 어느 신문보다 많은 지면을 할애했다. 그러나 「뉴욕 선」지는 비록 민주당에 동정을 보내기는 했지만 되도록 중립적 입장의 논조를 견지했다.

이러한 「뉴욕 선」지는 앞서 살펴보았듯이 1833년 9월 3일 본래는 벤자민 데이(Benjamin H. Day)가 창간해서 성공을 거둔 최초의 페니신문이었다. 그러나 1837년 모세스 비치(Moses Y. Beach)에게로 경영권이 넘어갔다가, 1860년 여름 다시 모리슨(Morrison)이라는 사람에게로 경영권이 잠시 넘어갔다. 그랬다가 1861년 말 다시 비치가 맡아서 발행하던 것을 1868년 찰스 다나(Charles A. Dana)가 매입하게 되었다.

이렇게 해서 다나의 손으로 넘어간 「뉴욕 선」지는 남북전쟁 이후 신문들 간의 치열한 경쟁 속에서도 확고한 자세를 결코 흩트리지 않고 새로운 시대를 열어 놓았는데, 다나는 그 이전에 「뉴욕 트리뷴」지에서 15년 동안 일하면서 유능한 편집부국장(managing editor)으로 정평을 얻었던 언론인이었다. 그러나 그릴리와의 의견 대립으로 「뉴욕 트리뷴」지를 그만둔 다나는 남북전쟁기간에는 링컨 대통령의 특무수행원으로서 전방을 시찰하고 다녔으며, 그 후 전쟁성 차관보로 승진하기도 했다.

그러다가 전쟁이 끝나자 시카고로 가서 창간한 「시카고 리퍼블리컨」(*Chicago Republican*)지 편집인으로 일하다가, 시카고와 같은 서부도시에서 일하는 것이 만족스럽지 않아 뉴욕으로 되돌아왔다. 그리하여 뉴욕에서 새로운 신문을 창간하려고 계획하다가 마침 비치가 그에게 「뉴욕 선」지를 사라고 하자, 뉴욕의 정계와 재계에 있던 친구들의 재정적 도움을 얻어 「뉴욕 선」지를 1868년 17만 5,000달러에 인수했는데, 당시 이 신문의 발행부수는 4만 3,000부였다. 그러나 다나가 「뉴욕 선」지를 맡은 2년 반 뒤에는 발행부수가 그 경쟁지였던 「뉴욕 헤럴드」지를 능가하게 되었으며, 1876년에는 13만 1,000부로 뛰어올랐다(Mott, 1962, p. 374). 그렇다면 왜 이처럼 발행부수가 격증하게 되었는가?

• 다나에 의한 「뉴욕 선」지의 지면쇄신

주요 이유의 하나로는, 당시 대부분의 신문들은 1부에 4센트씩 받았으나

「뉴욕 선」지는 2센트를 계속 받았던 것을 들 수 있다. 그러나 다른 큰 신문들은 4센트를 받는 대신, 면수도 「뉴욕 선」지의 2배인 8면이었다. 따라서 신문 값이 쌌다는 것만이 「뉴욕 선」지의 성공 이유가 될 수 없었는데, 「뉴욕 선」지가 2센트를 받자 다른 일부 신문들도 신문 값을 2센트로 내렸지만, 그렇다고 해서 발행부수가 「뉴욕 선」지처럼 격증하지는 않았기 때문이다. 그렇다면 「뉴욕 선」지의 발행부수가 격증하게 된 진짜 이유는 무엇이었는가?

그것은 바로 「뉴욕 선」지가 1870년 「뉴욕 헤럴드」지 등에 실은 광고에서 내세웠던 캐치프레이즈, 즉 "「선」지의 뉴스는 가장 신선하고, 가장 흥미롭고, 밝고 신속하다. 그러나 이러한 「선」지를 보기 위한 별도의 저축은 필요 없다. 그래서 많은 대중들이 「선」지를 원하고 있다"(*New York Herald*, 1870. 5. 29일자 10면)는 광고문안과 사실상 똑같았기 때문이다. 실제로 「뉴욕 선」지를 살펴보면, 뉴스면은 그 경쟁지 「뉴욕 헤럴드」지와 비슷했으나 좀 더 세련미가 있었다. 또한 뉴스 기사들에는 활력이 있고, 흥미로웠으며 때로는 선정적이기도 했다. 「뉴욕 선」지도 「뉴욕 헤럴드」지와 마찬가지로 살인기사·스캔들·가십기사 등을 많이 실었으나, 이들을 「뉴욕 헤럴드」지보다 더 흥미롭게 기사화했으며, 인터뷰 기사 스타일의 수법도 도입했다. 따라서 뉴욕 시민들로부터 "아침에는 「선」지가 악덕을 미화시키고 저녁때는 「포스트」지가 미덕을 악덕화시킨다"는 소리를 듣기도 했다.

「뉴욕 선」지는 또한 '인정미담'(human-interest) 관계 피처기사들도 많이 실었다. 예컨대 세탁소를 운영하는 중국인, 위트가 있는 경찰관 아저씨, 집 잃은 어린이 등을 선정해서, 이들의 이야기를 흥미진진하게 기사화함으로써 독자들의 인기를 끌었다. 당시 「뉴욕 선」지가 미국 저널리즘계에 커다란 공헌을 한 것이 있다면, 그것은 바로 훌륭한 문장, 즉 컬러풀하고 위트가 넘치며, 풍취가 있는 문장의 기사를 선보인 것이라고 말할 수 있는데, 이러한 기사를 쓰기 위해 다나는 훌륭한 문장가들을 열심히 발굴하여 기자로 채용했다.

즉 젊고 유능한 인재들, 특히 대학졸업자들을 찾아내 높은 급여와 신분을 보장하면서 문장훈련을 시켜 훌륭한 기사들을 쓰게 만들었다. 그러면서 기자들에게 뉴스 가치를 신속·정확하게 판단할 수 있는 능력도 길러 주었는데, 당시 「뉴욕 선」지의 사회부장 존 보가트(John B. Borgart)가 신입기자들을 훈련시키면서 "개가 사람을 물면 그것은 뉴스가 아니나, 사람이 개를 물면 그것은 뉴스이다"라고 한 말은 그 후 신문계에서 하나의 명언이 되었다.

•「뉴욕 선」지 논설들의 새로운 스타일

「뉴욕 선」지는 또한 논설기사에서도 새로운 스타일을 보여 주었는데, 그 논설기사들은 짧으면서도 다양한 문제들을 수필식으로 재미나게, 그러나 예리하게 다루었다. 이러한 논설기사의 실례의 하나로는 "산타클로스는 과연 존재하는가?"라는 제목의 논설(1870. 12. 21일자)을 들 수 있는데, 이는 당시 교회들의 실태를 은근히 꼬집은 것으로서, 다른 여러 신문들에서 전재할 정도로 훌륭한 논설이었다.

「뉴욕 선」지의 논설들은 정치나 종교적 문제까지도 흥미 있게, 그러나 매우 시니컬한 문체로 다루는 것이 곧 다나의 방침이었다. 비록 다나는 개인적으로 민주당에 동정을 보내기는 했지만, 그의 「뉴욕 선」지는 중립을 지키도록 했다. 그러나 농민 출신에 사회주의자이기도 했던 다나는 점차 극단적 자유주의자가 되면서 「뉴욕 선」지도 그러한 논조를 띠기 시작했다.

그런가 하면, 다나는 공화당에 입당하여 공화당 정부 요직을 맡기도 했으며, 1868년도 대통령선거에서는 공화당 후보 율리시스 그랜트를 적극 지지해서 대통령으로 당선시키기도 했다. 그러나 그랜트정부의 잘못을 발견하자 다나는 곧 그랜트에 대한 격렬한 비판자가 되었다.

그 뒤 1872년 대통령선거 때, 다나는 그의 경쟁지였던 「뉴욕 트리뷴」지 발행인이자 민주당 후보인 호레이스 그릴리를 지지하고 나섰는데, 이때 다나는 "차파카의 나무꾼(Woodchopper of Chappaqua)을 대통령으로"라는 선거구호를 내세워서 서민들의 환심을 샀다. 한편 민주당 태머니파(Tammany)의 후보를 반대하는 구호로는 "이 나라를 통치할 사람으로는 왕도, 시골뜨기도 싫다"(No King, No Clown, to Rule this Country)를, 공화당 후보 그랜트에 대한 반대구호로는

"악당을 내쫓자"(Turn the Rascals out!)를, 그리고 또 하나의 공화당 후보 헤이스(Rutherford B. Hayes)에 대해서는 "사기꾼, 사기꾼…"이라는 반대구호를 내검으로써, 이러한 구호들이 그 후 대통령선거 때마다 유행하게 되었다.

이처럼 다나는 대통령선거 때마다 특정 후보의 지지에 앞장서기도 했지만, 기본적으로는 순수한 신문인으로, 남북전쟁 이후 미국신문계에 새로운 바람을 일으키면서 「뉴욕 선」지를 '신문인에 의한 신문'(the newsman's newspaper)으로 만들어 놓았다. 이렇게 다나가 만들어 놓은 「뉴욕 선」지는 한때 극단적 자유주의 논조를 띠기도 했으나, 다나도 나이를 먹으면서 그의 논설들은 점차 보수적 경향의 논조를 나타내기 시작했다.

튀드 일파의 부정에 대한 신문들의 투쟁

앞서 말했듯이 남북전쟁 이후, 특히 남부의 재건문제를 놓고 신문들도 강경파와 온건파로 나뉘어 서로 격론을 벌였으나, 이러한 격론은 1869년 공화당의 율리시스 그랜트가 18대 대통령으로 취임하면서 점차 수그러들게 되었다. 그 대신 1870년부터 특히 뉴욕 신문들은 튀드 일파(Tweed Ring)의 부정사건에 대한 폭로와 비판에 열을 올리기 시작했다. 튀드 일파의 부정사건이란, 민주당 태머니파(Tammany)의 보스 윌리엄 튀드(William M. Tweed)와 그 일파가 뉴욕시의 권력을 잡고, 무려 2억 달러의 공금을 횡령한 사건이었다. 이들 튀드 일파는 특히 1870년 뉴욕시 청사를 새로 건립하면서 많은 공금을 빼돌려 착복했다.

이와 같은 튀드 일파의 부정사건을 맨 처음 폭로하기 시작한 것은 「뉴욕 타임스」지였는데,[2] 1870년 튀드 일파의 부정사건에 관한 정보를 처음 입수한 「뉴욕 타임스」지는 그 내용을 폭로하기 시작했으나, 뚜렷한 확증을 잡지 못하고 있었다. 그러나 이듬해 한 시민으로부터 튀드 일파의 부정사건에 관한 정확

---

2 이 신문은 1869년 그 창간자 레이먼드의 사망 이후, 루이스 제닝스(Louis J. Jennings)가 편집과 제작을 맡고 있었다.

한 제보를 받게 되었는데, 그 제보자는 본래 「뉴욕 선」지를 찾아갔으나 제보를 받지 않자, 다시 「뉴욕 타임스」지를 찾아가서 제보를 했다. 그리하여 「뉴욕 타임스」지가 퉈드 일파의 부정사건을 크게 폭로하자, 이에 「하퍼스 위클리」(*Harper's Weekly*), 「뉴욕 헤럴드」지 등도 합세하기 시작했다.

그러나 그 밖의 대다수 뉴욕 신문들은 침묵을 지키고 있었는데, 이는 퉈드 일파가 그 사건을 은폐하기 위해 주로 '광고계약금'이라는 명목으로 많은 돈을 뉴욕의 각 신문사들에 주었기 때문이다. 나중에 밝혀진 바에 의하면 무려 89개 신문들이 퉈드 일파의 돈을 받았으며 그중 27개지는 굉장히 많은 액수의 돈을 받았다고 한다. 이들 신문 중 주요 일간신문들은 「뉴욕 스타」·「뉴욕 이브닝 익스프레스」·「뉴욕 커머셜 애드버타이저」·「올버니 이브닝 저널」지 등으로서, 이들은 본래 민주당 태머니파의 대변지들이었다.

또한 퉈드 일파는 「뉴욕 타임스」지가 자신들의 부정사건에 관한 증거자료를 입수한 것을 알게 되자, 그 자료를 공개하지 않는 조건으로 500만 달러를 주겠다고 「뉴욕 타임스」지에 몰래 제의하기도 했다(*Harper's Monthly*, 1874. 7, p. 274). 그러나 이러한 제의를 거절하고, 「뉴욕 타임스」지가 퉈드 일파의 부정사건을 낱낱이 폭로하자, 이에 「하퍼스 위클리」라는 주간신문도 합세했는데, 이 주간지는 특히 만평을 통하여 퉈드 일파의 부정사건을 신랄하게 공격했다.

그러자 퉈드 일파는 「하퍼스 위클리」지의 만평을 그리던 토머스 내스트(Thomas Nast)에게 여러 번 위협을 가해서, 내스트는 집을 옮겨야만 했다. 또한 퉈드 일파는 내스트에게 10만 달러를 줄 터이니 유럽에 가서 미술공부를 하라는 제의도 했으나, 이를 내스트가 거절하자 20만 달러를 주겠다고 했다. 그러나 이러한 제의도 거절하면서 내스트는 계속 만평을 통하여 퉈드 일파의 부정사건을 폭로, 비판했다. 그리하여 결국 퉈드는 체포되고 그의 일파는 유럽으로 도망치거나 감옥에 들어가게 되었다.

유력한 주간신문과 일요신문의 대두

위와 같이 튀드 일파의 부정사건을 폭로할 때, 「뉴욕 타임스」지와 함께, 「하퍼스 위클리」도 커다란 역할을 했는데, 남북전쟁 이후 재건시기에 미국신문계에서 나타난 새로운 경향의 또 하나가 바로 「하퍼스 위클리」와 같은 주간신문들이 그 영향력을 크게 발휘하기 시작했다는 것이다. 특히 뉴욕의 주간신문들은 이 시기에 대단히 유명해져서 그 영향력이 높아졌다. 또한 지방의 주간신문들도 크게 증가했다. 그런가 하면, 일요판 신문도 크게 대두했으며 중서부 지역의 신문들이 많이 발전했다.

• 뉴욕 주요 유력 주간신문들의 실태

「하퍼스 위클리」는 1857년 뉴욕에서 창간했는데, 이 주간신문의 편집인은 당시 미국에서 가장 유려하고 격조 높은 필치로 명성을 떨친 조지 커티스(George W. Curtis)로, 30년 동안이나 이 주간신문의 편집을 맡아 왔다. 이러한 커티스가 편집한 「하퍼스 위클리」는 특히 논설이 다른 주간신문들보다 더 권위가 있고 격조가 높아서, 미국인들에게 가장 많은 영향을 준 신문의 하나가 되었다. 그런 데다가 앞서 말했듯이 튀드 일파의 부정사건의 폭로에 앞장섬으로써 더욱 유명해졌다. 따라서 발행부수도 굉장히 많았는데, 남북전쟁기간에는 10만 부를 발행했으며, 1872년에는 16만 부에 이르렀는데(Mott, 1962, p. 379), 이 주간신문은 1916년까지 존속했다.

「인디펜던트」(*Independent*)라는 주간신문도 미국인들에게 많은 영향을 끼쳤는데, 이 신문은 1848년 본래 종교신문으로 뉴욕에서 창간하여, 뉴스보다는 논설과 기타 피처기사에 중점을 두어 왔다. 그러다가 헨리 비처(Henry W. Beecher)가 편집을 맡으면서 노예제도를 강력히 반대하는 정론신문으로 바뀌어, 국내 정치문제를 주로 다루면서 정치계에 많은 영향을 끼치기 시작했다.

「프랭크 레슬리스 일러스트레이티드 뉴스페이퍼」(*Frank Leslie's Illustrated Newspaper*)라는 주간신문도 남북전쟁의 시작 이후 유력한 신문으로 부상했다. 이

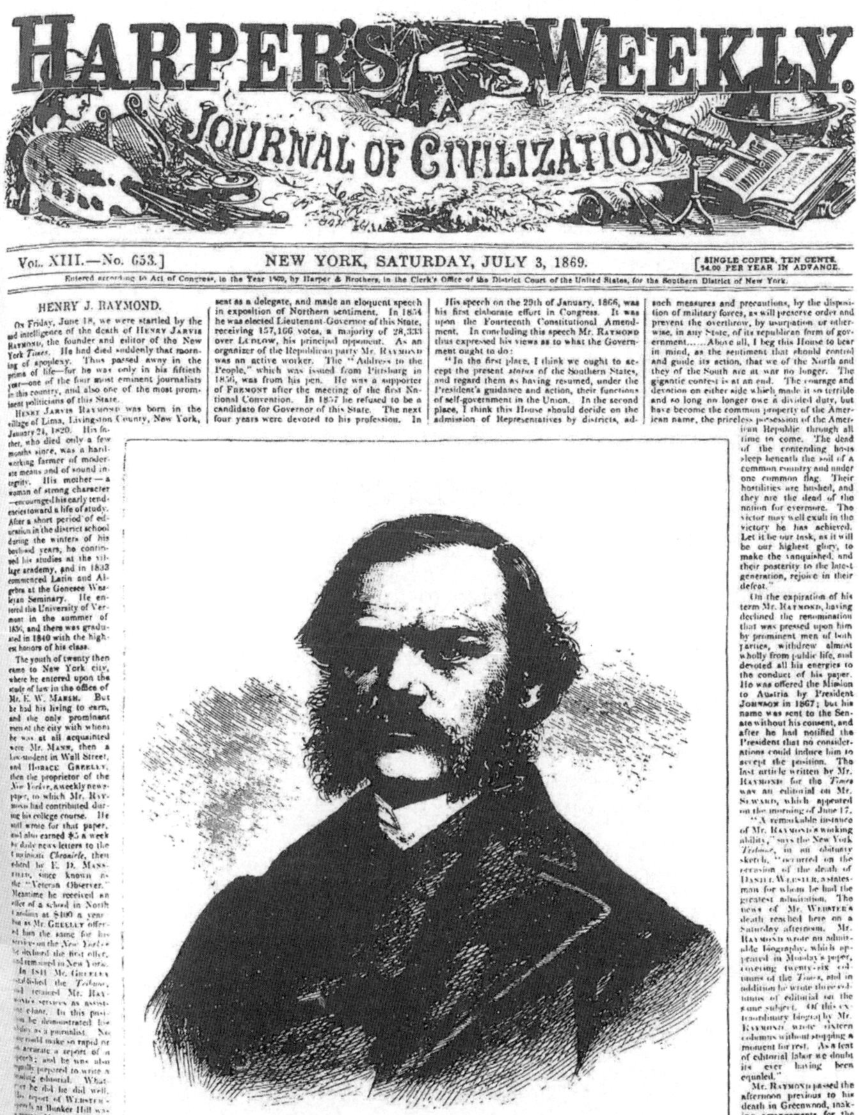

HARPER'S WEEKLY.
JOURNAL OF CIVILIZATION

VOL. XIII.—No. 653.] NEW YORK, SATURDAY, JULY 3, 1869. [SINGLE COPIES, TEN CENTS. $4.00 PER YEAR IN ADVANCE.

Entered according to Act of Congress, in the Year 1869, by Harper & Brothers, in the Clerk's Office of the District Court of the United States, for the Southern District of New York.

HENRY J. RAYMOND.

On Friday, June 18, we were startled by the sad intelligence of the death of HENRY JARVIS RAYMOND, the founder and editor of the New York *Times*. He had died suddenly that morning of apoplexy. Thus passed away in the prime of life—for he was only in his fiftieth year—one of the four most eminent journalists in this country, and also one of the most prominent politicians of this State.

HENRY JARVIS RAYMOND was born in the village of Lima, Livingston County, New York, January 24, 1820. His father, who died only a few months since, was a hard-working farmer of moderate means and of sound integrity. His mother—a woman of strong character—encouraged his early tendencies toward a life of study. After a short period of education in the district school during the winters of his ...

... sent as a delegate, and made an eloquent speech in exposition of Northern sentiment. In 1854 he was elected Lieutenant-Governor of this State, receiving 157,166 votes, a majority of 28,333 over LUDLOW, his principal opponent. As an organizer of the Republican party Mr. RAYMOND was an active worker. The "Address to the People," which was issued from Pittsburg in 1856, was from his pen. He was a supporter of FREMONT after the meeting of the first National Convention. In 1857 he refused to be a candidate for Governor of this State. The next four years were devoted to his profession. In ...

His speech on the 29th of January, 1866, was his first elaborate effort in Congress. It was upon the Fourteenth Constitutional Amendment. In concluding this speech Mr. RAYMOND thus expressed his views as to what the Government ought to do:

"In the first place, I think we ought to accept the present *status* of the Southern States, and regard them as having resumed, under the President's guidance and action, their functions of self-government in the Union. In the second place, I think this House should decide on the admission of Representatives by districts, ad- ...

... such measures and precautions, by the disposition of military forces, as will preserve order and prevent the overthrow, by usurpation or otherwise, in any State, of its republican form of government......Above all, I beg this House to bear in mind, as the sentiment that should control and guide its action, that we of the North and they of the South are at war no longer. The gigantic contest is at an end. The courage and devotion on either side which made it so terrible and so long no longer owe a divided duty, but have become the common property of the American name, the priceless possession of the American Republic through all time to come. The dead of the contending hosts sleep beneath the soil of a common country and under one common flag. Their hostilities are hushed, and they are the dead of the nation for evermore. The victor may well exult in the victory he has achieved. Let it be our task, as it will ...

THE LATE HON. HENRY J. RAYMOND.—[PHOTOGRAPHED BY BRADY, NEW YORK.]

〈그림 6-2〉「뉴욕 타임스」와 함께 튀드 일파의 부정사건을 크게 폭로한「하퍼스 위클리」(1869. 7. 3) 제1면 지면 가운데 인물은「뉴욕 타임스」창간자 헨리 J. 레이먼드(Henry J. Raymond)이다.

주간신문은 그 제호에서 보듯이 프랭크 레슬리(Frank Leslie, 본명은 Henry Carter)라는 사람이 1855년 창간한 삽화신문으로서, 주요 사건 장면의 그림을 커다란 목판 컷(woodcuts)으로 인쇄해 보여 줌으로써, 독자들의 큰 인기를 끌었다. 특히 남북전쟁 당시는 주요 전투장면들을 그림으로 보여 준 데다가, 매호 16면짜리 신문을 1부당 10센트씩 받음으로써, 선풍적 인기를 끌었다. 이러한 「프랭크 레슬리스 일러스트레이티드 뉴스페이퍼」는 1922년까지 계속 발행했는데 그 말년에는 그냥 「레슬리스 위클리」(*Leslie's Weekly*)라고 불렸다.

「네이션」(*Nation*)도 유력한 주간신문의 하나였는데, 이 신문은 1865년 에드윈 고드킨(Edwin L. Godkin)이 창간한 4절판($9\frac{1}{2} \times 12\frac{1}{2}$인치, 24.13×31.75cm) 크기의 소형신문으로 매호 16면을 발행했다. 이 주간신문은 특히 문예평, 미국의 생활, 주요 문제 등에 관한 논평 및 격조 높은 정치평론으로서 유명했는데, 그중에서도 특히 논설들이 약간 보수적 경향을 띠면서도 정치적 중립을 지키면서 가장 권위가 있다는 정평을 받았다. 또한 이 신문은 1860–70년대에 미국에서 가장 존경받던 학자들과 문필가들의 기고만 받은 것으로도 유명했다. 그러나 발행부수는 1만 2,000부를 넘은 적이 없는데, 이 신문은 주로 지식인들이 구독했기 때문이다. 따라서 이 신문은 일반대중보다는 지식인들에게 많은 영향을 미쳤다.

• 지방에서도 주간신문의 유행과 특허간지

위와 같은 주간신문들은 지방에서도 크게 대두해서, 인구가 약 1,000명 정도인 소도시마다 2개의 주간신문들이 나올 정도였다. 따라서 주간신문의 발행부수는 1,000부를 넘지 못했다. 이러한 주간신문들은 거의가 4면으로 발행되었는데, 각 면은 6–9단으로 나누어, 지방 뉴스, 잡다한 주제의 피처기사, 1–2단 정도의 정치논평 및 특허의약품 등에 대한 PR기사와 각종 광고로 채웠다.

남북전쟁기간에 지방의 주간신문들은 소위 '특허간지'(patent insides)라는 제도를 채택해서, 해당 지역의 대규모 신문과 계약을 맺고 대규모 신문의 1–2면을 그대로 전재했다. 이러한 제도는 남북전쟁기간에 인력난·신문용지난·재정난 등으로 신문제작이 어렵게 되자, 위스콘신주의 「바라부 리퍼블릭」

(*Baraboo Republic*)지 발행인 켈로그(A. N. Kellog)가 매디슨의 「위스콘신 스테이트 저널」(*Wisconsin State Journal*)지와 계약을 맺고, 이 신문의 제2면과 제3면, 즉 간지(insides)를 가져다가 그대로 「바라부 리퍼블릭」에 넣고, 제1면과 제4면 즉 외피(outsides)만 직접 제작해서 배포했던 것을 다른 주간신문들도 모방함으로써 유행하게 되었다.

이러한 '특허간지' 제도를, 1865년 켈로그가 시카고 지역에서 일종의 신디케이트(syndicate)로 발전시켰으며, 이를 그 뒤 여러 다른 지역에서도 모방하게 되었다. '기성복식 인쇄'(ready prints)라고도 불렀던, 이와 같은 신디케이트식 특허간지 제도는 그 경제성 때문에 남북전쟁 이후에도 여러 주간신문들이 계속 채택해, 1872년에는 모두 1,000여 개의 주간신문들이 채택하게 되면서 지방의 주간신문들의 발전에 중요한 역할을 했다.

• 주간신문과 함께 일요신문들도 크게 발전

주간신문들과 함께, 일요신문(sunday newspaper)들도 남북전쟁 시기부터 크게 발전했다. 물론 남북전쟁 이전에도 몇 개의 일요신문들이 대도시에서 발행되긴 했으나, 안식일을 엄수해야 한다는 기독교들의 많은 반대에 부딪쳐 제대로 발전할 수 없었다.

그러나 남북전쟁이 터지자, 그 전황에 관한 뉴스를 한시라도 빨리 알려고 열망한 독자들이 일간신문들에게 일요일에도 신문을 내 줄 것을 적극 요청했다. 그러자 이러한 독자들의 요청에 따라, 기존의 일간신문들이 일요판을 별도로 발행함으로써 일요판신문들이 크게 발전했다.

하지만 남북전쟁이 끝나자, 일요판신문들은 전황에 관한 뉴스나 피처기사 대신 주말에 독자들이 읽을 흥밋거리기사나 스포츠기사, 오락기사 등을 주로 게재하기 시작했다. 그러자 이런 내용의 일요판신문에 대한 독자들의 인기가 크게 높아지면서 일요판신문만 전적으로 발행하는 신문사까지 나타나, 일요판신문 내지 일요신문들이 더욱 크게 발전했다.

5. 남북전쟁과 그 재건기 신문들의 발전상

1861년 남북전쟁이 시작되어 4년 만인 1865년 전쟁이 끝난 뒤, 다시 연방 국가의 재건을 시작하여 그것이 어느 정도 마무리된 1871년까지 10년간의 '남북전쟁기'는 신문역사에서도 비극적 시기였고 또한 격동의 시기였다. 그러나 이러한 와중에서도 신문은 여러 가지 새로운 발전과 변화를 이룩했다. 역사에서 각 시대 내지 시기는 모두 일종의 전환기(transition period)의 성격을 지니지만, 미국의 신문역사에서 남북전쟁기처럼 새 시대로의 발전을 위한 전환기가 된 시기는 일찍이 없었다.

신문의 종수와 발행부수의 증가

우선 주요 발전의 하나로는 신문의 종수와 종류 및 보급률의 증가를 들 수 있는데, 이는 남북전쟁의 전황 뉴스에 관한 대중들의 커다란 관심과 열망으로 인하여 특히 후방 지역 신문들이 전시호황을 누리게 되자, 새로운 신문들도 속출했기 때문이다. 또한 전쟁이 끝난 뒤에는 다시 연방 국가를 재건하고, 정치와 사회도 안정을 되찾으면서, 특히 중서부 지역에서 수많은 신문들이 새로 나왔기 때문이다.[3] 그리하여 1860년대에는 신문종수의 증가율이 30%나 상회했으며, 그중에서도 특히 일간신문들의 종수가 급증해서 50%의 신장률을 보였다.

---

3 아이오와주와 캔자스주에서는 1860-72년간에 신문종수의 증가율이 정상적 수준인 30%를 넘어서 거의 200%에 달했다. 그런가 하면, 현재의 워싱턴주(1889년 주로 승격)에서도 신문이 나타나기 시작하여 1870년에는 12개에 이르렀고, 오리건주(1859년 주로 승격)에서도 1870년 현재 30개의 신문이 존재했으며, 현재의 아이다호주(1890년 주로 승격)에서도 1862년 이곳 최초의 신문인 「골든 에이지」(*Golden Age*)지가 첫선을 보였다. 1864년에는 현재의 몬태나주(1889년 주로 승격)에서도 최초의 신문인 「몬태나 포스트」(*Montana Post*)지가 등장했으며, 현재의 와이오밍주(1890년 주로 승격)에서도 1863년 이곳 최초의 일간신문인 「데일리 텔레그램」(*Daily Telegram*)이 출현했고, 1864년에는 노스다코타주(1889년 주로 승격)에서 이곳 최초의 신문인 「프론티어 스카웃」(*Frontier Scout*)이 나옴으로써 서부의 거의 모든 주들이 신문을 갖게 되었다.

그 결과, 1870년도에는 전국의 신문종수가 모두 4,500개에 달했는데, 이는 영국의 3배였으며, 전 세계 신문종수의 3분의 1을 차지하는 숫자였다(*Leisure Hour*, Vol. 20, 1871. 4. 15, p. 234).

이렇게 신문의 종수가 증가하자 그에 따라 신문발행부수도 증가하여, 신문보급률이 1860년대에는 19%나 증가했다. 이는 신문종수가 증가했기 때문이기도 했지만, 당시 미국인들은 신문을 음식과 같은 생활필수품으로 인식해서 비록 남북전쟁으로 인하여 신문 값이 계속 올랐음에도 불구하고 국민 대다수가 신문을 구독했기 때문이다. 그리하여 신문발행부수가 급증하게 되었는데, 예컨대 「뉴욕 헤럴드」지를 보면, 1860년도 말 7만 7,000부였던 발행부수가 남북전쟁이 막 시작된 1861년 4월 13일에는 10만 7,520부로 껑충 뛰었고, 4월 14일에는 다시 13만 5,600부로 증가했다. 한편 「뉴욕 타임스」지도 같은 기간에 발행부수가 4만 5,000부에서 7만 5,000부로 급증했으며, 뉴욕의 다른 신문들도 역시 비슷한 증가율을 기록했다.

그러나 남북전쟁이 끝나자 각 신문의 발행부수의 증가율이 많이 둔화되었다. 하지만 「뉴욕 데일리 뉴스」지는 신문 값을 남북전쟁 이전과 같이 1센트로 내리자 발행부수가 다시 급증하여 8만 부로 치솟기도 했다. 그런가 하면, 종전 이후 다소 떨어졌던 여러 신문들의 발행부수도 점차 다시 회복세를 보이기 시작하여 1871년에 이르러서는, 예컨대 「뉴욕 헤럴드」는 7만 5,000부, 「뉴욕 타임스」는 5만 부 정도를 유지하게 되었다.

객관적 뉴스보도기능의 중시

1861년 남북전쟁의 시작 이후 1971년까지의 시기에 나타난 중요한 변화의 하나로는 무엇보다도 신문의 여러 가지 기능들 중에서 보도기능을 가장 중시하기 시작했다는 점을 들 수 있다. 신문의 4대 기능을 보도기능(to inform), 지도기능(to influence), 오락기능(to entertain) 및 광고기능(to advertise)이라고 할 때, 미국신문들은 전통적으로 보도기능보다는 논설·논평·해설 등의 소위 지도기능을 가장 중시해 왔다. 그러나 1861년 남북전쟁 이후 미국신문들이 지도기능보다는 각종 사건들에 대한 스트레이트 뉴스(straight news) 위주의 보도기능을 더 중시하면서 이를 신문의 생명으로 간주하게 되었다. 그러면 이렇게 된 이유는 무엇인가?

• 주요 사건들에 대한 신속하고 대대적인 보도

첫째로는 1861부터 남북전쟁을 시작으로 잇달아 발생한 커다란 사건들에 관한 특히 페니신문들의 신속하고 대대적인 보도를 들 수 있다. 주요 사건이 일어날 때마다 특히 페니신문들이 그 사건들을 신속하고 크게 보도해서 독자들의 커다란 환영을 받게 되자, 다른 신문들도 점차 뉴스의 보도기능을 가장 중시하게 된 것이다. 그리하여 1861년 남북전쟁의 발발 이후 미국신문들은 지도기능보다는 각종 사건들에 대한 보도기능을 더 중시하게 되었는데, 그러면 당시 이렇게 신문의 기능을 바꾸게 만든 사건들에는 어떠한 것들이 있었는가?

1861–72년 사이 각 신문의 제1면을 장식했던 주요 사건들을 간단히 살펴보면, 가장 큰 사건은 역시 남북전쟁이었는데, 남북전쟁이 발발하자 이를 모든 신문이 신속하게 대서특필했다. 그러나 이보다 더 크고 더 많은 지면을 할애해서 보도한 뉴스기사는 1865년 4월, 불과 며칠을 사이에 두고 발생한 두 가지 사건, 즉 어포매톡스(Appomatox)에서 남군총사령관 리 장군의 항복과 링컨 대통령의 피살사건에 관한 것이었다. 한편 1867년 존슨 대통령에 대한 탄핵사건도 몇 주 동안 각 신문의 제1면을 장식했다.

그런가 하면, 1866년 유럽에서 발생한 프러시아와 오스트리아 간의 전쟁에 관한 뉴스들도 제1면을 크게 장식했다. 이 전쟁을 직접 취재하기 위해 미국신문들은 특파원들을 현지에 파견했으나, 이들 특파원이 현지에 도착했을 때는 이미 전쟁이 끝나 있었다. 그러자 「뉴욕 헤럴드」지는 종전을 선언하는 프러시아 국왕의 연설을 직접 취재해서 그 내용을 전신으로 미국 본사에 송고했는데, 이때 사용한 전신료만도 무려 6,500달러나 되었다고 한다(*Cincinnati Commercial Gazette*, 1889. 5. 26일자).

그 뒤 1870년 프랑스와 프러시아 간에 전쟁이 일어나자, 미국신문의 특파원들이 대거 현지로 건너가 그 전쟁에 관한 뉴스들을 모든 수단을 동원하여 신속하게 송고함으로써 미국 독자들의 환영을 받았을 뿐 아니라, 유럽의 신문기자들에게 소위 '미국식'(American way) 신속보도방법을 가르쳐 주기도 했다. 당시 미국신문의 특파원들이 7개월 동안 이 전쟁에 관한 뉴스를 미국 본사에 송고할 때 지불한 전신료만도 12만 5,000달러를 기록함으로써, 다시 한 번 유럽 신문인들을 놀라게 했다.

사회면 사건들 중에서 제1면을 장식했던 주요 사건들은, 1869년 9월 24일 발생한 금시장파동, 1871년 발생한 시카고 대화재사건과 그 이듬해 보스턴에서 일어난 화재사건, 1871년 7월 12일 뉴욕에서 발생한 오렌지폭동 사건 등이었는데, 이러한 사건들에 대해서도 신문들은 신속하고 크게 보도했다. 이 밖에 살인사건을 비롯한 각종 범죄 사건들도 제1면을 많이 채웠는데, 이러한 기사들을 취재하는 데 발로 가장 많이 뛴 기자는 「뉴욕 선」지의 에드워드 웨스턴(Edward P. Weston)이었다. 그리하여 웨스턴 기자는 그때까지의 미국의 신문역사에서 가장 훌륭한 '레그 맨'(leg man)이라는 명예를 얻게 되었다.

스포츠 관계 기사도 종종 제1면을 장식했으나, 그 대부분은 격투기와 경마에 관한 것이었다. 특히 영국에서 미국과 영국의 격투기 챔피언 간의 대결이 있었을 때는 미국신문들은 특파원들을 영국으로 파견해서, 그 결과를 신속하고 자세히 보도하는 극성까지 보여 주었다. 그러면서 자연히 뉴스의 보도기능이 신문의 가장 중요한 기능으로 자리를 잡게 되었다.

• 제1면을 장식한 특종 뉴스들의 실례

둘째로, 1861년 남북전쟁 이후 미국신문들이 각종 사건들에 대한 논설이나 논평 등을 통한 지도기능보다는 스트레이트 뉴스 위주의 보도기능을 더 중시하게 된 또 하나의 이유로는 정론신문의 퇴조를 들 수 있다. 물론 정치적 목적을 위해 발행한 일부 신문들은 아직도 보도기능보다는 지도기능을 더 중시하기도 했지만 이러한 경향도 점차 사라지게 되었는데, 이는 1861년 남북전쟁의 발발 이후 정당들 간의 대결양상이 점차 누그러졌기 때문이다.

이러한 경향은 당시의 한 잡지기사에서도 그대로 엿볼 수 있는데, 1870년 6월 25일자 발행의 「챔버스 저널」(*Chambers Journal*)을 보면 "미국의 독자들은 이제 그 자신의 정치적 신조들을 대변해 주던 신문들을 버리고, 그 대신 최근에 일어난 사건들을 신속하고 자세하게 보도하는 신문들을 선택하고 있다"고 지적하고 있다. 한편 호레이스 그릴리의 전기 작가였던 제임스 파튼(James Parton)도 「노스 아메리칸 리뷰」(*North American Review*)라는 잡지 1866년 4월 발행호에서 아래와 같이 서술했다.

> 논설기사들의 권위 내지 명성은 사라져 가고 있다. … 저널리스트들 중에는, 논설기사들을 폐지하고 그 대신 매일매일의 역사와 그림을 대중들에게 제시해 주는 일에 신문의 모든 노력을 경주할 때가 왔다고 생각하는 사람들도 있다. 물론 그러한 때는 아직 오지 않았으며, 어쩌면 영원히 오지 않을 것이다. 그러나 논설들이 일간신문을 신문답게 만들어 주지 못하며, 대중들의 마음에 큰 영향을 미치지 못하고 있다는 사실을 오늘날의 저널리스트들은 이미 잘 인식하고 있다. 동시에 신문의 힘과 성공은 뉴스의 취재와 그 제시기술에 달려 있다는 사실도 잘 인식하고 있다. … 뉴스는 신문들 간의 경쟁의 초점이다. 20명 중 19명의 독자는 뉴스를 보기 위해 신문을 산다. 일간신문의 힘과 가치를 구성하는 것은 바로 뉴스라는 요소이다. 또한 모든 자유세계의 모든 신문의 등급을 결정해 주는 것도 역시 뉴스이다(*North American Review*, Vol. 102, 1866. 4, pp. 375-376).

물론 이상과 같은 파튼의 글에는 약간의 과장이 섞여 있기는 하지만, 전체적으로는 옳은 관찰이었다. 한편 「리핀콧츠 매거진」(*Lippincott's Magazine*) 1871년 8월호에서도 비슷한 문맥의 글귀를 발견할 수 있는데, 이는 "신문을 지배하고 있는 천재들은 그 편집자가 아니라 기자라고 대부분의 독자들은 생각하고 있다"(p. 180)는 것이다. 사실상 남북전쟁기간에 일종의 영웅으로 부상한 사람들은 종군기자들이었고 이들의 용감한 활약은 기자의 지위를 크게 향상시켜 놓았다.

또한 전쟁기간에 미국신문들이 큰 성공을 거둘 수 있었던 것도 실은 열성적이고 유능한 종군기자들의 덕이었다.

• 통신수단의 발달도 보도기능을 촉진

셋째로, 1861년 남북전쟁 이후 미국신문들이 지도기능보다는 뉴스의 보도기능을 더 중시하게 만든 또 하나의 이유로는 전신 등 통신기술의 발달을 들 수 있다. 통신기술의 발달이 신문사들 간의 신속한 뉴스의 속보전을 촉진하면서 자연히 뉴스를 중시하게 만들었기 때문이다. 남북전쟁이 발발하자 그 전황에 관한 뉴스를 신속하게 보도하기 위해 각 신문사들은 전신을 최대로 활용하면서 신문과 통신기술이 서로 결합하기 시작했다.

그리하여 뉴욕연합통신사(New York Associated Press)의 7개 회원신문들은 웨스턴유니언전신회사(Western Union Telegraph Company)와 계약을 체결하고, 해외로부터 전신을 타고 들어오는 뉴스(wire-news)들을 독점하여 그 뉴스들을 여러 신문들에게 팔게 되었다. 그러자 중서부 지역 신문들은 뉴욕연합통신사의 뉴스 독점행위에 반발해 1862년 서부연합통신사(Western Associated Press)를 결성하여 뉴욕연합통신사와 맞서게 되었다. 그러다가 이들 두 통신사는 1866년 협동체제를 갖추고 지역을 나누어 가지면서 공존을 모색했다.

한편 1866년부터 대서양횡단전신이 성공적으로 운용되기 시작되자, 이를 신문들이 적극 이용하여 유럽에서 일어나는 사건들을 신속하게 미국인들에게 전달해 주면서 미국과 유럽을 근접시켜 줌으로써 독자들의 환영을 받게 되었다. 신문들이 점점 논설·논평보다 뉴스 자체에 비중을 주는 경향을 띠게 되면서, 신문의 가장 중요한 기능은 특히 정치적 문제에 관한 논설이나 논평 등을 통한 의견의 제시가 아니라, 객관적 뉴스의 신속한 보도라는 것을 새로이 인식하게 되었고, 뉴스의 보도에서도 어떤 정파의 정치적 목적에 편승, 그것을 왜곡시키고 침소봉대하는 경향이 점차 사라져 갔다.

정론적 성향의 쇠퇴와 중립성의 중시

위와 같이 되자, 일찍이 1783년 미국이 영국으로부터 독립한 직후부터 무려 80년 동안이나 신문들이 각 정당이나 정파로 나뉘어 서로 정쟁을 벌여 왔던 정론 현상도 사라지기 시작했다. 그 주요 이유는 앞서 말했듯이 독자들의 관심이 정치적 논설·논평기사들보다는 객관적 뉴스에 쏠리게 되었기 때문이기도 하지만, 1850년대 초부터 이루어진 정당들의 개편으로 인한 휘그당계 신문들의 분열이 신문의 중립 내지 독립을 촉진시켰기 때문이다. 그리하여 신문들이 중립성 내지 독립성을 추구하면서 시시비비를 가리게 되자, "정당=신문"이라는 등식관계의 정론 현상은 드디어 맥이 끊기게 되었다.

• 신문의 중립성 내지 독립성의 부각

이처럼 신문의 오랜 정론적 현상에서 탈피하는 데 앞장선 것은 1830-40년대부터 등장한 페니신문들이었다. 예컨대 「뉴욕 타임스」지는 1860년 3월 22일 지면에서, "신문의 올바른 사명은 모든 정파의 독자들로 하여금 사회에서 일어나고 있는 문제들에 관한 사실들을 알고 진실과 정의를 위한 입장에서 서로 논의를 할 수 있도록 하는 형태와 논조로 사실들을 보도하는 것이며, 결코 특정 정당의 이해를 대변하는 것이 아니다"라고 자기 신문사의 방침을 천명했다. 그러자 뉴욕의 「뉴욕 헤럴드」·「선」·「뉴욕 이브닝 포스트」·「뉴욕 트리뷴」과, 시카고의 「시카고 트리뷴」, 스프링필드의 「스프링필드 리퍼블리컨」, 신시내티의 「신시내티 커머셜」지 등도 자신들이 지지하던 정당들에 대해 종종 비판을 가하기 시작했다.

이처럼 신문들이 자기들의 지지정당에 대해서도 시시비비를 가리면서 점차 중립성 내지 독립성을 띠게 되자, 신문에 대한 독자들의 신뢰성도 높아졌다. 그러자 본래부터 정치적 목적에서 출발한 정론신문들까지도 특정 정당이나 정치지도자들을 위해 허위 보도를 일삼는 것이 점차 어려워져 중립성을 지키지 않을 수 없게 되었다. 바로 이와 같은 새로운 변화에 대해 시카고의 신문인 프랭크 길버트(Frank Gilbert)는 「레이크사이드 먼슬리」(*Lakeside Monthly*)라는 월간잡지의 1872년 8월호에서 이렇게 서술했다.

> 이제 신문계에는 급진적 변화가 초래되고 있으며 그 변화는 더 계속될 것이다. 독자들은 이제 조작된 의견을 원치 않으며 스스로 판단들을 내리고 있다. 그들은 신문으로부터 자신들 스스로의 결론 도출에 필요한 자료들만 요구하고 있다. 그리고 그들은 실제로 그러한 자료들을 얻을 수 있게 되고 있다. 그들은 뉴스기사에서 양방의 소리를 듣고 있으며, 이러한 소리들을 들려주는 신문만을 신문이라고 부를 가치가 있다고 생각한다(Gilbert, 1872, p. 113).

이와 같은 독자들의 생각과 요구는 신문들의 비판의 자유를 신장시켜, 신문들은 점차 모든 문제에 관해 자유롭게 시시비비를 가릴 수 있게 되었다. 그 결과, 신문들은 과거 오랫동안의 정치지향성 내지 정파성으로부터 벗어나서 중립성 내지 독립성을 띠기 시작했다.

• 피처기사들도 정치문제에서 해방

위와 같이 정당과 정치 또는 정치문제로부터 신문의 해방과 독립성은 무엇보다도 논설이나 논평기사에 많은 영향을 미쳐 그 스타일과 매너들이 점점 개선되어 점잖아졌으며, 정치문제 외에 다양한 주제를 흥미롭게 다루기 시작했다. 이러한 경향은 특히 동부와 서부신문들에서 현저히 나타나기 시작했다.

이와 같은 경향은 비단 논설이나 논평기사에서뿐 아니라 전체 지면의 구석구석에서 나타나기 시작했다. 즉 주제·기사형식·편집방법 등에서도 엿보이기 시작했는데, 이는 특히 피처기사에서 두드러지게 나타났다. 그중에서도 특히 새로운 경향은 주제의 다양성이었는데, 과거의 피처기사들은 주로 정치문제에 관한 것들이었으나, 1860년대 후반부터는 수필·소설·시·유머 등의 피처기사들이 많이 등장하기 시작했다. 따라서 작가와 시인들이 각광을 받게 되었으며 그중의 일부는 아예 신문계로 들어와서 편집업무의 일부를 맡기도 했다.

그 결과, 지면들은 점차 풍부한 읽을거리로 채워지게 되었으며 그 읽을거리들은 흥미와 위트를 더해 갔다. 당시 미국신문계에서 크게 명성을 떨친 유머리스트들로는 마크 트웨인(Mark Twain), 아르테머스 워드(Artemus Ward), 데이비드 로크(David R. Locke), 로버트 뉴웰(Robert H. Newell) 등을 손꼽을 수 있는데, 이들도 모두 신문이 정치로부터 독립을 되찾았던 결과의 인물들이었다고 하겠다. 한편 칼럼니스트들도 대거 등장하여, 신문의 칼럼들을 재치 있고 유익한 글들로 채우기 시작했다.

그런가 하면, 인터뷰기사(interview story)도 인기를 끌었다. 인터뷰 방법은 그 이전에도 가끔 쓰인 적이 있었으나 이 시기에 와서 보편화되었는데, 1859년 8월 20일자 「뉴욕 트리뷴」지에 브라이햄 영(Brigham Young) 기자가 호레이스 그릴리를 인터뷰해서 쓴 기사가 크게 실렸다(Turnbull, 1936, p. 275에서 인용). 그러자 이것이 계기가 되어 다른 신문들에서도 유명인사들과의 인터뷰기사가 유행하게 되었고 워싱턴주재 특파원들은 정치인이나 행정당국자들을 인터뷰해서 그들의 의견을 보도하기 시작했다.

그러나 유명인사들의 세세한 행동과 발언까지를 자세하게 보도하는 인터뷰기사들은 잡지로부터 많은 비판을 받기도 했다. 즉 "신문의 인터뷰기사들은 형편없는 정치인들을 위대한 정치인으로 둔갑시킨다"고 잡지들이 신문을 비판했다(*Galaxy*, Vol. 18, 1874. 12, p. 827). 그럼에도 불구하고 인터뷰방법과 인터뷰기사들은 그 후 영국과 프랑스 등의 신문들까지 모방해서, 세계 모든 신문에서 중요한 취재방법 내지 기사의 한 유형으로 발전하게 되었다.

신문의 편집과 인쇄기술 등의 발전

위와 같이 1861년부터 1871년까지 '남북전쟁기'에는 신문의 기능과 내용 등에서 여러 가지 괄목할 만한 새로운 변화들이 일어났다. 그런가 하면, 신문의 편집과 인쇄 및 신문용지제지술 등에서도 여러 가지 새로운 발전과 변화들이 있었는데, 그중에서 중요한 변화들만 몇 가지 들어 보면 아래와 같다.

• 기사제목 · 삽화 · 판형 · 활자체 등의 다양화

첫째, 뉴스기사의 제목들은 이 시기에도 1단짜리에서 탈피하지 못했으나, 부제목(deck)들은 점점 늘어나서 보통 6–12개나 되었다. 하나의 부제목은 대체로 1–2행으로 구성되었으며, 맨 끝의 부제목에는 '등등'(Etc., Etc., Etc.)이라는 낱말들만 집어넣기도 했다. 그리고 이들 부제목의 각행은 서로 다른 활자체, 예컨대 로마체(Roman typeface) · 고딕체(boldface) · 이탤릭체(italics) 등으로 인쇄해서 눈에 띄게 했다. 또한 일부 신문들은 부제목들 간의 사이를 많이 띄어서 눈에 띄게 만들기도 했다.

둘째, 신문지면의 장식을 위한 삽화나 도안들도 많이 넣기 시작했는데, 남북전쟁기간에는 주로 전투 지역의 지도들을 많이 실었고, 일부 신문들은 장군이나 요새의 그림을 목판 컷을 사용하여 인쇄해 넣기도 했다. 남북전쟁 후에도 신문들은 주요 사건 장면 등의 삽화를 많이 실었는데, 이런 삽화들은 대규모 일간신문들뿐만 아니라 주간신문들도 점차 싣기 시작했다. 삽화나 도안 등은 광고에도 많이 넣었는데, 특히 상표(trademark)나 그와 유사한 심벌들도 이 시기에 처음 넣기 시작했다. 그런가 하면, 만평을 정기적으로 실은 신문들도 있었는데, 이러한 만평은 1867년 「뉴욕 이브닝 텔레그램」(*New York Evening Telegram*)지가 처음 싣기 시작했다.

셋째, 판형 즉 지면의 크기에도 변화가 있었는데, 종래에 사용해 오던 블랭킷판이 1872년까지는 거의 자취를 감추게 되었다.

넷째, 신문활자에도 변화가 있었는데, 1860년대로 들어서면서 그전까지 대대적으로 사용했던 애깃활자〔agate type = 5½인치, 영국에서는 루비(Ruby)활자라 부름〕의 사용은 줄고, 그보다 큰 활자들을 쓰기 시작했다.

• 연판 · 두루마리 용지 사용 인쇄기와 목재펄프 제지술의 발명

다섯째, 신문인쇄에서 연판(stereotype)을 사용하기 시작했는데, 연판은 그 이전부터 이미 서적인쇄에서는 사용했으나, 이를 신문인쇄에도 도입하게 된 것은 1861년 리차드 M. 호우회사(Richard M. Hoe & Co.)에서 연판을 사용할 수 있

는 신문인쇄기를 개발했기 때문이다. 그리하여 신문인쇄에서도 연판을 사용함으로써 인쇄가 쉽고 속도가 훨씬 빨라졌다. 그런가 하면, 신문지면에 단주(column rules)를 넣지 않을 수도 있고, 또한 2단 크기의 컷도 사용할 수 있게 되었는데, 연판을 사용하기 이전에는 활자들을 고정시키기 위해 반드시 단주를 넣어야만 했으나, 연판을 사용함으로써 단주를 넣을 필요가 없게 되었기 때문이다.

여섯째, 두루마리 신문용지를 그대로 인쇄기에 걸어서 신문을 인쇄할 수 있는 새로운 인쇄기(web-perfecting press)도 1863년 발명되어, 인쇄 속도가 아주 빨라졌다. 이 인쇄기에 두루마리 용지의 한 끝을 걸어 놓으면 자동적으로 양면에 인쇄되면서 용지가 다 소모될 때까지 신문이 찍혀 나오기 때문이다.

일곱째, 신문용지의 제지술에서도 일대 변혁이 일어나서 신문제작비를 절감할 수 있게 되었다. 남북전쟁기간에는 신문용지대가 하늘 끝까지 치솟아서, 1861년 현재 1파운드당 7.5센트였던 것이 1863년에는 22센트로 올랐으나, 그것조차 구하기 힘들었다. 그러나 1874년 8.5센트로 떨어졌는데, 이는 전쟁이 끝나서 다시 제지공장들이 제대로 가동할 수 있었기 때문이기도 하지만, 넝마 대신 목재펄프를 사용한 제지술이 발명되어 싼값으로 종이를 만들 수 있기 때문이기도 했다. 이러한 목재펄프 제지술은 본래 독일에서 프리드리히 켈러(Friedrich G. Keller)가 발명한 것이었는데, 그 제지술과 제지기를 1867년 미국의 파겐스텟처 형제(Pagenstetcher brothers)가 수입해다가 매사추세츠에서 종이를 생산하기 시작했다. 처음에는 목재펄프에 넝마를 섞어서 신문용지를 만들다가 1871년부터 목재펄프만 사용해서 신문용지를 제조했다.

신문광고기법의 발전

끝으로 신문광고에 관해서도 간단히 살펴보면, 이 시기에는 신문광고에도 여러 가지 새로운 변화들이 나타났다. 그중에서 중요한 변화들을 몇 가지만 들어 보면 아래와 같다.

• 광고게재면과 광고기법 및 광고디자인의 변화

첫째 변화는 제1면에 광고를 싣던 오랜 관행이 사라지기 시작한 것이었는데, 과거에는 거의 모든 신문들이 제1면에 광고를 실었다. 그러나 남북전쟁의 시작 이후 신문들이 뉴스를 중시하면서부터는 제1면에 주요 뉴스들을 싣게 되면서 광고를 다른 면으로 옮기게 되었다. 예컨대 「뉴욕 선」과 「뉴욕 헤럴드」도 과거에는 제1면에 싣던 광고를 1862년부터는 뒤의 다른 면으로 돌렸다. 그러나 이들 두 신문은 그 뒤 다시 광고를 제1면으로 돌리긴 했지만, 그 밖의 대부분의 신문들은 광고를 더 이상 제1면에 싣지 않게 되었다.

둘째로 광고기법에도 새로운 변화가 있었다. 예컨대 증언광고기법(testimonial technique)을 많이 사용하기 시작했으며, 광고에 대한 독자들의 주목을 끌기 위해 광고문안에 시사적 내용을 삽입하기도 했다. 그런가 하면, 링컨 대통령이 수염을 기르자 이를 발모제 광고에 이용함으로써 많은 효과를 보았을 뿐 아니라, 수염 기르기가 일반에서도 유행하게 만들었다.

셋째로 광고의 단조로움을 피하기 위해 여백(white space)을 많이 남겨 놓는 동시에 컷들도 많이 사용하기 시작했다. 예컨대 「뉴욕 헤럴드」지는 1863년 서커스 광고를 게재하면서 그에 15종의 동물 컷들을 넣기도 했다. 한편 광고에 상표(trademark)나 그와 유사한 심벌들도 처음으로 넣기 시작했다. 대부분의 광고들은 1870년 직전까지도 1단 크기였다가 「뉴욕 타임스」와 「뉴욕 트리뷴」지 등이 2단짜리 광고를 싣기 시작함으로써 1단 광고의 터부가 깨지게 되었다.

• 광고요금의 실태와 광고대행사들의 성장

넷째로 광고료도 많이 올랐는데, 남북전쟁이 시작되자 연방 중앙정부는 전쟁비용의 충당을 위해 1862년 8월 1일부터 모든 광고에 3%의 세금을 부과했으나 신문사들의 반대에 부딪쳐 1867년 3월 2일 중단하고 말았다. 남북전쟁이 끝나자 광고물량이 다시 증가하기 시작하여, 1870년대 초에 이르러서는 전국 신문사들의 연간 총 광고수입이 1,200만–1,500만 달러에 달하게 되었다. 각 신문의 광고요금은 다양했는데, 대규모 일간신문들의 평균 광고료는 1애것(agate line=$\frac{1}{4}$인치)에 25센트였으나, 「뉴욕 헤럴드」는 1871년 현재 1달러(제5면의 경우)를, 「뉴욕 선」지는 40센트를 받았다. 한편 주간신문들은 1애것에 10센트를 요구했으나 할인해 주는 것이 보통이었다. 하지만 광고대행사들에게는 1단을 1년 동안 사는 데 25달러를 받았다고 한다.

다섯째로 광고대상상품에도 적지 않은 변화가 있었는데, 과거에는 주로 특허의약품 광고가 주종을 이루었으나, 이 시기에는 화장품 · 베이킹파우더 · 재봉틀 · 피아노 광고도 큰 비중을 차지하기 시작했다.

여섯째로 광고대행사들도 많이 늘어났는데, 남북전쟁 이후에 창설해서 유명해진 광고대행사로는 1869년 설립한 N. W. 아이어 앤드 손(N. W. Ayer & Son) 및 1872년 창설한 로드 앤드 토머스(Lord & Thomas) 등을 들 수 있다. 한편 광고 물량이 증가하자 기존의 광고대행사들도 크게 성장했는데, 1865년 보스턴에서 출발한 조지 로웰(George P. Rowell)사는 그 후 뉴욕으로 진출하여, 전국에서 가장 유명한 광고대행사로 성장했다.

이러한 로웰광고대행사는 '광고명단'(advertising list)이라는 새로운 광고판매방법을 개발해서 많은 돈을 벌었는데, 이 방법은 여러 신문들의 지면을 싼값으로 미리 산 다음, 이를 가령 "100개 신문에 1인치 크기의 광고를 1개월 동안 내는 데 100달러"라는 식으로 광고주들에게 다시 팔아넘김으로써, 1인치당 25–75%의 이윤을 남기기도 했다. 그런가 하면, 로웰광고대행사는 1869년부터 미국 최초로 전국의 신문과 정기간행물들을 소개하는 연감 「아메리칸 뉴스페이퍼 리포터 앤드 애드버타이저스 가제트」(*American Newspaper Reporter & Advertiser's Gazette*)를 발행(1884년까지)하기 시작했다.

제7장

독립신문기 (1872–1891)

독립신문의 표방과
독립신문시대로의 전환

앞서 제6장에서는 1861년부터 1871년까지 미국신문의 실태를 살펴보았는데, 1872년으로 넘어오자 미국신문역사에서 확실히 구시대의 종막과 새 시대의 시작을 알리는 여러 가지 조짐들이 나타났다. 그중 하나는, 1830년대부터 페니신문을 만들어 미국신문계를 선도해 왔던 위대한 신문인들의 퇴진이었는데, 1872년 7월 「뉴욕 헤럴드」(*New York Herald*)지의 창간자 제임스 베네트(James G. Bennett)가 사망한 데 이어, 5개월 뒤에는 「뉴욕 트리뷴」(*New York Tribune*)의 창간자 호레이스 그릴리(Horace Greeley)도 타계했다. 그리고 「뉴욕 이브닝 포스트」(*New York Evening Post*)지의 창간자 윌리엄 브라이언트(William C. Bryant)는 신문계에서 은퇴했는데, 이들 위대한 신문인들의 퇴진은 확실히 구시대의 종말과 새 시대의 도래를 알리는 신호였다.

1. 독립신문기 미국의 시대적 상황

호레이스 그릴리가 타계하기 며칠 전, 그는 "지금부터 난 나의 모든 노력을 독립적 신문의 정립에 경주하겠다"고 선언했는데, 이는 정론신문기의 종말과 새로운 시대의 방향을 분명하게 예고한 것이기도 했다. 왜냐하면 이와 같은 그릴리의 예고, 아니 유언처럼 1872년 이후 미국신문계에는 "정파성 내지 정치적 결탁으로부터 완전히 독립해서 자유롭게 되려는" 소위 독립신문(independent press)[1]들이 출현하여 신문계를 선도하게 되었기 때문이다. 그러나 이러한 독립신문들은 1892년경부터 소위 '황색신문'(yellow paper)들의 거센 바람을 맞으면서 그 기세가 많이 꺾이게 되었다. 그러면 여기 제7장에서는 1872년부터 1891년까지 19년간을 '독립신문기'(the era of independent press)로 잡고, 이 시기의 미국신문들의 실태를 살펴보기로 하되, 그에 앞서 이 시기의 시대적 상황부터 간단히 살펴보고 넘어가기로 하겠다.

과학기술과 각종 산업의 획기적 발전

1861년 4월 12일 시작된 남북전쟁은 4년 만인 1865년에 끝났다. 그러나 그 이후에도 계속 남은 남북 간의 이견과, 감정적 대립을 해소하고, 연방국가를 다시 재건하는 데 또 7년이나 걸려서, 남북전쟁은 실제로 1870년대 초에야 일단락되었다. 그러자 북부와 남부는 다시 평화를 되찾고, 대등한 관계 속에서 서

1 여기서 '독립신문'이란 우리나라에서의 '중립신문'에 해당한다. 그러나 미국에서 '중립신문'(neutral newspaper)이라고 하면, 마치 물지게 양쪽에 물이 가득 찬 양동이를 매달고 걸어가면서 물이 쏟아지지 않도록 애를 쓰듯이, 이쪽저쪽 눈치를 보면서 중간에서 몸을 사리는 신문을 말한다. 반면, '독립신문'(independent newspaper)이라고 하면, 정부나 정치, 기업, 대중 등으로부터 완전한 독립성을 유지하면서, 각종 정치나 사회문제 등에 대해 그때그때 시시비비를 가리는 신문을 말한다. 따라서 여기서는 우리나라식의 '중립신문'이라는 용어 대신, '독립신문'이라는 용어를 그대로 사용하기로 하겠다.

로 도와 가면서 새로운 미국의 건설에 박차를 가하기 시작했다. 그리하여 미국은 농업국가에서 도시공업국가로 변모해 갔으며, 개척지는 점차 자취를 감추고 그 자리에는 광대한 농장과 큰 공장, 신흥도시들이 들어섰다.

"비록 남북전쟁은 미국역사에 큰 상처를 남겼으나, 그 이전 20–30년 동안에 일어나기 시작한 변화를 일거에 가속화했다"고 어느 작가가 술회했듯이, 남북전쟁은 특히 제조산업 발전을 크게 촉진했으며 이는 다시 각종 경제활동을 활성화했다. 또한 과학도 눈부신 발전을 이룩하면서 각종 새로운 기기들을 발명해 미국인들의 생활을 윤택하고 안락하게 만들어 주었다.

1844년 새뮤얼 모스(Samuel F. B. Morse)는 전신을 발명해서 미국 각 지역 주민들을 서로 긴밀하게 연결해 주었다. 1876년에는 알렉산더 그래햄 벨(Alexander Graham Bell)이 전화를 발명해서 통신분야에 혁신을 가져왔으며, 토머스 에디슨(Thomas A. Edison)은 1879년 백열전구를 발명해서 수백만 가정을 밝게 비춰 주었다. 그런가 하면, 1867년에는 크리스토퍼 숄스(Christopher L. Sholes)가 타이프라이터를 발명했고, 1886년에는 라이노타입(linotype)이라는 식자기, 윤전인쇄기, 접지기 등이 발명됨으로써 8면짜리 신문을 시간당 24만 부나 인쇄 가능하게 만들어 주었다.

이와 같은 미국인들의 창의성과 그에 따른 과학기술의 발전은 특히 산업분야에서 새로운 수준의 생산성을 제고시켰다. 특히 철강산업은 고율의 관세보호까지 받으면서 고도로 발전하여 기간산업이 되었다. 이러한 철강산업의 발전에 크게 공헌한 인물은 앤드류 카네기(Andrew Carnegie)였는데, 그는 12세 때 스코틀랜드에서 미국으로 건너와 솜 공장의 실패잡이를 하는 등 온갖 고생을 했다. 그러다가 제철업에 투자한 것이 계기가 되어 미국의 제철왕이 되었는데, 그가 펜실베이니아주 모논가헬라 강가에 세운 제철소는 1875년 전국 최대 제철소가 되었다.

산업화 · 도시화의 부작용과 그에 대한 대처

각종 산업의 고도화와 대형화 속에서 도시들은 방대한 자본의 축적, 상업과 금융기관, 공장과 그 노동자들의 집결지 내지 중심부가 되었는데, 이러한 도시는 계속 늘어 갔다. 마을은 소도시로 자라났고, 소도시는 시골과 해외로부터 인구를 끌어들여 단기간 내에 대도시로 변모했다. 그러면서 시골과 도시의 인구비율이 1830년에는 15:1이었던 것이 1860년에는 6:1로, 그리고 1890년에는 3.3:1로 줄어들었다. 그러나 이와 같은 고도의 도시화와 경제 · 산업의 급속한 성장은 여러 가지 사회적 · 경제적 문제점과 병폐들을 야기하기도 했다.

• 시정개혁운동에 이은 사회개혁운동의 전개

조그만 읍내들이 커다란 대도시로 변하면서 도시생활에 반드시 필요한 상하수도 · 가스시설 · 교통시설 · 전기시설 등의 각종 공공사업들이 활발하게 이루어졌다. 그러나 이러한 공공사업의 이권을 둘러싸고, 행정당국자, 정치인, 시공업자들 간에 각종 부정부패가 만연하게 되자 이에 분노한 중산계층의 시민들은 각종 부정부패와 악폐를 근절시키기 위한 시정개혁운동에 앞장서게 되었다. 그리하여 1880년부터 뉴욕 · 시카고 · 보스턴을 비롯한 여러 도시에서 시작된 시정개혁운동은 전국적으로 펴져 나가 1894년에는 200여 개 지부를 둔 전국도시연맹(National Municipal League)까지 결성되었다.

이러한 시정개혁운동과 발맞추어 사회개혁운동도 일어났는데, 이 운동에는 중산계층의 젊은 부녀자, 자선단체, 사회사업가 등이 많이 참여했다. 이들은 사회개혁운동을 전개하는 한편, 1886년부터 북부 여러 도시의 빈민굴에 사회복지관을 설치하여 불우한 노동자와 그 자녀들을 돕기 시작했다. 19세기 후반부터 고도의 산업화와 도시화가 이루어지며, 수많은 가난한 노동자들과 이민자들이 도시로 몰려들면서 여기저기 생기게 된 빈민굴에서는 각종 범죄가 들끓었고, 위생시설도 갖추어지지 않아서 주민들이 각종 질병에 시달리고 있었다.

따라서 사회개혁운동가들과 그 단체들은 가난한 노동자들과 그 자녀들을 돕고, 소비자보호운동과 금주운동도 벌였으며, 여권신장에도 앞장섰다. 그러자 이러한 운동에 신문과 잡지 등 언론이 가세하고 교회도 참여함으로써, 사회의 각종 부정부패와 부조리를 척결하고 노동자들의 빈곤문제 등도 해결하는 데 적지 않은 성과를 거두게 되었다.

• 사회적 · 경제적 문제점과 폐단에 대한 정부의 대처

위와 같이 특히 중산층 시민들이 시정개혁운동과 사회개혁운동을 벌여 많은 성과를 거두자, 1884년 제22대 대통령에 당선된 민주당 소속 그로버 클리블랜드(Grover Cleveland)도, 당시 고도의 산업화와 도시화가 야기한 여러 가지 부정적 요소들을 제거하려고 노력했다. 이러한 노력의 하나로, 1887년 그는 각 주들 간의 통상법을 의회에 제출해서 통과시켰는데, 이 법은 과당요금 · 공동영업 · 요금할인 · 차별요금 등을 금지하는 동시에 각 주들 간의 통상위원회를 설치하여 이 법의 위반행위를 감시, 규제토록 한 것이었다.

클리블랜드 대통령은 또한 고율관세에 대해서도 투쟁을 벌였는데, 당시 관세정책은 외국과의 경쟁으로부터 국내산업을 보호한다는 원칙 아래 너무 극단적으로 나가서, 소비물가가 앙등하여 국민대중의 불만을 사고 있었기 때문이다. 그러나 이러한 고율관세 문제를 클리블랜드 대통령이 들고 나왔다가, 1888년 대통령 선거에서 공화당 후보 벤자민 해리슨(Benjamin Harrison)에게 패배하고 말았다.

1889년 대통령에 취임한 해리슨은 대기업들의 트러스트에 대한 국민대중의 반감이 높아지자 이들 독점기업을 없애기 위해 1890년 셔만 트러스트방지법(Sherman Anti-Trust Act)을 제정하여 연방의회에서 통과시켰다. 그러나 이 법은 애매모호한 규정 때문에 실효를 거두지 못하다가, 10여 년 뒤에 시어도어 루스벨트(Theodore Roosevelt) 대통령 시대에 와서야 강력히 시행되었다.

농업의 기계화로 농업혁명도 시작

비록 각종 산업의 발달은 여러 가지 부작용을 초래하기도 했지만, 미국의 산업과 경제발전에 크게 기여했다. 산업기술의 발달은 농업분야에도 새로운 혁명을 불러일으켜, 육체노동의 농업에서 기계농업으로, 자급농업에서 기업농업으로의 전환이 점차 이루어지게 되었다. 이렇게 농업이 발달한 데에는 무엇보다도 기계와 과학문명의 힘이 컸는데, 1840년 사이러스 맥코믹(Cyrus McComic)이 발명한 밀 베는 기계는, 한 사람이 낫으로는 하루에 5분의 1헥타르(10,000m^2)의 밀을 베던 것을 하루에 2–2.5헥타르의 밀을 벨 수 있는 기적을 가져다주었다. 이 밖에도 여러 가지 농기계들이 발명되어 농업의 기계화와 기업화를 촉진했다.

한편 새로운 품종들이 개발되어 곡물의 수확량도 크게 증가했다. 그러나 19세기 미국 농민들은 여러 가지 자연적 또는 인공적 재난을 겪어야만 했다. 지력의 감퇴·토양의 침식·폭풍우·병충해 등 자연적 재난에다가 생산과잉에 따른 농산물 가격의 하락, 적절한 농업보호법과 정부지원의 부족 등 인공적 재난(?)들이 겹쳤기 때문이다.

그런가 하면, 농업의 급속한 기계화는 대규모 농민들에게만 이익을 가져다주어, 소규모 농민들은 상대적으로 여러 가지 피해를 보기도 했다. 그리하여 중소농들은 자신들에 대한 구제조치를 정부에 건의하기 위해 1867년부터 농민조직을 결성하기 시작하여, 몇 년 내에 거의 모든 주들에서 '그레인지'(Grange)라는 농민공제조합이 생겨나고, 그 회원 수가 75만 명을 상회하게 되었다. 이러한 농민공제조합은 그 후 정치에까지 참여하게 되었으며, 그 회원들을 주의회에 내보내서 자신들에게 직접 관계되는 법안의 통과에 큰 영향력을 행사하기도 했다. 그러나 이 그레인지운동은 1870년대 후반, 다시 호경기가 찾아오자 그 필요성이 감소되어 고개를 숙이고 말았다.

서부 지역에서는 목축업도 크게 발전

한편 서부에서도 개척과 정착이 활발하게 이루어지면서 농업과 목축업이 발달했다. 1862년 공포한 홈스테드법(Homestead Act, 자작농토무상분할법)은 황무지를 개간하려는 농민들에게 64헥타르(64만 평방미터)의 농토를 무상으로 제공해 줌으로써, 정착사업을 촉진시켜 1880년에 이르러서는 약 2,240만 헥타르가 개인소유가 되었다. 게다가 인디언들과의 분규도 종식되자, 서부의 개척이 더 활발하게 이루어지게 되었다.

이와 같은 서부의 개척사업에 더욱 촉진제가 된 것은 철도였는데, 1862년 연방의회의 설립허가를 받은 유니언퍼시픽 철도회사는 네브래스카주 오마하(Omaha)에서부터 서쪽으로 철도를 부설해 나갔다. 그리고 또 하나의 철도회사인 센트럴퍼시픽 철도회사는 캘리포니아주 새크라멘토에서부터 동쪽으로 철도를 부설해 왔다. 그리하여 이들 두 철도는 1869년 5월 10일, 마침내 유타주 프로몬토리(Promontory)에서 서로 마주침으로써, 당시까지 수개월이나 걸렸던 미국대륙횡단 여행이 1–2주로 단축되었다. 그 후에도 철도망은 점점 확장되어 전국 주요 도시들을 연결해 놓음으로써, 개척민들의 서부로의 이동이 한결 수월해졌다.

처음에는 주로 농민들이 서부로 이주했으나, 점차 광부·노동자·실업자 등도 서부로 대거 몰려가게 되었는데, 이는 캘리포니아·콜로라도·네바다·다코타 지역의 산간 지방에서 금광들이 계속 발견되었기 때문이다. 이들 금광에 몰려든 사람들은 채광에 종사하면서 촌락을 건설하고, 농업과 목축업에도 손을 대면서 영구적 정착생활을 위한 기반을 다지기 시작했다.

철도의 발달로 가축의 철도수송도 가능하게 되자, 서부에서 목축업은 더욱 번창하여 텍사스뿐 아니라 미주리·콜로라도·와이오밍·캔자스·네브래스카·다코타주 지역에도 거대한 목장들이 들어섰다. 그리하여 이들 목장의 소 떼들이 매년 가을이면 겨울을 나기 위해 텍사스에서 콜로라도·와이오밍·몬타나주의 고원으로 이동해 가는 장관을 이루었는데, 1866–88년에는 그 소 떼들의 숫자가 600만 두에 달했다. 그러면서 거대한 목장들이 있는 지역의 도시들은 가축도살과 정육업의 중심지가 되었다.

2. 정론신문의 쇠퇴와 독립신문기의 개막

신문계에서도 여러 가지 새로운 변화들이 일어나면서 괄목할 만한 발전을 이룩했다. 그중에서 가장 큰 변화는 1783년경부터 시작하여 무려 90여 년 동안이나 끈질기게 계속되어 왔던 정론신문들이 점차 사라지고, 그 대신 "모든 정파성 내지 정치적 결탁으로부터 독립되고 자유로운 신문", 즉 독립신문(independent press)들이 출현하기 시작했다. 그리하여 1880년도에 이르러서는 전국의 모든 신문들 중 4분의 1이 '독립적'(independent), '중립적'(neutral) 또는 단순한 '지역적'(local) 신문이라고 표방했으며, 이러한 신문들의 비율은 1890년도에는 3분의 1로 높아졌다(Mott, 1962, p. 412).

정론신문의 소멸과 독립신문의 대두

이와 같은 새로운 변화의 주요 원인의 하나는, 간단히 말해서 신문의 기능과 내용 등의 개념에 대한 독자들의 새로운 인식이 신문들을 정치인들로부터 빼앗아다가 신문인들의 손에 넘겨주었기 때문이라고 말할 수 있다. 따라서 이 시기의 신문들은 정치인들과 맺었던 검은손의 관계를 점차 청산하면서 지지정당에 대한 충성심도 약화되었는데, 이렇게 하지 않으면 독자들을 상실하여 신문을 운영해 나갈 수 없었기 때문이다. 그리하여 신문들은 정당이나 정치로부터의 독립과 자유를 외치면서 소위 '독립신문시대'(the era of independent press)로 들어가게 되었는데, 그렇다면 여기서 '독립신문'(independent press)이란 무엇을 말하는가?

• 독립신문시대 초기 '독립신문'의 의미와 실제

당시 미국신문인들이 생각하고 또한 주장한 '독립신문'의 개념은 그 초기에는 오늘날 우리가 생각하는 '신문의 독립성'과는 다소 차이가 있었다. 예컨대, 호레이스 그릴리(Horace Greeley)의 뒤를 이어 「뉴욕 트리뷴」지 편집인이 된 화이트로우 레이드(Whitelaw Reid)가 「스크라이버 먼슬리」(*Scriber Monthly*)라는 월간잡지 1872년 9월호에 기고한 글을 보면, "신문의 독립성이란 자당[지지정당]의 정강정책으로부터의 자유를 의미하는 것으로, 곧 자당의 정책이나 지도자들을 비판할 수 있는 것"이라고 말했는데, 당시의 다른 신문인들도 대체로 이와 비슷한 개념들을 갖고 있었다.

그러나 이러한 개념의 '신문의 독립성'을 독립신문시대 초기의 신문인들은 별로 행사한 적이 없었으며, 신문의 독립성을 말하면서도 정치적 중립성에 대한 언급은 되도록 회피했는데, 당시만 해도 신문인들은 정치계로부터 소외당하는 것을 원치 않았기 때문이다. 또한 당시에는 만약 어떤 신문이 자기 정당이나 지지정당의 정책을 반대하면, '독립신문'이라고 불리는 대신, '기회주의 신문'(mugwump)이라고 비난받고 배신자로 몰려 그 정당에서 완전히 버려지기도 했기 때문이다.

이런 일들이 실제로 비일비재했는데, 1872년 공화당계 여러 신문들이 율리시스 그랜트 대통령의 재선지지를 거부하다가 '기회주의 신문'으로 몰려 공화당에서 소외당했다. 1884년 대통령선거에서도 공화당계 「뉴욕 타임스」·「뉴욕 이브닝 포스트」·「필라델피아 타임스」지 등이 공화당 제임스 블레인(James G. Blaine) 후보의 지명에 반대하고 나섰다가 공화당에서 배척받았다. 그러자 그 뒤부터 신문들이 자당 후보들을 거부하는 사태는 거의 자취를 감추고 말았다. 이러한 사실을 볼 때, 독립신문시대 초기의 신문들은 아직도 정론신문기의 잔재를 완전히 청산하지도, 또한 청산할 수도 없었음을 알 수 있다.

그리하여 1872년부터 독립신문시대가 시작되었다고는 하지만, 1870년대 말까지도 대부분의 신문은 아직도 각 정당의 지배 아래 놓여 있었고, 신문의 독립성을 겉으로는 떠들어 대면서도 정치적 이슈에서는 정당성을 완전히 배제하지 못하고 있었다. 그런가 하면, 일부 구시대의 정론신문들은 1880년대까지도 자당의 주장을 옹호하기 위해 심지어는 뉴스까지 조작·왜곡하는 병폐를 완전히 버리지 못하고 있었다.

• '독립신문'들의 증가와 그 주요 요인

그럼에도 점차 많은 신문들이 독립성을 주장하고 나서게 되었던 것은 신문의 올바른 사명을 깊이 인식했기 때문이라기보다는 상업주의적 목적 때문이었다. 당시 많은 독자들로부터 환영을 받아서 재정적으로 호황을 누린 신문들은 대부분 정파성을 갖지 않고, 모든 정당들을 비판한 신문들이었기 때문이다. 이러한 신문들을 모방해서 점차 많은 신문들이 독립신문임을 표방하고 나서게 되었던 것인데, 이는 당시 「뉴욕 이브닝 포스트」지 편집부국장 호레이스 화이트(Horace White)가 "독립성과 비판의 자유를 유지하는 신문들은 자연히 재정적 번영이 뒤따르게 된다"(Wingate, 1875, p. 81에서 인용)고 말한 데서도 엿볼 수 있다.

이와 같은 화이트의 말에서 또 하나 엿볼 수 있는 사실은, 정치인들의 앞잡이 노릇을 한 신문보다는 아무런 정파성을 갖지 않고, 각 정당의 정책이나 잘못 등을 과감하게 비판하는 신문을 독자들이 더 선호한다는 것이었는데, 이런 사실을 당시 화이트는 깊이 인식하고 있었다. 또한 이러한 사실을 다른 여러 신문편집인들도 인식하고 있었는데, 예컨대 「스프링필드 리퍼블리컨」(*Springfield Republican*)지 편집인 새뮤얼 바울스(Samuel Bowles)도 당시 새로 부상한 대중독자들을 가리켜, "일간신문이나 주간신문을 통하여 공정한 정보나 의견들을 추구하는 자유주의적 사고의 독립적 유권자들"이라고 부르면서, 따라서 "신문은 여론의 창조자가 아니라, 여론의 대변자가 되어야 한다"(Wingate, 1875, pp. 44–45)고 주장했다.

위와 같은 화이트와 바울스의 말에서도 엿볼 수 있듯이, 1872년경부터 신문들이 '독립신문'임을 표방하고 나서게 된 것은 신문의 올바른 사명을 깊이 인식했기 때문이라기보다는, 아무런 정파성을 갖지 않고 각 정당의 정책이나 잘못 등을 과감하게 비판하는 신문을 더 선호하는 많은 독자들에 부응하여 돈을 벌겠다는 상업주의적 목적 때문이었다. 그 목적이야 어떻든 간에, 점차 많은 신문들이 독립신문임을 표방하고 나서면서 신문계를 선도하기 시작하자 그간에 오랫동안 신문계를 지배해 왔던 정론신문의 시대는 마침내 끝나게 되었다.

독립신문시대를 선도한 「뉴욕 헤럴드」

위와 같이 1870년대에 들어서면서 미국신문계는 종래의 정론신문시대로부터 독립신문시대로 방향을 서서히 바꾸기 시작했는데, 이러한 방향의 전환에 앞장선 것은 뉴욕의 대규모 신문들인 「뉴욕 헤럴드」·「뉴욕 선」·「뉴욕 트리뷴」·「뉴욕 이브닝 포스트」·「뉴욕 타임스」지 등이었다. 그러나 이들이 모두 완전한 독립신문이었던 것은 아니었는데, 이들 중에는 아직도 특정 정당을 직접 또는 간접적으로 지지한 신문도 없지 않았다.

• 독립신문을 표방한 「뉴욕 헤럴드」지의 목적

「뉴욕 헤럴드」의 창간자 제임스 베네트(James G. Bennett)가 1872년 7월 사망하고, 그의 아들 제임스 베네트 2세(James G. Bennett, Jr.)가 「뉴욕 헤럴드」를 맡아서 운영하게 되면서 독립신문임을 표방하고 나섰다. 그러나 실제로는 '기회주의적 신문'이었다고 볼 수 있는데, 「뉴욕 헤럴드」는 대통령선거 때마다 가장 당선확률이 높은 후보만 골라서 지지하는 것으로 유명했기 때문이다. 그럼에도 「뉴욕 헤럴드」가 독립신문을 표방하고 나선 것은, 당시 독자들이 정파성을 갖지 않고, 각 정당의 정책이나 잘못 등을 과감하게 비판하는 신문을 선호하는 경향을 이용하여 돈을 벌겠다는 상업주의적 목적 때문이었다고 볼 수 있는데, 이는 「뉴욕 헤럴드」가 중요한 정치문제나 사회문제 등에 관한 보도나 논설보다는 독자들의 '이목을 끌기 위한 행사'(stunts)의 개최와 그에 관한 보도를 통하여 많은 발행부수를 올린 것을 보아도 알 수 있다.

이러한 「뉴욕 헤럴드」의 경영을 새로 맡게 된 베네트 2세는 성격이 변덕스럽고 품행도 좋지 않으며, 해외에 나가서 장기간 체류하곤 했다. 그러나 신문경영에는 여러 가지 새로운 시도를 감행하여 독자들의 환영을 받았는데, 그는 그의 아버지가 죽기 전인 1869년부터 「뉴욕 헤럴드」의 경영에 참여하면서, "나는 뉴스를 있는 그대로 보도하기보다는 뉴스를 만들겠다"고 선언했다. 그리고 그 첫 번째 시도로서, 당시 실종 중이던 아프리카 탐험가 데이비드 리빙스턴(David Livingston)의 행방을 찾기 위해 헨리 스탠리(Henry M. Stanley) 기자를 아프리카 오지로 파견하여 미국뿐 아니라 전 세계를 떠들썩하게 만들었다.

데이비드 리빙스턴은 선교사 겸 탐험가로서 암흑의 대륙 아프리카를 여러 해 동안 여행하면서 그곳의 진기한 풍물들을 유럽과 미국에 소개함으로써 유명해진 인물이었는데, 나일강과 콩고강의 시원을 알아보겠다고 1868년 아프리카로 떠난 뒤 3년 동안이나 소식이 끊겼다. 그러자 유럽과 미국에서 그의 행방과 생사를 놓고 여러 가지 풍문과 루머가 나도는 가운데, 리빙스턴에게 탐험비를 대 주던 영국왕립지리학회는 경비 부족으로 그를 찾는 탐험대를 파견할 수 없어 애를 태우고 있었다.

바로 그즈음 「뉴욕 헤럴드」지의 경영에 참여하기 시작한 베네트 2세는 '특종 뉴스'(news coup)를 보도하고자 그의 아버지 베네트 1세를 설득하여 5,000달러를 얻어 스탠리 기자에게 주면서 "리빙스턴을 찾으라"는 특무를 부여했다. 그러자 본래부터 모험을 좋아하던 스탠리 기자는 1871년 아프리카의 잔지바르(Zanzibar)로 떠나, 9개월 동안 여러 가지 위험과 난관 끝에 병들어 누워 있는 리빙스턴을 탕가니카호 부근의 유지지(Ujiji)에서 마침내 찾아냈다. 그 소식과 스탠리 기자의 탐험기 및 검은 대륙의 비밀이 「뉴욕 헤럴드」지를 통하여 미국은 물론 전 유럽, 아니 전 세계에 알려짐으로써 스탠리와 함께 「뉴욕 헤럴드」지는 더욱 유명해졌다.

•「뉴욕 헤럴드」의 탐험 뉴스들과 발행부수의 증가

베네트 2세는 이에 만족하지 않고 또다시 여러 가지 탐험 뉴스들을 만들었다. 1871–76년간에는 아시아 탐험을 실시하여 그 탐험기사들을 「뉴욕 헤럴드」에 보도했고, 1877–78년 러시아와 터키전쟁 때는 재뉴어리어스 맥가한(Januarius

A. MacGahan) 기자를 중앙아시아에 보내 그곳의 진경들을 자세히 취재해서 보도함으로써 스탠리의 탐험 뉴스에 버금가는 인기를 끌기도 했다.[2]

그 결과, 「뉴욕 헤럴드」의 발행부수는 한때 15만 부까지 올라가기도 했으며, 1873년 이래 계속 10만 부를 상회했다(Mott, 1962, p. 420). 그러나 이에 만족하지 않은 베네트 2세는 발행부수를 더 늘리고자 1876년 신문 값을 종래의 4센트에서 3센트로 내렸다. 그러자 예상대로 발행부수가 격증해서, 2센트씩 받던 「뉴욕 선」지의 발행부수를 능가하게 되었다. 그러나 1883년 조셉 퓰리처(Joseph Pulitzer)가 뉴욕 신문계에 혜성처럼 나타나서 「뉴욕 월드」(*New York World*)지를 매입하여 「뉴욕 헤럴드」지와 경쟁을 벌이기 시작하자, 이에 대응하여 「뉴욕 헤럴드」지도 신문 값을 「뉴욕 월드」와 똑같은 2센트로 내렸다. 그러자 1885년에는 「뉴욕 헤럴드」의 발행부수가 한때 19만 500부까지 육박했다.

이처럼 「뉴욕 헤럴드」지는 신문 값을 내려 발행부수를 올리는 대신, 광고료는 인상했다. 그러면서 안내광고란을 강화하는 등, 광고에도 혁신을 가해서 광고 분야에서도 계속 선두를 유지했다. 그러나 조셉 퓰리처의 「뉴욕 월드」지에 점차 밀리기 시작했고, 베네트 2세가 「뉴욕 헤럴드」사에서 모두 3,000만 달러의 돈을 꺼내 개인적으로 사용했다(Seitz, 1928, p. 377). 그리하여 경영이 어려워진 데다가 1918년 베네트 2세가 사망하자, 「뉴욕 헤럴드」지는 커다란 재정난에 봉착하게 되었다.

「뉴욕 이브닝 포스트」의 독립신문 표방

「뉴욕 헤럴드」와 마찬가지로 「뉴욕 이브닝 포스트」도 1870년대에 독립신문임을 표방하고 나섰다. 그러나 특정 정당의 대통령 후보와 시장 후보 등을 지지하여 정치에 휘말리게 됨으로써 독립신문으로서의 구실을 제대로 수행하지

---

2 1881년에는 북극을 발견하기 위해 드롱(De Long)탐험대를 보냈으나 불행하게도 탐험선이 난파하여 실패로 끝나고 말았다.

는 못했는데, 이는 경영자와 편집자가 계속 바뀌었기 때문이기도 했다.

•「뉴욕 이브닝 포스트」지 경영자와 편집자의 변경

1829년부터 「뉴욕 이브닝 포스트」는 시인이자 위대한 시민으로 존경받던 윌리엄 브라이언트(William C. Bryant)가 경영해 왔다. 그러나 브라이언트가 고대 그리스의 시인 호머(Homer)의 작품 번역에 전념하기 위해 1872년 신문계에서 은퇴하면서 「뉴욕 이브닝 포스트」의 편집을 그의 사위 파크 가드윈(Parke Godwin)에게 맡겼는데, 가드윈은 그의 장인 브라이언트 밑에서 부편집인으로 일해 온 유능한 신문인이자 이상주의자였다. 이러한 가드윈이 모든 편집업무를 통괄하기는 했지만, 브라이언트의 지시를 계속 받던 「뉴욕 이브닝 포스트」지는 그전과 마찬가지로 문예기사들을 중요시했으며, 정치적으로는 독립적 신문을 표방하고 나섰다.

1878년 브라이언트가 사망하자, 가드윈은 정식 편집인이 되었다. 그러나 「뉴욕 이브닝 포스트」지의 주식을 50%나 갖고 있던 업무국장 이삭 핸더슨(Issac Handerson)과의 불화로 인하여 「뉴욕 이브닝 포스트」지는 1881년 경매에 붙여지게 되었다. 그러자 헨리 빌라드(Henry Villard)가 신문사를 낙찰받았는데, 그는 이민 출신으로 남북전쟁 때 종군기자로 명성을 얻었으며, 그 후 1870년대에 북서부 지역의 철도건설사업에 손을 대서 백만장자가 된 인물이었다.

이러한 빌라드가 「뉴욕 이브닝 포스트」를 매입한 다음, 다시 뉴욕의 유명한 주간신문 「네이션」(*Nation*)지도 사들여, 「뉴욕 이브닝 포스트」의 자매지로 만들었다. 그런 다음, 빌라드는 신문의 편집과 경영을 분리해서 편집권에 대한 재정적 통제를 배제하기 위해 「뉴욕 이브닝 포스트」지의 소유권은 이사회에 위임하고 자신은 경영업무에만 전념하는 한편, 주필로는 칼 슈르츠(Carl Schurz)를 앉히고 에드윈 고드킨(Edwin L. Godkin)과 호레이스 화이트(Horace White)를 각각 편집국장과 편집부국장으로 임명하여 이들 3인에게 편집권을 주었다. 그러나 2년 뒤 슈르츠는 고드킨과의 불화로 은퇴하고, 그 대신 고드킨이 주필이 되고 화이트가 편집국장이 되었다.

• 고드킨이 편집을 맡은 뒤의 「뉴욕 이브닝 포스트」

비록 고드킨은 노동자들의 파업에 반대 입장을 취했기 때문에 슈르츠와 불화를 초래하긴 했지만, 그는 중용적 자유주의자이자 무간섭주의(laissez-faire)의 신봉자이기도 했다. 또한 고드킨은 원칙주의자로서 일관성 있는 태도를 지녔으며, 자신이 옳다고 생각하는 것은 계속 밀고 나가는 성격의 소유자였다. 이러한 고드킨의 성격은 「뉴욕 이브닝 포스트」 지면에도 그대로 나타났으며, 그의 논설은 날카롭고 신랄하며 비판적인 것으로 정평을 얻었다.

그러나 고드킨도 정치에는 초연하지 못해서, 1884년 대통령선거 때는 「뉴욕 이브닝 포스트」를 통하여 민주당 후보 그로버 클리블랜드를 적극 지지한 반면, 그의 정적인 공화당 후보 제임스 블레인에 대해서는 마치 사회정화운동을 전개하듯이 그의 과거의 비리들을 샅샅이 조사해서 폭로했다. 이처럼 고드킨이 블레인을 공격하면서 클리블랜드 대통령 후보를 적극 지지하고 나선 것은 민주당 태머니파에 반대하기 위한 것이었다. 이렇게 해서 시작된 태머니파와 「뉴욕 이브닝 포스트」지 간의 전쟁은 1890년대 초까지 계속되었는데, 1890년 뉴욕시장 선거 때, 「뉴욕 이브닝 포스트」지가 '투표자편람'(Voter's Directory)이라는 기법을 개발하여, 각 후보자들의 인물 스케치를 신문에 게재하자, 태머니파는 고드킨을 명예훼손죄로 고소하기도 했다.

이렇게 정치에 휘말리면서 「뉴욕 이브닝 포스트」지가 뉴스보도에 열성을 보이지 못하자 자연히 판매부수도 떨어지게 되었다. 그러자 종래의 대판 4면 발행에서 소판 6면으로, 다시 소판 8면으로 체재를 바꾸는 동시에, 신문 값도 3센트로 내려 보았으나 그보다 더 싼 신문들이 있었기 때문에 발행부수가 증가하지 않았다. 그런 데다가 「뉴욕 이브닝 포스트」지의 특색이었던 문예기사와 문예비평도 빛을 잃고, 논조도 선정적이 되자, 1890년도 초반에는 발행부수가 1만 부로 떨어졌다. 그러나 1890년도 후반부터 약간 상승하기 시작해 1892년경에는 2만 부 정도가 되어, 겨우 적자를 면할 수 있었다.

그 외 독립신문을 선도한 뉴욕의 주요 신문들

위와 같은 「뉴욕 헤럴드」와 「뉴욕 이브닝 포스트」 이외에 또한 「뉴욕 선」·「뉴욕 트리뷴」·「뉴욕 타임스」지 등도 독립신문임을 표방하면서 독립신문시대의 개막에 중요한 역할을 했다. 그러나 이들 신문도 완전한 독립신문이었던 것은 아니었으며, 아직도 특정 정당을 직접 또는 간접적으로 지지했다.

• 신문인의 신문을 지향한 다나의 「뉴욕 선」

「뉴욕 선」은 앞서 살펴보았듯이 1833년 9월 3일 벤자민 데이(Benjamin H. Day)가 창간해 성공을 거둔 최초의 페니신문이었다. 그러나 경영권이 1837년 모세스 비치(Moses Y. Beach)에게로, 1860년 여름 모리슨(Morrison)에게로 잠시 넘어갔다가 1861년 말 다시 비치가 맡아서 발행하던 것을 1868년 찰스 다나(Charles A. Dana)가 매입하게 되었다.

1868년 다나가 「뉴욕 선」지를 매입할 당시는 발행부수가 4만 3,000부였으나, 2년 반 뒤에는 경쟁지였던 「뉴욕 헤럴드」지를 능가하게 되었으며, 1876년에는 13만 2,000부로 뛰어올랐다. 이처럼 「뉴욕 선」지의 발행부수가 격증하게 된 주요 이유는 이 신문이 1870년 「뉴욕 헤럴드」 등에 실은 광고에서 내세웠던 "「선」지의 뉴스는 가장 신선하고, 가장 흥미롭고, 밝고 신속하다"는 캐치프레이즈와 사실상 똑같았기 때문이다.

또한 「뉴욕 선」지는 논설도 훌륭했는데, 비록 다나는 개인적으로 민주당에 동정을 보내고 대통령선거 때마다 특정 후보의 지지에 앞장서기도 했지만, 그의 「뉴욕 선」지는 독립성을 지키도록 하면서, "정치인의 신문"이 아니라, "신문인의 신문"(the newsman's newspaper)으로 만들어 놓았다. 그리하여 「뉴욕 선」지는 독립신문시대의 개막에 중요한 역할을 했다.

그러나 「뉴욕 선」지의 논조에 일관성이 있었던 것은 아니었는데, 다나는 본래 민주당에 동정을 보내다가 1868년 대통령선거에서는 공화당 후보 율리시스 그랜트를 적극 지지해서 대통령으로 당선시켰다. 그리고 1872년 대통령선거 때는 그의 경쟁지 「뉴욕 트리뷴」의 발행인이자 민주당 후보인 호레이스 그릴리를 지지했으며, 1876년 대통령선거 때는 민주당 후보 새뮤얼 틸던(Samuel J. Tilden)을 열렬히 지지하고 나섰으나, 이들 두 후보는 모두 패배했다. 그 대신, 1876년 대통령선거에서 공화당 후보 러더퍼드 헤이스(Rutherford B. Hays)가 대통령으로 당선되자, 그의 재임 전체 기간을 통하여 「뉴욕 선」지는 헤이스 대통령과 그의 정부를 계속 비난·공격했다. 그 후에도 다나의 「뉴욕 선」지는 대통령선거 때마다 특정 후보를 지지하면서, 그 경쟁자에게는 비난의 화살을 퍼부었다.

하지만 「뉴욕 선」지에 대한 독자들의 인기는 상당히 높았는데, 1876년 헤이스와 틸던 간의 대통령선거전이 한창 고비였던 11월 8일에는 판매부수가 22만 부에 달해서, 하루 동안의 판매부수로서는 당시까지 미국신문역사상 최고 기록을 수립하기도 했는데, 당시 「뉴욕 선」지의 하루 평균 발행부수는 13만 2,000부였다. 그러나 1877년부터 발행부수가 크게 하락했는데, 이는 「뉴욕 헤럴드」가 그 전해에 신문 값을 4센트에서 3센트로 인하해서 「뉴욕 선」지 독자들을 빼앗아 갔기 때문이다. 하지만 1880년대 초에는 발행부수가 13만–15만 부 사이를 오르내리면서 「뉴욕 헤럴드」지와 선두다툼을 계속하다가 1880년대 후반에 다시 퓰리처의 「뉴욕 월드」지에 독자를 빼앗기게 되면서 「뉴욕 선」지의 발행부수는 8만 부로 떨어지게 되었다(Mott, 1962, p. 421). 이렇게 되자 「뉴욕 선」지는 면수를 종래의 대형판 4면에서 소형판 8면으로 바꾸어 보았으나, 발행부수를 올리는 데 하등 도움이 되지 않았다.

• 「뉴욕 트리뷴」도 겉으로는 독립신문을 표방

「뉴욕 트리뷴」도 독립신문시대를 선도한 주요 신문의 하나였는데, 이 신문의 창간자 호레이스 그릴리가 1872년 대통령선거에서 공화당 후보 율리시스 그랜트에게 패배를 당한 충격으로 그해 12월 타계하기 며칠 전, 그는 "지금부터 난 나의 모든 노력을 독립신문(independent press)의 정립에 경주하겠다"고 선언했다. 이러한 선언은 곧 정론시대의 종말과 새로운 독립지시대의 도래를 예고한 것이었다. 하지만 그릴리가 사망하자, 「뉴욕 트리뷴」은 독립신문으로 정립하지 못한 채 발행부수가 4만 부로 떨어졌다. 그러자 대부분의 독자들은 「뉴욕 트리뷴」지의 종말이 가까워 왔다고 생각했다. 그러면서 주식회사였던 「뉴욕 트리뷴」지의 새로운 발행인 겸 편집인은 누가 될 것이냐는 문제를 놓고 갖가지 추측들이 나돌았다.

이러한 가운데, 주주들도 서로 의견을 달리하여, 일부에서는 그랜트정부의 제1기 부통령을 역임한 서일러 콜팩스(Schuyler Colfax)를 발행인 겸 편집인으로 밀었다. 그러나 이는 그때까지의 「뉴욕 트리뷴」지가 고수한 정치적 입장에 어긋난다는 강력한 반대에 부딪치자, 결국은 당시 부편집인이던 화이트로우 레이드(Whitelaw Reid)를 편집인 겸 발행인으로 승진시켰다.

이렇게 해서 1873년 당시 66세였던 레이드가 「뉴욕 트리뷴」지를 맡게 되었는데, 그는 마이애미대학 출신으로, 남북전쟁 당시는 종군기자로, 그 후에는 워싱턴 주재특파원으로 명성을 떨치다가 1868년 「뉴욕 트리뷴」지에 논설위원으로 입사하여 이듬해 편집국장으로 승진했다. 그 뒤 부편집인으로 승진했다가 마침내 발행인 겸 편집인이라는 정상을 차지하게 되었는데, 이러한 레이드는 당시 신문계에서 '교수'라는 별명을 얻을 정도로 박식하고 사려가 깊었다. 그러나 점차 보수주의 성향을 띠게 된 레이드는 건전한 실업인들을 적극 옹호하고 나선 반면, 노동조합자들의 행동을 극렬하게 비판했다. 그리하여 1877년 7월 철도대파업이 일어나자 "행정당국은 파업주동자들을 처단해야 한다"고 논설로 주장했다(*New York Tribune*, 1877. 7. 31일자)가 「뉴욕 트리뷴」지의 인쇄공들이 그에 대한 항의파업을 단행함으로써 「뉴욕 트리뷴」지는 15일 동안이나 휴간을 해야만 했다.

비록 「뉴욕 트리뷴」지도 독립신문임을 표방했지만, 그랜트 대통령 재임기간에는 공화당정부에 강력히 반대했다가, 1876년 대통령 선거 때는 공화당 후보 러더퍼드 헤이스를 적극적으로 지지하면서 그의 경쟁자 새뮤얼 틸던이 남부인들과 담합하여, 그들의 돈으로 유권자들을 매수하고 있다는 사실을 폭로함으로써 틸던을 패배하게 만들었다. 또한 1880년 대통령선거 때도 공화당 후보 제임스 가필드를 지지하면서 그 경쟁자들을 선정적 보도를 통하여 패배시켰다.

그 결과, 「뉴욕 트리뷴」지는 공화당의 대표적 대변지가 되었다. 그 뒤 1889년 공화당의 벤자민 해리슨이 대통령에 취임하자, 레이드는 프랑스대사에 임명되어 3년 동안 파리에 머물기도 했다.

레이드는 젊고 유능한 대학졸업자들을 「뉴욕 트리뷴」지에 끌어들여 신문의 질을 크게 향상시켰다. 그런가 하면, 강의·강연·소설 등의 내용을 호외로 발행해서 독자들의 인기를 끌기도 했는데, 그 호외는 분량에 따라 10–20센트씩 받고 팔았다.

•「뉴욕 타임스」도 1870년대는 독립신문 표방

「뉴욕 타임스」도 역시 1870년대로 들어서면서 독립신문임을 표방하고 나섰는데, 이 신문은 앞서 말했듯이 1851년 헨리 레이먼드와 그의 친구 두 사람이 함께 창간했으나, 1860년부터 레이먼드가 혼자서 경영해 왔다. 그러다가 1869년 레이먼드가 사망하자 신문사 경영은 조지 존스(George Jones)[3]가 맡았고, 신문편집과 제작은 루이스 제닝스(Louis J. Jennings)가 맡았다.

이렇게 새 출발한 「뉴욕 타임스」는 다음 해인 1870년, 앞서 말했듯이 민주당 튀드 일파(Tweed Ring)의 부정사건을 폭로하여 세상을 놀라게 했다. 그 뒤에도 「뉴욕 타임스」지는 계속하여 각종 부정·부패를 폭로했다. 예컨대 1876년에는 선거부정을 폭로했고, 1881년에는 우정성의 수뢰사건을, 1891년에는 뉴욕생명보험회사의 비리를 폭로해서 사회정화에 크게 기여했다. 그러면서도 「뉴욕 타임스」지는 되도록 선정성을 배제함으로써 명성을 날렸다. 그러자 발행부수도 증가하여 1870년대는 3만 7,000–4만 5,000부 사이를 오르내려 많은 이윤을 남길 수 있었다(Mott, 1962, p. 428). 그러나 1880년대에는 발행부수의 감소와 함께 이윤도 줄어들게 되었다. 그런 데다가 1883년 조셉 퓰리처가 「뉴욕 월드」지를 매입하여 뉴욕 신문계에 돌풍을 일으킴으로써 「뉴욕 타임스」지도 큰 타격을

---

3 존스는 그 뒤 1876년 「뉴욕 타임스」의 주식을 대부분 매입하여 실질적 소유자가 되었다.

받게 되었다. 그러자 신문 값을 종래의 4센트에서 2센트로 내렸으나, 그 효과는 불과 20%의 판매부수를 증가시킨 것으로 끝나고 말았다.

이렇게 되자, 「뉴욕 타임스」지는 1884년 대통령선거 때 기회주의신문이라는 일부의 비판을 감수하면서까지 종래부터 지지해 온 공화당과 결별을 선언하고 독립성을 지켜보았지만 그것도 판매부수의 증가에는 별 도움을 주지 못했다. 이처럼 「뉴욕 타임스」지조차도 1880년대 중반과 후반으로 들어서면서 고전을 면치 못하게 된 것은 퓰리처의 「뉴욕 월드」지가 새로운 면모를 점점 과시한데 비해서, 「뉴욕 타임스」지는 오히려 점점 구식 신문이 되어 갔기 때문이다. 즉 「뉴욕 타임스」지는 이렇다 할 개혁이 없이 종전대로 8면 발행에 사진도 없이, 매우 정중한 기사제목만 달았고 광고도 구태의연했기 때문이다.

이러한 「뉴욕 타임스」는 그 소유자 존스가 1891년 사망하자, 경영이 더욱 어려워져 적자에 허덕이게 되었는데, 이에는 사옥 신축에 너무 많은 돈을 들인 것도 일조했다. 게다가 발행부수가 9,000부 정도로 떨어져 매일 1,000달러 정도의 손실을 보게 되었다. 그러자 결국은 1893년 신문사 소유권(신축 사옥 제외)을 95만 달러에 아돌프 오취(Adolph S. Ochs)에게 넘기고 말았다.

3. 퓰리처의 「뉴욕 월드」와 대중신문의 표방

위와 같이 1872년경부터 뉴욕의 주요 신문들이 정파성으로부터 탈피한 독립신문임을 표방하면서 '독립신문시대'를 선도해 나갔다. 이러한 가운데 1883년 조셉 퓰리처(Joseph Pulitzer)가 뉴욕에 나타나서 경영난에 허덕이던 「뉴욕 월드」지를 매입한 다음, 편집 스타일과 지면을 혁신했다. 그러면서 '독립신문'임을 표방한 뉴욕의 다른 신문들과는 달리, 「뉴욕 월드」지는 '대중의 신문'임을 표방하고 나섰다. 당시까지도 미국신문들은 정치인이나 정당의 기관지, 또는 발행인의 사유물로 생각해서, 신문을 자신들의 정견이나 의견 등의 발표장으로 여겼으나,

「뉴욕 월드」는 정치나 정파성으로부터의 '독립신문'임은 물론이고, 한 걸음 더 나가서, "대중의, 대중에 의한, 대중을 위한 신문"으로 만들겠다는 뜻에서였다.

뉴욕에 나타나기 이전까지의 퓰리처

바로 이와 같은 방침의 「뉴욕 월드」를 퓰리처가 발행하기 시작하자, 독자들의 환호를 받아 판매부수가 4개월 만에 종래의 2만 부에서 4만 부로 껑충 뛰었고, 1년 뒤에는 10만 부를 돌파하면서(Mott, 1962, p. 435) 뉴욕의 유명 신문들, 예컨대 「뉴욕 선」·「뉴욕 이브닝 포스트」·「뉴욕 타임스」 등을 궁지에 몰아넣기 시작했다. 그렇다면 「뉴욕 월드」지는 어떻게 이처럼 단시일 내에 성공을 거두게 되었으며, 조셉 퓰리처는 도대체 어떤 인물이었는가?[4]

• 유럽에서 미국으로 건너와 북군에 입대

헝가리의 소읍 마코(Mako) 출신의 조셉 퓰리처는 1847년 마자르인과 유태인의 피(Magyar-Jewish)가 반반 섞인 아버지와, 오스트리아인과 독일인과의 혼혈(Austro-German)인 어머니 사이에서 태어났다. 비교적 경제적 여유가 있던 그의 부모는 퓰리처를 가톨릭계 초등학교에 보내 훌륭한 교육을 받게 했다. 그러나 그의 아버지가 사망하고 어머니가 의부를 맞아들이면서 가정이 파탄나자, 퓰리처는 가출해서 군인이 되려고 했다. 하지만 신체가 허약했고 시력이 나빴던 그는 번번이 신체검사에서 퇴짜를 맞게 되어 군인이 되지 못하고 유럽 각국을 방황하다가 1864년 드디어 미국으로 이민 길에 오르게 되었다.

이민이라고 했지만 실은 미국으로 팔려 오게 된 것이었다. 당시 미국에서는 남북전쟁이 일어나 병력이 부족하자, 북군은 유럽에서 젊은 장정들을 모집해다가 군대에 입대시키고 있었다. 따라서 처음에는 단순한 모병인 줄 알고 응

---

4 퓰리처의 생애에 관한 자세한 것은 이 책 부록 「미국신문왕 조셉 퓰리처, 그의 생애와 공적」을 참조할 것.

모했으나 자신이 모병 장사꾼들에 의해 500달러에 팔려 가고 있다는 사실을 미국으로 오던 상선 안에서 알게 된 퓰리처는, 1864년 봄 어느 날 그 배가 보스턴 항구에 도착하자 야음을 틈타 배에서 도망쳐 나왔다.

그리고 퓰리처는 직접 뉴욕으로 북군을 찾아가 뉴욕 기마연대에 입대했다. 그러나 9개월 만에 남북전쟁이 끝나게 되자 제대를 당하고 말았다. 그는 뉴욕에서 일자리를 구할 수 없게 되자 중서부의 세인트루이스(St. Louis)로 가 보기로 결심하고, 미시시피강을 오르내리는 화물선에서 일을 해 주면서 겨우 목적지에 도달할 수 있었다. 세인트루이스에 도착한 퓰리처는 무일푼에 외투도 없이 진눈깨비를 맞고 돌아다니면서 일자리를 찾았다. 그러다가 겨우 얻은 첫 일자리는 병영에서 노새들을 돌보는 것이었다. 그 뒤, 퓰리처는 선원·건축인부 등 갖가지 일을 하면서 겨우 살아갔다.

그러면서도 그는 혼자서 열심히 영어를 익혔다. 그러던 어느 날 우연히 칼 슈르츠(Carl Schurz)와 에밀 프리토리어스(Emil Preetorius)라는 독일계 신사들을 만나게 되었다. 이들 두 신사가 서양장기를 두고 있는 것을 보면서, 퓰리처가 훈수를 들다가 이들의 눈에 들게 되었던 것인데, 이들 두 신사는 당시 세인트루이스에서 발행하던 독일어신문 「베스틀리헤 포스트」(*Westliche Post*)지 발행인들이었다. 그리하여 1868년 퓰리처는 이 신문사 기자로 채용되는 행운을 얻게 되었으며, 이것이 계기가 되어 그는 후에 미국의 신문왕으로 성장하게 되었다.

•「세인트루이스 포스트-디스패치」를 경영

「베스틀리헤 포스트」지의 기자가 된 퓰리처는 열심히 일했으며, 그의 재능은 곧 부각되기 시작했다. 그러나 그는 1년 뒤에 잠시 신문사를 떠나서 주의회 의원으로 당선되어, 부패방지법안을 통과시키는 데 앞장서기도 했다. 그 후 다시 신문계로 돌아온 퓰리처는 「베스틀리헤 포스트」지의 주식을 매입하여, 경영자 겸 편집인으로 활약하면서 명성을 얻었는데, 당시 그의 나이는 불과 25세였다. 그러나 과로로 건강이 나빠진 퓰리처는 자신의 주식들을 모두 팔아넘기고 헝가리로 친척방문여행을 떠났다.

여행에서 돌아온 퓰리처는 경영난에 허덕이던 독일어신문 「세인트루이스 슈타츠-차이퉁」(*St. Louis Staats-Zeitung*)의 경영권을 인수해서, 그 신문이 갖고 있던 AP통신사와의 계약권을 「모닝 글로브」(*Morning Globe*)지에 2만 달러를 받고 팔아넘겨 거금을 벌었다. 이 돈을 갖고 뉴욕으로 나온 퓰리처는 결혼 후 다시 유럽으로 신혼여행을 떠났다.

신혼여행을 끝내고 세인트루이스로 돌아온 퓰리처는 1878년 말 「세인트루이스 디스패치」(*St. Louis Dispatch*)지를 매입한 후, 이를 존 딜런(John A. Dillon)이 경영하던 「레지스터 포스트」(*Register Post*)지와 합병하여 그 제호를 「세인트루이스 포스트-디스패치」(*St. Louis Post-Dispatch*)로 변경했다. 그리고 딜런과 함께 이 신문의 지면을 쇄신하는 동시에, 당시 세인트루이스 지역의 각종 부정과 부패에 대한 투쟁을 전개함으로써 「세인트루이스 포스트-디스패치」지는 일약 유명한 신문으로 부상하면서 많은 이윤도 남길 수 있었다.

그러나 1882년 퓰리처에게 뜻하지 않은 불행이 닥쳤다. 그의 밑에서 편집부국장으로 일하던 존 카커릴(John A. Cockerill)이 아론조 슬레이백(Alonzo W. Slaback)이라는 변호사를 총으로 쏴 죽였던 것이다. 자기에게 불리한 기사를 실었다며 신문사를 찾아온 그 변호사가 총으로 카커릴을 위협하자, 카커릴이 먼저 방아쇠를 당겼다. 이는 어디까지나 정당방위였으나, 「세인트루이스 포스트-디스패치」가 자신들의 비리를 폭로해 왔던 데 불만을 품고 있던 자들이 이 사건을 기화로 군중들을 충동질하여 신문사를 습격해서 방화했다.

퓰리처의 뉴욕 진출과 「뉴욕 월드」의 매입

이러한 사건에 충격을 받은 퓰리처는 세인트루이스를 떠나기로 결심하고, 모든 신문사 일을 존 딜런에게 맡긴 채, 1882년 겨울 뉴욕으로 나왔다. 당시 퓰리처의 나이는 37세로 정력이 한창 왕성한 중년이었다. 6피트 2인치(189cm)의 훤칠한 키에 대머리가 벗겨지고 짧은 수염을 기른 그는 무뚝뚝해 보였으나 그 대신 위엄이 넘쳤다. 퓰리처가 뉴욕에서 신문사업을 찾고 있을 때, 마침 「뉴욕 월드」지를 팔려고 한다는 소식을 듣게 되자 1883년 5월 10일 퓰리처는 「뉴욕 월드」지를 매입했다.

• 퓰리처가 매입하기 이전의 「뉴욕 월드」지

「뉴욕 월드」(정확한 제호는 *World*이나, 일반적으로 *New York World*라고 부른다)지는 앞서 제6장에서 말했듯이 알렉산더 커밍스(Alexander Cummings)가 뉴욕의 종교계 비즈니스맨들의 재정적 지원 아래, 1860년 6월 14일 창간한 일간 종교신문이었다. 그러나 곧 민주당계 종합신문이 된 「뉴욕 월드」지는 발행부수가 급증하여 뉴욕 신문들 중에서 다섯 번째로 큰 신문이 되었는데, 당시 발행부수는 「뉴욕 타임스」지보다는 적었으나 「뉴욕 이브닝 포스트」지보다 많았다.

이러한 「뉴욕 월드」지는 1870년대 초반까지만 해도 훌륭한 신문으로서 흑자를 보고 있었다. 그러나 1876년도 대통령선거 당시 민주당 후보 새뮤얼 틸던(Samuel J. Tilden)을 지지하고 나섰으나, 공화당 후보 러더퍼드 헤이스(Rutherford B. Hayes)가 당선되자, 당시 「뉴욕 월드」지의 발행인 맨턴 마블(Manton Marble)은 정론적 저널리즘에 싫증을 느껴 「뉴욕 월드」지를 토머스 스콧(Thomas A. Scott)에게 팔아넘기고 말았다.

그러나 스콧은 곧 다시 이 신문을 제이 굴드(Jay Gould)에게 넘겨주었는데, 이때부터 「뉴욕 월드」지는 그 경쟁지 「뉴욕 선」에게 독자를 빼앗기면서 경영난을 면치 못하며 점점 사양길을 걷고 있었다. 그러면서 1년에 4만 달러의 손해를 보게 되자, 굴드는 「뉴욕 월드」를 팔려고 내놓았다. 그러자 이를 퓰리처가 사게 되었는데, 1883년 5월 10일 굴드는 「뉴욕 월드」지를 34만 6,000달러에 퓰리처에게 팔아넘기면서, 잘 팔았다고 좋아했다.

• 퓰리처가 매입한 후 「뉴욕 월드」의 번영

「뉴욕 월드」지를 매입한 퓰리처는 우선 앞서 말한 「세인트루이스 포스트-디스패치」지 편집부국장 존 카커릴을 불러다가 편집국장 자리에 앉혔다. 그리고 젊고 유능한 기자들을 모집하여 이들에게 생생한 인간흥미적 뉴스(human interest news)와 가십·스캔들 등 선정적 뉴스들의 취재방법을 가르쳐 주었다. 기사작성방법 등도 가르쳤는데, "뉴스기사와 그 제목 그리고 논설에서 요구되는 것은 간결(terseness)·유머(humor)·묘사력(descriptive power)·풍자(satire)·독창성(originality)·훌륭한 문학적 문체(good literary style)·현명한 압축(clever condensation), 그리고 정확성(accuracy)·정확성(accuracy)·정확성(accuracy)"이라고 퓰리처는 강조했다(Ireland, 1914, p. 116).

한편 퓰리처는 「뉴욕 월드」지의 활자도 보기 좋은 새로운 것들로 대체하고, 목판 컷들도 많이 사용하며 제호의 양쪽 귀퉁이(ears)에는 「뉴욕 월드」지를 선전하는 문구들을 넣었다. 이와 같은 「뉴욕 월드」지의 새로운 편집방침과 스타일에 뉴욕 독자들은 곧 호의적 반응을 나타내기 시작했다. 그리하여 퓰리처가 1883년 5월 10일 「뉴욕 월드」지를 매입한 뒤 4개월 만에 판매부수가 종래의 2만 부에서 4만 부로 껑충 뛰었다. 그러자 당시 뉴욕의 유명 신문들이 위협을 느끼기 시작했다. 그리하여 그해 9월 「뉴욕 헤럴드」지가 먼저 신문 값을 「뉴욕 월드」지와 똑같이 1부당 2센트로 내려 받기 시작했다. 그 며칠 뒤 「뉴욕 타임스」지와 「뉴욕 트리뷴」지도 각각 2센트와 3센트로 신문 값을 인하했다.

그럼에도 불구하고 「뉴욕 월드」지의 판매부수는 계속 하늘로 치솟았다. 1884년 9월 2일, 드디어 발행부수가 10만 부를 돌파하자, 퓰리처는 시티 홀 공원(City Hall Park)에서 100발의 축포를 쏘아 올렸고, 전체 직원들에게 실크 모자 하나씩을 선사했다. 1886년 「뉴욕 월드」지는 1부당 1센트씩 받던 「뉴욕 데일리 뉴스」지의 발행부수를 능가하게 되었고, 이듬해 5월에는 발행부수가 25만 부에 이르렀다(*Journalist*, 1887. 3. 26, p. 10).

1887년 가을 「뉴욕 월드」지는 석간판 「이브닝 월드」(*Evening World*)도 발행하기 시작했다. 그러자 조간이던 본지의 발행부수는 줄게 되었으나, 1892년에는 조·석간판을 합친 발행부수가 37만 4,000부나 되었다. 또한 일요판 「선데이 월드」(*Sunday World*)도 별도로 발행하기 시작했는데, 그 발행부수만도 25만 부나 되었다(Mott, 1962, p. 435).

이처럼 발행부수가 증가함에 따라 광고량도 늘어나서, 1884년 말에는 광고량에서도 「뉴욕 헤럴드」지를 능가하게 되었다. 그리하여 1886년에 와서는 광고량의 폭주로 1일 14면 발행 중, 60칼럼(단)을 광고로 채워야만 했으며, 일요판 「선데이 월드」의 경우는 4면 중 36칼럼 즉 50% 정도를 광고에 할애해야만 했다. 그래서 광고료를 올렸으나, 광고량은 줄지 않았다. 그 결과, 드디어 「뉴욕 월드」지는 그때까지 미국신문역사상 가장 많은 수익을 올리는 신문이 되었다.

「뉴욕 월드」지의 여섯 가지 성공요인

이와 같이 퓰리처의 「뉴욕 월드」가 공전의 대성공을 거두자, 다른 신문의 발행인들은 「뉴욕 월드」에 시기의 눈초리를 보내면서도 그 편집방침과 성공전략 등을 열심히 연구하고 또한 모방하기도 했다. 그러자 「캔자스시티 저널」(*Kansas City Journal*)지는 퓰리처를 가리켜 '와일드 미주리인'(Wild Missourian)이라고 부르면서, 그가 "미국신문의 현상(status quo)을 뒤엎고, 그 대신 대도시신문들에게 새로운 공식(formula)을 제시했다"고 썼다(*New York World*, 1883. 10. 3일자에서 인용). 그렇다면 그 공식이란 무엇인가? 그것을 '공식'이라고 불러도 좋을지 모르겠으나, 어떻든 퓰리처의 「뉴욕 월드」지가 성공을 거두게 된 여러 가지 요인들을 분석해 보면, 대체로 다음과 같은 여섯 가지로 요약해 볼 수 있다(Mott, 1962, pp. 436-439에서 요약).

• 훌륭한 뉴스보도와 사회정화에 앞장

첫 번째 성공요인으로는 무엇보다도 퓰리처가 내세웠던 뉴스정책을 들 수 있는데, 그는 기민하고 지구력이 있는 기자들로 하여금 사고나 사건 또는 흥미로운 뉴스기사가 나올 만한 장소를 계속 누비고 돌아다니게 했다. 그리하여 일단 취재한 뉴스들은 되도록 컬러풀(colorful)하게 기사화하고, 그 기사에 색다르며, 때로는 선정적인 제목을 붙여 보도했다. 이는 전신을 통해 들어오는 입전뉴스(wire news)나 외신뉴스에서도 마찬가지였다. 「뉴욕 월드」지는 입전되는 하찮은 뉴스나 가십도 결코 경시하지 않았다. 그렇다고 해서 하찮은 선정적 뉴스로 지면을 채운 것은 아니었으며, 주요 뉴스들이 역시 「뉴욕 월드」지의 중추를 이루었는데, 이러한 뉴스를 다루는 「뉴욕 월드」지의 기술은 매우 훌륭했다. 밝고 감정을 고조시키는 뉴스들도 중요시했는데, 이는 지면을 생동감 있게 만들기 위해서였다. 그러다 보니 초기에는 선정주의적 경향이 농후했으나, 이러한 경향은 1887년부터 크게 감소되었다.

두 번째 성공요인으로는 각종 사회운동의 전개와 독자들의 이목을 끌 수 있는 행사(stunts)들의 개최를 들 수 있는데, 그중 대표적 예의 하나가 바로 '자유의 여신상' 건립을 위한 모금운동의 전개였다. 1886년 미국 독립 100주년을 기념하여, 1884년 프랑스에서 자유의 여신상을 제작해 미국에 기증하면서, 동상을 올려놓을 받침대는 미국 측에서 건설하라고 했다. 그러나 이에 필요한 경비 지출을 미국의회에서 거부하자, 국민들로부터 성금을 모아서 여신상 받침대를 만들기로 했지만, 경제사정이 나빠지면서 모금액이 턱없이 부족했다.

그러자 퓰리처는 "「뉴욕 월드」지를 통하여 그 경비를 국민들에게 호소해서 모금하겠다"고 나섰다. 그 결과, 수많은 국민들로부터 5–10센트씩의 성금을 받아 1885년 8월 11일 모두 10만 달러를 모금해서(*New York World*, 1885. 8. 11일자), 자유의 여신상을 올려놓을 별 모양의 받침대를 만들었다. 그리고 1886년 10월 28일 제막식을 거행함으로써, 저 유명한 '자유의 여신상'을 뉴욕항구에 세울 수 있었으며, 이를 계기로 「뉴욕 월드」지는 더 유명해졌다.

그런가 하면, 「뉴욕 월드」지는 대중독자들의 이목을 끌기 위한 특별취재활동의 하나로, '넬리 블라이'(Nellie Bly)라는 필명(본명은 Elizabeth Cochran)의 여기자를 블랙웰즈 아일랜드에 있는 정신병자수용소에 환자로 위장, 잠입시켜 그곳의 참상과 그곳에 수용돼 있던 과거 유명인사들의 근황을 상세하게 보도함으로써 독자들을 놀라게 했다. 또한 「뉴욕 월드」지는 앞서 말한 여기자에게 80일 동안 세계일주여행을 시키면서 그 기행기사들을 연재해 미국 독자들뿐 아니라 전세계를 떠들썩하게 만들기도 했다.

한편 「뉴욕 월드」지는 각종 부정 · 부패사건의 폭로와 비리에 대한 과감한 투쟁에도 앞장섬으로써 유명해질 수 있었다. 스탠다드석유회사와 벨전화회사의

230,220.

The World.

230,220.

VOL. XXVI, NO. 8,757. NEW YORK, TUESDAY, AUGUST 11, 1885—WITH SUPPLEMENT. PRICE TWO CENTS.

THE SPECTRE IN GRANADA.

MURDERED IN HIS HOME.

ONE HUNDRED THOUSAND DOLLARS!

TRIUMPHANT COMPLETION OF THE WORLD'S FUND FOR THE LIBERTY PEDESTAL.

〈그림 7〉「뉴욕 월드」(1885. 8. 11) 제1면
자유의 여신상 받침대 건립모금 10만 달러 달성을 5-6째 단에 크게 보도했다.

독과점행위에 대항하고 나섰는가 하면, 1887년에는 태평양철도회사의 부정사건을, 1888년에는 뉴욕전차회사의 수뢰사건을 파헤치며 사회정화운동에 앞장섰다. 그런가 하면, 사회복지 향상운동에도 적극 참여하여 1890년에는 35명의 의사들을 동원, 무료진료를 실시했으며(*New York World*, 1890. 5. 11일자, p. 17), 1891년에는 메디슨 스퀘어 가든에서 딸기축제를 열어 1만 명의 어린이들에게 즐거움을 주기도 했다.

• 격조 높은 논설과 염가정책 및 풍부한 삽화

세 번째 성공요인으로는 「뉴욕 월드」지의 격조 높은 논설면을 손꼽을 수 있는데, 퓰리처는 논설면을 그 어느 면보다도 중시하면서 그것이 신문의 심장이자 존재이유라고 생각했다. 그리하여 「뉴욕 월드」지가 벌인 각종 사회운동도 논설면에서 비롯되어 논설면으로 귀착되었다. 또한 퓰리처는 「뉴욕 월드」지의 논설면을 통해 미국의 자유주의 이상을 대변케 했고, 대통령과 그 정부의 실정을 시정케 했는가 하면, 또한 독점행위들에도 반대했고 소득세와 증여세의 중과를 찬성했으며, 노동자들의 권익을 옹호했다. 그리하여 이러한 논설면은 「뉴욕 월드」지의 성공에 커다란 공헌을 했다.

네 번째 성공요인으로는 신문 값의 염가정책을 들 수 있는데, 퓰리처는 「뉴욕 월드」지를 매입하자마자, 그 제호 옆에 "1부당 유일한 2센트짜리 8면 신문"이라는 구호를 내걸면서 그의 신문이 염가임을 자랑하고 나섰다. 그로부터 2–3년 뒤, 「뉴욕 월드」지는 12면을 발행하면서도, 1892년부터는 14–16면으로 증면하면서도 계속해서 '1부당 2센트'라는 염가정책을 고수해 나갔는데, 이것도 「뉴욕 월드」지의 성공에 큰 역할을 했다.

다섯 번째 성공요인으로는 다른 신문들보다 많고 풍부한 일러스트레이션(illustration)의 사용을 손꼽을 수 있는데, 퓰리처가 「뉴욕 월드」지를 맡은 처음에는 목판 컷들을 사용한 조그만 초상화·삽화 등만 지면에 넣다가 나중에는 2단 크기의 삽화들을 여러 개씩 넣었다. 또한 살인사건 현장의 그림도 심심치 않게 넣으면서 피살자가 누워 있던 지점을 ×표로 표시하기도 했다. 한편 1884년부터는 정치만평을 싣기 시작했으며, 이를 1890년부터는 1면에 게재했다. 이 밖에도 인물·회합·거리·화재장면 등의 삽화를 기사에 많이 넣었고, 광고에도 삽화나 상표 등을 넣어 보기 좋게 만들었는데, 바로 이런 것도 퓰리처의 「뉴욕 월드」지의 성공에 크게 기여했다.

여섯 번째이자 마지막 성공요인으로는 다양하고 새롭고 기발하고 적극적인 신문판매 촉진활동도 빼놓을 수 없는데, 예컨대 쿠폰의 발행, 신문평가대회의 개최 등 새로운 신문판촉방법을 개발하여 사용함으로써 독자들에게 호감을 주었다. 그 결과, 신문판매부수를 올리는 데 많은 효과를 보았고 「뉴욕 월드」지를 대성공으로 이끌었다.

• 가장 큰 성공요인은 역시 퓰리처의 노력

바로 위와 같이 퓰리처의 「뉴욕 월드」지가 대성공을 거두게 된 주요 요인들로 여섯 가지를 들 수 있다. 그러나 무엇보다도 가장 큰 요인으로는 퓰리처 자신과 그 부하직원들의 노력을 들지 않을 수 없는데, 이러한 노력이 없었다면 「뉴욕 월드」지의 성공은 불가능했기 때문이다.

퓰리처는 결코 지칠 줄 모르는 정력가였다. 그래서 부하직원들에게도 쉴 틈을 주지 않았다. 그러나 이러한 퓰리처에게도 능력의 한계는 있었다. 그는 과로로 인하여 신경과민에 걸리게 되었고, 결국 그의 시력에도 장애를 가져다주었다. 이러한 장애의 가장 좋은 치료방법은 모든 업무에서 떠나 요양을 하는 것이었다. 그러나 이를 퓰리처는 거부했다. 당시 그는 250만 달러짜리 새 사옥의 건축을 계획하고 있었기 때문이다.

1889년 늦가을 어느 날 저녁, 콘스탄티노플로 떠나는 기선의 난간에 기대섰던 퓰리처는 그의 비서에게 "왜 이렇게 빨리 어두워지느냐?"고 물었다. 그러나 비서의 눈에는 아직도 훤한 이른 저녁이었다. 그것은 퓰리처의 실명을 예고하는 조짐이었다. 그는 의사의 치료를 받았으나, 시력은 점점 악화됐다. 1890년 10월 16일, 43세의 한창 나이의 퓰리처는 마침내 뉴욕을 떠나 요양선을 타고 이곳저곳을 돌아다녀야 했는데, 당시 그는 거의 실명 상태였다.

이렇게 되자 「뉴욕 월드」지의 실질적 경영은 카커릴에게 맡겼고, 퓰리처는 멀리 선상에서 비서들을 통해 업무지시를 내려야만 했다. 다행이 그의 부하이자 동료 간부들은 「뉴욕 월드」지를 계속 잘 이끌어 나갔다. 요양선을 탄 이후, 무려 20년 동안 그는 한 번도 뉴욕 땅을 밟을 수가 없었다. 그러다가 1911년, 사망한 뒤에야 다시 뉴욕 땅에 올라왔다.

퓰리처의 공과에 대한 중간평가

조셉 퓰리처와 그의 「뉴욕 월드」지에 대해서는 뒤에서도 계속 이야기되겠지만, 이 제7장에서 살펴보고 있는 독립신문기는 1891년으로 끝나게 된다. 그러므로 우선 퓰리처와 그의 「뉴욕 월드」지가 이 시기의 미국신문에 끼쳤던 공과에 관한 중간평가부터 간단히 해 보고 넘어가기로 하겠는데, 기발한 것의 발명이라는 측면에서만 본다면 퓰리처는 독창적 천재는 아니었다. 독창성에서는 「뉴욕 헤럴드」지 창간자 베네트를 따라갈 수 없었다. 그러나 다른 사람들의 아이디어를 발전시켜 현실에 적절히 적용시키는 데는 퓰리처가 단연 귀재였다.

• 선정주의적 뉴 저널리즘의 제시

퓰리처는 후세 사람들에 의해 '미국의 신문왕', '미국신문의 아버지', 또는 '뉴 저널리즘의 아버지' 등으로 추앙받고 있다. 그러나 사실상 이렇게 추앙받아야 할 사람은 퓰리처보다는 그의 둘도 없던 동반자 존 카커릴(John A. Cockerill)이었다고 볼 수도 있다(*Journalist*, 1886. 5. 8, p. 3). 하지만 퓰리처의 무한한 정력과 그가 특히 논설에서 보여 준 높은 자유주의적 식견은 결코 과소평가될 수 없다. 그러나 이러한 퓰리처의 고상한 인격과 그의 실제 신문제작활동 간에는 괴리와 모순이 항상 따랐다. 그 대표적 모순의 하나는 「뉴욕 월드」지의 뉴스에서 볼 수 있는 선정주의(sensationalism)와, 논설에 나타난 건전하고 격조 높은 논조였다.

이러한 모순점에 대해 퓰리처는 "각종 범죄·재해·부정 등에 대처하기 위해서는 세상에서 일어나고 있는 각종 범죄·재해·부정 등에 관해 대중들이 알고 있어야 한다. 만약 그러한 사실들을 비밀에 부친다면 사악한 일들이 더욱 횡행하게 된다. 따라서 「뉴욕 월드」지는 각종 범죄·재해·부정 등에 관해 자세히 보도하고 있다”(Ireland, 1914, p. 113)고 합리화하기도 했다. 그러나 이와 같은 퓰리처의 변명만으로 그가 즐겨 쓴 선정주의가 합리화될 수는 없다고 하겠는데, 각종 범죄·재해·부정 등의 사건들을 그대로 보도하는 것과 그것들을 선정주의적으로 보도하는 것과는 다르기 때문이다. 그리하여 「뉴욕 월드」지의 선정주의는 당대 많은 사람들로부터 비난대상이 되었을 뿐 아니라, 후세인들의 비판을 받기도 했고, 「뉴욕 월드」지는 미국신문계에 선정주의의 선례를 남겨 주었다.

그렇다고 해서 이러한 선정주의가 퓰리처에 의해 처음 도입된 것은 아니었다. 만약 선정주의를 “독자들의 감정을 고조시키는 내용과 그런 내용의 보도 스타일”이라고 간단히 정의한다면, 이런 경향은 미국 최초의 신문 「퍼블릭 오커렌시스」(*Publick Occurrences*)에서부터 비롯되었다고도 말할 수 있기 때문이다. 또한 만약 신문의 선정주의를 “범죄·재난·성추문·이상한 사건 등을 자세히 취급하는 것”을 말한다면, 초기의 페니신문들도 이에 해당된다고 볼 수 있다. 그러므로 신문의 선정주의를 어떻게 정의하느냐에 따라 「뉴욕 월드」지가 선정주의 신문이었느냐 아니었느냐에 대한 평가도 달라질 수는 있다.

그렇다 하더라도 「뉴욕 월드」지가 선정성을 강조했던 것만은 사실이며, 그것이 소위 ‘뉴 저널리즘’(New Journalism)이라는 이름으로 당시 미국신문계를 뒤흔들었던 것만은 부정할 수 없다. 특히 「뉴욕 월드」지의 선정주의적 보도기법은 특이했는데, 그 대표적 예를 들어 보면, 기자들을 범죄자·정신병자 또는 관리 등으로 위장시켜 병원·교도소·정신병자수용소 또는 정부기관에 들여보내, 그곳들의 실상과 실태 등을 조사해서 폭로하거나 그곳에서의 체험 등을 이야기체의 기사로 작성해서 보도했다. 그런가 하면, 사회정화를 위한 투쟁이라는 이름 아래, 각종 범죄·추문들을 선정적으로 폭로하기도 했다.

• 신문을 대중을 위한 대중의 신문으로 전환시켜

바로 이러한 수법들을 사용하여 「뉴욕 월드」지가 대중들의 인기를 얻자,

다른 신문들도 그대로 모방하게 되었다. 즉 「뉴욕 헤럴드」와 「뉴욕 선」지는 물론이고, 「뉴욕 트리뷴」지와 「뉴욕 타임스」지까지도 「뉴욕 월드」지를 뒤따랐다. 뉴욕 이외 지역의 신문들, 예컨대 「신시내티 인콰이어러」(*Cincinnati Enquirer*), 「시카고 타임스」(*Chicago Times*), 「샌프란시스코 이그재미너」(*San Francisco Examiner*)지 등도 「뉴욕 월드」지를 흉내 냈다. 그리하여 소위 '뉴 저널리즘'이라는 풍조가 1880년대에 크게 유행하게 되자, 대중독자들은 좋아했지만 뜻있는 지성인들과 도덕주의자들은 깊은 우려를 나타내면서 신문의 선정주의를 비판했다.

당시 지성인들은 신문의 선정주의와 함께 또한 신문이 개인의 사생활을 예사로 침해하는 것에 대해서도 깊은 우려를 나타내면서 비판했다. 당시 신문들이 가십과 스캔들기사에 중점을 두게 된 나머지, 죄 없는 사람 또는 무관한 사람들까지도 그러한 기사에 곧잘 끌어넣게 됨으로써 결과적으로 많은 사람들의 사생활을 침해했기 때문이다. 그래서 당시 신문들은 소위 '열쇠구멍 저널리즘'(keyhole journalism)이라는 비난을 받기도 했다. 그럼에도 당시 신문들은 대중의 흥미에 영합, 돈을 벌기 위해 개인들의 사생활을 침해하는 것을 불사했다. 그런가 하면, 당시 미국신문들은 '인터뷰'라는 취재수법을 악용하여 사회명사들을 조롱하기도 했다. 즉 사회명사들을 인터뷰하겠다면서 천박한 질문을 던지고 그에 대한 응답들을 왜곡해서 기사화함으로써 사회명사들을 대중들의 웃음거리로 만들어 놓기도 했다.

물론 이러한 신문의 풍조들이 모두 퓰리처의 「뉴욕 월드」지에서 비롯된 것은 아니었다. 그러나 「뉴욕 월드」지가 그에 앞장을 섰던 것은 사실이며, 다른 신문들이 「뉴욕 월드」지와의 경쟁에서 이기기 위해 「뉴욕 월드」지로부터 배운 각종 선정주의적 기법들을 한술 더 떠서 악용했기 때문에 그러한 풍조는 더욱 만연하게 되었다고 볼 수 있다. 그러나 퓰리처와 그의 「뉴욕 월드」지는 신문을 대중의 신문으로 만들어 놓는 데 커다란 공헌을 했다.

당시까지도 미국에서는 신문을 어떤 정당이나 정파의 정론신문 또는 신문 발행인이 자신의 의견을 발표하기 위한 사유물 정도로 생각하는 경향이나 풍조가 없지 않았으나, 이를 퓰리처와 그의 「뉴욕 월드」지가 불식시키고, 그 대신 신문을 “대중을 위한 신문”으로 만들어 놓았다. 그러자 다른 신문들도 “대중을 위한 신문”으로 표방하고 나서게 되었다. 그러나 그중에는 대중을 위하기보다는 대중의 인기에 영합하여 판매부수를 올리자는 목적을 가진 신문들도 적지 않았는데, 이는 오늘날도 마찬가지라고 하겠다.

4. 뉴욕 이외 주요 지역의 신문개황

위에서는 우선 뉴욕시에서 발행한 주요 신문들을 중심으로 1872부터 1891년까지 독립신문기에서의 신문실태를 살펴보았다. 그러면 뉴욕시 이외의 다른 지역에서 발행한 신문들의 실태는 어떠했는가? 편의상 미국 전역을 크게 세 지역, 즉 동북부·남부·서부로 나누어, 이들 각 지역의 주요 도시들에서 발행한 대표적 신문들의 당시 현황을 간단히 살펴보기로 하겠다.

동북부 지역 대도시 신문들의 사정

미국의 동북부 지역에도 여러 주가 있으며, 각 주에는 수많은 도시들이 있고, 각 도시에는 대체로 하나 이상의 신문들이 발행되고 있었다. 따라서 이들 각 도시의 신문들을 모두 살펴보는 것은 불가능하다. 그러므로 여기서는 필라델피아·워싱턴 그리고 뉴잉글랜드 지방 몇 개 도시의 대표적 신문들의 사정만 간단히 살펴보기로 하겠다.

• 필라델피아의 대표적 신문들의 실태

이 시기 필라델피아의 대표적 신문들로는 「필라델피아 타임스」(*Philadelphia Times*), 「퍼블릭 레코드」(*Public Record*), 「필라델피아 프레스」(*Philadelphia Press*), 「이브닝 아이템」(*Evening Item*), 「필라델피아 퍼블릭 레저」(*Philadelphia Public Ledger*) 등

을 들 수 있는데, 이들 신문은 거의 모두가 퓰리처의 「뉴욕 월드」지를 모방하여, 특히 범죄 사건들을 선정적으로 보도하고 또한 부정과 부패의 폭로에 앞장섬으로써 호황을 누릴 수 있었다.

필라델피아에서 맨 처음 퓰리처의 「뉴욕 월드」의 선정의주의 기법을 모방한 신문은 「필라델피아 타임스」였는데, 이 신문은 1870년대 초 알렉산더 맥클러(Alexander K. McClure)가 창간했다. 그리하여 퓰리처의 「뉴욕 월드」의 선정주의 기법을 모방하여 필라델피아 시청의 부정·부패들을 대담하게 폭로함으로써 20여 차례나 명예훼손죄로 고소를 당하기도 했다. 그러나 필라델피아 신문계에 새로운 바람을 불러일으킴으로써 대중들로부터 대단한 호응을 받아서 「필라델피아 퍼블릭 레저」지 다음으로 많은 발행부수를 기록했다.

「퍼블릭 레코드」지는 1870년 윌리엄 스웨인(William J. Swain)이 창간했으나 창간 얼마 후부터 재정난에 봉착하자 1877년 윌리엄 싱거리(William M. Singerly)에게 팔았다. 「퍼블릭 레코드」를 매입한 싱거리가 신문 값을 2센트에서 1센트로 내리는 한편, 판형을 키우고 부정·부패사건들의 폭로를 통한 사회정화운동에 앞장서자, 발행부수가 격증하여 1880년대 초에는 「필라델피아 퍼블릭 레저」지를 능가하게 되었다. 그 뒤에도 발행부수가 계속 증가하여 1892년경에는 12만 부에 이르는 등, 번영을 구가했다.

「필라델피아 프레스」지는 1657년 존 포니(John W. Forney)가 창간한 신문으로 처음에는 민주당계 신문이었으나, 1860년 공화당계 신문으로 돌아섰다. 남북전쟁 당시는 종군기자를 전장에 파견하여 전황보도에 크게 활약했으나 전후에 재정난으로 인하여 1877년과 1880년에 두 번씩이나 소유주가 바뀌었다. 하지만 1880년대 초에 위의 「퍼블릭 레코드」지와 함께 부정·부패의 폭로에 앞장섬으로써 호황을 누리게 되었다.

「이브닝 아이템」지는 1847년 창간한 생동감 있는 페니신문으로, 1880년대에는 부정·부패의 추방에 앞장서면서 성가를 발휘하여 1890년 초에는 발행부수가 18만 2,000부에 이르게 되었다(Mott, 1962, p. 450).

「필라델피아 퍼블릭 레저」의 당시 발행인은 박애주의자로 유명한 서적출판인 조지 차일즈(George W. Childs)였는데, 그는 1864년 「필라델피아 퍼블릭 레저」지의 소유권을 인수했다. 그런 다음, 신문대금을 주당 6.25센트에서 10센트로 올리고 광고료도 인상했다. 그럼에도 불구하고 발행부수가 날로 증가하여, 1870년대 중반에는 9만 부에 이르게 되어, 필라델피아 신문들 중에서 최대의 발행부수를 자랑했다. 이처럼 발행부수가 크게 증가했던 것은 「필라델피아 퍼블릭 레저」지가 보수주의적 유력 신문으로서의 권위를 전국적으로 떨칠 수 있었기 때문이다.

• 워싱턴의 주요 신문들의 사정

1800년 연방정부가 수도를 필라델피아로부터 워싱턴으로 옮긴 이후, 정치의 중심지가 된 워싱턴은 곧 정론신문의 중심지이기도 했다. 그러나 1870년대 초 정론신문들의 퇴조와 함께 워싱턴의 신문들은 전국 신문들의 선도력을 상실하고, 그 선도력을 뉴욕 신문들에게 빼앗기게 되었다. 그러자 워싱턴 신문들도 생존을 위해 정론 중심에서 일반뉴스의 보도로 초점을 바꾸었으며, 전국적 관심의 정치적 내용보다는 워싱턴시 독자들이 원하는 지역적 관심의 뉴스에 중점을 두게 되었다.

그 결과, 워싱턴의 신문 대부분은 지역신문(local paper)으로 전락하면서 독립신문 내지 중립신문임을 표방하게 되었는데,[5] 이렇게 된 신문의 대표적 실례로는 「워싱턴 이브닝 스타」(*Washington Evening Star*, 1852년 창간)지를 들 수 있겠다. 이처럼 전국적 신문이었던 워싱턴 신문들이 지역신문으로 전락하게 되자, 자연히 보급의 한계성 때문에 재정난으로 문을 닫게 되는 신문들이 속출했다. 그 결과, 1891년경에는 워싱턴에 오직 2개의 일간신문들만이 존재하게 되었는데, 이들은 상기 「워싱턴 이브닝 스타」지와 「워싱턴 포스트」(*Washington Post*)지였다.

---

5 그러나 정론신문시대의 성격을 고수한 신문들도 없지 않았는데, 예컨대 「내셔널 리퍼블리컨」(*National Republican*, 1860–88)지는 계속 정론을 중심으로 삼으며, 앤드류 존슨(Andrew Johnson) 대통령의 재임 시(1865–69) 그의 공화당정부 대변지 노릇을 하기도 했다.

이들 중 「워싱턴 포스트」지는 1877년 스틸슨 헛친스(Stilson Hutchins)가 창간한 민주당계 조간신문이었는데, 헛친스는 본래 아이오와주 두부케(Du Buque)에서 남북전쟁 당시 소위 '코퍼헤드 신문'이었던 「두부케 헤럴드」(*Du Buque Herald*)지를 편집하다가 그 후 세인트루이스로 가서 「세인트루이스 타임스」(*St. Louis Times*)지를 창간해서 발행했다. 그러다가 워싱턴으로 와서 1877년 「워싱턴 포스트」지를 창간했는데, 정열적 신문인이었던 헛친스는 「워싱턴 포스트」지를 10년 만에 성공적 신문으로 만들어 놓았다. 그리고 1888년에는 공화당계 「내셔널 리퍼블리컨」(*National Republican*, 1860년 창간)지를 흡수하는 동시에, 정치적으로 독립신문임을 표방하고 나섰다. 그러나 이듬해 헛친스는 「워싱턴 포스트」지를 프랭크 하튼(Frank Hatton)과 베리아 윌킨스(Beriah Wilkins)에게 팔았다.

• 보스턴을 비롯한 뉴잉글랜드 지방의 신문들

미국신문의 발상지였던 보스턴의 신문들은 이 시기에는 그렇게 활성적이지 않았다. 오직 「보스턴 헤럴드」(*Boston Herald*)지만 그런대로 활발히 움직였는데, 조간·정오간·석간판을 따로따로 낸 이 신문의 발행부수는 모두 합쳐 1890년대 초에는 14만 부 정도로서, 당시 전국에서 발행부수로 6대 신문에 속했다. 그러나 과거에 명성을 떨쳤던 「보스턴 데일리 애드버타이저」(*Boston Daily Advertiser*)의 발행부수는 겨우 1만 8,000부 정도로 감소했으며, 「보스턴 포스트」(*Boston Post*)지와 「보스턴 트래블러」(*Boston Traveller*)지도 거의 마찬가지였다. 그리고 당시 보스턴 상류사회에서 문화신문으로 이름을 날린 「이브닝 트랜스크립트」(*Evening Transcript*)지도 발행부수가 1만 7,000부를 넘지 못했다.

그러나 새로 두각을 나타낸 신문도 없지 않았다. 「보스턴 글로브」(*Boston Globe*)지는 1872년 마터린 발로우(Maturin Ballou)가 창간했으나, 10만 달러의 손해만 보고 찰스 테일러(Charles H. Taylor)에게 팔았다. 테일러도 초기에는 계속 적자를 면치 못했으나, 1877년 신문값을 4센트에서 2센트로 내리고, 석간판도 새로 발행하고, 또한 민주당을 지지하고 나섰다. 또한 퓰리처의 「뉴욕 월드」와 같은 선정주의적 방법을 도입해서 기사제목을 선정적으로 뽑는가 하면, 범죄기사를 크게 보도했다. 그리고 보스턴과 뉴잉글랜드 지역 뉴스를 보도할 때는 그에 관계된 지역주민들의 이름을 되도록 많이 열거했다. 또한 유명 작가들의 소설을 연재하는 등 피처물도 중시했다. 그러자 「보스턴 글로브」지의 발행부수가 1877년도에는 8,000부에서 3만 부로 껑충 뛰었으며, 3년 후에는 2배로 늘었고, 1890년에는 조간과 석간을 합쳐 15만 부가 되었다.

이처럼 「보스턴 글로브」지의 발행부수가 크게 증가한 것은 퓰리처의 「뉴욕 월드」와 같은 선정주의적 방법을 도입했기 때문이었다. 그러나 단지 이러한 이유만은 아니었는데, 보스턴 지역 주민들은 교육수준이 높아서 천박한 신문은 원하지 않았기 때문이다. 그리하여 남북전쟁 때 명성을 날렸던 「보스턴 저널」(*Boston Journal*)지가 선정주의적 대중신문으로 전락하자, 보스턴 사람들의 빈축을 사기도 했다. 따라서 보스턴의 신문들은 뉴욕 신문들에 비하여 충격적인 선정주의는 되도록 피했다.

한편 스프링필드에서 발행한 「스프링필드 리퍼블리컨」(*Springfield Republican*)지는 1878년 창간자 새뮤얼 바울스 3세(Samuel Bowles Ⅲ)가 사망한 뒤에도 가장 유명한 소도시신문의 하나로 명성을 계속 유지했다. 이 신문은 비교적 정치적으로 독립성을 유지하면서 정치문제에 관해 시시비비를 가리며 과감한 비판을 가함으로써 당시 많은 신문인들에게 좋은 교훈을 주었기 때문이다.

뉴잉글랜드 지방의 또 다른 유명한 신문으로 「하트포드 쿠란트」(*Hartford Courant*)를 들 수 있었는데, 이 신문은 본지보다는 그 자매지인 주간신문 「코네티컷 쿠란트」(*Connecticut Courant*)가 더 유명했다. 이 주간신문(1764년 창간)은 보수주의적 논조와 문예물로 명성을 날렸다.

남부 지역 주요 신문들의 현황

1870년대로 들어서면서 남부 지역 신문들도 남북전쟁의 상처를 씻고 다시 정상을 되찾았다. 그러면서 남부의 신문들도 북부의 신문들처럼 독립신문시대로 전환하고 있었는데, 당시 남부 지역의 대표적 신문들로는 조지아주의

「애틀랜타 컨스티튜션」(*Atlanta Constitution*), 켄터키주의 「루이스빌 쿠리어-저널」(*Louisville Courier-Journal*), 사우스캐롤라이나주의 「컬럼비아 스테이트」(*Columbia State*)지 등을 들 수 있었다.

• 조지아주의 「애틀랜타 컨스티튜션」

당시 남부 사람들의 사랑과 존경을 가장 많이 받은 신문인은 조지아주 「애틀랜타 컨스티튜션」지의 발행인 겸 편집인 헨리 그래디(Henry W. Grady)였는데, 그는 신문인의 정도를 넘어서 예언자로까지 간주되었다. 따라서 그의 신문에 대한 인기도 두말할 필요가 없을 정도로 대단히 높았다. 약관 19세일 때 그래디가 조지아주의 「로마 쿠리어」(*Rome Courier*)라는 신문의 부편집인을 역임하며 그 지역사회의 부정·부패를 폭로하자, 이를 「로마 쿠리어」지 발행인이 말렸다. 그러자 이에 격분한 그래디는 사표를 내고 나와서 자신의 신문을 만들어 계속 부정과 부패에 항거했다. 그러나 곧 파산을 면치 못한 그래디는 애틀랜타로 가 1872년 창간한 「애틀랜타 헤럴드」(*Atlanta Herald*)지의 주식 중 3분의 1을 매입하여 이 신문의 발행에 참여하면서 「애틀랜타 헤럴드」를 가장 새롭고 활력 있는 신문으로 만들어 놓았다. 그러나 1876년 불어닥친 경제 불황으로 인하여 폐간해야만 했다.

그 뒤, 그래디는 「뉴욕 헤럴드」지 조지아주 지방기자로 많은 활약을 해서 일약 특종기자의 명성을 얻게 되었다. 그러나 일개 기자로 만족할 수 없던 그는 1880년 「애틀랜타 컨스티튜션」지의 주식 4분의 1을 매입하여 편집국장이 되었는데, 1876년 창간한 「애틀랜타 컨스티튜션」지는 1880년 당시는 남부에서 6대 신문의 하나로 손꼽는 모범적 신문이었다(*Journalist*, 1889. 12. 28일자). 이러한 신문의 편집국장을 그래디가 맡은 이후, 「애틀랜타 컨스티튜션」지는 더욱 발전하여 1889년에는 그 주간판 발행부수만도 14만 부가 되어 전국에서 최고의 발행부수를 자랑했다(Mott, 1962, p. 456). 그래디는 편집국장으로 있으면서도 계속 취재기자 역할도 수행하여 1886년에는 찰스턴 지진사건을 특종으로 보도했는데, 그 기사를 「뉴욕 헤럴드」지가 그래디의 기명기사(by-line)로서 제1면에 전재하기도 했다. 그러나 그래디는 1889년 급성폐렴에 걸려 사망하고 그 자리는 클라크 하우웰(Clark Howell)이 계승했다.

• 켄터키주의 「루이스빌 쿠리어-저널」

그래디와 마찬가지로 켄터키주 「루이스빌 쿠리어-저널」지의 편집인 헨리 워터슨(Henry Watterson)도 당시 남부에서 존경받던 언론인의 한 사람이었다. 그러나 워터슨은 그래디와는 달리 정치에 큰 관심을 갖고 있었으며, 뉴스기사보다는 논설로 명성을 떨쳤는데, 워터슨이 「루이스빌 쿠리어-저널」지에 쓴 논설들은 다른 신문들에서 즐겨 인용 또는 전재할 정도였다.

특히 워터슨의 문체는 유려하고 수사적이었으며, 그가 쓴 문구들은 매우 인상적이어서 오래 기억될 수 있었다. 예컨대 그는 당시 대통령 그로버 클리블랜드(Grover Cleveland, 재임기간 1885–89)가 민주당을 제대로 이끌지 못하자, 클리블랜드가 민주당을 '도살장을 거쳐 공동묘지로'(through a slaughter house to an open grave) 끌고 간다는 표현을 사용해서 정곡을 찌르기도 했다. 그리하여 워터슨은 다른 신문의 편집인들로부터도 존경과 사랑을 받았는데, 자유주의자였던 워터슨은 자유거래의 원칙을 끝까지 옹호하고 나서기도 했다.

바로 이와 같은 워터슨이 「루이스빌 쿠리어-저널」의 편집을 맡자, 발행부수가 크게 증가했다. 그리하여 그 자매지 주간판은 1887년까지 남부에서 최대의 발행부수를 자랑하다가, 그 수위자리를 「애틀랜타 컨스티튜션」지에 빼앗기고 말았다. 하지만 본지의 발행부수는 「애틀랜타 컨스티튜션」지보다 많았으며, 남부 지역에서 「뉴올리언스 피키윤」(*New Orleans Picayune*)지 및 「루이스빌 타임스」(*Louisville Times*)지와 치열한 수위 다툼을 벌였다.

• 사우스캐롤라이나주의 「컬럼비아 스테이트」

1891년 사우스캐롤라이나주 컬럼비아에서 창간한 「컬럼비아 스테이트」지도 남부에서는 유명한 신문의 하나였다. 이 신문은 민주당 쪽으로 약간 기울어 있기는 했지만, 그래도 정치적·사회적 문제에 있어서는 항상 자유주의적이고 독립적인 입장을 지켰다.

「컬럼비아 스테이트」지는 비록 민주당계 신문이면서도 그 분파의 정치지도자들의 그릇된 행위에 대해서는 가차 없는 공격을 퍼부었다. 그리하여 당시 「컬럼비아 스테이트」지 발행인 나르시소 곤잘레스(Narciso G. Gonzales)가 1903년 그의 정적에 의해 컬럼비아 거리에서 살해당하는 비극을 초래하기도 했다. 그 후 이 신문은 나르시소 곤잘레스의 동생이 계속 발행했다.

서부 지역 주요 신문들과 발전상

이 시기에 앨리게이니 산맥 서쪽의 서부 지역에서는 계속 신문들이 성장을 가속화하여 동부나 남부에서와 비슷한 수준에 도달하게 되었다. 그중에서도 특히 신시내티 · 시카고 · 캔자스시티 · 샌프란시스코 · 포틀랜드 등 비교적 대도시의 신문들이 많은 성장을 이룩했다.

• 오하이오주 신시내티의 신문사정

오하이오주 남단에 위치한 신시내티시는 일찍부터 서부 지역 신문들의 중심지가 되어 왔는데, 그 중심지답게 이 도시에서는 앨리게이니 산맥 서쪽에서 가장 훌륭하고 발행부수도 많은 「신시내티 커머셜」(*Cincinnati Commercial*)이라는 신문이 계속 그 명성을 자랑하고 있었다. 이 신문은 1843년 창간한 상업신문으로, 1865년부터 머랫 할스테드(Murat Halstead)가 편집을 맡았는데, 할스테드는 이 신문사에 기자로 입사하여, 남북전쟁과 그 후 프랑스-독일 간의 전쟁 당시 종군기자로 활약하다가 1865년 편집인이 되었다. 이러한 할스테드는 특히 뉴스 보도의 귀재였다. 그래서 그가 편집인이 된 뒤, 「신시내티 커머셜」지는 큰 명성을 얻었고 또한 많은 이윤도 얻을 수 있었다.

이러한 「신시내티 커머셜」지는 1883년 「신시내티 가제트」(*Cincinnati Gazette*, 1815년 창간)지와 합병해서 「신시내티 커머셜 가제트」(*Cincinnati Commercial Gazette*)로 제호를 바꾸었다. 그 뒤, 발행부수가 서서히 떨어져서 「디모크래틱 인콰이어러」(*Democratic Enquirer*)지보다 뒤지게 되었다. 이들 두 신문은 다같이 1부에 5센트씩을 받았으나, 「디모크래틱 인콰이어러」지가 퓰리처의 「뉴욕 월드」처럼 선정주의 색채를 가미하면서 대중독자들을 빼앗아 갔기 때문이다. 그러자 「신시내티 커머셜 가제트」의 편집인 할스테드는 1890년 신문계에서 은퇴하고 말았으며, 그 뒤 이 신문은 더욱 쇠퇴해 갔다.

1870년대에 신시내티에는 위와 같은 신문들 이외에 또 2개의 석간신문들, 즉 「신시내티 타임스」(*Cincinnati Times*)와 「신시내티 스타」(*Cincinnati Star*)가 있었다. 이들 두 신문은 1880년 합병과 동시에 제호를 「신시내티 타임스-스타」(*Cincinnati Times-Star*)로 고쳤는데, 이 신문은 8면 발행에 신문 값은 1부당 2센트였으며, 정치적으로는 민주당 편이었다.

위와 같이 「신시내티 타임스」지와 「신시내티 스타」지가 합병한 지 6개월 뒤에 신시내티에는 또 하나의 석간신문이 새로 나왔는데, 이 신문은 처음에는 「페니 페이퍼」(*Penny Paper*)라고 부르다가 1883년 소유자가 바뀌면서 「신시내티 이브닝 포스트」(*Cincinnati Evening Post*)로 개제했다. 그리고 신시내티시 당국의 부정·부패를 신랄히 공격하고 나섬으로써 다른 신문들에게 무서운 경쟁지가 되었으며, 그 뒤 1891년에는 신시내티에서 최대 발행부수의 신문으로 성장했다.

• 일리노이주 시카고의 주요 신문들

일리노이주 시카고 신문들의 실태를 살펴보면, 「시카고 데일리 트리뷴」(*Chicago Daily Tribune*)지는 이 시기에도 성장을 거듭했다. 이 신문은 본래 1847년 6월 10일 사업가 존 스크립스(John L. Scripps)가 창간했으나, 재정난을 면치 못하자 1855년 조셉 메딜(Joseph Medill)과 그의 5명의 동업자들에게 팔아넘기고 말았다. 그러자 이들이 함께 신문을 경영하다가 1874년 메딜이 신문사 주식을 모두 매입해서 독자적으로 경영하면서 「시카고 데일리 트리뷴」을 활력 있는 뉴스 매체로 만들었다. 그리하여 발행부수가 1880년대 후반에는 종전의 3만 5,000부에서 2배로 증가했으나, 발행부수가 많은 것은 아니었다. 그러나 「시카고 데일리 트리뷴」은 전국적으로 유명한 신문의 하나로 명성을 날렸다.

한편 「시카고 타임스」(*Chicago Times*)지는 극단적인 선정성 때문에 많은 물의를 일으키다가 결국은 「시카고 헤럴드」지에 합병되고 말았는데, 「시카고 타임스」의 발행인 윌버 스토리(Wilbur F. Storey)가 두 번째 부인의 사망에 충격을 받고 정신이 이상해져 1878년 실질적으로 은퇴를 했다가 1884년 사망했다. 그러자 「시카고 타임스」의 소유권이 여러 사람의 손으로 넘어가면서, 퓰리처의 「뉴욕 월드」지의 선정주의를 모방하다가 물의를 일으키기도 했다. 그러다가 결국 1895년 「시카고 헤럴드」(*Chicago Herald*)지에 합병되어 「시카고 타임스-헤럴드」(*Chicago Times-Herald*)지로 바뀌었다.

본래 「시카고 헤럴드」지는 1881년 제임스 스콧(James W. Scott)이 창간한 2센트짜리 조간신문으로 처음에는 4면을 발행했다. 그러나 1890년부터 12면을 내면서 전국에서 가장 매력적인 신문의 하나로 성장했다. 그리하여 시카고에서 두 번째로 많은 발행부수를 자랑하면서 "정치적으로 가장 깨끗한 신문"이라는 정평을 들었다. 그러나 위에서 말했듯이 1895년 「시카고 타임스」를 합병하면서 제호를 「시카고 타임스-헤럴드」로 고쳤다.

이 시기에 시카고에서 또 하나 유명했던 신문은 「시카고 데일리 뉴스」(*Chicago Daily News*)지였는데, 이 신문은 선정주의적 기법을 사용하여 각종 범죄와 부정부패사건들을 폭로함으로써 센세이션을 불러일으켰다. 그리하여 발행부수가 1885년 여름 10만 부를 돌파했고, 그 뒤 3년 만에 발행부수가 다시 2배가 되었다. 그러면 이러한 「시카고 데일리 뉴스」는 누가 언제 창간했으며, 어떻게 해서 성공을 거두게 되었는가?

• 시카고의 선정주의 신문 「시카고 데일리 뉴스」

「시카고 데일리 뉴스」의 창간자는 멜빌 스톤(Melville E. Stone)이었는데, 그는 일리노이주의 한 시골에서 감리교회 목사의 아들로 태어나 시카고에서 소년 시절을 보낸 후 「시카고 트리뷴」(*Chicago Tribune*)지의 신문배달원 노릇을 하다가 16세에 기자로 발탁되었다. 그 뒤, 스톤은 「시카고 리퍼블리컨」(*Chicago Republican*, 1865년 창간)지로 자리를 옮겨 일하다가 1872년 편집국장이 되었다. 바로 그해

「시카고 리퍼블리컨」은 제호를 「인터 오션」(*Inter Ocean*)으로 고쳤는데, 이 신문은 공화당계 정론신문으로서 "공화당 이외는 아무것도 없다. 독립신문이고 무엇이고 필요가 없다"는 식으로 공화당 편만 들었다.

그러자 이를 못마땅하게 생각한 스톤은 「메일」(*Mail*, 1870–75)지로 자리를 옮겨 편집국장을 역임하다가 워싱턴으로 가서, 「메일」과 「시카고 포스트」(*Chicago Post*, 1865–78) 및 기타 3개 신문의 워싱턴특파원으로 활약했다. 이때 스톤은 1페니짜리 대도시 일간신문을 발행해 보고 싶은 생각을 갖게 되어, 다시 시카고로 와서 1875년 크리스마스부터 그의 친구 윌리엄 도어티(William Dougherty)와 함께 시험적으로 페니신문을 발행해 보았다. 여기서 가능성을 발견한 스톤과 도어티는 다음 해인 1876년 1월 3일부터 「시카고 데일리 뉴스」라는 1센트짜리 일간 페니신문을 본격적으로 발행하기 시작했다.[6]

이 「시카고 데일리 뉴스」지는 각 면이 5단인 소형판 4면 발행의 조그만 신문으로, 다양한 많은 뉴스들을 짤막짤막하게 보도하면서도 그 기사들이 생동감이 넘쳤다. 그렇다고 해서 선정적인 것은 아니였으며, 오히려 깨끗하고 품위가 있었고, 정치적 통제를 완전히 배제하면서 보도의 공정성을 기했다. 그러자 이 조그만 신문은 곧 판매부수가 증가하고 광고주들도 몰려왔다. 하지만 곧 재정난에 부딪쳐 경영이 어렵게 되자, 스톤은 재력이 있는 빅터 로슨(Victor Lawson)을 끌어들여 그에게 「시카고 데일리 뉴스」지의 소유권을 넘겨주고 스톤 자신은 편집권만 위임받았다.

이렇게 해서 재정적 기반이 튼튼해진 「시카고 데일리 뉴스」지는 1년 만에 발행부수가 2만 부를 넘게 되면서 흑자를 내게 되자 스톤은 다시 신문사 주식의 3분의 1을 차지하게 되었다. 그리면서 스톤은 「시카고 데일리 뉴스」지에다가 선정주의적 요소를 가미하기 시작했는데, 그가 즐겨 사용한 선정주의적 기법은

---

6 당시 시카고에는 1센트짜리 동전들이 귀해서 독자들이 1센트짜리 신문인 「시카고 데일리 뉴스」를 사기에 곤란을 느끼자, 스톤은 은행에 요청해서 1센트짜리 동전 여러 자루를 가져다가 바꿔 주기도 했다.

기자들에게 탐정처럼 범죄 사건들을 추적하게 해서, 그것을 기사화하는 것이었다. 바로 이러한 수법을 즐겨 사용하면서 스톤 자신도 직접 한 은행장의 공금횡령사건을 추적해 그 전모를 폭로함으로써 센세이션을 불러일으키기도 했다. 그 결과, 「시카고 데일리 뉴스」지는 많은 적을 만들기도 했지만, 또한 많은 독자들을 끌어모을 수 있었다. 그리하여 발행부수가 1885년 여름에 10만 부를 돌파하자, 이를 축하하기 위한 100발의 총성을 울리기도 했다. 그 뒤 3년 만에 발행부수는 다시 2배가 되었다(Mott, 1962, p. 465).

그러나 1888년 스톤은 자기 소유의 모든 주식을 로슨에게 35만 달러에 팔아넘기고 은퇴했다. 하지만 로슨은 스톤에게 10년 동안 계속해서 연간 1만 달러의 봉급을 지급했는데, 이는 스톤이 시카고에서 다시 신문을 내지 않는다는 조건 때문이었다. 스톤은 은퇴 후 유럽여행을 마치고 뉴욕으로 가서 새로 재편된 AP통신사 초대 총무국장이 되었다. 한편 로슨이 소유권을 차지한 「시카고 데일리 뉴스」지도 계속해서 큰 성공을 거두였다.

• 캔자스주의 대표적 신문 「캔자스시티 스타」

이 시기에 캔자스주의 신문들도 많이 성장했으나, 그중에서 가장 크게 성장한 대표적 신문은 「캔자스시티 이브닝 스타」(*Kansas City Evening Star*)였다. 이 신문의 창간자는 윌리엄 닐슨(William R. Nilson)이었는데, 그는 17세 때 학교를 중퇴하고 독학으로 법률을 공부해서 21세 때 변호사가 되었다. 남북전쟁 직후인 1865년 도로건설업에 뛰어든 닐슨은 39세까지 20만 달러라는 큰 돈을 벌었다. 하지만 면화재배업에 손을 댔다가 거의 전 재산을 날리고, 오직 「포트 웨인 센티널」(*Fort Wayne Sentinel*)이라는 신문의 주식만 건질 수 있어서 신문업계에 투신하게 되었다. 그리하여 1879년 초 「포트 웨인 센티널」지를 매입한 닐슨은 이 신문을 경영하면서 경험을 쌓았다.

그러다가 한창 번창 중이던 캔자스시티로 가서, 1880년 9월 18일 「캔자스시티 이브닝 스타」지를 창간했는데, 당시 인구가 5만 5,000명이었던 캔자스시티에는 2개의 조간신문과, 2개의 석간신문 및 2개의 독일어신문이 발행되고 있었다. 이처럼 많은 신문들 사이에서 첫선을 보인 「캔자스시티 이브닝 스타」지는 그 창간호에서 "전국에서 가장 싸면서도 성공적인 석간신문으로 키우겠다"고 밝혔다. 그러자 이를 못마땅하게 여긴 「캔자스시티 타임스」(*Kansas City Times*)는 "반짝반짝 작은 별, 밝고 가십적인 것, 우리는 매일같이 보겠네, 1주일에 10전을 내고서"라는 축하동요(?)를 실으면서 비웃었다. 이때부터 「캔자스시티 이브닝 스타」지에는 '저녁에 반짝이는 신문'(Twilight Twinkler)이라는 별명이 붙었다.

이러한 별명의 「캔자스시티 이브닝 스타」지는 인정미담 등 인간흥미적(human interest) 내용에 중점을 둔 소형신문으로, 4면(각 면은 3인치 넓이의 6단으로 조판)을 발행했으며, 신문 값은 1부에 2센트, 1주일에는 10센트씩을 받았는데, 창간 당시는 3,000부를 발행했다. 그러나 발행부수가 계속 증가해서, 3년 만에 1만 부가 되었고, 1893년에는 5만 부가 되어 캔자스시티에서 최대 발행부수를 자랑하게 되었다. 그러면서 캔자스시티뿐 아니라, 미국 중서부에서 가장 유명한 신문의 하나로 성장했다. 그러자 「캔자스시티 이브닝 스타」지는 제호에서 '이브닝'이라는 단어를 빼 버렸다.

그리하여 「캔자스시티 스타」가 된 이 신문이 성공을 거두게 된 것은, 신문에 대한 닐슨의 확고한 신념, 즉 '신문의 심장은 뉴스'라는 생각과, 지역 뉴스의 발굴, 보도에 역점을 둔 때문이었다. 또한 지역사회의 각종 부정과 부패의 추방에도 앞장섰는데, 그렇다고 해서 결코 선정적이지는 않았으며, 지역사회의 주요 사건이나 이슈에 관한 뉴스의 자세한 보도를 통하여 부정과 부패가 자연히 노출되고, 그것이 사회문제화되도록 유도했다.

한편 「캔자스시티 스타」지는 공공봉사에도 앞장서서 임대주택의 대량 건설을 유도했으며, 술집의 추방을 역설하면서 솔선하여 주류광고의 게재를 거부했고, 복권광고도 싣지 않았다. 그러자 일부 사람들로부터 비난을 받기도 했다. 또한 '기회주의적 신문'(mugwump)이라는 소리를 듣기도 했는데, 비록 닐슨 자신은 클리블랜드 대통령의 지지자였지만, 그의 신문을 통해서는 결코 클리블랜드를 공개적으로 지지하지 않았기 때문이다. 그리하여 「캔자스시티 스타」지는 독립신문의 발전에도 많은 공헌을 했다.

• 오클라호마주, 텍사스주와 유타주의 신문실태

현재의 오클라호마주(1907년 주로 승격)에서도 이 시기에 처음으로 신문이 나오게 되었는데, 오클라호마 지역은 1889년까지는 백인이 토지를 소유할 수 없었기 때문에 자연히 인디언을 위한 신문만 존재했다. 그러나 1883년부터 1886년까지 「오클라호마 워 치프」(*Oklahoma War Chief*)라는 신문을 백인이 발행한 적이 있으며, 1887년부터 이곳 총독부에서 「테리토리얼 애드버케이트」(*Territorial Advocate*)를 발행했는데, 이 신문은 뒤에 「비버 헤럴드」(*Beaver Herald*)가 되었다.

텍사스주(1845년 주로 승격)에서는 1842년 창간한 「텍사스 뉴스」(*Texas News*)지가 갈베스턴에서 계속 발행되었는데, 이 신문은 1875년부터는 벨로(A. H. Belo)가 매입해서 발행했다. 벨로는 1885년 「달라스 뉴스」(*Dallas News*)라는 신문을 창간해서, 2개의 신문을 소유하면서 남서부에서는 가장 유명한 신문인이 되었다.

유타주(1896년 주로 승격)에서는 모르몬교계 신문인 「디저레트 뉴스」(*Deseret News*)지와 「디모크래틱 헤럴드」(*Democratic Herald*, 1870–1920)지가 계속 발행되고 있었다. 그러나 이들 모르몬교 신문에 반대하는 「솔트레이크 트리뷴」(*Salt Lake Tribune*)지가 1870년 새로 나타나 1891년에 이르러서는 위의 2개 신문의 발행부수를 능가하게 되었다.

• 오리건주와 워싱턴주의 신문실태

태평양 연안의 오리건주(1859년 주로 승격)에서 가장 유명한 신문은 포틀랜드에서 발행한 「모닝 오리거니언」(*Morning Oregonian*)지였는데, 이 신문은 뉴스의 보도와 논설이 매우 훌륭했다. 발행인은 하베이 스콧(Harvey W. Scott)이었는데, 그는 소년시절에 서부로 와서 당시 서부에서 가장 유명한 퍼시픽대학(Pacific College)을 졸업하고 변호사가 되었다. 변호사 시절, 「모닝 오리거니언」지에 가끔 기고를 했던 스콧은 신문에 관심을 갖게 되어 1865년 「모닝 오리거니언」지 편집인이 되었고, 그로부터 20년 뒤에는 발행인이 되어 1910년 그가 죽는 날까지 계속 신문인으로 살았다. 그는 학자적 편집인으로 신문에 의한 여론형성의 사회적 책임을 강조하며, 매우 격조 높은 논설을 써서 당시 서부신문계의 질적 향상에 크게 이바지했다.

현재의 워싱턴주(1889년 주로 승격)에서는 1879년 「스포케인 폴스 타임스」(*Spokane Falls Times*)지가 처음 창간되었으며, 1881년에는 「스포케인 폴스 위클리」(*Spokane Falls Weekly*)라는 주간신문도 나왔다. 한편 1890년에는 「스포크스맨」(*Spokesman*)지가 새로 나왔는데, 이 신문은 그 뒤 1913년 「시카고 트리뷴」지 발행인 알프레드 카울스(Alfred Cowles)의 아들 윌리엄 카울스가 매입하고, 또한 이 신문의 경쟁지였던 「리뷰」(*Review*)지도 매입하여 합병해 버렸다.

• 캘리포니아주의 대표적 신문 「샌프란시스코 크로니클」

이 시기에 캘리포니아주(1850년 주로 승격)에는 모두 100여 종의 신문들이 있었다. 그중에서 가장 대표적 일간신문은 「샌프란시스코 크로니클」(*San Francisco Chronicle*)이었는데, 이 신문은 1865년 당시 10대 소년인 찰스와 마이클 드 영(Charles and Michael H. De Young) 형제가 본래는 「드라마틱 크로니클」(*Dramatic Chronicle*)이라는 제호의 연극전문지로 창간했다. 당시 샌프란시스코에는 소위 '자유연극'이라는 것이 크게 유행했는데, 편지지 크기의 이 신문이 나와서 자유연극의 프로그램과 연극평을 게재하자 시민들로부터 적지 않은 호응을 받았다.

이러한 「드라마틱 크로니클」지는 그 뒤 일반종합지 성격을 띠면서 뉴스와 피처기사들도 싣다가 1868년 그 제호에서 '드라마틱'이라는 단어를 떼어 버리고, 그 대신 '샌프란시스코'라는 지명을 넣었다(당시 신문 값은 1부에 2센트였음). 그 뒤 25년간 이 신문은 정치적 부패에 항거하는 한편, 샌프란시스코시의 발전에 앞장서면서 샌프란시스코 신문계를 이끌어갔다. 그러나 1880년 노동당에 반대하고 나섰다가, 이 신문의 발행인 중 형인 찰스 드 영이 노동당 당원에게 피살되었다. 그러자 동생 마이클 드 영이 혼자 경영하면서 「샌프란시스코 크로니클」지는 공화당 대변지로서 활약했다.

이와는 달리, 캘리포니아주에서 전통을 자랑하던 또 하나의 신문인 「알타 캘리포니아」(*Alta California*)지는 그 소유권이 한 정치가의 손으로 넘어가서 남북전쟁 이후에는 계속 사양길을 걷다가 1891년 결국 폐간되고 말았다. 그러나 「알타 캘리포니아」의 자매지였던 조간신문 「콜」(*Call*, 1856년 창간)과 석간신문 「불리틴」(*Bulletin*, 1855창간)은 정치적 중립을 지키면서 가정신문으로서 피처물이 훌륭해 이들 2개 신문의 발행부수를 합치면 「샌프란시스코 크로니클」지의 발행부수를 상회했다.

• 캘리포니아주 샌프란시스코에서 허스트의 등장

「샌프란시스코 이그재미너」(*San Francisco Examiner*)지도 샌프란시스코에서 점차 중요한 역할을 하게 되었는데, 이 신문은 본래 1865년 윌리엄 모스(William Moss)가 「샌프란시스코 이브닝 이그재미너」(*San Francisco Evening Examiner*)라는 제호로 창간했다. 그러나 재미를 보지 못해서 소유권이 몇 사람의 손으로 넘어가다가 1880년 윌리엄 허스트(William R. Hearst)의 아버지 조지 허스트(George Hearst)가 매입했는데, 그는 이 신문을 자신의 정치적 목적에 이용할 심산이었다. 즉 광산에 손을 대서 백만장자가 된 조지 허스트는 주지사가 되려고 했는데, 그러자면 자신을 선전할 신문이 필요했기 때문이다. 그래서 「샌프란시스코 이브닝 이그재미너」를 매입한 조지 허스트는 이 신문을 민주당 대변지로 내세우며 조간으로 전환하고 제호도 「샌프란시스코 이그재미너」로 바꿨다. 그러나 이 신문의 발행인 조지 허스트는 주지사 선거에서 패배했다. 하지만 그의 신문은 발행부수가 점차 증가해서 매입 시에 4,000부였던 것이 1887년에는 2만 부가 되었다(Mott, 1962, p. 475).

비록 위와 같이 조지 허스트는 주지사 선거에서는 패배했으나, 1887년 상원의원에 당선되자, 워싱턴으로 가면서 「샌프란시스코 이그재미너」의 경영권을 당시 24세였던 그의 아들 윌리엄 허스트에게 넘겨주었다. 그리하여 「샌프란시스코 이그재미너」지의 경영을 맡게 된 윌리엄 허스트는 「뉴욕 월드」지의 조셉 퓰리처가 사용한 선정주의 기법을 그대로 모방해서 「샌프란시스코 이그재미너」지를 샌프란시스코에서 가장 활기 있는 선정주의 신문으로 급성장시켰다.

재력이 있던 윌리엄 허스트는 돈을 물 쓰듯 하면서 유능한 신문인들을 끌어들였고 또한 기자들에게 취재비도 풍부하게 주었다. 그 결과, 「샌프란시스코 이그재미너」지의 발행부수는 윌리엄 허스트가 경영을 맡은 지 1년 만에 2배로 증가했고, 1893년에는 드디어 「샌프란시스코 크로니클」지를 앞질러 6만 부가 되었으며, 그 후에도 계속 발행부수가 증가했다. 그러자 여기서 자신을 얻은 윌리엄 허스트는 뉴욕 신문계로 진출하여 퓰리처와 대결을 벌이면서 소위 '황색 저널리즘'(yellow journalism)의 바람을 일으키게 되었다.

5. 독립신문기 신문들의 주요 현상들

지금까지 위에서는 1872년부터 1891년까지 '독립신문기'에 미국신문들의 실태를 살펴보았다. 그러면 마지막으로 이 시기에 나타난 시대적 특징 또는 현상들을 몇 가지만 간단히 정리해 보기로 하겠다.

각종 신문들의 종수와 발행부수의 격증

우선 이 시기에 나타난 괄목할 만한 현상의 하나로 각종 신문들의 종수와 발행부수의 획기적 증가를 들 수 있는데, 1872년부터 각종 신문들이 무수히 나타나기 시작했다. 그리하여 그 후 8년 동안에만도 신문종수가 거의 2배로 증가해서, 1880년에는 미국 전체의 신문종수가 무려 7,000여 개에 달했으며, 1890년에는 모두 1만 2,000여 개가 되었다.

• 신문종수와 발행부수의 획기적 증가와 그 주요 요인

이와 같은 신문종수의 증가를 증가율로 나타내 보면, 1872년부터 1880년까지 8년 동안의 증가율이 무려 100%가 되는데, 이 기간에 인구증가율은 30%였다. 또한 이 기간은 경제적 불황이 겹쳤던 때였음을 감안할 때, 100%라는 신문종수의 증가율은 획기적인 것이었다. 그러나 1880년부터 1890년까지 신문종수의 증가율은 약 50%로서, 1870년대에 비해 많이 둔화했다. 하지만 1890년 현재 전체 신문종수는 1만 2,000여 개로서 결코 작은 숫자가 아니었는데, 신문종수가 1만 2,000여 개라면 이는 전국 방방곡곡 어느 지역이나, 도시 또는 읍에서나 모두 신문이 발행되었다는 것을 말해 주기 때문이다.

이렇게 신문의 종수가 크게 증가한 것은 서부로의 신문의 계속적 확장과, 남북전쟁 이후 남부에서의 경제회복, 그리고 인구의 증가와 전국적 분산 때문이었다. 또다른 이유는, 석간신문들이 크게 대두했으며, 주간신문과 일요신문들도 계속 증가했고, 외국어신문들도 거의 3배나 증가했기 때문이다.

이처럼 각종 신문들의 종수가 크게 증가하자, 그에 따라 신문발행부수도 격증해서 1870–90년간에 무려 222%의 증가율을 기록했다. 이렇게 신문발행부수가 크게 증가한 것은 물론 신문종수가 증가했기 때문이기도 하지만, 또한 국민들의 문자해득률이 크게 높아졌기 때문이라고 볼 수 있는데, 같은 기간에 인구증가율은 6.3%였던 반면, 문자해득률은 13.3%나 증가했다. 당시 신문들의 선정주의 경향도 신문발행부수의 증가에 크게 작용했는데, 신문의 선정적 보도기사들과 재미난 피처기사들이 특히 사회하층과 부녀자, 어린이 등을 신문독자로 끌어들이는 데 중요한 구실을 했기 때문이다.

그 결과, 각 신문의 발행부수도 크게 늘어나서 1872년에는 10만 부를 넘는 신문이 전국에서 2개밖에 되지 않았으나, 1891년에는 10여 개로 늘어났다. 이들 중 발행부수가 가장 많은 신문은 퓰리처의 「뉴욕 월드」지로서 37만 4,741부를 발행했으며, 두 번째는 「시카고 데일리 뉴스」지로 24만 4,619부였고, 세 번째는 「필라델피아 이브닝 아이템」지로서 18만 2,497부를 발행했다. 그러나 주요 도시의 일간신문들 중에서도 2,000부를 넘지 못하는 신문이 많았다. 그래서 전국 일간신문들의 평균발행부수는 1870년에는 4,500부였다가 1890년에는 5,200부로 늘어난 정도였다.

• 1870년대 초부터 석간신문의 대거 등장

위와 같이 1870년부터 1890년간에 각종 신문의 종수와 발행부수가 크게 증가한 데에는 여러 가지 요인들이 있었다. 그중 하나로는 특히 석간신문들의 대두를 들 수 있는데, 이 시기에는 석간신문들이 많이 나타나서 조간신문들과 맞먹게 되었기 때문이다. 앞서 살펴보았듯이 미국에서는 처음부터 조간신문이 석간신문보다 우세했는데, 1840년대 이전에는 신문인쇄도 선명하지 못한 데다가 어두운 불빛 밑에서 독자들이 신문을 읽어야 해서 석간신문이 인기가 없었다. 하지만 1840년대 이후에는 신문인쇄도 점차 선명해진 데다가 가스등이 나오면서 밤에도 신문을 읽을 수 있게 되자 석간신문의 인기가 올라갔다.

이처럼 석간신문의 인기가 올라간 또 하나의 주요 이유는 전신(telegraph)을 통해 들어오는 뉴스들의 신속한 보도 덕이었는데, 당시는 전신 뉴스들의 대부분이 낮 동안에 입전되었으므로 이들 뉴스를 신속히 신문에 보도하려면 역시 석간신문이 유리했다. 반면, 조간신문들은 주로 낮에 입전되는 전신 뉴스들을 그 이튿날 아침에나 보도할 수밖에 없어, 전신 뉴스의 속보경쟁에서 석간신문에 밀릴 수밖에 없었는데, 이러한 현상은 1870년대에 들어오면서 두드러지게 나타나기 시작했다.

그러자 조간신문들은 석간신문들과의 전신 뉴스의 속보경쟁에서 이기기 위해 다음과 같은 세 가지 방법들 중에서 하나를 선택해야만 했다. 즉 ① 아침에 전신 뉴스들을 받아서 신문을 오전에 느지막하게 내는 방법(late edition), ② 조간 이외에 따로 석간도 발행하는 방법, ③ 아예 석간신문으로 전환하는 방법들 중에서 하나를 선택해야만 했다. 그러나 신문을 오전에 느지막하게 발행하면 아침에 출근하는 많은 사람들에게 신문을 가판할 수 없으며, 그렇다고 해서 석간을 따로 발간하면 경비와 인력 등이 많이 들게 되었다. 그러자 아예 석간신문으로 전환하는 조간신문들이 많았는데, 그 대표적 실례의 하나로는 「뉴욕 익스프레스」(*New York Express*)지를 들 수 있다. 한편 새로 창간하는 신문들도 대부분 석간으로 출발하게 되었는데, 예컨대 1876년 창간한 「시카고 데일리 뉴스」지도 이러한 경우이다. 그 결과, 1880년에는 미국 전체에서 석간신문들의 종수가 조간신문들보다 앞서게 되었다.

• 1880년대 석간과 조간신문들의 실태

이와 같은 석간신문들의 증가 현상은 1880년대에도 계속되어 1890년에는 미국 전체 일간신문들 중에서 3분의 2가 석간신문이었다. 그러자 자연히 석간신문들 간에 치열한 경쟁이 시작되면서 가판부수를 늘리기 위해 하루에도 3-4판씩 찍어 내는 방법을 쓰기도 했다. 예컨대, 점심 식사 뒤에 주부들이 시장을 보러가는 때를 맞추어 제1판을 내고, 오후에는 직장인들이 퇴근하는 때를 맞추어 제2판을 발간하고, 저녁에는 외식하러 가거나 극장을 가는 군중들을 잡기 위해 제3판을 발행했다. 그리고 오후나 저녁에는 각 가정에 배달하기 위해 제4판을 내는 것은 물론이었다. 그런데 이들 중 오후 일찌감치 각 가정에 배달하는 제4판이 그때 가정에서 쉬고 있는 가정주부들에게 인기를 얻자, 주부들을 겨냥한 광고주들도 제4판 석간신문으로 몰리게 되었다.

그러자 앞서 말했듯이 본래의 조간신문을 석간신문으로 전환하거나, 새로 창간하는 신문들은 석간으로 출발함으로써 1890년 현재 미국 전체 일간신문들 중 3분의 2가 석간신문들이었다. 작은 도시들에서는 석간신문의 종수가 더 많아서, 예컨대 오하이오주 클리블랜드에서는 모두 6개의 일간신문들 중에서 5개가 석간신문이었다. 필라델피아·보스턴·시카고 등 대도시에서는 조간과 석간신문의 종수가 반반이었다. 그러나 뉴욕시의 경우는 1892년 말 현재 모두 16개의 일간신문들 중에서 9개가 조간신문이고, 나머지 7개지만 석간신문이었는데, 그 이유는 확실치 않으나, 조간신문들 중에 권위지(elite newspaper)들이 더 많았으며, 석간신문들 중에는 오직 「뉴욕 이브닝 포스트」지만 권위지로 손꼽혔다.

1880-90년대 전국의 모든 일간신문들 중에서 최대 발행부수를 자랑한 신문도 석간신문인 「뉴욕 데일리 뉴스」였는데, 이 신문은 민주당 태머니파의 1센트짜리 대중신문으로서 발행부수가 10만-17만 5,000부에 달했다. 이렇게 석간신문인 「뉴욕 데일리 뉴스」의 발행부수가 증가하자, 조간신문인 「뉴욕 선」도 결국 1887년부터 「이브닝 선」이라는 석간판을 따로 발행하게 되었다. 그러자 몇

개월 후에는 퓰리처의 「뉴욕 월드」지도 「이브닝 월드」라는 석간신문을 따로 내기 시작했다. 이 신문은 1892년에 이르러서는 「이브닝 선」지의 발행부수를 능가한 18만 2,000부를 내게 되었는데, 이는 본지인 조간 「뉴욕 월드」보다 1만 부가 많은 숫자였다.

• 지방주간신문들의 격증과 그 주요 요인

1870년부터 1890년 사이 또 하나의 중요한 특징으로는 지방신문들의 격증을 들 수 있는데, 이 시기에는 소위 '지방지'(country papers)라고 부른 시골의 신문들도 엄청나게 증가했기 때문이다. 이들 지방지는 주로 인구 1만 명 이하의 읍들에서 발행한 지역사회주간신문(community weekly)들을 말하는데, 이러한 지방주간신문들의 종수가 1890년에 이르러서는 무려 1만 2,000개나 되어, 20년 전에 비해 3배나 증가했다. 그 결과, 이러한 신문은 인구가 고작 300명인 읍내에서도 거의 대부분 발행할 정도였는데, 당시 지방주간신문들의 발행부수는 300–3,000부 사이였으며, 신문대금은 1870년대에는 1년에 평균 2달러씩 하다가 1880년대에는 1.5달러 내지 1달러로 인하했다

위와 같이 지방의 주간신문들이 1890년에 무려 1만 2,000개나 될 정도로 크게 증가한 주요 이유의 하나는, 수동식 낡은 인쇄기만 하나 있으면 신문발간 비용이 얼마 들지 않는 데다가, 당시는 서부 지역의 시골 읍들이 급격히 발전하고 있어 만약 재수가 좋으면 그 읍이 도시로 변해서 신문발간사업이 성공을 거둘 수 있었기 때문이다. 따라서 소위 '도붓장수식 신문업자'(peripatetic journalist)들이 허황된 꿈을 안고 이곳저곳을 돌아다니며 주간신문사를 차렸다가 발전성이 없으면 때려치우고 다른 곳으로 가서 또 새 신문사를 차렸다. 예컨대 존 하퍼(John Harper)라는 사람은 중서부 지역에서 무려 26개의 주간신문을 창간하기도 했는데(*New York Tribune*, 1895. 6. 9일자, p. 26), 이는 그가 신문계에 종사한 동안 매년 하나의 신문을 창간한 셈이 된다.

한편 서부개척지들에서 각종 정당조직의 새로운 결성도 주간신문들의 격증을 촉진했는데, 정당조직들을 새로 결성하면 그 선전매체로 주간신문도 창간

했기 때문이다. 그런가 하면, 발간비용을 적게 들이기 위한 간지특약제도도 지방주간신문이 격증한 주요 요인의 하나가 되었는데, 그렇다면 간지특약제도란 도대체 무엇인가?

• 간지특약제도와 지방주간신문들의 증가

간지특약제도란 앞서 말했듯이 지방의 군소 주간신문들이 제작비용과 인력을 줄이기 위해 그 인근의 큰 신문들과 특별계약(patent)을 맺고, 예컨대 8면을 발행할 경우 외피지(outsides)인 1, 2, 7, 8면만 지방신문이 직접 제작하고 간지(insides)인 3, 4, 5, 6면은 큰 신문에서 제작, 인쇄한 것을 그대로 가져다가 외피지 사이에 끼워 배포하거나, 또는 심지어 큰 신문의 외피지 기사들까지도 지방주간신문이 거의 그대로 전재한 것을 말한다. 이런 식으로 발행한 주간신문들이 1880년 당시 모든 지방주간신문들 중 5분의 1에 해당되는 3,000여 개나 되었다.

이처럼 간지특약제도를 이용하여 신문을 발행하는 지방주간신문들이 많아지자, 이들 신문에 간지를 전문적으로 제공해 주는 신문업자까지 생기게 되었다. 예컨대, 시카고 출신의 켈로그(A. N. Kellog)는 1880년 아이오와주 데스모네스(Des Moines)에 웨스턴신문유니언(Western Newspaper Union)이라는 신문제작대행사를 차려놓고, 신문지형을 만들어 군소 주간신문사에 제공했다. 그러면 그 지형으로 주간신문사에서는 인쇄만 해서 신문을 발행했다.

이러한 방법이 지방주간신문들의 환영을 받게 되자, 뉴욕의 AP통신사도 신문제작대행사업에 뛰어들어 많은 돈을 벌었다. 그렇다고 해서, 모든 지방주간신문들이 신문제작대행사나 간지특약제도를 이용하여 신문을 발행한 것은 아니었으며, 제대로 신문을 낸 곳도 많았는데, 이러한 주간신문사들의 대부분은 해당 지역 유지들이 지역사회의 발전을 위해 발행한 것이었다.

한편 이 시기에는 일간신문들도 주간판(weekly edition)을 따로 발행하는 것이 일종의 유행처럼 되어, 전체 일간신문의 약 3분의 2가 주간판을 발행했다. 이들 주간판의 내용은 거의가 일간판에 게재했던 것을 다시 전재한 것들이었는데, 이러한 주간판 중에는 본지의 발행부수보다 많은 것도 있었다.

• 일간신문사의 일요판 발간도 유행

일간신문사들은 또한 일요판(sunday edition)도 많이 발간했는데, 이러한 일요판 발행은 1861년 「보스턴 선데이 헤럴드」지가 본격적으로 시작한 이래 점차 증가해서, 1870년에는 전체 일간신문사들 중 7%에 해당하는 50여 개 일간신문사에서 일요판을 발행하게 되었다. 그 뒤 1878년 「필라델피아 타임스」의 일요판이 큰 성공을 거두자 전국 각지의 일간신문사들이 서로 다투어 일요판을 발행하게 됨으로써, 1880년에는 100여 개 일간신문사(전체의 11%)에서, 그리고 1890년에는 257여 개 일간신문사(전체의 15%)에서 일요판을 내기에 이르면서, 일간신문사들의 일요판 발간이 일종의 유행처럼 되었다.

일간신문사에서 발행한 일요판 중에서 특히 큰 성공을 거둔 것은 퓰리처가 발행한 「뉴욕 월드」지의 일요판 「선데이 월드」(*Sunday World*)지였는데, 이 일요판은 12면이 거의 모두 흥밋거리 기사로 채워졌다. 그리하여 일요일 독서물로 독자들의 커다란 환영을 받아서 창간 2년 만인 1885년에는 발행부수가 20만 부로, 1887년에는 25만 부로 상승했다. 그리하여 퓰리처는 '미국 일요판 신문의 아버지'라는 소리까지 듣게 되었다. 그간에 「선데이 월드」는 발행면수를 계속 늘려 1892년에는 40-45면을 발행했는데, 신문 값은 창간 초기에는 1부당 3센트를 받다가 1889년부터 5센트로 인상했다.

위와 같이 퓰리처의 「선데이 월드」지가 큰 성공을 거두자 뉴욕의 다른 일간신문들도 거의 대부분 일요판을 발행하게 되었다. 그중 「뉴욕 선」지와 「뉴욕 헤럴드」지의 일요판 등은 「선데이 월드」와 그 내용과 발행부수가 비슷했다. 한편 보스턴의 「보스턴 글로브」, 「보스턴 헤럴드」, 필라델피아의 「필라델피아 아이템」 등도 일요판을 발간했는데, 이들 일요판의 내용도 「선데이 월드」와 비슷했다. 이처럼 일간신문사들이 서로 다투어 일요판을 내게 되자, 본래부터 일요신문만 내던 신문들은 경쟁에서 밀려 거의가 사라지게 되었다. 그런가 하면, 일간신문사들의 일요판이 유행하자, 주간신문들은 일요판 신문들과의 중복을 피하기 위해 종전에는 토요일에 발간하던 것을 화요일 또는 목요일로 발행요일을 바꾸기도 했다.

• 외국어신문들의 종수도 2배로 증가

1872–91년간의 독립신문기에는 또한 외국어신문들의 종수도 2배로 증가했다. 그러나 이러한 증가율은 전체 신문의 증가율보다는 낮은 것이었는데, 전체 신문의 증가율은 3배나 되었기 때문이다. 또한 외국어신문들의 종수는 2배로 증가했지만, 전체 신문들 중에서 외국어신문들이 차지하는 비율은 1872년에 10%였던 것이 1892년에는 6%로 떨어졌는데, 이는 외국어신문들의 증가율이 둔화되었기 때문이 아니라, 영어신문들이 외국어신문들보다 크게 증가했기 때문이다.

1891년 현재, 미국 전체에서 18개 언어의 외국어신문들이 나왔는데, 그중에서 가장 많았던 것은 독일어신문으로 전체 외국어신문들 중에서 80%를 차지했다. 이는 독일계 미국인들의 수가 많았기 때문이라고 볼 수도 있지만, 독일계 미국인들의 문자해득률이 높았기 때문이다. 그리하여 1891년 현재, 독일어 일간신문만도 전국에 97개가 있었는데, 특히 뉴욕·필라델피아·시카고·신시내티·세인트루이스·밀워키 등지에는 한 도시에서도 5–6개의 독일어 일간신문들이 발행되었다. 이들 중, 「뉴요커 슈타츠-차이퉁」(*New Yorker Staats-Zeitung*)지는 발행부수가 1880년 현재 5만 부에 달했다.

독일어신문 다음으로 종수가 많았던 외국어신문은 스칸디나비아계 신문들로서, 1892년 현재 10여 개나 되었다. 그러나 이들 대부분은 중서부에 있었으며, 종교적 성격을 띤 것들이었다. 이 시기에는 중국어신문도 최초로 1875년에 등장했는데, 그 제호는 「샌프란시스코 화기」(*San Francisco Wah Kee*)였으나, 영어로는 「오리엔탈」(*Oriental*)이라고 불렀다. 이 신문은 등사판 주간신문으로 매호 1,000부를 발행했으며, 구독료는 연간 5달러였다. 그러나 최초의 이 중국어신문은 1879년까지 발행하다가 없어졌다. 당시 미국에서 발행한 외국어신문들은 그 발행부수들 중에서 상당수가 본국으로도 보내져서, 그 나라 사람들을 미국 이민으로 불러들이는 데에도 중요한 구실을 했다.

신문체인의 등장과 통신사 · 전신회사의 발달

위와 같이 1872년부터 1891년까지 시기에 각종 신문들이 격증하자, 한 사람이나 한 가문이 여러 도시에서 여러 개의 신문들을 소유해서 발행하는 소위 '신문체인'(newspaper chain)도 출현하게 되었다. 그런가 하면, 각종 신문들이 격증하자 이들 신문에게 뉴스를 전달해 주기 위한 통신사와 전신회사들도 발달하게 되었는데, 이러한 것도 이 시기의 주요 특징 내지 현상의 하나였다.

• 신문체인의 대두와 스크립스 가의 신문체인

이 시기에 나타난 대표적 신문체인으로는 스크립스 가(Scripps family)의 신문체인을 들 수 있는데, 스크립스 가는 영국에서 건너온 가문의 하나로, 이 가문의 가장이었던 제임스 M. 스크립스(James M. Scripps)는 런던에서 서적 등의 제본업에 종사하다가 실패하자 미국으로 건너와 일리노이주에 정착했다. 그는 영국에서 두 번, 미국에서 한 번 결혼을 해서 모두 13명의 자녀를 얻었는데, 두 번째 결혼에서 얻은 6명의 자녀 중 3명과 세 번째 결혼에서 얻은 자녀 중 1명이 바로 신문체인을 만든 장본인들이었다.

이들 중 제임스 E. 스크립스(James E. Scripps)는 시카고의 신문사들에서 도제수업을 끝낸 후 디트로이트로 가서 언론에 종사하다가 「디트로이트 데일리 애드버타이저」(*Detroit Daily Advertiser*)지의 동업주 겸 경영인이 되었다. 그러나 1873년 이 신문사가 화재를 당하자, 제임스 E. 스크립스는 보험회사로부터 받은 보험료 중 2만 달러를 가지고 「디트로이트 뉴스」(*Detroit News*)라는 조그만 석간신문을 창간했다. 이 새로운 신문은 그 내용이 신선하여 독자들로부터 적지 않은 호응은 받았지만, 당시 경제적 불황으로 재정난에 부딪쳐 많은 어려움을 겪어야만 했다. 그럼에도 이 신문은 제임스 E. 스크립스가 열심히 일한 결과 1877년부터 흑자를 보게 되었고, 1880년대 중반에 이르러서는 발행부수가 4만 부로 올라갔다. 그러나 다시 발행부수가 떨어지다가 1892년부터 다시 격증하기 시작했다.

한편 제임스 M. 스크립스의 세 번째 부인 소생인 에드워드 W. 스크립스(Edward W. Scripps)는 이복형인 제임스 E. 스크립스 밑에서 일하다가 오하이오주 클리블랜드로 가서 1878년 11월 2일 「클리블랜드 프레스」(*Cleveland Press*, 창간 시 제호는 *Cleveland Penny Press*)라는 신문을, 그 형제들의 재정적 도움을 받아서 독자적으로 창간했다. 이 신문은 소형 4면의 1센트짜리였으나, 몇 년 되지 않아 클리블랜드에서 가장 발행부수가 많은 신문이 되었다.

이렇게 성공을 거두자, 에드워드 W. 스크립스는 그의 형 제임스 E. 스크립스를 설득해서 당시 싼값으로 팔려고 내놓은 「세인트루이스 크로니클」(*St. Louis Chronicle*, 1880–1905)지를 매입했다. 그러나 당시 세인트루이스에서 발행하던 퓰리처의 「세인트루이스 포스트-디스패치」(*St. Louis Post-Dispatch*)지와의 경쟁에 밀려 재미를 보지 못하다가 설상가상으로 병을 얻어 해외여행을 떠났다. 여행에서 돌아온 에드워드 W. 스크립스는 1883년 오하이주의 「신시내티 포스트」(*Cincinnati Post*)지를 매입해서 이번에는 큰 재미를 보게 되었다. 그러자 그는 켄터키주 콘빙턴에도 「켄터키 포스트」(*Kentucky Post*)라는 신문을 창간했다.

이와 같이 스크립스 가의 형제들이 여러 곳에서 여러 신문들을 발행함으로써 현대적 신문체인이 처음 등장하게 되었다. 물론 그 이전에도 한 사람이 여러 신문을 소유한 예는 없지 않았으나, 스크립스 가는 1892년까지 모두 5개의 신문을 소유했으며, 이들 신문을 1895년에는 완전히 체인화했기 때문이다. 이들 스크립스 가 체인의 신문은 모두가 염가의 석간신문들이었고, 부정·부패에 대해 과감한 투쟁을 벌이면서 가난한 계층의 대중들을 대변함으로써 큰 성공을 거둘 수 있었다.

• 통신사와 전신회사의 발달과 상호경쟁

한편 1872–91년간에 각종 신문들이 격증하자, 이들 신문에 뉴스를 전달해 주기 위해 통신사와 전신회사들도 발달하게 되었다. 당시 미국에서 가장 큰 뉴스통신사는 역시 뉴욕 AP통신사(Associated Press of New York)였는데, 이 통신사는 여러 면에서 뉴스의 취재와 공급을 거의 독점했다. 당시 뉴욕 AP통신사는 영국의 로이터통신사(Reuters), 독일의 아바스통신사(Agence Havas)와 볼프통신사(Wolffische Telegraphen Büro) 등과 제휴해서 서로 뉴스를 교환했을 뿐 아니라, 미국의 웨스턴유니언전신회사(Western Union Telegraph Co.)와도 독점계약을 맺고 신문사들의 전신송고를 여러 방법으로 독차지했다.

그 결과, 뉴욕 AP통신사의 회원신문사들은 물론, 다른 신문사들도 뉴욕 AP통신사의 뉴스에 의존할 수밖에 없어서, 아무리 큰 신문이라도 뉴욕 AP통신사와 감히 뉴스 경쟁에 맞설 수가 없었다. 그러나 1882년, 뉴욕 AP통신사 왕국을 오랫동안 지배해 왔던 제임스 사이먼튼(James W. Simonton)이 건강 문제로 은퇴하자, 그간 뉴욕 AP통신사에 대한 불만에 쌓여 있던 웨스턴 AP통신사(Western Associated Press)가 웨스턴유니언전신회사와 손을 잡고 그 영향력을 크게 신장시켰다.

같은 해, 「보스턴 글로브」·「필라델피아 퍼블릭 레저」·「뉴욕 데일리 뉴스」·「시카고 헤럴드」·「디트로이트 뉴스」지 등도 별도로 UP통신사(United Press)를 창설했는데, 이 통신사는 1885년 완전한 체제를 갖춘 뒤 뉴욕 AP통신사와 치열한 경쟁을 벌였다. 그러나 이들 두 통신사는 이후 비밀리에 손을 잡고 밀월을 즐기면서 이윤추구에만 전념했다. 그 후 뉴욕 AP통신사는 웨스턴 AP통신사와도 손을 잡았으나, 1892년 「뉴욕 선」지와 「뉴욕 트리뷴」지가 탈퇴하자 1893년 그 조직을 재정비하면서 일리노이 AP통신사와 웨스턴 AP통신사를 병합했다. 또한 필라델피아와 볼티모어의 신문들 및 「뉴욕 월드」지를 회원사로 끌어들여 재편하면서 그 이름에서 '뉴욕'을 삭제하고 AP통신사(Associated Press)로 개칭했다. 반면, UP통신사는 그대로 남아서 주로 동부 지역에서만 활동을 전개했다.

한편 전신회사들도 증가해서, 1881년에는 백만장자 존 맥케이(John W. MacKay)의 재정적 후원 아래, 포스탈전신회사(The Postal Telegraph Co.)가 창설되었다. 또 2년 뒤에는 맥케이와 「뉴욕 헤럴드」지의 발행인 베네트 2세가 공동으로 커머셜해저전신회사(Commercial Cable Co.)를 설립하여 웨스턴유니언전신회사와 경쟁을 벌였다. 그 결과, 웨스턴유니언전신회사의 점유율이 50%나 감소하자 이 전신회사는 육상전신료를 인하하기도 했다.

신문의 자유와 신문기자들의 지위 향상

1872년부터 1891년까지 독립신문시기에는 신문의 자유도 비교적 많았고 기자들의 자질과 사회적 지위도 많이 향상된 것이 또 하나의 특징이었다. 그러면 그 이유는 무엇이었고, 당시 신문자유의 실태는 어떠했으며, 기자들의 지위는 어떠했는가?

• 신문의 자유와 신문에 대한 규제

앞서 말했듯이, 특히 이 시기의 신문들은 각종 부정·부패에 대해 과감히 도전했다. 그 결과 신문들은 명예훼손죄로 많은 고소를 당하기도 했지만, 신문들이 패소한 경우는 극히 드물었다. 예컨대 「뉴욕 타임스」는 1891년 뉴욕생명보험회사의 비리를 폭로해서 그 보험회사로부터 명예훼손죄로 고소를 당했으나, 그 폭로기사의 진실성이 인정되어 무죄판결을 받았다. 따라서 당시 신문들은 명예훼손이라는 제약으로부터는 비교적 자유스러웠다고 볼 수 있다.

국가기밀의 공개에 관한 처벌도 그다지 엄격하지는 않았는데, 1871년 「뉴욕 트리뷴」지가 한 연방상원의원으로부터 비밀문서를 입수해서 신문에 공개하자 상원의회는 「뉴욕 트리뷴」지에게 그 상원의원의 이름을 밝히라고 요구했다. 그러나 이를 「뉴욕 트리뷴」지가 거부하자, 해당 기자를 구속했다가 석방한 경우가 있었다. 또한 「필라델피아 스타」지도 1879년 비슷한 경우를 당했으나 의회에서 후속조치는 취하지 않았다.

하지만 무정부주의의 제창에 관한 규제는 대단히 엄격했다. 그리하여 무정부주의를 주장하고 나섰던 일리노이주의 한 신문편집자는 사형에 처해졌으며, 「뉴욕 프라이하이트」(*New York Freiheit*)지는 같은 이유로 정간을 당한 바 있는데, 무정부주의를 선전하는 것은 헌법에서 보장하는 언론자유조항에서 제외된다는 이유에서였다.

• 기자들의 자질향상과 기자교육의 시작

이 시기에는 기자들의 자질도 많이 향상되어 '주정뱅이', '건달' 등으로 불리던 기자들의 별명도 거의 사라지게 되었는데, 그 주요 이유의 하나는 정규교육을 받은 대학졸업자들이 기자로서 대거 신문계에 투신했기 때문이다.[7] 그러면서 특히 취재기자들의 지위가 크게 향상되었는데, 정치적 논설·논평 등을 중시하던 정론신문시대에는 취재기자들이 편집자들의 그늘에 가려서 보잘것없는 존재였으나 독립신문시대에 들어와서는 신문이 논설이나 논평보다 뉴스를 중시하게 되면서 취재기자들이 저널리즘의 새로운 기수가 되었다. 그런 데다가 특히 1886년 이후, 기명기사(by-line)의 보편화가 기자들에게 높은 지위를 부여하는 요인이 되어 기자들이 인기인으로 부상했다.

그러자 기자직도 하나의 전문직(professional)으로 인정해야 한다는 주장들이 심심치 않게 나오게 되었다(*Lippincott's Magazine*, Vol. 38, 1886. 12). 그러면서 기자들을 위한 전문교육의 필요성도 대두되어, 1875-79년간에는 코넬대학에서 인문계교육과정을 수료하고 대학출판사에서 출판실무를 익힌 졸업생들에게 기자자격증(Certificate of Journalist)을 수여하기도 했다. 저널리즘 교과목을 정식으로 개설한 대학은 없었으나, 1878-85년간에 미국 최초로 미주리대학이 "저널리즘"이라는 강좌를 신설했으며, 1884-85년간에는 '저널리즘의 요소'(Materials of Journalism)라는 과목도 개설했다.

그런가 하면, 저널리즘 관계 전문지(professional journals)도 여러 개 출현하게 되었다. 그중에서 가장 대표적인 것은 뉴욕의 「저널리스트」(*Journalist*)로서, 이 전문잡지는 1884년 창간해서 20여 년간 발행해 오다가 1907년 「에디터 앤드 퍼

7 한편 1880년대부터는 여성들도 신문계에 대거 투신했는데, 1886년 5월 29일자 및 1888년 4월 21일자 「저널리스트」(*Journalist*)라는 잡지를 보면, 1886년 현재 약 500명의 여성들이 전국 각 신문사의 편집 분야에서 정규 편집원으로 일하고 있고, 1888년에는 뉴욕의 신문사들에만도 약 200명의 여성 편집원들이 있었다고 한다. 한편 각 지방에서 여성 저널리스트들이 프레스 클럽을 조직했으며, 1885년에는 세계여자기자협회(Women's International Press Association)도 창설하고, 「뉴올리언스 피키윤」(*New Orleans Picayune*)지의 니콜슨(E. I. Nicholson) 기자를 초대 회장으로 선출했다고 한다.

블리셔」(*Editor & Publisher*)지에 흡수·합병되었다.

한편 언론 관계 단체들도 여럿 등장했는데, 이 시기에 여러 도시들에서 결성한 프레스 클럽(press clubs) 중에서 가장 대표적인 것은 1885년 워싱턴 특파원들이 조직한 그리다이런 클럽(Gridiron Club)이었다. 또한 거의 모든 주에 언론인 협회가 결성되었고, 1885년에는 전국편집인협회(National Editorial Association)도 출현하게 되었다. 이어서 1887년에는 미국신문발행인협회(American Newspaper Publishers Association)도 결성되었다.

신문들의 주요 내용과 그 변천경향

1872년부터 1891년까지의 독립신문시기에는 신문들의 내용도 그 이전에 비해 다양화했는데, 그 주요 이유는 신문의 기능이나 주요 내용에 대한 관념이 종전의 '정치적 문제' 중심의 논설·논평 등의 지도기능으로부터 객관적 뉴스의 보도기능으로 바뀌었기 때문이다. 또한 신문의 오락적 기능도 중시되어, 신문지면에 재미있는 피처기사들도 많이 나타나게 되었다.

• 신문지면을 장식한 주요 뉴스들

우선 이 시기의 신문지면에 나타난 주요 뉴스들부터 간단히 훑어보면, 가장 많은 것은 대통령선거 관계, 즉 대통령 후보의 지명대회와 유세 및 투표결과 등에 관한 뉴스들이었다. 이 시기에도 신문들은 특정정당이나 특정 후보들을 지지하면서(endorse) 서로 공방전을 벌였다. 특히 1884년도 대통령선거는 미국신문역사에서 특기할 만한데, 다수의 공화당계 신문들이 공화당 대통령 후보 제임스 블레인(James G. Blaine)을 반대하고 나섰으며, 이것이 그 뒤 하나의 선례가 되어 신문들이 정치적 독립성을 찾는 데 크게 기여했기 때문이다.

한편 각종 행정기관, 자치단체, 공공기업체 등의 부정·부패의 폭로와 추방운동 등에 관한 뉴스들도 큰 비중을 차지했는데, 이러한 뉴스들은 그 이전 정론신문시대에서 볼 수 있던 정적들에 대한 정치적 비난과 공격행위와는 다른 성격을 가진 순수한 것들이었다. 또한 각종 사회운동, 예컨대 맑은 공기 갖기 운동, 빈민들을 위한 자선운동, 무료의료혜택을 위한 기금모집운동, 청소년들의 선도운동 등에 관한 뉴스들도 신문들이 많이 보도했다.

그런가 하면, 1881년 7월 2일 제임스 가필드 대통령의 피살사건과 그 10주 뒤에 단행한 그 살인자의 사형에 관한 뉴스도 당시 각 신문들의 지면을 크게 장식했다. 한편 남북전쟁 당시 영웅인 북군의 사령관 율리시스 그랜트(Ulysses S. Grant) 장군의 서거도 큰 뉴스였다. 그 밖에 노동자들의 파업 · 재해 · 격투기 경기 등에 관한 뉴스기사도 많았으며, 특히 살인사건에 관한 뉴스들은 당시 신문의 선정주의적 경향의 대두와 함께 대서특필되는 것이 예사였다.

• 오락적 피처기사의 유행과 피처신디케이트의 출현

다음으로 피처기사들의 내용을 보면, 이 시기에는 특히 유머러스한 내용들을 많이 다룬 경향이 보이고 있다. 따라서 유머리스트들도 더욱 각광을 받았는데, 특히 마크 트웨인(Mark Twain), 페트롤름 내스비(Petroleum V. Nasby) 등은 계속 재미난 이야기를 지어내서 신문독자들을 즐겁게 만들었다. 그 외에 새로운 유머리스트들도 많이 나타났는데, 이들이 쓴 재미난 피처물들 때문에 신문들은 많은 판매부수를 올리게 되었다.

이렇게 피처기사들이 인기를 끌자, 피처물들을 작가들로부터 사서 각 신문사에 파는 중간도매상에 해당하는 피처신디케이트(feature syndicate)들도 출현하게 되었는데, 그 이전에도 이와 비슷한 것이 전혀 없었던 것은 아니다. 예컨대, 제니 준(Jenny June)이라는 필명의 인물이 일찍이 1857년부터 패션에 관한 피처기사들을 여러 신문에 제공한 바 있다. 또한 「뉴욕 선」지와 「보스턴 글로브」지도 문예물들을 작가로부터 매입해서 그것들을 지방신문들에게 팔아넘긴 경우가 있었는데, 이러한 것도 일종의 피처신디케이트였다고 볼 수 있다.

그러나 현대적 의미의 피처신디케이트를 처음 정식으로 설립한 사람은 1870년대 어빙 배첼러(Irving Bachellor)였다. 이후 새뮤얼 맥클러(Samuel S. McClure) 등도 피처신디케이트를 설립함으로써 여러 개의 피처신디케이트들이 등장하면서 보편화되었다. 그러면서 피처신디케이트들이 다루는 피처물도 다양해져 음악·스포츠·만화 등도 취급하게 되었다. 이렇게 여러 피처신디케이트들이 등장하여 갖가지 피처물들을 신문사들에 제공하여 돈을 벌자, 일반 신문사들도 부업으로 피처신디케이트업을 대행하기도 했다. 예컨대, 「뉴욕 헤럴드」지는 1889년부터 만화작가와 계약을 맺고 그 작가의 만화를 사서 여러 신문사들에 정기적으로 제공하기 시작했다.

신문의 편집 · 조판체재와 제작기술의 발전

1872년부터 1891년까지 독립신문시기에는 또한 신문의 조판체재나 제작기술상에서도 여러 가지 발전을 이룩했다. 예컨대, 기사의 제목과 리드의 사용이 일반화되었고, 사진제판술이 발명되어 사진을 선명하게 인쇄할 수 있게 되었다. 또한 라이노타입(linotype)이라는 식자기가 발명되어 활자의 문선과 식자를 편하고 빨리 할 수 있게 되었으며, 인쇄기가 개량되어 인쇄 속도가 빨라진 데다가 접지기(folder)도 발명되어, 신문을 자동으로 접고 절단해 주었다.

• 판면 · 발행면수와 기사제목 및 리드의 변화

우선 신문의 판면과 조판체재, 편집방식 등을 보면, 첫째로 판면은 폴리오판(folio size, 2절판, 43.18×55.88cm)이 가장 많았고, 블랭킷판(blanket size, 37.15×52.5cm)도 흔히 볼 수 있었다. 이들 폴리오판과 블랭킷판은 보통 7단으로 나누어 조판했고, 매호 4면을 발행했다. 그러나 1880년대에는 판면을 쿼토판(quarto size, 4절판, 24.13×31.75cm)으로 줄이는 것이 일반적 경향이었는데, 예컨대 「뉴욕 선」지와 「뉴욕 이브닝 포스트」지도 종래에는 블랭킷판 4면을 발행했으나, 1887년부터 쿼토판으로 바꿔 8면을 발행했다. 그런데 이들 각 면을 보면, 아직 '정치면'이니 '사회면'이니 또는 '스포츠면'이니 하는 구분은 확실하게 나타나 있지 않았다. 이 시기에는 제1면에 광고를 싣는 관례도 거의 없어졌으나, 「뉴욕 헤럴드」지를 비롯한 몇 개 신문은 계속 광고를 제1면과 제2면에 실었다.

둘째로 기사의 제목들을 보면 각 기사에 제목을 다는 것이 대체로 보편화되었으나, 제목의 크기는 아직까지 1단에 머물고 있었다. 그러나 1890년대 말에는 2단 크기의 제목도 나타났으며, 제목 활자도 커졌다. 한편 제목의 작성기법을 보면 두운체(alliterative)와 주관식(editorizing) 제목들이 유행했는데, 이는 선정주의 경향의 대두에 따른 결과였다.

셋째로 기사의 제목과 함께 리드(lead)도 1890년에 이르러서는 보편화되기 시작했으며, 특히 객관적 보도기사에는 리드를 붙이는 것이 거의 일반화되었다. 그러나 오늘날과 같이 리드를 육하원칙에 따라 작성한 것은 흔치 않았다.

• 통신 · 조판 · 인쇄시설의 발달과 사옥신축 붐

다음으로 신문사의 각종 시설들을 보면, 첫째로 1875년 알렉산더 그래햄벨(Alexander G. Bell)이 발명한 전화가 2년 뒤부터 신문사에도 설치됨으로써 기자들이 취재기사를 전화로 신속하게 신문사에 송고할 수 있게 되었다. 그 결과, 기자들의 직무가 분업화하기도 했는데, 밖에 나가서 취재를 해서 전화로 편집부서에 불러 주는 기자들을 '레그 맨'(leg man)이라고 불렀고, 이들 레그 맨이 불러 주는 기사를 편집국에 앉아 받아써서 정리하는 기자는 '리라이트 맨'(rewrite man)이라고 불렀다. 한편 조금 뒤에는 타이프라이터도 발명되어, 이를 기자들이 사용함으로써 기사를 빠르고 편리하게 작성할 수 있게 되었다.

둘째로 조판시설을 보면, 이 시기에 나타난 가장 커다란 기술적 혁신은 '라이노타입'(linotype)이라는 자동식자기의 발명이었다. 그리하여 그 이전에는 활자를 일일이 손으로 문선(채자)한 다음 그 활자들을 다시 조판해야 했으나 라이노타입을 사용함으로서 문선과 동시에 한 줄씩 조판도 할 수 있게 되어 문선과 조판의 번거로움이 사라지게 되고 조판 시간도 많이 절약되었다.

셋째로, 이 시기에 또 하나의 커다란 변혁은 동판제판술의 발명이었다. 그리하여 목판 컷 대신에 동판을 사용하여 그림이나 사진, 도안 등을 인쇄하게 됨으로써, 특히 사건 현상이나 관계인물 등의 사진을 선명하게 신문지면에 보여주어 뉴스의 사실성을 배가시켰다. 또한 각종 사진이나 삽화 등이 신문지면을 장식하고 미화시켜 줌으로써 그 이전에서와 같은 신문지면의 단조로움에서 벗어나게 되어 독자들의 눈을 즐겁게 만들어 주었다.

넷째로, 이 시기에는 인쇄기 자체도 많이 발전되었는데, 1870년대에는 영국에서 수입한 불록인쇄기(Bullock press)와 월터인쇄기(Walter press)를 신문사들에서 주로 사용했다. 그러나 1880년대에는 미국 내에도 여러 개의 인쇄기 제조회사들이 생겨서 이들 회사의 제품을 사용하기 시작했는데, 물론 이들 미국제품은 거의가 연판을 사용하는 윤전인쇄기들이었다. 특히 호우 인쇄기 제조회사에서 새로운 인쇄기를 계속 개발해 냄으로써, 1889년에는 12면짜리 신문을 시간당 4만 8,000부까지 찍어 낼 수 있게 되었다. 그런가 하면, 1880년대에는 접지기(folder)도 발명되어 이를 인쇄기에 부착하면 신문을 자동으로 접어 주고 절단도 해 주며 신문부수도 계기에 나타나게 되어 크게 환영을 받았다.

다섯째로, 이 시기에는 많은 신문들이 현대적 사옥을 경쟁적으로 신축한 것도 특기할 만하다. 1875년 「뉴욕 트리뷴」지가 파크 로우가(Park Row)에 사옥을 신축한 것을 필두로, 1889년에는 「뉴욕 타임스」지도 엄청난 돈을 들여 역시 파크 로우에 사옥을 건축했으며, 1890년에는 「뉴욕 월드」지가 250만 달러라는 거금을 들여 파크 로우에 새로운 사옥을 지었다. 그런 데다가 당시 뉴욕의 일간신문들은 거의 대부분이 파크 로우에 몰려 있어, 파크 로우가 뉴욕의 '신문가'(Newspaper street)로 불리게 되었다. 한편 뉴욕뿐 아니라, 필라델피아 · 보스턴 · 시카고 등지에서도 신문사 사옥의 신축 붐이 불었다.

신문광고의 실태와 안내광고의 보편화

끝으로 이 시기 신문광고의 실태도 간단히 살펴보면, 광고물량이 계속 증가해서 미국 전체의 신문광고수입 총액이 1880년도에는 3,900만 달러였던 것이 1890년에는 7,100만 달러로 증가했다. 이는 신문발행부수가 증가했기 때문이기도 했는데, 전국의 신문발행부수가 1870–90년간에 222%나 증가했다(Mott, 1962, p. 503). 그러나 광고요금은 오르지 않았는데, 「뉴욕 월드」지의 경우, 퓰리처가 매입한 1883년 당시 1행에 36센트였으나 그 뒤 발행부수가 치솟았음에도 불구하고 광고요금은 겨우 2–3% 정도만 인상했을 뿐이다.

광고물량도 계속 늘어났는데, 그 광고주들은 대부분 의약품 제조업자였다. 따라서 신문광고에서도 의약품광고가 가장 많았으며, 다음은 비누광고였다. 그 이전에 많았던 복권광고는 거의 사라지게 되었는데, 이는 여러 주에서 복권광고의 금지조치를 내렸고, 신문들도 복권광고의 게재를 거부했기 때문이다. 이 시기에도 역시 과대, 허위 또는 기만 광고 등이 문제가 되었다. 또한 기사를 가장한 광고가 문제화되기도 했다. 그리하여 이런 광고들의 정화를 위한 움직임이 일어나기도 했지만, 별로 효과를 거두지 못했으며, 오히려 기사를 가장한 광고 등을 더욱 유행하게 만들기도 했다.

한편 남북전쟁 직후, 「필라델피아 퍼블릭 레저」(*Philadelphia Public Ledger*)지가 처음 창안한 것으로 알려진 안내광고(classified advertising)를 다른 신문들도 모방해서 이 시기에 와서는 보편화되었다. 그리하여 예컨대 「시카고 선데이 트리뷴」지는 1890년 안내광고에 한 호에서 15–16면씩 할애하기도 했다. 그런가 하면, 1870년대부터는 각종 로고타입(logotype)과 삽화 등을 넣은 디스플레이광고(display advertisement)도 보편화되기 시작했다. 그러면서 신문광고의 크기도 종전의 1단에서 2–3단짜리로 확대되었다. 그러나 「뉴욕 헤럴드」지만은 로고타입 이외의 모든 디스플레이기법의 광고를 거부하기도 했다. 그런가 하면, 「뉴욕 헤럴드」지를 비롯한 몇 개 신문은 계속 제1면과 제2면에 광고를 싣기도 했으나, 그 밖의 거의 모든 신문들은 제1면에는 광고를 싣지 않았다.

제8장

황색신문기 (1892–1913)

선정주의적 황색저널리즘의 흥기와 쇠퇴

1892년부터 1913년까지의 미국신문역사에서 주요 특징들을 든다면, 첫째는 스페인과의 전쟁에서 신문들의 활약상, 둘째는 '황색신문'(yellow paper)들의 발흥과 쇠퇴, 셋째는 대규모 신문들의 기업화와 각종 신문들의 증가를 손꼽을 수 있다. 그러나 이들 세 가지 특징들 중에서도 가장 큰 특징은 역시 황색신문들의 발흥과 쇠퇴였다고 말할 수 있다. 따라서 여기서는 1892년부터 1913년까지의 시기를 편의상 '황색신문기'라고 부르기로 하고, 이 시기 미국신문들의 주요 실태를 살펴보기로 하되, 우선 이 시기의 시대적 상황부터 간단히 살펴보고 넘어가기로 하겠다.

1. 황색신문기의 시대적 상황

1892년 대통령선거에서 공화당·민주당·인민당·금주당이 참여하여 서로 치열한 선거전을 벌인 결과, 승리는 민주당 후보 그로버 클리블랜드(Grover Cleveland)에게 돌아갔다. 그러나 대통령선거가 치러지기 불과 8개월 전에 결성한 인민당이 전체 일반투표에서 103만 표를 얻어 4개 주를 확보하고 선거인단투표에서도 22표나 얻는 놀라운 저력을 과시해서 민주당과 공화당을 놀라게 했다. 이렇게 민주당과 공화당을 놀라게 한 인민당은 도대체 어떤 정당이었는가?

1890년대 초중반의 정치 · 경제적 상황

인민당은 1892년 2월 농민동맹회원들이 결성한 새로운 정당이었다. 그 결성 배경을 간단히 살펴보면, 1880년 후반과 1890년대 초에 극심한 가뭄으로 농사에 큰 피해가 있었고 면화가격이 폭락했다. 그러자 농민들은 농민동맹(Farmer's Alliance)을 결성하여 자신들의 권익보호를 위한 운동을 전개했는데, 그 회원 수가 1890년에는 200만 명에 달했다. 그러자 이들은 1890년 주의원선거에 참여해서 남부와 서부의 10여 개 주 의회를 석권하고, 20여 명의 상하원의원을 뽑아 연방의회에 내보냈다. 그리고 1892년 2월 농민동맹회원들은 세인트루이스에 모여서 '인민당'(People's Party)이라는 개혁정당을 정식으로 결성했다. 그리하여 기성의 민주·공화 양당의 농민정책에 강력히 반대하면서 1892년 대통령선거에도 참여해서 제임스 위버(James B. Weaver)를 후보로 내세워 놀랄 만한 저력을 과시했으나 민주당에 패배하고 말았다.

1892년 대통령선거에서 승리한 민주당 후보는 제22대 대통령(1885-89)을 역임한 그로버 클리블랜드였는데, 그는 1893년 제24대 대통령으로 다시 취임했다. 그러나 바로 그해에 경제공황이 일어났는데, 이 경제공황은 이듬해 더욱 악화되어 노동자 5명 중 1명이 실업자가 되어 그 수가 300만 명에 달하면서, 실업자들의 항의시위가 잇달았다. 그러나 이러한 사태를 클리블랜드 대통령과 민주당은 제대로 수습하지 못했다. 그 결과, 1896년 대통령선거에서 클리블랜드는 공화당 후보 윌리엄 매킨리(William McKinley)에게 패배하고 말았다.

이 1896년 대통령선거에서 인민당도 후보를 냈으나, 역시 패배하면서 그 위세가 수그러지고 말았다. 그 뒤 민주당에 병합된 인민당은 다시 제3당으로서 독자적 정치운동을 펴지 못하고 말았다. 그러나 인민당은 공화당과 그 성향에 별 차이가 없던 민주당을 다소나마 노동자와 농민을 이해하는 정당으로 변화시키는 데 어느 정도의 역할은 담당했다.

스페인전쟁의 시작과 승리

1898년 미국과 스페인 간에 전쟁이 일어났는데, 당시 스페인은 미국의 플로리다반도 남쪽에 위치한 쿠바를 계속 통치하고 있었다. 그런데 미국과 스페인 간의 전쟁이 일어나기 3년 전인 1895년 쿠바인들이 독립전쟁을 일으키자 대부분의 미국인들은 쿠바인들에게 동정을 보냈으나, 당시 클리블랜드 대통령은 중립을 지키고 있었다. 1897년 공화당의 매킨리가 새 대통령으로 취임하게 되었는데, 그 이듬해인 1898년 2월 15일 밤, 당시 쿠바의 아바나항에 정박 중이던 미국 전함 메인호(The Maine)가 원인불명의 폭발사건으로 침몰하면서 260명의 해군장병이 목숨을 잃게 되었다.

그러자 이를 스페인의 소행으로 단정한 미국은 1898년 4월 군대를 쿠바의 산티아고 근처에 상륙시켜 파죽지세로 진격하면서 산티아고항에 포격을 가했다. 그러자 이 소식을 들은 스페인은 4척의 순양함을 산티아고만으로 보냈으나, 미국해군의 포격으로 몇 시간 만에 모든 순양함이 격침되고 말았다. 이렇게 되자 스페인은 같은 해 8월 미국에 휴전을 제의했으며, 이를 미국이 받아들여 미국과 스페인과의 실제적 전쟁은 4개월 만에 끝나고 말았다. 그러나 강화조약은 12월 10일에야 정식으로 조인되었는데, 그 주요 내용은, 쿠바가 독립할 때까지 스페인은 쿠바를 미국의 점령에 맡기며, 전쟁배상금 대신에 스페인은 그 식민지 푸에르토리코와 괌을 미국에 양도하며, 역시 스페인의 식민지였던 동양의 필리핀은 2,000만 달러에 미국에 매도한다는 것이었다.

이처럼 미국이 스페인과의 전쟁에서 승리해서 수많은 이익까지 얻어 내자, 미국 국민들은 1900년 대통령선거에서 매킨리 대통령에게 재선을 안겨 주었다. 그러나 매킨리 대통령은 이듬해 9월 뉴욕주 버팔로시에서 개최한 박람회에 참석했다가 암살되고 말았다. 그러자 당시 부통령 시어도어 루스벨트(Theodore Roosevelt)가 대통령직을 승계했다.

스페인전쟁 이후 각종 산업의 발전

1898년 스페인과의 전쟁 이후 안정을 되찾은 미국은 각종 산업과 경제 분야에서 괄목할 만한 발전을 이룩했다. 특히 미국인들의 창의성과 그에 따른 과학기술의 발전은 산업분야에서 생산성을 제고시켰는데, 이 시기 미국인들의 창의성은 대단하여 1860년까지 불과 3만 6,000건의 특허가 승인되었던 것이 그 후 30년 동안에 무려 44만 건의 특허가 승인되었다. 그런가 하면, 그 이전에 발명한 문명의 이기가 점차 일반국민들에게도 널리 보급되어, 1876년 알렉산더 그래햄 벨이 발명한 전화가 20세기 초에는 전국에 1,000만 대나 가설되었으며, 토머스 에디슨이 발명한 백열등은 수백만의 가정을 밝혀 주었다.

그간에 각종 산업도 크게 발전했는데, 카네기제철회사는 전국의 주요 제철제강업체 대부분을 흡수, 합병해서 1901년 미국제철주식회사(The United States Steel Corporation)가 되었다. 뒤이어 석유산업분야에서는 여러 석유 관계 기업들이 통합하여 스탠다드석유회사(The Standard Oil Company)라는 거대한 합병회사를 만들었는데, 이러한 합병은 거대한 자본의 축적을 용이하게 해 주어 경제와 산업발전을 촉진시켰다. 하지만 독점화 현상을 초래했으며 노조의 힘을 약화시켰고 심지어는 정치에도 영향력을 행사하는 등 폐단도 없지 않았다.

그런가 하면, 면실유·설탕·담배·고무산업 분야는 물론, 정육업자들도 트러스트(trust)를 다투어 조직했다. 그리하여 1904년에는 5,000개 이상의 독립업체들이 약 300개의 공업 트러스트 또는 주식회사로 통합되었는데, 이는 물론 생산과 시장을 다 같이 지배하기 위한 기업가들의 목적 때문으로, 각 산업분야의 독점화 현상을 초래하게 되었다.

각종 부정부패와 사회개혁운동의 전개

한편 스페인과의 전쟁 이후에는 사회적으로도 많은 발전이 있었다. 무상의 공민교육도 대체적으로 실현되었으며, 언론과 종교의 자유도 확보되었다. 하지만 대기업들은 어느 때보다도 세력이 더 커져서 횡포를 부렸으며, 지방과 도시의 정부에는 부패한 관리들이 득실거렸고, 정신세계에서는 유물론과 황금만능 사상으로 물들고 있었다. 또한 급격한 도시화로 인한 여러 가지 사회적 문제들도 발생했는데, 1860년도만 해도 100만 인구를 가진 도시는 전국에 하나도 없었으나, 1890년에는 뉴욕의 인구가 150만 명이 되었고, 시카고와 필라델피아도 170만 명의 인구를 갖게 되었다.

• 각종 문제들의 발생과 사회개혁운동의 시작

위와 같이 여러 가지 사회적 · 경제적 · 행정적 · 사상적 문제들이 발생하자, 미국사회를 개혁해야 한다는 소리가 뜻있는 사람들 사이에서 나오기 시작했다. 이들은 18세기의 농업국가로부터 물려받은 모든 관례들과 원칙들이 20세기의 도시국가에서는 쓸모가 없어졌다면서 그에 대한 개혁을 주장하고 나섰다. 그리하여 누구든지 명성을 얻으려면 정치 · 철학 · 학문 · 문학 등 그 어느 분야에서나 개혁을 들먹이지 않으면 안 될 정도가 되었다.

신문들도 이에 편승해 매일 보험계 · 금융계 · 식품계 · 철도회사 등의 부정과 횡포 등을 신랄하게 폭로 · 비판하는 기사들로 지면을 메우면서 사회개혁에 앞장섰다. 이에 「맥클러스」(*McClure's*) · 「에브리바디스」(*Everybody's*) · 「콜리어스」(*Collier's*) 등의 잡지들도 합세해서 대단한 인기를 끌었다. 또한 대기업의 횡포와 정치적 부패 그리고 핍박받는 농민들을 소재로 한 소설 · 시 등, 소위 폭로문학

작품들이 쏟아져 나와서 사회개혁을 부채질했다. 그러자 정치지도자들도 사회개혁에 나서지 않을 수 없게 되었으며, 그 주역을 시어도어 루스벨트 대통령이 맡고 나섬으로써 실제적 개혁의 시대가 열리게 되었다.

1901년 9월 매킨리 대통령이 피살되자, 대통령직을 승계한 루스벨트는 1903년 엘킨스법(Elkins Act)을 통과시켜 철도회사들이 과당요금이나 할인요금을 받지 못하도록 쐐기를 박았다. 또한 트러스트방지법의 시행을 위한 정부의 감독도 확대했다. 그 결과, 루스벨트는 대중의 환영을 받아서 1904년 대통령선거에서 재선되었다. 그러자 그는 사회개혁운동에 더욱 박차를 가해서 1906년 6월 헵번법(Hepburn Act)을 통과시켜 철도회사에 대한 규제를 강화하는 동시에 선박회사 및 석탄회사와 결부된 이권을 포기하게 만들었다. 또한 같은 해, 루스벨트는 순수식품법을 통과시켜 유해한 약, 화공품 또는 방부제를 의약품이나 식품에 사용하는 것을 금지했다. 이 밖에도 루스벨트는 자원보존을 위한 여러 가지 조치를 단행했다.

• 루스벨트 · 태프트 · 윌슨 대통령의 실천적 사회개혁

루스벨트에 이어, 1909년 제27대 대통령에 취임한 공화당의 윌리엄 태프트(William H. Taft)도 루스벨트의 계획을 계승하여, 개혁운동의 실천에 노력했다. 90여 개의 대기업을 트러스트방지법 위반으로 고발했고, 누진소득세를 헌법 수정조항 제16조로 제정했다. 그러나 1912년 대통령선거에서 태프트는 공화당의 분열로 말미암아 민주당 후보 우드로 윌슨(Woodrow Wilson)에게 패배했다.

1913년 제28대 대통령에 취임한 윌슨도 여러 가지 법안들을 통과시켜 사회개혁을 완수하는 데 커다란 공헌을 했다. 윌슨은 대통령에 취임하자마자 언더우드 관세법(Underwood Tariff Act)을 제정해서, 그때까지 독점업체에 도움을 주었던 40%의 고율관세를 약 29% 선까지 내림으로써 산업의 자유경쟁을 보장했다. 또한 윌슨 대통령은 1914년 클레이턴 반트러스트법(Clayton Anti-Trust Act)을 제정해서 독점업체의 부정거래를 조사, 처벌했으며, 노동조합의 파업권을 인정해 주었다. 이어서 1916년에는 연방농장대부법(Federal Farm Loan Act)을 만들어 농민들에게 장기 저리의 융자를 해 주었다. 한편 그간에 각 주에서도 국민들의 생활과 노동조건을 개선하기 위한 각종 법률, 예컨대 아동노동법 · 노동연령제한법 · 야간작업제한법 · 의무교육법 등을 새로 제정하거나 강화해서 사회개혁을 실천해 나갔다.

위와 같이 1898년 스페인과의 전쟁 이후, 미국에서는 이상주의적 철학과 사상을 지닌 개혁주의자들이 나타나서 개혁의 필요성을 주장하게 되었고, 이러한 주장을 현실적 실천력을 가진 루스벨트, 태프트, 윌슨 대통령 등의 정치지도자들이 실행에 옮겼다. 그리하여 고도의 경제성장과 관리들의 부정부패가 낳은 여러 가지 악폐들을 효과적으로 제거함으로써 미국은 세계적 대국으로 발전할 수 있었다. 그렇다면 이러한 시기에 미국의 신문들은 어떠했는가?

2. 황색저널리즘의 발흥과 쇠퇴

서두에서 말했듯이, 1892년부터 1913년까지의 시기에 미국신문역사에서 주요 특징들을 든다면, ① 스페인과의 전쟁에서 미국신문들의 활약, ② '황색신문'들의 발흥과 쇠퇴, ③ 대규모 신문들의 확장을 손꼽을 수 있다. 그러나 이들 세 가지 특징들 중에서도 가장 큰 특징은 역시 황색신문들의 발흥과 쇠퇴였다고 말할 수 있다. 그러면 이들 중에서 먼저 '황색신문'의 발흥과 쇠퇴에 관해 살펴보기로 하겠다.

황색신문의 선구자 윌리엄 허스트의 뉴욕 진출

1880년대에 조셉 퓰리처가 중서부의 세인트루이스에서 뉴욕으로 진출해 뉴욕 신문계에 '뉴 저널리즘'(new journalism)이라는 선정주의 바람을 일으킨 것과 비슷하게, 샌프란시스코에서 뉴욕으로 진출한 윌리엄 랜돌프 허스트(William

Randolph Hearst)는 '황색신문'(yellow paper) 또는 '황색저널리즘'(yellow journalism)을 몰고 와서 1890년대 미국신문계를 풍미했다. 그러면 허스트는 도대체 어떤 인물이며, 어떻게 황색주의 바람을 일으키게 되었는가?

• 신문발행에 대한 윌리엄 허스트의 관심

윌리엄 허스트는, 앞서 제7장에서 잠시 언급했듯이, 은광으로 굉장한 돈을 벌어 백만장자가 된 조지 허스트(George Hearst)의 아들로, 1863년 캘리포니아주 컴스톡 로드(Comstock Lode)에서 태어났다. 그는 소년시절에 어머니를 따라 두 번이나 유럽을 여행하고 돌아왔으며, 19세 때 하버드대학에 입학했다. 그러나 공부는 하지 않고 돈만 뿌리며 쏘다니던 허스트는 2학년 때인 1884년 대통령선거에서 민주당 후보 그로버 클리블랜드의 당선을 축하한다면서 술을 너무 마시고 불꽃놀이를 하면서 소란을 피우다가 정학을 당하여 고향으로 내려왔다.

그 뒤 다시 하버드대학으로 돌아온 허스트는 학생들이 발행한 만화잡지 「램푼」(*Lampoon*)의 경영담당자가 되어 두각을 나타냈다. 그러면서 신문경영에 관심을 갖고, 당시 인기가 많던 퓰리처의 「뉴욕 월드」지의 제작 및 경영방법을 혼자서 열심히 연구했다. 그러나 1885년 교수를 조롱한 것이 말썽이 되어 허스트는 대학에서 퇴학을 당하고 말았다.

고향인 샌프란시스코로 돌아온 윌리엄 허스트는, 그의 아버지가 정치적 목적을 위해 1880년에 매입해서 경영해 오던 「샌프란시스코 이그재미너」(*San Francisco Examiner*)라는 신문의 경영을 맡게 되었다. 그의 아버지가 1887년 연방상원의원에 당선되어 워싱턴으로 가면서 「샌프란시스코 이그재미너」의 경영권을 당시 24세였던 그의 아들 윌리엄 허스트에게 넘겨준 것이다. 그리하여 「샌프란시스코 이그재미너」지의 경영을 맡게 된 윌리엄 허스트는 「뉴욕 월드」지의 조셉 퓰리처가 사용하던 선정주의 신문제작기법을 그대로 모방해서 「샌프란시스코 이그재미너」지를 샌프란시스코에서 가장 활기 있는 선정주의 신문으로 급성장시켰다.

재력이 있던 윌리엄 허스트는 돈을 물 쓰듯 하면서 유능한 신문인들을 끌어들였고 또한 기자들에게 취재비도 풍족하게 주었다. 그 결과, 「샌프란시스코 이그재미너」지의 발행부수는 윌리엄 허스트가 경영을 맡은 지 1년 만에 2배로 증가했고, 1893년에는 드디어 「샌프란시스코 크로니클」(*San Francisco Chronicle*)지를 앞질러 6만 부가 되었으며, 그 후에도 계속 발행부수가 증가했다. 이렇게 「샌프란시스코 이그재미너」지를 성장시키면서 그 나름대로 신문의 성공수법을 터득한 허스트는 그 수법을 신문의 중심지 뉴욕으로 나가서 펼쳐 보고 싶은 욕망을 갖게 되었다.

• 「뉴욕 저널」의 매입과 「뉴욕 월드」의 모방

이러한 욕망을 갖고 있던 허스트는 1891년 그의 아버지가 사망하자 그의 어머니를 졸라 750만 달러라는 엄청난 돈을 얻어 1895년 드디어 뉴욕으로 왔다. 그리고 그 돈으로 「뉴욕 모닝 저널」(*New York Morning Journal*)지를 샀는데, 이 신문은 조셉 퓰리처의 동생 알버트 퓰리처(Albert Pulitzer)가 1882년 창간한 1센트짜리 신문으로 1887년에 이르러서는 발행부수가 2만 5,000부나 되었다. 그러나 이 신문은 추문기사와 저질 광고들을 많이 실어서 평판이 좋지 않게 된 데다가, 1894년 신문 값을 2센트로 올리자 발행부수가 종전의 4분의 1로 급격히 떨어졌다. 그러자 이듬해 알버트 퓰리처는 「뉴욕 모닝 저널」지를 존 맥클린(John R. McClean)에게 팔아넘기고 말았다. 그러자 이를 산 맥클린은 신문 값을 다시 1센트로 내리고 지면을 개선해 보았으나 계속 적자를 면할 수가 없었다. 그때 마침 허스트가 나타나서 현금으로 18만 달러를 줄 터이니 「뉴욕 모닝 저널」지를 팔라고 하자, 맥클린은 기꺼이 허스트에게 팔아 버렸다.

「뉴욕 모닝 저널」지를 매입한 허스트는 그 제호에서 '모닝'이라는 단어를 빼 버리고, 「뉴욕 저널」로 개제했다. 그리고 지면체재도 퓰리처의 「뉴욕 월드」지의 그것과 비슷하게 고쳐서, 1895년 11월 7일 자신의 명의로 된 「뉴욕 저널」지 첫 호를 발행했다. 그러면서 허스트는 그가 샌프란시스코에서 썼던 수법을 그대로 뉴욕에서도 사용해서, 많은 봉급을 주는 조건으로 유능한 신문인들을 끌어들였다. 한편 「샌프란시스코 이그재미너」지에서 자신과 함께 일했던 편집국장 호머 데이븐포트(Homer Davenport)와 유능한 기자들 및 만화가도 데려왔다. 또한

「뉴욕 선」지에서 가장 유명한 기자로 이름을 날리던 줄리안 랄프(Julian Ralph)도 빼돌려서 데려오고, 당시 유명했던 소설가 · 연극평론가들도 초빙해 왔다.

이렇게 해서 「뉴욕 저널」지의 지면을 강조된 범죄 · 재해 · 추문기사들 및 자유주의적 입장의 피처기사들로 가득 채우면서, 그에 풍부한 사진과 삽화도 곁들였다. 이러한 허스트의 「뉴욕 저널」지는 한마디로 말해서 퓰리처의 「뉴욕 월드」지의 재판인 동시에 오히려 더 선정주의적이었다. 그러자 「뉴욕 저널」지는 발행부수가 급격히 증가해서, 곧 2만여 부에 달하게 되었다.

• 「뉴욕 저널」의 발행부수, 「뉴욕 월드」를 추월

이처럼 「뉴욕 저널」지의 발행부수가 격증하면서 「뉴욕 월드」지를 추격하자 퓰리처도 가만히 앉아 있을 수만은 없었다. 그리하여 퓰리처는 「뉴욕 월드」지의 본지인 조간판의 신문 값을 1부당 2센트에서 1센트로 내리는 한편, 그 손실을 커버하기 위해 광고요금을 인상했다. 그러자 이번에는 허스트가 다른 신문들의 지면에 「뉴욕 저널」지의 PR광고를 대대적으로 싣는 동시에 어마어마한 크기의 빌보드(billboards)를 각 곳에 세우는가 하면, 각종 건물의 벽에다 페인트로 「뉴욕 저널」지의 장점들을 내세우는 광고들을 써넣었다.

그러면서 「뉴욕 저널」지는 뉴스 서비스를 개선하고, 뉴스를 선정적으로 다루고, 여러 건의 특종 기사를 독점했으며, 부정 · 부패사건들을 과감히 폭로해서 대중들의 인기를 끌었다. 그 결과, 발행부수가 치솟아, 허스트가 「뉴욕 저널」지의 발행인이 된 이듬해 11월, 그러니까 만 1년 만에 드디어 「뉴욕 월드」지의 발행부수를 추월하는 승리를 거두게 되었다.

그런가 하면, 같은 해 12월, 허스트는 교묘한 방법을 이용하여 남미 베네수엘라의 국경분쟁을 둘러싼 문제에 관한 영미 간의 협약문서를 런던에서 빼돌려서 그것이 비준되기도 전에 공개함으로써 다시 특종을 한 그의 「뉴욕 저널」지는 더욱 유명해졌다. 그러나 그간에 「뉴욕 저널」지는 AP통신사와의 뉴스계약권이 없어서, 특히 해외 뉴스의 보도에는 약점을 갖고 있었다. 그러자 이러한 약점을 보완하기 위해 허스트는 1897년 4월 「뉴욕 모닝 애드버타이저」(*New York*

Morning Advertiser)라는 신문을 매입해서, 이 신문이 갖고 있던 AP통신사와의 뉴스계약권을 손에 넣었다.

이렇게 해서 AP통신사와의 뉴스계약권을 손에 넣은 「뉴욕 저널」지는 같은 달, 남북전쟁 때 북군사령관이었던 율리시스 그랜트(Ulysses S. Grant) 장군의 묘소의 제막식 장면 사진을 컬러로 제1면에 크게 보도함으로써 더욱 유명해졌다. 그 뒤, 같은 해에 거행한 영국 빅토리아 여왕 즉위 60주년 기념식과, 같은 해 발발한 그리스와 러시아 간의 전쟁 지역에 특파원을 파견해서 생생한 뉴스를 보도함으로써 독자들로부터 많은 호응을 받았다. 그런가 하면, 「뉴욕 저널」지는 계속해서 각종 범죄 뉴스를 선정적으로 보도하면서, 기자들에게 1,000달러 정도의 보너스를 내걸고 그들로 하여금 미궁에 빠진 범죄 사건들을 추적하여 보도케 함으로써 대중독자들의 인기를 끌었다.

황색저널리즘 현상의 출현

이렇게 허스트의 「뉴욕 저널」지가 독자들의 인기를 끌면서 퓰리처의 「뉴욕 월드」지를 추격하자, 「뉴욕 월드」지도 가만히 있지 않았다. 그리하여 이들 두 신문 간의 경쟁은 일종의 전쟁(?)으로 치달으며 불꽃이 튀게 되었다. 그 경쟁은 특히 일요판(sunday edition)을 중심으로 더욱 치열하게 전개되면서 황색저널리즘(yellow journalism)이라는 신조어를 탄생시켰는데, 그러면 이러한 신조어는 어떻게 해서 탄생하게 되었는가?

• 허스트의 「선데이 저널」 창간

1896년까지만 해도 퓰리처의 「뉴욕 월드」지의 일요판인 「선데이 월드」(*Sunday World*)는 미국 전체에서 가장 발행부수가 많고 훌륭한 신문이었다. 그런데 당시 허스트는 그의 「샌프란시스코 이그재미너」지의 뉴욕지사 사무실을 「뉴욕 월드」지 사옥 빌딩에 두고 있었다. 이 점을 이용하여, 허스트는 「선데이 월드」지의 편집자 모릴 고다드(Morrill Goddard)를 비롯하여 주요 기자· 도안사 등

제작진을 몽땅 돈으로 매수해서 빼돌린 다음, 바로「뉴욕 월드」지 사옥 빌딩에서 1896년「선데이 저널」(*Sunday Journal*)이라는 일요판신문을 창간했다.

그러자 깜짝 놀란 퓰리처는 봉급을 더 올려 준다는 조건으로「선데이 저널」로 갔던 제작진들을 설득하여 되돌아오게 했다. 그러나 이들 제작진이 24시간 뒤에 다시「선데이 저널」편집실에 가서 앉아 있는 것을 보았다. 그러자 퓰리처는 그 제작진을 다시 데려오는 것을 포기하고, 그 대신「선데이 저널」지를 자신의 빌딩에서 내쫓아 버리고 말았다.

당시 허스트가 퓰리처의「선데이 월드」지에서 빼돌린 제작진의 우두머리는 모릴 고다드였는데, 그는 다트머스대학(Dartmouth University) 출신의 저널리스트로, 특히 일요판신문의 제작에 특별한 재능을 갖고 있었다. 그래서 퓰리처의「선데이 월드」지의 편집을 맡게 되었던 고다드는 전체 지면 중 2–3면은 일간신문과 똑같은 문체로 쓴 뉴스와 논설을 실었다. 다음 2면은 주로 양면을 터서 과장적이고 선정적인 과학 내지 의사과학(pseudo-science)기사를 싣고, 그 다음 몇 면에는 과장적이고 선정적인 범죄기사를, 그리고 다음 몇 면에 걸쳐서는 누구의 각선미가 어떻느니 하는 연예 관계 기사, 소녀들과 연인들에게 보내는 감상적 충고, 저명한 문예인들과 사회인사들에 대한 혹평, 스포츠와 사교계 뒷이야기 등을 싣고, 부록으로는 컬러로 인쇄한 만화와 기타 잡동사니들을 싣는 방법을 주로 썼다.

그런데 이와 같은 기사들 중에서도 대중독자들의 인기를 가장 많이 끈 것은 바로 부록에 컬러로 인쇄한 만화로서, 이 만화가 곧 일요판 신문들의 특색이 되어 버렸는데, 당시「선데이 월드」는 모두 8면의 만화 중에서 4면을 컬러로 인쇄해서 발행했다. 그러자 허스트의「선데이 저널」도 창간 이듬해(1896)부터 루돌프 더크스(Rudolph Dirks)가 그린 "캇젠재머 꼬마들"(Katzenjammer Kids)이라는 제목의 만화를 부록으로 발행하다가 컬러인쇄기를 새로 설치해서 가을부터는 8면의 부록 전체를 컬러로 인쇄해서 발행했다. 그러자「선데이 저널」지의 만화 부록은 곧「선데이 월드」지의 만화보다 인기가 더 높아졌다.

• 노란 꼬마를 둘러싼 「저널」과 「월드」의 경쟁

한편 그전부터 퓰리처의 「선데이 월드」지에 게재해 온 만화의 본래 제목은 "호간스 앨리"(Hogan's Alley)였다. 그러나 컬러인쇄공이 이 만화의 주인공 어린이의 옷을 좀 더 돋보이도록 하기 위해 노란색으로 인쇄하자, 이 만화를 독자들이 '노란 꼬마'(Yellow Kid)라고 부르게 되었다. 그런데 이 만화의 작가인 리차드 아우트콜트(Richard F. Outcault)도 허스트가 「선데이 월드」지의 제작진을 몽땅 빼돌릴 때 「선데이 저널」로 자리를 옮겨, 이 신문에 "아메리칸 유머리스트"라는 제목의 만화를 그리기 시작하면서 역시 그 주인공을 '노란 꼬마'로 내세웠다. 그러자 「선데이 월드」지는 조지 럭스(George B. Luks)라는 만화가를 새로 고용해서 "호간스 앨리"라는 제목의 만화를 계속해서 그리게 하면서 노란 옷을 입은 꼬마, 즉 '노란 꼬마'를 그 주인공으로 삼게 했다.

따라서 「선데이 월드」지에 게재한 만화의 원제목은 "호간스 앨리"였고, 「선데이 저널」지에 게재한 만화의 원제목은 "아메리칸 유머리스트"였으나, 이들 두 신문의 만화 주인공은 다같이 노란색의 옷을 입은 '노란 꼬마'였다. 그리하여 「선데이 월드」지와 「선데이 저널」지가 모두 '노란 꼬마'를 만화 주인공으로 내세우며 서로 경쟁을 벌였다. 그러면서 「선데이 저널」지는 자기 신문의 PR을 위해 '노란 꼬마' 그림을 뉴욕 시내 큰 건물들의 벽에 그려 놓음으로써 뉴욕 시내의 어디에서나 '노란 꼬마'가 보이게 하는 등, 「선데이 월드」지와 별의별 경쟁을 다 벌였다.

그러자 당시 「뉴욕 프레스」지 편집인 어빈 워드맨(Ervin Wardman)이 「선데이 월드」지와 「선데이 저널」지를 가리켜, 뉴욕의 '황색신문'(yellow press)이라고 처음 불렀다. 그리하자 이를 「뉴욕 선」지의 발행인 찰스 다나(Charles A. Dana)가 그대로 받아서, 그의 신문에서 「선데이 월드」와 「선데이 저널」지를 지칭할 때 '황색신문'이라는 별명으로 부름으로써, '황색신문'이라는 용어가 점차 널리 사용되기 시작했다. 그러면서 「선데이 월드」와 「선데이 저널」지뿐 아니라, 이들을 모방한 신문들도 모두 '황색신문'이라고 부르게 되었으며, 이러한 황색신문들의 수법이나 경향은 '황색저널리즘'(yellow journalism)이라고 부르게 되었다. 그렇다면 '황색신문' 내지 '황색저널리즘'의 주요 특성은 무엇이었는가?

• 황색저널리즘의 주요 특성들과 본질

황색저널리즘은 종래의 페니신문들에서 흔히 볼 수 있던 '선정주의'(sensationalism)와 동의어적 현상은 결코 아니었다. 선정주의는 범죄사건, 재해, 스캔들과 가십, 이혼과 성문제, 스포츠 관계 뉴스 등을 중점적으로 강조해서 보도하는 것이 특성이었으나, 황색저널리즘은 위와 같은 선정주의적 요소에다가 여러 가지 독특한 기법들을 더 가미시킨 것이었는데, 이러한 기법들 중에서 중요한 것들만 들어 보면 아래와 같다(Mott, 1962, p. 539).

① 특대제목(scare-heads)의 사용, 즉 그리 중요하지도 않은 뉴스에 감정적 제목을 붙이고, 이를 필요 없이 큰 활자로 새카맣게 또는 붉게 인쇄해서 독자들의 감정을 자극하는 방법

② 그리 중요하지도 않은 사진들의 과대한 남용

③ 꾸며 낸 인터뷰 기사·의사적 과학기사·거짓 지식 등 여러 가지 조작적 및 기만적 내용의 게재

④ 컬러로 인쇄된 만화와 피상적 기사들로 가득 찬 일요판 부록의 발행

⑤ 사회의 낙오자·희생자·패배자(underdog)에 대한 과시적 동정과 대중의 여론에의 편승

물론 이와 같은 황색저널리즘의 기법들 중에서 전단제목(banner heads)의 사용, 풍부한 사진의 사용, 일요판 부록(sunday supplement)의 발행 등은 현대 저널리즘에 어느 정도 기여한 것도 사실이지만, 그 밖의 허위적·조작적 기사의 게재 등은 그 후의 신문에도 극히 나쁜 영향을 끼쳤다. 그러나 이에 관해서는 뒤에서 다시 자세히 살펴보기로 하고, 우선 「선데이 저널」지의 창간 이후 「선데이 월드」지의 사정부터 간단히 살펴보고 넘어가기로 하겠다.

• 「선데이 저널」에 대한 「선데이 월드」지의 대응

허스트가 「선데이 저널」을 창간하면서, 퓰리처의 「선데이 월드」지의 당시 편집자 모릴 고다드를 몰래 빼 가자, 퓰리처는 그 대신 아서 브라이스베인(Arthur Brisbane)이라는 사람을 편집자로 앉혔는데, 그는 1864년 출생해서 미국과 유럽에서 교육을 받았다. 그리고 19세에 뉴욕으로 와서 「뉴욕 선」지에 입사해서 기자로 일하다가 2년 뒤에 런던주재특파원으로 건너가서 "가장 유능한 특파원"이라는 명성을 얻게 되었다.

그러나 1888년 미국으로 되돌아온 브라이스베인은 2년 동안 「뉴욕 선」지의 편집국장으로 일하다가 「뉴욕 월드」지로 자리를 옮겨 주로 특집업무를 맡았다. 그러다가 퓰리처가 「선데이 월드」지 편집자로 발탁했는데, 그 자리는 브라이스베인의 적소였다. 브라이스베인도 전임자 고다드처럼 과학·역사·철학 등을 좋아해서 이런 것들을 「선데이 월드」지에서 많이 다루었는데, 이들을 대중적으로 흥미 있게 다루는 능력은 고다드보다 더 뛰어났다. 또한 브라이스베인은 신문활자들을 보기 좋게 배열하고, 지면을 미화하는 데에도 뛰어난 센스를 갖고 있었다. 그리하여 「선데이 월드」지에 컬러인쇄 페이지도 늘리는 한편, 판면의 크기도 확대했다.

한편 브라이스베인은 「선데이 월드」지의 만화가 조지 럭스를 시켜서 "가쥬자-랜드"(Gazoosa-land)라는 제목으로 동물 그림을 재미나게 그리게 하여 「선데이 월드」지에 연재했다. 또한 브라이스베인은 럭스에게 "호간스 앨리" 만화도 계속 그리게 하면서 노란 옷을 입은 꼬마, 즉 '노란 꼬마'를 그 주인공으로 삼게 했다. 그러면서 앞서 말했듯이 「선데이 월드」지와 「선데이 저널」지가 '노란 꼬마'를 둘러싸고 극심한 경쟁을 벌이자, 지성인들의 빈축을 사게 되었고, 도덕주의자들이 '황색저널리즘'에 대한 도덕전쟁을 벌이려는 움직임까지 서서히 일어나게 되었다.

이러한 소식을 당시 유럽에 가서 요양 중이던 퓰리처가 듣고 미국으로 돌아와 브라이스베인에게 「선데이 저널」지와의 극심한 '황색저널리즘' 경쟁을 자제하도록 제동을 걸었다. 그러자 의기소침하게 된 브라이스베인에게 허스트가 접근해서, "만약 「이브닝 저널」지의 편집국장직을 맡아주면 주당 150달러에다가 발행부수가 1,000부씩 증가할 때마다 1달러씩을 올려 주겠다"고 제의했다. 그러자 당시 브라이스베인은 「선데이 월드」지에서 주당 200달러를 받고 있었지만, 허스트의 제의를 받아들여 1897년 「이브닝 저널」지로 옮겨 갔다. 그리고 그는 「이브닝 저널」지의 발행부수를 증가시키는 데 성공해서, 1898년 미국과 스페인 간의 전쟁 시에는 주당 1,000달러의 봉급을 받게 되었다. 이처럼 브라이스베인이 많은 봉급을 받게 된 것은 미국의 스페인과의 전쟁을 부채질하면서 그에 관한 선정적 기사를 통하여 「이브닝 저널」지의 발행부수를 올렸기 때문이다.

스페인전쟁을 부채질한 「저널」과 「월드」지

"만약 1895년 일어난 쿠바 폭동사건 당시, 허스트의 신문들이 퓰리처의 신문들과 발행부수경쟁에 도전하지 않았더라면, 1898년 미국과 스페인 간의 전쟁은 일어나지 않았을 것이다"라고 미국의 일부 역사가들이 술회했다. 만약 퓰리처의 「뉴욕 월드」지와 허스트의 「뉴욕 저널」지가 1896년부터 스페인과의 주전론을 서로 경쟁적으로 집요하고 강력하게 펴면서 대중의 여론을 자극하지 않았다면, 매킨리 대통령이 스페인에 대한 선전포고를 하지 않았을 것이기 때문이라는 것이다. 그렇다면 「뉴욕 월드」지와 허스트의 「뉴욕 저널」지는 미국과 스페인과의 전쟁을 왜, 어떻게 부채질했는가?

• 쿠바의 독립운동에 대한 「뉴욕 저널」의 보도전

미국 플로리다반도 남쪽에 위치한 쿠바는 일찍부터 스페인이 통치하고 있었는데, 스페인의 횡포에 분노한 쿠바인들은 마침내 1895년 독립전쟁을 일으켰다. 그러자 스페인은 이를 진압하기 위해 1896년 초 발레리아노 웨일러(Valeriano Weyler)를 쿠바주재 스페인군사령관으로 임명했다. 그리하여 쿠바로 온 웨일러는 '인간백정'이라는 그의 별명처럼 쿠바인들을 무자비하게 탄압했다. 그러자 그 탄압상을 미국신문들이 "웨일러의 군대들이 쿠바인들을 무참하게 살육하고 있다"면서 그 장면을 상상한 삽화까지 곁들여서 과장적으로 보도했다. 그러자 미국신문들의 판매부수가 격증했다.

이렇게 되자 본래부터 라이벌 관계에 있던 「뉴욕 월드」지와 「뉴욕 저널」지도 서로 다투어 가면서 쿠바 뉴스들을 보도하기 시작했다. 그러면서 「뉴욕 월드」지가 특파원들을 쿠바로 파견하자, 「뉴욕 저널」지는 요트까지 구입해서 그에 특파원들과 삽화가까지 동승시켜 쿠바로 보냈다. 이때 그 배에 동승한 「뉴욕 저널」의 삽화가 프레드릭 레밍턴(Frederic Remington)이 쿠바에 도착해서, "모든 것이 조용함. 전쟁이 일어날 것 같지 않음. 미국 본사로 돌아가기를 요망함"이라는 내용의 전문을 허스트에게 보냈다. 그러자 허스트가 곧 "그곳에 머물러 있을 것. 당신은 삽화만 그리면 됨. 나머지 기사는 내가 알아서 마련하겠음"이라는 요지의 답신을 레밍턴에게 보냈다(Creelman, 1901, pp. 177–178).

그리하여 레밍턴과 그의 동료 기자들은 할 수 없이 쿠바에 머물고 있었는데, 몇 개월 뒤 하나의 사건이 터졌다. 그 사건이란 미국에 있는 쿠바망명정부 대통령의 조카딸 에반젤리나 시스네로스(Evangelina Cisneros)가 쿠바에서 스페인 군사령관 웨일러를 살해하려다 미수에 그친 죄로 아바나에서 재판을 받게 된 것이었다. 이러한 사건에 대한 뉴스를 쿠바주재 특파원들로부터 받게 된 허스트는 그 사건을 선정적으로 대서특필하기로 했다. 그러면서 "미스 시스네로스는 쿠바에서 가장 아름다운 소녀인데, 야수와 같은 웨일러가 그녀를 죽이려고 한다"는 식으로 보도(*New York Journal*, 1897. 8. 22일자)하는 한편, 그녀의 구명을 호소하는 전문을 교황과 스페인 여왕에게 보내는 등, 이 사건에 관한 기사들을 몇 주에 걸쳐 「뉴욕 저널」지 제1면에서 대대적으로 실었다. 그러자 다른 신문들도 이 사건을 크게 취급했고, AP통신사도 이 사건에 관한 뉴스를 전국신문들에 전송하자 미국 전체는 온통 이 사건으로 들끓게 되었다.

허스트는 이에 머물지 않고, 칼 덱커(Karl Docker)라는 기자를 비밀리에 쿠바로 보내서, 미스 시스네로스를 감옥으로부터 탈출시켜 미국으로 몰래 데려오는 데 성공했다. 물론 이에 관한 뉴스를 「뉴욕 저널」지에 특종으로 보도했다. 그리고 미스 시스네로스의 환영식을 뉴욕 유니언 스퀘어에서 대대적으로 열어 준 다음, 그녀를 워싱턴으로 데려가서 매킨리 대통령과 악수시키면서 이에 관한 뉴스를 계속 크게 보도했다. 그러자 쿠바에 대한 미국 국민들의 관심은 한껏 고조되었다.

• 메인호의 침몰과 「뉴욕 저널」의 주전론

위와 같은 미스 시스네로스에 관한 특종에서 허스트의 「뉴욕 저널」지는 또 하나의 특종을 낚았다. 그것은 워싱턴주재 스페인대사가 아바나에 있는 그의 친구에게 보낸 편지를 입수해서 신문에 공개한 것이었는데, 그 편지내용에는 스페인대사가 미국의 매킨리 대통령을 '저급한 정치인'이라고 표현한 구절이 들어 있었다. 이러한 편지내용이 공개되자, 매킨리 대통령은 물론이고, 미국의 일반국민들도 점차 스페인에 대한 적대 감정을 갖게 되었다.

그즈음 드디어 스페인과의 전쟁을 촉발시킨 커다란 사건이 발생했는데, 쿠바에 체류 중인 미국 국민의 보호를 위해 쿠바의 아바나항구에 머물고 있던 미국 전함 메인호(The Maine)가 1898년 2월 15일 밤, 원인불명의 폭발사건으로 침몰하면서 260명의 해군장병이 목숨을 잃었다. 그러자 그 이튿날 아침, 이 사건에 관한 뉴스를 「뉴욕 저널」지는 제1면에 흑색 바탕의 통단제목을 달아서 대서특필하면서, "메인호의 격침은 적의 소행"이라 못 박았다. 그러면서 「뉴욕 저널」은 "메인호를 침몰시킨 사람이나 괴한들이 누구인지에 관한 결정적 정보를 제공하는 사람에게는 5만 달러를 주겠다"는 현상까지 내걸었다.

한편 「뉴욕 저널」지는 메인호의 희생자들을 위한 추모비 건립을 위한 모금운동을 전개하면서 유명 인사들을 끌어들여 추모비건립추진위원회를 결성했다. 이때 허스트는 클리블랜드 전 대통령에게도 추모비건립추진위원이 되어 줄 것을 제의했다. 그러나 이러한 제의를 클리블랜드 전 대통령은 거부하면서, "메인호 희생자들에게는 심심한 조의를 표하나, 「뉴욕 저널」지가 그것을 자기선전에 이용하려는 것은 유감으로 생각한다"고 밝혔다.

또한 허스트는 연방의회가 메인호 침몰사건의 진상과 쿠바사태를 조사하기 위한 조사위원단 파견을 준비하자 그에 필요한 자금을 대 주었다. 그런가 하

,000 REWARD.—WHO DESTROYED THE MAINE?—$50,000 REWARD.

NEW YORK JOURNAL

AND ADVERTISER.

NEW YORK, THURSDAY, FEBRUARY 17, 1898.—16 PAGES. PRICE ONE CENT

TRUCTION OF THE WAR SHIP MAINE WAS THE WORK OF AN ENEMY.

$50,000!

0,000 REWARD! r the Detection of the Perpetrator of the Maine Outrage!

Assistant Secretary Roosevelt Convinced the Explosion of the War Ship Was Not an Accident.

The Journal Offers $50,000 Reward for the Conviction of the Criminals Who Sent 258 American Sailors to Their Death. Naval Officers Unanimous That the Ship Was Destroyed on Purpose.

$50,000!

$50,000 REWARD! For the Detection of the Perpetrator of the Maine Outrage!

W. R. HEARST.

NAVAL OFFICERS THINK THE MAINE WAS DESTROYED BY A SPANISH MINE.

Mine or a Sunken Torpedo Believed to Have Been the Weapon Used Against the American Man-of-War---Officers and Men Tell Thrilling Stories of Being Blown Into the Air Amid a Mass of Shattered Steel and Exploding Shells---Survivors Brought to Key West Scout the Idea of Accident---Spanish Officials Protest Too Much---Our Cabinet Orders a Searching Inquiry---Journal Sends Divers to Havana to Report Upon the Condition of the Wreck. Was the Vessel Anchored Over a Mine?

Assistant Secretary of the Navy Theodore Roosevelt says he is convinced that the destruction of the Maine in Havana Harbor was not an accident.

The Journal offers a reward of $50,000 for exclusive evidence that will convict the person, persons or Government criminally responsible for the de... of the American battleship and the death of 258 of its crew.

The suspicion that the Maine was deliberately blown up grows stronger every hour. Not a single fact to the contrary has been produced.

Captain Sigsbee, of the Maine, and Consul-General Lee both urge that public opinion be suspended until they have completed their investiga... taking the course of tactful men who are convinced that there has been treachery.

Spanish Government officials are pressing forward all sorts of explanations of how it could have been an accident. The facts show that there was ... before the ship exploded, and that, had her magazine exploded, she would have sunk immediately.

Every naval expert in Washington says that if the Maine's magazine had exploded the whole vessel would have been blown to atoms.

〈그림 8-1〉「뉴욕 저널」(1898. 2. 17) 제1면
1898년 2월 15일 쿠바 아바나항구에서 발생한 미국 전함 메인호의 침몰사건 보도기사이다.

면, 허스트는 당시 미국의 해군성차관으로, 주전파로 알려졌던 시어도어 루스벨트(Theodore Roosevelt)를 인터뷰해서 그 내용을 「뉴욕 저널」에 보도하면서 스페인과의 전쟁불가피성을 주장했다.

• 「뉴욕 월드」지도 스페인과의 전쟁을 부추겨

이와 같은 허스트의 「뉴욕 저널」지의 기사들을 못마땅하게 생각한 퓰리처의 「뉴욕 월드」지는 「뉴욕 저널」지의 기사들을 가리켜 "바보들을 위해 바보들에 의해 쓰여진 것들"이라고 비난을 하기도 했다. 그러나 스페인과의 전쟁을 부채질한 점에서는 「뉴욕 월드」도 「뉴욕 저널」지에 결코 뒤지지 않았다.

자신이 남북전쟁 때 군인으로서 겪었던 전쟁의 비극을 잘 알고 있던 퓰리처는 전쟁을 싫어했다. 그래서 1895년 베네수엘라와 영국령 기아나 간의 국경분쟁 때 호전적 태도를 보인 클리블랜드 대통령을 맹렬하게 공박하기도 했다(Seitz, 1924, p. 238). 따라서 퓰리처는 스페인과의 전쟁도 응당 반대해야 했다. 그럼에도 그는 스페인과의 전쟁이 자신의 신문들의 판매부수를 올려 줄 것을 예상하여, 스페인과의 소규모 전쟁은 바랐다.

때문에 1898년 2월 15일 밤, 미국 전함 메인호(The Maine)가 쿠바의 아바나항에서 침몰하자, 퓰리처는 터그 보트(tug boat)를 빌리고 잠수부들을 고용해서 그 전함의 침몰 이유를 조사해 「뉴욕 월드」지에 보도하려고 했다. 그러나 이러한 퓰리처의 시도를 정부당국이 반대하자, 조사도 해 보지 않은 상태에서 퓰리처는 "메인호가 스페인의 어뢰에 의해 침몰당했다"고 「뉴욕 월드」지를 통해 주장했다. 그러면서 「뉴욕 저널」지와 마찬가지로 스페인과의 전쟁의 불씨를 계속 부채질하고 나섰다.

이들 두 신문은 연일 미국의 전비와 전략에 관한 기사들을 대서특필함으로써 미국 국민들에게 전쟁을 조장하면서, 대통령과 의회에게는 "지체 없이 스페인에 대한 선전포고를 할 것"을 요구했다. 그러자 「뉴욕 월드」지와 「뉴욕 저널」의 판매부수는 격증했으며, 판매부수를 좀 더 많이 올리기 위해 두 신문은 서로 더 경쟁적으로 스페인과의 전쟁을 부채질했다.

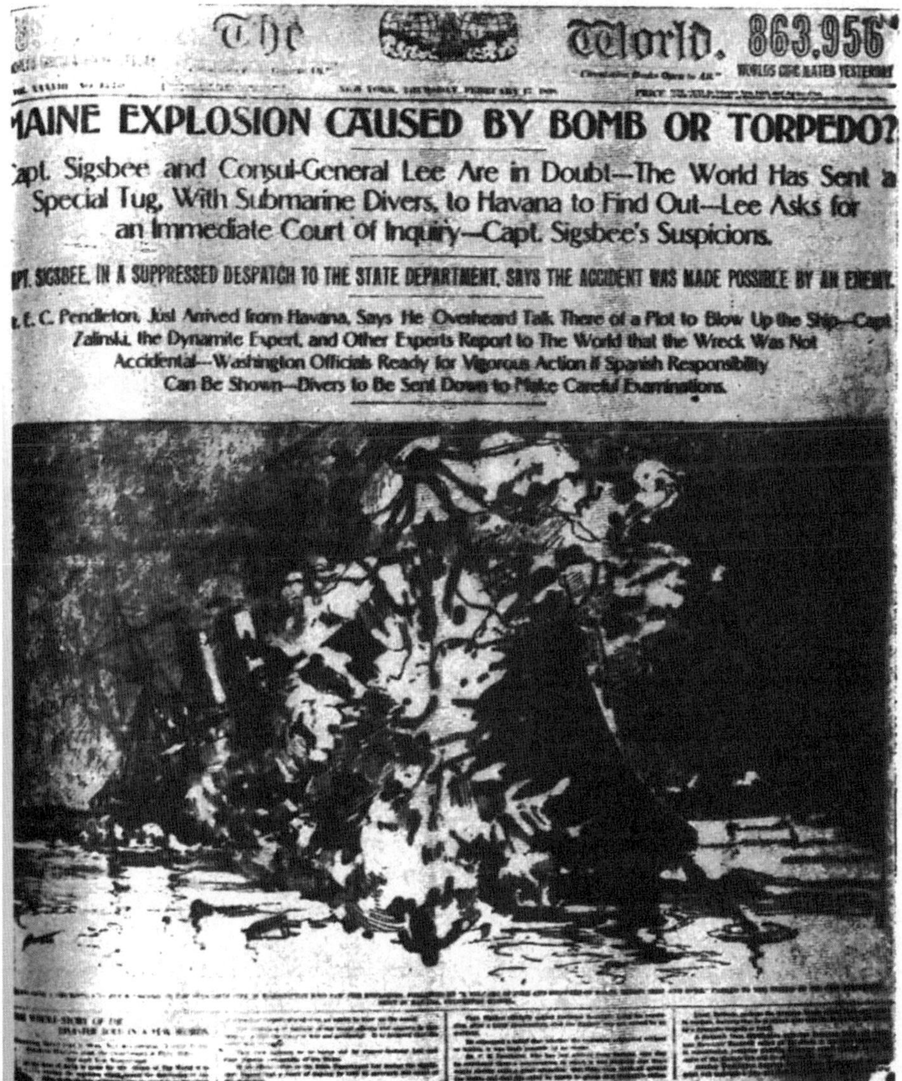
The World. 863,956

IAINE EXPLOSION CAUSED BY BOMB OR TORPEDO?

apt. Sigsbee and Consul-General Lee Are in Doubt--The World Has Sent a Special Tug, With Submarine Divers, to Havana to Find Out--Lee Asks for an Immediate Court of Inquiry--Capt. Sigsbee's Suspicions.

PT. SIGSBEE, IN A SUPPRESSED DESPATCH TO THE STATE DEPARTMENT, SAYS THE ACCIDENT WAS MADE POSSIBLE BY AN ENEMY.

. E. C. Pendleton, Just Arrived from Havana, Says He Overheard Talk There of a Plot to Blow Up the Ship--Capt. Zalinski, the Dynamite Expert, and Other Experts Report to The World that the Wreck Was Not Accidental--Washington Officials Ready for Vigorous Action if Spanish Responsibility Can Be Shown--Divers to Be Sent Down to Make Careful Examinations.

〈그림 8-2〉「뉴욕 월드」(1898. 2. 17) 제1면
1898년 2월 15일 쿠바 아바나항구에서 발생한 미국 전함 메인호의 침몰사건 보도기사이다.

• 다른 신문들도 덩달아 스페인과의 전쟁을 요구

위와 같이 황색신문들의 양대 산맥인 「뉴욕 월드」지와 「뉴욕 저널」지가 스페인과의 주전론을 편 것은 애국심에서라기보다는 서로 판매부수를 더 많이 올리기 위한 경쟁심 때문이었다. 그러나 다른 여러 신문들도 덩달아서 스페인과의 주전론을 들고 나왔다. 이러한 신문들 중에서도 특히 「시카고 트리뷴」지가 가장 강력하게 주전론을 내세웠는데, 이 신문은 처음에는 「뉴욕 월드」지로부터 쿠바 관계 뉴스들을 돈을 주고 사서 싣다가 후에는 「뉴욕 저널」지로부터 뉴스 제공을 받았기 때문이기도 했다.

한편 「시카고 타임스-헤럴드」지와 「보스턴 헤럴드」지도 스페인과의 전쟁을 부채질하고 나섰다. 또한 허스트계의 「샌프란시스코 이그재미너」지는 물론이고, 이 신문과 경쟁관계에 있던 「샌프란시스코 크로니클」지도 스페인과의 전쟁을 선동했다. 그런가 하면, 남부의 「뉴올리언스 타임스-디모크랫」, 「애틀랜타 컨스티튜션」(*Atlanta Constitution*), 「찰스턴 뉴스 앤드 쿠리어」지 등도 역시 주전론 계통의 황색적 신문들이었다.

그러나 이들과는 달리 반전론을 펴거나 중립을 지킨 신문들도 없지는 않았는데, 이들은 쿠바의 평정을 되찾으려는 스페인에게 동정을 보내거나 황색신문들의 선정주의적 주전론을 비판하거나 또는 쿠바사태에 개입하지 않으려고 노력하고 있던 매킨리 대통령의 정책을 지지한 신문들이었다. 이러한 신문들로는 「뉴욕 이브닝 포스트」·「저널 오브 커머스」·「보스턴 트랜스크립트」지 등을 들 수 있었으며, 「뉴욕 트리뷴」·「메일 앤드 익스프레스」지 등도 매킨리 대통령의 불개입정책을 지지했다. 그런가 하면, 「뉴욕 타임스」지와 「시카고 데일리 뉴스」지 등은 오히려 스페인을 동정하기도 했다. 그러면서 특히 「뉴욕 이브닝 포스트」지와 「뉴욕 트리뷴」지는 「뉴욕 월드」와 「뉴욕 저널」지의 선정주의적 주전론에 비난을 퍼붓기도 했다(*New York Tribune*, 1898. 3. 9일자).

스페인전쟁에 관한 신문들의 보도양상

위와 같이 스페인에 대한 반전론을 펴거나 중립을 지킨 신문들도 없지는 않았다. 그러나 「뉴욕 저널」지와 「뉴욕 월드」지를 위시한 수많은 황색주의 신문들이 1896년부터 서로 경쟁적으로 집요하고 강력하게 스페인에 대한 주전론을 펴면서 대중들의 여론을 자극하자, 미국 국민들의 대다수가 "메인호를 기억하라"(Remember the Maine)라고 외치며, 매킨리 대통령과 연방의회에 스페인에 대한 선전포고를 강력히 요구하게 되었다.

• 마침내 스페인전쟁의 시작과 승리

이렇게 되자, 대다수 국민들의 요구를 더 이상 무시할 수 없게 된 매킨리 대통령은 1898년 4월 11일 스페인에 대한 선전포고에 관한 교서를 연방의회에 보냈으며, 이를 상·하 양원이 4월 19일 결의했다. 그러자 즉시 매킨리 대통령은 군대를 쿠바의 산티아고만 근처에 상륙시키면서 산티아고항구에 포격을 가했다. 이 소식을 들은 스페인은 4척의 순양함을 산티아고만으로 보냈으나, 미국해군의 포격으로 몇 시간 만에 모두 격침되고 말았다.

한편 미국은 쿠바에 인접한 스페인의 식민지 푸에르토리코(Puerto Rico)와 남태평양의 괌(Guam)도 점령했다. 그리고 필리핀까지 진출했는데, 이는 필리핀에 있는 스페인함대가 쿠바의 스페인함대와 합류하는 것을 방지한다는 이유에서였지만, 실제로는 필리핀을 식민지화해서 이곳을 거점으로 중국과의 통상을 촉진하기 위해서였다. 그리하여 필리핀으로 출동한 미국함대는 5월 1일 마닐라만에서 스페인함대를 궤멸시키고, 마닐라시까지 점령했다.

그러자 스페인은 같은 해 8월 미국에 휴전을 제의했고, 10월부터 파리에서 미국과 스페인 간의 강화회의가 열렸다. 그리하여 드디어 12월 10일 강화조약에 조인함으로써, 미국과 스페인 간의 전쟁은 미국의 승리로 끝나게 되었다. 그리고 강화조약에 따라, 스페인은 쿠바가 독립할 때까지 미국의 점령 아래 맡기는 동시에 전쟁배상금 대신 푸에르토리코와 괌을 미국에 내주었다. 또한 당시

스페인 식민지였던 필리핀을 2,000만 달러를 받고 미국에 매도함으로써, 필리핀은 미국의 식민지가 되었으며, 이곳을 거점으로 미국은 중국과의 통상을 촉진했다. 그러면 1898년 4월 스페인과의 전쟁이 시작된 이후, 같은 해 12월 강화조약이 체결될 때까지 미국신문들의 실태는 어떠했는가?

• 스페인전쟁에 관한 보도양상

1898년 4월 마침내 미국과 스페인 간의 전쟁이 발발하자, 미국신문들은 제때를 맞은 양, 전쟁에 관한 뉴스들을 보도하기에 여념이 없었다. 이 전쟁은 미국과 가까운 데서 벌어졌고 규모도 작아서 신문들이 취재하기에도 안성맞춤인 데다가, 미군사령관들은 처음에는 종군기자들에게 유례없이 많은 보도자유를 허용해 주었기 때문이다.[1] 또한 전쟁이 불과 4개월 만에 끝났기 때문에 대중들의 관심도 계속 장악할 수가 있었다. 그래서 전장에 파견한 종군기자들의 수도 미국신문역사상 가장 많았는데, 일설에 의하면 각 신문과 잡지사에서 파견한 종군기자(사진기자·삽화기자 포함)가 모두 500명에 이르렀다고 한다(*Journalist*, 1898. 7. 18, p. 87). 따라서 이것이 정확하다면, 4년 동안이나 계속되었던 남북전쟁기간에 동원되었던 종군기자들의 수보다 많은 셈이 된다.

스페인과의 전쟁이 시작되자 「뉴욕 저널」지의 허스트는 직접 20여 명의 기자·삽화가·영화촬영기사 등을 거느리고 전장으로 나가 신이 나서 취재에 극성을 떨었다. 그러면서 조그만 기함 위에 인쇄시설을 갖추고, 쿠바 시보니(Siboney)항에서 「뉴욕 저널」지 호외판을 찍어 내기도 했다. 마침 그 기함 옆에서 스페인 군함이 미국해군에 격침되어 스페인 해병들이 물에 빠지자, 허스트는 그들을 건져내서 포로를 잡은 양, 그 사실들을 자신의 「뉴욕 저널」지에 대대적으로 보도했다.

한편 「뉴욕 월드」지는 필리핀의 마닐라만으로 진격해 들어가는 미국해군함

---

1 AP통신사는 대통령의 재가를 얻어 종군기자들을 미군의 기함들에 승선시켜 자세한 전황을 보도함으로써 인기를 얻었다.

대에 종군기자 조셉 스티크니(Joseph L. Stickney)를 승선시켜, 그 진격 장면을 생생하게 취재했는데, 스티크니는 이 특종 뉴스를 지급전신으로 한 단어당 9.90달러씩이나 주고 본사에 송고했다. 그러나 이 뉴스를 새벽 4시에 받은 본사에서 제때 호외로 발행하지 못하는 바람에 그 특종 뉴스는 애석하게도 「시카고 트리뷴」지에게 빼앗기고 말았다. 당시 「시카고 트리뷴」지는 「뉴욕 월드」지로부터 뉴스 서비스를 받고 있었는데, 마닐라 해전 뉴스를 받자마자 즉시 호외를 발행했기 때문이다.

위와 같은 신문들 이외에도 대다수 신문들이 전황에 관한 보도에 극성을 부리면서 미군의 이동상황과 작전계획까지를 미리 보도하자, 미군 당국에서는 보도통제의 필요성을 인식해서 1898년 여름부터 뉴욕에서 신문내용들을 검열하기 시작했다. 그러나 신문들의 비협조로 검열의 효과가 거의 없게 되자, 미군은 종군기자들의 취재활동에 제한을 가하기도 했다.

• 전쟁의 대가로 재미를 본 신문들

위에서 미국과 스페인 간의 전쟁기간에 그 전황에 관한 미국신문들의 취재와 보도실태를 간단히 살펴보았는데, 그러면 스페인과의 전쟁을 유발했던 「뉴욕 저널」지와 「뉴욕 월드」지 등은 그 대가로 무엇을 얼마나 얻었는가? 1898년 2월 15일 밤, 미국 전함 메인호가 쿠바의 아바나항에서 침몰하자 이를 대대적으로 보도하면서 스페인과의 주전론을 폄으로써 「뉴욕 저널」지와 「뉴욕 월드」지는 발행부수가 매일 100만 부를 돌파했다(Mott, 1962, p. 537).

같은 해 4월 스페인과의 전쟁이 발발하자, 이들 두 신문의 발행부수는 다시 껑충 뛰어, 몇 주 동안 매일같이 150만 부를 찍어 내야 했으며, 같은 해 8월 실제로 전쟁이 끝난 뒤에도 수개월 동안 발행부수가 계속 100만 부 이상의 수준을 유지함으로써 큰 재미를 보았다. 이들 두 신문 이외에 다른 많은 신문들도 스페인과의 전쟁 때문에 발행부수에서 큰 재미를 보았다. 그러나 모든 신문들이 호황을 누렸던 것은 아니었는데, 비록 발행부수는 증가했지만 이윤은 별로 남기지 못했기 때문이다. 그렇다면 그 이유는 무엇인가?

가장 큰 이유는 전쟁으로 인하여 광고물량은 격감하고, 모든 물가는 오른 데다가 전황의 취재비가 많이 들었기 때문인데, 메인호의 침몰 이후 아바나와의 전신이 두절되자 미국의 각 신문은 요트, 터그 보트 등을 빌리거나 구입해서 쿠바로부터 전황 뉴스들을 실어 오는 데 많은 비용을 지불해야만 했다. 「뉴욕 저널」지의 경우, 많을 때는 10여 척의 배를 동원하기도 했는데, 그 비용은 하루에 1,500달러씩이나 들었다(*Cosmopolitan*, Vol. 25, 1898. 9, p. 547). 한편 AP통신사는 5척의 배를, 그리고 「뉴욕 월드」·「뉴욕 선」·「뉴욕 헤럴드」지는 각각 2–6척의 배를 운영하는 데 많은 돈이 들었다.

또한 대규모 신문들은 5–25명의 종군기자들을 전장에 내보내는 데도 많은 비용을 써야 했다. 그런가 하면, 종군기자들이 전황 뉴스를 전신으로 송고하는 데도 많은 돈이 들었다. 당시 전신료는 1단어당 5센트였는데, 뉴욕의 큰 신문사에는 하루에 5,000단어 정도의 전신송고가 종군기자들로부터 들어왔으므로, 전신료만도 매일 250달러를 지출해야만 했다(*McClure's Magazine*, Vol. 11, 1898. 9, p. 492). 그러므로 전황의 취재와 보도에 든 비용을 모두 합치면 그 액수가 대단히 많았는데, 「뉴욕 저널」지의 경우, 메인호의 침몰 때부터 시작하여 4개월간의 전쟁기간에 하루 평균 3,000달러씩, 모두 50만 달러를 사용했다(*Cosmopolitan*, Vol. 25, 1898. 9, p. 542). 한편 같은 기간에 「뉴욕 월드」지는 30–40만 달러를 사용했으며, 「뉴욕 선」·「뉴욕 헤럴드」와, AP통신사는 각각 25만 달러를 썼다고 한다(*Collier*, 1911. 2. 8, p. 37).

이렇게 각 신문들이 많은 비용을 들이게 된 것은 「뉴욕 저널」지의 허스트 때문이기도 했는데, 허스트는 다른 신문들과의 특종경쟁에서 이기기 위해라면 결코 돈을 아깝게 생각하지 않았다. 그러자 이러한 허스트의 「뉴욕 저널」지에 대항하기 위해, 퓰리처의 「뉴욕 월드」지는 적자를 보면서도 "울며 겨자 먹기식"으로 허스트와의 경쟁에 뛰어들지 않을 수 없었다. 그 결과, 「뉴욕 월드」지는 스페인과의 전쟁기간에 비록 발행부수는 150만 부까지 올라간 적이 있기는 하지만, 이윤은커녕 적자만 보았다고 한다. 이처럼 적자를 보게 된 또 하나의 이유는 전황 뉴스에 관한 호외(extra edition)도 각 신문들이 서로 경쟁적으로 발행했기 때문인데, 「뉴욕 저널」지가 많을 때는 하루에도 40차례나 호외를 발행하자, 다른 신문들도 서로 경쟁적으로 호외를 발행함으로써 많은 출혈을 보았다.

황색저널리즘의 극성과 점차적 쇠퇴

위와 같이 전황에 관한 취재와 보도에 많은 돈을 사용함으로써 스페인과의 전쟁에서 대부분의 신문들은 재미를 보지 못했다. 그러나 전쟁이 끝나자 신문들은 다시 호황을 누리게 되었는데, 이는 광고물량이 다시 증가하고 발행부수도 증가했기 때문이다. 발행부수가 증가한 주요 이유의 하나는 수많은 신문 발행인들이 허스트의 '황색저널리즘'의 수법을 뒤따르면서 이를 더욱 강화해 나갔기 때문이다. 그 결과 '황색저널리즘' 경향은 극에 달하게 되었다.

• 황색저널리즘의 전국적 파급과 극성

1896년 「뉴욕 저널」과 「뉴욕 월드」에서 비롯되기 시작한 황색저널리즘의 경향은 다른 신문들에도 급속히 번져 나가서 1898년에는 전국의 거의 모든 신문들이 노랗게 물들게 되었다. 특히 1899–1900년간은 그 극성기를 이루었는데, 윌콕스(Wilcox, 1900, pp. 56–92)가 1900년에 21개 대도시 신문들의 내용을 분석해 본 결과, 그중 3분의 1이 분명한 황색신문이었다.[2]

이러한 경향은 대도시뿐 아니라, 지방에서도 거의 비슷했는데, 뉴욕에서 시작된 황색저널리즘은 지방으로 퍼져 나가서, 1900년경에는 오하이오주의 신시내티, 일리노이주의 세인트루이스, 캘리포니아주의 샌프란시스코 등지가 그 중심지가 되다시피 했다. 그런가 하면, 콜로라도주의 「덴버 포스트」지도 샛노랗

---

2 그러나 나머지 3분의 2는 황색신문이 아니었는데, 뉴욕의 경우도 「뉴욕 이브닝 포스트」·「뉴욕 타임스」·「뉴욕 트리뷴」·「뉴욕 선」 등은 황색신문들과 궤를 같이 하지 않았다. 또한 지방에서도 예컨대, 「캔자스시티 스타」와 같은 신문은 황색주의 경향에 전혀 물들지 않았으며, 볼티모어와 워싱턴, 그리고 남부 여러 도시의 신문들도 황색주의 경향을 거의 띠지 않았다. 그런가 하면, 일부 신문들은 황색주의 기법을 피처기사에서만 부분적으로 사용하기도 했다.

게 물들었으며, 매사추세츠주의 「보스턴 포스트」지와 펜실베이니아주의 「필라델피아 인콰이어러」지도 황색저널리즘의 대표적 신문이 되었다.

시카고 신문계도 1900년부터 허스트가 직접 노랗게 물들이기 시작했는데, 이 해 허스트는 시카고에도 「시카고 아메리칸」(*Chicago American*)이라는 석간 황색신문을 창간했으며, 2년 후에는 「시카고 이그재미너」(*Chicago Examiner*)라는 조간 황색신문도 발행하기 시작했다. 그러자 이를 못마땅하게 생각한 시카고의 다른 신문들은 깡패들을 동원해서 「시카고 아메리칸」지의 배달원과 신문팔이 소년들을 위협하며 신문판매를 방해했다. 그러자 허스트는 더 많은 수의 힘센 깡패들을 동원해서 양쪽 깡패들 사이에 혈투가 벌어지기도 했다.

한편 허스트는 1904년 보스턴에도 「보스턴 아메리칸」(*Boston American*)이라는 석간의 황색신문을 창간함으로써, 모두 6개의 신문들, 즉 「샌프란시스코 이그재미너」, 「뉴욕 저널」, 「뉴욕 이브닝 저널」, 「시카고 아메리칸」, 「시카고 이그재미너」, 「보스턴 아메리칸」을 소유하면서, 허스트계 신문체인(newspaper chain)을 형성하기 시작했다.

• 황색저널리즘의 쇠퇴와 그 주요 요인들

위에서 살펴보았듯이, 황색저널리즘의 경향은 1899–1900년간에 극치에 달했다. 그러나 1901년을 고비로 황색저널리즘은 서서히 쇠퇴의 길을 걷게 되었다. 그 주요 이유의 하나는, 허스트의 「뉴욕 저널」지와 무모한 경쟁을 더 이상 원하지 않게 된 퓰리처의 「뉴욕 월드」지가 극도의 황색저널리즘의 성향을 서서히 배제시켜 나갔기 때문이다. 또한 「뉴욕 타임스」의 권위지로서의 성장도 황색저널리즘의 쇠퇴에 상대적으로 영향을 끼쳤다.

한편 매킨리 대통령의 피살사건도 황색저널리즘의 쇠퇴에 중요한 계기가 되었다. 1896년 7월 이래, 매킨리 대통령은 허스트의 주 공격대상이 되어 왔는데, 매킨리에 대한 「뉴욕 저널」지의 비난과 공격은 신랄했으며 때로는 맹목적이기도 했다. 스페인과의 전쟁 직전에, 매킨리 대통령이 쿠바사태에 불개입 입장을 취하자 허스트는 그에게 모멸적 비난을 가했다. 또한 1900년도 대통령선거에서 매킨리가 민주당 후보 윌리엄 브라이언과 경쟁을 벌이고 있을 때도 허스트는 매킨리를 야비할 정도로 비난·공격했으며, 매킨리가 대통령으로 재선된 후에도 「뉴욕 저널」지는 그에게 계속 인신공격과 비난을 퍼부었다.

1901년 4월 10일, 「뉴욕 이브닝 저널」지는 한 논설을 통하여 "나쁜 정부기관과 나쁜 정치인을 제거하는 유일한 방법은 그들을 죽여 없애는 방법밖에 없는데, 만약 필요하다면 그들을 죽여야 한다"고 주장했다. 그런데 그해 7월 매킨리 대통령이 뉴욕주 버팔로시에서 열린 박람회에 참석했다가 무정부주의자 촐고츠(Czolgosz)의 총탄에 맞아 사망하자 많은 사람들이 상기 「뉴욕 저널」지의 논설을 회상하게 되었다. 그런 데다가 촐고츠의 주머니에서 매킨리 대통령을 비난한 「뉴욕 저널」지의 기사가 발견되자, 허스트와 그의 「뉴욕 저널」지에 대한 국민들의 증오와 분노는 불타오르기 시작했다. 그리하여 애국주의자들과 상업단체들, 도서관 등은 「뉴욕 저널」지의 불매운동을 벌였고, 신문판매대 주인들도 「뉴욕 저널」지의 진열을 거부하게 되었다. 그런가 하면, 일부 군중들이 허스트의 허수아비를 만들어 화형식을 올리자, 「뉴욕 저널」지의 판매부수는 격감했다.

매킨리의 뒤를 이어 대통령직을 승계한 시어도어 루스벨트는 의회에 보내는 최초의 메시지에서 "매킨리의 살해는 신문이 악령들에게 그를 중상·모략하는 말들을 함부로 들려주면서 부추겼기 때문에 일어나게 된 사건"이라고 천명했다. 이렇게 되자 「뉴욕 저널」지는 "매킨리의 살해사건은 단순한 인간들 간의 싸움이었을 뿐이다"고 변명하면서 신문제호를 「아메리칸 앤드 저널」(*American and Journal*)로 바꿨다. 그러나 그 후 얼마 가지 않아 조간은 「아메리칸」지로, 석간은 종전대로 「뉴욕 저널」지로 다시 이름을 고치면서 분리시켰다.

허스트계 신문들에 대한 국민들의 비난과 분노는 그의 신문뿐 아니라, 그의 신문들을 모방하던 다른 황색신문들에게도 커다란 경고를 주었다. 그 결과, 황색저널리즘 경향은 점차 시들기 시작하여 1910년대에 들어서서는 그 자취를 거의 감추게 되었다. 물론 예외적이었던 허스트계 신문들도 노란 색깔이 많이 퇴색하게 되었다.

• 권위지들의 등장도 황색신문 구축에 한몫

위와 같이 특히 1899-1900년간에 극성을 부리던 황색저널리즘이 20세기에 들어서면서 쇠퇴하기 시작한 것은 앞서 말했듯이 1901년 7월 매킨리 대통령의 피살사건도 중요한 원인의 하나였으나 또 하나의 주요 원인으로는 권위지(elite paper)들의 등장을 들 수 있다. 즉 「뉴욕 타임스」와 「크리스찬 사이언스 모니터」(*Christian Science Monitor*) 등의 고급신문들이 황색신문들과의 경쟁에 나서 많은 발행부수를 올리면서 훌륭하고 건전한 내용의 신문도 성공을 거둘 수 있다는 것을 보여 주자, 상대적으로 황색신문들에 대한 인기가 떨어지면서 황색저널리즘이 쇠퇴하게 되었다고 볼 수 있다.

황색저널리즘이 한창 판치고 있던 1890년대 중반, 「뉴욕 타임스」지의 발행부수는 9,000부 정도로 떨어져 매일 1,000달러 정도의 손실을 보았다. 그러나 1896년, 테네시주 출신의 신문인으로 당시 78세였던 아돌프 오취(Adolph S. Ochs)가 「뉴욕 타임스」지를 인수하면서 지면을 완전히 쇄신시켜 나가자, 그해 연말부터 흑자를 내기 시작했다. 그리하여 1896년 오취가 매입할 당시 10만 달러였던 「뉴욕 타임스」지의 총자산은 그 후 25년 만에 1억 달러로 뛰었다. 그렇다면 이렇게 만든 비결은 무엇인가?

오취는 「뉴욕 타임스」지를 매입해 경영을 맡으면서 당시 맹위를 떨치던 황색신문들과는 정반대의 건전한 신문을 내기로 결심했다. 그리고 "인쇄할 수 있는 것은 모두 뉴스로"(All the News That's Fit to Print)라는 황색신문들의 구호 대신에 "아침 식탁보를 더럽히지 않는 것만 뉴스로"(It Does Not Soil the Breakfast Cloth)라는 슬로건을 내걸었다. 그러면서 뉴스 서비스를 개선하는 한편, 지저분한 피처기사들을 없애 버렸고, 훌륭한 내용의 일요판 부록을 발행하는 동시에 타블로이드판 크기의 '토요서평'면과 '일요경제논평'면을 신설했다. 그러자 「뉴욕 타임스」지의 발행부수가 서서히 증가하기 시작했다.

• 「뉴욕 타임스」 등의 성공과 황색신문들의 쇠퇴

한편 「뉴욕 타임스」지는 1898년 신문대금을 1부당 3센트에서 1센트로 인하해서 황색신문들과 신문 값이 같아지자, 판매부수가 급격히 격증해서 1년 만에 7만 5,000부로 늘어났고 광고량도 50%의 증가율을 보였다. 그리고 10년 뒤에는 발행부수가 2배로 뛰었고, 또 10년 뒤에는 다시 2배로 증가했다.

이는 물론 내용 면에서도 「뉴욕 타임스」지가 독자대중의 호평을 받았기 때문인데, 「런던 타임스」지로부터 제공받던 「뉴욕 타임스」지의 외신 뉴스가 특히 훌륭하다는 정평을 얻게 되었다. 또한 경제 관계 뉴스도 믿을 수 있다는 호평을 듣게 되었다. 한편 풍부하고 신뢰성 있는 정치 관계 뉴스도 다른 신문들의 추종을 불허했다. 그리고 기사제목과 지면구성에서의 정중함과 보수성 및 선명한 인쇄와 주의 깊은 편집도 독자들에게 신뢰감을 더해 주었다. 또한 정치나 사회, 경제문제에 관한 논조에도 독립성을 유지하면서 보수성을 나타냄으로써 그 명성을 더해 갔다. 그 결과 「뉴욕 타임스」지는 황색신문들보다 훌륭하고 믿을 수 있는 신문이라는 독자들의 인정을 받게 됨으로써 황색저널리즘의 쇠퇴에 큰 영향을 주었다.

한편 1908년 메리 에디(Mary B. Eddy)가 보스턴에서 창간한 「크리스찬 사이언스 모니터」(*Christian Science Monitor*)지도 「뉴욕 타임스」와 함께 황색신문들을 몰아내는 데 큰 역할을 했는데, 「크리스찬 사이언스 모니터」지는 당시 황색주의 경향의 신문들과는 대조적이었다. 10면 발행에 1부당 2센트였던 「크리스찬 사이언스 모니터」지는 외국 뉴스와 미술·음악·문학 등에 관한 피처기사에 중점을 두었으며, 범죄와 재해 관계 뉴스는 거의 취급하지 않았으나, 독자들의 호평은 날로 높아졌고, 특히 기독교인들이 애독하게 되어 발행부수가 창간 10년 만에 12만 부가 되었다. 이 신문은 보스턴 이외의 각처와 외국에까지 널리 배포될 정도로 명성이 높았는데, 이러한 「크리스찬 사이언스 모니터」지는 황색신문들에 반대해 '깨끗한 신문' 풍토의 조성을 위한 캠페인을 벌이기도 하면서 황색저널리즘의 추방에 직접 앞장서기도 했다.

• 황색저널리즘의 유산과 그 실례로서 전단제목

이렇게 하여, 특히 1899–1900년간에 극성을 부리던 황색저널리즘은 1910년대에는 거의 사라지게 되었다. 그러나 황색저널리즘 경향은 그 뒤 1920–30년간에 뉴욕에서 타블로이드판 신문들이 치열한 경쟁을 벌일 때 되살아났고, 오늘날에 이르기까지도 미국은 물론 세계 도처에서 종종 고개를 내밀고 있다. 또한 황색저널리즘의 영향이나 기법의 일부는 아직도 전 세계 신문의 곳곳에 남아 있다. 그중 대표적 실례의 하나로는 특히 제1면의 좌우 양끝까지 꽉 채우는 전단제목, 즉 '배너'(banner) 또는 '스트리머'(streamer)를 들 수 있는데, 이러한 전단제목은 황색저널리즘, 특히 허스트가 남겨 준 유산의 하나로서, 오늘날에도 종종 달고 있다.

전단제목을 언제 어떤 신문이 맨 처음 달기 시작했는지는 알 수 없으나, 일찍이 1893년 「시카고 타임스」지가 일요판 간지의 피처기사에서 전단제목을 사용한 바 있으며, 그 이듬해에는 제1면 뉴스기사에도 전단제목을 종종 달은 적이 있다. 또한 허스트가 매입하기 전해인 1894년 「뉴욕 저널」지도 그 일요판 피처기사에 전단제목을 사용한 바 있다. 그러나 「뉴욕 저널」지에서 전단제목을 즐겨 사용하기 시작한 것은 1895년 허스트가 이 신문을 매입한 뒤부터였다. 특히 아서 브라이스베인이 「뉴욕 이브닝 저널」지 편집국장이 되고 난 후부터 전단제목을 더욱 빈번하게 사용했다. 그러면서 전단제목에 높이가 5–6인치(12.7–15.24cm)나 되는 커다란 고딕체 활자를 사용하기도 했는데, 이렇게 큰 활자는 금속으로 주조할 수가 없기 때문에 목각활자를 사용했으며, 그 활자가 너무 커서 전단에 5자 정도밖에 못 들어갈 지경이었다. 따라서 부제목을 2–3행씩 붙임으로써 제1면 상단은 온통 커다란 제목들로 꽉 찰 정도였다.

이처럼 커다란 전단제목을 「뉴욕 저널」지가 즐겨 사용하자, 그 경쟁지였던 퓰리처의 「뉴욕 월드」지와 다른 황색신문들도 많이 사용하게 되었다. 그러나 제목 활자의 크기는 「뉴욕 저널」지의 그것보다는 작아서 대체로 높이가 1–2인치 정도였다. 「뉴욕 월드」지와 「뉴욕 저널」지 이외에, 전단제목을 많이 사용한 신문은 「시카고 트리뷴」지와 「피츠버그 커머셜 가제트」지였는데, 이들은 2–3인치 높이의 고딕체 활자를 사용한 2–3행의 전단제목을 즐겨 사용했다. 그런가 하면, 「덴버 포스트」지가 1899년부터 붉은 색으로 전단제목을 인쇄하자, 이를 다른 신문들이 곧 모방하기도 했다. 한편 「뉴욕 타임스」지도 전단제목을 가끔 달았으나, 6포인트 정도의 활자를 사용하는 정중성을 보여 주기도 했다.

3. 각종 신문들의 증가와 비약적 성장

위에서는 우선 1892년부터 1913년까지의 시기에 미국신문역사상 가장 큰 시대적 특징의 하나였던 '황색저널리즘'(yellow journalism)의 발흥과 쇠퇴에 관해 살펴보았다. 한편 이 시기에 또 하나의 중요한 시대적 특징은 각종 신문들의 비약적 성장이었다. 따라서 이 시기는 다시 2기로 나누어 볼 수 있는데, 1892년부터 1901년까지인 전기는 황색저널리즘의 흥망기였다면, 1901년부터 1913년까지인 후기는 신문들의 비약적 발전기였다. 1901–13년 사이 대도시의 일간신문들은 대기업으로 성장했고, 서부 지역 신문들도 크게 성장했으며, 일간신문들 이외에, 주간신문 · 일요신문 · 외국어신문들도 엄청난 양적 팽창을 보였다.

동부 지역 대규모 일간신문들의 기업화

우선 동부 지역 신문들의 실태부터 살펴보면, 19세기에서 20세기로 넘어가고 있던 전환기에 특히 뉴욕을 비롯한 대도시의 신문들은 발행부수, 광고물량, 수입 등에서 엄청난 성장을 이룩하면서 거대한 기업으로 바뀌어 갔다. 1892년 당시 발행부수가 10만 부 이상인 신문은 전국 4대도시에 모두 합쳐 오직 10개 정도에 지나지 않았으나, 1913년에는 12개 도시에 30여 개지가 되었으며, 그간에 발행부수는 평균 2배나 증가했다.

「뉴욕 월드」지의 경우, 1897년 3월 현재 발행부수가 조간과 석간판을 합쳐 100만 부를 넘었으며, 발행면수는 주중에는 16–24페이지, 일요판은 48–72페이지였는데,[3] 그중 약 반이 광고로서 광고수입도 엄청났다. 거기에다 구독료를 합치면 연간수입은 200만 달러에 달했다. 그리하여 당시 「뉴욕 월드」지의 총재산 평가액은 1,000만 달러나 되었는데, 이 신문을 퓰리처는 1883년에 34만 6,000달러를 주고 샀었다.

한편 뉴욕의 다른 대신문들도 「뉴욕 월드」지를 약간 밑돌 정도로 크게 성장했다. 베네트의 「뉴욕 헤럴드」지와 「뉴욕 텔레그램」지의 연간 수입은 100만 달러였으며, 「뉴욕 타임스」지의 경우도 1913년경에는 연간수입이 300–400만 달러나 되었다. 그런가 하면, 허스트가 18만 달러에 사들였던 「뉴욕 저널」지는 1890년대 말에는 전체 재산평가액이 750만 달러로 껑충 뛰었다.

이처럼 대도시의 일간신문들이 거대한 기업으로 성장하자, 신문사들은 종전의 개인기업에서 이제는 완전히 하나의 산업체가 되었으며, 그에 따라 신문사 조직구조에도 변화가 일어났다. 즉 종전에는 발행인이 편집인을 겸하면서 그 밑에 몇 개의 부서만 두었으나, 연간예산규모가 100만 달러를 넘게 되고, 종업원의 수도 늘어나자(「뉴욕 월드」지는 상근종업원만도 1,300명에 달했음), 조직구조가 분화되고 전문화되면서 여러 개의 새로운 부서들이 생겨났다.

그렇다고 해서 이 시기에 모든 신문들이 다 대기업으로 성장한 것은 아니었다. 뉴욕시를 비롯한 대도시의 대규모 신문들은 연간 수백만 달러를 벌어들이면서 거대한 산업으로 변해 갔으나, 군소 신문들은 겨우 명맥을 유지하면서 구태를 벗지 못하고 있었다. 그럼에도 불구하고 이상하게도 새로운 군소 신문들이 계속 늘어나서, 1892년 당시 전국에 모두 1,650개 일간신문들이 존재했으나, 1913년에는 2,250개로 36%나 증가해서 미국신문 역사상 가장 많은 일간신문들이 존재하기도 했다. 한편 주간신문들도 같은 기간에 1만 1,000개에서 1만 4,500개로 늘어났으며, 격주간신문도 200개에서 600여 개로 증가했는데(Mott, 1962, p. 549), 이들은 거의 모두가 군소 신문들로서 대부분은 겨우 명맥만 유지했다. 그러나 그 나

---

3 퓰리처가 1883년 「뉴욕 월드」지를 매입한 지 10년이 된 1893년, 10주년 기념호의 전체 발행면수는 100페이지였으며, 25주년 기념호의 발행면수는 200페이지나 되었다.

름대로 다양성을 유지함으로써 대규모 신문들의 획일화를 견제하는 구실을 담당하기도 했다.

서부 지역 신문들의 비약적 성장세

이 시기에는 서부 지역의 신문들도 크게 성장했는데, 이는 서부 지역도 동부 지역 못지않게 발전했기 때문이다. 예컨대, 시카고의 경우 1892년에는 동부의 필라델피아를 능가해서 미국에서 두 번째로 큰 도시가 되었는데, 당시 인구는 200만 명을 넘었다. 그리하여 이곳에서 1893년 세계박람회가 열리기도 했는데, 이는 시카고의 문화적·경제적 발전상을 말해 주는 척도이기도 했다.

• 시카고 4대 일간신문들의 성장실태

당시 시카고의 신문들은 뉴욕 신문들에 비해 선정주의 내지 황색주의 색채가 덜 했으며, 인쇄도 깨끗했고, 또한 훌륭한 저널리스트들이 제작·발행하고 있었다. 1892–1913년간에 시카고의 대표적 신문들로는 「시카고 트리뷴」, 「시카고 데일리 뉴스」, 「인터 오션」(*Inter Ocean*) 및 「시카고 타임스-헤럴드」(후에 *Chicago Record-Herald*로 됨) 등 4개지를 손꼽을 수 있었다.

「시카고 트리뷴」은 조셉 메딜(Joseph Medill)이 발행했으나, 그가 70세가 되자 1890년대 중반부터 신문사 경영을 사위인 로버트 패터슨(Robert W. Patterson)에게 맡겼다. 당시 「시카고 트리뷴」지는 대단한 호황을 누리고 있어, 400만 달러에 팔라고 해도 응하지 않을 정도였다(*Review of Reviews*, Vol. 11, 1895. 6, p. 648). 이러한 「시카고 트리뷴」은 허스트의 「시카고 아메리칸」지와 치열한 경쟁을 벌이면서 한때는 「시카고 아메리칸」지보다 더 선정적 색채를 띠기도 했으나, 편집이 훌륭하고, 논조가 보수적 경향을 보여서 지성인들로부터 호평을 받았다. 그 결과, 재정적으로도 계속 호황을 누릴 수 있어, 1925년에는 800만 달러짜리 사옥 빌딩을 신축할 정도였다.

「시카고 데일리 뉴스」지는 시카고에서 계속해서 최대 발행부수를 자랑했다. 이는 신문내용에 매우 생동감이 있었으며, 사진 등 일러스트레이션도 풍부했고, 하루에도 12판씩 발행했기 때문이다. 이러한 「시카고 데일리 뉴스」지는 1898년 스페인과의 전쟁 당시까지만 하더라도 지역성을 띤 지방지에 불과했으나, 전후에는 전국에서 외신 뉴스가 가장 훌륭한 신문으로 정평을 얻을 정도로 전국적 신문이 되었다.

「인터 오션」지는 1891년 그 주식의 상당량이 허만 콜사트(Herman Kohlsaat)에게로 넘어가서 콜사트가 경영권을 쥐게 되었는데, 당시 38세로서 야망 있는 젊은이였던 콜사트는 여러 가지 쿠폰을 이용하여 신문판매부수를 크게 확장시켰다. 그러나 찰스 여크스(Charles T. Yerkes)라는 사람이 「인터 오션」지의 주식을 소주주들로부터 대대적으로 사들임으로써, 1897년 신문경영권이 여크스에게로 넘어가게 되었다. 그러나 판매부수가 격감하자 1901년 여크스는 「인터 오션」지를 다시 다른 사람에게 팔아넘기고 말았다.

「시카고 타임스-헤럴드」지는 1895년 제임스 스콧(James W. Scott)이 「시카고 타임스」지와 「시카고 헤럴드」지를 합병해서 재편한 신문이었다. 그러나 몇 년 후에 스콧이 사망하자, 앞서 말한 허만 콜사트가 재빨리 「시카고 타임스-헤럴드」지와 그 석간판 「시카고 이브닝 포스트」지를 약 150만 달러에 사들였다. 그 뒤 1901년에는 빅터 로슨(Victor Lawson)으로부터 「시카고 레코드」지도 150만 달러에 매입하여 이를 「시카고 타임스-헤럴드」지와 합치면서 그 제호를 「시카고 레코드-헤럴드」로 변경했다. 그러나 너무 욕심을 냈던 탓으로 빚에 몰리게 된 콜사트는 이듬해 「시카고 레코드-헤럴드」지를 로슨에게 넘겨주지 않으면 안 되었다. 그리하여 로슨이 경영하던 「시카고 레코드-헤럴드」지는 1918년 허스트에게 팔려 「시카고 이그재미너」(*Chicago Examiner*)지에 흡수되고 말았다.

• 세인트루이스 주요 신문들의 실태

시카고 아래 위치한 세인트루이스에서도 여러 신문들이 경영주를 바꾸어 가면서도 계속 성장의 길을 걸었다. 이들 중 가장 오랜 전통을 갖고 있던 민주당계 「미주리 리퍼블리컨」지는 1888년 찰스 존스(Charles H. Jones)에게로 경영권이 넘어가면서 「미주리 리퍼블릭」으로 제호가 바뀌었으며, 1893년 소유권이 다시 데이비드 프랜시스(David R. Francis)에게로 넘어갔다.

퓰리처의 「세인트루이스 포스트-디스패치」지는 1895년부터 퓰리처의 오랜 동료였던 찰스 존스가 맡아서 경영했으나, 존스가 1900년 대통령선거에서 민주당과 인민당 공동 후보 윌리엄 브라이언(William Bryan)을 대통령으로 밀자, 이에 충격을 받은 퓰리처는 2년 만에 존스를 해고시켜 버렸다. 그리고 자신의 아들 조셉 퓰리처 2세를 세인트루이스로 보내 「세인트루이스 포스트-디스패치」의 경영에 참여시켰다. 그 후 1911년 퓰리처가 사망하면서 자신의 전체 재산 중 10분의 1에 해당한 「세인트루이스 포스트-디스패치」지만을 그의 아들에게 물려줌으로써 이 신문은 퓰리처 2세가 소유하여 발행하게 되었다.

「세인트루이스 글로브-디모크랫」지는 오랫동안 그 발행인이었던 조셉 맥컬라(Joseph B. McCullagh)가 1896년 사망한 뒤에도 계속 그 위치를 유지하면서 발행부수가 「세인트루이스 포스트-디스패치」지를 바짝 뒤쫓고 있었다. 1903년 「세인트루이스 포스트-디스패치」지가 10만 부를 돌파했고, 그 2–3년 뒤에는 「세인트 글로브-디모크랫」지도 10만 부를 넘어서게 되었다.

이 밖에 세인트루이스에서는 「세인트루이스 스타」(*St. Louis Star*)지가 비교적 큰 신문이었는데, 이 신문은 1905년 신문체인 스크립스-맥래 리그(Scripps-McRae League)의 「세인트루이스 크로니클」지를 흡수했다. 그 뒤 1932년에는 1895년 창간한 「세인트루이스 타임스」지와 합병해서 「세인트루이스 스타-타임스」(*St. Louis Star-Times*)지로 되었다.

• 캔자스주 캔자스시티의 주요 신문들

한편 캔자스주의 캔자스시티에서는 윌리엄 닐슨(William R. Nilson)이 발행한 「캔자스시티 스타」지가 계속 우위를 점했다. 이 신문은 1894년부터는 일요판도 발행하기 시작했으며, 1901년에는 「캔자스시티 타임스」지를 매입해서 「캔자스시티 스타」지의 조간지 역할을 하게 했다. 닐슨은 이들 세 가지 신문을 모두 구독하는 정기독자에게는 주당 10센트에 제공함으로써 경쟁자들을 당황하게 만들었다. 또한 닐슨은 1890년부터 「캔자스 위클리 스타」라는 4면짜리 농업 전문주간신문도 발행했는데, 연간 25센트를 받은 이 신문은 발행부수가 3년 만에 10만 부를 돌파했으며, 1914년에는 33만 부가 되었다.

위와 같은 신문들 이외에도 캔자스시티에는 「캔자스시티 포스트」(1906년 창간) 등 여러 개의 신문들이 있었다. 그런데 콜로라도주 덴버에서 「덴버 포스트」라는 신문을 발행하던 프레드 본필스(Fred G. Bonfils)가 1909년 캔자스시티로 와서 「캔자스시티 포스트」를 25만 달러에 매입한 뒤 이 신문에도 황색저널리즘 수법을 도입했다. 그러자 발행부수가 곧 19만 부로 증가하면서 「캔자스시티 스타」지의 독자들을 빼앗아 오자, 「캔자스시티 스타」지는 큰 타격을 받게 되었다.

• 콜로라도 덴버에서는 황색신문들이 판쳐

1895년 당시까지만 해도 콜로라도주 덴버에서 발행한 주요 신문들은 「로키 마운틴 뉴스」, 「덴버 리퍼블리컨」, 「덴버 타임스」지 등에 불과했다. 그러나 1895년 프레드 본필스와 해리 타멘(Harry H. Tammen)이 「덴버 포스트」를 매입해서 샛노란 황색신문으로 만듦으로써 덴버의 신문계는 크게 바뀌었다.

본필스는 인디언 토산품들을 동부에서 오는 관광객들에게 팔아 부자가 된 인물이었는데, 이러한 본필스에게 타멘이 "황색신문을 발행하면 큰 돈을 벌 수 있다"면서 같이 황색신문을 발행할 것을 제안했다. 그러자 이를 수락한 본필스는 타멘과 함께 당시 덴버에서 하위 신문에 불과했던 「덴버 포스트」지를 1만 2,500달러에 매입했다. 그런 다음 이 신문을 미국에서 가장 샛노란 황색신문으로 만들어 놓았는데, 여기서 '샛노랗다'는 것은 상징적인 말이고, 실제로는 「덴버 포스트」는 빨갛고 새카맸었다. 왜냐하면 「덴버 포스트」지는 선정적인 전단제목을 적색잉크로 대문짝만하게 인쇄를 해 놓음으로써 지면이 빨갛고 새카맸으며, 신문사 사옥의 벽도 빨간 페인트칠을 해 놓았기 때문이다.

이러한 「덴버 포스트」지는 뉴스나 그 보도기법은 물론, 신문의 판매와 경영방식도 허스트의 「뉴욕 저널」지를 그대로 모방했다. 심지어는 부정·부패에 대한 투쟁과 정화운동을 벌인다는 명분으로, 정치인·행정당국·기업인들을 마구 비난·공격하면서, 죄 없는 사람들까지 희생자로 만들었다. 또한 미인선발대회·서커스대회·피크닉·사냥대회 등 각종 행사를 벌이며 이들을 신문판매 촉진방법으로 이용했다. 그러자 「덴버 포스트」지는 대중독자들의 흥미를 끌게 되면서 발행부수가 격증하여 1910년에는 연간 100만 달러씩의 흑자를 내게 되었다. 하지만 「덴버 포스트」지가 수단과 방법을 가리지 않고 신문판매에만 열을 올리자 미국신문편집인협회는 본필스의 회원자격을 박탈했다.

「덴버 포스트」지가 위와 같이 대중독자들의 흥미를 끌면서 발행부수가 격증함에 따라, 다른 신문들은 그만큼 밀리게 되었다. 그리하여 토머스 패터슨(Thomas M. Patterson)이 발행하던 「로키 마운틴 뉴스」지와 「덴버 타임스」지는 1913년 당시 「시카고 이브닝 포스트」지 발행인 존 샤퍼(John C. Shaffer)에게 팔려 넘어갔다. 그 뒤 샤퍼는 「덴버 리퍼블리컨」지도 매입하여 「로키 마운틴 뉴스」지와 합병해 버렸다. 그러나 「덴버 포스트」지에 밀려 고전을 면치 못하던 샤퍼는 13년 만에 「로키 마운틴 뉴스」지와 「덴버 타임스」지를 모두 스크립스-하워드 리그(Scripps-Howard League) 신문체인에 팔아 버리고 말았다.

주간신문 · 일요신문 · 외국어신문들의 격증

위와 같이 1892년부터 1913년까지의 시기에는 대도시의 일간신문들은 대기업으로 성장했고, 서부 지역의 신문들도 크게 성장했다. 그런가 하면, 일간신문들 이외에 주간신문·일요신문·외국어신문들도 엄청난 양적 팽창을 보였다.

• 무려 1만 4,500만 종에 달한 주간신문들

우선 주간신문들부터 살펴보면, 1892년경 미국 전체에 약 1만 1,000종의 주간신문들이 있었으나, 1913년에는 1만 4,500종으로 늘어나서 미국신문역사상 최고의 기록을 남기게 되었다(Mott, 1962, p. 549). 한편 격주간신문들도 같은 기간에 약 200종에서 600종으로 증가했는데, 이들 주간신문과 격주간신문은 거의가 군소 신문들이었으며, 그 대부분은 지방에서 발행했다. 이들은 그 나름대로 다양성을 유지함으로써 대규모 신문들의 획일화를 견제하는 데 중요한 구실을 했다. 또한 정치적 독립성을 유지하려고 노력했지만 일간신문들에 비해서는 정파성을 띤 것들이 적지 않았으며, 이러한 정파성은 특히 각종 선거기간 중에 많이 나타나곤 했다.

그런가 하면, 도시에서 발행한 주간신문들은 추문을 캐기에 열을 올리기도 했는데, 이러한 주간신문들의 경향을 루스벨트 대통령이 '추문 캐기'(muckraking)라고 불러서, 이것이 하나의 신문용어로 되었다. 이러한 '추문 캐기'는 특히 1902–12년간에 극히 심했는데 이는 황색저널리즘의 영향 때문이었다. 황색 일간신문들이 사회의 부정·부패 등을 폭로하면서 이를 명분상으로는 '사회개혁'이라고 들고 나오자, 이를 주간신문들도 모방하면서 사회개혁 그 자체보다는 저명인사들의 추문을 캐내는 데 열을 올렸던 것이다.

그러나 지방의 주간신문들은 황색저널리즘의 영향을 그리 많이 받지 않은 까닭에 추문 캐기보다는 지역사회에서 일어나는 각종 사건들, 예컨대 농작물의 작황, 지방명사들의 동정, 주민들의 관혼상제 등에 관한 보도에 역점을 둠으로써 지역독자들의 호기심을 만족시켜 주었다. 이는 물론 지역 소식에 관한 지역독자들의 호기심을 만족시켜 주기 위해서이기도 했지만, 1897년 정부에서 농촌지역에 배달되는 신문들의 우편료를 무료화함에 따라 대도시 일간신문들이 농촌에까지 침투해 오자, 지방주간신문들은 더욱 지역성을 강조해서 대도시 일간신문들과의 경쟁에서 생존의 길을 찾고자 했기 때문이기도 했다.

그리하여 지방의 주간신문들이 해당 지역에서 일어나는 조그만 사건들이나 뉴스들을 지역주민들의 이름을 들먹이면서 많이 다루게 되자, 독자들이 친근감을 느끼게 되어 발행부수가 증가했다. 그러자 농촌으로 침투해 오던 대도시 주간신문들이 지방주간신문들에 밀려 농촌 지역에서의 판매부수가 크게 떨어짐으로써, 「뉴욕 위클리 트리뷴」지와 같은 대도시의 주간신문까지도 1906년 자진 폐간하고 말았다.

• 일요신문 또는 일요판 신문들도 대유행

위와 같은 주간신문들 이외에 일요신문 또는 일간신문의 일요판 신문들도 크게 발달했는데, 이것도 이 시기의 주요 현상의 하나였다. 이러한 현상은 특히 1898년 미국과 스페인과의 전쟁 이후에 두드러지게 나타나기 시작해서 전국적으로 확산되었는데, 이들 일요신문과 일간신문의 일요판은 백화점 광고나 안내 광고들을 대대적으로 게재해서 그 광고비로 유지되었다.

이러한 일요신문과 일요판들은 1890년대에는 매호 평균 50면 이상 발행하는 것이 보통이었으나, 발행면수가 점차 증가하여 20세기로 막 넘어오면서는 평균 60면을 냈으며, 1913년에는 72면으로 늘어났는데, 이들 중 7–8면은 백화점 광고로, 14–16면은 안내광고로, 4면은 컬러로 인쇄한 만화로, 그리고 나머지 면들은 뉴스·연극·교육·가정생활·사교·스포츠·사건 뒷이야기 등에 관한 피처기사들과, 설교·유행가·시·소설 등으로 채웠다. 그러면서 예컨대 「선데이 월드」지는 "매 일요일마다 4개 잡지에 실린 분량보다 더 많은 읽을거리를 제공한다"고 선전했고, 「시카고 트리뷴」 일요판은 전체를 컬러로 인쇄해서 독자들의 관심을 끌었다.

당시 일요판 신문들은 컬러로 인쇄한 부록(colored supplements)을 끼워 넣는 것이 보통이었는데, 이러한 부록을 1892년 「시카고 인터 오션」(*Chicago Inter Ocean*)지가 처음 시작하자 「선데이 월드」지도 곧 뒤따랐고, 1894년에는 「뉴욕 헤럴드」지도 모방했다. 이들 부록은 보통 타블로이드판 크기의 8면을 발행했으며, 그중 2–4면만 컬러로 인쇄했는데, 부록의 내용은 주로 연재만화나 유머러스한 그림(drawings) 등이었다.

이러한 부록을 포함한 일요판신문 또는 일요신문들은 거의 모두가 1부에 5센트씩 받았는데, 판매부수가 계속 증가했다. 그리하여 1913년에는 571개 일요신문들의 평균 발행부수가 2만 9,000부나 되었는데, 이는 당시 일간신문들의 매일 발행부수가 평균 1만 1,000부였던 데 비하면 상당히 많은 것이었다. 특히 대규모 일간신문들의 일요판 발행부수는 본지인 일간판 발행부수보다 훨씬 많아서 일요판 수입이 신문사 전체 수입의 4분의 3이나 되었는데, 뉴욕의 「아메리칸」지 일요판 발행부수는 70만 부, 「시카고 트리뷴」지 일요판 발행부수는 55만 부나 되었다(*Munsey's Magazine*, Vol. 24, Nov. 1900, p. 228).

• 외국어신문들의 종수도 절정에 달해

1892년부터 1913년까지의 시기에는 또한 위에서 살펴본 주간신문과 일요신문(일간신문의 일요판 포함)들 이외에 외국어신문들도 엄청난 양적 팽창을 보여서 미국신문역사상 절정을 이루었다.

이러한 외국어신문들 중에서도 특히 독일어 일간신문들의 종수가 크게 증가해서, 1913년에는 전체 외국어신문들 중에서 3분의 1을 차지하게 되었다. 한편 이탈리아어 · 일본어 · 폴란드어 · 이디시어(Yiddish) 일간신문들의 종수도 크게 늘어났으며, 스칸디나비아어계 신문들은 주로 주간신문들에서 증가를 보였다.

외국어신문들 중에서 최대 발행부수를 자랑한 신문은 독일어신문인 「뉴요커스 슈타츠-차이퉁」(*New Yorkers Staats-Zeitung*)이었는데, 이 신문은 1892년부터 그 석간인 「아벤트블라트」(*Abendblatt*)지도 발행하기 시작했다. 한편 1889년 창간한 독일어 일간신문인 「시카고 아벤트-포스트」(*Chicago Abend-Post*)도 서부 지역에서는 외국어신문들 중에서 가장 많은 발행부수를 자랑했다.

신문체인의 대두와 발달

위에서 살펴보았듯이 1892년부터 1913년까지 시기에는 특히 많은 신문들이 나타났는데, 1892년 전국에 모두 1,650개 일간신문들이 있었으나, 1913년에는 2,250개로 36%나 증가해 미국신문 역사상 가장 많은 일간신문들이 존재하게 되었다. 또한 같은 기간에 주간신문들도 1만 1,000개에서 1만 4,500개로 늘어났으며, 격주간지도 200개에서 600여 개로 증가했고, 일요신문과 외국어신문들도 크게 발달했다. 그러자 한 사람이 여러 곳에서 여러 개의 신문들을 소유해서 발행하는 소위 '신문체인'도 대두하면서 신문의 기업화를 촉진하기 시작했다.

• 미국 최초의 신문체인 스크립스–맥래 리그

미국의 신문역사상 최초의 '신문체인'으로는 스크립스 가의 신문체인(Scripps Family Newspaper Chain)을 들 수 있는데, 신문체인에 관한 아이디어는 스크립스 가문의 여러 형제들 중 하나인 에드워드 스크립스(Edward W. Scripps)가 1883년 오하이오주로 가서 「신시내티 포스트」지를 비롯한 여러 개의 신문들을 매입해서 발행하면서 처음 얻게 되었다.[4] 그리하여 그의 형 제임스 스크립스(James E. Scripps)를 위시한 여러 형제들과 함께 1892년까지 모두 5개의 신문들을 소유한 다음 이들 신문을 1895년 체인화했다. 이렇게 체인화한 스크립스 가 형제들의 신문은 모두 염가의 석간신문들로서 부정·부패에 대한 과감한 투쟁을 벌이며 가난한 계층의 대중들의 이익에 앞장섬으로써 큰 성공을 거두었다.

그러자 스크립스 가의 신문체인은 다시 계속해서 새로운 신문을 창간하거나 기존의 신문들을 매입해서 1913년에 이르러서는 전국 15개 주에 걸쳐 모두 34개 신문들을 거느리게 되었는데, 이렇게 스크립스 가의 신문체인을 발전시키는 데 결정적 역할을 한 사람은 에드워드 스크립스로서, 그는 신문체인을 형성하면서 기존의 신문을 매입하는 것보다 새로운 신문을 창간하는 방법을 즐겨 사용했다. 그러면서 그는 인구가 5–10만 정도 되는 도시를 선정한 다음, 약 2,500달러 정도의 현금을 자기 부하 한 사람에게 주고 그 도시에 가서 신문을 창간토록 했다. 그리고 그 부하에게 처음에는 주급 25달러를 주다가, 만약 그에게 신문창간비로 준 2,500달러가 모두 소진되기 전에 이윤을 내게 될 경우는 해당 신문의 주식 50%를 상으로 주었다. 그러나 실패할 경우는 그 손실을 스크립스 가가 부담하고, 그것으로 끝내고 말았다.

---

4 좀 더 구체적으로 말하면, 에드워드 스크립스는 젊은 시절, 시카고와 디트로이트에서 그의 이복형 제임스 E. 스크립스(James E. Scripps)가 발행하던 신문사에서 일을 돕다가 오하이오주 클리블랜드로 가서, 1878년 형제들의 재정적 지원을 받아 「클리블랜드 프레스」(*Cleveland Press*)라는 1센트짜리 소형신문을 창간해 성공을 거두었다. 그러자 에드워드 스크립스는 그의 형을 설득하여 「세인트루이스 크로니클」(*St. Louis Chronicle*)지를 매입했고, 1883년에는 또 「신시내티 포스트」(*Cincinnati Post*)를 매입했으며, 「켄터키 포스트」(*Kentucky Post*)를 창간했다. 그러면서 이들 신문을 효율적으로 경영하기 위해 신문도 체인화할 필요가 있음을 생각하게 되었다.

이러한 식으로 에드워드 스크립스는 계속해서 새로운 신문을 창간하는 한편, 이들 신문을 하나의 체인으로 묶어 운영하기 위해 1890년 그의 동생 조지 스크립스(George H. Scripps)와 당시 업무국장 밀턴 맥래(Milton A. McRae)와 함께 '스크립스-맥래 리그'(Scripps-McRae League)라는 회사를 설립했다. 이 회사는 그 뒤 1897년 스크립스-맥래통신사(Scripps-McRae Press Association)도 설립했으며, 1902년에는 피처기사들의 서비스통신사인 '더 뉴스페이퍼 엔터프라이즈 어소시에이션'(The Newspaper Enterprise Association)도 창설했다. 그러나 이들 중, 스크립스-맥래통신사는 1907년 새로 창설한 UP통신사(United Press)에 흡수되고 말았다.

• 스크립스 가 신문체인과 에드워드 스크립스

위와 같이 스크립스 가 신문체인의 형성과 발전에 주도적 역할을 한 사람은 에드워드 스크립스였는데, 그는 영국에서 미국 일리노이주로 건너와 농업에 종사하던 제임스 M. 스크립스(James M. Scripps)의 세 번째 부인의 아들로 태어났다. 그리하여 젊은 시절, 그의 이복형 제임스 E. 스크립스가 발행하던 신문사에서 일을 돕다가 신문계에 투신하게 된 에드워드 스크립스는 앞서 말했듯이 스크립스 가 신문체인을 형성하면서 1893년부터 1926년 그가 죽을 때까지 새로운 신문들을 매년(세계 1차 대전 시 제외) 1–6개씩 모두 34개를 창간했다.

그중에서 8개는 실패했으나 나머지 26개는 모두 성공했는데, 에드워드 스크립스가 창간하거나 매입해서 경영한 신문들은 거의가 염가의 석간신문들로서 대중독자들을 겨냥해 발행했다. 노동파업 등이 일어날 때는 노동자 편에 서서 그들을 대변·옹호하는 한편, 공공재산의 남용이나 횡령, 정치적 관료주의에 대해서는 항상 과감한 투쟁을 벌였다. 그리고 신문에 대한 광고주로부터 통제의 위험성을 인식한 스크립스는 항상 광고주들을 경계하면서 그들을 홍보해 주는 일이 절대로 없었다. 때문에 '스크립스-맥래 리그' 체인은 성공을 거둘 수 있었다.

그러나 이렇게 성공한 에드워드 스크립스도 그의 아들과의 싸움에서는 실패했는데, 에드워드 스크립스는 '스크립스-맥래 리그' 체인과는 별도로, 「샌디에고 선」(*San Diego Sun*)지를 비롯하여 16개 신문을 캘리포니아 · 오리건 · 워싱턴주 등지에 갖고 있었다. 그런데 이들 중 5개지의 경영권을 1920년 그의 아들 제임스에게 빼앗기고 말았다. 그러나 이듬해 제임스가 사망하자 그의 부인이 5개 신문들의 경영을 맡으면서 '스크립스-캔필드 리그'(Scripps-Canfield League, 뒤에 Scripps League로 됨)라는 회사를 설립하여 그 신문들을 체인화했다. 그 결과, 스크립스 가에 2개의 신문체인이 생기게 되었는데, 이들 중 본래의 체인회사인 '스크립스-맥래 리그'는 1926년 에드워드 스크립스가 사망했을 당시 모두 34개 신문들을 소유하고 있었으며, 이들 34개 신문의 전체 재산액은 약 5,000만 달러에 달했다.

• 프랭크 먼제이도 동부에서 신문체인 형성

위와 같이 에드워드 스크립스 형제들이 여러 곳에 여러 개의 신문들을 창간 또는 매입해 경영하면서 신문체인을 형성하고, 윌리엄 허스트(William Hearst)도 여러 개의 신문을 발행하자, 프랭크 먼제이(Frank A. Munsey)라는 사람도 신문체인의 형성사업에 뛰어들게 되었다. 먼제이는 가난한 도시 노동자의 아들로 태어나 메인주에서 전신기술을 배운 뒤에 오거스타(Augusta) 소재 웨스턴유니언 전신회사에 취직해서 지배인의 직위에까지 올랐던 인물이었는데, 당시 오거스타는 한창 붐을 일으켰던 우편주문 문예신문(mail-order story-paper)의 중심지였다. 따라서 문예신문 발행인들이 우편주문 광고로 많은 수입을 올리고 있는 것을 본 먼제이는 자신도 뉴욕에 나가서 신문발행사업에 뛰어들 것을 결심하게 되었다.

그리하여 1882년 먼제이는 뉴욕으로 와서 신문발행사업에 착수했으나, 그를 후원해 주겠다던 사람이 배신함으로써 단돈 40달러를 가진 빈털털이가 되고 말았다. 그러나 재수 좋게 「골든 아르거시」(*Golden Argosy*)라는 신문의 경영을 맡게 된 먼제이는 열심히 일하면서 새로운 판촉방법들을 도입해서 판매부수를 급증시켰다. 이에 자신을 얻은 먼제이는 1889년 드디어 자신의 신문인 「먼제이스 위클리」(*Munsey's Weekly*)라는 주간신문을 창간하여 발행하다가 이를 곧 일간신문으로 전환했으며, 1893년에는 신문값을 10센트로 인하했다.

그러자 발행부수가 급증하여, 1900년에는 연간 50만 달러의 수입을 올리게 된 먼제이는 신문사들을 사들이기 시작, 1901년 11월에는 「워싱턴 타임스」와 「뉴욕 데일리 뉴스」를 매입했다. 이어서 1902년 10월에는 「보스턴 저널」지를, 1908년에는 「볼티모어 이브닝 뉴스」지를 매입하는 한편, 「필라델피아 이브닝 뉴스」지 등을 창간해서 동부 지역 대도시들에서 가장 많은 신문을 소유한 신문체인의 총수가 되었다.

• 실패한 먼제이의 신문들과 신문체인의 와해

위와 같이 먼제이가 사들인 신문들 중, 「뉴욕 데일리 뉴스」지는 1855년 창간한 민주당계 신문으로 남북전쟁기간(1861–65)에는 미국에서 최대의 발행부수를 자랑하면서, 연간 10만 달러의 수입을 올렸다. 그러나 전쟁이 끝난 뒤, 발행부수가 계속 떨어졌으며, 1900년 발행인 벤자민 우드(Benjamin Wood)가 사망하자 그의 미망인이 경영하다가 먼제이에게 팔았다. 그리하여 1901년 34만 달러에 「뉴욕 데일리 뉴스」지를 사들인 먼제이는 그 지면을 쇄신했으나 발행부수는 계속 떨어졌다. 그러자 먼제이는 일요판의 판형을 확대하고, 컬러인쇄도 하고, 신문 값을 인하했으며, 조간도 발행하기 시작했다. 그러자 「뉴욕 데일리 뉴스」지의 판매부수가 다시 늘어나기 시작했다. 그러나 주주들과의 분쟁으로 경영이 어렵게 되자 1904년 폐간하고 말았다.

한편 1902년 10월 먼제이가 매입한 「보스턴 저널」지는 1833년 본래는 「보스턴 머캔타일 저널」(*Boston Mercantile Journal*)이라는 제호로 창간한 신문으로, 이 신문도 남북전쟁 때는 호황을 누렸으나, 1880년대에는 선정주의적 대중신문으로 전락하여 보스턴 시민들의 빈축을 사면서 판매부수가 급감했다. 그러자 먼제이는 이 신문을 60만 달러를 주고 사들여서 여러 가지 개혁을 시도했다. 그러나 발행부수가 늘지 않아 적자를 보게 되자 먼제이는 이 신문을 1913년 50만 달러 정도에 다른 사람에게 팔아넘겼는데, 이 「보스턴 저널」지는 그 뒤 1917년

「보스턴 헤럴드」지에 병합되고 말았다.

위와 같이 먼제이가 사들인 신문들 중, 「뉴욕 데일리 뉴스」와 「보스턴 저널」은 성공하지 못했으나, 「워싱턴 타임스」지와 「볼티모어 이브닝 뉴스」지는 성공을 거두었다. 하지만 먼제이가 1908년에 직접 창간한 「필라델피아 이브닝 타임스」지는 계속 적자를 내자 1914년 폐간하고 말았다. 그리고 「볼티모어 이브닝 뉴스」는 1915년에, 「워싱턴 타임스」지는 1917년에 다른 사람에게 팔아넘김으로써, 먼제이의 신문체인은 커다란 성공을 거두지 못했고, 먼제이는 1925년 사망하고 말았다.

4. 황색신문기 신문들의 주요 특징

지금까지 위에서는 1892년부터 1913년까지 소위 황색신문기 미국신문들의 대체적 흐름과 실태를 살펴보았다. 그러면 마지막으로 이 시기의 신문의 자유, 신문기자들의 실태, 신문의 주요 내용, 신문제작기술, 신문판매방법, 신문광고 등에 나타난 주요 특징들을 간단히 살펴보기로 하겠다.

신문의 자유와 정부 · 정당과의 관계

우선 이 시기의 신문자유부터 살펴보면, 몇 차례의 제약을 제외하고는 비교적 제대로 자유를 보장받았다. 전쟁이 일어나면 신문의 자유도 일시적으로 제약하는 것이 상례였지만, 1898년 스페인과의 전쟁 때는 앞서 말했듯이 정부나 군 당국이 신문에 대한 엄격한 통제를 가하지 않았다. 그러나 1911년 연방의회가 "방화 · 살인 · 저격 등을 선동하는 내용을 출판하는 행위는 범죄로 인정한다"고 법률을 수정하고, 그에 따라 우편국장들이 방화 · 살인 · 저격을 선동하는 내용이 들어 있는 신문의 우송을 거부하자, 특히 무정부주의와 공산주의 신문들이 많은 수난을 받았다. 한편 이 시기에도 명예훼손죄로 일부 신문들이 몇 차례 고소를 당했으나, 흐지부지되어서 신문이 유죄판결을 받은 적은 없었다.

이 시기에는 또한 신문과 정부, 특히 대통령과의 관계도 비교적 좋았다. 특히 매킨리 대통령은 기자들 사이에 인기가 많아서, 1900년 대통령선거에서 많은 신문들의 지지를 받아 재선에 성공했다. 그가 암살된 후 대통령직을 승계한 루스벨트 대통령도 기자들과 가까이 지냈으며, 1904년도 대통령선거에서 대통령에 당선되었다.

이 시기에도 신문들은 대통령선거 때마다 특정 후보들을 지지 또는 반대하고 나서기는 했다. 하지만 과거의 정론신문기 때와는 달리 특정 정당이나 정파에 얽혀서 그랬던 것은 아니었는데, 이 시기에는 신문들이 특정 정당이나 정파로부터 비교적 독립성을 유지해 왔기 때문이다.

신문기자들의 대우와 자질향상 및 교육

한편 이 시기에는 신문기자들에 대한 대우와 기자들의 자질도 크게 향상되었으며, 대학에서 기자양성을 위한 저널리즘 교육을 실시하기 시작했다. 그 결과, 점차 기자직도 하나의 전문직으로 인정을 받기에 이르렀다.

• 신문기자의 처우와 사회적 지위의 향상

19세기 말까지만 해도 신문기자들의 봉급은 비교적 낮았는데, 뉴욕 시내 신문사들의 고참 기자들의 주급은 40-60달러 정도였으나, 일반 기자들은 20-30달러 정도를 받았고, 신참기자들은 이보다도 적게 받았다. 다른 도시에서는 뉴욕보다 기자들의 급료가 대체로 낮았는데, 인구 10만 명 이하의 도시에서 발행한 신문들의 기자봉급은 주당 5-20달러에 불과했다(Shuman, 1903, p. 26). 거기에다 직업도 제대로 보장되어 있지 않아서 기자들의 수명은 대체로 짧았다. 그러나 20세기로 들어와서는 기자들에 대한 봉급대우가 크게 향상되었다.

한편 기자들의 작업환경도 많이 개선되었으며, 기명기사(by-lines) 제도가 보편화되어 유명기자들은 자신의 이름이 신문에 나타난다는 데에서도 정신적 보상을 받을 수 있게 되었다. 과거에는 프랑스 파리의 신문계에서 비롯된 기자들의 보헤미아니즘(Bohemianism)이 미국의 시카고·샌프란시스코 등지로 이입되어 기자들이 자유분방한 생활을 하면서 술을 많이 마시자, 사회로부터의 지탄의 대상이 되기도 했다. 그러나 이러한 기자들의 풍조도 20세기로 넘어오면서 사라지게 되었고, 그 대신 기자들에 대한 사회의 신뢰도가 높아짐으로써 자연히 기자들의 사회적 지위도 향상되었다.

그러나 1896년경부터 1901년까지 황색저널리즘이 신문계를 풍미하자 기자들까지도 사회적 비난의 대상이 되었다. 그러자 20세기에 들어서면서 기자들의 윤리기준을 향상시키기 위한 저널리즘 교육을 실시하기 시작했다. 그런가 하면, 1910년에는 텍사스주 신문편집인들이 모여 신문윤리강령(codes of ethics)을 채택하자, 다른 주에서도 속속 윤리강령들을 제정했다. 1912년에는 신문인들이 위스콘신대학에서 전국신문회의(National Newspaper Conference)를 열고, 신문의 사명을 다짐하기도 했다. 대학에서 저널리즘 교육을 시작함으로써 저널리즘도 하나의 전문직으로서 사회적 인정을 받게 되었는데, 그러면 미국의 대학들에서 저널리즘 교육은 언제부터 어떻게 시작되었는가?

• 대학에서 저널리즘 교육의 시작과 발전

대학에서 저널리즘 교육의 필요성은 일찍부터 신문인들 사이에 논의되어 왔다. 그러나 당시만 해도 보수적이던 대학들이 저널리즘을 새로운 교육 분야로 삼는 것을 거부해 왔다. 그러다가 겨우 1893년, 펜실베이니아대학 와튼비즈니스학부(Wharton Business School of the University of Pennsylvania)에서 미국 최초로 저널리즘 교과목을 신설했는데, 이에 앞장서고, 또한 이 과목의 교육을 담당했던 인물은 「시카고 트리뷴」지 경제부장 출신의 조셉 존슨(Joseph F. Johnson)이었다. 그러나 존슨이 뉴욕대학 상학부장이 되어 와튼비즈니스학부를 떠나자, 이 학부에서의 저널리즘 교육은 흐지부지되고 말았다.

그러나 20세기로 들어서면서 여러 대학들이 저널리즘 교육을 본격적으로 실시하기 시작했다. 1904년 일리노이대학이 프랭크 스콧(Frank W. Scott) 교수의 주도 아래, 처음으로 4년제 저널리즘 전공과정을 설치해서 저널리즘 교육을 본격적으로 실시하기 시작했다. 그러자 다른 대학들도 저널리즘 관계 교과목들을 속속 설치했는데, 이들 교과목은 대체로 영문학과나 상학부의 교과과정에 포함되어 있었다. 그러나 1908년 미주리대학이 세계 최초로 독립된 저널리즘학부(School of Journalism)를 신설했는데, 이 저널리즘학부 초대 부장은 월터 윌리엄스(Walter Williams)로서, 그는 미국의 전국논설협회(National Editorial Association) 회장을 지낸 유능한 저널리스트였다.

한편, 「뉴욕 월드」지의 발행인 조셉 퓰리처도 일찍부터 저널리즘 교육에 큰 관심을 갖고 1903년 컬럼비아대학에 저널리즘학부를 신설하는 조건으로 200만 달러를 기증하겠다고 제의했다. 1904년 5월에는 「노스 아메리칸 리뷰」(*North American Review*)라는 주간잡지에 "저널리즘 대학"이라는 제목의 글을 발표해 신문학 교육의 필요성을 역설했는데, 이 글은 많은 언론인과 교육자들의 주목을 끌었다. 컬럼비아대학은 퓰리처가 사망하고 난 뒤 1912년에야 저널리즘학부를 신설했는데, 이때는 이미 전국 30여 개 대학에서 저널리즘 과목을 가르치고 있었다. 또한 이 해에는 저널리즘 교육자들이 모여 미국신문학교사협회(American Association of Teachers of Journalism, 현 AEJMC의 전신)라는 학회도 결성했다.

지면을 통해 본 당시 신문들의 주요 내용

1892부터 1913년까지 황색신문기의 신문내용들은 그 어느 때보다도 다양해졌다. 이는 뉴스는 물론, 피처 · 논설 · 사진 등도 마찬가지였는데, 이들 신문내용에서 엿볼 수 있는 몇 가지 특징들을 간추려 보면 아래와 같다.

• 일반 · 스포츠 · 해외 뉴스들의 주요 보도실태

우선 일반 뉴스기사들을 보면, 가장 크게, 가장 많이 다룬 것은 역시 스페인과의 전쟁에 관한 뉴스였는데, 이들 뉴스기사는 앞서 말했듯이 다분히 선정적이고 주전론적 경향을 띠고 있었다. 다음으로 대통령선거에 관한 뉴스도 많이 다루었는데, 그중에서도 가장 컬러풀하게 보도한 것은 1896년도 대통령선거에 관한 뉴스들이었다. 한편 노동파업에 관한 뉴스들도 큰 비중을 차지했는데, 특히 1894년 시카고에서 일어난 철도파업과 1902년도 펜실베이니아의 무연탄업계 파업을 가장 크게 보도했다.

그런가 하면, 1897–99년간에 이루어진 클론다이크의 북극탐험(Klondike exodus)에 관한 뉴스들도 각 신문에서 대대적으로 보도해서 독자들을 흥분시켰다. 그리고 각종 재해와 범죄사건 등에 관한 뉴스들도 계속 많은 지면을 차지했는데, 특히 1901년 매킨리 대통령의 피살사건은 전국을 흥분시킨 커다란 뉴스였다. 이 밖에 1893년 시카고에서 열린 국제박람회에 관한 뉴스도 각 신문의 지면을 크게 장식했다.

다음으로 스포츠 뉴스들을 보면, 이 시기에도 역시 격투기 관계 뉴스가 큰 비중을 차지했으나, 점차 야구·자전거경기 등에 관한 스포츠 뉴스도 많이 다루기 시작했다. 또한 미식축구·요트경기도 비교적 크게 취급하기 시작했다. 그러면서 스포츠 뉴스기사는 괄목할 만한 발전을 보이게 되었는데, 예컨대 스포츠면을 별도로 설치하는가 하면, 스포츠 뉴스기사들의 작성과 편집방법 그리고 사진게재방법도 독특한 특성을 나타내게 되었다.

한편 외신 또는 해외 뉴스들도 활기를 띠었는데, 이는 스페인과의 전쟁 이후 미국 국민들이 외국 내지 국제관계 뉴스에 많은 관심을 갖게 된 때문이다. 그 결과, 각 통신사와 신문사들은 해외주재특파원들의 수를 대폭 늘리는 한편, 외국의 통신사나 신문사들과 뉴스 교환계약을 맺고, 해외 뉴스들을 입수해서 보도하는 데 열을 올리기도 했다. 예컨대 AP통신사, 스크립스-맥래통신사, 허스트계의 INS통신사(International News Service, 1909년 창설) 및 뉴욕의 대신문들과 시카고의 「시카고 데일리 뉴스」지 등은 모두 유럽 각국 수도에 특파원을 주재시켜서 유럽 관계 뉴스를 직접 취재해 보도했다. 그런가 하면 「뉴욕 헤럴드」지는 아예 파리와 런던에 해외지사를 차려 놓고 그곳 뉴스를 취재해서 미국 본사로 보내 보도했다. 한편 「뉴욕 타임스」지는 「런던 타임스」지와 뉴스 교환계약을 맺고 외국 뉴스들을 입수해서 보도했다.

이 시기에는 또한 그전보다 더 많은 보도사진들이 신문에 실렸는데, 스페인과의 전쟁이 발발하자, 허스트는 사진기자들을 종군시키면서 생생한 뉴스 사진들을 찍어 보도함으로써 많은 호평을 받았다. 이처럼 뉴스 사진들을 지면에 많이 싣게 된 것은 선정적인 황색저널리즘 성향 때문이기도 했지만, 사진제작술과 인쇄술이 예전보다 더 발달했기 때문이었다. 또한 20세기부터는 피처신디케이트(feature syndicate)들이 등장해서 뉴스 사진들을 각 신문사에 제공해 주기 시작했기 때문이다.

• 논설기사의 작성과 편집방법 등의 혁신

다음으로 논설기사들을 보면, "최근 미국신문들의 논설면에 뚜렷이 나타나고 있는 경향의 하나는 그 내용들에 더 많은 '재미'가 가해지고 있다는 사실이다"라고 1902년 11월 2일자 「뉴욕 헤럴드」가 지적했듯이, 이 시기의 논설기사들은 재치 있고 재미나게 작성했다. 이는 특히 「뉴욕 선」지의 논설들이 그 대표적 경우였는데, 그것은 황색저널리즘이 크게 대두하자 보수적 신문들도 독자들의 관심을 외면할 수 없었기 때문이다. 다시 말해서, 독자들이 논설기사들을 딱딱하고 재미없다고 외면하자, 보수적 신문은 물론 거의 모든 신문들이 논설기사에도 재미를 가미했다.

이렇게 하게 된 것은 황색신문들이 먼저 논설기사를 개혁했기 때문이라고 말할 수도 있는데, 퓰리처의 「선데이 월드」지에서 편집 일을 하다가 1897년 허스트의 「이브닝 저널」지로 자리를 옮긴 아서 브라이스베인(Arthur Brisbane)은 「이브닝 저널」지의 논설면을 과감하게 뜯어고쳤다. 그리하여 새롭고 신선하고 다양한 논설 주제들을 발굴해서 그에 관한 논설을 썼는데, 당시 「이브닝 저널」지의 논설면에 실렸던 논설주제들을 보면, "하나님의 존재", "범죄가 죽어 가고 있다", "동물도 정신을 가지고 있는가?", "여자들은 이 세계를 유지 · 안내 · 지배하고 있다"는 등의 철학적 또는 과학적 주제들이 많이 보이고 있다.

브라이스베인은 또한 논설기사에 문학적 문체를 도입하고, 문장과 문단도 짧게 하고, 각 논설기사의 전체 길이도 대체로 500–1,000단어 정도로 짧게 줄이고, 내용도 쉽게 해서, 독자들이 논설기사를 읽는 데 부담을 느끼지 않게 함으로써 논설기사의 작성에 새로운 바람을 불어넣었다. 또한 브라이스베인은 논설면의 편집방법도 쇄신해서, 활자의 크기를 키우고, 단의 폭도 넓히고, 인상적이고 상징적인 사진들까지 곁이기 시작했다.

이처럼 「이브닝 저널」지가 논설기사의 작성 · 편집방법 등을 과감하게 뜯어고치자, 이를 곧 허스트계 신문들은 물론이고, 다른 여러 신문들도 모방했다. 그 결과, 앞서 말했듯이 「뉴욕 선」 등의 보수적 신문들도 논설기사의 작성방법을 개혁해서, 논설기사의 주제가 다양해지고, 내용도 쉽고 재미나게 변화되었다. 하지만 논설기사의 진중성과 심각성 등이 감소되어 재미로 끝나고 만다는 비판을 받기도 했다. 또한 지성인들로부터 논설 내용들이 의사철학적(pseudo-philosophical) 또는 의사과학적(pseudo-scientific)이라는 비난을 듣기도 했다.

• 각종 칼럼들의 등장과 유행

논설기사들과는 별도로, 이 시기에는 또한 칼럼기사들도 많이 늘어났는데, 이는 신문면수의 증가에 따라 스포츠면 · 여성면 · 유머면 등 특수한 면들이 생기게 되면서 이들 각 분야에 대한 칼럼들도 자연히 늘어나게 되었기 때문이라고 볼 수 있다. 각 신문의 칼럼들은 해당 신문사에 소속된 칼럼니스트들이나, 기고가들이 쓰는 경우가 대부분이었지만, 점차 피처신디케이트(feature syndicate)에서 제공하는 칼럼들을 받아서 게재하는 경우가 늘어났다.

피처신디케이트란 뉴스통신사와 비슷하나, 뉴스 대신 논설 · 해설기사 · 칼럼기사 · 소설 · 만화 · 서평 · 연극평 · 사진 등의 피처기사들을 각 신문사 등에 제공해 주는 기업을 말한다. 이러한 피처신디케이트의 대표적 실례로는 1914년 설립한 허스트계의 킹 피처신디케이트(King Feature Syndicate)를 들 수 있는데, 이 피처신디케이트는 인기 있는 칼럼니스트나, 작가 · 만화가 · 사진작가 · 비평가 등과 계약을 맺고, 이들에게서 논설, 해설기사, 칼럼기사, 소설, 만화, 서평, 연극평, 사진 등을 구입해서 수백 개의 신문사 · 방송국 · 잡지사 등에 팔았다. 따라서 피처신디케이트란 곧 각 피처기사들의 도매상이라고 말할 수 있다.

이와 같은 피처신디케이트들이 등장하여 여러 가지 칼럼기사들을 각 신문에 제공해 주자 각 신문들에서 각종 칼럼란을 많이 설치하게 되었다. 1910년경 수백 개의 신문에 게재되면서 독자들의 인기를 끌었던 신디케이트 칼럼기사들로는 조지 애드(George Ade)의 "슬랭 속의 우화"(Fables in Slang), 에드가 게스트(Edgar A. Guest)의 "운문시"(Verse), 월트 메이슨(Walt Mason)의 "산문시"(Prose Poems) 등을 들 수 있다.

• 신문만화와 만평의 등장과 일반화

이 시기의 신문지상에서 또 하나 괄목할 만한 것은 만화(comic)와 만평(cartoon)이었는데, 여기서 만화란 과거 우리나라 신문들이 연재하던 "고바우 영감" 등과 같은 만화처럼, 몇 개의 칸(panels)으로 이루어진 만화(comic strip)도 물론 있었지만, 하나의 커다란 패널에 여러 가지 장면들을 그린 만화도 많았다. 그리고 만평(cartoon)이란 정치적 또는 사회적 시사문제 등을 은근히 풍자 또는 비판하기 위한 패널(panel) 형태의 만화로서, 우리나라 신문에서도 흔히 볼 수 있는 정치만평(political cartoon)과 같은 것을 말한다. 그러면 이와 같은 만화와 만평은 언제부터 신문에 싣기 시작했는가?

앞서 말했듯이, 퓰리처의 「선데이 월드」지가 1894년 11월 18일부터 만화를 신문에 처음 연재하기 시작했는데, 이 만화의 작가는 리차드 아우트콜트(Richard F. Outcault)였으며, 제목은 "호간스 앨리"(Hogan's Alley)였다. 이듬해 인쇄공이 이 만화의 주인공 어린이를 좀 더 돋보이게 하려고 그의 옷을 노란색으로 인쇄함으로써, 이때부터 이 만화를 독자들이 '노란 꼬마'(Yellow Kid)라고 부르면서 대단한 인기를 끌었다.

그러자 허스트의 「선데이 저널」지도 1896년부터 루돌프 더크스(Rudolph Dirks)가 그린 "캇젠재머 꼬마들"(Katzenjammer Kids)이라는 제목의 만화를 연재하기 시작했다. 이 만화는 한스(Hans)와 프리츠(Fritz)라는 두 꼬마가 어른들을 놀려 먹는 내용의 여섯 칸으로 된 연재만화로서, 이 만화에서도 꼬마들의 옷을 노란색으로 인쇄했기 때문에 이들도 독자들이 노란 꼬마라고 불렀다.

이처럼 일요판신문들인 「선데이 월드」와 「선데이 저널」지가 만화를 연재하여 인기를 끌자, 일간신문들도 만화를 싣기 시작했다. 일간신문들 중에서 최초로 만화를 연재하기 시작한 것은 1904년 「뉴욕 이브닝 텔레그램」지였는데 이 신문은 1주일에 두세 번만 만화를 실었다. 1907년 11월 15일부터 「샌프란시스코 크로니클」(*San Francisco Chronicle*)지는 매일 만화를 연재하기 시작했는데, "머트"(후에 Mutt and Jeff가 됨)라는 이 만화는 그 후 여러 신문들에서도 연재함으로써 작가인 피셔(H. C. Fisher)는 백만장자가 되었다. 이처럼 일간신문들도 만화를 연재하는 것이 일반화되자 피셔와 같은 유명 만화가들과 계약을 맺고 이들의 만화를 각 신문사에 제공해 주고 돈을 받는 만화신디케이트도 생겨났다.

한편 만평(cartoon)은 그 이전에도 종종 신문에 게재된 바 있으나, 특히 1892–95년간에 일요신문들 사이에서 크게 대두하기 시작하여, 1896년도 대통령선거를 계기로 완전히 정착되기에 이르렀다. 당시 각 신문에 실린 만평들 중에서 가장 대표적인 것으로는 「뉴욕 저널」지에 실던 호머 데이븐포트(Homer Davenport)의 정치만평과, 「뉴욕 월드」지에 실던 찰스 부시(Charles G. Bush)의 만평을 들 수 있는데, 이들 만평은 매우 풍자적이었고 그래서 더욱 유명했다.

식자술 · 인쇄술 · 용지제지술의 발달

이 시기에는 신문제작기술도 더욱 발전했는데, 1900년대 초반에는 키보드로 문자나 기호들을 두드리면 한 줄씩 식자를 할 수 있는 '라이노타입'(linotype)이라는 식자기가 개발되고, 1913년에는 '인터타입'(intertype)이라는 식자기도 나와서 신문조판에 커다란 개혁이 일어났다. 또한 라이노타입체라는 활자체(type face)가 창안되어 고딕체 대신 기사제목에서 점점 많이 쓰게 되었다.

한편 신문인쇄술도 혁신적으로 발달하여 1892년 컬러인쇄기가 나왔다. 이를 여러 신문들이 설치하여 신문을 컬러로 인쇄하기도 했는데, 특히 황색신문들은 만화를 컬러로 인쇄해 독자들의 주목을 끌었다. 1895년에는 호우회사가 8통짜리 윤전인쇄기(octuple cylinder press)를 개발하여 16면짜리 신문을 시간당 4만 8,000부나 인쇄할 수 있게 되었다. 그러나 이러한 8통짜리 윤전인쇄기도 급증하는 신문발행부수를 따라갈 수 없게 되자, 다시 10통(decuple), 6통2조(double sextuple), 8통2조(double octuple) 윤전기들이 개발되어, 1905년경에는 시간당 14만 4,000부까지 인쇄할 수 있게 되었다. 그리고 1908-12년간에는 현대적 인쇄술, 즉 16면판을 1단위로 한 4단위 인쇄술이 개발되어, 64면의 동시 인쇄가 가능하게 되었다.

그런가 하면, 1890년대 중반부터는 가솔린엔진 대신에 전기모터를 인쇄기의 동력으로 사용하기 시작해서 1896년 말에는 「뉴욕 저널」지도 전기모터 인쇄기로 신문을 인쇄하기 시작했다. 또한 1890년대 말부터는 인쇄기에 조그만 실린더를 부착해서 추가기사를 신속하게 삽입하여 인쇄할 수 있는 퍼즈(fudge) 장치가 개발되어, 판을 쉽게 갈아 끼울 수 있는 동시에 적색인쇄도 가능해졌다.

한편 신문용지의 제지술도 크게 발전하여, 1890년대 초부터 목재펄프를 사용한 신문용지의 대량생산이 가능해짐으로써 급속히 증가하는 신문발행부수의 수요를 충족시킬 수 있었다. 또한 목재펄프를 사용하게 되자 신문용지의 가격도 크게 하락해서 1892년에는 1파운드당 3센트였던 용지 값이 1897년에는 1.8센트로 떨어졌다. 그 결과, 신문 값이 종전대로 계속 유지됨으로써 발행부수도 증가할 수 있었다.

신문판매방법과 새로운 독자층의 개발

신문판매에 관해서도 간단히 살펴보면, 비록 신문광고량은 1892년부터 1913년까지 21년 동안 3.5배로 증가해서 광고수입이 크게 증가했지만, 각 신문사들의 신문판매 수입은 전체 수입의 50%를 약간 상회했다. 따라서 각 신문들은 신문판매부수를 올리기 위해 많은 노력을 했다. 그 결과, 새로운 판매촉진방법도 크게 발전했는데, 이것도 이 시기의 중요한 양상 중 하나였다.

신문판매의 촉진에 특히 많은 신경을 쓴 신문들은 역시 황색신문들이었는데, 이들 신문이 대문짝만한 기사제목을 즐겨 쓴 것도 따지고 보면, 특히 가판부수를 올리기 위한 수단의 하나였다. 또한 「뉴욕 월드」지와 「뉴욕 저널」지는 자기 신문들을 선전하는 포스터들을 서로 다투어 거리 곳곳에 붙였으며, 신문 제1면의 상자(box)나 제호 양 옆의 모서리(ears)에 예고기사 안내와 발행부수, 자기 신문의 장점 등을 선전하는 글귀들을 대대적으로 실었다.

한편 판매부수를 촉진하기 위해 추리게임 · 글자맞추기 · 5행속요짓기 · 우량아 콘테스트 등등의 행사도 벌이면서 상품으로는 시계에서부터 시작해서 세계여행을 시켜 주는 행운권을 주기도 했다. 또한 자기 신문을 선전하는 광고를 잡지들에 실었는데, 그 대표적 실례로는 「시카고 트리뷴」지가 1912년에 냈던 기업광고를 들 수 있다.

그런가 하면, 판매부수의 확장방법의 하나로, 일부 신문들은 농민과 부녀자들을 독자로 끌어들이기 위해 이들에 초점을 맞추어 신문을 편집 · 제작하기도 했다. 특히 황색신문들은 풍부한 사진과 선정적 내용의 보도기사, 읽기 쉬운 논설기사 등을 미끼로 농촌독자들을 유인했다. 한편 부녀자들을 독자로 끌어들이기 위해 백화점 광고를 대대적으로 실었다. 또한 부녀자들을 위한 여성면 또는 가정면을 강화하는 한편, 심지어는 여자기자들을 채용해서, 여자의 시각에서 뉴스기사들을 쓰게 함으로써 여성독자들에게 어필할 수 있도록 했다. 그 결과, 여성기자들이 신문계에서 크게 활약하게 되었는데, 이들은 여성 관계 뉴스의 취재만 담당한 것이 아니라, 스포츠 · 살인 · 범죄사건도 취재 · 보도하고, 심지어는 전장에 나가 전황을 취재해서 보도하기까지 했다. 그 결과, 유명한 여성기자들이 대거 탄생하게 되었다.

신문광고의 발달과 PR대행사의 출현

끝으로 신문광고도 살펴보면, 이 시기, 즉 1892년부터 1913년까지 21년 동안에 광고량이 3.5배로 증가해서 1914년 현재 연간 전체 신문광고비가 2억 5,000만 달러나 되었다. 그리하여 많은 신문들은 재정적 호황을 누리게 되었다.

• 신문광고의 양적 · 질적 발전

우선 광고상품들을 보면, 1890년대로 들어서면서 자전거광고가 크게 증가하기 시작하여, 1897년에는 전체 광고의 10%를 차지하게 되었는데, 이 때문인지는 알 수 없으나 미국 국민 7명 중 1명이 자전거를 소유하게 되었다. 한편 자동차광고는 1899년부터 잡지에 먼저 나타나기 시작하다가 1910년 이후에는 신문에도 실리게 되었다.

1895년 시리얼(cereal)이 처음 개발되자, 이것도 주요 광고상품의 하나가 되기 시작하여 1902년에는 연간 100만 달러의 광고비를 쓰게 되었다. 시리얼에 이어 많은 신문지면을 차지한 광고는 이 시기에도 역시 특허약품광고였다. 그러나 이들 약품광고에는 과장 · 허위 · 기만 광고 등이 많아 사회문제로까지 비화하면서 사회적 물의를 일으키기도 했다. 그러자 1905년 미국광고클럽협회(Associated Advertising Clubs of America)가 결성되어 '진실된 광고' 캠페인을 벌였으며, 1914년에는 광고윤리규정을 채택하기도 했다.

신문광고의 게재면은 일정하지 않았으나, 대규모 신문들은 종전과 마찬가지로 제1면 전체에도 광고를 실었다. 예컨대 「뉴욕 헤럴드」의 경우, 제1면과 제2면 전체, 그리고 때로는 제3, 제4면 전체에도 광고를 게재했다. 그래서 1898년 2월 15일 밤, 쿠바의 아바나항에서 미국 전함 메인호(The Maine)가 침몰했을 때도 이에 관한 뉴스기사가 제5면에 실리게 되었다. 한편 보스턴의 신문들과 지방 주간신문들도 광고를 제1면 전체에 게재했다.

광고수법을 살펴보면, 이 시기에는 대체로 광고에 삽화를 곁들였는데, 보수적인 「뉴욕 헤럴드」지도 1895년부터 광고에 부분적으로 삽화를 곁들이기 시작했다. 그러나 「볼티모어 선」지는 1905년까지도 디스플레이광고(display advertisement)를 싣지 않았다. 한편 이 시기에는 징글(jingles)광고와 슬로건(slogan)광고 수법도 사용하기 시작했다. 그리하여 "서니 짐"(Sunny Jim)이라는 제목의 시리얼광고 노래가 어린이들 사이에서 크게 유행했다. 그리고 슬로건광고로는, "당신은 단추(셔터)만 누르세요. 나머지 일은 우리가 할께요"(You Press the Button, We Do the Rest)라는 이스트맨 코닥회사의 필름광고가 유명했다.

• 광고대행사의 발달과 PR대행사의 등장

위와 같은 각종 상품광고들이 증가하자, 광고대행사들의 수도 몇 배로 늘어났는데, 종전에는 광고대행사의 기능이 주로 광고지면을 사고파는 데 그쳤으나 이 시기에 와서는 그 기능이 확대되어 광고문안작성과 광고편집은 물론이고, 시장조사업무까지 대행하게 되었다. 예컨대, N. W. 아이어 앤드 손 광고대행사(N. W. Ayer & Son)는 광고문안의 작성을 대행하기 위해 1892년 카피라이터(copy writer)를 고용했으며, 1898년에는 광고디자이너도 고용해서 광고제작업무까지 대행하기 시작했다. 그러자 1900년에 이르러서는 대부분의 광고대행사들이 광고카피부를 신설해서, 광고주들에게 광고 카피도 대신 만들어 주었다. 그러면서 1903년부터는 심리학을 광고에 이용함으로써, 신문광고의 질이 크게 향상되고 또한 효과적으로 되었다.

한편 이 시기에는 운수업체·호텔·철도회사·유흥업체 등을 대신해서 이들의 활동사항 등을 신문에 PR해 주는 신문PR대행사(press agency)도 출현했는데, 정치인이나 기업체 등을 신문에 은근히 PR해 준 것은 1840년경부터 시작되었다고 한다. 그러나 이러한 PR업무를 전문적으로 대행해 주고 그 대가를 받는 신문PR대행사가 공식적으로 출현한 것은 1880년대 초부터였다.

이러한 신문PR대행사들 중에서 가장 유명했던 것으로는 파커 앤드 리 대행사(Parker and Lee Press Agency)를 들 수 있는데, 이는 조지 파커(George F. Parker)와 아이비 리(Ivy L. Lee)가 1905년 설립한 것이었다. 이 PR대행사의 고객들 중에는 펜실베이니아철도회사, 베들레헴철강회사, 존 록펠러(John D. Rockefeller) 등도 끼어 있었는데, 이들을 신문에 PR해 주는 대가로 파커와 리는 엄청난 돈을 받았다고 한다. 그러나 그 돈의 일부를 신문사에 공식적으로 주고, 고객에 관한 PR기사들을 게재하도록 하는 것이 아니라 고객들의 활동사항 등을 기사로 작성해 신문사에 제보해서 그 기사가 신문에 실리도록 해 주었다.

제9장

인수합병기(1914–1940)

제1차 세계대전·경제대공황과 신문들의 통폐합

앞서 제8장에서는 1892년부터 1913년까지 미국신문의 역사를 살펴보았다. 그러면 1914년부터 미국신문들은 또 어떠한 길을 걸어갔는가? 1914년부터 1919년까지는 제1차 세계대전을 겪으면서 신문들 간의 통폐합 현상이 일어나기 시작했고, 종전 이후 1920년대에는 현대적 타블로이드판 신문들이 인기를 끌었으며, 1930년대에는 경제대공황으로 인해 신문들도 적지 않은 수난을 받아야만 했다. 그러나 이러한 여러 가지 시대적 특징 중에서도 가장 중요한 것은 수백 개의 군소 신문들이 대규모 신문들에 흡수합병된 것이었는데, 이러한 현상은 제1차 세계대전 때부터 시작해서 1930년대 말까지 계속되었기 때문이다. 따라서 이 시기, 즉 1914년부터 1940년까지 26년간을 편의상 신문들 간의 '인수합병기'라고 부르기로 하고, 이 시기의 미국신문역사를 살펴보기로 하되, 우선 이 시기의 시대적 상황부터 간단히 살펴보기로 하겠다.

1. 신문들의 인수합병기의 시대적 상황

1914년 6월 28일 일요일 낮, 동유럽 보스니아의 수도 사라예보(Sarajevo)를 방문 중이던 오스트리아 황태자 프란츠 페르디난트(Franz Ferdinand) 부처가 오스트리아 육군의 대연습을 참관하고 숙소로 돌아가고 있었다. 그때 갑자기 두 발의 총성이 울리면서 황태자비 조세핀은 그 자리에서 숨졌고, 황태자는 병원으로 급히 옮기던 중 사망했다. 이 사건을 흔히 '사라예보 사건' 또는 '사라예보의 총성'이라고 부르는데, 이 총성은 제1차 세계대전의 시작을 알리는 신호가 되었다.

제1차 세계대전의 발발과 미국의 참전

1908년 오스트리아가 세르비아의 보스니아-헤르체코비나 지역을 강제로 병합하자, 세르비아인들은 흑수단 등의 비밀독립단체를 조직해서 독립투쟁을 벌여 왔다. 그런데 마침 오스트리아의 황태자 페르디난트 부처가 사라예보를 방문하자, 이들을 흑수단 단원인 19세의 프란시프가 저격한 것이었다.

• 제1차 세계대전의 시작과 확전

프란시프의 저격을 받은 오스트리아 황태자 부처가 사망하자 오스트리아는 세르비아정부에 책임을 추궁하면서 흑수단을 비롯한 독립단체들의 해산과 오스트리아에 반대하는 세르비아 관료들의 파면 등, 세르비아의 민족감정을 건드리기에 충분한 여러 요구조건들을 내걸고, 이들을 한 달 이내에 수용하라는 최후통첩을 보냈다. 그러나 그중에서 일부만 세르비아정부가 수용하자, '사라예보의 총성'이 울린 지 정확히 한 달 뒤인 1914년 7월 28일 오스트리아는 세르비아에 선전포고를 했다.

이렇게 해서 시작된 오스트리아와 세르비아 간의 전쟁은 유럽 여러 국가들 간의 전쟁으로 점차 확대되다가 마침내 제1차 세계대전으로 비화되었다. 당시 유럽은 이른바 '3국 동맹'(독일 · 오스트리아 · 이탈리아) 세력과 '3국 연합'(영국 · 프랑스 · 러시아) 세력이 서로 대립하고 있었는데, 오스트리아가 세르비아에 선전포고를 하자, 세르비아를 보호한다는 명목하에 러시아가 첫 번째로 7월 30일 총동원 명령을 내렸다. 그러자 오스트리아의 동맹국인 독일이 8월 1일 러시아에 선전포고를 했고, 이어서 8월 3일 러시아의 동맹국 프랑스에도 선전포고를 했다. 그러자 처음에는 조심스러운 태도를 보이던 영국도 8월 4일 독일에 선전포고를 했다. 한편 이탈리아는 1915년 5월 23일 오스트리아에 선전포고를 했는데, 이탈리아는 본래 3국 동맹에 가담한 나라였지만 영토상의 이해 문제 때문에 처음에는 중립을 지키다가 3국 연합 측에 가담한 것이었다.

이렇게 유럽에서 소위 '동맹국'과 '연합국'들 간에 전쟁이 터지자, 중립을 선언했던 미국도 마침내 3년 뒤인 1917년 4월 6일 독일에 선전포고를 했다. 그리고 석 달 뒤인 1917년 7월 2일 그리스도 독일에 선전포고하고, 이어서 루마니아도 연합국 편에 가담했다. 반면, 불가리아와 오스만제국(터키)은 동맹국 편에 가담했다. 그런가 하면, 동양의 일본은 영국과의 영 · 일동맹에 따라, 일찍이 1914년 8월 23일 독일에 선전포고를 했으며, 중국은 1917년 3월 독일과 외교관계를 단절했다가 같은 해 8월 14일 독일과 오스트리아에 전쟁을 선포했다. 그리하여 모두 5개의 동맹국(독일 · 오스트리아 · 헝가리 · 불가리아 · 오스만제국)들과 10개 연합국(세르비아 · 러시아 · 프랑스 · 영국 · 미국 · 그리스 · 루마니아 · 이탈리아 · 일본 · 중국)들 간에 제1차 세계대전이 벌어졌다. 그러면 이처럼 유럽에서 벌어진 제1차 세계대전에 미국은 왜 참여했고, 어떤 결과를 얻었는가?

• 미국의 제1차 세계대전 참전

1914년 7월 28일부터 위와 같이 유럽에서 동맹국과 연합국들 간에 전쟁이 터지자, 8월 4일 미국대통령 윌슨(Woodrow Wilson)은 미국의 엄정중립을 선언했다. 그러면서 국민들에게 "생각이나 행동에서나 모두 중립을 지켜 줄 것"을 각별히 호소했는데, 당시 9,200만의 미국 전체 인구 중에서 약 30%가 유럽 각국 출신이거나 그 2세들이었기 때문에 이들 간의 민족적 대립을 막기 위해서였다.

미국이 중립을 선언하자 유럽의 연합국과 동맹국 양쪽 모두 전쟁에 필요한 무기와 탄약 등의 군수품들을 미국에서 수입해 감으로써 당시 불황에 처해 있던 미국산업계는 막대한 이익을 보면서 오히려 활기를 띠었다. 그러자 미국 국민들도 유럽에서의 전쟁을 강 건너 불구경하듯 하면서 자신들과는 거리가 먼 것같이 생각했다. 그러나 1915년 봄 영국해군이 독일 해안을 봉쇄하자 이에 대해 독일은 잠수함으로 맞서면서, 영국과 독일이 다 같이 유럽에서 미국 선박들의 항해를 방해하자, 미국 국민들은 점점 전쟁을 실감하게 되었다. 그러다가 1915년 5월 7일 영국 여객선 루시타니아(Lusitania)호를 독일 잠수함이 격침해서, 약 1,200명의 승객들과 함께 128명의 미국인들도 수장을 당하자 미국 국민들의 분노는 크게 타오르기 시작했다.

그러자 미국정부는 독일에 비무장 민간상선이나 여객선에 대한 공격은 삼가 달라고 요청했다. 그럼에도 불구하고 독일 잠수함들이 미국 상선까지 무차별적으로 공격해서 1917년 2월과 3월 사이에 모두 6척의 미국 상선들이 침몰하자, 더 이상 참을 수 없게 된 미국 윌슨 대통령은 마침내 그해 4월 2일 연방의회에 독일에 대한 선전포고를 결의해 줄 것을 요청했다. 이 요청을 상원과 하원이 모두 승인하자, 1917년 4월 6일 미국은 독일을 비롯한 유럽 동맹국들에 선전포고를 함으로써, 제1차 세계대전에 참전하게 되었다.

미국은 그해 6월부터 군대를 프랑스 지역에 파견하기 시작해 1918년 11월 11일 휴전할 때까지 모두 200만여 명을 유럽에 보내 연합군들과 함께 주로 독일군을 공격했다. 독일은 그간에 군수물자의 보급난에 허덕이던 차에 미군들까지 공격해 오자, 1918년 초 미국 윌슨 대통령에게 휴전협상을 제의해 왔다. 이에 윌슨 대통령은 연합국들과 상의한 끝에 1918년 11월 11일 마침내 독일을 비롯한 동맹국들과 일단 휴전했다.[1] 그리하여 1914년 7월 28일 시작된 제1차 세계대

---

1 4년 3개월간의 제1차 세계대전에서 연합국 측에서는 500만 명의 전사자를 포함하여 모두 2,200만 명 이상의 사상자가 나왔으며, 동맹국 측에서는 330만 명의 전사자를 포함하여 1,500만 명의 사상자가 나왔다. 이들 군인 이외에 모두 1,300만여 명의 민간인들도 학살 · 굶주림 · 헐벗음 · 질병 등으로 인해 사망했다. 한편 미국은 군인과 군속을 포함, 모두 11만 6,700명이 목숨을 잃었다.

전은 일단 4년 3개월 만에 끝났으며, 강화조약은 이듬해인 1919년 6월 프랑스의 베르사유에서 정식으로 체결했다.

• 제1차 세계대전에 대한 베르사유강화조약

제1차 세계대전의 강화를 위해 1919년 6월 28일 파리 교외의 베르사유에서 연합국 측 31개국과 독일 사이에 체결된 '베르사유조약'은 모두 15장 440조와, 8개 부속서로 이루어진 방대한 조약이었다.[2] 이 조약에는 패전국 독일에 대한 거액의 배상금 부과와 군비제한, 독일의 영토와 식민지의 재분할과 위임통치 이외에도, 동유럽의 핀란드에서 유고슬라비아에 이르는 신흥국의 창설, 전쟁의 예방과 평화 유지를 위한 국제연맹(The League of Nations)의 창설, 국제노동회의(ILO)의 개최 등에 관한 내용도 포함되어 있었다.

이러한 강화조약의 원칙은 주로 1918년 1월 8일 미국 윌슨 대통령이 발표한, 제1차 세계대전 이후 세계 평화의 유지에 관한 구상인 '14개조'(Fourteen Points)[3]에 따른 것이었다. 그러나 강화회의가 미국·영국·프랑스·이탈리아·일본 등 5대 강국을 중심으로 이루어짐에 따라, 그 실질적 결과는 제국주의 열강의 요구와 타협의 산물이 되었다. 그리하여 전승국들은 위임통치 등의 명목으로 많은 영토를 확대했다. 예컨대 일본은 동아시아에서 독일의 권리를 승계하게 되어, 중국산동반도의 칭다오를 할양받고, 남양의 독일령 여러 섬들의 위임통치권을 얻었으며, 한국에 대한 식민통치도 묵인되어, 윌슨 대통령이 제창한 '민족 자결원칙'은 물거품이 되고 말았다.

---

2 이 베르사유조약에 러시아는 빠졌는데, 1917년 11월 러시아에 공산주의 혁명이 일어나 소비에트정부가 들어서자, 러시아소비에트정부는 1918년 3월 이미 독일과 단독 강화를 맺었기 때문이다. 한편 중국은 베르사유강화회의에 참여했으나 조약에는 조인하지 않았다.

3 이 14개조는 비밀외교의 폐지, 해양의 자유 확립, 관세장벽의 철폐, 군비 축소, 식민지문제의 공정한 해결, 민족자결주의 원칙에 입각한 유럽제국의 영토 수정, 항구적 평화기구로서의 국제조직의 창설 등에 관한 것들이었다. 바로 이 14개조의 평화안에서 윌슨 대통령이 "전쟁이 끝나면 민족자결주의 원칙에 의거하여 어느 민족이 스스로 나라를 세우느냐, 또는 다른 나라에 속하느냐 하는 문제를 결정짓도록 하겠다"는 민족자결주의 원칙도 천명하자, 이를 우리나라는 적극 환영하면서 3.1독립운동을 일으키게 되었다.

한편 윌슨 미국대통령이 제안했던 항구적 평화기구로서의 국제연맹도 비록 1920년 1월 20일 창설은 했으나 미국은 가입하지 않았으며, 이 문제로 인해 윌슨 대통령은 1920년 대통령선거에서 참패하여 공화당의 워렌 하딩(Warren G. Harding)에게 대통령직을 넘겨주고 말았다. 그 이유는 무엇이었는가?

• 국제연맹의 결성과 미국의 불참

1918년 초, 제1차 세계대전이 연합국 측의 승리로 거의 기울고, 1917년 11월 공산주의 혁명에 성공해서 수립한 러시아의 소비에트정부가 독일과 단독 강화조약을 맺으려 하자, 이를 견제하면서 연합국들의 결속을 다지기 위해, 1918년 1월 8일 미국 윌슨 대통령은 대전 이후 세계 평화의 유지에 관한 자신의 구상 '14개조'를 발표했다. 그중에는 비밀외교의 폐지, 군비축소, 식민지문제의 공정한 해결, 민족자결주의 원칙에 입각한 유럽제국의 영토수정, 그리고 항구적 평화기구로서 국제연맹의 창설도 포함되어 있었는데, 그 요지는 "앞으로는 제1차 세계대전과 같은 전쟁을 피하기 위해 강대국들과 약소국들이 다 같이 정치적 독립과 영토보전을 상호 간에 보장할 수 있도록 국가들 간의 연합체, 즉 국제연맹을 결성하자"는 것이었다.

이러한 윌슨 대통령의 제안을 1919년 2월 파리에서 개최한 연합국 측의 평화회의에서 받아들여, 그해 6월 개최한 베르사유강화조약안에 국제연맹규약을 삽입하고, 미국·프랑스·이탈리아·일본 등을 상임이사국으로 추천했다. 그러자 윌슨 대통령은 1919년 7월 10일 미국의 국제연맹 가입안을 연방의회 상원에 제출했다. 그러나 당시 상원 외교위원장으로, 미국의 고립주의를 찬성해 왔던 공화당의 헨리 캐벗 로지(Henry Cabot Lodge)가 국제연맹규약 제10조, 즉 "가맹국은 가맹 각국의 영토보존 및 정치적 독립을 존중하고, 또 외부의 침략에 대해서는 이것을 수호할 의무를 지닌다"는 조항의 수정이나 유보조건이 없이는 미국의 국제연맹가입안을 통과시킬 수 없다고 버텼다.

그래서 윌슨 대통령은 위와 같은 국제연맹규약 제10조는 자신의 도의적 원리를 구현한 것이므로, 이 조항을 수정하거나 그에 유보조건을 붙인다는 것을 절대로 용인할 수 없었다. 그래서 국제연맹에 미국의 가입 필요성을 국민들에게 직접 호소해서 연방의회에서 통과시키도록 하겠다고 결심한 윌슨 대통령은 주치의의 반대에도 불구하고 9월 3일 전국 유세에 나섰다. 그리하여 22일 동안 8,000마일을 돌아다니면서 32회의 연설을 통하여 국민들을 감동시켰다. 그러나 1919년 9월 25일 콜로라도주 프에블로에서 연설한 이후, 좌반신 마비로 쓰러져 끝내 회복하지 못했다. 그럼에도 상원은 11월 19일 미국의 국제연맹 가입안을 부결했으며, 본회의에서도 역시 부결되었다. 따라서 1920년 1월 20일 정식 발족한 국제연맹에 미국이 불참하게 됨으로써, 윌슨 대통령이 그토록 바랐던 국제평화의 이상은 실현되지 못하고 말았다.[4] 그리고 윌슨도 1920년 대통령선거에서 참패해 대통령직을 공화당의 워렌 하딩에게 넘겨주고 말았다.

제1차 세계대전 이후 번영과 대공황의 시작

제1차 세계대전을 거치면서 미국은 세계적 대국으로 도약하여 국제사회에서 발언권이 더 커졌지만, 새로 들어선 하딩의 공화당정부는 보수적 고립주의 정책을 펴 나갔는데, 그 주요 이유는 미국 자체 내의 번영을 유지하기 위해서였다. 그리하여 관세장벽을 새로이 높여 민간기업의 육성을 도모하는 등 미국만의 번영에 모든 힘을 경주했다. 그러자 서부의 황무지는 점차 자취를 감추고, 그 자리에는 큰 공장과 제철소·대륙간횡단철도·신흥도시 등이 들어섰다.

이렇게 되면서 미국은 농업국가에서 도시공업국가로 변모했다. 그러나 이러한 1920년대의 번영에서 농민들은 혜택을 많이 받지 못했다. 제1차 세계대전

---

4 국제연맹은 창설 이후 군비축소, 안전보장, 중재재판에 의한 분쟁의 평화적 해결, 위임통치에 의한 소수민족 보호 등을 주요 사업으로 추진해 나갔다. 그러나 1933년 일본이 중국의 만주를 점령하기 위해 국제연맹을 탈퇴하고, 같은 해 독일, 1937년 이탈리아도 탈퇴했다. 그리고 1934년 국제연맹에 가입했던 소련이 1939년 핀란드를 침공하자 국제연맹에서 제명됐다. 그리하여 주요 국가들이 모두 국제연맹에서 빠지게 되자, 더 이상 평화유지기능을 수행할 수 없게 된 국제연맹은 1946년 4월 총회에서 해산을 결의함으로써, 그 맡은 바 기능도 제대로 못하고 사라지고 말았다.

이 끝나자, 전시수요가 갑자기 사라지면서 농산물 생산이 급격히 쇠퇴한 데다가 미국의 높은 관세 때문에 외국에서 미국 농산물을 수입하지 않아 농산물 수출도 하지 못해 세계시장의 문호가 천천히 닫혔기 때문이다.

하지만 농업분야를 제외하고 1920년대 미국은 확실히 번영의 시대였으며, 그 번영은 영원히 계속될 것같이 보였다. 그러나 1929년 가을 주식시세가 폭락했고, 불황은 날로 심각해져 수백만 명의 국민들이 평생 모아 온 저축금을 잃게 되었다. 은행들도 파산하고 공장들은 휴업에 들어가자 수백만 명의 실업자들이 새로운 직장을 찾아 거리를 정처 없이 헤매게 되었다.

이처럼 미국역사상 초유의 대공황이 일어난 핵심적 원인은 바로 국가의 생산능력과 국민들의 소비능력 간의 극심한 불균형 때문이었다. 제1차 세계대전 기간과 그 뒤에 이룩한 생산기술의 일대 혁신으로 인하여 산업생산이 농민과 봉급자들의 구매력을 훨씬 능가하고 있었다. 한편 건전한 투자의 가능성을 훨씬 넘어서고 있던 부유층과 중류층의 저축금은 증권이나 부동산의 광란적 투기에 끌려들어 가고 있었다. 그리하여 증권시장의 붕괴는 연약한 투기구조를 완전히 무너지게 만들었던 것이다.

루스벨트 대통령의 취임과 뉴딜정책의 추진

이렇게 해서 1929년부터 미국이 역사상 초유의 대공황에 빠지자, 1932년 대통령선거는 자연히 각 당 후보자들이 대공황의 원인과 해결책을 놓고 논쟁을 벌인 결전장이 되었는데, 당시 대통령 후보들은 현직 대통령인 공화당의 허버트 후버(Herbert C. Hoover), 민주당의 프랭클린 루스벨트(Franklin D. Roosevelt), 사회당의 노만 토머스(Norman Thomas)였다.

• 루스벨트 대통령의 뉴딜정책과 그 효과

1929년 대통령에 당선된 후버는 불행하게도 취임한 뒤 8개월 만에 증권시장의 대폭락이 일어나면서 대공황이 시작되자, 휴업한 공장들의 기계를 다시 돌리려고 여러 가지 노력을 했다. 그러나 그것들이 연방정부의 '정당한 역할'이 아니라는 전통적 관념으로 인한 제한 때문에 혁신적 조치를 취할 수 없었다. 그런 데다가 후버의 적수로 부상한 민주당 대통령 후보 루스벨트는 대공황의 책임을 후버 대통령에게 돌리면서 대담한 시정책을 들고 나왔다. 그 결과, 1932년 대통령선거에서 루스벨트가 후버를 압도적으로 누르고 승리를 거두었다.

1933년 대통령에 취임한 루스벨트는 곧 '뉴딜정책'(New Deal Policy)이라고 알려진 종합적 부흥계획을 수립하여 이를 적극 추진해 나갔는데, 이 뉴딜정책은 사실상 1900년경부터 영국인 · 독일인 · 스칸디나비아인들이 세웠던 것을 미국에 도입한 것에 불과한 것이었다. 어떻든 간에, 루스벨트의 뉴딜정책은 정부에 대한 국민들의 관심을 크게 되살리면서 미국에 새로운 사회개혁을 가져다주었다. 그리하여 루스벨트가 1933년 대통령에 취임했을 당시 금융제도는 마비상태에 놓여 있었으나, 놀랄 만큼 빠른 기간 내에 은행들은 다시 문을 열었다.

루스벨트 대통령은 또한 상품가격을 상향시키고 채무자들의 부담을 경감시키기 위한 통화팽창정책을 채택하는 동시에 공업과 농업분야에 관대한 조건의 대부편의를 제공했다. 저축은행의 예금은 최고 5,000달러까지 보증해 주는 한편, 증권거래소의 증권판매에 대해서는 엄격한 규제를 가했다. 또한 농촌구호법을 제정하여 토양보전작물에 대해는 농지 일부를 제공하고 장기농업목표에 협조하는 농민들에게는 현금을 지불했다. 또한 소작농들을 독립시키기 위해 농지구입 보조금을 주기도 했다. 그리고 잉여농작물에 대해서는 대부금 또는 보험금을 지불했으며, 잉여농산물의 저장을 위한 창고시설도 제공했다. 그러자 곧 농산물 가격이 오르면서 농민들이 경제적 안정을 찾게 되었다.

• 루스벨트 대통령의 경제회복정책 추진

한편 루스벨트 대통령은 외국시장을 회복시키기 위해 20여 개국과 호혜협정을 맺어 무역을 개선했다. 또한 실업자의 구조, 공공사업의 육성, 자원의 보전을 위해 수십억 달러를 사용했다. 그러자 이와 같은 '펌프 유수식'(pump-priming) 경제촉진책에 지출한 정부의 돈은 공산품에 대한 새로운 수요를 창조해서 공업분야도 활기를 띠기 시작했다.

루스벨트 대통령은 사회복지를 위해서도 여러 가지 시책을 펴 나갔다. 1935년 7월 전국노동관계법을 연방의회에서 통과시켜, 노동청을 설치해서 노동자들의 단체교섭을 감독하는 동시에 노동자들의 권리를 보호해 주었다. 또한 같은 해 사회보장법을 제정해, 65세가 되어 직장을 떠나는 노동자들이 적절한 액수의 은퇴수당을 받도록 보장해 주었으며, 실업보험제도도 적극 권장했다.

1930년대에 되풀이해서 겪게 된 가뭄에 대한 대책으로는 다목적 치수법을 제정하여 대규모 저수지와 발전용 댐 및 수천 개의 소규모 댐을 건조토록 했다. 이러한 사업 중에서 최대의 중요성을 가진 것은 테네시계곡개발공사(TVA, Tennessee Valley Authority)로서, 이 공사는 테네시강에 접한 3개 주에 대규모 댐을 건설하는 이외에도 여러 개 지류에 많은 댐을 세웠다. 그 결과 이들 댐은 운항과 치수 및 질산염 생산에 크게 이바지했을 뿐 아니라, 값싼 전력을 농촌에까지 공급할 수 있었고, 농업과 공중보건 및 오락에도 공헌했다. 그리하여 테네시계곡개발공사는 사회적·경제적 실험을 위한 종합연구소 구실을 했다.

그러나 이와 같은 루스벨트의 뉴딜정책은 야당인 공화당뿐 아니라, 여당인 민주당의 강력한 반대에 부딪치곤 했다. 그들은 중앙정부의 기능이 무한정 확장되면 국민들의 모든 자유가 파멸하게 될 것이라며 뉴딜정책을 반대했다. 그러나 이러한 반대에 대해 루스벨트는 경제적 번영을 촉진하는 조처는 곧 자유와 민주주의를 강화할 것이라고 응수했다. 그는 1936년 대통령선거에서 재선되고, 1940년 대통령선거에서는 미국역사상 처음으로 세 번째 대통령에 당선되어 뉴딜정책을 매듭지었다.

2. 제1차 세계대전 당시 신문들의 실태

위에서 우선 1914년부터 1940년까지 소위 신문들 간의 '인수합병기'의 미국의 시대적 상황부터 간단히 살펴보았다. 그러면 지금부터는 이 시기의 신문실태를 살펴보기로 하되, 우선 제1차 세계대전(1914. 7. 28–1918. 11. 11) 당시, 그 전황에 관한 미국신문들의 보도실태와 시련부터 알아보기로 하겠다.

제1차 세계대전의 발발과 신문들의 사정

1911년 「뉴욕 저널」지 발행인 조셉 퓰리처의 사망과, 1912년 「뉴욕 트리뷴」지 발행인 화이트로우 레이드(Whitelaw Reid)의 사망을 끝으로, 남북전쟁 이후 독립신문과 황색신문 시대에 신문계를 주름잡아 왔던 대표적 인물들이 거의 타계하고 말았다.[5] 대신 새로운 주인공들이 신문계를 이끌면서 새로운 시대를 열고 있었다. 바로 그즈음인 1914년 6월 28일, 보스니아의 수도 사라예보(Sarajevo)에서 제1차 세계대전의 시작을 알리는 총성이 울렸다.

• 제1차 세계대전의 시작과 종군기자들의 활약

1914년 7월 28일 유럽에서 제1차 세계대전이 막 시작되었을 당시, 유럽에 주재하고 있던 미국신문의 특파원들은 불과 몇 사람밖에 되지 않았다. 그러나 전쟁이 시작되었다는 소식을 듣자 미국신문사들의 수많은 특파원들이 서둘러 유럽으로 달려갔다. 이들은 곧 새로운 스타일의 전쟁을 취재하는 것이 얼마

---

5 「필라델피아 퍼블릭 레저」(*Philadelphia Public Ledger*) 발행인 조지 차일즈(George W. Childs)도 이미 1894년 사망했고, 「세인트루이스 글로브-디모크랫」(*St. Louis Globe-Democrat*) 발행인 조셉 맥컬라(Joseph B. McCullagh)는 1896년, 「뉴욕 선」 편집인 찰스 다나(Charles A. Dana)는 1897년, 「시카고 트리뷴」 발행인 조셉 메딜(Joseph Medill)은 1899년, 「뉴욕 이브닝 포스트」 발행인 에드윈 고드킨(Edwin L. Godkin)은 1902년 서거했다.

나 어려운 것인지를 실감하게 되었다.

프랑스와 영국, 그리고 독일과 오스트리아 기자들은 자국 군대의 보호 아래 전방을 방문해서 취재할 기회가 많았으나, 미국 기자들에게는 전방 취재가 허용되지 않았으며, 각국 군 당국의 심한 검열과 통제를 받아야만 했다. 따라서 미국신문기자들은 주로 각국 정부나 군 당국의 공식 발표에 의존해서 전황을 보도할 수밖에 없었다. 그래서 미국신문들은 전략을 바꾸어 전황에 관한 보도보다는 전쟁에 관한 비평기사에 중점을 두게 되었다.

그러나 1917년 4월 6일 미국이 독일을 비롯한 유럽 동맹국들에 선전포고를 하면서 제1차 세계대전에 참전하여 1917년 여름, 미군들이 프랑스에 진주하자 미국신문기자들은 미군 당국의 정식 허가를 받고 미군을 종군하면서 비교적 자유롭게 취재할 수 있게 되었다. 당시 미군을 따라다니며 전황을 취재한 미국 종군기자들의 수는 약 40명에 달했다. 하지만 이들이 취재한 뉴스를 본국으로 송고할 때 미군 당국이 여러 가지 통제를 가했고, 또한 본국에서도 정부당국이 보도내용에 관한 검열을 실시했다.

• 신문판매부수의 격증과 석간신문의 지위 향상

이와 같이 미국의 신문기자들이 유럽에 건너가서 전쟁에 관한 뉴스들을 취재해서 본국 신문들에 보도하자 신문판매부수가 급증했는데, 이는 물론 독자들이 전황을 알고 싶어 했기 때문이다. 또 한편으로는 많은 독자들이 고향 소식을 궁금해 했기 때문이었는데, 당시 9,200만 명의 미국 국민 중에서 약 30%가 유럽 각국의 출신이거나 그 2세였다. 따라서 자기들 고향 어디에서 어떻게 전쟁이 벌어지고 있으며, 자기들 고향은 무사한지 등을 알기 위해 신문을 사서 보게 되었다.

그러자 이러한 미국 국민들의 뉴스추구욕구를 충족시켜 주기 위해 미국의 대규모 신문들은 1914년 6월 28일 제1차 세계대전의 시작 이래, 그해 가을에 이르기까지 5–8개 면을 전쟁과 전황에 관한 뉴스기사로 채웠다. 그 결과, 지방관계 뉴스는 자연히 소홀하게 됨으로써, 대도시신문들의 지방주재기자들이 직업을 잃는 사태까지 벌어졌다.

유럽에서 제1차 세계대전이 벌어지자 특히 석간신문들의 판매부수가 급증하면서 석간신문이 빛을 보게 되었다. 런던이나 파리와 뉴욕 간의 시차는 5시간이고, 베를린이나 로마와 뉴욕 간의 시차는 6시간이며, 모스크바와 뉴욕 간의 시차는 7시간으로, 이는 유럽에서 낮 동안에 일어난 사건을 그날 저녁에 미국의 석간신문들이 신속하게 알려 주는 데 알맞은 시간차였다. 즉 유럽의 전쟁터에서 밤이 깃들 시간이 바로 미국 석간신문들의 뉴스 마감시간이어서, 유럽의 전쟁터에서 낮 동안에 일어난 뉴스를 미국 독자들에게 신속히 알려 주는 데 석간신문이 조간신문보다 유리했다.

그 결과, 석간신문들의 판매부수가 약 20%나 증가했다. 그러자 석간신문들의 지위도 자연히 높아지게 되었는데, 비록 1880년대부터 석간신문들의 지위가 점차 높아지긴 했지만, 뉴스의 보도 측면에서는 아직도 석간신문들이 조간신문들의 수준에는 미치지 못하고 있었다. 그러나 유럽에서 벌어지는 제1차 세계대전의 전황에 관한 뉴스들을 석간신문들이 조간신문들보다 더 빨리 독자들에게 알려 주면서, 석간신문에 대한 독자나 사회의 인식이 많이 높아지게 되었다.

• 전쟁으로 인한 신문들의 여러 가지 수난

위와 같이 제1차 세계대전 초기에는 전쟁 뉴스의 수요에 따른 판매부수의 증가로 인하여 미국신문들은 재정적으로 재미를 보았다. 그러나 점차 득보다는 실이 더 커졌는데, 비록 전쟁 뉴스의 특수로 신문발행부수는 증가했지만, 발행부수와 발행면수의 증가에 따라 그만큼 신문용지대 · 신문제작비 · 인건비 · 수송료 등이 더 증대해서 재정적으로는 오히려 손해를 보았기 때문이다.

특히 신문용지 때문에 많은 어려움을 겪었는데, 전쟁 뉴스의 특수로 판매부수가 증가하자, 그에 따라 신문용지의 수요도 갑자기 증가하여, 연간 150만 톤이나 소비된 데다가, 전쟁으로 말미암아 해외에서 종이수입이 불가능해서 용지 값이 치솟았기 때문이다. 그리하여 1913년에는 1파운드당 2.25센트였던 신문용지 값이 1917년에는 3.3센트로 치솟자, 일부 신문들은 스스로 발행부수와 발행면수를 제한하기도 했다. 그러자 연방통상위원회는 신문용지 가격을 파운드당 3-4센트로 동결시키기도 했다. 그러나 전쟁으로 해외에서 용지수입이 불가능하여 신문용지를 살 수 없게 되자, 미국신문발행인협회와 정부기관에서 가능한 한 용지를 절약하도록 조치했다.

한편 1917년 미국이 제1차 세계대전에 참전하자, 많은 젊은이들이 전쟁터로 나가는 바람에 임금이 치솟았다. 그런 데다가 종군특파원들에게는 몇 배의 봉급과 취재비를 지급해야 했다. 또한 유럽과 미국 간의 전신송고료도 엄청나게 많이 들어서, 예컨대 「뉴욕 타임스」지는 1주일에 1만 5,000달러나 지불해야만 했다. 설상가상으로 1917년 3월 발효된 전비세입법(War Revenue Act)은 우편료의 인상까지 초래하여 신문우송료를 더 들게 만들었다. 따라서 일부 신문들은 우편배달을 포기하고 트럭을 사용하여 신문을 직접 배달하기도 했다.

그런가 하면, 전쟁으로 인한 상업의 불황으로 광고량도 크게 감소했다. 그러자 재정난에 허덕이게 된 신문들은 부득이 신문 값을 올리지 않으면 안 되었다. 그리하여 1917년 12월 버팔로의 페니신문들이 신문 값을 1부당 2센트로 올린 것을 시작으로, 피츠버그·시카고·필라델피아 등에서도 신문 값을 올렸고, 1918년 2월에는 뉴욕 신문들도 신문 값을 인상했다. 한편 일요신문들도 종전의 5센트(1부당)에서 7센트로 올렸다가, 다시 10센트로 올렸다.

이렇게 거의 모든 신문들이 신문 값을 올리자, 자연히 판매부수가 감소되었다. 그러자 특히 군소 신문들과 비일간신문들은 더욱 재정적 타격을 받게 되어, 1914-19년간에 무려 2,435개 신문들이 폐간되거나 다른 신문에 흡수·통합되었다. 그러면서 특히 페니신문들과 일간신문사들이 발행하던 주간신문들은 전쟁기간에 거의 사라지게 되었다. 한편 재정난으로 많은 신문들이 다른 신문에 흡수·합병되면서 신문의 인수합병과 체인화 현상을 촉진하게 되었다.

• 신문내용에 대한 정부와 군 당국의 검열과 규제

위와 같이 제1차 세계대전 당시, 미국신문들은 여러 가지 어려움을 겪어야만 했다. 그런 데다가 정부와 군 당국으로부터도 여러 가지 규제를 받아야만 했다. 1917년 4월 6일 미국이 제1차 세계대전에 참전하기 이전에는 미국 기자들에게는 전방 취재가 허용되지 않아서 취재에 어려움을 겪었다. 그러다가 미국이 제1차 세계대전에 참전하여 미군이 유럽에 진주하자, 미국신문기자들은 미군을 종군하면서 비교적 자유롭게 전황을 취재할 수 있게 되었으나, 취재한 뉴스를 본국으로 송고할 때는 군 당국이 여러 가지 통제를 가했다.

그런가 하면 본국에서도 전쟁에 관한 보도내용을 일일이 검열했다. 1917년 4월 6일 미국이 독일 등에 선전포고하고 나서 곧 윌슨 대통령은 언론에 관한 포고령을 내려, "적에게 도움을 주거나 적을 찬양하는 내용을 출판하는 자는 국사범으로 기소하겠다"고 경고했기 때문이다. 또한 1917년 6월 15일부터 발효된 방첩법(Espionage Act)에서도 "이적행위나 징집을 방해하는 내용을 출판하는 자에게는 벌금 또는 징역형에 처한다"고 규정함으로써 언론을 더욱 위축시켰다.

그러나 이러한 방첩법은 그 뒤를 이어 제정한 여러 가지 언론관계법들에 비하면 그래도 약과였다. 1917년 10월 6일 발효된 '적국과의 교역금지법'(Trading-with-the-Enemy Act)은 외국어출판물의 내용에 대한 검열을 합법화함으로써, 외국어신문과 잡지 등을 발행하거나 우송하려면 그 내용을 일단 영어로 번역해서, 해당 지역 우편국장에게 제출해 검열을 받아야만 했는데, 이는 당시 미국에서 발행하는 독일어신문과 잡지들이 독일 편을 드는 것을 규제하기 위해서였다.

이와 같은 '적국과의 교역금지법'에 이어, 1918년 5월 16일 연방정부는 또 치안법(Sedition Act)을 공포했는데, 이는 앞서의 방첩법을 보완·강화한 것으로, "미국정부의 형태 또는 헌법, 육군이나 해군, 국기 등을 경멸이나 비방하는 내용을 출판하는 자는 중형에 처한다"고 규정했다. 이러한 요지의 치안법은, 비록 미국 내의 독일계신문들을 통제하는 데는 크게 주효했으나, 그 적용범위가 대단히 넓고, 모호하여 여러 가지 부작용과 진정들이 뒤따랐다.

• 독일어를 비롯한 외국어신문들의 수난

위와 같이 미국은 제1차 세계대전 당시, 여러 가지 법령을 통하여 언론을 통제함으로써 신문들도 많은 어려움을 겪어야만 했다. 그중에서도 특히 외국어 신문들이 더 많은 수난을 받았는데, 앞서 말했듯이 1917년 10월 6일 발효된 '적국과의 교역금지법'에 따라 외국어출판물은 검열을 받아야 했기 때문이다. 이는 당시 미국에서 발행하는 독일어신문과 잡지들이 독일 편을 드는 것을 규제하기 위해서였으나, 그렇다고 독일어신문과 잡지만 검열할 수 없기 때문에 다른 외국어신문과 잡지들도 모두 검열을 당해야만 했다.

당시 외국어신문의 실태를 보면, 제1차 세계대전이 일어난 1914년에는 외국어 정기간행물의 종수가 절정을 이루어 전국에 약 1,300여 개가 있었는데, 그중 1,000여 개가 신문형태의 간행물이었다. 그리고 이들 중 140개가 일간신문이었는데, 이들 일간신문의 총 발행부수는 260만 부 정도였다. 그런데 당시 외국어신문들 중에는 독일어신문들이 가장 많아 전체의 약 40%나 되었다.

당시 외국어신문들의 중심지도 역시 뉴욕이었는데, 1914년 현재 뉴욕에는 외국어 일간신문만도 32종이 존재했다. 그중에는 독일어 일간신문이 10개, 이디시어(Yiddish) 일간신문이 5개, 이탈리아어 일간신문이 3개, 아랍어 · 보헤미안어 · 그리스어 · 히브리어 일간신문이 각각 2개, 그리고 중국어 · 크로아티아(Croatia)어 · 프랑스어 · 헝가리어 · 러시아어 · 세르비아어 · 슬로바키아어 · 슬로베니아어 일간신문이 각각 1개였다. 이들 외국어 일간신문들의 발행부수는 많지 않았으나, 뉴욕의 유태계 히브리어신문 「포르바르츠」(*Vorwarts*)의 발행부수는 17만 5,000부나 되었다. 독일어 일간신문 「슈타츠-차이퉁」(*Staats-Zeitung*, 석간 *Abendblatt* 도 발행)지와 「뉴욕 헤럴드」지의 독일어판 발행부수도 10만 부가 넘었다.

그런데 1917년 4월 6일 미국이 독일에 선전포고를 하면서 제1차 세계대전에 참전하자, 독일어신문들의 다수가 미국의 참전을 반대하면서 독일에 동정적인 논조를 펼쳤다. 그러자 미국 국민들은 이러한 독일어신문들을 폐간시켜 버리라고 들고 나왔다. 이에 미국정부는 1917년 6월 15일, 방첩법을 공포하여 반미적 독일어신문들을 규제하기 시작했다. 그 결과, 전쟁이 끝났을 때는 독일어신문들의 종수는 반으로 줄어들었다.[6] 한편 독일어 이외의 다른 외국어신문들도 제1차 세계대전 기간에 4분의 1이나 감소되었다.

공공정보위원회의 설치와 전쟁지원홍보

위와 같이 미국정부는 제1차 세계대전이 일어나자, 신문을 비롯한 모든 언론에 여러 가지 통제를 가했다. 그럼에도 미국이 1917년 4월 6일 대전에 참전하자, "미국이 유럽전쟁에 잘못 말려들어 가게 되었다"고 많은 신문들이 윌슨정부를 신랄하게 비난하고 나섰다. 특히 평화주의자를 자처했던 오스왈드 빌라드(Oswald G. Villard)가 발행한 「뉴욕 이브닝 포스트」지는, 적자로 인해 1918년 그가 다른 사람에게 소유권을 넘길 때까지 계속 미국의 참전을 반대했다. 또한 「뉴욕 트리뷴」지와 그 밖의 다른 신문들도 윌슨정부의 전쟁정책을 비판하고 나섰다. 「뉴욕 타임스」지도 1918년 9월 16일 독일 등 동맹국들과의 평화회담의 개최를 제안하고 나섬으로써 '반전신문'이라는 인상을 받게 되었다. 그렇다고 해서 대다수 신문들이 전쟁에 반대하고 나섰던 것은 결코 아니었다.

• 공공정보위원회의 설치와 그 주요 임무

전체적으로 볼 때, 반전신문들보다는 미국의 참전을 지지한 신문들이 월등히 많았는데, 이는 여러 가지 언론규제법들 때문에 반전적 논조를 펼 수도 없었기 때문이기도 했지만, 애국심 때문이기도 했다. 특히 당시에 미국신문들로 하여금 국민들에게 애국심을 고취하면서 전쟁을 지지하게 만드는 데 중요한 구실을 한 것은 바로 공공정보위원회(Committee on Public Information)였다.

이 위원회는 미국이 독일에 선전포고를 한 일주일 뒤인 1917년 4월 13일, 윌슨 대통령의 명령에 따라 설치한 일종의 선전기구로, 그 위원장은 언론인 출신의 조지 크릴(George Creel)이었다. 그와 함께 정보위원회를 이끌어 나간 주요 인물들도 모두 언론인들로, 예컨대 「코스모폴리탄」(*Cosmopolitan*) 잡지의 편집인

---

6 그 뒤에도 미국정부의 이민통제와 경제공황으로 말미암아 독일어신문들이 계속 감소되어 1940년에 와서는 120개의 독일어신문만 남게 되었는데, 그중에서 일간신문은 13개뿐이었다. 한편 다른 외국어 신문들도 그간에 4분의 1이나 감소했다. 그러나 이탈리아어 · 폴란드어 · 러시아어 · 이디시어신문들은 제1차 세계대전 이전의 수준을 그대로 유지했다.

에드가 시슨(Edgar Sisson), 잡지기고가 하베이 오히긴스(Harvey J. O'Higgins), 뒤에 유명한 PR전문가가 된 칼 바이오어(Carl Byoir) 등이었다.

이들이 이끈 공공정보위원회는 1917년 5월 10일 뉴스부(news division)를 설치하여 전쟁 관계 뉴스들을 작성해서 「오피셜 불리틴」(*Official Bulletin*)이라는 제목의 간행물을 통해 언론기관에 배포했다. 이 간행물에 들어 있는 전쟁 관계 뉴스들은 정확하고, 뉴스가치가 충분히 있었지만 거의 모두가 애국적 선전물이었다. 이러한 선전물 뉴스들을 뉴스부에서는 1917년 5월 10일부터 1918년 11월 11일 휴전 때까지 1년 6개월 동안 모두 6,000여 건이나 발표했다.

공공정보위원회는 뉴스부 이외에 광고부(advertising division)도 두었는데, 이 부서에서는 신문과 잡지 등을 통한 전쟁지원광고 캠페인을 관장했다. 즉 각종 광고인단체에게 신문과 기타 정기간행물에 전쟁지원금 모금광고를 내도록 권장하고, 광고인들이 신문·잡지 등의 지면을 사서 정보위원회에 제공하면 그 지면에 전쟁지원광고를 게재하며, 신문들로 하여금 자유공채(liberty loan) 판매촉진 캠페인이나 적십자회비 모금운동 등을 벌이게 하는 일을 담당했다.

• 공공정보위원회는 언론통제도 일부 담당

위와 같이 공공정보위원회는 일종의 선전기구였으나 그 위원장이 적국과의 교역금지법에 의해 발족한 검열위원회(Censorship Board) 멤버였다. 때문에 자연히 공공정보위원회는 검열위원회와 서로 긴밀한 관계를 맺으면서 전쟁 관계 뉴스 통제를 위한 각종 규정을 제정하여 이를 언론기관들이 준수토록 강요하다시피 했다. 예컨대 1917년 6월에는 미군의 프랑스 도착 뉴스를 보도하지 말라고 언론기관에 요구하기도 했다.

그러나 이를 AP통신사가 거부하자, 그 뒤 공공정보위원회는 자발적 검열규정(Voluntary Censorship Code)이라는 것을 제정해 이의 준수를 각 언론기관에 강요함으로써, 이를 모든 신문들이 따를 수밖에 없었다. 이를 따르지 않는 신문들은 군사정보부원들에게 곤욕을 치러야만 했으며, 대중들로부터 봉변을 당하기도 했기 때문이다.

"All the News That's Fit to Print."

The New York Times.

THE WEATHER

VOL. LXVIII. NO. 22,306. NEW YORK, MONDAY, NOVEMBER 11, 1918. TWENTY-FOUR PAGES. TWO CENTS

ARMISTICE SIGNED, END OF THE WAR! BERLIN SEIZED BY REVOLUTIONISTS; NEW CHANCELLOR BEGS FOR ORDER; OUSTED KAISER FLEES TO HOLLAND

SON FLEES WITH EX-KAISER

Hindenburg Also Believed to be Among Those in His Party.

ALL ARE HEAVILY ARMED

Kaiser Fought Hindenburg's Call for Abdication; Failed to Get Army's Support in Keeping Throne

BERLIN TROOPS JOIN REVOLT

Reds Shell Building in Which Officers Vainly Resist.

THRONGS DEMAND REPUBLIC

Socialist Chancellor Appeals to All Germans To Help Him Save Fatherland from Anarchy

GERMAN DYNASTIES BEING WIPED OUT

MORE WARSHIPS JOIN THE REDS

PRINCES MAY BE EXILED

GUARDSHIPS ALSO GO OVER

WAR ENDS AT 6 O'CLOCK THIS MORNING

The State Department in Washington Made the Announcement at 2:45 o'Clock.

ARMISTICE WAS SIGNED IN FRANCE AT MIDNIGHT

Terms Include Withdrawal from Alsace-Lorraine, Disarming and Demobilization of Army and Navy, and Occupation of Strategic Naval and Military Points.

By The Associated Press.

WASHINGTON, Monday, Nov. 11, 2:48 A. M.—The armistice between Germany, on the one hand, and the allied Governments and the United States, on the other, has been signed.

The State Department announced at 2:45 o'clock this morning that Germany had signed.

The department's announcement simply said: "The armistice has been signed."

The world war will end this morning at 6 o'clock, Washington time, 11 o'clock Paris time.

The armistice was signed by the German representatives at midnight.

This announcement was made by the State Department at 2:50 o'clock this morning.

The announcement was made verbally by an officila of the State Department in this form:

"The armistice has been signed. It was signed at 5 o'clock A. M., Paris time, [midnight, New York time,] and hostilities will cease at 11 o'clock this morning, Paris time, [6 o'clock, New York time.]

The terms of the armistice, it was announced, will not be made public until later. Military men here, however, regard it as certain that they include:

Immediate retirement of the German military forces from France, Belgium, and Alsace-Lorraine.

Disarming and demobilization of the German armies.

Occupation by the allied and American forces of such strategic points in Germany as will make impossible a renewal of hostilities.

Delivery of part of the German High Seas Fleet and a certain number of submarines to the allied and American naval forces.

Disarmament of all other German warships

〈그림 9-1〉 제1차 세계대전의 휴전을 전단제목으로 보도한 「뉴욕 타임스」(1918. 11. 11) 제1면

이러한 수난을 가장 많이 받은 신문들은 독일어신문들과 사회주의계 신문들이었다. 허스트계 신문들도 많은 수난을 받았는데, 허스트계 신문들은 미국의 연합국가들에 대한 비난기사를 실었다가 반애국적 신문으로 몰려 대중들이 허스트의 허수아비를 만들어 화형식을 가하는 봉변을 당하기도 했다. 그러자 허스트를 미워하던 다른 신문들도 허스트를 비난하며, 그를 성조기에 꽁꽁 묶인 뱀으로 풍자하는 만평을 싣기도 했다.

진중신문의 발간과 미군의 사기진작

위와 같이 1917년 4월 6일 미국이 제1차 세계대전에 참전하면서 윌슨정부는 공공정보위원회를 설치하여 신문들로 하여금 국민들에게 애국심을 고취하고, 전쟁을 지지하게 만들었다. 한편 미군장병들에게도 애국심을 고취하고 사기를 진작시키기 위해 진중신문(camp newspaper)들을 발행해서 큰 성과를 거두었다. 이러한 진중신문은 미국 본토와 유럽 주둔의 미군 캠프들에서 발행했으며, 전쟁 말기에는 군병원이나 군인가족들의 집단거주지에서도 발행했다.

이들 진중신문들은 주로 군에 입대한 저널리스트들이 제작해서 미군 장병들에게 무료 또는 약간의 구독료만 받고 배포했는데, 발행비는 대부분 광고료로 충당했다. 당시 진중신문들 중에서 8개는 YMCA 전쟁후원위원회가 결성한 '트렌치 앤드 캠프'(Trench and Camp, 참호와 캠프라는 뜻)라는 신문체인이 발행해서 미군장병들에게 무료로 배포하기도 했다. 당시 진중신문들은 거의가 주간지였으나 개중에는 「그레이트 레이크스 불리틴」(*Great Lakes Bulletin*)지와 같은 일간신문도 있었고, 또한 「그레이트 레이크스 리크루트」(*Great Lakes Recruit*)지와 같은 잡지도 있었다.

진중신문들 중에서 가장 유명했던 것은 유럽주둔 미군 진중에서 발행한 「스타스 앤드 스트라입스」(*Stars and Stripes*)지로, 이는 1918년 2월 창간해서 이듬해 6월 프랑스의 베르사유에서 제1차 세계대전에 대한 강화조약이 체결될 때까지 계속 발행했다. 이 진중신문은 비록 미군총사령부의 통제 아래 발행되었지

NOT TO BE SOLD

The Official Newspaper of the A. E. F.

HOSPITAL GIFT EDITION FROM AMERICAN RED CROSS

NE PEUT PAS ETRE VENDU

By and For the Soldiers of the A. E. F.

The Stars and Stripes

FRANCE, FRIDAY, SEPTEMBER 27, 1918.

PRICE: 50 CENTIMES

READING, WRITING, UNIVERSITY WORK, IN A.E.F. COURSES

OFFERED TO THE A.E.F.—500 CHRISTMAS GIFT WAR ORPHANS

BRASS BUTTONS, CAP WITH VISOR, IN UNIFORM PLAN

FIRST WOC UNIT WITHIN A MONTH RIGHT FROM U.S.A.

WHOLE PEOPLE JOIN IN AUSTRIAN REBUFF

BOYS GRIEVE FOR FATHERLY COLONEL TAKEN FROM LINE

FOURTH LOAN DRIVE BEGINS TOMORROW

MOTHER TOLD HER GERMANS WOULDN'T BE THERE FOREVER

ST. MIHIEL BATTLE COMES

POUNDING ON CELLAR DOOR

〈그림 9-2〉 진중신문 「스타스 앤드 스트라입스」(1918. 9. 27) 제1면

만 비교적 언론자유를 향유했다. 이 진중신문은 매호 8면을 발행했으며, 이 8면은 뉴스·논설·피처기사 및 만화와 광고 등로 채워졌는데, 그 내용 중에는 미국 특유의 유머러스한 기사들이 많아서 미군은 물론, 영국군들도 즐겨 읽었다고 한다. 이러한 「스타스 앤드 스트라입스」 다음으로 유명했던 진중신문은 「워치 온 더 라인」(*Watch on the Rhine*)이었는데, 이 신문은 독일점령미군이 발행한 것으로 1919년 2월에 창간해서 미군이 독일에서 철수할 때까지 발행했다.

이러한 진중신문과는 성격이 약간 다른 진중신문들도 있었는데, 그것은 「시카고 트리뷴」지가 미국 본토의 뉴스를 유럽 주둔 미군들에게 알려 주기 위해 1917년부터 17개월 동안 파리에서 발행한 「시카고 트리뷴 일간 육군판」(*Chicago Tribune Daily Army Edition*)이었다. 이 신문은 1918년 11월 11일 제1차 세계대전이 끝나자, 그해 말부터 「시카고 트리뷴 유럽판」으로 제호를 바꾸어 1934년까지 계속 발행하다가 그해에 「파리 헤럴드-트리뷴」지에 합병되었다. 한편 「볼티모어 선」(*Baltimore Sun*)지도 1917년 여름 미군이 유럽에 진주하자, 1년 동안 유럽판을 발행해서 주로 유럽 주둔 미군들에게 배포했다.

3. 신문들 간의 인수합병과 체인화 촉진

위에서 우선 1914년 7월 28일부터 1919년 6월 28일까지 제1차 세계대전 기간에 미국신문의 실태에 관해 살펴보았다. 이 기간에 미국신문계에서 일어난 또 하나의 주요 현상은 곧 신문들 간의 통폐합(consolidation)과 체인화(chain) 현상이었다. 물론 이러한 현상은 그 이전부터 있어 왔던 것으로서 결코 새로운 현상은 아니었으나, 특히 이 시기에는 수백 내지 수천 개의 군소 신문들이 대신문들에 흡수·통합되면서, 즉 요즘말로 '인수합병'(Merger and Acquisition, M&A)되면서 신문의 체인화 현상을 촉발했다는 점에서, 이를 이 시기의 주요 특징 내지 현상의 하나라고 할 수 있다.

신문들 간의 통폐합 현상 증가와 그 주요 원인

군소 신문이 대신문에 흡수·통합 내지 '인수합병'되는 현상은 제1차 세계대전 시기부터 크게 일어나기 시작하여 종전 이후에도 계속되었다. 그러나 이러한 현상은 특히 제1차 세계대전 말기인 1917–18년에 극에 달하여, 일간신문은 물론, 주간신문·산업전문신문 그리고 심지어는 잡지에까지 확산되었는데, 이렇게 된 주요 요인의 하나는 전쟁으로 인한 재정난 때문이었다. 그리하여 1914–19년간에만도 무려 2,435개 신문들이 폐간되거나, 다른 신문에 흡수·통합되었다(Wiley and Weinfield, 1934, p. 247).

• 신문들의 통합 내지 인수합병 현상의 대두

제1차 세계대전 기간에 일어난 주요 신문들의 흡수합병 내지 인수합병 사례를 우선 몇 가지 들어 보면, 1914년에는 「시카고 인터 오션」(*Chicago Inter Ocean*)지가 「레코드 헤럴드」(*Record Herald*)지와 합병해서 「시카고 헤럴드」지가 되었으며, 이 「시카고 헤럴드」지는 1918년 다시 「시카고 이그재미너」(*Chicago Examiner*)지에 합병되어 「시카고 헤럴드-이그재미너」지가 되었다. 그 결과, 당시 시카고에는 오직 2개의 조간신문, 즉 「시카고 트리뷴」과 「시카고 헤럴드-이그재미너」만이 존재하게 되었다.

남부인 루이지애나주에서도 1914년 「뉴올리언스 타임스-디모크랫」(*New Orleans Times-Democrat*)지가 「뉴올리언스 피키윤」(*New Orleans Picayune*)지와 합병해서 「뉴올리언스 타임스-피키윤」(*New Orleans Times-Picayune*)으로 됨으로써, 그 후 몇 년 동안 뉴올리언스에는 이 조간신문만이 존재했다.

이 밖에도 뉴욕시에서는 「뉴욕 프레스」(*New York Press*)지와 「선」(*Sun*)지가 1916년 합병을 단행했다. 오하이오주에서는 1917년 「클리블랜드 리더」(*Cleveland Leader*)지가 「클리블랜드 플레인 딜러」(*Cleveland Plain Dealer*)지에 흡수되어, 이 신문만이 클리블랜드 유일의 조간신문으로 남게 되었다.

이들 신문의 경우에서도 알 수 있듯이, 특히 조간신문들 간의 합병이 많았는데, 이는 앞서 말했듯이, 제1차 세계대전 기간에 유럽에서 이루어진 전쟁 뉴스를 신속하게 보도하는 데 조간신문들이 석간신문들보다 불리해서 더 큰 타격을 받았기 때문이다. 또한 합병 현상은 대도시나 중도시보다 소도시에서 더 많이 일어났는데, 이것 역시 소도시신문들이 전쟁기간에 더 많은 재정적 타격을 받았기 때문이다. 한편 일간신문보다 주간신문들의 합병이 심했는데, 주간신문들 간의 병합 현상은 제1차 세계대전 이전부터 나타나기 시작하다가 전쟁기간에 급격히 증가했다.

위와 같은 신문들 간의 통폐합 내지 합병 현상은 제1차 세계대전 이후에도 계속되어, 1930년도에는 전국에서 인구 10만 명 이상 도시들 중 8개 도시에 오직 하나의 일간신문이나 또는 동일인 소유의 조간·석간 2개 신문만 존재할 정도였다. 그 뒤, 1930년대 초에 밀어닥친 경제대공황이 또 신문발행사업에 큰 타격을 주어 인구 17만 명 이상 도시들 중 오직 1개의 신문만 남은 곳이 25개 도시로 증가했다. 그런가 하면, 뉴욕과 같은 대도시에도 그 이전에는 20여 개의 일간신문들이 존재했으나, 1940년에 와서는 4개의 조간신문과 4개의 석간신문만 살아남게 되었다(Bleyer, 1934, p. 29). 이렇듯 신문들이 통폐합되어 그 종수가 크게 감소하게 된 요인은 도대체 무엇인가?

• 신문들 간의 통폐합 또는 인수합병 이유

가장 큰 요인으로는 무엇보다도 제1차 세계대전과 경제대공황이 가져다 준 경제적 타격을 들 수 있다. 이 밖에도 여러 가지 복합적 요인들이 신문들 간의 통폐합을 촉진했는데, 그중에서 주요 요인들을 몇 가지만 들어 보면 아래와 같다(Mott, 1962, p. 635 참조).

첫째 요인으로는 정론적 신문들의 퇴조를 들 수 있는데, 과거에는 각 정당이 자신들의 대변지로 각종 신문을 다투어 발행했으며, 신문들도 정당의 재정적 지원을 받아서 경영하는 것이 가능했다. 그러나 점차 정당과 신문이 분리되면서 언론을 이용하려는 정당들이 감소하자, 정당의 지원이 끊기게 된 군소 신문들은 재정난으로 대신문들에 흡수, 통합될 수밖에 없었다.

둘째 요인은 광고주들에게서 찾아볼 수 있는데, 광고주들은 동일한 배포 지역 내의 2개 또는 그 이상의 여러 군소 신문들의 지면을 동시에 사서 광고하는 것보다, 비록 광고요금은 더 비싸더라도 하나의 큰 신문에 광고를 내는 것이 편리하고 유리하다. 때문에 광고주들이 큰 신문에 주로 광고를 냄으로써 군소 신문들은 광고수입이 줄어, 재정난에 봉착해서 큰 신문들에 흡수될 수밖에 없었다.

셋째 요인으로는 신문제작기기의 발달을 들 수 있는데, 큰 신문들은 새로운 식자기·인쇄기·접지기 등이 나올 때마다 이들을 도입하여 신문을 신속하고 싼값으로 제작했다. 그러나 군소 신문들은 자금이 부족하여 새로운 신문제작기기를 도입하지 못하고 낡은 것들을 사용함으로써 큰 신문들과의 경쟁에서 도태되어, 폐간하거나 큰 신문들에 흡수, 통합될 수밖에 없었다.[7]

넷째로 조간신문과 석간신문들과의 합병이 많이 이루어진 요인으로는 경제적 요인을 들 수 있는데, 조간신문과 석간신문을 각각 독립적으로 운영하는 것보다는 하나의 신문사로 합병하여, 24시간 가동하는 것이 경제적으로 유리했기 때문이다.

다섯째로 AP통신사가 새로운 회원신문사의 가입을 엄격하게 제한한 것도 신문통폐합의 주요 요인 중 하나가 되었는데, 당시 신문들이 AP통신사로부터 계약권(franchise)을 새로 얻는 것은 거의 불가능했다. 따라서 한 신문이 AP통신사의 계약권을 얻으려면 그 계약권을 갖고 있는 군소 신문을 인수해서 합병하는 길밖에 없었다. 그 결과, AP통신사가 신문들의 통폐합을 부채질하게 되었다.

7 신문들의 통폐합은 대체로 큰 신문이 군소 신문을 인수, 합병하는 것이 통례였다. 그러나 이와는 반대로 한 도시의 군소 신문들이 단합하여 대신문을 병합하는 기이한 현상도 없지 않았다. 예컨대 피츠버그에서는 군소 일간신문들이 자신들의 위협적 경쟁지였던 「피츠버그 디스패치」(*Pittsburgh Dispatch*)지와 「피츠버그 리더」(*Pittsburgh Leader*)지를 없애 버리기 위해 돈을 모아, 이들 두 신문을 1923년 매입해서 일단 병합했다가 폐간시켜 버리고 말았다.

먼제이의 신문통폐합과 신문체인화

위에서 신문들 간의 통폐합의 주요 요인들로 다섯 가지를 들었다. 그러나 당시 신문들의 통폐합을 주도한 또 하나의 주요 요인으로는, 일부 신문발행인들의 꿈, 즉 여러 신문들을 인수합병(Merger and Acquisition, M&A)해서 거대한 신문왕국 내지 신문재벌을 건설해 보자는 꿈을 들 수 있다. 당시에 이러한 꿈을 이루기 위해 여러 신문들을 인수, 합병해서 신문체인을 형성해 나간 대표적 인물로는 앞서 언급한 프랭크 먼제이(Frank A. Munsey), 에드워드 스크립스(Edward W. Scripps), 윌리엄 허스트(William R. Hearst)를 손꼽을 수 있다.

• 신문인수합병의 기수 프랭크 먼제이의 철학

이들 중에서 우선 프랭크 먼제이부터 살펴보면, 미국신문계를 지배해 보겠다는 그의 야망은 두 시기로 나누어 볼 수 있다. 첫 시기는 1913년까지로서, 이 시기에는 신문체인(newspaper chain)을 형성하여 신문왕이 되어 보겠다는 것이었다. 그러나 이러한 야망이 여의치 않게 되자, 그는 제1차 세계대전 중에 '신문발행사업의 철학'이라는 새로운 아이디어를 냈는데, 이는 그 자신이 술회했듯이 다음과 같은 것이었다.

> 오늘날 모든 주요 비즈니스 분야에서 적용하고 있는 경제원리는 신문 비즈니스에도 그대로 적용될 수 있다. 산업·교통·상업·제조업 그리고 은행에서도 소규모의 경제단위는 더 이상 경쟁적 요인이 되지 못하고 있다. 그러므로 군소경쟁자들은 대규모 경제단위에 흡수되어 그 해당 분야가 깨끗하게 정리되어야만 한다(Britt, 1935, p. 248에서 인용).

먼제이의 이러한 '신문발행사업의 철학'에서 핵심개념(keyword)은 바로 '통합'(consolidation)이었으며, 이를 실천에 옮기기 위해, 그는 우선 1916년 「뉴욕 프레스」지와 「뉴욕 선」지를 통합했다. 이들 중 「뉴욕 프레스」지는 그가 4년 전에

체인화를 위해 현금 100만 달러를 주고 매입한 신문이었다. 그리고 「뉴욕 선」지는 「뉴욕 프레스」지와 합병하기 위해 1916년 6만 5,000달러를 주고 사들였는데, 당시 「뉴욕 선」지는 그 발행인 겸 편집인 찰스 다나(Charles A. Dana)가 1897년 사망한 이후 날로 발행부수가 떨어지고 있었다. 이러한 「뉴욕 선」지에 「뉴욕 프레스」지를 합병하자, 「뉴욕 선」지는 곧 발행부수가 급증했다. 그러나 조간신문이어서 제1차 세계대전에 관한 뉴스보도에 불리했던 「뉴욕 선」지의 발행부수는 더 이상 올라가지 않았다.

그러자 1920년 먼제이는 「뉴욕 헤럴드」지를 다시 사들여 이에다가 「뉴욕 선」지를 합병해 버렸는데, 앞서 살펴보았듯이 「뉴욕 헤럴드」지는 1930년대에 페니신문의 기수의 하나로 등장해서 현대 신문의 발전에 큰 역할을 했으나, 1890년대부터 「뉴욕 선」지와 함께 사양길에 접어들었다. 따라서 먼제이는 「뉴욕 헤럴드」와 그 자매지 「뉴욕 이브닝 텔레그램」(*New York Evening Telegram*) 및 파리판 「뉴욕 헤럴드」지까지 모두 합쳐 400만 달러에 매입할 수 있었다. 그리하여 새로 사들인 「뉴욕 헤럴드」지에 「뉴욕 선」지를 합병해 버리고, 그전에 「뉴욕 선」지와 함께 매입했던 「이브닝 선」지의 제호를 그냥 「선」지로 바꾸어 버렸다. 그러나 파리판 「뉴욕 헤럴드」와 「뉴욕 이브닝 텔레그램」지는 그대로 두었다.

• 신문들의 인수합병을 통한 먼제이의 성공

이렇게 뉴욕의 여러 신문들을 통폐합하고 개편한 먼제이는 「뉴욕 트리뷴」지마저 사들여 「뉴욕 헤럴드」지와 합병하려고 계획했다. 그러나 「뉴욕 트리뷴」지가 매도에 응하지 않자, 먼제이는 끈질긴 교섭을 벌이다가 1924년 오히려 자신의 「뉴욕 헤럴드」(파리판 포함)를 500만 달러에 「뉴욕 트리뷴」지에 팔고, 「뉴욕 이브닝 텔레그램」지만 그대로 소유했다.

한편 「뉴욕 헤럴드」지를 사들인 「뉴욕 트리뷴」지는 이들 두 신문을 합병하면서, 그 제호를 「뉴욕 헤럴드 트리뷴」으로 고쳤다. 그러나 곧 그 제호에서 '헤럴드'라는 단어를 삭제해 버림으로써 「뉴욕 헤럴드」지는 영원히 사라지게 되었다. 하지만 「뉴욕 헤럴드」지를 완전히 흡수해 버린 「뉴욕 트리뷴」지는 크게 성장하여 미국에서 가장 유명한 신문이 되었다.

그간에 신문들의 인수합병을 통하여 재미를 본 먼제이는 1923년 다시 「뉴욕 이브닝 글로브」(*New York Evening Globe*)지를 200만 달러에 매입해서 자신의 「선」(*Evening Sun*의 후신)지에 흡수했다. 그 뒤 「선」지는 발행부수가 50%나 증가해서 연간 150만 달러의 수입을 올리게 되었다. 또한 먼제이는 1924년 「뉴욕 메일」(*New York Mail*)지도 220만 달러에 매입하여 자신의 「뉴욕 이브닝 텔레그램」지에 흡수시켜서 재미를 보았다. 그러자 1925년 먼제이는 「시카고 데일리 뉴스」지를 무려 1,000만 달러에 사려고 흥정을 벌이다가 갑자기 사망하고 말았다. 그때 먼제이는 모두 2,000여만 달러의 유산을 남겼는데, 그 대부분은 뉴욕 메트로폴리탄 미술박물관에 기증되었다.

스크립스-하워드 리그에 의한 신문인수합병

한편 에드워드 스크립스(Edward W. Scripps)도 여러 신문들을 인수합병해서 거대한 신문왕국 내지 신문재벌을 건설해 보려 했던 인물이었다. 그러나 스크립스는 먼제이와는 달리 처음부터 신문체인의 형성을 목표로 신문통폐합에 손을 댔다. 그리하여 스크립스는 마침내 미국에서 가장 견고한 신문체인인 스크립스-하워드 리그를 형성했다.

• 스크립스-하워드 신문체인과 신문통폐합

앞서 제8장에서 살펴보았듯이, 1890년 스크립스는 밀턴 맥래(Milton A. McRae)와 함께 스크립스-맥래 리그(Scripps-McRae League)라는 신문체인을 설립하여 그 소속 신문들을 경영해 나갔는데, 1914년 당시 이 체인은 전국에 모두 23개 신문을 소유하고 있었다. 그러나 스크립스는 맥래와 분쟁으로 1914년 맥래를 신문체인회사에서 손을 떼게 하고 혼자서 경영하다 1917년 중풍에 걸려 병석에 눕게 되자 그의 두 아들에게 경영을 맡겼다.

하지만 부자 간의 불화로 한 아들이 독립해서 나가자, 그 대신 1922년 로

이 하워드(Roy W. Howard)라는 동업자를 새로 맞아들이면서 스크립스-맥래 리그는 스크립스-하워드 리그(Scripps-Howard League)가 되었다. 이렇게 여러 가지 변동을 거치면서, 스크립스-맥래 리그는 1914년부터 1920년까지 사이에 겨우 2개 신문밖에 사들이지 못했다. 그러나 1922년 스크립스-하워드 리그로 개편한 뒤 1930년까지는 18개 신문들을 새로 사들였는데, 1926년 에드워드 스크립스가 사망하자 하워드가 혼자서 경영했다.

1925년부터 스크립스-하워드 리그는 신문통폐합에도 본격적으로 손을 대기 시작해서, 오하이오주의 「애크론 타임스」(*Akron Times*)지를 매입해 「애크론 프레스」(*Akron Press*)에 합병시켰다. 1926년에는 멤피스(Memphis)의 「뉴스-시미터」(*News-Scimitar*)지를 매입해 「멤피스 프레스」와 합병시켰다. 또한 녹스빌의 「녹스빌 센티널」(*Knoxville Sentinel*)은 「녹스빌 뉴스」와, 그리고 덴버의 「덴버 타임스」(*Denver Times*)는 「덴버 익스프레스」(*Denver Express*)와 합쳐 버렸다.

그 뒤 1931년에는 텍사스주 엘파소의 「엘파소 헤럴드」(*El Paso Herald*)지를 사서 그곳의 「엘파소 포스트」(*El Paso Post*)지와 합병했다. 같은 해, 저 유명한 퓰리처의 「뉴욕 월드」지를 매입해 「뉴욕 텔레그램」지와 합병해서, 「뉴욕 월드-텔레그램」지로 만들었다. 그리하여 퓰리처가 그토록 아끼던 「뉴욕 월드」지는 마침내 역사의 뒤안으로 사라지고 말았다. 그렇다면 「뉴욕 월드」지는 어떻게 이러한 운명에 처하게 되었는가?

• 퓰리처의 「뉴욕 월드」지도 흡수통합돼

1931년 「뉴욕 월드」지가 스크립스-하워드 리그로 넘어가서 그 제호까지 바뀌게 되기 꼭 26년 전인 1911년 조셉 퓰리처는 다음과 같은 유언을 남겨 놓고 숨을 거두었다.

> 「뉴욕 월드」지 발행사(Press Publishing Company) 주식의 판매나 처분에 관한 권한에 관해서는 나의 유언에서 아무 말도 하고 싶지 않다. 오직 내가 바라는 것은 나의 아들들과 그 자손들이 「뉴욕 월드」지를 잘 유지, 경영해 나가면서 내가 그것을

단순한 이윤추구의 수단이 아니라, 공공기관(public institution)으로 발전시켜 나가려고 애썼던 정신을 그대로 받아서 더욱 발전시켜 주기를 바랄 뿐이다(Mott, 1962, p. 642에서 인용).

이러한 유언에서 볼 수 있듯이, 퓰리처는 그의 아들들과 그 자손들이 「뉴욕 월드」를 계승, 발전시켜 주기를 원했다. 그러나 불행하게도 그의 3명의 아들 중, 그 누구도 「뉴욕 월드」지와 같은 대신문을 경영할 수 있는 재능도 경험도 갖고 있지 않았다. 둘째 아들 조셉 퓰리처 2세는 어느 정도 재능과 경험을 갖고 있었지만, 그는 이미 미주리주의 「세인트루이스 포스트-디스패치」(*St. Louis Post-Dispatch*)지의 경영을 맡고 있었다.

따라서 「뉴욕 월드」지는 맏아들 랄프(Ralph)와 막내인 허버트(Herbert)에게 맡겼으나, 이들은 특히 경쟁이 그 어느 곳보다 치열한 뉴욕 신문계에서 대신문사를 이끌어 갈 능력도 없었고, 또한 흥미도 느끼지 못했다. 하지만 「뉴욕 월드」지는 그런대로 14–15년간은 버틸 수 있었다. 그러나 1925년, 당시 「뉴욕 타임스」지와 「헤럴드 트리뷴」지는 모두 신문 값을 1부당 2센트씩 받았음에도 불구하고, 「뉴욕 월드」지만 3센트로 올린 것이 실패의 시초가 되었는데, 신문 값을 3센트로 올리자, 「뉴욕 월드」지의 판매부수는 떨어지기 시작했다. 그러자 할 수 없이 1927년 신문 값을 다시 2센트로 내렸으나, 그간에 이미 적자가 쌓여 1930년에는 조간 · 석간 · 일요판에서 모두 합쳐 190만 달러의 결손이 생겼다.

•「뉴욕 월드–텔레그램」에 합병된 「뉴욕 월드」지

이렇게 「뉴욕 월드」지가 재정난에 부딪치게 된 것을 알게 된 스크립스-하워드 리그 신문체인의 경영주 로이 하워드는, 랄프 퓰리처를 찾아가서 「뉴욕 월드」지의 3개 신문, 즉 조간판 · 석간판 · 일요판을 500만 달러에 팔라고 제의했다. 하워드는 25년 전 「뉴욕 월드」지에 일자리를 구하려다가 거절당한 인물로서, 「뉴욕 월드」지에 남다른 욕망을 갖고 있었기 때문이다. 이러한 하워드가 「뉴욕 월드」를 매입하려고 한다는 소식을 들은 「뉴욕 월드」지 사원들은 랄프에게,

「뉴욕 월드」지의 경영권을 100만 달러에 사원들에게 넘겨 달라고 호소했다. 그러나 결국 「뉴욕 월드」지는 스크립스-하워드 리그 신문체인에 넘어가고 말았는데, 이는 당시 미국신문계에서 가장 센세이셔널한 사건이었다

「뉴욕 월드」지를 사들인 하워드는 조간판과 일요판은 곧 폐간시켜 버리고, 석간판 「이브닝 월드」는, 하워드 자신이 진작부터 소유해 오던 「뉴욕 텔레그램」지와 합병해서 제호를 「뉴욕 월드-텔레그램」(*New York World-Telegram*)으로 바꾸어 버렸다. 이렇게 해서 미국신문계에 「뉴욕 저널」지와 함께 황색저널리즘 바람을 일으켰던 「뉴욕 월드」지는 사라지고 말았다. 그러나 스크립스-하워드 리그는 「뉴욕 월드」지가 아직도 계속 살아 있다고 내세우면서 그것을 「뉴욕 월드-텔레그램」지의 선전수단으로 삼는 동시에 경영에 혁신을 가하고 광고수입을 크게 올림으로써 재미를 볼 수 있게 되었다.

위와 같이 1931년 퓰리처의 「뉴욕 월드」지를 매입해서 「뉴욕 텔레그램」지와 합병하여 「뉴욕 월드-텔레그램」지로 만든 스크립스-하워드 리그는 5년 동안 조용히 있다가 1936년 멤피스의 「멤피스 커머셜 어필」(*Memphis Commercial Appeal*)지를 매입했다. 그리하여 1880년대부터 에드워드 스크립스가 신문체인을 형성하기 시작한 이래, 에드워드 스크립스 개인, 스크립스-맥래 리그, 스크립스-하워드 리그가 1940년까지 소유했던 신문은 모두 합쳐 52개나 되었다. 그러나 그중에서 5개는 스크립스의 큰 아들 제임스에게 넘어갔고, 11개는 채산이 맞지 않아 폐간시켜 버렸고, 6개는 합병했고, 11개는 다른 사람에게 팔아 버려서 1940년 현재는 19개 일간신문만 남았다. 그럼에도 당시 스크립스-하워드 리그는 미국에서 가장 견고한 신문체인이었다.

허스트계 신문체인에 의한 인수합병과 부침

한편 퓰리처의 「뉴욕 월드」지와 치열한 경쟁을 벌여 왔던 허스트계 신문들도 이 시기에 와서는 부침의 길에 들어서고 있었다. 퓰리처의 신문경영수법을 모방해 왔던 윌리엄 허스트(William R. Hearst)는 1911년 퓰리처가 사망하자

이번에는 프랭크 먼제이(Frank A. Munsey)의 수법을 흉내 내어 여러 신문들을 인수합병해서 '허스트 신문제국'을 건설해 나갔다. 그러나 그의 뜻대로 잘 이루어지지는 않았다.

• 허스트계 신문체인과 수십 개 신문의 인수합병

앞서 제8장에서 말했듯이 1895년부터 「뉴욕 저널」지를 발행하기 시작하여 큰 성공을 거두었던 허스트는 샌프란시스코·뉴욕·시카고·보스턴 등지의 7개 신문들을 사들여 자신의 신문체인에 포함시켰다. 1912년에는 남부에까지 손을 뻗쳐 「애틀랜타 조지안」(*Atlanta Georgian*)지를 사들였다. 다음 해는 AP통신사와 계약권을 갖고 있던 「샌프란시스코 콜」(*San Francisco Call*)지를 매입해서, 그가 이전부터 소유해 온 「샌프란시스코 이브닝 포스트」지에 흡수시켰다.

1917년부터 5년 동안은 매년 1개의 신문을 사들였으며, 1919년에는 2개의 신문을, 그리고 1922년에는 무려 7개의 신문들을 인수함으로써 허스트는 자신의 저력을 과시했다. 또 1923년과 1924년에도 각각 1개 신문을 매입했으며, 그 다음 10년 동안에도 모두 10개 신문들을 사들였다.

이렇게 많은 신문들을 사들이면서 허스트는 이들 신문의 일부를 합병하기도 했다. 예컨대, 1918년 「시카고 헤럴드」지와 「시카고 이그재미너」지를 합병해서 「시카고 헤럴드-이그재미너」지로 만들었다. 그랬다가 2년 뒤 「시카고 헤럴드-이그재미너」지와 「시카고 아메리칸」지를 합병해서, 「시카고 헤럴드-아메리칸」(*Chicago Herald-American*)지로 만듦으로써 시카고에는 오직 하나의 조간신문만 남게 되었다. 그런가 하면, 허스트는 보스턴에서도 오랜 전통의 「보스턴 데일리 애드버타이저」지를 매입해서 「보스턴 레코드」(*Boston Record*)지에 흡수시켜 버리기도 했다.

• 허스트계 신문체인의 불황과 쇠퇴

위와 같이 허스트는 많은 신문들을 인수합병해 1922년 말까지 전국 13개 대도시에 걸쳐 모두 20개의 일간신문들과 11개의 일요신문들을 소유해서, 그야

말로 '허스트 신문제국'을 건설했다. 또한 그는 신문 이외에, 2개의 통신사(INS와 Universal Service), 1개의 피처신디케이트(King Feature Syndicate), 6개의 잡지, 1개의 뉴스영화사(Hearst Metronome News), 1개의 일반영화제작회사, 1개의 주간지(*American Weekly*)를 갖고 있었다.

허스트는 그간에 정치에도 깊이 관여해 왔다. 그러나 이에 싫증을 느낀 허스트는 1922년 고향인 캘리포니아로 돌아가서 대저택을 짓고 왕과 같은 생활을 하면서 지냈다. 하지만 그는 여러 가지 사업에 무리하게 손을 뻗쳤다가 손해를 보기 시작해서, 1924년부터 은행에서 많은 돈을 빌려야만 했다. 그런 데다가 1929년 발생한 뉴욕 주식시장 파동이 그에게 큰 타격을 안겨 주자, 이듬해 5,000만 달러 상당의 주식을 팔지 않으면 안 되었다. 그럼에도 은행 빚을 제대로 갚지 못해 1937년 허스트계 신문제국의 모회사였던 아메리칸 뉴스페이퍼사(American Newspaper, Inc.)의 주식 90%가 은행에 넘어감으로써, 그 후 10년 동안 허스트는 이 회사 경영권을 사실상 잃어버리게 되었다.

한편 신문발행사업도 제대로 되지 않아 계속 적자였던 「뉴욕 아메리칸」(*New York Journal*의 후신)지를 1937년 「뉴욕 미러」(*New York Mirror*, 타블로이드판)지에 흡수시켜야만 했다. 또한 그 밖의 여러 신문들도 팔거나 통폐합해야만 했다. 그러자 1937년 당시 74세였던 허스트는 신문계 투신 50주년 축하식을 가진 다음 사실상 은퇴하고 물러났다. 그간에 허스트는 모두 42개의 일간신문들을 창간 또는 매수했는데, 그중에서 14개지는 자신의 다른 일간신문들과 합병했고, 7개지는 다른 사람에게 팔아 버렸으며, 4개지는 폐간시킴으로써 1940년에는 그의 신문체인에 17개의 일간신문들만 남게 되었는데, 이는 1937년도의 25개지에 비해 8개지나 준 것이었다.

군소 신문체인들의 증가와 각종 신문들의 인수합병

위에서는 우선 먼제이, 스크립스-하워드, 허스트계 신문체인에 관해 살펴보았다. 그러나 이들 대규모 신문체인 이외에도 여러 개의 군소 신문체인들이 있었는데, 위와 같은 스크립스, 먼제이, 허스트 등이 신문체인을 형성해서 사업적으로 비교적 성공을 거두자, 다른 여러 신문발행인들도 새로운 신문을 창간하거나 또는 기존 신문들을 인수합병해서 신문체인들을 만들었기 때문이다. 그리하여 1900년까지는 전국에 8개 신문체인(모두 27개 신문 소유)이 있었으나, 1910년에 이르러서는 신문체인의 수가 12개로 늘었다(Mott, 1962, p. 648). 이들 12개 신문체인들 중 3개는 먼제이, 스크립스-맥래, 허스트계 신문체인이었으며 나머지 9개는 군소체인들이었는데, 이들 군소체인들이 각각 소유한 신문들은 몇 개씩에 불과했다.

1910년대에도 신문체인들이 계속 증가해서 10년 동안에 신문체인의 수와 그 소유신문들의 수가 각각 2배로 늘어났다. 그러나 신문체인들이 붐을 이룬 것은 1920년대로서, 신문체인의 수는 약 60개로 늘어났고, 이들 체인이 소유한 일간신문만도 300개가 넘었으며, 이들 300개 일간신문의 전체 발행부수는 전국 일간신문들의 총발행부수의 3분의 1을 차지하게 되었다. 이러한 신문체인들의 증가가 1930년대에 들어와서는 경제공황으로 말미암아 주춤하게 되었으나, 다만 일요신문에서는 전체 발행부수의 약 50%를 체인소유의 일요신문들이 차지했다.

당시 군소 신문체인들 중 가장 오래된 것은 1893년 조지 부스(George G. Booth)와 그의 동생이 시작한 미시간주의 부스 신문체인(Booth Newspapers)이었다. 다음으로 오래된 것은 1901년 창설한 오하이오주의 브러시-무어 신문그룹(Brush-Moore Group)이었다. 이들 이외에도 각 지역마다 주요 신문체인이 하나씩 있었는데, 아이오와주에서는 리 신디케이트(Lee Syndicate, 1903년 창립)가, 일리노이주와 캘리포니아주에서는 코플레이 신문체인(Copley Chain, 1905년 창설)이, 웨스트 버지니아에서는 H. C. 오그덴그룹(H. C. Ogden Group)이 각각 해당 지역의 신문들을 여러 개씩 소유하여 경영하고 있었다.

그런가 하면, 아이오와주에서 시작한 메리트 C. 스페이델그룹(Merritt C. Speidel Group)은 뒤에 뉴욕 · 캘리포니아 등 7개 주에 걸쳐 10개의 일간신문들을 소유하게 되었다. 한편 코넬대학 출신의 프랭크 가넷(Frank E. Gannett)도 1906년부터 시작하여 뉴욕주에서만도 모두 15개의 일간신문들을 소유하게 되었다. 이들 외에도 많은 군소 신문체인들이 있었으나, 그중 상당수는 성공을 거두지 못하고 말았는데, 특히 1930년대 경제대공황은 신문발행사업에 큰 타격을 주어 여러 신문체인들이 줄줄이 파산했다.

4. 현대적 타블로이드신문들의 유행

위에서는 신문들의 인수합병과 체인화 현상에 관해 살펴보았는데, 이러한 현상과 함께 이 시기에 나타났던 또 하나의 주요 현상은 현대적 타블로이드판(tabloid) 신문들의 유행이었다. 여기서 굳이 '현대적' 타블로이드판 신문이라고 함은 종전의 소형신문들과 구별하려는 것인데, '타블로이드판' 신문을 그저 소형신문으로 간주한다면, 사실상 초기의 미국신문들은 모두 타블로이드판 신문이었다고 볼 수도 있다. 그러나 초기의 미국신문들이 작고, 면수도 적었던 것은 대형신문을 인쇄할 수 있는 기술이 없었고, 제작비용도 부족했기 때문이었다고 볼 때, 20세기에 들어와서 다시 유행한 타블로이드판 소형신문은 초기의 소형신문들과 성격이 다른 것이었다.

타블로이드신문의 등장과 선정주의적 경쟁

이와 같은 현대적 타블로이드판 신문을 미국신문계에 유행시킨 인물은 영국의 알프레드 함스워스(Alfred Harmsworth)였는데, 함스워스는 뒤에 영국왕실로부터 작위를 받아 노스클리프 경(Lord Northcliffe)이 된 인물로, 런던에서 신문과 잡지발행사업에 손을 대서 수백만 달러를 벌었다. 이러한 함스워스는 1900년 겨울 조셉 퓰리처의 요양선을 타고 퓰리처와 함께 대서양을 건너 미국으로 오면서 신문에 관한 여러 가지 의견들을 나누었다.

• 현대적 타블로이드신문의 등장 배경

퓰리처가 함스워스에게 말하기를, 뉴욕에 도착하면 자신의 「뉴욕 월드」지를 시험 삼아 한 호만 만들어 보라고 제의했다. 이러한 제의를 수락한 함스워스는 뉴욕에 도착하자 1901년 1월 1일자 「뉴욕 월드」지를 만들었는데, 판형(지면의 크기)은 본래의 「뉴욕 월드」지의 절반밖에 안 되었으나, 면수는 모두 32면이었으며, 편집도 깔끔했고, 내용 중에는 최근판 서적들의 초록도 들어 있었다. 바로 이런 신문이 나오자 뉴욕 독자들이 크게 환영해서, 신문을 다시 더 찍어 내기까지 했다. 함스워스는 이 신문을 가리켜 '타블로이드신문' 또는 '20세기 신문'이라고 불렀는데, 그는 자신의 「런던 데일리 미러」(*London Daily Mirror*)지를 2–3년 전부터 이런 식으로 만들고 있었다.

그러나 퓰리처의 「뉴욕 월드」지는 그 이튿날부터 종전대로 대형판 신문을 계속 발행했으며, 타블로이드신문은 곧 잊히고 말았으며, 그 뒤 스크립스체인의 신문들이 몇 번 시험적으로 타블로이드판으로 발행해 본 것이 고작이었다. 하지만 제1차 세계대전 뒤에 타블로이드판 일간신문들이 미국에서도 나타나기 시작하여 곧 붐을 이루게 되었다.

미국에서 최초로 나온 현대적 타블로이드신문은 「뉴욕 일러스트레이티드 데일리 뉴스」(*New York Illustrated Daily News*)였는데, 이것 역시 앞서 말한 영국의 함스워스 즉 노스클리프 경의 영향 때문이었다. 1914년부터 「시카코 트리뷴」지의 경영권을 인수해서 운영하던 로버트 맥코믹(Robert R. McCormick)과 조셉 패터슨(Joseph M. Patterson)은 1918년에 함께 유럽 여행길에 올랐다. 어느 날 프랑스에서 서로 이야기하다가 패터슨이 얼마 전 영국에서 노스클리프 경을 만나서 들은 이야기를 맥코믹에게 했다. 즉 노스클리프 경의 「런던 데일리 미러」지의 발행부수는 매일 100만 부나 되는데, 이러한 타블로이드판 신문을 미국에서도 내 보라고 했다는 말을 맥코믹에게 이야기했다. 그러자 두 사람은 제1차 세계대전이 끝나는 대로 곧 뉴욕에서 타블로이드신문을 발행하기로 의견을 모았다.

• 최초의 현대적 타블로이드신문 「뉴욕 데일리 뉴스」

이렇게 해서 1919년 6월 26일 나오게 된 현대적 타블로이드신문이 곧 「뉴욕 일러스트레이티드 데일리 뉴스」라는 조간신문이었다. 이 신문은 모두 16면(각 면은 4단으로 조판)으로, 제1면에는 그림(illustration)을 실었고 나머지 면은 주로 뉴스 사진과 대중적 피처기사로 채웠다. 이 신문은 창간 얼마 후 제호에서 '일러스트레이티드'라는 단어를 삭제하고 「뉴욕 데일리 뉴스」로 고쳤는데, 창간 초기 2–3개월 동안은 다른 사람의 인쇄소를 빌려 인쇄했기 때문에 인쇄가 선명치 못했다. 그 결과, 판매부수가 증가하지 않아서 4명의 기자 중에서 2명을 해고하는 등 고전을 면치 못했다.

그러나 얼마 되지 않아서 갑자기 판매부수가 증가하기 시작했다. 첫째 이유는, 아침에 비좁은 지하철을 타고 출근해야만 하는 대중들이 크기가 대형신문의 반밖에 되지 않는 타블로이드신문을 읽는 것이 더 편리했기 때문이다. 둘째 이유는, 「뉴욕 데일리 뉴스」지가 편집방침을 바꿔서 범죄와 섹스 관계 기사에 중점을 두면서 이러한 내용에 맞게 문체와 사진편집기법도 고쳤기 때문이다.

그 결과, 1920년 10월부터 「뉴욕 데일리 뉴스」지는 흑자를 내기 시작했으며, 1922년에는 발행부수가 40만 부를 넘게 되었다. 그러자 일요판도 내기 시작했으며, 1924년도에 이르러서는 발행부수가 75만 부에 달해서, 당시 전국의 일간신문들 중에서 최대발행부수를 자랑하게 되었다. 또 다음 해에는 발행부수가 100만 부로 뛰어올랐고, 그 후에도 계속 증가해 1940년에는 200만 부를 돌파해서, 영국의 「런던 데일리 익스프레스」(*London Daily Express*)지 다음으로 전 세계에서 두 번째로 큰 신문이 되었다.[8]

그러자 「뉴욕 데일리 뉴스」지는 종전의 선정주의적 경향을 버리고 권위지로 방향을 바꾸었다. 그러나 그 이전인 1920년대에는 허스트의 조간신문 「뉴

---

8 *Editor & Publisher International Year Book for 1941*. 이 연감에 의하면 당시 「런던 데일리 익스프레스」의 발행부수는 266만 5,000부였다. 그리고 당시 세계에서 세 번째로 발행부수가 많은 런던의 「데일리 헤럴드」(*Daily Herald*)지와 「데일리 미러」(*Daily Mirror*)지의 발행부수는 각각 175만 부였다.

욕 아메리칸」지 등과 치열한 선정주의 경쟁을 벌이기도 했는데, 대형판 신문으로는 「뉴욕 데일리 뉴스」지를 이길 수 없다고 생각한 허스트는 그의 정규 「뉴욕 아메리칸」지에다 타블로이드판 섹션(section)을 붙여 발행하기도 했다. 또한 허스트는 자신의 「보스턴 애드버타이저」(*Boston Advertiser*)지를 타블로이드판으로 바꾸기도 했다.

• 뉴욕 타블로이드신문들 간의 선정주의 경쟁

한편 허스트는 1924년 「뉴욕 데일리 미러」(*New York Daily Mirror*)라는 타블로이드신문을 뉴욕에서 창간했다. 그리하여 뉴욕에는 2개의 타블로이드신문, 즉 「뉴욕 데일리 뉴스」와 「뉴욕 데일리 미러」가 존재하게 되었다. 3개월 뒤 버나드 맥파든(Bernard Macfadden)이 「뉴욕 데일리 그래픽」(*New York Daily Graphic*)이라는 또 하나의 타블로이드판 신문을 뉴욕에서 창간했는데, 맥파든은 1919년 「트루 스토리 매거진」(*True Story Magazine*)이라는 저급한 고백기사 위주의 잡지를 창간해서 재미를 본 사람이었다. 따라서 새로 창간한 현대적 타블로이드판 「뉴욕 데일리 그래픽」지에도 저급한 고백기사들을 주로 실었는데, 이러한 고백기사기법(confession-story technique)은 과거의 황색저널리즘 수법보다 더 야비한 것이었다.

이렇게 해서 1924년부터 뉴욕에서는 3개의 타블로이드신문들 간에 '선정적이고 저속한 전쟁'이 재연되기 시작했다. 즉 패터슨의 「뉴욕 데일리 뉴스」지, 허스트의 「뉴욕 데일리 미러」지, 맥파든의 「뉴욕 데일리 그래픽」지가 서로 다투어 선정주의 저널리즘의 치열한 경쟁을 벌이게 되었다. 그러면서 이들 신문은 주로 성·범죄·추문·치안사범 관계 사건에 초점을 맞추어 그 내용들을 선정적으로 대서특필하여 대중독자들의 저속한 호기심을 만족시켜 주면서 돈을 벌기에 여념이 없었는데, 이들 타블로이드 신문들의 선정주의는 특히 1925–29년간에 극에 달했다.

이처럼 저속하고 선정주의적 타블로이드신문들이 극성을 부리자, 8단짜리 대형신문들은 교회와 교육기관들과 합세하여, '타블로이드이즘'(tabloidism)에 대항한 소위 '성전'(holy war)을 선포하게 되었다. 그리하여 특히 '데일리 포르노-그래픽'(Daily Porno-Graphic)이라는 별명까지 얻게 되었던 「뉴욕 데일리 그래픽」지를 주 공격대상으로 삼아서 불매운동까지 전개하자, 「뉴욕 데일리 그래픽」지의 판매부수는 급격히 떨어져, 마침내 1932년 자진 폐간하게 되었다.

한편 「뉴욕 데일리 미러」지도 판매부수가 계속 떨어지자, 1928년 허스트는 이 신문과 보스턴의 「보스턴 애드버타이저」를 함께 다른 사람에게 팔아넘기고 말았다. 그러나 2년 뒤인 1930년 허스트는 「뉴욕 데일리 미러」지를 다시 사들여서, 편집방침을 바꿔 선정주의적 기사들을 없애 버리고 그 대신 흥미로우면서 건전한 내용을 실었다. 그러자 「뉴욕 데일리 미러」는 곧 판매부수가 급증해서 흑자를 내기 시작했다. 한편 패터슨의 「뉴욕 데일리 뉴스」지도 1940년 발행부수가 200만 부를 돌파해서 전 세계에서도 두 번째로 로 큰 신문이 되자, 종전의 선정주의적 경향을 버리고 권위지로 그 방향을 바꾸었다.

타블로이드신문의 전국적 확산

위와 같이 뉴욕에서 1920년대 말부터 타블로이드신문들에 대항한 독자들의 '성전'이 시작되면서 타블로이드신문들이 주춤하게 되었다. 그러나 그간에 타블로이드신문들은 전국적으로 퍼져 나가서, 지방에서는 1940년대까지 크게 유행했다. 즉 1919년 뉴욕에서 타블로이드신문인 「뉴욕 데일리 뉴스」지가 나와 성공을 거두자 다른 도시의 신문발행인들도 이를 모방해서 타블로이드신문들을 다투어 발행하기 시작하여 1924년까지 5년 동안에만도 전국 8개 도시에 모두 11개의 타블로이드신문이 생겨나게 되었다. 이들 중 일부는 새로 창간했으나 나머지는 기존의 대형신문을 타블로이드신문으로 전환한 것들이었는데, 그 대표적 실례로는 「로스앤젤레스 뉴스」(*Los Angeles News*)·「샌프란시스코 헤럴드」(*San Francisco Herald*)·「마이애미 데일리 탭」(*Miami Daily Tab*)·「워싱턴 데일리 뉴스」(*Washington Daily News*)·「볼티모어 포스트」(*Baltimore Post*)지 등을 들 수 있다.

그 후에도 계속해서 타블로이드신문들이 전국 각 도시에서 생겨났다. 예컨대, 1925년에는 「필라델피아 선」(*Philadelphia Sun*), 1926년에는 「필라델피아 데일리 뉴스」(*Philadelphia Daily News*)지가 창간되었다. 1929년 뉴욕에서 타블로이드신문들이 된서리를 맞은 해에도 다른 도시들, 예컨대 디트로이트에서는 「디트로이트 데일리」(*Detroit Daily*), 시카고에서는 「시카고 타임스」(*Chicago Times*) 등의 새로운 타블로이드신문들이 계속해서 새로 나타났다. 1930년대에도 타블로이드판 신문들의 종수와 발행부수가 계속 증가해서 10여 개의 새로운 타블로이드신문들이 나왔는데, 이들의 대부분은 소도시들에서 나온 것들이었다.

1940년대에 들어와서도 역시 타블로이드신문들이 증가추세를 보여 타블로이드신문들이 50여 개로 늘어났는데, 이들은 거의가 극히 선정주의적이었으며, 개인들의 사생활을 침해하고, 사진들을 날조해서 게재하는 등 병폐가 많았다. 그러나 1940년대에 와서는 그 내용이 이전에 비해 많이 정화되었다. 비록 위와 같이 타블로이드신문들은 여러 가지 병폐가 많았기는 하지만, 그 나름대로의 여러 가지 특징 내지 장점도 갖고 있어 미국신문역사에서 중요한 역할을 했는데, 첫째 크기가 8단짜리 대형판 신문을 반으로 접어 놓은 것처럼 작아서 들고 다니면서 보기에 편리했고, 둘째 사진을 많이 넣어서 재미가 있었고, 셋째 기사들의 문체가 간결하고 축약적이며, 생생해서 신문문장체에 새로운 모범을 보여 주었다.

5. 경제대공황과 신문들의 고난

위에서는 1920년대부터 등장해서 1940년대까지 유행한 타블로이드신문에 관해 간단히 살펴보았는데, 이러한 타블로이드신문들의 유행과 함께 이 시기의 또 하나의 중요한 시대적 특징으로는 1928년부터 시작된 경제대공황과 그로 인한 신문들의 수난을 들 수 있다. 그렇다면 구체적으로 경제대공황은 당시 신문들에게 어떠한 수난과 어떠한 결과를 가져다주었는가?

1930년대 경제대공황과 군소 신문들의 타격

1919년 제1차 세계대전이 끝나자 미국은 다시 번영을 이룩하기 시작했다. 그러나 1929년부터 1932년까지 불어닥친 경제대공황은 신문계에도 커다란 타격을 안겨 주었다. 1929년 10월, 주식시세의 대폭락을 시발점으로 해서 날로 심각해져 간 경제불황은 신문계 종사원들의 임금, 신문용지, 인쇄기기 등의 가격을 치솟게 했다. 그리하여 1910년대에는 주당 25달러였던 신문인쇄공들의 임금이 1920년대 말에는 40달러로, 그리고 1930년대 초에는 50달러 이상으로 뛰어올랐다. 그러면서도 실업자들은 날로 증가했다. 한편 신문용지 값도 1930년대 초에는 1파운드당 6센트로 올라갔다.[9] 또한 인쇄기기 값도 올라서, 고속인쇄기의 값은 대당 100만 달러를 넘어서게 되었다.

그러나 다행스럽게도 경제대공황 전체 기간을 통하여 신문발행부수만은 거의 종전 그대로 유지되었는데, 이는 은행이 문을 닫고 저축금이 날아가는 와중에 대중들은 오직 신문을 통해 삶의 위안을 받을 수 있었기 때문이다. 비록 1933년에는 미국의 신문 총발행부수가 1930년도의 4,000만 부에 비해 약 9%나 감소해서 3,583만 부로 떨어지기는 했으나, 1937년에는 다시 4,150만 부로 올라갔다.

하지만 신문광고량은 크게 감소되어, 1929년을 기준으로 볼 때 1930년에는 15%, 1931년에는 24%, 1932년에는 무려 45%나 떨어졌다. 그 뒤 서서히 회복세를 보여 1937년에는 전체 광고비가 6억 3,000만 달러로 올라가기는 했으나, 이는 1929년 8억 6,000만 달러에 비해 약 27%나 적은 것이었다. 이렇게 광고수입이 줄어들자 1938년 많은 신문들이 신문대금을 인상했다. 그러나 이는 오히려 신문판매부수의 감소만 가져다주었다. 그리하여 많은 군소 신문들은 자진휴

9 그러나 경제공황으로 신문용지 소비량이 감소한 데다가 캐나다산 용지가 많이 수입되어 1934년에는 신문용지 값이 1파운드당 2센트로 하락했다. 그 뒤 다시 값이 오르기 시작했으나 1938–40년간에는 안정을 이루어 톤당 50달러를 유지했다. 그러나 용지 소비량은 크게 증가하여 1940년에는 전체 소비량이 300만 톤에 이르자, 신문용지를 캐나다 등지에서 수입해다가 사용해야만 했다.

간에 들어가거나 큰 신문들에 흡수·합병되고 말았다.

신문규정의 제정과 신문노동조합의 결성

위와 같이 경제대공황으로 인하여 1930년대에는 수많은 군소 신문들이 자진 휴간하거나 큰 신문들에 흡수·합병되었다. 그러나 일간신문의 경우, 1920년대에 비해 약 3% 정도만 감소했는데, 이는 앞서 말했듯이 공황기에도 신문발행부수가 크게 줄지 않았고, 인구도 7%나 증가했으며, 정부가 경제공황에 대한 강력한 대책으로써 신문들 간의 불필요한 경쟁을 막아 주는 한편, 신문발행사업도 적극 육성했기 때문이다.

• 신문과 그 종사원들의 보호를 위한 각종 조치

경제공황으로 말미암아 모든 산업이 부진하게 되자, 이를 다시 부흥시키기 위해 연방의회는 1933년 6월 전국산업부흥법(National Industrial Recovery Act)을 제정했다. 그리고 우선 불공정행위를 막기 위해 각 산업분야에 대한 공정행위규정(code of fair practices)을 마련하여, 이를 준수토록 했다. 그러자 미국신문발행인협회(American Newspaper Publishers Association)도 1933년 7월 공정행위위원회를 결성하고, 신문규정을 제정했다. 그러나 이 규정이 정부의 승인을 얻게 된 것은 이듬해 2월에 가서였다. 신문규정은 정부에 의한 신문의 허가제에 해당되는 것으로서 언론자유를 침해하는 결과를 가져온다고 주장하면서 많은 신문발행인들이 반대했기 때문이다.

이와 같은 반대에 부딪친 신문발행인협회는 신문규정에 '헌법에 의한 언론자유의 보장'에 관한 내용을 추가하는 동시에 대규모 일간신문들만 신문규정의 적용대상으로 삼고, 나머지 군소일간신문들과 주간신문들은 그래픽 아츠 규정(graphic arts code)의 적용을 받게 하여 겨우 일간신문규정만 제정했다. 그러나 이 신문규정은 발효 15개월 만에 폐기되고 말았는데, 1935년 5월 연방대법원이 전국산업부흥법 자체를 위헌이라고 선언해 버렸기 때문이다.

그러나 전국산업부흥법은 신문노동조합의 탄생과 신문기자들의 권리 향상에 크게 기여했는데, 1933년 6월 전국산업부흥법이 공포되자 그해 8월부터 각 도시의 신문기자들은 지역별 노동조합을 결성하기 시작했다. 그리고 그해 12월 15일에는 전국 30개 도시의 대표자들이 워싱턴에 모여 미국신문기자노동조합을 정식으로 결성했는데, 그 목적은 "회원들의 직업상 이익을 보장하고 단체교섭을 통하여 작업여건을 개선하며, 저널리즘의 기준을 향상시키는 것"이었다.

• 기자들의 권익보호를 위한 신문노동조합의 결성

바로 이러한 목적의 전국신문기자노동조합을 신문기자들이 결성하고, 초대위원장으로 당시 유명했던 칼럼니스트 헤이우드 브라운(Heywood Broun)을 선출했다. 이에 대해 처음에는 신문발행인들도 호의를 가졌으나 곧 반대 입장을 취하기 시작했는데, 이듬해부터 기자들의 파업이 계속 일어나기 시작하여, 특히 「롱아일랜드 데일리 프레스」(*Long Island Daily Press*)지와 「뉴아크 레저」(*Newark Ledger*)지의 발행인이 큰 곤욕을 치렀기 때문이다.

1935년 5월, 연방대법원이 전국산업부흥법을 위헌이라고 선언하자 신문기자들의 노동운동은 잠시 타격을 받는 듯했다. 왜냐하면 전국산업부흥법 제7조 (a)항은 노동자들에게 단체교섭권을 보장해 주는 것이었는데, 전국산업부흥법 자체가 위헌으로 폐기되자, 그 제7조 (a)항도 자동적으로 폐기되었기 때문이다. 그러자 자연히 노동자들의 반발이 거세게 일어났다. 그리하자 연방의회는 전국산업부흥법 제7조 (a)항을 대신하기 위해 와그너노동관계법(Wagner Labor Relations Act)을 만들어 1935년 7월 통과시켰는데, 이 와그너노동관계법은 노동자들의 단체교섭을 감독하기 위한 노동청을 설치하는 한편, 노동자들이 고용주와의 교섭에서 자신들을 대표하는 단체를 선택할 수 있는 권리를 보장하는 것이었다. 그리하여 이 법은 산업별 노동조합의 결성을 촉진하여, 신문분야에서도 미국신문기자노동조합(American Newspaper Guild)이 탄생하게 되었다.

이렇게 해서 미국신문기자노동조합이 탄생하자, 신문기자들은 1935년 세 차례의 조그만 파업을 일으켰다. 1936–38년간에는 매년 더 많은 파업사태가 전국 여러 곳에서 잇달아 발생했는데, 이러한 사태는 신문발행인의 입장에서 볼 때는 달갑지 않은 것이었다. 그러나 신문기자들의 노동조합 결성과 단체교섭권 보장은 경제공황에 시달리던 기자들에게는 많은 이익을 가져다주었다.

6. 인수합병기 신문의 각 부문별 주요 양상

위에서 우선 1914–40년간의 미국신문들의 주요 흐름을 시간에 따라 전체적으로 살펴보았다. 그러면 여기서는 당시 미국신문들의 주요 실태와 시대적 특성을 부문별로 나누어서 좀 더 자세하게 고찰해 보기로 하되, ① 신문과 정치·정부와의 관계, ② 신문의 자유, ③ 신문의 윤리, ④ 신문의 편집체재와 주요 내용, ⑤ 신문의 발행부수와 판매촉진방법, ⑥ 신문광고, ⑦ 지방의 주간신문들의 사정, ⑧ 라디오방송의 출현과 신문에 대한 영향에 관해서만 간단히 살펴보기로 하겠다.

신문과 정부 · 정치와의 관계

우선 이 시기에 신문과 정부 내지 정치와의 관계부터 보면, 당시 신문들은 대통령선거 때마다 특정정당의 후보를 공개적으로 지지(endorse) 또는 반대했는데, 1916년도 대통령선거부터 1928년도 대통령선거에 이르기까지 네 차례 선거에서는 전체 중 55–65%의 신문들이 공화당 후보에게 지지를 보냈다. 그럼에도 불구하고 1916년도 선거에서는 민주당 후보 우드로우 윌슨(Woodrow Wilson)이 승리를 거두어 대통령에 재선되었다. 그러나 그 뒤 세 차례의 대통령선거에서는 공화당 후보들이 대승을 거두었는데, 특히 1928년 대통령선거에서는 공화당 후보 허버트 후버(Herbert C. Hoover)가 58%(일반투표율)의 많은 표를 얻어 민주당 후보 알프레드 스미스(Alfred E. Smith)를 눌렀다.

• 대통령선거에서 신문들의 공개적 지지와 반대

1932년도 대통령선거에서도 약 60%의 일간신문들이 공화당 후보 후버의 재선을 지지했다(Peel and Donnelly, 1935, p. 144). 그러나 경제공황을 일으킨 공화당정부를 못마땅하게 여긴 국민들이 민주당 쪽으로 돌아서는 바람에 민주당 후보 프랭클린 루스벨트(Franklin D. Roosevelt)가 57%의 지지표를 얻어 대통령에 당선되었다.

1936년 대통령선거에서도 대다수 신문들이 공화당 후보 알프레드 랜던(Alfred M. Landon)을 지지했으나, 민주당 후보 루스벨트가 공화당 후보 랜던을 선거인단투표에서 472명 대 8명으로 누르고 재선되었다. 그 다음 1940년도 대통령선거에서도 역시 대다수 신문들, 즉 일간신문들 중에서는 4분의 3, 주간신문들 중에서는 3분의 2가 공화당 후보 웬델 윌키(Wendell L. Willkie)를 지지했으나, 민주당 후보 루스벨트가 3선의 영광을 차지했다.

이렇게 되자 최소한 대통령선거에서는 신문의 영향력이 떨어졌다는 자성의 소리가 들렸다. 사실 미국의 대통령선거역사를 통틀어 보아도 특정 후보에 대한 신문들의 지지와 국민들의 실제 투표행위 간에는 이렇다 할 유의적 상관관계(significant relationship)를 찾아볼 수 없었지만, 특히 이 시기 신문들의 영향력의 실추는 대중들로 하여금 신문이 여론형성기능을 못하고 있다는 의구심까지 불러일으켰다. 그 이유를 분석해 보면, 이 시기의 신문들은 특정 정당을 지지하면서도 그 반대당의 정강정책이나 선거연설들도 사실 그대로 보도해 주었으며, 대다수 신문들이 '독립적인 민주당계 신문'이니 '독립적인 공화당계 신문'이니 표방하고 나서면서 정치적 중립을 지키려고 노력했기 때문에, 신문들이 대통령선거에서 국민들에게 큰 영향을 주지 못했다고 볼 수 있다. 따라서 이는 오히려 환영할 만한 현상이었다.

• 역대 대통령들과 신문과의 관계

한편 신문과 역대 대통령과의 관계를 보면, 1913년 28대 대통령에 취임한 윌슨 대통령은 신문과 좋은 관계를 유지하려고 노력해서, 1주일에 2회씩 워싱턴 주재 특파원들과 정기회견을 가졌다. 그러나 실제로는 좋은 결과를 얻지 못했는데, 윌슨 대통령이 기자회견을 마치 강의식으로 이끌어 나갔으며, 그의 말을 신문이 잘못 인용할 경우는 화를 잘 냈기 때문이다. 그리하여 결국 윌슨 대통령의 정기기자회견은 1915년에 중단되고 말았다.

윌슨 대통령에 이어, 1921년 취임한 워렌 하딩(Warren G. Harding) 대통령과, 1923년 취임한 캘빈 쿨리지(Calvin Coolidge) 대통령은 언론인 출신으로, 신문기자들과 비교적 좋은 관계를 유지했다. 그러나 1929년 취임한 허버트 후버 대통령은 신문을 불신해서, 그가 이야기하는 정보를 세 가지 유형(categories)으로 분류하여, ① 그가 미리 기자들에게 보도하라고 밝힌 첫 번째 유형의 정보는 반드시 직접인용(direct quotation)만 하게 하고, ② 두 번째 유형의 배경정보들(background informations)은 신문에서 사용하되 '대통령이 한 말'이라고 그 출처를 밝히지 못하게 했으며, ③ 세 번째 유형인 '극비' 정보는 '오프 더 레코드'(off the record)로 해서 절대로 신문에 쓰지 못하게 했다. 또한 서면회견의 경우는 그 질문을 24시간 전에 제출케 하면서도 응답하고 싶지 않은 질문은 예사로 무시해 버렸다. 따라서 후버 대통령과 신문과의 관계는 극히 좋지 않았다.

1933년 취임한 프랭클린 루스벨트 대통령은 처음에는 신문과 좋은 관계를 가져서, 워싱턴특파원들과의 소위 '밀월'이 약 2년 동안이나 지속되었는데, 루스벨트 대통령은 신문과의 관계에서도 '뉴딜'(New Deal)정책(?)을 사용해서, 수시로 기자들에게 뉴스를 제공했다. 또한 그는 대중연설을 좋아해서 기자회견을 할 때도 한꺼번에 200여 명의 기자들을 불러들이기도 했다. 그러나 이러한 루스벨트 대통령도 후버 대통령이 만들어 놓은 세 가지 분류의 정보등급제도를 그대로 활용하면서 거기에다 또 하나의 유형을 추가했는데, 이 네 번째 유형은 곧 그가 한 말을 신문이 인용부호 없이 풀어서 쓸 경우 자신의 이름을 사용하지 못하도록 한 것이었다.

그럼에도 루스벨트 대통령과 워싱턴특파원들 간의 소위 '밀월'은 약 2년간 지속되었다. 그러나 루스벨트 대통령의 뉴딜정책에 대한 회의가 기자들에게 생기기 시작하면서 그 밀월관계에도 서서히 금이 가다가 1938년 완전히 깨지게 되어, 신문들은 루스벨트 대통령에게 신랄한 비판을 퍼붓게 되었다. 하지만 루스벨트 대통령은 정부 각 부처로 하여금 자체 기자회견들을 매주 갖게 함으로써, 각 부처에서는 공보실을 설치하고 대변인들로 하여금 해당 부처에 관한 뉴스를 신문에 적극 제보토록 했다. 그리하여 1939년에는 미국정부 전체에 약 300명의 공보관 내지 대변인들이 정부 관계의 각종 뉴스자료들을 신문에 제공하는 동시에 기자들과의 우호적 관계를 유지토록 했다(*Time*, Jan. 16, 1939, p. 34).

신문자유에 대한 규제와 대법원의 보장

한편 이 시기의 신문자유를 보면, 앞서 말했듯이 제1차 세계대전 당시는 신문이 정부와 군 당국으로부터 여러 가지 규제를 받아서 신문자유가 많이 위축되었다. 특히 1917년 4월 6일 미국이 독일 등에 선전포고를 하고 나서 곧 윌슨 대통령은 언론에 관한 포고령을 내려, "적에게 도움을 주거나 적을 찬양하는 내용을 출판하는 자는 국사범으로 기소하겠다"고 경고했다.

• 제1차 세계대전 시와 전후의 신문자유

위와 같은 포고령 이외에 또한 신문들은 방첩법과 치안법에 의한 법적 규제도 많이 받았는데, 1917년 6월 15일부터 발효된 방첩법(Espionage Act)에서는 "이적행위나 징집을 방해하는 내용을 출판하는 자는 벌금 또는 징역형에 처한다"고 규정했으며, 1918년 5월 16일 공포한 치안법(Sedition Act)에서는 "미국정부의 형태 또는 헌법, 육군이나 해군, 국기 등에 대해 경멸이나 비방을 하는 내용을 출판하는 자는 중형에 처한다"고 규정했기 때문이다.

그러나 제1차 세계대전이 끝나자 신문들은 비교적 자유를 누렸는데, 이는 특히 법원이 언론자유를 보장해 주었기 때문이다. 그 실례의 하나로는, 1931년 연방대법원이 미네소타주의 소위 '언론규제법'(Gag Law)에 대해 5 대 4의 결정으로 위헌판결을 내려 언론자유를 보장해 준 것을 들 수 있다. 미네소타주의 소위 '언론규제법'은 곧 "개인이나 기관 또는 단체 등의 명예를 악의적이고 중복적으로 훼손하는 신문과 정기간행물들은 사회질서 문란자로 간주해서 당국의 명령으로 규제될 수 있다"는 요지의 법이었는데, 당시 「미네아폴리스 새터데이 프레스」(*Minneapolis Saturday Press*)지가 부도덕과 도박행위에 관한 사회정화 기획기사를 연재하다가 바로 위와 같은 언론규제법에 의해 연재중지명령을 받게 되었다.

그러자 이러한 명령에 대해 「미네아폴리스 새터데이 프레스」는 불복했으며, 이 사건이 결국 대법원까지 올라가게 되었다. 그러자 당시 대법원은 언론규제법 자체를 위헌이라고 판결함으로써 「미네아폴리스 새터데이 프레스」가 승소하게 되었는데, 당시 대심원장 휴즈(Chief Justice Hughes)는 미네소타주의 언론규제법이 위헌인 이유는, "명예훼손법은 출판을 통해 저질러진 그릇된 행위에 대한 배상책임은 지도록 할 수는 있지만, 행정명령에 의한 중지는 권리장전(Bill of Rights)에 위배되기 때문"이라고 밝혔다.

• 법원의 판례를 통한 신문자유의 보장

1936년 대법원은 또 루이지애나주정부가 신문사의 광고수입 총액(gross income)을 기준으로 2%의 세금을 부과하는 것도 잘못이라는 판결을 내렸는데, 그 이유는 "헌법으로 보장하는 대중을 위한 정보의 유통을 제한하기 위해 세금이라는 명목의 의도적이고 가장된 수단을 사용해서는 안 되기 때문"이라고 대법관 서덜랜드(Justice Sutherland)는 설명했다.

이 밖에도 이 시기에 대법원은 언론의 자유와 책임에 관한 사건들에 대해 여러 가지 중요한 판례를 남겼다. 그중 하나는 뉴스의 표절에 관한 사건으로, INS통신사(International News Service)가 AP통신사의 뉴스를 표절하자 AP가 INS를 제소한 사건에 대해, 대법원은 1918년 INS의 표절행위는 불공정한 경쟁이라고 하여 AP에 승소판결을 내렸다.

또 하나의 중요한 판례는, 비록 연방대법원이 아닌 일리노이주 대심원의 판례였지만 명예훼손에 관한 역사적 판례였는데, 1923년 「시카고 트리뷴」지가 시카고시 정부의 부정을 폭로하자 시카고시가 「시카고 트리뷴」지를 명예훼손죄로 제소하면서 1,000만 달러의 배상을 요구했다. 그러나 이 사건에 대해 일리노이주 대심원은, "국민들은 법정에 불려 나갈 것이라는 두려움이 없이 자신들의 정부에 대해 논의할 권리를 가지고 있다"는 것을 선언하면서 시카고시는 명예훼손죄로「시카고 트리뷴」지를 제소할 수 없다면서 이 사건을 기각해 버렸다. 그리하여 이 사건은 그 뒤 신문들이 명예훼손죄로 제소를 당하지 않게 만드는데 중요한 구실을 했다.

그러나 당시까지만 해도 뉴스원에 대한 기자의 비익권(protection)은 법원이 인정해 주지 않았는데, 일리노이주「시카고 아메리칸」(*Chicago American*)지의 헥터 엘웰(Hector Elwell) 기자가 한 기소사건에 관한 일리노이주 대배심의 평결결과를 한 배심원으로부터 사전에 입수해서 보도하자, 대배심은 엘웰 기자를 소환해서 그에게 정보를 흘린 배심원의 이름을 밝히라고 요구했다. 그러나 이를 엘웰 기자가 거절한 사건에 대해서는 연방대법원이 엘웰 기자에게 감옥에 가거나 벌금을 내도록 판결을 내림으로써, 비익권은 당시까지만 해도 인정되지 않음을 보여 주었다.

신문윤리강령의 채택과 신문학교육의 확대

한편 이 시기에는 신문계 내부에서도 스스로 신문자유를 수호하고, 사회적 책임을 다하는 동시에 언론직을 전문화하여 신문인들의 수준을 향상시키려는 노력을 많이 했다. 이러한 노력의 일환으로, 신문편집기자들은 1922년 뉴욕에서 미국신문편집기자협회(American Society of Newspaper Editors)를 설립하고 매년 워싱턴에서 총회를 개최하여 편집기자들의 수준과 지위 향상에 관한 문제들을 토의하기로 결정했다. 1923년 워싱턴에서 개최한 제1차 총회에서는 신문윤리강령(Cannons of Journalism)을 채택했는데, 그 전문에서 "신문의 기본 기능은 신문인들이 행동하고 생각하고 느끼는 바를 인류에게 전달하는 것"이라고 천명했다. 그리고 이러한 기능을 다하기 위한 수단으로서, 신문과 신문인들의 ① 책임(responsibility), ② 자유(freedom), ③ 독립성(independence), ④ 성실·진실·정확성(sincerity·truthfulness·accuracy), ⑤ 공정성(impartiality), ⑥ 페어플레이(fair play)

및 ⑦ 품위(decency)에 관한 구체적 윤리강령들을 모두 7장으로 나누어 구체적으로 밝혔다.

한편 대학들에서도 신문학, 즉 저널리즘 교육을 더욱 확대, 강화하기 위해 1917년 미국신문학교사협회(American Association of Teachers of Journalism)의 자매단체로, 다시 미국신문학부 및 학과협의회(American Association of Schools and Departments of Journalism)를 새로 발족시켰다. 이 협의회의 목적은 주로 신문학 교과과정의 개발과 개선을 위한 것이었는데, 처음에는 그 회원 학부 및 학과가 8개였으나, 1940년에 이르러서는 32개로 늘어났다. 이들 회원 학과 및 학부에서 매년 배출하는 졸업생들은 1,200명이나 되었는데, 그중 50%는 신문계로, 나머지는 50%는 광고·잡지·라디오·출판 및 기타 관련업계로 진출했다.

미국신문학부 및 학과협의회에 가입한 대학들 외에도 전국 70여 개 대학에서 신문학과 또는 신문학부를 설치하여 매년 1,000명 이상의 졸업생을 냈다. 그런가 하면, 440개 대학에서는 영문학과나 상과(현 경영학과)에 신문학과목(광고 포함)들을 개설하여 학생들을 교육시켰다. 한편 중·고등학교에서도 신문학을 가르치기 시작했으며, 그 교사들이 1928년 전국중등학교신문학과주임협회(National Association of Journalism Directors of Secondary Schools)를 창립했다. 또한 그간에 신문학교육자들은 신문학 관계 교과서와 전문서적들도 출판했으며, 현직기자·편집인·발행인들도 다투어 실무서적·언론인전기·취재담 등에 관한 책들을 발행했다.

신문의 내용 · 편집 · 기사작성방법 등의 변화

다음으로 이 시기 신문들의 주요 내용, 편집체재, 기사작성방법 등을 살펴보면, 그 이전에 비해 적지 않은 변화들이 있었다. 그렇다면 구체적으로 어떠한 변화들이 있었으며, 그 변화의 이유는 무엇이었는가?

• 많은 비중을 차지한 주요 뉴스기사들

우선 이 시기의 신문들에 실린 주요 뉴스들부터 간단히 살펴보면, 1914–18년간에는 역시 제1차 세계대전에 관한 뉴스가 주류를 이루었다. 그리고 전후인 1919–29년간에는 찰스 린드버그(Charles A. Lindburgh)가 뉴욕에서 파리까지 첫 대서양횡단비행에 성공한 뉴스를 단일사건으로는 가장 크게 보도했다. 다음으로는 1919년 6월 베르사이유평화회의와 그 회의에서 국제연맹의 설립을 둘러싼 논쟁에 관한 뉴스를 크게 보도했다. 1930년대에는 역시 경제공황에 관련된 경제·정치·사회 문제와 그 대책에 관한 뉴스가 가장 많은 비중을 차지했다. 그러나 1938년부터는 유럽에서 새로 일어나기 시작한 전쟁에 관한 뉴스가 많이 보도되기 시작했는데, 이는 제2차 세계대전의 전운이 감돌기 시작하면서 미국신문들이 유럽전쟁과 국제문제에 많은 관심을 갖게 되었기 때문이다.

비록 이처럼 이 시기에도 미국신문들은 시사문제에 관한 뉴스들을 많이 보도했지만, 그 핵심은 국민들의 이데올로기와 실생활에 관련된 것들이었다. 따라서 크게 다룬 뉴스들의 주제를 보면, 전쟁·안보·애국·대통령선거·정치 등에 관한 것과, 화재·범죄·인기스포츠·여가·오락 등에 관한 것이 많았다.

그러나 이러한 뉴스기사들 이외에, 특히 1920년대와 1930년대 신문들의 내용 중에서 두드러지게 엿보이는 기사는 소위 '인간흥미 기사'(human interest story) 또는 '빅-플레이 기사'(big-play story)라고 부른, 인간 자체에 관한 극적이고 서스펜스를 자아내는 뉴스(엄밀히 말하면 뉴스는 아님)들이었다. 당시 신문들은 이러한 기사에 해설·논평·사진 등을 가미시켜 제1면에 크게 보도하곤 했는데, 이는 독자들에게 감동을 주면서 선행을 장려하는 데 목적이 있었다. 그러나 또 한편으로는 독자들의 마음속에 내재하는 보편적 욕망과 감정을 자극해서 신문 판매부수를 올리려는 데도 목적이 있었다.

• 편집체재와 기사제목 등의 새로운 변화

다음으로 이 시기 신문들의 편집체재를 보면, 초기에는 8단체재가 보편화되었다. 1930년대 후반부터는 뉴스기사의 유형별 지면구획(departmentalization)

풍조가 크게 대두해서 제1면에는 주요 뉴스들의 요약기사만 싣고, 자세한 내용의 기사본문은 각 기사의 유형별 해당 면에 게재했다. 이러한 지면구획방법은 본래 시사주간지 「타임」(*Time*)이 처음 시도해서 성공을 거두자, 이를 신문들도 모방하게 된 것이었다. 이러한 지면구획을 처음 시도한 신문은 1936년 「팜 비치 타임스」(*Palm Beach Times*)지와 「데이토나 비치 모닝 저널」(*Daytona Beach Morning Journal*)지였으나, 지면구획방법을 본격적으로 사용한 대규모 신문은 버지니아주의 「리치먼드 타임스 디스패치」(*Richmond Times Dispatch*)지였다.

한편 기사제목들을 보면, 특히 제1차 세계대전 기간에는 제1면에 전단제목(banners)들이 많이 보였는데, 이는 전쟁 관계 뉴스를 중요하게 취급했기 때문이기도 하지만, 또한 가두판매부수를 올리기 위해서였다. 그리하여 예컨대, 「뉴욕 타임스」지는 1918년 11월 11일 제1차 세계대전의 휴전을 4행으로 된 전단제목을 사용하여 보도하기도 했다.

이러한 전단제목의 사용은 전후에도 계속되어 전국 신문에 보편화되었다. 그러자 모든 기사의 제목들도 커져서 어지간한 뉴스에는 모두 3단 크기의 제목을 붙이게 되었다. 특히 1931년 N. W. 아이어 앤드 손(N. W. Ayer & Son) 인쇄기기제작회사가 개최한 제1회 신문전시회에서 2–3단 크기의 3행 제목(대문자와 소문자 혼용)을 즐겨 쓴 「뉴욕 헤럴드 트리뷴」지가 편집대상을 받자, 이러한 「뉴욕 헤럴드 트리뷴」의 기사제목을 지방신문들도 모방함으로써 2–3단 크기의 3행 제목들이 전국적으로 일반화되다시피 했다.

• 지면에 각종 사진들의 다량 삽입과 그 주요 요인

1930년대 신문들에서 두드러지게 나타난 또 하나의 현상은 각종 사진들을 과도할 정도로 지면에 많이 삽입한 것이었는데, 특히 타블로이드신문들은 광고를 제외한 전체 지면의 40%를 사진들의 게재에 할애했다. 그런가 하면, 8단짜리 대형판신문들도 전체 지면의 약 25%를 사진이나 삽화로 채워 넣었는데, 이러한 사진이나 삽화의 비중은 대도시 일간신문들이 더 커서 1938년에는 전체 지면의 38% 정도를 차지하였다. 그렇다면 이처럼 사진을 많이 넣은 이유는 무엇이었는가?

가장 큰 이유로는 무엇보다도 사진기기·사진술·사진제판술·사진인쇄술 등의 발전을 들 수 있는데, 1930년대로 들어오면서 사진과 그 인쇄술 등이 장족의 발전을 이룩하여 고도의 감광필름과 노출계·인화지 건조기·캔디드 카메라 등이 새로 개발되었다. 또한 플래시 램프도 나옴으로써 마그네슘 화약을 터뜨리며 사진을 찍던 낡은 방법은 사라지게 되었다. 한편 사진제판술에도 커다란 변혁이 일어났고, 컬러인쇄술도 더욱 발전했으며, 1939년에는 사진전송도 가능하게 되었다. 그런가 하면, 옵셋인쇄술도 개발되어 1937–40년간에는 군소일간 신문들과 주간신문들도 활판인쇄 대신에 옵셋인쇄를 하기 시작했다.

이러한 기술적 발전 이외에 1930년대 신문들이 사진을 많이 넣게 된 또 하나의 이유로는, 1920년대에 성행했던 타블로이드신문들이 사진을 즐겨 실었던 것과, 1930년대에 사진잡지(picture magazine)들의 성공을 들 수 있다. 그중에서도 특히 1930년대에 미국에서 가장 유명했던 「라이프」(*Life*)와 「루크」(*Look*) 등의 사진잡지들이 신문들에도 사진을 많이 싣게 하는 데 중요한 영향을 미쳤다고 볼 수 있는데, 「라이프」는 1936년 시사주간지 「타임」의 발행인이 창간한 것으로, 사진에 중점을 두어 처음부터 대단한 성공을 거두었다. 한편 「루크」지는 1937년 본래는 아이오와주 데스모인스(Des Moins)에서 창간했으나, 1940년 뉴욕으로 이전했는데, 이 잡지 역시 사진을 주 내용으로 삼음으로써, 단기간에 100만 부를 발행할 정도로 성공했다.

• 기사 리드와 뉴스보도패턴의 새로운 변화

위와 같이 신문들이 사진을 많이 게재하고, 또한 1920년대부터 라디오방송이 출현하여 뉴스 방송을 시작하자, 신문들의 뉴스기사 작성방법에도 새로운 변화가 일어나게 되었다. 그것은 바로 육하원칙에 의한 요약 리드(5W-H summary lead)가 점차 사라지고, 그 대신 해설식 또는 피처기사식 리드 등 여러 가지 다양한 형태의 리드들이 나타나서 해당 기사에 대한 독자들의 관심을 유발하게 된 것이었다. 그리하여 이러한 리드들의 사용이 1940년에 이르러서는 거의 모든 신문에 일반화되었다.

그런가 하면, 과거 50여 년 동안 미국신문들의 뉴스보도 패턴이 되어 왔던 객관적·사실적 뉴스보도 방식도 1930년대에 와서는 어느 정도 무너지게 되었다. 이는 경제·사회 현상과 국제관계 등이 점차 복잡해져 그에 관한 단순한 사실적 스트레이트 뉴스보도만으로는 복잡한 사건이나 문제 등에 관한 설명이 부족했기 때문이다. 따라서 이러한 문제점의 극복을 위해 신문들은 어떤 사건을 보도하고 해설할 때 그에 신문사 측의 논평과 의견을 삽입하기 시작했다. 그러나 이러한 경우에도 신문의 공정성과 객관성을 유지하기 위해 각 신문들은 뉴스기사 중 신문사 측의 논평이나 의견 부분은 이탤릭체로 인쇄하거나 또는 괄호 안에 집어넣었다. 또한 논설적이라고 생각되는 보도기사에는 기명(by-line)을 했고, 외신기사에는 그 뉴스원(통신사 또는 특파원)을 반드시 밝혔다. 한편 칼럼기사에서는 그 필자의 자필서명을 넣었다.

이렇게 해서 기명기사와 서명칼럼들이 크게 대두하자, 자연히 기자들과 칼럼니스트들의 명성도 올라가면서, 그 영향력도 커졌다. 그러자 일부에서는 "신문이 다시 새로운 사적 저널리즘(personal journalism) 시대로 되돌아가고 있다"는 우려를 표시하기도 했다. 그러나 과거 정론신문기의 신문들은 그 발행인과 편집자의 대변지였던 데 반하여, 1930년대의 신문들은 기자와 칼럼니스트들의 신문이었다는 점에서 그 기본적 성격이 서로 달랐다.

• 가십칼럼과 정치칼럼 등 각종 칼럼의 유행

이와 같이 신문이 기자와 칼럼니스트들의 신문이 되자, 칼럼니스트들이 더 각광을 받게 되었는데, 이들은 특히 유머·재담·해학 그리고 미국적 생활철학 등을 칼럼에 담음으로써 독자대중의 인기를 끌었다. 이러한 칼럼니스트들은 초기에는 각 신문사에 전속되어 해당 신문에만 칼럼을 집필했지만, 제1차 세계대전 이후에 피처신디케이트들이 붐을 이루면서, 각 피처신디케이트에 전속되는 칼럼니스트들도 많아졌다. 피처신디케이트사들은 정치·경제·출판·영화·라디오·연극·음악·미술·사교·패션·여행·스포츠 등 각 분야의 전문칼럼니스트들과 전속계약을 맺고, 이들로 하여금 칼럼기사를 쓰게 하여, 그것들을 여러 신문이나 방송에 제공해 주면서 돈을 벌었기 때문이다.

1920–30년대에는 특히 가십칼럼과 정치칼럼이 크게 유행하면서 독자들의 주목을 끌었다. 그러나 이들 중 가십칼럼들은 선정주의적 저널리즘경향을 다시 재현시킴으로써, 비난의 대상이 되기도 했다. 예컨대, 타블로이드신문인 「뉴욕 데일리 그래픽」지에 연재한 월터 윈첼(Walter Winchell)의 "브로드웨이 풍문"(Broadway Hearsay)이라는 가십칼럼을 보면, "아무개 남자와 모 여자가 사랑에 빠져 여자가 임신하자 결혼했는데, 결혼하자마자 이혼하려고 한다"는 식으로 개인의 사생활을 침해하는 경우가 비일비재했기 때문이다.

가십칼럼과 함께 크게 유행한 정치칼럼에는 두 가지 유형이 있었는데, 하나는 정치평론 위주의 칼럼이었고, 또 하나는 정가 뒷소식을 주로 다루는 정치칼럼이었다. 이들 중, 첫째 유형의 정치칼럼은 주로 워싱턴주재 특파원들이 집필하여, 피처신디케이트를 통하여 각 신문에 제공했는데, 그중에서 대표적 칼럼으로는 프랭크 켄트(Frank R. Kent)의 "대정치 게임"(The Great Game of Politics)과 월터 리프만(Walter Lippman)의 "오늘과 내일"(Today and Tomorrow) 등을 손꼽을 수 있다. 두 번째 유형의 정치칼럼은 1932년부터 대두했는데, 그중 대표적인 것으로는 "워싱턴 회전목마"(Washington Merry-Go-Round)와 "뉴스 뒤의 뉴스"(News Behind News)라는 칼럼을 들 수 있다. 이들은 다분히 가십 위주의 정치칼럼이었지만, 워싱턴 정가의 동향을 알려 주는 정보적 구실도 했다.

• 여론조사 관계 피처기사의 유행과 여론조사연구소들

위와 같은 정치칼럼 이외에 또 특기할 만한 새로운 피처기사로는 여론조사 관계 뉴스-피처기사를 들 수 있는데, 이러한 기사들의 대부분은 조지 갤럽(George H. Gallup)의 미국여론조사연구소(American Institute of Public Opinion), 속칭 '갤럽여론조사연구소'에서 발표한 내용들이었다. 조지 갤럽은 그 전에 아이오와대학 신문학 교수로 재직하면서 각계각층의 신문독자들을 유층화 표집해서, 이들을 대상으로 면접조사방법을 사용하여 각종 신문기사의 내용에 대한 독자들의 관심도와 열독도 등을 과학적으로 조사해서 발표하곤 했다.

그러다가 1935년 갤럽은 미국여론조사연구소를 설립하고, 그가 그전에 신문독자조사에서 익힌 조사방법을 이용하여 각종 정치적 또는 사회적 문제들에 대한 국민들의 여론을 조사해서 발표했다. 또한 대통령이나 연방의회의원, 지방의회의원, 시장, 단체장 등을 뽑는 선거가 있을 때는 유권자들의 투표성향 등을 조사해서 투표결과를 예측하기도 했다. 그리하여 이러한 조사결과를 발표하면, 그것을 신문들이 피처기사로 보도하고 또한 해설도 했다.

당시 미국에는 갤럽의 미국여론조사연구소 이외에도, 「리터러리 다이제스트」(*Literary Digest*)라는 잡지사 부설 여론조사연구소를 비롯하여 4–5개의 여론조사기관들이 경합을 벌이고 있었다. 그러나 1936년 대통령선거에서 「리터러리 다이제스트」 잡지사의 여론조사연구소의 투표결과 예측은 완전히 빗나간 데 반하여, 갤럽의 미국여론조사연구소의 예측은 실제의 투표결과와 6.5%의 오차만 났다. 그리하여 이때부터 미국여론조사연구소가 명성을 얻게 되었으며, 이 여론조사연구소는 조사방법을 더욱 과학화해서 표집오차의 범위(margin of sampling error)를 ±3% 정도로 낮추었다. 그러자 1940년도 대통령선거 때는 130여 개 일간신문들이 미국여론조사연구소의 유권자 여론조사결과를 돈을 주고 사서 신문에 게재했다.

• 신문만화의 변화와 계속적 인기

위와 같은 피처기사들 외에도, 특히 비시사적 피처기사들이 1914년 제1차 세계대전 발발 직후부터 1920년대까지 일종의 붐을 이루면서 신문들의 많은 지면을 차지했다. 그러나 1930년대 초부터 경제공황으로 신문들이 면수를 줄여야 하는 사태에까지 이르자, 신문발행인들은 우선 피처기사들부터 대폭 감소시켰다. 그러자 피처기사들을 제공하던 신디케이트들도 심한 타격을 받았다.

하지만 만화의 경우는 예외였는데, 당시 갤럽의 미국여론조사연구소의 신문독자조사 결과를 보아도 신문의 연재만화가 다른 피처기사나 뉴스기사보다 더 인기가 있었다. 바로 이러한 사실을 신문발행인들도 잘 알고 있어서 경제공황 중에도 만화만은 줄이지 않았다. 그러면서 유명한 만화가들에게는 주당 1,000-1,600달러의 봉급을 지불했는데(*Fortune*, Apr. 1933, p. 49), 이러한 사실만으로도 당시 만화의 인기도를 짐작할 수 있다.

1920년대 초기까지는 우스꽝스러운 개그만화(gag strips)가 인기를 끌었으나, 그 후에는 소위 콘티만화(continuity strips), 즉 모험이나 슈퍼맨(superman) 등을 주제로 한 이야기식 연재만화가 크게 유행했다. 그중에서도 특히 에드가 버로스(Edgar R. Burroughs)가 그린 "타잔"(Tarzan)은 굉장한 인기를 끌었다. 그러나 1930년대 후반에는 다시 개그만화가 되살아나기 시작했다. 1930년대에 나온 대표적 연재만화의 하나로는 칙 영(Chic Young)이 그린 "블론디"(Blondie)라는 만화를 들 수 있는데, 이 만화는 허스트계의 킹 피처신디케이트(King Feature Syndicate)에서 각 신문에 배포했다. 이 만화는 1960년대에 우리나라의 한국일보에서도 연재했으며, 전 세계의 수천 개 신문들에서 연재했는데, 현재는 이 만화를 칙 영의 아들 딘 영(Dean Young)이 그리고 있다.

신문발행부수와 신문판매 촉진방법의 동태

한편 이 시기에 신문발행부수에 관련된 주요 동향들을 살펴보면, 1914년 신문사, 잡지사 그리고 광고주들이 합동으로 발행부수공사기구(Audit Bureau of Circulation)를 설립해서, 각 신문의 발행부수를 조사해 매년 발표했으며, 그에 따라 각 신문의 광고료도 결정되었다. 그러자 각 신문은 신문판매를 촉진하기 위해 여러 방법과 수단을 동원하기도 했다.

• 신문발행부수공사기구의 설립과 발행부수조사

우선 당시에 신문사 총수입 중에서 신문판매수입과 광고수입이 각각 차지하는 비율을 보면, 1914년경에는 신문판매수입이 겨우 3분의 1정도였고, 나머지 3분의 2는 광고수입이었다. 그 후 제1차 세계대전 기간에 신문구독료를 인상했음에도 불구하고, 신문판매수입이 차지하는 비율은 더 떨어져서 1930년 초까지는 4분의 1을 넘지 못했다. 그러나 1938년 대부분의 일간신문들이 신문 값을 종래의 1부당 2센트에서 3센트로, 주간신문들은 15센트에서 20센트로 올림으로써 신문판매수입이 다시 전체 수입 중 3분의 1을 차지하게 되었다.

이처럼 신문사 총수입 중 신문판매수입이 겨우 3분의 1을 차지하고, 나머지는 3분의 2는 광고수입일 정도로 광고의존도가 높아지자, 광고주와 광고대행사들은 각 신문사에 발행부수를 정확히 공개할 것을 요구하게 되었다. 왜냐하면 각 신문의 발행부수에 따라 광고료를 산정해야 하기 때문이다. 그리하여 광고주와 신문·잡지사들은 합동으로 1914년 발행부수공사기구(ABC)를 설립했는데 이 공사기구에 1930년대까지는 약 50%의 일간신문사들만 회원으로 가입했다. 하지만 이들 일간신문사들의 전체 발행부수는 당시 미국의 모든 신문 발행부수의 90%를 차지할 정도였다.

• 각종 주요 신문들의 발행부수와 그 변동

발행부수공사기구는 각 신문의 발행부수를 조사해서 매년 발표했는데, 1914년도 발표에 의하면, 일간신문들 중에서 발행부수가 가장 많은 신문은 뉴욕의 「이브닝 저널」지로서 80만 부였다. 그리고 일요신문 또는 일간신문사의 일요판 중에서는 「뉴욕 선데이 아메리칸」지가 75만 부로서 최대부수를 자랑했다. 한편 조간 일간신문들 중에서는 「보스턴 포스트」지의 발행부수가 42만 2,000부로서 가장 많았다. 그러나 이들 신문은 모두가 1부당 1센트짜리 신문이었고, 2센트짜리 신문들 중에서는 「모닝 월드」지가 38만 부로서 최고를 자랑했다.

그러나 1924년부터는 타블로이드판 「뉴욕 데일리 뉴스」지가 「이브닝 저널」지의 발행부수를 능가하기 시작하여 1926년에는 100만 부를 돌파하게 되었다. 또한 「뉴욕 데일리 뉴스」의 일요판 발행부수도 「뉴욕 선데이 아메리칸」지를 능가하여 100만 부를 넘어서게 되었다. 그리하여 1940년에는 모두 4개 신문이 100만 부 이상을 발행했는데, 이들은 「뉴욕 데일리 뉴스」(340만 부)를 비롯하여 「뉴욕 미러」·「시카고 트리뷴」·「필라델피아 인콰이어러」지였다.

• 신문발행부수 확장을 위한 신문판매 촉진방법

위와 같이 발행부수공사기구가 매년 각 신문의 발행부수를 조사해서 발표하고, 그에 따라 각 신문의 광고료도 결정되자, 각 신문은 판매부수를 확장하기 위해 온갖 수단을 동원했다. 예컨대, 「뉴욕 아메리칸」지는 '숙녀행운권'(Lady Luck)이라는 쿠폰을 신문에 끼워 넣어서, 매일매일 당첨자에게는 1달러에서 1,000달러까지의 복금을 현금으로 지불했다. 그러자 이를 다른 신문들도 그대로 모방하면서, 「뉴욕 데일리 뉴스」지가 복금으로 2,500달러를 내걸자 「뉴욕 아메리칸」지는 5,000달러로 올렸고 이에 「뉴욕 데일리 뉴스」지는 다시 1만 달러로 올렸다.

이와 같은 신문판매 촉진방법은 곧 시카고에도 번져서, 허스트계 「시카고 헤럴드-이그재미너」지는 크리스마스가 다가오자 '크리스마스 스마일'(Christmas Smile)이라는 복권을 만들어 마구 뿌리면서 그 복금으로 주중에는 하루 1,000달러를, 일요일에는 2만 5,000–3만 달러를 내걸었다. 그러자 「시카고 트리뷴」지는 '즐거운 수표'(Cheer Check)라는 복권을 발행하여 크리스마스 이전 10일 동안 모두 20만 달러의 상금을 679명에게 나누어 주었는데, 그중 최고 상금은 5,000달러나 되었다.

이 밖에도 각 신문들은 신문판매 촉진방법으로 소위 '확장지'라는 이름의 무가지(free circulation)를 무료로 각 가정에 뿌리기도 했다. 이러한 무가지를 도시의 대규모 신문들이 지방에까지 마구 뿌리자, 지방신문들이 들고 일어나서 대규모 신문들에게 거세게 항의를 하기도 했다.

신문광고의 실태와 주요 동향

위와 같이 각 신문들이 판매부수를 올리기 위해 온갖 수단을 동원하며 안간힘을 썼는데, 이는 물론 신문판매수입을 늘리기 위해서였지만, 발행부수가 많을수록 광고료도 올라갔기 때문이다. 그리하여 예컨대, 발행부수가 10만 부인 신문의 광고료가 1행에 5달러라면, 발행부수가 1만 부인 신문의 광고료는 1행에 1달러도 받지 못했다. 그러면 이 시기에 신문광고의 실태는 어떠했는가?

• 신문 총광고비의 증감과 자동차광고의 출현

우선 신문 전체의 총광고비를 보면, 1915년에는 2억 7,500만 달러였던 것이 1920년에는 6억 5,000만 달러로 늘어났는데, 이것은 대단한 증가였다. 그 뒤 1920년대에도 광고수입이 계속 증가추세를 기록하다가 1929년 증권파동을 계기로 급격히 감소 현상을 보이기는 했지만, 1929년도 총광고비는 그래도 8억 6,000만 달러나 되었다. 하지만 경제대공황으로 인하여 1933년에는 총광고비가 4억 7,000만 달러로 반감했다. 그 뒤 다시 회복세를 보이기 시작, 1937년까지 약 30%의 신장률을 보였다. 하지만 1938년부터 다시 감소하여 1939년에는 신문 총광고비가 5억 5,200만 달러로 떨어졌다.

이와 같은 신문 총광고비가 모든 광고들의 전체광고비에서 차지한 비율을 보면, 1919년까지는 20%였으나, 1920년대에는 30%로 올라갔다. 그 후에는 계속 27–31% 사이를 오르내렸는데, 이는 신문광고비가 전체광고비 중에서 거의 3분의 1을 차지했음을 말해 준다.

한편 1914–40년간에는 신문광고 역사에서 괄목할 만한 여러 가지 사건들이 있었는데, 그중의 하나는 1916년경부터 신문에 등장하기 시작한 자동차광고였다. 특히 "타고 다니면서 차 값을 지불하세요"(Pay as You Ride)라는 맥스웰 자동차회사의 광고 슬로건은 미국 광고계에 새로운 바람을 불러일으켰다. 또한 제1차 세계대전으로 말미암아 미국인들의 유럽관광이 끊기게 되자, 미국철도회사에서 "미국을 먼저 보아라"(See America First)라는 슬로건을 내걸고 관광객을 유치하여, 이러한 슬로건 광고가 한때 유행하기도 했다.

제1차 세계대전 중에는, 앞서 말했듯이, 미국이 세계대전에 참전하면서 윌슨 대통령의 명령에 따라 1917년 4월 13일 설치한 공공정보위원회(Committee on Public Information) 광고부가 각종 회사·단체·개인들로 하여금 전쟁공채판매와 적십자회비모금을 위한 광고를 대대적으로 신문에 내게 하고 광고대행사들도 이러한 광고운동에 앞장섬으로써 공익광고가 사회봉사성을 발휘했으며, 이를 계기로 공익광고가 크게 발달하게 되었다.

• 신문광고경쟁과 불건전광고의 규제를 위한 노력

제1차 세계대전 이후 1920년대 신문광고계에서 괄목할 만한 또 하나의 동향으로는, 광고대행사들에 의한 시장조사 및 분석활동이 크게 증가했다는 점을 들 수 있다. 또한 동일업종의 여러 회사들이나 협회에서 공동으로 내는 협동광고가 증가했다는 점도 괄목할 만한 동향의 하나였다.

1920년대에는 레이온(rayon)과 지퍼(zipper)가 개발되어 대대적 광고를 벌였다. 또한 새로운 상표의 담배(예: Old Gold)도 나와서 기존 담배회사와 경쟁을 벌이면서 광고에 많은 돈을 뿌렸다. 그러자 이에 맞서 럭키 스트라이크(Lucky Strike) 담배회사는 1928년 자사 담배광고에 2,000만 달러나 지출했다. 자동차생산업체들도 역시 서로 광고경쟁을 벌이면서 포드사는 1927년 '모델 A' 제품을 출시하며 하루에 100만 달러짜리 신문광고를 내기도 했다.

1930년대에는 담배회사들 간에 광고경쟁이 더욱 치열해져서 캐멀(Camel) 회사는 100만 명에게 상품을 주는 경품광고를 내는가 하면, 올드 골드(Old Gold) 회사는 20만 달러짜리 상금을 내걸기도 했다. 한편 그간에 금지되었던 맥주와 주류광고도 다시 허용되면서 신문에 광고를 냈으며, 전기면도기 · 냉동식품 · 자동차 트레일러 등의 광고도 신문에 새로 등장하기 시작했다. 그러면서 1930년대에는 만화수법의 광고가 유행했고, 이를 뒤에는 컬러로 인쇄했다.

그러나 또 한편으로는 날조된 간증광고(testimonials)와 의사과학(pseudo-science)을 토대로 한 기만광고 등이 횡행하여 사회적 물의를 일으키기도 했다. 그러자 광고인단체들이 광고계의 정화에 앞장섰는데, 특히 세계광고클럽연합회(Associated Advertising Clubs of the World, 1914년 결성)는 1932년 미국광고대행사협회(American Association of Advertising Agencies)와 함께 광고윤리강령을 제정하여 불건전 광고들을 자율적으로 규제함으로써 '광고계의 대법원'이라는 별명을 듣기도 했다. 그런가 하면, 연방의회에서도 1938년 휠러-리법안(Wheeler-Lea Bill)을 통과시켜 연방통상위원회(Federal Trade Commission)에게 오도광고(misleading advertisement)들을 규제할 수 있는 권한을 부여했다.

라디오방송의 출현과 신문에 대한 영향

1920년대부터 라디오방송이 출현하여 신문과 경쟁을 벌이게 된 것도 이 시기의 주요 특징 중 하나였다. 새로운 매스 미디어인 라디오방송이 출현하여 뉴스와 광고 시장을 침범하기 시작하자 신문계는 커다란 위협을 느끼면서 당혹감을 감출 수 없었다. 라디오방송이 이처럼 빨리 성장해서 신문을 위협하리라고는 미처 예상하지 못했기 때문이다. 그렇다면 실제로 라디오방송은 신문에 어떻게, 얼마나 영향을 미쳤는가?

• 라디오방송의 출현과 급속한 성장

미국에서 라디오가 처음 발명된 것은 1907년이었으나, 이를 처음에는 그냥 '무선'(wireless)이라고 부르면서 항해선박들 사이에서만 사용했다. 그러다가 1912년 미국해군에서 '무선'을 '라디오 텔레그래프'(radio telegraph)라고 부르기 시작했으며, '브로드캐스트'(broadcast), 즉 '방송'이라는 말도 생겨나면서 점차 보편화되었다. 그러면서 이러한 무선통신 내지 방송에 대해 민간인들도 관심을 갖고 갖가지 실험방송을 계속한 끝에, 1914년에는 뉴욕-필라델피아 간에 처음으로 상업용 무선전화(wireless telephone)가 가설되었다. 그러나 일반대중을 대상으로 한 라디오방송이 처음 시작된 것은 1920년대 초였다.

1920년 8월 20일 「디트로이트 뉴스」(*Detroit News*) 신문사에서 미국 최초의 방송국인 WWJ 라디오방송국을 개설하여 첫 전파를 발사했다. 그러자 웨스팅하우스전기회사(Westinghouse Electric Co.)가 WWJ 라디오방송국과 함께 펜실베이니아주 이스트 피츠버그에 KDKA 라디오방송국을 개설하고, 1920년 미국 연방정부 상업성(Department of Commerce)의 허가를 얻어, 같은 해 11월 2일 세계 최초로 정규방송을 시작했다. 그리고 11월 4일 대통령선거 결과에 관한 뉴스를 보도하자, 신속한 매체에 대한 호기심과 경이에 가득 찬 대중들은 앞을 다투어 광석 라디오수신기를 샀다. 그러나 1920년 말까지 미국 전체의 라디오수신기 수는 고작 1,000여 대에 불과했다.

1921년에는 「캔자스시티 스타」(*Kansas City Star*) 신문사도 WDAF 라디오방송국을 개국했으며, 뒤이어 미국 각지에서 라디오방송국들이 우후죽순처럼 문을 열었다. 그리하여 1921년 말에는 전국에 라디오수신기의 수가 약 5만 대로 늘어났는데, 이는 이 해에 권투선수 뎀프시(Dempsey)와 카펜터(Carpenter)의 권투시합 결과를 라디오방송으로 신속하게 전달해 주었기 때문이기도 하다.

• 라디오방송의 신속한 뉴스보도

이렇게 라디오방송국들이 권투시합을 비롯한 스포츠 경기 결과를 신속하게 보도하자 라디오방송 뉴스가 점차 각광을 받게 되면서, 1922년 말에는 전국의 라디오수신기가 60만 대로 급증했다. 그러나 1922년 AP통신사가 자사 제공뉴스의 보도방송을 금지시킴으로써 라디오방송 뉴스가 한동안 주춤했다. 그럼에도 새로운 라디오방송국들이 계속 생겨서, 1923년 말에는 라디오방송국의 수가 모두 591개에 달했으며 청취자의 수는 100만 명을 돌파했다. 그러자 1925년 AP통신사가 각 방송국에 AP통신 제공 뉴스의 방송만은 허용함으로써, 방송뉴스가 다시 활기를 띠게 되었다.

이처럼 방송뉴스가 다시 활기를 띠면서 청취자들이 급증하고 방송국들도 계속 늘어나자, 1926년 몇몇 라디오방송국들이 NBC(National Broadcasting Company)라는 네트워크 방송사를 설립하고, 2개의 방송망, 즉 적색과 흑색 방송망을 구축했다. 그러자 다른 방송국들도 1927년 또 하나의 네트워크방송사인 CBS(Columbia Broadcasting System)를 결성했고, 1934년에는 또 MBS(Mutual Broadcasting System)라는 방송사도 설립되었다. 그리하여 모두 3개의 네트워크 방송사들이 치열한 경쟁을 시작하면서 방송청취자들도 급증하여, 라디오수신기의 수가 1937년에는 1,400만 대로, 1940년에는 4,400만 대로 늘어났다.

• 신문에 대한 라디오방송의 영향

위와 같이 1920년 미국에서 라디오방송국이 처음 문을 열고 뉴스방송을 시작하자, 이를 신문들은 처음에는 위협적 존재로 생각했다. 그러나 이러한 우려와는 달리, 라디오방송이 대중들의 뉴스추구 욕구를 자극해서 오히려 신문의 가두판매부수를 증가시키자 신문계에서 처음에 가졌던 우려는 점차 사라지기 시작했다.

그러나 신문광고의 경우에서는 우려감이 사라지지 않았는데, 라디오방송국들의 광고방송이 증가함에 따라, 신문사들의 광고수입은 그만큼 감소했기 때문이다. 그런 데다가 라디오 광고방송은 점차 증가해서 1929년에는 전체 방송광고비가 1,900만 달러에 달했으며, 그 액수는 1930년대에도 계속 늘어나서 1939년에는 라디오방송 광고비가 무려 8,300만 달러를 기록하게 되었다(Bureau of Advertising of the A.N.P.A. 1929–39). 반면, 신문광고수입은 점차 감소되어 갔는데, 물론 잡지나 옥외광고 등도 라디오방송 광고에 타격을 받았지만, 특히 신문광고가 가장 큰 타격을 받았다. 그러자 신문발행인들은 방송과의 제휴 또는 방송의 복합소유의 필요성을 인식하게 되면서, 새로운 방송국을 세우는 신문사가 점차 늘기 시작했다. 그리하여 1930년대에는 신문이 소유하거나 신문과 제휴관계를 맺은 라디오방송국들의 수가 90여 개나 되었으며, 그 숫자가 1940년에는 더욱 증가해서 모두 250여 개에 달하게 되었는데, 이는 당시 전체 방송국들 중에서 3분의 1에 해당하는 것이었다.

한편 신문들은 라디오방송 기술도 적극적으로 활용하기 시작해서 팩시밀리(facsimile)가 발명되자, 이를 통해 각 가정에 팩시밀리판 신문을 송신하기도 했다. 이러한 시도를 처음 한 신문은 퓰리처계 「세인트루이스 포스트-디스패치」(*St. Louis Post-Dispatch*)였는데, 이 신문은 1938년 12월 7일 미국신문역사상 처음으로 9면짜리 팩시밀리판 신문을 각 가정에 송신했다. 라디오방송에 이어 1939년에는 텔레비전방송도 뉴욕에서 첫선을 보였으며, 다음 해 3월에는 CBS방송회사(Columbia Broadcasting System)에서 TV 뉴스방송을 본격적으로 시작함으로써, 신문과 라디오, 텔레비전이 공존하면서 서로 경쟁을 벌이게 되었다.

제10장

대외전쟁기 (1941–1960)

제2차 세계대전부터
1960년까지의 신문실태

앞서 제9장에서는 제1차 세계대전이 일어난 1914년부터 1940년 제2차 세계대전이 발발할 때까지 26년 동안의 미국신문역사에 관해 살펴보았다. 여기 제10장에서는 마지막으로 1941년 미국이 제2차 세계대전에 참전하면서부터 1960년까지 미국신문들의 실태를 살펴보기로 하겠는데, 여기서 1960년까지 살펴보고자 하는 것은 1960년대부터는 신문도 라디오·TV 등과 함께 매스 커뮤니케이션 시대로 들어가게 되었기 때문이다. 1941년부터 1960년까지의 시기는 전쟁의 연속기간이었는데, 1940년 시작된 제2차 세계대전은 1945년 끝났으나, 1950년 다시 한국전쟁이 시작되었고 1953년 휴전은 되었지만 미·소 간의 냉전은 계속되었다. 그러므로 이 시기를 편의상 '대외전쟁기'라고 부르기로 하고, 이 시기 신문들의 주요 양태를 살펴보기로 하되, 우선 이 시기의 시대적 상황부터 간단히 살펴보고 넘어가기로 하겠다.

1. 제2차 세계대전부터 1960년까지 시대적 상황

1918년 11월 제1차 세계대전이 끝난 뒤, 10여 년 동안 세계평화가 그런대로 유지되었다. 그러나 1930년대로 들어서면서 동서양에서 다 같이 심상치 않은 조짐들이 보이면서 제2차 세계대전의 전운이 서서히 감돌기 시작했다. 동양에서는 1931년 일본이 만주를 침탈하고, 이듬해 그곳에 '만주국'이라는 괴뢰국가를 세웠다. 국제연맹이 이를 문제 삼자, 1933년 일본은 국제연맹을 탈퇴했으며, 1934년에는 워싱턴회의 해군군비축소조약도 일방적으로 파기했다.

제2차 세계대전의 발발과 미국의 참전

한편 유럽에서는 1933년 독일 나치당 영수 아돌프 히틀러(Adolf Hitler)가 정권을 잡고, 독일수상에 취임한 뒤 베르사유조약의 파기를 공공연하게 주장하며 국제연맹에서 탈퇴했다. 그리고 1935년 3월 베르사유조약의 군비조항을 일방적으로 파기한 다음, 군비 증강을 시작했다. 그런가 하면, 같은 해 5월 이탈리아는 아프리카 에티오피아(Ethiopia)의 침략을 위해 총동원령을 발포하고 전쟁준비를 갖춘 다음, 10월에 에티오피아에 대한 침략을 개시했다.

• 제2차 세계대전의 발발과 그 경위

1936년이 되자 3월에는 독일이 비무장지대인 라인란트(Rhineland)를 점령했고, 5월에는 이탈리아가 에티오피아를 완전 정복했다. 1937년에는 일본이 7월 7일 중국의 북경 교외 루거우차오(노구교)에서 중국군과 의도적으로 충돌을 일으킨 다음, 이를 구실 삼아 중일전쟁을 일으켰다. 그리하여 같은 해 12월에는 당시 중국 수도 난징을 점령하고, 중국인들을 대학살했다.

1938년에는 독일이 4월에 오스트리아를 강제로 병합하고, 9월에는 체코슬로바키아의 주데텐(Sudeten) 지방에 합병을 요구했다. 그러자 영국과 프랑스 등이 나서서 주데텐 지방만 합병하고, 체코슬로바키아는 침략하지 말 것을 독일과 합의(뮌헨협정이라고 함)했다. 그러나 이를 독일이 1939년 3월 깨뜨리고, 체코슬로바키아를 합병한 다음, 9월 1일 폴란드에 대한 침공을 개시했다. 그러자 그때까지 독일에 대해 유화정책을 추구했던 영국과 프랑스가 9월 3일 독일에 선전포고를 했다. 그리하여 유럽은 다시 전쟁의 소용돌이 속으로 빠져들면서 제2차 세계대전이 시작되었다.

1939년 9월 3일 영국과 프랑스가 독일에 선전포고를 하자, 당시 폴란드를 침공 중이던 독일은 전격전을 전개해서 단시일 내에 폴란드부터 완전 정복한 다음, 병력을 서부로 이동시켜 독일과 프랑스와의 국경에서 영국·프랑스 양군과 대치했다. 그러다가 독일은 1940년 4월, 순식간에 덴마크와 베네룩스 3국을 제압했다. 그러자 독일이 유럽 전체를 정복할 것을 우려한 이탈리아는 독일 편에 서기로 결정하고, 6월 1일 영국과 프랑스에 선전포고를 했다.

그간에 독일군은 프랑스를 침공하여 1940년 6월 14일 파리를 점령한 다음, 영국 본토에 대한 대대적 폭격을 감행했다. 그러자 이 기회를 틈타서 일본은 당시 프랑스 식민지였던 인도차이나를 점령하고, 독일·이탈리아와 3국 동맹을 맺어 영국·프랑스·중국 등에 맞서게 되었다.

• 진주만사건과 미국의 제2차 세계대전 참전

위와 같이 유럽과 아시아에서 여러 나라들 간에 제2차 세계대전이 벌어졌으나, 경제대공황의 극복과 경기회복에 전념하고 있던 미국은 세계대전에 다시 말려들지 않으려고 중립법을 제정하는 등, 여러 가지 노력을 했다. 그러나 독일의 히틀러가 폴란드·덴마크·노르웨이·네덜란드·벨기에·프랑스 등을 차례로 점령하자, 미국도 위험하다는 인식을 갖기 시작했다. 그런 데다가 1940년 여름, 독일이 마침내 영국에 대한 공중폭격까지 단행하자, 미국은 더 이상 중립을 지켜서는 안 된다는 여론이 비등했다.

이러한 가운데, 1941년 12월 7일 일요일 아침, 미국이 제2차 세계대전에 참가하지 않으면 안 될 결정적 사건이 터졌다. 그것은 바로 일본해군 폭격기들이 당시 하와이 진주만(Pearl Harbor)에 정박하고 있던 미국 제7함대와 그 방위시설에 폭탄 세례를 퍼부어서, 전함 8척이 격침되고 군용기 300대가 파괴되었을 뿐 아니라 2,300명의 장병들이 목숨을 잃은 사건이었다.

이러한 사건에 대한 긴급 뉴스가 미국방송에서 흘러나오자 처음에는 자신들의 귀를 의심하던 미국 국민들의 의아심은 곧 분노로 변했다. 이튿날 미국대통령 루스벨트는 연방의회에 나가서 일본에 대한 선전포고를 요청했고, 의회는 한 시간 만에 선전포고 결의를 통과시켰다. 그리하여 미국은 12월 9일 일본에, 그리고 11일에는 독일과 이탈리아에 선전포고를 했다.

• 독일 등 동맹국의 항복과 미국 등 연합국의 승리

이렇게 해서 제2차 세계대전에 참전하게 된 미국은 유럽과 태평양 지역에 군대를 파견해 두개의 전선에서 전투를 벌였다. 유럽전선에서는 1942년 11월 17일 영국군과 합동으로 북아프리카의 카사블랑카(Casablanca)에 상륙하여, 튀니지아(Tunisia)에 진주해 있던 독일군과 이탈리아군을 격파하고 34만 9,000명의 포로를 잡았다. 그리고 1943년 여름 지중해의 시칠리아(Sicilia)를 거쳐, 9월에 이탈리아 남쪽 연안에 상륙해서 이탈리아 본토로 진격하면서 이탈리아군을 거의 섬멸했다. 그러자 1943년 9월 8일 이탈리아는 항복하고 말았다.

그간에 미군은 영국·프랑스 등 연합군과 합동으로 독일 내륙에 공습을 강행하는 한편, 1944년 6월 6일 영국군과 함께 노르망디 상륙작전에 성공하여 프랑스를 해방시켰다. 그러고 나서 독일군의 완강한 방어망을 뚫으며 독일 본토로 진격해 들어갔다. 그런 데다가 북쪽에서 소련군도 독일군을 패퇴시키면서 남하하자, 궁지에 몰린 독일은 마침내 1945년 5월 8일 연합국에 무조건 항복하고 말았다.

한편 태평양전선에서는 1942년 6월 미드웨이에서 미군이 일본의 기동함대를 섬멸한 다음, 남태평양의 여러 섬을 점령하고 있던 일본군을 차례로 소탕하면서 1944년 10월 필리핀에 상륙했다. 이어서 11월에는 사이판, 이듬해 3월에는 이오지마(유황도)를 점령한 미군은 이곳을 공군기지로 삼아서 일본 본토에 대한 공습을 시작했다. 1945년 4월부터 6월 사이에 오키나와를 완전히 점령한 미군은 일본 본토 상륙작전을 준비하면서, 일본에 무조건 항복을 요구했다. 그러나 일본이 완강하게 저항하면서 결사항전을 부르짖자, 미국은 1945년 8월 6일 히로시마에 인류역사상 처음으로 원자탄을 투하했다. 그래도 일본이 항복하지 않자, 8월 9일 나가사키에도 원자탄을 투하했다. 그러자 일본은 마침내 8월 15일 연합국에 무조건 항복(공식항복은 9월 2일)하고 말았다.

• 전후문제에 관한 모스크바회담 · 카이로회담 · 얄타비밀협정

이렇게 해서 제2차 세계대전이 3년 9개월 만에 미국을 비롯한 연합국의 승리로 끝나자, 연합국 측은 그 이전인 전쟁 중에 여러 차례의 회담을 통해 미리 결정해 놓았던 원칙에 따라 전후의 여러 문제들을 처리했다. 그중에서 주요 회담들과 그 회담결과의 주요 내용들만 간단히 들어 보면 아래와 같다.

첫째로 1943년 여름 연합국 측의 승리가 거의 확실해지자, 같은 해 10월 영국 · 미국 · 소련 3개국 외상들이 전후 대책의 논의를 위해 소련 모스크바에서 가졌던 '모스크바회담'에서는 독일 · 이탈리아 · 일본 등 동맹국으로부터 무조건 항복을 받을 것과, 이탈리아의 파시즘을 종결시키고, 오스트리아의 독립을 회복하며, 전후에 세계 평화를 위해 연합국 간의 협동을 촉진키로 의결했다.

둘째로 1943년 11월 22일 미국 루스벨트 대통령, 영국 처칠 수상, 중국 장제스(장개석) 총통이 이집트 카이로에서 가졌던 '카이로회담'에서는 일본에 대한 군사행동과 전후에 일본의 처리문제에 합의하고, 그 결과를 12월 1일 발표했다. 이 '카이로선언'에는 제1차 세계대전 이후 일본이 무력으로 획득한 중국 영토의 반환, 한국의 독립, 일본에 대한 무조건 항복 요구 등이 포함되었다. 그중 한국의 독립에 관한 것은 "일본이 항복하면 적당한 시기에 한국을 독립시킨다"는 것이었다.

셋째로 연합국 측의 승리가 거의 확실해진 1945년 2월, 미국 루스벨트 대통령, 영국 처칠 수상, 소련 스탈린 수상이 소련 크림반도에 있는 휴양지 얄타

(Yalta)에서 4일부터 11일까지 회담을 가졌는데, 이 '얄타회담'에서는 독일의 항복 후 60-90일 이내에 소련이 일본과의 전쟁에 참전하는 대가로 일본의 쿠릴열도는 소련에 양도하고, 사할린(Sakhalin)은 소련에 반환하며, 러일전쟁 이후 일본이 제정러시아에서 빼앗은 모든 권리를 반환하며, 중국의 뤼순군항을 소련이 조차하고, 다롄항은 우선적으로 사용하며, 만주의 철도는 소련과 중국이 공동운영한다는 등의 비밀협정을 맺었다.[1] 그리하여 이 '얄타비밀협정'에 따라 1945년 8월 8일 소련이 일본에 선전포고를 하고, 사할린 · 만주 · 한국으로 진격을 개시해서 북한을 점령했다.

• 전후처리문제를 둘러싼 미 · 소의 대립과 냉전의 시작

위와 같이 연합국 측은 전쟁 중에 여러 번의 회담을 갖고, 전후처리문제들에 관해 미리 결정해 놓았던 원칙과 약속에 따라, 제2차 세계대전이 끝난 뒤 여러 가지 문제들을 처리했다. 그러나 이러한 전후처리문제들이 순조롭게 해결된 것은 아니었는데, 소련이 독일과 동유럽 및 극동 지역을 공산화하려고 획책하면서 미국 · 영국 등과 대립했기 때문이다.

예컨대, 독일에 대한 처리문제에서 미국 · 영국 · 프랑스는 독일의 통일과 중립화를 원했으나, 이에 맞서 소련은 1948년 6월 서베를린과 서독 간의 교통을 전면적으로 봉쇄해 버렸다. 그 결과, 독일은 분단되어 서독에는 독일연방공화국이, 동독에서는 독일민주공화국이 각각 들어서게 되었다.

이와 마찬가지로 1943년 11월 미국의 루스벨트 대통령, 영국의 처칠 수상, 중국의 장제스 총통의 카이로회담 이후 12월 1일 발표한 '카이로선언'에 따라

---

1 이러한 얄타회담 이후, 1845년 7월 26일, 미국의 트루먼(Harry S. Truman) 대통령, 영국의 처칠 수상, 중국의 장제스 총통, 소련의 스탈린 수상이 독일의 베를린 서남쪽 교외에 있는 포츠담에서 또 회담을 가졌다. 이 포츠담회담에서는 일본에 대해 전쟁종결의 기회를 주고, 일본의 항복조건들을 정하여 발표했는데, 일본의 주요 항복조건은 제국주의적 지도세력을 없애고 전범들을 엄벌하며, 연합국이 일본을 점령하고, 일본을 철저하게 민주화한다는 등이었으며, 한국의 해방과 독립에 대한 약속도 포함되어 있었다.

한국이 일본으로부터 독립은 되었으나, 1945년 2월 미국의 루스벨트 대통령, 영국의 처칠 수상, 소련의 스탈린 수상이 맺은 '얄타비밀협정'에 따라 1945년 8월 8일 일본에 선전포고를 한 소련이 북한에 진주하여 38선을 그어 놓고 남북한 간의 통행을 봉쇄해 버렸다. 그런 다음, 북한에 조선인민공화국 정부를 세움으로써 남북한의 분단이 이루지게 되었다. 그러면서 소련과 미국 간에 냉전이 시작되어, 급기야는 한국전쟁까지 일어나게 되었다.

제2차 세계대전 이후의 부흥과 외교정책

제2차 세계대전이 끝나자, 미국은 위와 같은 여러 가지 국제문제들에 대한 처리에 앞장섰다. 그러나 국제문제보다 더 시급한 것은 국내문제였는데, 그중에서도 가장 큰 문제는 전시에 1,600만 명까지 늘어났던 장병들 중에서 150만 명 정도만 놓아 두고, 나머지 장병들을 순조롭게 제대시켜 다시 민간생활로 복귀시키는 일이었다.

• 전후 당면문제들의 처리와 부흥

이와 같이 시급하고 중요한 문제의 처리는 해리 트루먼(Harry S. Truman) 대통령과 그의 정부가 맡게 되었다. 제2차 세계대전을 이끌던 루스벨트 대통령은, 연합국 측의 승리가 거의 확실하던 1945년 2월, 소련의 얄타에서 영국의 처칠 수상, 소련의 스탈린 수상과 함께 전후의 여러 문제를 처리하기 위해 가졌던 '얄타회담'('얄타비밀협정'이라고도 부름)에 참석했다가 귀국 후 뇌일혈로 쓰러졌고 2개월 뒤 미국의 최종 승리도 보지 못한 채 사망했다. 그러자 당시 부통령 트루먼이 대통령직을 승계했다.

이렇게 해서 대통령이 된 트루먼은 제2차 세계대전이 끝나자 우선 2년 내에 군인의 수를 1,600만 명에서 150만 명으로 감축했다. 그리하여 약 1,450만 명의 장병들을 제대시켜 고향으로 돌려보낸 뒤, 이들 재향군인들에게는 1944년 미리 제정해 놓은 군인재조정법(Servicemen's Readjustment Act), 속칭 'GI 권리장전'(GI Bill of Rights)에 따라 주택을 사고, 사업체와 농장을 경영하며, 교육도 받을 수 있도록 정부융자를 제공해 주었다. 그 결과, 재향군인들을 다시 민간생활로 용이하게 전환시켜 줄 수 있었다.

한편 경제도 심각한 실업문제를 야기하지 않고, 전시체제에서 평화시경제로 전환시켰다. 또한 전시에 억제했던 소비재의 새로운 수요, 인구의 증가, 누적되었던 저축 등은 산업의 확장을 촉진시켜 주어서, 1945–48년 사이에 전국에서 고용한 노동자의 수는 5,400만 명에서 6,100만 명 이상으로 증가했으며, 전후의 인플레이션에도 불구하고 임금 역시 상당한 수준으로 올랐다.

하지만 모든 것이 이처럼 순조롭게 이루어진 것은 아니었다. 전후에 경제가 다시 번영하면서 주택의 수요가 증대했으나, 이러한 수요를 충족시키기에 충분한 주택들을 건축업자들이 일시에 건설할 수는 없었다. 또한 자동차 생산업자들도 역시 전후의 새로운 주문에 부응할 수가 없었다. 그런 데다가 물가가 급격히 상승하면서 악성 인플레이션에 대한 두려움이 야기되기도 했다. 그러나 점차 물자의 공급이 수요를 충족시키기 시작하면서 1948년에 가서는 안정을 찾을 수 있게 되었다.

이렇게 되자 국민들의 지지를 받게 된 트루먼 대통령은 1948년 대통령선거에서 승리를 거두게 되었다. 그러자 그는 '페어딜'(Fair Deal)이라는 개혁안을 강력히 추진하여, 사회보장법의 수혜대상자들의 수를 추가로 1,000만 명이나 늘렸으며, 공업 분야 노동자들의 최저 임금을 시간당 40센트에서 75센트로 올렸다. 이어서 1949년에는 빈민굴의 정리와 값싼 임대주택의 건설사업에 착수했으며, 농민들에게는 홍수·한발·곡물가폭락 등의 위험으로부터 연방정부의 보호를 받을 수 있게 해 주었다.

• 전후 미국의 대외정책과 유엔 가입

한편 대외적으로는 제2차 세계대전 이전에 취해 왔던 고립주의를 지양하고 국제문제에서 중요한 역할을 떠맡기 시작하여 국제연합(United Nations, UN) 등을 이끌어 나가게 되었다. 국제연합은 제2차 세계대전이 한창 진행 중이던

1943년 11월, 미국대통령 루스벨트, 영국수상 처칠, 소련수상 스탈린이 이란의 테헤란에서 회담을 갖고, 전후에 세계 평화의 유지를 위해 결성하기로 합의했다. 그리하여 1945년 10월 24일 세계 50개국 대표들이 샌프란시스코에 모여 국제연합을 창설했다. 그러자 미국 연방상원은 즉각 유엔가입을 비준했다.

미국은 1945년 8월 일본에 원자탄을 투하했지만 앞으로는 원자력을 평화적 목적에만 이용하기로 했다. 그리고 이에 관한 모든 일은 민간이 주도하는 원자력위원회에 맡겨서 그 감독 아래 농업·공업·의약 분야 등의 과학자들로 하여금 원자력의 평화적 이용방법들을 개발하게 하고, 그 지식을 다른 국가들에게도 제공하기로 1946년 연방의회에서 결정했다. 또한 미국은 원자무기의 확산방지를 위해 원자무기의 불법화와 모든 원자물질의 국제관리를 골자로 하는 바르크계획(Baruch Plan)을 수립해서 국제연합, 즉 유엔에 제출했다. 그러나 이 안을 소련이 거부함으로써 실현되지 못하고 말았다.

• 미국과 소련 간 냉전의 시작과 상호경쟁

소련이 미국의 바르크계획을 거부한 것은, 미국을 견제하면서 동부유럽과 기타 지역을 공산화해 지배하기 위해서였다. 이러한 획책에 따라, 소련은 제2차 세계대전 뒤 3년도 못 되어 폴란드·체코슬로바키아·헝가리·유고슬라비아·불가리아·알바니아·동독 등을 공산화시켜 자신의 지배 아래 넣었다.

그러자 이러한 소련의 팽창을 두려워하게 된 미국의 트루먼 대통령은 소위 '트루먼 독트린'(Truman Doctrine)이라는 정책을 공포하여, 당시에 공산화 위기에 처해 있던 그리스와 터키에 4억 달러의 경제 및 군사원조를 제공해서 공산주의화를 막았다. 또한 미국은 소련이 식민지국가들의 독립투쟁에 개입해서 친소정부를 수립하는 것을 미연에 방지하기 위해, 미국의 지배 아래 있던 필리핀을 1946년 독립시켜 우방국으로 만들었다. 그런가 하면, 미국은 영국으로 하여금 인도·파키스탄·버마를 독립시키도록 촉구했고, 네덜란드로 하여금 인도네시아를 독립시키도록 종용했다. 그리하여 이들 국가를 독립시키자, 이들 신생독립국에게 미국은 기술과 재정원조를 제공하여 자신의 편으로 끌어들였다.

이처럼 미국은 다른 여러 나라들을 자기편으로 끌어들이기 위해, '마셜계획'(Marshall Plan)이라는 이름 아래, 여러 나라에 재정원조를 제공했다. 이렇게 제공한 재정원조는 아이슬란드로부터 터키에 이르는 16개국에 1948년부터 1951년까지만 해도 무려 170억 달러에 달했다. 이 밖에 또한 미국은 '4개항 계획'(The Point Four Plan)이라는 이름으로 미개발국가들에 전문가들을 파견해 기술을 원조해 주면서 미국의 우방이 되게 만들었다.

이러한 미국의 대외정책을 못마땅하게 생각한 소련은 베를린과 서부 독일 사이의 교통을 봉쇄하는 등 미국에 대한 보복을 획책했다. 이에 미국은 1949년 4월 북대서양조약기구(NATO)를 창설해서 소련에 대항했다. 그러자 소련은 아시아 쪽으로 눈을 돌려서 중국본토를 공산화시켰으며, 제2차 세계대전의 협정에 따라 그들이 점거하고 있던 북한의 김일성 공산정권에 남침을 종용하여, 1950년 한국전쟁(Korean War)을 일으키도록 했다.

한국전쟁의 발발과 미국의 참전 및 휴전

1950년 6월 25일 일요일 새벽, 북한의 공산정권은 38선을 넘어 남한의 대한민국에 전면적 공격을 개시했다. 이러한 사실을 국무장관으로부터 보고받은 미국대통령 트루먼은 그 배후에 소련이 있음을 직감하면서 만약 이에 대한 적절한 조치를 하지 않는다면 제3차 세계대전이 일어날 수도 있다고 판단했다. 그리하여 당시 일본에 주둔하고 있던 극동군사령관 더글러스 맥아더(Douglas MacArthur) 장군에게 남한을 방위하라는 명령을 내렸다.

• 북한의 남침과 한국전쟁의 발발

한편 트루먼 미국대통령은 북한의 남침문제를 유엔 안전보장이사회에 상정을 요청했다. 그러자 소련이 빠진 안전보장이사회는 북한의 남한 공격을 침략으로 규정하고 남한을 군사적으로 원조할 것을 만장일치로 의결했다.[2] 그리하여 유엔은 맥아더 장군을 총사령관으로 한 유엔군을 한국에 급히 파견했다.

그러나 그간에 북한군은 남한의 서울을 6월 28일 점령하고, 7월 3일 한강을 넘어 남진을 계속했다.

이를 유엔군이 한국에 진주하여 저지하려고 했으나, 사전에 충분한 준비를 갖춘 막강한 북한군에 오히려 밀려서 낙동강까지 후퇴해야만 했다. 그러나 유엔군 일부가 9월 15일 인천상륙작전에 성공하여 9월 28일 서울을 탈환했다. 그리하여 북한군 보급로의 허리를 끊고 북쪽과 남쪽 양쪽에서 북한군을 협공하자 북한군은 중부와 동부 산악지대를 따라 북으로 패주했다. 그러자 이들을 유엔군과 한국군이 추격하면서 38선을 넘어서 계속 북진했다. 그리하여 10월 19일 평양을 점령하고, 21일에는 압록강 연안인 혜산에까지 이르렀다.

그러자 11월 4일 중국의 중화인민공화국(이하 '중공'으로 약칭)은 '항미원조보위국가' 즉 "미국에 대항하고, 조선을 원조하여 국가를 보위한다"는 중국공산당 중앙위원회의 결의에 따라 한국전쟁에 참전한다고 발표했다. 그리고 18개 사단에 이르는 20만 명의 중국인민지원군(이하 '중공군'으로 호칭)이 11월 25일부터 압록강과 두만강을 넘어와서 인해전술로 유엔군과 한국군을 공격하기 시작했다.

중공군의 인해전술에 밀린 유엔군과 한국군은 남쪽으로 후퇴해야 했으며, 중공군은 계속 남진해서 12월 26일에는 38선을 넘었고, 1951년 1월 4일에는 서울까지 점령했다. 그러나 유엔군과 한국군이 1951년 1월 25일부터 다시 중공군을 반격해서 2월 10일 인천과 김포를 탈환하고 3월 14일 서울도 재탈환했으며, 3월 24일에는 38선을 다시 돌파했다.

• 한국전쟁의 국지화정책에 따른 휴전협정과 휴전

하지만 미국 트루먼 대통령의 국지화정책, 즉 "한국전쟁은 국지전으로 한정한다"는 정책에 따라, 유엔군과 한국군을 현재의 휴전선 부근에서 진격을 멈추게 했다. 한국전쟁의 전선이 그 이상 확대될 경우 소련의 개입이 우려되며, 그

---

2 이렇게 유엔 안전보장이사회가 만장일치로 의결한 것은, 안전보장이사회국의 하나였던 소련이 중화인민공화국의 유엔 가입 문제로 이사회 출석을 거부하고 있었기 때문이다.

러면 일본의 안전도 위협받게 될 것으로 트루먼 대통령은 생각했기 때문이다. 이러한 트루먼 대통령의 국지화정책에 대해, 당시 유엔군총사령관 맥아더 장군이 반대하며 확전을 주장하자 트루먼 대통령은 1951년 4월 1일 맥아더 장군의 해임을 전격적으로 발표했다. 그러자 맥아더 장군은 4월 9일 미국연방의회 상하원합동회의에서 "노병은 죽지 않는다. 그저 사라질 뿐이다"라는 유명한 말을 남기고 민간으로 돌아갔다. 그리고 그 대신 릿지웨이(M. B. Ridgeway) 장군이 유엔군총사령관에 임명되었다.

그 무렵 중공군은 70만 명의 대군을 동원하여 춘계공세를 시작했다. 그러자 이들을 유엔군과 한국군이 반격하며 양방 간의 격렬한 전투가 벌어졌다. 그러나 유엔군과 한국군은 미국정부의 국지화정책에 따라 중공군의 공격만 방어하게 되면서, 전쟁은 교착상태에 빠지게 되었다. 그러자 1951년 6월 소련이 유엔에 휴전을 제안하여 양방 간에 휴전회담이 열리게 되었다. 하지만 회담은 이렇다 할 진전이 보이지 않고, 양측 군대 간에 더욱 치열한 전투만 다시 전개되면서 일진일퇴를 거듭했다. 이는 휴전 이전에 더 많은 땅을 차지하여 유리한 지점을 확보하기 위해서였다.

그 결과, 양쪽에서 모두 수많은 사상자가 속출하다가 1952년 11월 미국대통령선거에서 한국전쟁의 휴전을 공약으로 내건 공화당 후보 아이젠하워(Dwight D. Eisenhower)가 대통령에 당선되고 이듬해 3월 소련의 스탈린 수상이 사망한 뒤에야 휴전회담이 급진전되었다. 그러나 한국정부는 휴전에 반대하면서 통일을 원하다가 1953년 7월 11일 이승만 대통령이 휴전에 동의함으로써, 7월 27일 마침내 휴전협정이 공식적으로 이루어졌고, 한국전쟁은 3년 1개월 만에 휴전에 들어가게 되었다.

• 한국전쟁이 미국에 끼친 여러 가지 영향

위와 같이 미국은 유엔 여러 나라와 함께 한국전쟁에 참전하여 공산주의의 팽창을 저지하는 데는 일단 성공했다. 그러나 미국은 대단히 많은 희생을 치렀는데, 총 37개월에 걸친 한국전쟁에서 3만 5,000명의 전사자와 실종자 및 10만 명의 부상자를 냈으며, 전쟁비용으로는 모두 200억 달러를 썼다.

한국전쟁은 미국에 여러 가지 영향을 미쳤다. 제2차 세계대전 이후 미국은 군비축소를 추진해 왔으나 한국전쟁이 일어나자 군비축소정책을 바꾸어, 한국전쟁 발발 당시는 전체 병력이 140만 명이었으나, 1952년에는 360만 명으로 증원했으며, 해군과 공군의 장비도 보강했다. 그러면서 군사예산도 늘려서, 1950년도에는 군사비가 전체 예산의 33%였으나, 1952년에는 67%에 육박했다.

한편 대외적으로는 소련에 대한 전력을 강화하면서 우방 국가들과의 관계를 더욱 공고히 했다. 그리하여 유럽에서는 나토군을 창설했으며, 아시아에서는 자유중국(대만)에 대한 군사와 경제 원조를 늘리고, 일본과의 강화를 서둘러서 일본에 대한 군정을 서둘러 끝내고 일본을 소련과 중공에 대한 방어요새로 삼았다.

한국전쟁은 또한 미국 국민들의 자유를 일시적으로나마 제한하기도 했는데, 1950년 6월 25일 한국전쟁이 발발하자, 같은 해 9월 연방의회는 국내 치안 유지를 목적으로 공산주의단체와 외국단체의 등록제, 공산주의자의 입국을 금지하는 매카렌법(McCarren Act)을 제정했다. 그러자 이 법이 지나치게 국민의 자유를 제한한다면서 트루먼 대통령이 거부권을 발동했지만 아무 소용 없이 시행되었다. 그 결과 미국 국민들은 많은 자유를 제한당해야만 했다. 그런가 하면 한국전쟁은 '매카시선풍'(McCarthyism)을 부채질하여, 무고한 많은 저명인사들까지 수난을 당해야만 했다.

• 반공의식의 강화와 '매카시선풍'의 부채질

'매카시선풍'이란 위스콘신주 출신의 공화당 상원의원 조셉 매카시(Joseph R. McCarthy)가 미국정부 내에 공산주의자들이 있다면서, 생사람까지 공산주의자로 몰아서 곤혹을 치르게 한 사건을 말한다. 이러한 선풍이 시작된 것은 한국전쟁 발발 이전인 1950년 2월, 몇 명의 공산주의 동조자들이 정부의 요직을 맡고 있다는 사실이 드러나면서부터였다. 이러한 사실에 자연히 미국 국민들은 경악을 금치 못했는데, 그러자 매카시가 "미국 국무성 내에만도 205명의 공산주의자들이 있다"고 주장하고 나섰다. 그러나 이러한 주장은 전혀 근거가 없다는 것이 곧 상원의 특별위원회 조사에서 밝혀졌다.

하지만 1950년 6월 한국전쟁이 일어나자 일약 반공주의 기수로 명성을 떨치게 된 매카시는 1952년 11월 상원의원에 재선된 후 다시 미국 내 공산주의자들을 고발하기 시작했다. 그러면서 무고한 사람들까지 수난을 당했는데, 이러한 매카시의 고발과 모함은 3년 동안이나 계속되다가 결국 그의 행동이 너무 지나치다는 것이 인식되면서 매카시선풍은 가라앉게 되었다.

이러한 매카시선풍이 일어나게 된 것은 1949년 중국대륙이 완전히 공산화된 데 이어 1950년 6월 북한이 남한을 적화시키려고 한국전쟁을 일으키자, 미국 국민들이 공산주의에 대한 두려움을 실감하게 되면서 미국 사회에 극도의 반공의식이 팽배했기 때문이다. 그리하여 매카시로 하여금 아무런 견제도 없이 무고한 많은 저명인사들까지 파국에 몰아넣을 수 있게 만들었던 것인데, 이것도 한국전쟁이 미국에 미친 중요한 대내적 영향의 하나였다.

아이젠하워 대통령의 중도정치와 부흥

위에서 한국전쟁과 그것이 미국에 미친 영향에 관해 간단히 살펴보았는데, 그러면 한국전쟁의 휴전 이후 1960년까지 미국의 시대적 상황은 어떠했는가? 한국전쟁이 한창 벌어지고 있던 1952년 11월 실시한 대통령선거에서 미국 국민들은 20년간의 민주당 집권을 깨뜨리고 공화당 대통령 후보 아이젠하워를 대통령으로 뽑았다. 그리고 4년 뒤, 1956년 대통령선거에서도 역시 아이젠하워를 대통령으로 선택했다.[3]

3 그러나 이 선거에서 미국 국민들은 연방의회 의원으로는 민주당 후보를 더 많이 선택함으로써, 민주당은 아이젠하워가 대통령이 된 이후에도 6년간이나 의회를 지배하게 되었다.

• 아이젠하워정부의 대내정치와 흑백차별금지

아이젠하워정부는, 국내문제에 있어서는 '근대공화주의'라는 것을 표방하면서 각 주의 업무와 민간기업에 대한 연방정부의 간섭을 최대한 제한했다. 그러면서 경제부흥에 힘을 써서, 국민총생산(GNP)이 1950년도에는 2,850억 달러였으나, 1960년도에는 약 5,040억 달러로 늘어났다. 또 사회복지의 증진에도 많은 노력을 기울여 국민들의 생활수준과 복지가 향상되었다.

아이젠하워정부는 흑인에 대한 차별의 철폐에도 노력해서, 흑인들에게 많은 정치적·사회적·법적 권리를 부여했다. 이는 연방대법원과 연방의회가 뒷받침해 주었기 때문인데, 1954년 5월 연방대법원은 '브라운 대 토피카 교육위원회사건'(Brown vs. Board of Education of Topeka Case)에 대해, "공립학교에서 흑백 두 인종의 공학을 금지하는 남부의 법령은 위헌"이라는 판결을 내렸다. 그러자 이러한 판결에 대해 남부 지역에서는 거세게 항의했으나, 흑인들에게는 커다란 용기를 북돋아 주어서, 흑인 목사 마틴 루터 킹(Martin Luther King, Jr.) 등이 앞장서 흑백차별철폐운동을 전개하여 많은 성과를 거두었다.

그러나 이보다 흑백차별철폐에 큰 영향을 미친 것은, 아이젠하워가 또다시 대통령으로 취임한 1957년도 가을, 아칸소주 리틀록(Little Rock)시에서 일어난 흑인학생들의 백인학교 입학사건이었는데, 이 해 9월 새 학기가 시작될 무렵, 9명의 흑인학생들이 아칸소주 리틀록시에서 백인학생들만 다니는 고등학교에 입학을 신청했다. 그러자 리틀록시 교육의원회는 이들 흑인학생들의 입학을 허가하려고 했다. 왜냐하면 앞서 말한 1954년 '브라운 대 토피카 교육위원회사건'에서 연방대법원이 "공립학교에서 흑백 두 인종의 공학을 금지하는 남부의 법령은 위헌"이라는 판결을 내렸기 때문이다.

하지만 아칸소주 법원이 리틀록시 교육의원회에 흑인학생들의 입학을 중지하라는 명령을 내리자 아칸소주 지사가 주민병대를 소집하여 흑인학생들의 등교를 저지했다. 이에 아이젠하워 대통령이 아칸소주 지사에게 민병대를 철수시키라고 요청했으나 거부하자, 이를 항의하는 흑인들과 찬성하는 백인들 간에 유혈폭동이 일어났다. 그러자 아이젠하워는 비록 흑백분리폐지에 적극적이지는 않았지만, 연방법원과 연방정부의 권위를 지키기 위해 연방정규군 1,000여 명을 리틀록에 파견하여 이들의 보호 아래 흑인학생들을 학교에 통학시키도록 했다.

그간에 연방의회도 민권법을 수정해, 법무부 산하에 '공민권위원회'를 5년 기한부로 설치해서 흑인에 대한 투표권 박탈, 교육과 고용에서 흑인의 차별, 흑인에 대한 재판의 불평등 등에 관한 사례를 조사해 시정토록 했다. 그 결과, 흑인들이 대학에도 진학했고, 투표에도 참여했으며, 자기 집과 자동차도 많이 소유하게 되었고, 또한 정부 내 고위직에도 등용되었다.

• 아이젠하워 대통령의 대외정책과 소련과의 대립

위와 같이 아이젠하워정부는 국내문제들을 비교적 잘 처리했다. 또한 여러 가지 국제문제들도 많이 해결했다. 1953년에는 한국전쟁을 휴전시켰으며, 1954년에는 인도차이나 지역의 캄보디아·라오스·베트남의 3개국을 프랑스 또는 영국의 식민지로부터 독립시키는 데 공헌했다. 1954년 9월에는 동남아조약기구(SEATO)를 창설했으며, 12월에는 대만의 자유중국(중화민국)과 상호방위조약을 맺어, 만약 중화인민공화국이 대만을 공격하면 미국도 대만의 방위책임을 지기로 약속했다. 또한 세계 각국에 대한 원조계획도 확대시켜서 미국과의 유대를 강화했다.

그러나 소련과의 대립관계는 해소하지 못해서 항상 긴장관계가 계속되었는데, 1953년 소련수상 스탈린이 사망하자, 뒤를 이은 후루시초프(Niita S. Khrushchov)가 1956년 2월 소련공산당 제20차 대회에서 자유진영과의 평화공존을 역설함으로써 동서 간의 냉전도 풀리는 듯했다. 하지만 그해 6월 폴란드에서 민주화폭동이 일어나고, 10월에는 헝가리에서도 반공의거가 일어나서 반소정부가 수립되고, 수에즈운하를 둘러싸고 이집트와 영국·프랑스·이스라엘 간에 분쟁이 일어나자, 소련은 서방국가들에 대해 다시 호전적 태도를 드러냈다. 그러면서 중동·동남아시아·중남미 지역에서 서방 측의 취약점과 반미감정을 이용해서 공산주의 세력을 침투시켰다. 그 결과, 1959년 쿠바의 피델 카스트로(Fidel Castro)가 혁명을 일으켜 쿠바를 사회주의화함으로써 미국과 쿠바와의 관계가 급속도로 악화되었다.

그러나 1959년 초 소련이 다시 서방 측에 유화적 태도를 취하기 시작하면서 그해 9월 후루시초프 수상이 미국을 방문하여 아이젠하워 대통령과 회담을 가졌다. 이듬해에는 미국·영국·프랑스·소련 4개국이 파리에서 정상회담을 갖고 서베를린 문제 등을 해결하기로 했다. 그러나 1960년 5월 파리에서 정상회담이 열리기 직전, 미국의 초고공정찰기 U2기가 소련 영공에서 격추되는 사건이 발생함으로써 정상회담은 개회하자마자 폐회되고 동서 간에 긴장감이 다시 감돌기 시작했다. 그러자 아이젠하워정부를 무능하다고 생각하게 된 미국 국민들은 1960년 11월 대통령선거에서 공화당 대신 민주당 후보 존 F. 케네디(John F. Kennedy)를 대통령으로 선출했으며, 케네디 대통령은 '뉴 프론티어'(New Frontier) 정책을 내세우며 사회개혁을 추진해 나갔다.

2. 제2차 세계대전과 미국신문들의 동태

위에서는 1941년 미국이 제2차 세계대전에 참전할 때부터 시작해서 1960년까지 19년 동안의 미국의 시대적 상황부터 우선 간단히 살펴보았다. 그러면 이 시기 미국신문들의 실태와 동태 등은 어떠했는가?

제2차 세계대전의 전황에 관한 취재와 보도

제2차 세계대전 때 전쟁에 관한 미국신문들의 보도실태부터 살펴보면, 물론 모든 보도가 완전한 것은 아니었지만, 보도의 범위·분량·다양성 그리고 신뢰성 등에서 미국신문들은 새로운 전황보고 기록을 수립했다. 그래서 미국신문들이 그간에 겪은 여러 차례의 전쟁 중에서 가장 훌륭했던 보도는 바로 제2차 세계대전에 관한 것이었다고 말 수 있다.

• 무려 1,700여 명의 종군기자들 파견

미국신문들이 이처럼 제2차 세계대전에 관한 보도를 훌륭하게 수행할 수 있었던 것은 1941년 12월 7일 하와이 진주만에 대한 일본군의 기습이 있기 전부터 이미 해외취재팀이 잘 짜여 있었기 때문인데, 1941년 12월 현재 해외에서 뉴스 취재업무에 종사하고 있던 미국신문의 종사원들은 모두 1,000여 명에 이르고 있었다. 그러나 이들 중 대부분은 현지인들이었으며, 미국신문사에서 직접 파견한 미국인 특파원들은 약 200명이었다.

1941년 12월 미국이 제2차 세계대전에 참전하자 미국의 각 신문들은 종군기자들을 각 전선에 파견했는데, 그 숫자는 1년 내에 300명에 달했으며, 1943년 봄에 이르러서는 435명으로 늘어났다. 그 뒤에도 계속 이 정도의 수준을 유지했는데, 미국 전쟁성(War Department)의 발표에 의하면, 1941년 12월 미국의 참전 이후 1945년 제2차 세계대전이 끝날 때까지 모두 1,186명의 각종 매체의 기자들에게 종군기자증을 발급했으며, 이들 이외에 별도로 해군성(Navy Department)에서도 460명의 기자들에게 종군을 허락했다고 한다. 따라서 이들을 모두 합치면 종군기자들의 총수는 1,646명이 되나(*Editor & Publisher*, Sept. 12, 1945, p. 5), 이 숫자에는 중립국들에 파견했던 해외특파원들은 포함되지 않았다. 그러므로 이들까지 합치면 종군기자들의 수는 더 늘어나는데, 그야 어떻든 간에 이렇게 많은 종군기자들이 전쟁을 취재한 적은 일찍이 없었다.

당시 종군기자들은 주로 각 통신사에서 파견하거나 또는 몇 개 신문이 합동(pool)으로 파견했다. 그러나 각 신문사가 독자적으로 파견하기도 했는데, 이러한 신문사들은 뉴욕의 「뉴욕 타임스」와 「뉴욕 헤럴드 트리뷴」, 시카고의 「시카고 데일리 뉴스」·「시카고 헤럴드-트리뷴」·「시카고 선」, 보스턴의 「크리스찬 사이언스 모니터」, 볼티모어의 「볼티모어 선」지 등 30개나 되었다.

• 종군기자들의 활약상과 희생

제2차 세계대전 당시는 여성 종군기자들도 전쟁터에 나가서 대활약을 했는데, 여성 종군기자들의 수는 모두 합쳐 21명이었다고 한다. 이들 중에서도 특히 INS통신사(International News Service)의 아이네즈 롭(Inez Robb)과 AP통신사(Associated Press)의 루스 카원(Ruth E. Cowan) 여기자가 유명했는데, 이들은 북아프리카로부터 유럽까지 미군을 따라다니면서 그 전황을 취재·보도했다.

한편 태평양전선의 미군 해병대 소속 종군기자들은 군 당국의 협조 아래 해병전투기자단(Combat Correspondents of Marine Corps)을 조직해서, 1942년 8월 솔로몬군도 상륙작전에 직접 참가해 전투를 하면서 그 전황을 자세히 보도함으로써 대단한 인기를 끌기도 했다.

제2차 세계대전에서는 종군사진기자도 대단한 활약을 했는데, 이들이 찍은 생생한 전투장면들은 각 신문사에 즉시 전송되어 전투에 관한 뉴스와 함께 보도되었다. 특히 전쟁 말기에는 '그래픽 45'(Graphic 45)라는 전쟁취재용 특수 카메라가 개발되어 먼지와 물속에서도 사진을 쉽게 찍을 수 있었다. 1943년 당시, 군 당국이 허가한 종군사진기자들의 수는 모두 65명에 이르렀으며, 이들 이외에도 군의 공보요원이나 통신단(Signal Corps) 소속 군인들이 전투장면들을 사진으로 찍어 언론에 제공함으로써 생생한 사진들이 신문에 게재될 수 있었다. 특히 1945년 2월, 미군이 남태평양의 이오지마(Iwo Jima, 유황도) 상륙에 성공하여 성조기를 게양하는 장면을 찍은 AP통신사 사진기자 조셉 로젠탈(Joseph Rosenthal)의 사진은 퓰리처상을 탔으며, 전쟁 포스터와 우표에도 사용되었다.

그러나 이와 같은 장면들을 종군기자들이 촬영하거나 취재하다가 112명이나 부상을 당했다. 또한 AP와 UP통신사 기자가 각각 5명, INS통신 기자 2명, 「뉴욕 타임스」 기자 3명을 포함하여 모두 37명의 종군기자들은 목숨까지 잃었는데, 이들 중 19명은 태평양전선 전투에서 사망했다. 1945년 4월 18일 「시카고 헤럴드-트리뷴」지의 어니 파일(Ernie Pyle) 기자가 남태평양 이오지마 전투에서 일본군의 기관총을 맞아 순직하자, 「시카고 헤럴드-트리뷴」지는 "GI 조, 그대는 또 하나의 전우를 잃었다"는 전단제목 아래 그의 죽음을 보도하면서 애도했다. 그리고 파일 기자가 전쟁 중에 집필해서 「시카고 헤럴드-트리뷴」지에 게재했던 기사들을 전후에 『당신의 전쟁과 용감한 사람들』(*This Is Your War and Brave Men*)이라는 제목의 책으로 엮어서 출판했는데, 이 책은 당시 베스트셀러 중에서도 수

위를 차지했다.[4]

• 노르망디 상륙작전과 독일항복 뉴스의 낙종

제2차 세계대전 중에 가장 많은 연합국 측 종군기자들이 직접 참가해서 취재했던 전투는 1944년 6월 6일 미군과 영국군의 프랑스 노르망디 상륙작전이었다. 이 상륙작전에는 모두 78명의 연합군 측 종군기자들이 직접 참가하여 취재하다가 영국기자 1명이 목숨을 잃었으며, 많은 기자들이 부상을 당했다. 노르망디 상륙작전에 관한 뉴스가 처음 세상에 알려지게 된 것은 당일 새벽 12시 37분 독일 라디오방송에 의해서였으며, 이에 관한 연합군 측 통신사들의 뉴스를 받아서 미국의 라디오방송들이 새벽 3시 30분에 긴급 뉴스로 보도했으며, 그 다음 이 뉴스를 각 신문들이 호외로 보도했다.

한편 독일의 항복에 관한 뉴스도 종군기자들이 먼저 알았으나, 보도금지령 때문에 그 특종을 라디오방송에 빼앗기고 말았다. 연합군 총사령부에서 모종의 중대 발표가 있을 것이라는 정보가 미국 종군기자들에게 전달된 것은 독일의 항복이 정식으로 발표되기 이틀 전인 1945년 5월 6일 일요일이었다. 그러나 그 발표가 독일의 항복에 관한 것이라고 생각한 기자들은 거의 없었다. 때문에 그 이튿날 아침 7시 30분 독일의 라임(Laim) 소재 아이젠하워 장군 사령부에서 연합군과 독일 간의 평화협정 서명식, 즉 독일의 항복식에 참여한 기자는 몇 명 되지 않았다.

그런데 이들 기자에게 연합군사령부는 독일의 항복에 관한 뉴스를 이튿날, 즉 5월 8일 아침 공식발표가 있을 때까지 보도하지 못하도록 엠바고(embargo)를 내렸다. 그러나 독일의 무조건 항복에 관한 뉴스를 5월 8일 0시 덴마크 라디오방송이 보도하자, 이를 AP통신사 에드워드 케네디(Edward Kennedy) 기자가 런

---

4 이 책 이외에도 여러 종군기자들이 전투 지역을 따라다니면서 겪었던 경험담을 전후에 책으로 출판해서 베스트셀러가 되었는데, 그중에서 특히 윌리엄 셔러(William L. Shirer)의 『베를린 일기』(*Berlin Diary*), 리차드 트레가스키스(Richard Tregaskis)의 『과달카날 일기』(*Guadalcanal Diary*), 화이트(W. L. White)의 『그들은 소모품이었다』(*They Were Expendable*)가 유명했다.

던지사로 타전했으나, 이것이 군 당국에 발각되어 보도금지를 당했다. 그리하여 결국 5월 8일 11시 15분 트루먼 대통령이 독일의 무조건 항복을 공식발표한 뒤에야 이를 각 신문들이 보도하게 되었다.

• 군 당국 공보장교들에 의한 보도금지와 검열

이렇게 되어 AP통신사 기자 케네디는 독일의 항복에 관한 뉴스를 낙종했을 뿐 아니라, 연합군사령부의 엠바고(일정 시간까지 보도금지령)를 위반했다는 이유로 종군기자단에서 쫓겨났다. 또한 "엠바고를 깨고 자신만 특종하려고 했다"는 이유로 다른 통신사나 신문사 동료기자들로부터도 많은 비난을 받았다. 그러나 케네디 기자에 앞서, 덴마크 라디오방송에서 그 사건을 먼저 보도했다는 사실이 인정되어, 이듬해인 1946년 케네디 기자는 명예를 회복하게 되었다.

이러한 사례에서도 보듯이 전쟁기간에 군 당국자들의 언론통제는 상당히 심했다. 언론통제는 주로 공보장교들이 담당했는데, 미국과 영국 등 연합군은 제2차 세계대전 때 새로 공보장교(public relations officers) 제도를 도입했다. 그리하여 주로 언론인 출신들을 공보장교로 선발해서, 이들이 자세한 전황보고서를 작성해서 종군기자들과 신문·방송 등 매스 미디어에 제공해 주고, 또한 종군기자들에게 많은 편의를 제공해 줌으로써 긍정적 평가를 받기도 했다.

그러나 공보장교들은 또 한편으로는 종군기자들과 언론에 대한 통제와 횡포도 심했다. 예컨대 북아프리카 상륙 연합군의 영국군단 공보장교 필포츠 대령(Col. Phillpotts)은 1943년 11월 영국수상 처칠의 카이로 방문을 신문에 보도하지 못하도록 기자들에게 위협을 가하기도 했다. 그런가 하면, 인도-버마전선에서는 미군과 영국군 공보장교들이 종군기자들의 송고기사를 4명이 번갈아 가며 각각 검열하는 통에 동일한 기사에 대한 검열을 4번씩이나 받아야만 했다.

제2차 세계대전 중 신문에 대한 정부당국의 통제

위와 같이 제2차 세계대전 당시 미군 당국은 종군기자들의 송고기사들을 검열하거나, 어떤 뉴스에는 보도금지령까지 내리기도 했다. 그러나 이는 군 당국만이 아니라 정부기관들도 역시 마찬가지였다. 그렇다면 정부당국은 신문과 그 밖의 언론매체에 대해 어떠한 통제를 어떻게 실시했는가?

• 검열국의 설치와 언론에 대한 검열의 실시

1941년 12월 9일 미국이 제2차 세계대전에 참전을 선포하고 나서 열흘 뒤인 12월 19일 루스벨트 대통령은 제1전력법(First War Powers Act)을 근거로 검열국(Office of Censorship)을 설치했다. 그리고 검열국장에 바이론 프라이스(Byron Price)를 임명하면서, 그에게 이렇게 말했다. "모든 미국 국민은 전쟁을 싫어하듯이 언론에 대한 검열도 싫어하고 있다. 그러나 전시에는 어느 정도의 검열이 필요하다는 것을 이 나라는 물론 모든 나라들이 경험을 통하여 느낀 바 있는데, 현재 우리는 전쟁 중에 있다"고 천명했다. 그러면서 언론검열국장에게 국제커뮤니케이션 내용에 대한 절대적 검열권을 위임하면서, 언론에 대한 검열과 통제를 실시토록 명령했다. 이런 업무를 담당한 검열국은 워싱턴에 본부를 두고, 각 국경에는 지부를 두었는데, 그 요원이 많을 때는 1만 4,000명에 달했다.

바로 이러한 검열국에서, 제2차 세계대전 당시, 신문과 그 밖의 언론매체의 보도내용에 대한 검열을 주로 실시했는데, 검열국장 프라이스는 AP통신사 뉴스부장 출신으로서 오랜 경험과 명성을 가진 언론인이었다. 이러한 프라이스는 외국으로부터 우편·유선전신·무선전신 등을 통하여 미국으로 들어오는 모든 국제 뉴스를 일일이 검토하면서, 제1전력법을 근거로 통과·보류 또는 공표금지 등을 결정했다. 그러면서 해외로부터 들어오는 우편물을 검열하기 위해, 많을 때는 1만 명의 검열요원들을 동원하기도 했다.[5]

• 전시신문실천요강의 제정과 신문들의 자율적 규제

이와 같은 검열업무와는 별도로, 루스벨트 대통령은 또 프라이스 국장에게 신문편집자와 발행인들이 자발적으로 검열에 협조하는 체제를 수립하라고 명령했다. 그러자 검열국은 1942년 1월 15일 '전시신문실천요강'(Code of Wartime Practices for the American Press)이라는 것을 만들어, 이를 신문편집자와 발행인들에게 준수하도록 요구했는데, 전시신문실천요강의 요지는 주로 군대의 수송·주둔지·군수품의 제조 등에 관한 보도와 일기예보를 하지 못하도록 하는 것이었다. 그러나 이러한 실천요강을 위반할 경우, 그에 대해 어떤 제재를 가하겠다는 처벌규정은 포함되어 있지 않았는데, 이는 전시신문실천요강은 어디까지나 신문편집자와 발행인들의 자율적 규제를 위한 것이기 때문이라는 이유에서였다.[6]

때문에 전시신문실천요강에 처벌규정을 넣지 않았으나, 검열국이 전시신문실천요강을 일방적으로 만들어서 이를 신문들이 지키도록 하자, 신문들은 항의하면서 그 폐기를 주장하기도 했다. 그러나 실제로는 모든 신문들이 그 실천요강을 잘 지켜 주어서, 하나의 위반사례도 나타나지 않았다. 이는 신문편집자나 발행인들이 애국적 충정에서 정부의 시책에 잘 호응을 해 주었기 때문이기도 했지만, 또 한편으로는 다른 통로를 통한 정부의 압력과 대중들의 항의나 보복이 두려웠기 때문이기도 했다.

그 진짜 이유야 어쨌든, 위와 같이 모든 신문들이 전시신문실천요강에 따라 자율적 규제 내지 자체 검열을 실시한 것은 미국신문역사상 일찍이 없었던 일이었다. 그 결과, 미국의 군수물자 생산과 수송체제가 어느 정도 궤도에 오를

5 그러나 1945년 8월 15일 일본이 무조건 항복을 선언하자, 몇 시간 뒤에 검열국은 그 활동을 중단함으로써 신문은 검열로부터 해방되었다.

6 검열국은 라디오방송에 대해서도 전시신문실천요강과 비슷한 '전시방송실천요강'을 별도로 만들어서 이를 지키도록 했다. 전시방송실천요강이 전시신문실천요강과 다른 점은, 라디오방송의 경우 일기예보를 전면 금지시킨 데 반하여, 신문의 경우 정부당국에서 발표하는 일기예보는 보도해도 무방하다는 정도였다.

때까지 그 상황이 독일에 전혀 알려지지 않아서 독일은 미국선박들의 해상봉쇄 기회를 잃어버리게 되었다. 또한 1942년 11월 17일 미군과 영국군이 합동으로 실시한 북아프리카의 카사블랑카(Casablanca) 상륙작전과, 1944년 6월 6일 프랑스의 노르망디 상륙작전도 완전히 비밀에 부쳐졌으며, 레이더와 원자탄의 개발도 독일이 전혀 눈치채지 못하게 되었다.

• 정부당국에 의한 기타 여러 가지 통제

위와 같이 미국정부는 검열국을 설치해서 외국으로부터 들어오는 모든 뉴스들에 대한 검열을 실시하는 한편, 전시신문실천요강을 만들어서 이를 신문들이 준수하도록 했다. 그런가 하면, 우편국장들도 전쟁 관계 뉴스나 정보 등에 관한 사후검열을 실시했는데, 이는 1917년 발효된 방첩법(Espionage Act)을 근거로 한 것이었다. 그리하여 이 법에 의거해서 우편국장들이 각 신문의 내용을 검열해서 방첩법에 위반되는 신문은 배달을 금지했다.

또한 정부당국은 1940년 제정한 외국기관등록법(Foreign Agent's Registration Act)을 이용하여, 미국 내에서 발행하는 외국어신문과 잡지들을 통제하기도 했다. 그리하여 특히 독일어신문들이 많은 수난을 당해서, 「필라델피아 헤럴드」(*Philadelphia Herold*)지와 인디애나주 먼시의 「X-레이」(*X-Ray*)지 등이 정간되거나 폐간되기도 했다. 그런가 하면, 「리빙 에이지」(*Living Age*)라는 잡지는 일본정부로부터 1만 5,000달러의 자금을 받았다고 해서 그 발행인을 고발해 징역을 살게 했다. 또 정부당국은 1942년 7월, 신문을 포함한 무려 30개의 정기간행물을 비애국적이라는 죄목으로 워싱턴 D.C. 연방대배심에 기소해서, 정간 내지 폐간 처분을 받게 했다.

이러한 방법 이외에도 미국정부는 여러 가지 방법을 통하여 신문 등을 직접 또는 간접적으로 통제하기도 했다. 그중 하나로는 뉴스에 대한 접근이나 취재 제한을 통한 통제를 들 수 있는데, 정부당국자들은 정부가 하는 일을 국민들에게 정확하고 성실하게 알려 줄 의무가 있으나, 제2차 세계대전 당시 미국대통령 · 국무위원 · 관리, 그리고 군 당국자들은 필요 이상으로 전쟁에 관련된 정보들을 숨겼다. 예컨대, 언론인 출신의 해군성 대변인 프랭크 낙스(Frank Knox)는 당연히 보도해야 할 사실도 숨겨서 국민들의 알 권리를 침해하기도 했다. 그는 솔로몬군도 사보섬(Sabo Island)에서 미국해군의 패전과 항공모함의 침몰사건을 6주일이나 숨긴 적이 있는데, 그 이유를 기자들이 물었더니 "적에게 승리감을 안겨 주지 않으려고 그랬다"고 대답했다.

전쟁정보국을 통한 신문들의 간접통제

위와 같이 제2차 세계대전 당시, 미국정부는 신문을 비롯한 언론에 대해 여러 가지 부정적 통제(negative control), 즉 "무엇무엇을 하지 말라"는 통제를 가했다. 그러나 또 한편으로 언론에게 "무엇을 하라"는 긍정적 통제(affirmative control)도 가했는데, 이는 정부의 각종 정보를 국내외에 알리거나 정부의 정책 등을 선전하기 위한 수단으로 언론을 이용하기 위해서였다.

• 정보 관계 기구들의 설치와 전쟁정보국으로 통합

바로 이와 같은 목적을 위해 미국정부는 1941년 12월 제2차 세계대전에 참전하면서부터 1942년까지 모두 4개의 기구들을 설치했다. 첫째는 정부보고국(Office of Government Report)으로, 이는 정부 각 부처의 업무와 활동 등에 대한 언론과 국민대중의 반응 및 여론 등에 관한 정보를 수집하기 위해 설치한 것이었다. 둘째는 사실·통계조사국(Office of Facts and Figures)으로, 이는 국방과 외교정책에 관한 정보를 수집·배포하기 위해 설치했다. 셋째는 정보조정국(Office of Coordination of Information)으로, 이는 국가안보에 관한 정보를 수집·분석하기 위해 설립했다. 그리고 넷째는 비상관리국(Office of Emergency Management)으로, 이는 전쟁과 국방에 관한 업무를 수행하기 위해 설립했다..

미국정부는 이들 4개 기구를 1942년 6월 13일 통합해서 전쟁정보국(Office of War Information)으로 재편했는데, 그 목적은 "정부의 전쟁수행을 위한 노력, 전쟁에 관한 정책과 계획, 그 목적과 활동 사항 등을 국내외에 정확히 알리고 이해시키기 위해"서였다. 이러한 전쟁정보국 국장으로는 「뉴욕 타임스」 간부 출신으로 CBS방송 뉴스해설자였던 엘머 데이비스(Elmer Davis)를 임명했다.

이와 같이 데이비스를 국장으로 임명한 전쟁정보국은, 제1차 세계대전 당시 조지 크릴(George Creel)의 공공정보위원회(Committee on Public Information)와 그 성격이 비슷했다. 그러나 공공정보위원회는 검열위원회(Censorship Board)와 밀접한 관계도 가졌으나, 전쟁정보국은 검열과는 무관한 기구로서, 공보와 선전 활동만 계획적이고 체계적으로 수행했다. 그 결과, 수많은 정부 산하기관들에서 발표하는 각종 정보들이 상호 조정되어 일관성을 갖게 되면서 국민들의 총화단결을 이룩할 수 있었다.

• 전쟁정보국의 여러 가지 기능과 임무

전쟁정보국은 제1차 세계대전 당시의 공공정보위원회와 마찬가지로 전쟁의 수행에 필요한 각종 캠페인도 전개했는데, 그 캠페인들은 물자절약·유언비어방지·인력동원·승전기념물 건립 운동 등 무려 50여 가지나 되었다. 또한 전쟁정보국은 광고인들과도 밀접한 관계를 가지면서 전쟁광고이사회(War Advertising Council)를 결성하여 전쟁수행에 필요한 각종 홍보광고들을 신문·잡지 등에 냈다. 그렇다고 해서 전쟁정보국의 주 기능이 선전이나 홍보에만 국한된 것은 아니었다. 전쟁정보국은 정부 각 부처의 작전상황에 관한 뉴스들을 신문과 통신사에 제공해 주는 기능도 동시에 수행했는데, 이러한 기능의 목적을 전쟁정보국 관계자들은 "정보의 계속적 흐름을 유지하기 위해"라고 말했다. 그러나 이러한 기능의 수행과정에서 전쟁정보국은, 어떤 뉴스는 키우고, 어떤 뉴스는 축소하고, 또 어떤 뉴스는 잘라 버리는 등, 게이트키퍼(gatekeeper)의 역할도 수행했다.

그런가 하면, 전쟁정보국은 해외에 지국들을 설치해서 미국의 전쟁수행활동 등에 관한 뉴스와 사진 등을 세계 각국에 배포하는 기능도 수행했는데, 해외지국들은 뉴욕의 본국으로부터 매일 6만 5,000단어 상당의 뉴스를 전신망을 통해서 수신하고 중요한 사진들을 항공편을 통해 받아서 이들 뉴스와 사진들을 세계 각국의 정부기관들과 언론기관들에 배포했다. 그러나 제2차 세계대전이 끝나자, 미국정부는 전쟁정보국을 곧 해체하고 그것이 맡았던 해외선전과 뉴스 배포 업무는 국무성산하 미국공보원(United States Information Service)으로 넘겼다.

장병들을 위한 진중신문의 재등장과 활약

미국정부는 위와 같이 제2차 세계대전 당시 국내외를 대상으로 여러 가지 공보활동과 선전활동을 전개했다. 그런가 하면, 군에서는 장병들의 정훈교육과 사기앙양 등을 위해 제1차 세계대전 때와 마찬가지로 진중신문(camp newspaper)들을 발행했다. 미군이 남태평양 지역에서 발행한 「기니아 골드」(*Guinea Gold*)라는 진중신문의 창간호에 게재한 더글라스 맥아더 장군(General Douglas MacArthur)의 격려사를 보면, "현재 진행하는 일들에 관한 뉴스와 정보는 전투하고 있는 병사들에게 빵이나 탄약만큼 필요한 것"이라고 밝혔다.

• 모두 합쳐 1,000여 종의 진중신문 발행

당시 미국의 육·해·공군 사령관들은 모두 자기 휘하 장병들을 위한 진중신문의 발행을 적극적으로 후원해 주었다. 그리하여 제2차 세계대전 기간에 모두 1,000여 종의 각종 진중신문들이 발행되었는데, 이들 중에는 「양크」(*Yank*)·「스타스 앤드 스트라입스」(*Stars and Stripes*)지처럼 발행부수가 상당히 많은 신문들도 있었으나, 겨우 몇 백 부짜리 조그만 등사판 진중신문들도 있었다.

1,000여 종의 각종 진중신문들 중에는 군단이나 사단 규모의 장병들을 대상으로 한 큰 신문들도 있었지만, 600여 종은 각 부대단위별로 발행한 소규모 신문들이었다. 그런가 하면, 군 주둔기지·병기제조창·함대 등에서 발행한 진중신문들도 많았다. 또한 진중신문들 중에는 제1차 세계대전 때 발행하고 전후에 정간했다가 제2차 세계대전이 발발하자 복간한 것들도 적지 않았다.

이러한 진중신문의 대표적 실례로는 앞서 말한 「스타스 앤드 스트라입스」를 들 수 있는데, 이 신문은 제1차 세계대전 중인 1918년 2월 창간해서 16개월 동안 발행하다가 종전 뒤에 중단했다. 그러나 1941년 12월 미국이 제2차 세계대전에 참전하자 이듬해 4월 다시 복간했다. 그리하여 처음에는 런던의 「타임스」(*Times*)지 인쇄시설을 빌어 주간으로 발행하다가, 7개월 뒤에 자체 인쇄시설을 갖추고 일간으로 발행하기 시작했다. 그 뒤 11월 17일 미군과 영국군이 북아프리카의 카사블랑카에 상륙하여 이곳에서부터 유럽으로 진격해 들어가자, 「스타스 앤드 스트라입스」는 미군을 따라가면서 각 곳에서 현지판을 따로 발행했다. 그리하여 나중에는 로마 · 파리 · 베를린에서도 신문을 냈으며, 그간에 태평양 지역판도 따로 발행했다.

• 진중신문 「양크」와 「레더네크」 등은 유료로 배포

위와 같은 「스타스 앤드 스트라입스」지와 같은 해, 같은 달 창간한 「양크」(*Yank*)지도 제1차 세계대전이 끝나자 발행을 중단했다가 미국이 1941년 12월 제2차 세계대전에 참전하자 복간한 대표적 진중신문의 하나였다. 이 주간신문은 미군장병들을 위한 진중신문이었으나, 문예지 성격을 띠고 있었으며, 전체 지면의 4분의 3 정도는 뉴욕에서 편집했다. 이 진중신문은 자체 종군기자를 전장에 파견해서 전황을 취재해 보도했으며, 장병들을 위한 만화도 연재했다. 또한 사진도 풍부하게 실었는데, 그중에서 특히 연재만화와 아름다운 여성들의 핀업(pinup girls) 사진들이 미군 장병들로부터 대단한 인기를 끌었다.

이러한 「양크」지는 미군장병들에게 무료로 배포한 것이 아니라, 1부에 5센트씩 받았음에도 불구하고 발행부수가 250만 부를 상회했으며 영국 · 프랑스 · 이탈리아 · 이집트 · 이란 · 알래스카 · 오스트레일리아 · 인도 · 필리핀 · 일본 등 세계 각처에서 모두 24개 판을 발행했다. 그러나 제2차 세계대전이 끝나자 발행을 중단하고 말았다

이러한 진중신문들과는 달리, 제1차 세계대전 때 창간한 미군 해병대의 진중신문 「레더네크」(*Leatherneck*)와 같은 것은 제1차 세계대전이 끝난 뒤에도 계속해서 월간으로 발행하다가 제2차 세계대전이 일어나자 더욱 활기를 띠었다. 「레더네크」지는 워싱턴 D.C.에서 발행했으나, 1944–45년간에는 하와이 호놀룰루에서 별도의 해외판(overseas edition)을 발행하기도 했는데, 이 신문도 1부당

25센트씩 받고 팔았다.

• 진중신문들을 위한 '캠프 뉴스페이퍼 서비스'도 운영

위에서 언급한 진중신문들 이외에도 대표적인 것들로는 중국 · 버마 · 인도 전선에서 발행한 「C.B.I. 라운드업」(*C.B.I Roundup*), 알래스카 지역에서 발행한 「코디악 베어」(*Kodiak Bear*), 아이슬란드에서 나온 「화이트 폴콘」(*White Falcon*), 페르시아에서 발행한 「U.S. 아미 디스패치」(*U.S. Army Dispatch*) 등을 들 수 있는데, 이들도 제2차 세계대전 당시 명성을 떨친 진중신문들이었다.

위에서 말했듯이 제2차 세계대전 당시, 미군에서는 모두 1,000여 종의 진중신문들이 발행되었다. 그러자 이들 상호 간에 협조관계를 도모하고, 또한 진중신문들에게 정확하고 바람직한 뉴스들을 제공하기 위해, 미군 당국은 '캠프 뉴스페이퍼 서비스'(Camp Newspaper Service)라는 기구를 1942년 여름 설치했다. 그리하여 각종 뉴스들을 각 진중신문들에 제공하는 한편, 진중신문의 편집과 제작에 관련된 지식과 기술들도 제공했다.

한편 위에서 살펴본 진중신문들과는 달리, 일반신문사들도 해외에 나가서 싸우는 미군을 대상으로 해외판을 제작해서 해외주둔 군인들에게 배포했다. 그중 대표적인 것들로는 「뉴욕 타임스」지의 해외주간판(Overseas Weekly), 「뉴욕 헤럴드 트리뷴」지의 유럽판(European edition), 「뉴욕 포스트」지의 파리판(Paris edition), 「뉴욕 미러」지의 해외판 등을 들 수 있다. 이러한 신문들 이외에도 당시 미군들에게는 일반신문 · 잡지 · 서적(군대판)들도 대량 보급함으로써 미군은 "세계에서 독서를 가장 많이 하는 군인"이라는 별명을 얻기도 했다.

3. 1940년대 신문들의 주요 동태와 양상

위에서는 제2차 세계대전 기간에 주로 전쟁과 관련된 미국신문들의 실태에 관해 살펴보았다. 그러면 제2차 세계대전 기간을 포함하여 1940년대 신문들의 일반적 주요 동태 내지 양상은 어떠했으며, 시대적 특징들은 무엇이었는가?

계속된 신문들의 인수합병과 신문종수의 감소

제2차 세계대전은 1940년대 미국신문계에 여러 가지 주요한 변화를 가져다주었다. 그중에서 큰 변화의 하나는 신문종수의 감소 현상이었는데, 1941년부터 1944년 가을까지 3년 동안 일간신문만도 무려 135개지가 줄어서, 1944년 가을 현재 전체 일간신문은 모두 1,744개지로서 50년 내에 가장 적은 종수를 기록하게 되었다.

• 신문들 간의 통폐합으로 인한 신문종수의 감소

비록 1945년 제2차 세계대전의 종전 이후 신문종수가 약간 증가하기는 했으나, 그 증가율은 극히 낮았다. 주간신문의 경우도 1940년대에 무려 1,000여 개나 감소해서, 1940년대 말에는 전체 종수가 1만여 개에 불과하게 되었다.

이처럼 1940년대에 신문의 종수가 크게 감소하게 된 것은 제2차 세계대전으로 인한 경영난으로 폐간한 신문이 많았기 때문이기도 했지만, 또 한편으로는 그 이전부터 시작되어 온 신문들의 통폐합 현상이 1940년대에도 계속되었기 때문이다. 그리하여, 예컨대 1925년 창간해서 16년 동안 계속 발행해 온 「뉴올리언스 모닝 트리뷴」(*New Orleans Morning Tribune*)지도 1941년 그 석간 「뉴올리언스 아이템」(*New Orleans Item*)지와 합병했다.

미네소타주의 「미네아폴리스 타임스」(*Minneapolis Times*)지도 1949년 그곳의 「미네아폴리스 스타」(*Minneapolis Star*)지에 합병되었다. 그런가 하면, 오하이오주

데이튼에서도 1948년 1월 조간신문 「데이튼 저널」(*Dayton Journal*)지와 석간신문 「데이튼 헤럴드」(*Dayton Herald*)가 합병하여 「데이튼 저널-헤럴드」지가 되었다.

바로 이와 같은 식으로 여러 도시들에서 신문들이 통폐합됨으로써 신문들의 종수가 크게 감소했다. 그러나 또 한편으로는, 그 이전과 마찬가지로 1940년대에도 한 사람이 여러 개의 신문들을 매입하여 신문체인을 형성하면서 신문들을 통폐합함으로써 신문종수가 감소되기도 했다.

• 신문체인들의 형성과 신문종수의 감소

1940년대에 새로 부상한 대표적 신문체인으로는 존 나이트(John S. Knight)의 신문체인을 들 수 있는데, 나이트는 플로리다주의 「마이애미 헤럴드」(*Miami Herald*)지와 「마이애미 트리뷴」(*Miami Tibune*)지를 사들여 이들을 하나로 합병했다. 또한 나이트는 미시간주에서 조간신문으로는 최대 발행부수를 자랑하면서 109년의 역사를 지녔던 「디트로이트 프리 프레스」(*Detroit Free Press*)지를 1940년 매입하고, 1944년에는 일리노이주의 「시카고 데일리 뉴스」(*Chicago Daily News*)지도 사들이는 등, 전국 각지의 신문들을 계속 매입하여 10여 개 신문들을 소유함으로써 새로운 신문재벌로 부상했다.

그런가 하면, 「뉴욕 저널 오브 커머스」(*New York Journal of Commerce*)지의 소유주 라이더 형제(Ridder Brothers)도 1946년 뉴햄프셔주의 「맨체스터 리더」(*Manchester Leader*)지와 「맨체스터 유니언」(*Manchester Union*)지의 경영권을 장악하고, 이듬해에는 또 「시카고 저널 오브 커머스」지도 매입함으로써 신문체인의 형성에 열을 올렸다. 그리고 웨스턴 뉴스페이퍼 유니언회사(Western Newspaper Union Co.) 회장 존 페리(John H. Perry)도 1940년대에 플로리다주 전체 신문들 중 8분의 1에 해당하는 9개의 일간신문들과 켄터키주의 일부 신문들도 소유하면서 신문왕국의 건설에 박차를 가했다.

한편 오랜 전통을 가졌던 스크립스-하워드 신문체인은 더욱 번성하여 1950년 1월에는 「뉴욕 선」지를 매입, 이를 「뉴욕 월드-텔레그램」(*New York World-Telegram*)지와 합병해서 「뉴욕 월드-텔레그램 앤드 더 선」(*New York*

World-Telegram and the Sun)지로 만들었다. 그러나 이러한 스크립스-하워드 신문체인과는 달리, 허스트계 신문체인은 은행으로 넘어갔던 경영권을 1947년 다시 되돌려 받았지만, 사실상 '허스트 신문제국'은 무너진 것이나 다름없는 상태가 되었다.

• 흑인이 발행한 신문들의 종수는 크게 증가

1940년대에도 위와 같이 신문체인들이 여러 개의 신문들을 매입하여 합병했는가 하면, 또한 수많은 신문들이 경영난으로 폐간함으로써 신문종수가 크게 감소했다. 그러나 흑인들이 발행한 신문들은 급격히 증가해서 모두 150–250개나 되었다.[7]

이렇게 흑인신문들이 증가하게 된 것은 흑인들의 민권운동이 그 이전에 비해 크게 신장했기 때문인데, 차별대우에 불만을 품은 흑인들이 1941년 초, 필립 랜돌프(Philip Randolph)의 지도 아래, 군 복무에서 흑백통합, 고용에서 흑백평등을 내걸고 워싱턴을 향하여 시위행진을 벌이려고 했다. 그러자 루스벨트 대통령은 이 행진시위의 중지를 설득하면서 같은 해 6월 군수산업과 연방정부에서 흑인들의 차별철폐를 규정한 행정명령 8802호를 공포했다. 그러나 이 규정은 오히려 흑백 인종 간의 대립을 악화시켜 1943년 6월 디트로이트에서 흑인들이 폭동을 일으켜서 30여 명이 사망했다.

---

7 미국 최초의 흑인신문은 1827년 새뮤얼 코니시(Samuel Cornish)와 존 B. 러스웜(John B. Russwurm)이 뉴욕에서 창간한 「프리덤스 저널」(*Freedom's Journal*)지였는데, 이 신문은 노예제도를 반대하기 위해 창간했으나 곧 폐간되고 말았다. 그 후에도 여러 개의 흑인신문들이 나왔으나 오래가지 못했으며, 다만 프레드릭 더글라스(Frederick Douglass)가 1847년 뉴욕주 로체스터에서 창간한 「노스 스타」(*North Star*)지만 1850년 제호를 「프레드릭 더글라스 페이퍼」(*Frederick Douglass Paper*)로 고쳐서 1860년까지 13년 동안 발행하다가 폐간했다. 1863년 링컨 대통령이 노예해방령을 내리고, 남북전쟁도 끝나자 여러 개의 흑인신문들이 나타났다. 이들 중에서 유명했던 것들로는 「워싱턴 비」(*Washington Bee*)와 「뉴욕 에이지」(*New York Age*)를 들 수 있는데, 「워싱턴 비」는 흑인 변호사 윌리엄 체이스(William C. Chase)가 1882년 창간해서 1922년까지 40년 동안 발행했다. 그리고 「뉴욕 에이지」는 시인 포춘(T. T. Fortune)이 1879년 「뉴욕 글로브」(*New York Globe*)라는 제호로 창간해서 발행하다가 1884년 「프리맨」(*Freeman*)으로 개제했고 1887년 다시 「뉴욕 에이지」로 제호를 바꾸었다.

이러한 흑인들의 저항과 폭동은 흑백차별폐지와 민권운동으로 이어지면서 그 수단의 일환으로써 신문도 발행하게 되었다. 그리하여 1940년대에 흑인신문들이 크게 증가했는데, 그중 대부분은 주간신문이었고, 심지어는 월간이나 계간신문도 적지 않았다. 반면 일간신문은 겨우 2개에 불과했는데, 이들은 애틀랜타에서 발행한 「애틀랜타 월드」(*Atlanta World*)와 오하이오주 데이튼에서 나온 「오하이오 익스프레스」(*Ohio Express*)지였다.

1940년대의 흑인신문들 중에서 발행부수가 많았던 신문들은 「피츠버그 쿠리어」(*Pittsburgh Courier*, 1910년 창간), 「시카고 디펜더」(*Chicago Defender*, 1905년 창간), 뉴욕의 「암스테르담 뉴스」(*Amsterdam News*, 1909년 창간)지 등이었다. 전국에서 가장 유명했으며 동시에 남부에서 가장 규모가 컸던 흑인신문은 버지니아주 노포크(Norfolk)에서 발행한 「저널 앤드 가이드」(*Journal and Guide*)지였는데, 이 신문은 1901년 버나드 영(P. Bernard Young)이 창간해서 직접 편집을 했다.

신문내용상의 주요 변화들과 그 양상

한편 1940년대 신문들의 지면을 살펴보면, 해설에 중점을 두는 현상이 증가했으며, 일부 신문들에서는 인간흥미적 읽을거리 기사들을 강조하기도 했다. 하지만 대부분의 신문들은 객관적 뉴스의 제공에 충실하면서, 이를 신문의 기본자세로 견지하고 있었다.

• 신문지면에 나타난 주요 뉴스들의 실태

우선 1940년대 신문들에 게재된 주요 뉴스기사들을 살펴보면, 역시 제2차 세계대전에 관한 것들이 큰 비중을 차지했다. 그중에서도 일본의 진주만 습격(1941. 12. 7), 미군의 북아프리카 카사블랑카 상륙(1942. 11. 7), 연합군의 노르망디 상륙작전(1944. 6. 6), 독일의 항복(1945. 5. 7), 일본 히로시마에 원자탄 투하(1945. 8. 6), 일본의 공식항복(1945. 9. 2)에 관한 뉴스가 특종으로 취급되었다.

이러한 전쟁 관계 뉴스들 이외의 주요 뉴스기사들로는 뉴욕 7개 일간신문 배달원들의 총파업(1941. 10), 미국 · 영국 · 소련 · 중국 등을 포함한 총 26개국들의 연합국선언과 대서양헌장의 승인(1942. 1. 1), 루스벨트 대통령의 4선 당선(1944. 11. 4), 독일 나치총통 히틀러의 사망(1945. 4. 30) 등에 관한 뉴스가 크게 보도되었다.

또한 1945년 4월 12일 루스벨트 대통령의 서거와 트루먼 대통령의 취임도 역시 큰 뉴스로 다루었으며, 1945년 10월 24일 샌프란시스코에서 열린 UN 창설식에는 600여 명의 기자들이 몰려 취재경쟁을 벌였다. 이 밖에 화재사건들도 많이 다루었으며, 제2차 세계대전 이후에는 노사분규가 주요 뉴스로서 많이 등장했다. 그런가 하면, 각종 스포츠 관계 뉴스들도 많은 지면을 차지했다.

• 지역성을 띤 논설들의 증가와 만화의 인기

다음으로 논설기사들을 보면, 특히 사회부조리 · 물자낭비 · 생활난 등에 관한 비판기사들이 많이 눈에 띈다. 또한 공공문제에 대한 칼럼도 여전히 중요한 비중을 차지했으나, 그 이전에 비해 한 가지 달라진 것은 신디케이트들이 제공하는 논설칼럼들이 크게 감소하고, 각 신문사의 논설위원이나 기자, 또는 해당 지역 저명인사들이 집필한, 지역성을 띤 논설칼럼들이 증가한 것이었다.

이러한 현상은 군소일간신문과 주간신문들에서는 물론이고, 대도시신문들에서까지 뚜렷하게 나타나기 시작했다. 그렇다고 해서 신디케이트 논설칼럼들이 죽은 것은 아니었고, 오히려 신디케이트의 일부 칼럼니스트들은 전국적 명성을 더욱 떨치고 있었다.

1940년대에는 특히 신문만화들이 독자들의 많은 인기를 끌면서 아주 중요한 요소의 하나로 부상했는데, 이처럼 만화가 독자들의 인기를 크게 끈 것은 전쟁의 아픔과 전후의 생활고로부터 독자들이 잠시나마 위안을 얻고, 또한 도피해 보고 싶은 욕망 때문이었다. 따라서 각 신문의 만화는 독자들에게 어떤 신문을 구독할 것이냐를 결정하는 데까지 중요한 영향을 미치게 되었다.

그러자 각 신문들은 만화면을 별도로 설치해서 그에 무려 다섯 가지 종류의 만화들을 동시에 게재하는 것이 보통이었는데, 첫째는 유머만화(humor panel),

둘째는 순수 모험만화(straight adventure panel), 셋째는 공상모험만화(fantastic adventure panel), 넷째는 한 장짜리 개그만화(gag picture), 다섯째는 정치나 사회문제 등을 풍자하는 시사만화(political cartoons)였다. 그러나 이들 중 모험만화들이 어린이들에게 좋지 않은 영향을 미친다는 사회적 비판이 크게 일자, 1940년대 후반에는 순수한 유머만화와 개그만화들을 많이 싣게 되었다.

전쟁과 그 후유증으로 인한 신문들의 고통

과거의 모든 전쟁이 그러했듯이 제2차 세계대전도 신문들에게 희비를 동시에 안겨 주었는데, 전쟁이 일어나자 뉴스의 수요가 증가함에 따라 신문발행부수가 늘어나서 처음에는 신문들이 기뻐했다. 하지만 곧 불어닥친 인력난·용지난·물가난 등으로 인하여 신문제작비가 많이 들어서 오히려 발행부수를 줄어야 하는 등, 신문들은 여러 가지 어려움을 겪어야 했는데, 이러한 어려움은 전쟁이 끝난 뒤에도 거의 1940년대 말까지 계속되었다.

• 신문용지 가격의 앙등과 품귀 현상의 계속

당시 커다란 어려움들 중 하나는 무엇보다도 신문용지난이었는데, 1939년 9월 유럽에서 제2차 세계대전이 시작되자 그때까지 미국제지업계가 크게 의존해 왔던 노르웨이로부터의 목재 펄프 공급이 끊기게 되었다. 그 결과 신문용지값이 뛰어오르자, 1941년 연방정부가 용지 가격을 1톤당 5달러로 동결시켰다. 그러나 미국이 1941년 12월 제2차 세계대전에 참전하면서 인력과 전력의 부족, 수송비의 앙등 등으로 인하여 제지업자들이 용지 생산을 줄이자, 이번에는 신문용지의 품귀 현상이 나타나게 되었다. 그러자 1943년 연방정부는 할 수 없이 신문용지의 톤당 가격을 8달러로 올리지 않으면 안 되었다.

1945년 제2차 세계대전이 끝나자, 연방정부는 전시에 실시했던 용지의 가격과 공급에 관한 통제를 해제했다. 그러자 신문용지대가 뛰어오르기 시작, 1946년에는 톤당 85달러로 치솟았고, 1947년에는 91달러로, 1948년에는 100달러로 올라갔다. 그러면서도 용지의 품귀 현상은 여전했다. 그러자 각 신문은 용지 절약을 위해 안내광고를 줄이고, 호외나 특집판 발행도 중단하고, 판면의 난외 여백을 줄이고, 만화의 크기도 축소하는 등 여러 가지 고육책을 강구했다. 그런가 하면, 예컨대 「뉴올리언스 아이템」지는 1946년 12월에 1주일 동안 광고게재를 전면 중단하기도 했다.

그러나 이와 같은 용지난은 새로운 제지술의 개발을 초래하기도 했는데, 텍사스주의 루프킨제지회사(Lufkin Paper Mills Co.)가 남부에서 자생하는 소나무를 원료로 하는 제지술의 개발에 성공하여, 연간 5만 톤의 용지를 생산해 내기 시작했다. 그러자 1948년 남부신문발행인협회가 1,000만 달러를 공동 출자해서 앨라배마주 차일더즈버그에 제지공장을 세워, 연간 10만 톤의 용지를 생산하여 신문용지의 자급자족의 길을 열어 주기도 했다.

• 인력난에다가 인쇄공들의 파업까지 겹쳐 더 큰 고통

1940년대 미국신문들은 위와 같은 신문용지난 외에 인력난과 임금난 등에도 시달려야 했다. 제2차 세계대전이 일어나자 신문계에서도 많은 인력을 군대와 군수물자생산업체에 빼앗기게 되었기 때문이다. 그리하여 신문들은 인력난에 허덕이게 되었는데, 이와 같은 인력난은 특히 소도시 신문과 주간신문의 경우에 더욱 심했다.

이러한 인력난은 1945년 전쟁이 끝나자 해소되었지만, 이번에는 전후의 인플레이션 현상으로 말미암아 임금난에 허덕이게 되었다. 뉴욕의 경우, 1940년 당시 1시간당 1.57달러였던 인쇄공들의 임금이 점점 올라가기 시작하여, 1949년에는 2.39달러로 뛰었다.

그런 데다가 설상가상으로 신문배달원, 인쇄공, 그리고 심지어 기자들까지 걸핏하면 파업을 함으로써 신문경영인들에게 큰 부담을 안겨 주었다. 1941년 10월 뉴욕의 7개 일간신문의 배달원들이 일으켰던 파업을 선두로 해서, 1942년 12월에는 12개 일간신문의 배달원들이 3일 동안 파업을 단행했고 1945년 6월에는 17개 신문의 배달원들이 17일 동안이나 파업에 들어갔다. 그 후 1946년 9월에는 신문수송 트럭운전사들도 파업을 하는 통에 각 신문들은 부득이 타블로이드판으로 신문을 발행해서 배포해야만 했었다.

1945-47년에는 국제조판공노동조합(International Typographical Union)의 주동으로 전국 30여 개 일간신문들에서 조판공들이 파업을 일으켰다. 그 결과, 시애틀의 경우는 1946년 11월 초부터 8주 동안이나 신문이 나오지 않다가 이듬해 1월 13일에야 독자들이 신문을 볼 수 있었다. 그런가 하면, 오하이오주 클리블랜드에서도 1946년 2월 한 달 동안 신문이 발행되지 못했고, 매사추세츠주 스프링필드에서는 1946년 10월부터 이듬해 3월까지 무려 6개월 동안이나 신문이 나오지 못했다. 이 밖에 워싱턴, 미네아폴리스, 로체스터 등 여러 도시들에서도 1946-47년간에 여러 차례의 단기파업사태들이 일어났다. 그러자 이러한 인쇄공들의 파업에 대항하여 일부 신문은 활판 대신 사진판 신문을 내기도 했다.

• 신문인쇄공들과 기자들의 파업과 CTS인쇄술의 도입

신문인쇄공들의 파업이 극심해지자, 연방의회는 1947년 태프트-하틀리 노사관계법(Taft-Hartley Labor-Management Relation Act)을 통과시켜 신문인쇄공들의 과도한 파업을 제한하려고 했다. 그러자 이에 반대해서 국제인쇄공노동조합이 파업을 벌이게 되었다. 1947년 11월 24일 시카고의 신문인쇄공들도 태프트-하틀리 노사관계법에 반대해 작업을 보이콧하자, 시카고의 신문들은 옵셋인쇄 등의 새로운 CTS(Cold Type System)인쇄방법을 도입하여 신문을 발행하기 시작했다. 그 뒤 다른 곳의 신문들도 CTS인쇄방법을 채택하게 되었다. 그 결과, 신문인쇄공들의 파업은 새로운 신문인쇄술의 도입을 촉진함으로써 오히려 활판인쇄공들이 일자리를 잃게 되기도 했다.

그간에 신문기자들도 여러 차례 파업했는데, 미국신문기자노동조합(American Newspaper Guild)은 1940년대에 와서 회원 수가 크게 증가하여, 1949년에는 2만 3,000명에 이르렀으며, 173개 일간신문사와 5-6개의 일요신문사에 지부를 두었다. 이 밖에도 통신사·잡지사·주간신문사·방송국 등에 모두 59개의 지부를 설치했다. 그리하여 대단한 세력을 갖게 된 미국신문기자노동조합은 걸핏하면 파업을 일으켰다.

1940년에는 신문기자들의 파업이 1건에 불과했으나, 1941년에는 모두 6건의 파업이 일어났는데, 그중 3건은 꽤 오랫동안 계속되기도 했다. 그 후 1942-45년간에는 제2차 세계대전 때문에 한 건의 파업도 일어나지 않았다. 그러나 전쟁이 끝나자 1946년부터 기자들은 다시 임금 인상을 들고나오면서 파업을 시작하여, 「로스앤젤레스 헤럴드-이그재미너」지의 경우는 3개월 동안이나 정간해야만 했다. 또한 「필라델피아 레코드」지도 기자들의 파업으로 3개월 동안이나 신문을 못 내자, 그 발행인이 신문사를 「필라델피아 불리틴」(*Philadelphia Bulletin*)지에 팔아넘기는 사태까지 일어났다.

신문구독료와 신문광고료의 인상

위와 같은 기자·신문배달원·인쇄공 등의 파업과 임금인상, 그리고 용지난 등은 자연히 신문제작비를 증가시켰다. 그러자 신문들은 결국 신문구독료와 광고비를 인상하게 됨으로써 독자와 광고주들도 피해를 보게 되었다. 그렇다면 당시 신문구독료와 신문광고료의 실태는 어떠했는가?

• 신문구독료와 광고료의 인상과 그 동태

신문 값이 1940년 초반까지는 보통 1부에 3센트였으나, 1945년 중반에는 전체 일간신문들 중에서 약 50%가 5센트로 올렸다. 1949년에는 약 300개를 제외한 나머지 일간신문들 모두가 1부당 5센트를 받았으며, 샌프란시스코와 로스앤젤레스의 신문들은 7센트까지 올려 받았다. 일요신문의 구독료도 역시 올라서 1부당 평균 5-15센트씩 했다. 그럼에도 불구하고 신문발행부수는 계속 증가해서, 미국 전체 일간신문들의 총 발행부수가 1940년에는 4,000만 부였던 것이 1949년에는 5,200만 부로 늘어났다.

한편 신문광고료도 인상되었는데, 1945년 1월 이후 4년간에 걸쳐 일간신문들은 평균 20-24%씩 올렸다. 그러나 그간에 신문발행부수도 증가한 것을 감안하면 그리 많이 인상된 것은 아니었는데, 만약 밀라인 요금(milline rate, 발행부수 100만 부에 대한 1gate당 요금)으로 따져 보면, 1940년 1월부터 1949년 1월까지 9년 동안 석간신문의 경우는 오직 2.5%, 조간신문의 경우는 5%가 인상된 셈이었기 때문이다.

미국 전체의 총광고비를 보면, 1941년도에는 20억 달러였는데, 그중에서 신문광고의 점유율은 32%였고, 라디오광고는 12%, 잡지광고는 9%, 우편광고는 16%, 기타가 31%였다. 그러나 1948년도에는 총광고비가 40억 달러로 늘어났는데, 그중에서 신문광고가 35%, 라디오광고가 10%, 잡지광고가 12%, 우편광고가 14%, 기타가 29%를 차지했다. 1930년대에는 신문광고가 다른 매체 광고에 비해 약간 감소 현상을 보였지만, 1940년대로 들어와서는 1943년부터 다시 증가하기 시작하여, 1947년과 1948년에는 최대의 증가율을 보였다.

• 공익광고 · 기업광고의 증가와 광고에 관한 연구

1940년대 신문광고분야에서 특기할 만한 것들도 참고로 들어 보면, 첫째로는 우선 광고가 국가와 사회의 공익을 위해 크게 봉사했다는 사실을 들 수 있는데, 제2차 세계대전 당시 미국신문들은 물자절약 · 전쟁공채판매 · 전쟁지원 등 각종 운동의 전개를 위한 공익광고에 많은 지면을 무료로 할애해 주었다. 이는 앞서 말했듯이 1942년 봄 결성한 전쟁광고이사회(War Advertising Council)가 앞장서서 주도했기 때문이기도 한데, 그야 어떻든 간에, 일간신문의 경우는 매년 5,000만 달러, 주간신문들의 경우는 매년 1,500만 달러 상당의 공익광고를 무료로 게재해 주었다.

둘째로, 공익광고와 함께, 기업광고(institutional advertising)도 특히 제2차 세계대전 기간에 크게 발달했다. 이는 전쟁이 일어나자 각종 기업체들이 전쟁지원에 대한 자신들의 공헌을 과시하는 한편, 자신의 기업이 건재함을 고객들에게 알리기 위해서였으며, 정부도 기업광고에 대해서는 세금을 공제해 주었기 때문이다. 그리하여 각 기업들은 상품광고보다 기업광고를 더 많이 냈다.

셋째로, 1940년대에는 광고에 관한 연구도 크게 발전했다. 광고에 대한 소비자들의 인식과 광고의 영향 등을 과학적이고 실증적으로 연구하기 위해 광고계에서는 1940년 광고-소비자관계위원회(Committee on Consumer Relations in Advertising)를 설치했으며, 1944년에는 상품명연구재단(Brand Names Research Foundation)도 설립했다. 또한 연방정부의 광고국에서도 1940년부터 "신문열독에 관한 계속적 연구"(The Continuing Study of Newspaper Reading)를 시작하여, 120개 일간신문들의 각종 기사에 대한 독자들의 열독행위를 면접방법 등을 통해 조사해서, 그 결과를 1949년에 종합해 발표하기도 했다.

라디오 · TV방송과의 경쟁과 기술개혁

1940년대 미국신문역사에서 또 하나 특기할 만한 동태로는 라디오·TV방송과의 경쟁을 들 수 있는데, 1940년대로 들어와서는 기존의 AM라디오방송뿐만 아니라, FM라디오방송과 TV방송도 등장하여 신문의 주요 경쟁대상으로 부상했기 때문이다. FM라디오방송은 1933년 미국의 에드윈 암스트롱(Edwin Armstrong)이 발명하여 1935년 실험방송에 성공했다. 그러나 이를 상업방송에 사용하는 것을 연방통신위원회(Federal Communication Commission, FCC)가 허가하지 않다가 1941년에야 허가했다.[8] 한편 TV방송도 1939년 미국에서 처음 출현해서, 1948년 4월 19일부터 정규 방송을 시작했다. 그리하여 그해 대통령선거전과 이듬해 1월 트루먼 대통령의 취임식 장면을 전국에 방영하면서 미국에서도 TV시대의 문이 활짝 열리게 되었다.

• 방송 뉴스에 대한 대중들의 의존도 증가

위와 같이 방송이 발달하자 대중들도 많이 접촉하게 되었는데, 1945년 시카고대학 여론조사연구소(National Opinion Research Center)의 조사결과에 의하면,

---

8 그러나 처음에는 수신기가 제대로 보급되지 않았고, 광고주들이 FM라디오방송 광고를 기피한 까닭에 FM방송국은 1945년까지 겨우 50개에 불과했으나, 그 후 급격하게 증가했다.

전체 조사대상사들 중 61%가 "라디오방송을 통하여 대부분의 뉴스를 얻는다"고 응답한 데 비하여 "신문을 통해 뉴스를 얻는다"는 응답자는 35%에 지나지 않았다(무응답자는 4%). 이처럼 라디오 뉴스에 대한 의존도가 신문보다 거의 배가 높았던 것은 제2차 세계대전 당시, 전황에 관한 주요 뉴스들을 라디오방송들이 스폿(spot) 뉴스로 매시간 신속하게 보도했기 때문이기도 했다.

하지만 전쟁이 끝나 긴급 뉴스들이 줄어들자 신문 뉴스에 대한 대중들의 의존도가 다시 높아졌는데, 1947년 시카고대학 여론조사연구소가 다시 조사해 본 결과, 48%의 응답자가 "신문을 통하여 주로 뉴스를 얻는다"고 응답한 반면, 라디오를 주요 뉴스원으로 삼고 있다는 응답자는 44%(무응답은 8%)로 나타났다(Lazarsfeld and Kendall, 1948, p. 34). 따라서 신문 뉴스에 대한 의존도가 1945년보다 13%가 높아진 반면, 라디오 뉴스에 대한 의존도는 1945년보다 17%나 낮아졌다.

그러나 어쨌든 1940년대로 들어와서 라디오와 TV방송이 신문의 경쟁대상으로 크게 부상했던 것은 사실이었는데, 이는 1940년대 후반부터 신문들이 라디오 뉴스나 라디오 프로그램을 신문에 게재하는 것을 거부하는 등, 라디오를 견제한 것을 보아도 알 수 있다. 이처럼 신문들이 방송을 견제하자, 방송 측에서도 신문과의 뉴스보도, 광고 유치 등에서 경쟁전을 전개했는데, 이러한 경쟁은 신문사가 소유한 방송의 경우도 예외가 아니었다.

• 라디오 · TV방송과의 경쟁과 신문의 기술개혁

위와 같이 신문들이 방송과 경쟁을 시작하면서, 그 경쟁에서 이기기 위해 여러 가지 새로운 기술을 도입했다. 또한 많은 투자도 했는데, 1946–50년간에 신문들이 투자한 전체 금액은 연간 5,000만 달러씩이나 되었다. 그리하여 새로운 사옥들을 신축하고 각종 시설들을 구비했는데, 예를 들어 「뉴욕 타임스」는 사옥의 구조를 현대식으로 고치는 데만도 1,000만 달러나 투자했다.

한편 대다수 신문들은 컬러인쇄기를 설치하여, 컬러광고를 게재하기 시작했으며, 새로운 문선 · 조판방법들도 도입했다. 그런가 하면, 「마이애미 헤럴드」

(*Miami Herald*)지와 「필라델피아 인콰이어러」(*Philadelphia Inquirer*)지는 1948년 1월 각각 팩시밀리판 신문(facsimile edition)을 내기도 했다. 또한 1948년에는 사진제판술(photo-composition)과 자동인화 카메라도 개발하여 실용화 단계에 들어갔다. 그 결과 신문제작기술이 크게 발전하게 되었다.

이처럼 신문들은 방송과의 경쟁에서 이기기 위해 여러 가지 새로운 기술을 도입하고 많은 투자를 하는 한편, 방송을 소유, 합병하거나 공동경영을 하는 등, 다양한 형태로 방송과 제휴관계를 맺었다. 그리하여 1949년 말에는 신문과 제휴관계를 맺은 방송국이 전체 2,662개 방송국들 중에서 711개국이나 되었는데, 이들 711개 방송국들 중 392개는 AM라디오방송국이었고, 278개는 FM라디오방송국이었으며, 41개는 TV방송국이었다.

신문에 대한 비판과 신문학교육의 발전

위에서 살펴보았듯이, 1940년대에는 제2차 세계대전이라는 커다란 전쟁을 치렀음에도 불구하고, 신문들이 양적으로 많은 발전을 이룩했다. 그러나 이 시기에도 신문들은 여러 가지 찬사와 함께 비판도 많이 받았다. 그러면서 1946년 '신문자유에 관한 위원회'(Commission on Freedom of the Press)라는 특별위원회가 설치되어 신문을 비롯한 매스 미디어에 대한 전문적 비판과 함께 새로운 방향을 제시하기도 했다.

• 신문에 대한 비판과 사회책임이론의 대두

'신문자유에 관한 위원회'는 당시 전 세계적으로 유명했던 잡지인 「타임」(*Time*)·「라이프」(*Life*)·「포춘」(*Fortune*)지의 발행인 헨리 루스(Henry R. Luce)가 내놓은 20만 달러를 기금으로 만든 특별위원회로서, 유명 대학의 철학·법학·경제학·역사학 등 여러 분야 교수 13명으로 구성했으며, 위원장은 시카고대학 총장 로버트 헛친스(Robert M. Hutchins)였다. 때문에 일반적으로 '헛친스위원회'(Hutchins Commission)라고 부르는데, 이 위원회는 모두 17차례의 회합을 갖고 매스컴 전반의 현실을 검토한 후에 그 개선 방향을 제안하는 보고서를 작성해서 1947년 공표했다. 『자유롭고 책임 있는 신문에 대한 헛친스위원회 보고서』(*Hutchins Commission Report on a Free and Responsible Press*)라는 제목의 이 보고서에서는 언론자유의 원칙을 재천명하는 동시에 그에 버금가는 신문의 책임을 강조했다.

그러면서 소위 '언론의 사회책임이론'(the social responsibility theory of press)을 제시했는데, 헛친스위원회도 자유주의 언론이론(the libertarian theory of press)의 기본원칙, 즉 "인간은 이성에 의하여 올바름과 그릇됨을 구별할 수 있으므로, 인간들에게 그 무엇이든지 말하고 싶은 것을 자유롭게 말하도록 하면, 자연히 진실되고 건전한 사상은 생존하고, 불건전하고 허위적인 것은 도태되므로, 정부는 언론에 대해 불필요한 간섭을 하지 말아야 한다"는 존 밀턴(John Milton)의 소위 '사상의 자유공개시장'(free market-place of ideas)과 '자동조정과정'(self-righting process)의 원칙은 기본적으로 인정했다. 그러면서도 17세기에 제시한 이러한 원칙이 오늘날과 같은 현대사회에서도 과연 유효한 것인지에 대해 헛친스위원회는 의문을 제기했다. 왜냐하면 오늘날에는 각종 정보와 의견들이 홍수를 이루고 있어, 이들 중 어떤 것이 올바르고 그른 것인지를 대부분의 대중들은 알 수 없으며, 또한 오늘날에는 많은 정보나 의견들의 발표가 정부나 언론 등에 의해 제한되고 통제되어서 '사상의 자유공개시장' 자체가 이루어지기 힘들기 때문이라는 것이다.

그러므로 '사상의 자유공개시장'이 제대로 이루어지도록 하려면 우선 언론이 맡은 바 책임을 다하도록 해야 하며, 만약 그렇지 않은 경우는 정부나 사회 등이 언론에 책임을 물어야 한다는 것이 곧 헛친스위원회가 내세운 '언론의 사회책임이론'의 요지였다. 바로 이러한 요지의 헛친스보고서가 나오자, 자신들에 대한 부정적 비판에 대해서는 과민반응을 보여 왔던 신문들도 대체로 수긍했다. 그러면서 언론의 사회적 책임에 관한 여러 가지 논의들과 실천방안들이 제시되었다.

• 신문학교육의 발전과 인증제도의 도입

위와 같이 '언론의 사회책임이론'이 대두되면서 신문학교육 분야에서도 언론인들의 책임감, 윤리의식, 자질 등의 고양을 위한 여러 가지 노력이 이루어졌다. 그중 하나가 신문학부나 학과의 인증제도(accredit system)의 도입으로서, 곧 미국신문학교육이사회(American Council on Education for Journalism)가 각 대학의 신문학부나 학과의 교육실태, 교과과정, 교수진 등을 객관적으로 조사해서, 일정한 수준에 도달한 학부나 학과는 인증해 주기 시작했다. 그리하여 1948년도에는 38개 신문학부 및 신문학과들이 인증을 받았으며, 1949년도에는 다시 5개 신문학부와 신문학과들이 인증을 받게 되었다.

이처럼 1940년 후반부터 신문학교육계에는 신문학부나 학과의 인증제도를 도입해서 신문학교육의 질을 통제하고, 수준을 높이는 한편, 교과내용의 범위도 확대해 신문은 물론 모든 매스 커뮤니케이션 분야를 가르치게 되었다. 그리하여 라디오와 TV 관계 과목들과 사진 저널리즘에 관한 교과목들도 신문학 교과과정에 포함시키게 되었다.

한편 신문학전공 학생들의 수도 급격히 증가했는데, 이는 제2차 세계대전 중에 전쟁터에 나갔던 젊은이들이 전쟁이 끝나자 다시 대학으로 돌아왔기 때문이다. 그러나 또 하나의 이유는, 제2차 세계대전이 끝나자 미국정부는 군인들의 수를 대폭 감축하면서 군인재조정법(Servicemen's Readjustment Act), 속칭 'GI 권리장전'(GI Bill of Rights)에 따라 제대군인들에게 주택을 사고, 사업체와 농장을 경영하며, 교육도 받을 수 있도록 융자를 해 주었기 때문이다.

4. 1950년대 신문들의 주요 양태와 변화

위에서는 1940년대 미국신문들의 동태와 동향 등을 살펴보았다. 그러면 1950년대에는 어떠했는가? 1950년대로 들어서자 제2차 세계대전의 후유증도 사라져 미국은 다시 경제적 풍요를 누리게 되면서 대중들은 생활에서 여유를 갖게 되었고, 또한 산업기술의 발달로 노동시간도 단축되어 시간적 여유도 갖게 되었다. 그러자 자연히 대중들의 매스 미디어 접촉시간이 증가함으로써 신문도 엄청난 수의 독자를 갖게 되었다. 그러나 각종 매스 미디어, 특히 전파매체의 발달로 인하여 신문독자도 '매스 오디언스'(mass audience)라는 하나의 거대한 집단 속으로 들어가게 되었다. 따라서 1950년대부터를 '매스 오디언스 시대'라고 부르기도 하는데, 이러한 시대를 맞으면서 신문계에도 여러 가지 변화가 나타나게 되었다. 그러나 이러한 변화들에 앞서, 우선 1950년대 초 시작해서 3년 1개월 동안 계속된 한국전쟁에 관한 보도실태부터 살펴보고 넘어가기로 하겠다.

한국전쟁에 관한 미국신문들의 보도실태

1950년 6월 25일 일요일 아침, 미국의 뉴욕 시간으로는 6월 24일 정오경, 북한의 남침으로 한국전쟁(The Korean War)이 시작되었다. 그러자 트루먼 미국대통령은 북한의 남침문제를 유엔의 안전보장이사회에 상정했으며, 안전보장이사회가 북한의 남한 공격을 침략으로 규정하자, 미국도 한국전쟁 참전을 발표했다. 그러나 대부분의 미국 국민들은 반대 의사를 나타냈다. 무려 4년 동안이나 제2차 세계대전을 치르고 나서 겨우 안정을 찾았는데, 극동의 조그만 나라에서 일어난 전쟁에 미국이 또 참전한다는 것을 원하지 않았기 때문이다. 따라서 미국신문들도 미국의 한국전쟁 참전을 반대했으며, 한국전쟁에 종군기자로 지명된 기자들은 불평과 불만을 토로했다. 그러면 당시 미국신문들은 한국전쟁에 관해 어떻게 보도했는가?

• 한국전쟁의 발발과 종군기자들의 파한

북한의 남침 소식은 미국 시간으로 6월 25일 일요일 아침 조간신문들에 처음 보도되었다. 북한의 남침 소식을 입수하자, 당시 동경에 주재하던 미국의 통신사와 신문사 특파원들이 먼저 미군항공기들을 타고 한국으로 달려갔다. 그러나 이들이 한국 시간으로 6월 27일 한국에 도착했을 때는 한국이 이미 수도를 수원으로 옮긴 뒤라, 수원에서 취재를 벌여야만 했다.

6월 28일에는 미국본토에서 파견한 종군기자들도 한국에 도착하기 시작했는데, 그중 맨 먼저 한국 땅을 밟은 종군가지는 INS통신사(International News Service) 소속 레이 리차즈(Ray Richards) 기자였다. 그러나 이 기자를 비롯하여 한국에 도착한 미국의 종군기자들은 계속 후퇴만 하는 한국군과 미군들을 따라 남하하느라고 제대로 취재도 못하고, 미군들의 후퇴상황과 한국의 지리만 소개하는 기사들을 본국으로 송고했다.

이렇게 하면서 9월 초에 이르게 되자, 낙동강 아래 경상남도 일부 지역만 한국군과 유엔군 수중에 남았고, 나머지 지역은 모두 북한군이 점령했다. 그러자 이러한 한국전쟁의 전황에 대한 비판론이 미국 국민들 사이에서 거세게 일어나면서 정부지도자들에 대한 비난도 점차 거세졌다. 그러나 9월 15일 미군을 위시한 유엔군의 일부가 인천상륙작전에 성공하여 9월 28일 서울을 탈환하자, 미국 내에서의 정세와 여론은 달라지기 시작했다.

• 한국전쟁에 종군한 미국기자들의 숫자

이렇게 되자, 그때까지 종군기자의 파견을 미루고 있던 미국의 각종 신문사와 방송국 등에서도 종군기자들을 한국에 계속 보내 왔다. 또한 북한군에 대한 한국군과 유엔군의 반격과 38선 이북으로의 진격이 시작되자, 미국뿐 아니라 세계 각국으로부터 수많은 종군기자들이 모여들어 1950년 10월 초에는 모두 238명에 달하게 되었다.

이들 중에서 60%는 미국 기자들이었고, 나머지 40%는 세계 23개국으로부터 온 기자들이었는데, 그중에는 12명의 중공(중화인민공화국) 기자와 2명의 소련 타스통신사 기자들도 끼어 있었다. 한편 238명의 종군기자들 중에서 100여명은 각 신문사에서 독자적으로 파견한 기자였고, 50명은 시사잡지를 비롯한 잡지사 기자, 17명은 라디오와 TV방송 기자, 50명은 사진기자들이었으며, 나머지는 통신사 기자들이었다(Mott, 1962, p. 848).

이처럼 다양하고 많은 종군기자들이 좁은 지역 내에서 일시에 취재를 벌인 경우는 일찍이 없었는데, 238명이라는 숫자는 제2차 세계대전 동안에 동원

되었던 전체 종군기자들의 2분의 1에 해당되는 숫자였다. 그러나 238명의 종군기자들 모두가 직접 전투에 참가하면서 전황을 취재를 한 것은 아니었는데, 일부는 멀리서 관전만 했고, 또 일부는 전쟁 분위기만 살피러 한국에 왔으며, 한국행 '물결'(?)을 타고 한국에 건너온 기자들도 있었다.

• 한국전쟁 취재기에 나타난 종군기자들의 고난

위와 같이 1950년 10월 현재, 모두 238명의 종군기자들이 전 세계로부터 몰려와 있었으나, 직접 전장에 나가서 전황을 취재하는 것은 꺼렸는데, 한국전쟁의 종군이 전 세계의 전쟁보도역사에서 가장 힘들고 위험했기 때문이다. 이는 미국의 종군기자 프랭크 사이먼스(Frank H. Simmons)가 「에디터 앤드 퍼블리셔」(*Editor & Publisher*)라는 언론전문잡지에 투고했던 "낙동강 전선 취재기"에서도 엿볼 수 있는데, 그중 일부만 소개해 보면 아래와 같다.

> 현재 한국전쟁을 취재하고 있는 종군기자들은 분명 역사 이래 가장 힘들고 더럽고, 벼룩과 이(lice)들에게 물려 뜯기는 일들을 해내고 있다. … 낮에는 파리떼들에게, 그리고 밤에는 모기떼들에게 시달리고 있다. 마치 조간신문과 석간신문의 기자들이 시간을 바꾸어 가면서 일하듯이, 모기떼와 파리떼들도 밤낮을 교대해 가면서 종군기자들을 괴롭히고 있다. 그런가 하면, 벼룩과 이들은 시간과 장소를 가리지 않고 덤벼든다. 이들 곤충은 뉴욕으로부터 갓 도착한 포동포동하게 살찌고 핑크색 볼을 가진 종군기자들을 특히 선호하는 것 같다. 본래부터 극동에서 특파원으로 일하던 종군기자들은 그간에 영양가 있는 음식을 먹지 못해서 대체로 비쩍 말라 있기 때문에 모기나 벼룩과 이들이 덜 좋아하고 있다. … 자신들이 취재해 본 중에서 한국전쟁이 가장 위험하고 힘들다는 사실에 대해 베테랑 종군기자들도 모두 의견을 같이하고 있다(*Editor & Publisher*, 1950. 8. 12일자, p. 58).

이러한 취재기는 취재의 어려움을 유머스럽게 표현하기 위해 약간 과장된 면도 없지 않다. 그러나 이를 통해 당시 외국 종군기자들의 눈에 비친 한국전쟁은 어떠했는지를 짐작해 볼 수 있는데, 사이먼스 기자의 위와 같은 취재기를 더 읽어 보면 1950년 7월 한 달 동안에만도 모두 6명의 미국 종군기자와 사진기자들이 죽었다고 한다.

• 한국전쟁 중 언론에 대한 통제와 그 실태

한국전쟁은 사이먼스 기자도 말했듯이, 종군기자들이 취재해 본 전쟁 중에서 가장 위험하고 힘들었을 뿐 아니라, 또한 군 당국의 언론통제 때문에 종군기자들이 애를 먹기도 했는데, 한국전쟁의 총책임자 맥아더 유엔군사령관은 항상 종군기자들을 칭찬하면서 언론에 대한 통제를 하지 않겠다고 말했다. 그러나 실제로는 그의 공보장교 마리언 에콜스(Marion P. Echols) 대령을 통하여 언론에 여러 가지 통제를 가했다. 한국전쟁이 막 시작되었을 때, 에콜스 대령은 종군기자들에게, "언론의 자유와 진정한 민주주의를 신봉하는 맥아더 장군에게는 검열(censorship)이라는 단어가 있을 수 없다"고 말했다. 그러나 맥아더 장군 사령부는 '검열'이라는 말 대신에 '군사비밀'이니 '증거 없는 비판'이니 하는 용어를 사용하면서 종군기자들과 언론에 여러 가지 통제를 가했다.

이러한 통제들 중에서 가장 대표적인 것은 1950년 9월 15일 실시한 미군의 인천상륙작전에 관한 뉴스의 통제였는데, 이 상륙작전에 관한 뉴스는 한국군의 한 장성이 한국 출신의 AP통신사 기자 빌 신(Bill Shinn)에게 처음 발설했다. 그러자 그가 그 뉴스를 AP통신사 동경지국에 전화로 송고했고, 이를 AP통신사 동경지국이 다시 지급으로 AP통신사 샌프란시스코지부에 타전했다. 그러자 이러한 사실을 알게 된 미군 당국이 AP통신사에게 인천상륙작전에 관한 보도를 늦추도록 압력을 가했다. 그리하여 보도를 늦추고 있는 사이에 인천상륙작전에 직접 참가했던 「뉴욕 헤럴드 트리뷴」지의 호머 비가트(Homer Bigart) 기자가 그 작전에 관한 뉴스를 본사에 보내 보도함으로써, AP통신사는 인천상륙작전에 관한 뉴스를 먼저 알고서도 그에 관한 특종을 「뉴욕 헤럴드 트리뷴」지에 빼앗기게 되었다.

• 한국전쟁 중 언론에 대한 여러 가지 검열

위와 같은 보도금지를 비롯한 언론통제는 특히 1950년 여름, 미군이 계속 후퇴하고 있을 당시에 더욱 심했다. 예컨대 에콜스 대령 휘하의 미8군 공보관은 기자들에게 "맥아더 사령관의 결정이나 전장에서 유엔군들의 행동을 비판하는 행위는 결코 용납하지 않겠다"는 경고까지 했다. 그러나 1950년 9월 15일 인천 상륙작전에 성공한 유엔군이 10월부터 38선을 넘어 북진하던 동안에는 언론에 대한 통제가 많이 완화되었다.

하지만 1950년 11월 25일 중공군의 개입으로 미군을 비롯한 유엔군과 한국군이 다시 계속 퇴각하다가 1951년 1월 4일 서울까지 잃게 되자, 미국의 언론 매체들이 일제히 맥아더 장군에게 비난을 퍼부었으며, 그러자 미군 당국은 언론에 대한 통제를 강화했다. 그리하여 미8군사령부는 종군기자들의 모든 송고기사에 대한 검열을 실시했다. 한편 동경의 극동군사령부에서도 언론 관계 규정을 발표하여, ① 모든 기사는 그 문장이나 문맥상에서 모두 정확해야 하며, ② 적에게 군사정보를 제공하는 것이 아니어야 하며, ③ 아군의 사기를 손상시켜서는 안 되며, ④ 미국이나 동맹국 또는 중립국들에게 당혹감을 주는 것이어서는 안 된다고 못 박았다. 그러면서 이러한 규정을 위반할 때는 계엄법에 의거해서 처벌하겠다고 경고했다(*Editor & Publisher*, Vol. 84, Jan. 13, 1951).

그러나 1951년 4월 11일, 맥아더 장군이 극동군사령관직에서 해임된 뒤에는 언론에 대한 군 당국의 통제가 차츰 완화되어 그해 6월부터는 한국에서 나가는 뉴스기사에 대해서만 검열을 실시했다. 그 후 1952년 말에는 미국 국방성에서 검열제도를 개편해 검열권을 종래의 정보국으로부터 공보국으로 이양했으며, 육·해·공군이 각각 따로 갖고 있던 검열규정도 하나로 통합하고, 특별한 보안목적을 갖고 있는 내용을 제외하고는 검열을 실시하지 않았다.

• 한국전쟁에 관한 미국신문들의 보도태도

1951년 6월 말부터는 휴전회담에 관한 기사들이 미국신문지상에 나타나기 시작했다. 그러나 휴전회담은 지지부진한 가운데 중공군과 유엔군 간에 치열한 공방전만 전개하면서 미군들도 수많은 사상자가 속출했다. 그러자 그간에 '달갑지 않은' 한국전쟁을 치르면서 여러 가지 면에서 많은 희생을 감수해 왔던 미국 국민들 사이에서 한국전쟁에 대한 불평불만들이 들끓기 시작했다. 그러면서 1952년 11월 미국대통령선거에서 한국전쟁의 휴전을 공약으로 내건 공화당 후보 아이젠하워(Dwight D. Eisenhower)가 대통령에 당선되고, 이듬해 3월 소련의 스탈린 수상이 사망하자, 한국전쟁에 관한 휴전회담은 급진전되어 마침내 1953년 7월 27일 휴전협정이 체결되었다.

이렇게 해서 한국전쟁은 3년 1개월 만에 일단 휴전에 들어가게 되었는데, 그동안 한국전쟁에 참가한 외국 종군기자들의 수는 모두 600여 명에 달했다. 그중에서 모두 17명이 희생되었는데 거기에는 10명의 미국 기자가 포함되어 있었다. 이들 10명의 미국 종군기자들 중 8명은 총탄에 맞아 희생되었으며, 나머지 2명은 비행기 추락사고로 사망했다(Mott, 1962, p. 857).

이처럼 한국전쟁 때 미국 종군기자들은 죽음과 여러 가지 위험을 무릅쓰고 열심히 전황을 취재해서 보도했다. 그러나 일부 사회비평가들은, "별로 중요하지 않은 국지전쟁에 관한 보도에 너무 많은 지면을 할애함으로써 더 중요한 외국 뉴스들을 희생시키고 있다"고 비난했다. 그런가 하면, 미국정부와 군부에서는 신문들이 한국전쟁의 상황과 필요성을 국민들에게 정확히 보도해 주지 못하고 사실들을 왜곡시키고 있다고 비판했다. 그러나 종합적으로 볼 때, "한국전쟁에 대한 미국신문들의 보도는 매우 훌륭했으며, 종군기자들도 여러 가지 위험을 무릅쓰고 열심히 취재에 임했다"고 미국신문역사학자 프랭크 모트(Frank L. Mott)는 평가했다(Mott, 1962, p. 857).

주요 사건들의 보도양태와 그 방법을 둘러싼 논쟁

위와 같이 모트는 평가했지만, 한국전쟁에 관한 주요 뉴스기사들 중 많은 양은 한국의 전선에서 나온 것이 아니라 워싱턴에서 나온 것들이었다는 지적도 없지 않았다. 예컨대 한국전쟁에 관한 뉴스들 중에서 가장 크게 보도한 것도 한국전쟁 그 자체에 관한 것이 아니라 1951년 4월 1일 발표된 유엔군총사령관 더글라스 맥아더 장군의 해임 뉴스였기 때문이다. 그렇다면 그 이유는 무엇이었는가? 또한 한국전쟁 이외에, 다른 주요 사건이나 이슈들에 관한 1950년대 미국신문들의 보도양태는 어떠했는가?

• 맥아더 장군의 해임과 귀국에 관한 보도양태

미국신문들이 한국전쟁 그 자체에 관한 것보다는 맥아더 장군의 해임과 그의 귀국에 관한 것을 가장 크게 보도했던 것은 국내정치문제에 더 비중을 두었기 때문이다. 중공군에 밀리던 유엔군과 한국군이 1951년 1월 25일부터 다시 반격해서 3월 14일 서울을 재탈환하고 3월 24일에는 38선을 넘어서 북진을 단행하자, 한국전쟁의 전선이 그 이상 확대될 경우 소련의 개입이 우려되며, 그러면 일본의 안전도 위협받게 될 것으로 생각한 미국 트루먼 대통령은 "한국전쟁은 국지전으로 한정한다"는 국지화정책을 세워, 유엔군과 한국군의 진격을 현재의 휴전선 부근에서 멈추게 했다.

그러나 이러한 트루먼 대통령의 국지화정책을, 당시 유엔군총사령관 맥아더 장군이 반대하며 확전을 주장하자, 트루먼 대통령은 1951년 4월 1일 맥아더 장군의 해임을 전격적으로 발표했다. 그러자 맥아더 장군의 확전정책을 은근히 지지한 미국신문들은, 맥아더 장군이 4월 8일 미국으로 돌아오자 그의 귀국을 대대적으로 환영하는 기사를 실었고, 4월 9일 연방의회 상하원합동회의에서 맥아더 장군의 연설도 대단히 크게 보도했다.

그러나 이처럼 미국신문들이 맥아더 장군의 해임과 귀국을 크게 보도했던 또 하나의 이유는 미국과 소련 간의 대립과 냉전 때문이기도 했다. 한국전쟁의 전선이 확대될 경우 소련의 개입이 두려워서 한국전쟁을 국지전으로 한정한다는 트루먼 대통령의 국지화정책은 미국 국민들의 자존심을 상하게 만드는 것이었고, 맥아더 장군의 확전 주장은 미국 국민들의 자신감을 심어 주는 것이었기 때문이다. 따라서 트루먼 대통령이 맥아더 장군을 해임하자, 그에 대한 반대의사를 표시하기 위한 하나의 수단으로 미국신문들은 맥아더 장군의 해임과 귀국 및 그의 연설 등을 대대적으로 보도했던 것이다.

• 미 · 소 간의 냉전체제를 의식한 보도경향

이와 같이 미·소 간의 대립과 냉전체제 속에서 미국의 자존심과 국익을 위해, 특히 소련의 침략 행위에 관계된 사건이나 문제들을 미국신문들이 의식적으로 크게 보도한 사례는 맥아더 장군의 해임사건 이외에도 대단히 많았다. 예컨대 1956년 10월 헝가리에서 반소민주혁명이 일어나자 미국신문들은 연일 대서특필하면서 소련의 개입을 대대적으로 비난했다. 그 뒤에도 서방으로 탈출하는 헝가리 피난민들의 동정을 수개월간에 걸쳐 커다란 뉴스로 취급하면서 은근히 소련의 처사를 공박했다.

1958년 1월 쿠바에서 일어난 바티스타 정권(Batista regime)의 전복사건에 관해서도 마찬가지였다. 이는 물론 미국의 코앞에 있는 쿠바를 카스트로 공산정권이 장악한 것은 충격적 뉴스가 아닐 수 없었기 때문이기는 하지만, 또 한편으로는 소련을 의식해서 더욱 크게 다루었다. 그리하여 미국신문들은 1970년대까지도 계속해서 카스트로 정권의 비행들을 폭로했다.

그러나 미국신문들이 무엇보다도 해외 뉴스로 계속해서 크게 보도했던 것은 바로 적대적 냉전관계에 있던 소련에 관한 것들이었다. 1953년 3월 소련 수상 조셉 스탈린(Joseph Stalin)의 사망과 게오르기 말렌코프(Georgii M. Malenkov)의 수상직 승계 소식을 비롯해, 1955년 말렌코프의 좌천과 니콜라이 불가닌(Nikolai A. Bulganin) 수상의 취임, 1958년 불가닌의 좌천과 니키타 후르시초프(Nikita S. Khrushchov)가 새 수상으로 부상한 사건들을 모두 특종으로 보도했다. 또한 이들 새로운 인물의 등장에 따른 소련의 향방을 연일 해설기사로 다루었다.

이와 같은 소련 관계 뉴스들을 포함하여, 1950년대 미국신문들은 그 어느 때보다도 외국 뉴스와 국제 관계 뉴스들을 크게 다루었다. 이는 독자들의 교육수준이 높아져서 국제문제에 대한 관심이 그만큼 높아졌기 때문이기도 했지만, 미·소 간의 냉전체제가 미국신문들로 하여금 국제문제에 비중을 두게 만들었기 때문이다. 또 한편으로는 미국의 국제통신사들이 텔레타이프를 이용하여 각종 국제뉴스를 신속하게 각 신문에 제공해 준 것도 국제뉴스를 많이 보도하도록 만들어 주었다.

• 국내정치와 그 밖의 문제들에 대한 보도양태

한편 미국 국내의 정치문제와 그 밖의 사건들에 관한 1950년대 미국신문들의 보도양태를 보면, 소위 '매카시선풍'(McCarthyism)에 관한 것이 가장 많은 지면을 차지했다. '매카시선풍'이란 앞서 말했듯이 위스콘신주 출신의 공화당 상원의원 조셉 매카시(Joseph R. McCarthy)가 미국정부 내에 공산주의자들이 있다면서, 무고한 사람까지도 공산주의자로 몰아서 곤혹을 치르게 한 사건을 말한다. 이 사건은 1950년 2월부터 1954년까지 3년 동안 신문을 비롯한 모든 매스 미디어에서 대대적으로 보도하면서 많은 저명인사들이 터무니없는 비난의 대상이 되어 곤욕을 치러야만 했다. 그러다가 결국 매카시의 행동이 너무 지나쳤고, 또한 그의 폭로가 사실이 아니었다는 것이 밝혀졌지만, 이는 매카시선풍에 언론까지도 말려들어서 애꿎은 사람들에게 큰 피해를 안긴 뒤였다. 그러다가 매카시가 상원위원회 윤리를 저촉한 죄로 문책을 받게 되자, 이번에는 신문들이 모든 비난의 화살을 매카시에게로 돌림으로써 신문의 무책임성을 노정시키기도 했다.

한편 1954년부터는 흑백인종의 분리교육 문제를 둘러싸고 신문들이 각각 찬반으로 나뉘어 떠들썩했다. 앞서 말했듯이 1954년 5월 연방대법원이 "공립학교에서 흑백아동들을 서로 분리해 교육하는 것은 위헌"이라는 판결을 내리자, 1957년 가을 아칸소주 리틀록(Little Rock)시 교육위원회가 백인고등학교에 흑인학생의 입학을 허가하려고 했다. 그러나 아칸소주 법원이 흑인학생들의 입학을 중지하라는 명령을 내리자, 아칸소주 지사가 주민병대를 소집하여 흑인학생들의 등교를 저지했다. 이에 아이젠하워 대통령이 아칸소주 지사에게 민병대를 철수시키라고 요청했으나 거부하자, 이를 항의하는 흑인들과 찬성하는 백인들 간에 유혈폭동이 일어났다. 그러자 신문들도 흑백인종의 분리교육 문제를 둘러싸고 찬반으로 나뉘어 논쟁을 벌였는데, 이때 「아칸소 가제트」(*Arkansas Gazette*)

지는 대중들의 위협에도 불구하고 대법원 판결을 지지하고 나서는 용기를 발휘하기도 했다.

• 대통령선거 · 과학 · 스포츠에 관한 보도양상

1950년대 미국신문들은 또한 대통령 후보지명대회에 관해서도 전례 없이 대대적으로 보도했는데, 1952년 시카고에서 열린 공화당 대통령 후보지명대회를 취재하기 위해 온갖 새로운 장비들을 모두 동원하기도 했다. 또한 1960년도 민주당 대통령 후보지명대회에는 무려 5,500명의 기자들이 전국에서 몰려들어 3,150명의 선거인단 숫자보다 훨씬 많았다. 그 뒤, 대통령선거과정도 상세하게 보도했으며 케네디와 닉슨 후보 간의 '대토론'도 대대적으로 다루었다.

1950년대 미국신문의 보도양태에서 또 하나 특기할 만한 것은 과학기사들의 엄청난 증가였다. 이는 1957년 10월 소련이 최초의 인공위성 '스푸트니크호'(Sputnik)의 발사에 성공하자, 4개월 뒤 미국도 '익스플로러 1호'(Explorer I)를 우주궤도에 진입시킴으로써 미 · 소 간 인공위성의 경쟁시대로 돌입하면서 자연히 과학기사들이 각광을 받게 되었기 때문이다. 또한 미 · 소 간의 새로운 무기의 개발경쟁과, 1954년 소아마비예방백신의 발명도 신문들로 하여금 과학기사에 많은 비중을 두게 만들었다. 그 결과, 과학전문기자들의 수도 크게 늘어나서 1960년 현재 전국과학기자협회(National Association of Science Writers)에 가입한 기자들만도 350명이나 되었다.

한편 스포츠 관계 뉴스에서는 프로 야구에 관한 것들이 가장 많은 지면을 차지했고, 다음으로는 프로 권투와 대학 간 미식축구경기에 관한 뉴스들도 크게 다루었는데, 이것도 1950년대 미국신문들의 주요 보도양태의 하나였다.

• 객관적 보도와 해설적 보도방법을 둘러싼 논쟁

위와 같이 1950년대에는 한국전쟁, 맥아더 장군의 해임, 매카시선풍, 미국과 소련 간의 냉전, 흑백인종의 통합교육을 둘러싼 폭동, 미 · 소 양국의 위성 발사와 새로운 무기의 개발경쟁 등 중요한 사건들이 많이 일어났다. 그러면서 이러한 사건들을 어떻게 보도하는 것이 바람직하냐는 보도방법에 관한 논의가 1950년대 전 기간을 통하여 신문인들 사이에 끈질기게 이어졌다. 그중에서도 가장 논란의 대상이 된 것은 '해설적 보도'(interpretative reporting)방법과 '객관적 보도'(objective reporting)방법 중 어느 것이 더 바람직하냐는 것이었다.

이와 같은 문제에 대해, 해설적 보도방법이 더 바람직하다고 주장한 신문인들은 그 이유로서, 현대와 같이 복잡하고 거대한 사회에서 특히 국제문제 · 과학 · 경제 등에 관한 문제들을 일반대중 독자들도 이해할 수 있도록 하려면, 단순한 사실들만 나열하는 객관적 보도로는 불충분하다는 점을 들었다. 또한 '객관적'이라는 술어 자체도 애매모호하여, '객관적 보도'라는 것은 사실상 거의 불가능하고 허위적인 것이므로 해설적 보도방법이 더 바람직하다고 주장했다.

그러나 이러한 주장에 대해 '객관적 보도'방법을 계속 옹호한 신문인들은, "해설적 보도방법은 신문인들에게 너무 많은 논평과 논설화 경향을 초래해서, 뉴스의 공정성과 객관성을 상실하게 될 것"이라고 맞섰다. 그리하여 해설적 보도방법과 객관적 보도방법 중 어느 것이 더 바람직하느냐 하는 문제에 대한 결론은 아직까지도 나오지 않고 있다. 그러나 1950년대부터 '해설적 보도'라는 용어가 미국뿐 아니라, 전 세계 언론계와 신문학계에서 유행하게 되면서, 뉴스보도에서 기자나 전문가 등의 의견(opinion)을 과거보다는 많이 넣는 경향이 나타나게 되었다,

• 심층보도 · 독이성 · 차별화와 독자들의 분할점유

1950년대부터는 '해설적 보도'라는 개념과 함께 또한 '심층보도'(depth reporting)라는 용어 내지 개념도 유행하게 되었는데, 심층보도란 사건의 표면만 피상적으로 다루지 말고, 그 이면까지 파고들어 보도해야 한다는 것이었다. 이러한 심층보도방법을 AP통신사가 먼저 제기하자, 다른 언론기관에서도 "이제까지 우리들은 게으르고 또한 지적 능력이 부족하여, 사건의 표면만 피상적으로 다루어 왔다"는 자아비판들이 일어나면서, 심층보도방법이 점차 언론계와 언론학계에서 유행하게 되었다.

한편 뉴스기사는 독자들이 읽기 쉽도록 써야 한다는 주장도 나왔고, 그것이 실천에 옮겨져서 대중수용자(mass audience)에게 적합하고 쉬운 기사 스타일이 유행하게 되었으며, 그에 따라 명료하면서도 매력적 방법으로 뉴스를 작성하는 새로운 방법들이 제시되기도 했다.

그런가 하면, 1950년대부터는 각 신문들 간의 뉴스와 논조의 차별화 현상도 나타나기 시작했는데, 그 이전까지는 신문들이 통신사나 뉴스 신디케이트 등으로부터 뉴스들을 제공받아 그것들을 그대로 보도함으로써 뉴스의 획일화 현상이 일어나자, 이에 대한 비판이 많았다. 그러나 매스 오디언스 시대(Mass Audience Era)로 접어들자 각 신문들이 독자들을 분할점유(segmentation)하기 시작하면서, 고정독자들의 확보를 위해 특정독자층(target readers)의 성향에 맞도록 뉴스들을 작성하고, 그렇게 논조도 펴기 시작했다. 그 결과, 각 신문의 뉴스와 논조의 획일화 현상이 감소되고, 차별화 현상이 나타나게 되었다. 이러한 차별화에 앞장선 대표적 신문으로는 「뉴욕 데일리 뉴스」지와 「뉴욕 타임스」지를 들 수 있는데, 이들 신문은 특정독자들을 겨냥한 신문을 냄으로써, 신문의 다양성도 추구하고 고정독자들도 확보할 수 있었다.

신문과 정부와의 관계 및 언론자유

위에서는 1950년대 미국신문들의 보도양태에 관해 살펴보았는데, 그러면 이러한 보도양태에 중요한 영향을 미치는 언론의 자유와 통제는 어떠했는가? 그리고 신문과 정부, 정당과의 관계는 어떠했는가?

• 정보의 자유와 그 수호를 위한 운동

앞서 살펴보았듯이 한국전쟁기간에는 신문을 비롯한 모든 언론에 대한 정부와 군 당국의 통제가 매우 심했다. 1951년 트루먼 대통령은 국방성에 명령을 내려서 군사정보에 대한 통제를 강화토록 했다. 그러나 이러한 조치를 가리켜 당시 AP통신사장 로버트 맥린(Robert McLean)은 '교묘한 검열제도'(creeping censorship)라고 비꼬기도 했다. 이러한 조치는 아이젠하워 대통령 때인 1953년 말에 변형되어 "공익을 위해서는 정부의 활동에 관한 정보를 통제할 수 있는 권한을 대통령이 가질 수 있다"로 바뀌었다. 그러나 여기서 '공익'(public interest)이라는 것의 기준이 애매모호해서 물의를 빚게 되었다.

한편 정부는 정부문서의 분류제도(classification)를 점차 강화해 나갔다. 그리하여 비밀문서로 분류되는 것들이 늘어났는데, 이는 미·소 간의 냉전체제가 심화되기 때문이라고는 했지만, 언론자유의 커다란 장애요소가 되었다. 그러자 정부문서에 대한 접근권을 수호하기 위한 운동이 언론계에서 일어나게 되었고, 드디어 연방하원의회에 정부정보에 관한 하부위원회가 조직되어 1956–57년간에 청문회를 개최하기에 이르렀다. 연방상원의회에서도 1789년 제정한 하우스키핑법(Housekeeping Act)의 개정안이 거론되어, 1958년 그 법에 "연방정부기관들이 그 문서를 보관하고 분류할 수 있는 권한은 국민들로부터 정보를 통제할 권한을 포함하지 않는다"는 내용을 추가하게 되었다.

그러나 이에 만족하지 않은 국민들과 언론은 '국민의 알 권리'(right to know)를 수호하기 위한 '정보자유 수호운동'을 각 주들에서 전개했는데, 당시 이 운동에 앞장선 대표적 단체로는 미국신문편집기자협회(American Society of Newspaper Editors)와 시그마 델타 카이(Sigma Delta Chi) 등을 들 수 있다. 한편 1958년 미주리대학에 정보자유센터(Freedom of Information Center)를 설립하기도 했다. 그러자 1960년까지 전국 30여 개 주에서 각종 위원회와 회합을 열어서, 약 15개 주에서 정부문서에 대한 자유로운 접근권을 입법화했다.

• 정부 및 역대 대통령과 신문과의 관계

비록 정부는 정부문서의 분류제도를 점차 엄격하게 강화해서 국민의 알 권리를 저해했지만 대통령과 신문과의 관계는 비교적 좋았는데, 트루먼 대통령의 첫 번째 재임기간(1945–49)에는 대통령과의 기자회견이 한 달에 평균 3.5회 꼴로 열려서 대통령이 중요한 뉴스원으로 등장했다. 그러나 그의 두 번째 재임기간(1949–53)에는 트루먼 대통령이 기자들의 질문을 무시하는 경우가 많아져서 신문들로부터 비난의 대상이 되기도 했다. 하지만 트루먼 대통령은 언론인을 공보비서관으로 채용해서 신문과의 좋은 유대관계를 유지하려고 노력했다.

아이젠하워 대통령은 그의 재임기간(1953-61)에 한 달에 평균 2회의 기자회견을 가졌다. 그러나 1955년에는 건강 때문에 6개월 동안이나 기자회견을 갖지 못한 경우도 있으며, 1960년에는 모두 14회의 회견만 가졌다. 아이젠하워 대통령은 기자들의 질문에 비교적 성실히 답변해 주었으나, 때로는 흥분하기도 했는데, 아이젠하워 대통령도 언론인 출신의 유능한 공보비서관을 채용해서 기자들과 좋은 관계를 유지할 수 있었다.

트루먼 대통령은 민주당이었고, 아이젠하워 대통령은 공화당이었으나, 대부분의 신문들은 1950년대 전체 기간을 통하여 공화당을 지지했다. 공화당 지지율은 특히 1952년도 대통령선거 때 가장 높아서 공화당 후보 아이젠하워를 지지한 신문이 전체의 67.3%였던 데 반하여, 민주당 후보 애들라이 스티븐슨(Adlai E. Stevenson)을 지지한 신문들은 14.5%에 불과했으며, 독립성을 표방한 신문은 18.2%였다. 그러나 이러한 공화당 지지율은 1956년과 1960년도 대통령선거에서는 다소 낮아졌는데, 이때는 많은 신문들이 정당으로부터의 독립을 주장하고 나섰기 때문이다.

위와 같이 1950년대에는 대다수 신문들이 공화당을 지지해서 '단일 정당 신문'(one-party press)이라는 비판을 듣기도 했지만, 실제로 선거캠페인에 관한 보도기사에서는 대부분의 신문들이 대체로 공정성을 기했다. 즉 논설기사 등에서는 공화당 후보를 지지했지만, 보도기사 자체에서는 공화당과 민주당 후보의 언행 등을 모두 공정하게 보도하려는 태도를 보여 주었다.

각종 신문의 증감실태와 교외신문들의 급성장

1950년대에는 또한 각종 신문들에 여러 가지 변화도 많았는데, 일간신문은 모두 9개가 줄어서 1,763개지가 되었다. 폐간된 9개의 일간신문들은 모두 조간신문들이었으며, 석간신문은 오히려 4개가 늘어났는데 이는 새로 주로 승격한 알래스카주와 하와이주에서 새로운 신문들이 창간되었기 때문이다. 한편 일요신문들도 18개나 증가했으나, 주간신문 · 주2회간신문 · 주3회간신문들은 778개나 줄어서 전체 숫자는 9,325개가 되었다(Mott, 1962, p. 813). 그러나 대도시 교외 지역(suburban area)의 주간신문 · 주2회간신문 · 주3회간신문과 일간신문들은 급속한 증가추세를 나타냈다.

• 대도시 교외 지역 신문들의 급속한 성장

위와 같이 대도시와 중소도시의 일간신문들 및 시골읍내의 주간신문들은 모두 감소 현상을 보인 반면, 대도시 교외 지역의 신문(suburban newspaper, 'suburbia')들은 급속한 증가추세를 나타냈는데, 이러한 현상은 특히 1945년부터 급격히 나타나기 시작했다. 그리하여 1960년도에 이르러서는 전국에 2,000여 개의 교외신문들이 존재하게 되었으며, 도시들 사이의 중간 지역인 소위 '인터어반'(interurban)의 신문들도 1,350개지나 되었다.

이처럼 교외신문들이 급속한 성장을 이룩하게 된 것은 시내로부터 교외로의 인구이동에 따른 결과였다. 이러한 인구이동과 그에 따른 교외 지역의 발전은 1920년대부터 시작되어 30년대의 경제공황기에는 일단 주춤했다가 제2차 세계대전 후에 다시 크게 나타나게 되었는데, 그 이유에는 여러 가지가 있다. 하지만 주로 전후의 결혼 붐과 베이비 붐, 도시 내에서의 주택난, 도시 중심부의 과잉인구와 각종 공해, 교통수단의 발달, 중상경제계층의 대두 등이 교외로의 인구이동을 촉진시켰다고 볼 수 있다. 그리하여 교외 지역의 인구증가는 매년 140만 명을 넘어서서 1960년에는 5,000만 명이나 되었다.

이렇게 되자 교외 지역주민들을 대상으로 한 교외신문들이 자연히 발달하게 되었는데, 한 가지 특이한 것은 교외신문들의 성격이 기존의 지방주간신문들이나 대도시 일간신문들과는 판이했다는 점이었다. 즉 교외신문들은 새로운 유형의 저널리즘을 창출했던 것인데, 당시 교외신문들은 급격히 성장하는 그 지역사회의 새로운 사회적 · 정치적 · 경제적 조건에 부응해서, 새로운 해당 지역사회의 성격을 대변하고, 해당 지역사회의 발전에 앞장서면서, 편집방침의 초점을 해당 지역사회 주민들의 관심사에 맞추었다. 그 결과, 이러한 교외신문들은 지역주민들의 환영을 받으면서 급속히 성장하게 되었다.

• 대도시 신문들에 대한 그 교외 지역 신문들의 영향

1950년대에 큰 성공을 거둔 대표적 교외 일간신문의 하나로는 뉴욕시 외곽인 서부 롱아일랜드(Long Island) 지역에서 나온 「롱아일랜드 뉴스데이」(*Long Island Newsday*)를 들 수 있는데, 이 신문은 앨리시아 패터슨(Alicia Patterson)이 발행한 타블로이드판 신문으로, 발행부수가 약 5,000부에 달했다. 그러나 대부분의 교외신문들의 발행부수는 적게는 1,000부나 2,000부에서부터 많게는 3만 5,000부 사이를 오르내렸는데, 일부 신문은 판매촉진방법으로 하나로, 각 가정마다 무가지(free circulation)를 무려 5-6년 동안이나 계속 배포하기도 했다.

비록 발행부수는 많지 않았지만, 교외신문들이 크게 성장하자, 이들은 대도시 일간신문들에게 위협적 존재가 되었다. 그리하여 1950년대를 통하여 뉴욕시 일간신문들의 발행부수는 모두 60만 부나 감소한 데 반하여, 뉴욕시 주변의 50개 교외신문들의 발행부수는 점차 증가해 갔다.

이러한 증가추세는 시카고시의 경우도 비슷했는데, 시카고의 4대 일간신문들인 「시카고 트리뷴」·「시카고 데일리 뉴스」·「인터 오션」·「시카고 타임스-헤럴드」 중에서 3개 신문의 발행부수는 계속 떨어진 데 반하여 시카고시 주변의 80개 교외신문들과 지역사회신문들의 발행부수는 계속 증가했다. 이는 분명히 교외신문들이 대도시 일간신문들의 발행부수를 잠식해 들어가고 있다는 사실을 보여 준 것이었다. 그러자 대도시 신문들은 여러 가지 대책을 강구하면서, 각 교외 지역별로 지역판을 발행해 보기도 했다. 그런가 하면, 기존의 대도시 신문의 제호에다가 그 외곽의 새로운 교외도시의 이름들을 추가해서, 예컨대 「뉴욕-롱아일랜드 포스트」(*New York-Long Island Post*)라는 식으로 제호를 고치기도 해서, 2개 도시의 이름을 하이픈(hyphen)으로 연결한 제호의 일간신문들이 급증하기도 했다. 그러나 이와 같이 교외신문들의 잠식을 막아 보려는 대도시 신문들의 노력은 별로 효과가 없어서, 자진 폐간하는 신문들도 적지 않았다.

각종 신문들의 소유권 변동과 집중화

위와 같은 이유 때문은 아니었으나, 1950년대에는 대도시 주요 일간신문들의 소유권에도 변화가 많았다. 예컨대 「시카고 트리뷴」지는 그 소유·경영권을 41년 동안 쥐고 있던 로버트 맥코믹(Robert R. McCormick)이 1956년 사망하자 체서 캠블(Chesser M. Campbell)에게로 경영권이 넘어갔다. 그러나 캠블도 1960년 사망하자 그 경영권이 하워드 우드(J. Howard Wood)에게로 넘어갔다.

• 주요 일간신문들의 소유권 변화

「시카고 트리뷴」지를 맥코믹이 경영할 때는 시카고에서 계속 최대 발행부수를 자랑해 왔다. 또한 「시카고 트리뷴」지는, 정치와 국제문제에 관한 강력한 논조, 시카고 지역에 관한 훌륭한 보도기사, 안내광고의 석권 등으로 인하여 대단한 명성을 날렸다. 그러나 맥코믹의 사망 이후, 위와 같이 소유주가 계속 바뀌면서 「시카고 트리뷴」지의 명성은 차츰 빛을 잃게 되었다.

이러한 「시카고 트리뷴」지와 시카고에서 경쟁을 벌이던 허스트계의 「시카고 아메리칸」지도 1956년 「시카고 트리뷴」지에 팔려 넘어갔다. 한편 「시카고 데일리 뉴스」지는 「시카고 선-타임스」지에 팔려 넘어갔으나, 이들 신문은 모두 계속 발행했다.

그런가 하면, 1872년 호레이스 그릴리(Horace Greeley)의 사망 이후, 그의 「뉴욕 트리뷴」지를 사들여 3대에 걸쳐 소유해 왔던 레이드 가문(Reid family)도 1958년 「뉴욕 헤럴드 트리뷴」지를 존 제이 휘트니(John Jay Whitney)에게 팔아넘기고 말았다. 한편 뉴잉글랜드 지방의 일간신문들 중에서 가장 오랜 역사와 명성을 자랑하던 「보스턴 포스트」지의 소유권도 1952년 그로치어 가문(Grozier family)으로부터 다른 사람에게로 넘어간 후, 판매부수와 명성이 급격히 떨어지다가 결국 4년 뒤에 폐간하고 말았다.

• 신문소유권 집중화 현상의 심화와 신문그룹

위와 같이 1950년대에는 각종 신문의 소유권에도 변동이 많았으며, 신문들 간의 흡수합병도 많아서 신문소유권의 집중화 현상이 심화되기도 했다. 그 중에서 몇 가지 실례를 들어 보면, 1951년 「세인트루이스 스타-타임스」지가 「세인트루이스 포스트-디스패치」지에 흡수되었다.

그런가 하면, 「시카고 트리뷴」지의 소유주 로버트 맥코믹이 워싱턴에서 소유하고 있던 「워싱턴 타임스-헤럴드」지도 1954년 「워싱턴 포스트」지에 팔려 넘어가서 그에 흡수되고 말았다. 같은 해, 뉴올리언스의 「뉴올리언스 아이템」지도 그곳 「뉴올리언스 스테이츠」(*New Orleans States*)지와 합병한 후, 「뉴올리언스 타임스-피키윤」지와의 공동소유 아래로 들어가게 되었다.

이렇게 신문소유권의 집중화 현상이 계속되어, 1960년에 이르러서는 미국의 20개 대도시들 중에서 4개 도시(뉴올리언스·미네아폴리스·신시내티·캔자스시티)의 신문들은 각각 단일소유체제 아래로 들어가게 되었다. 나머지 도시들 중에서도 소유주가 다른 2개 이상의 신문을 가지고 있는 곳은 오직 5개 도시(뉴욕·디트로이트·보스턴·샌프란시스코·휴스턴)에 불과하게 되었다. 전국의 모든 도시들을 통틀어 보았을 경우에도 오직 65개 도시에서만, 소유주가 다른 2개 이상의 일간신문들이 경쟁을 벌이고 있을 정도였다.

이는 한 사람이 여러 개의 신문들을 소유해서 경영했기 때문이기도 한데, 이러한 것을 예전에는 '신문체인'(newspaper chain)이라고 불렀으나, 1950년대로 들어오면서는 '신문그룹'(newspaper groups)이라고 불렀다. 이러한 신문그룹들이 1960년 현재 전국에 100개나 존재했는데, 이들 100개 신문그룹들이 소유한 일간신문들의 종수는 전체 일간신문들 중의 약 30%였다. 따라서 하나의 신문그룹이 평균 5개의 일간신문들을 소유한 셈이었다. 그러나 그 대부분은 같은 주나 또는 몇 개의 주들에서 발행한 신문들이었으며, 전국 각지에 발행한 신문들을 소유한 전국적 규모의 신문그룹은 3개에 불과했는데, 이들은 허스트계 신문그룹(Hearst Group), 스크립스-하워드 신문그룹(Scripps-Howard Group), 그리고 뉴하우스그룹(Newhouse Group)이었다. 그러면 이들 신문그룹은 각각 몇 개의 신문들을 소유하고 있었는가?

• 허스트계 신문그룹 소유 신문들의 증감실태

허스트계 신문그룹은 앞서 제9장에서 살펴보았듯이 1910년대부터 본격적으로 여러 신문들을 사들이면서 신문계를 주름잡아 왔다. 그러나 윌리엄 허스트(William R. Hearst)는 1951년 사망했는데, 그 유명했던 허스트의 사망 소식이 전해지자 그에 대한 평가는 매우 다양해서 하나로 요약할 수 없을 정도였다. 그리하여 허스트 신문왕국 소속의 INS통신사조차도 그의 사망기사에서 "허스트는 찬사와 비난을 함께 받은 신화와 전설로 둘러싸인 특수한 인물이었다"고 표현했다.

이러한 허스트가 사망하자, 그의 신문그룹의 경영권은 5명의 아들들에게 넘어가게 되었다. 그러나 이들 아들은 경영을 잘 못해서, 허스트가 죽은 지 3년 뒤에, 「샌프란시스코 콜-불리틴」(*San Francisco Call Bulletin*)지는 스크립스-하워드 신문그룹과 합병해서, 허스트 신문그룹에서는 경영만 맡고, 편집은 스크립스-하워드 신문그룹이 관장하게 되었다. 또한 1960년 허스트그룹은 그간에 적자를 면치 못하던 「피츠버그 선-텔레그래프」(*Pittsburgh Sun-Telegraph*)지는 「피츠버그 포스트-가제트」(*Pittsburgh Post-Gazette*)지에, 「디트로이트 타임스」(*Detroit Times*)지는 「디트로이트 뉴스」(*Detroit News*)지에게 팔아넘기고 말았다.

그 대신 올버니의 「닉커보커 뉴스」(*Knickerbocker News*)지를 사들임으로써 허스트계 신문그룹은 13개의 일간신문들과 9개 일요신문들만 소유하게 되었다. 이처럼 비록 소유신문사들의 수는 줄었으나 전체 발행부수에서는 종전의 수준을 그대로 유지했다.

• 스크립스-하워드 신문그룹의 변화와 성장

앞서 제9장에서 살펴보았듯이 1890년 에드워드 스크립스(Edward W. Scripps)가 밀턴 맥래(Milton A. McRae)와 함께 스크립스-맥래 리그(Scripps-McRae League)라는 신문체인을 설립했다. 그러나 두 사람 사이의 분쟁으로 1914년 맥래는 손을 떼고, 에드워드 스크립스 혼자서 경영하다 1917년 중풍에 걸리자, 1922년 로이 하워드(Roy W. Howard)라는 동업자를 새로 맞아들이면서, 스크립스-맥래 리그는 스크립스-하워드 리그(Scripps-Howard League)로 이름을 바꾸고, 두 사람이 함께 경영했다. 그러다가 1926년 에드워드 스크립스가 사망하자, 로이 하워드가 혼자서 경영했다. 그러나 1953년 에드워드 스크립스의 손자 찰스 스크립스가 이사장으로, 그리고 로이 하워드의 아들 잭 하워드가 사장으로 취임했다.

이렇게 인사개편을 단행한 스크립스-하워드 신문그룹은 1956년 오하이오주의 「신시내티 인콰이어러」(*Cincinnati Enquirer*)지를 매입하고, 1958년에는 또 「신시내티 타임스-스타」(*Cincinnati Times-Star*)지를 사들여서 「신시내티 포스트」(*Cincinnati Post*)지와 합병해 신시내티 신문계를 완전히 독점해 버렸다. 1959년에는 오하이오주 컬럼버스의 「오하이오 스테이트 저널」(*Ohio State Journal*)지를 매입해서, 「컬럼버스 시티즌」(*Columbus Citizen*)지에 합병시켰다. 이듬해는 「클리블랜드 뉴스」(*Cleveland News*)지도 사들여서 그곳의 「클리블랜드 프레스」(*Cleveland Press*)지와 합쳐 버렸다.

이처럼 스크립스-하워드 신문그룹은 새로운 신문을 사서 본래부터 소유하던 신문과 합병함으로써 다른 신문들과의 경쟁을 막는 동시에 경영을 합리화해 나갔다. 또한 다른 발행인 소유의 신문들과 공동경영을 꾀해서, 인쇄와 판매 업무는 합동으로 하고 편집업무만 각각 독립적으로 하는 경영방식을 사용함으로써 경비를 줄이고, 다른 신문들과의 경쟁을 피했는데, 이러한 합작경영방식의 신문들을 스크립스-하워드 신문그룹은 전국 5개 도시에 갖고 있었다. 1960년 현재, 스크립스-하워드 신문그룹은 모두 20개의 일간신문들과 8개 일요신문들을 소유하게 됨으로써 당시 미국에서 가장 많은 신문을 가진 그룹이 되었는데, 그중에는 저 유명한 퓰리처의 「뉴욕 월드」지를 1931년 매입해 「뉴욕 텔레그램」지와 합병해서 개제한 「뉴욕 월드-텔레그램」지도 포함되어 있었다.

• 뉴하우스 신문그룹의 등장과 소유 신문들

뉴하우스그룹은 새뮤얼 뉴하우스(Samuel I. Newhouse)가 1940년부터 설립하기 시작했다. 그는 1895년 러시아계 이민의 아들로서 태어났는데 가정형편이 어려워 야간학교에 다니면서 법률을 공부해 21세에 변호사가 되었다. 그러나 변호사가 되기 이전에 조그만 신문사에서 일하면서 신문에 관심을 갖게 되었던 뉴하우스는 변호사 일을 그만두고 25세가 된 해부터 신문사업에 투자하기 시작해서, 1940년대 말까지 뉴욕주 내에서 발행한 6개 신문을 소유하게 되었다.

1950년대로 들어서면서 뉴하우스는 다른 주에도 손을 뻗쳐 「포틀랜드 오리거니안」(*Portland Oregonian*)·「세인트루이스 글로브-디모크랫」(*St. Louis Globe-Democrat*)·「버밍햄 뉴스」(*Birmingham News*)지 등을 사들여 1955년에 이르러서는 모두 13개의 일간신문들과 8개의 일요신문 등으로 구성된 신문그룹의 총수가 되었다. 또한 뉴하우스는 그간에 4개의 TV방송국과 3개의 라디오방송국도 사들였으며, 잡지들도 사들여 1959년까지 모두 11개의 잡지를 갖게 되었다.

이렇게 해서 '미디어왕국'을 건설하게 된 뉴하우스는 다양한 평가를 받았는데, 기자들로부터는 존경을 받았으나 신문기능공노동조합 간부들에게는 증오의 대상이 되었으며 다른 신문발행인들에게는 미지의 인물로 평가되었다. 이는 그의 경영 스타일 때문이기도 했는데, 편집업무를 완전히 각 신문의 편집자에게 일임하면서, 그 이유는 "신문에 무엇을 게재할 것이냐에 관해서는 그 일을 담당한 편집자보다 더 잘 아는 사람이 없기 때문"이라고 항상 공언했다.

그러나 신문판매와 광고유치 등의 촉진업무는 뉴하우스 자신이 직접 모든 것을 결정하고 관장하며, 모든 경비를 최대한 절감하려고 노력했다. 그런가 하면 새로운 신문을 매입할 때는 현금을 주고 샀는데, 이는 은행으로부터의 통제를 피하기 위해서였다. 이런 식으로 신문과 방송을 경영한 뉴하우스는 1960년 그가 65세가 되던 해에 2억 달러 상당의 재산을 갖게 되었다. 그중 90%를 뉴하우스재단(Newhouse Foundation)의 설립에 기부했으며, 뉴하우스재단은 200만 달러를 시라큐스대학에 희사해서, 그곳에 뉴하우스 커뮤니케이션스센터(Newhouse Communications Center)를 건립하여 언론학교육과 연구를 위해 사용토록 했다.

위에서 살펴본 신문그룹들 이외에도 1959년 현재 전국에 모두 100여 개의 군소 신문그룹들이 있었는데, 그중에서 라이더 신문그룹(Ridder Publications)은 13개의 일간신문들과 7개 일요신문들을 소유하고 있었으며, 오스카 스타우퍼 신문그룹(Oscar Stauffer Group)도 13개의 일간신문들과 4개의 일요신문들 및 5-6개의 농업전문신문들을 갖고 있었다. 한편 1950년대에는, 뒤에 국제적 신문그룹의 총수가 된 캐나다 출생의 로이 톰슨(Roy H. Thomson)이 미국의 3개 소도시의 신문들을 매입하면서 신문그룹을 만들기 시작했다.

신문의 경영상태와 제작기술의 발전

위에서는 1950년대에 신문들의 소유권의 변동과 집중화 현상에 관해 간단히 살펴보았는데, 그렇다면 당시 신문들의 경영상태는 어떠했는가? 비록 적지 않은 신문들이 재정난에 허덕이다가 폐간했으며, 방송 등 전파매체와의 경쟁도 심해졌지만, 신문경영의 주요 재원인 발행부수와 광고량은 계속 증가했다. 그러자 그에 발맞추기 위해, 신문제작기술의 현대화에도 박차를 가하게 되었다.

• 매스 미디어 시대에도 신문발행부수는 계속 증가

1940년대까지만 해도 '신문의 시대'였으나, 각종 매스 미디어의 발달로 인하여 1950년대 초부터 미국사회는 매스 미디어 시대(the era of mass media)로 접어들게 되었다. 그러자 "이제 신문은 시들어 가고 있다"는 우려의 소리가 나오게 되었다. 그러나 이러한 우려와는 달리, 신문발행부수는 계속 증가했는데, 신문들은 본래부터 지역적 성격을 띠면서 지역적 분화(geographical segmentation)가 잘 이루어져 있어서, 대체로 전국적 성격을 띤 전파매체인 방송 등과의 경쟁이 이루어지지 않았기 때문이다.

이는 각 신문의 발행부수를 보아도 알 수 있는데, 1950년대에 발행부수가 100만 부를 넘는 신문은 전국에 오직 하나의 일간신문(「뉴욕 데일리 뉴스」)과 5개의 일요신문이 있었을 뿐이며, 그 밖의 신문들은 대부분 발행부수가 50만 부도 못 될 정도의 좁은 지역성을 띠고 있었다. 따라서 신문은 광범위한 지역의 수용자들을 대상으로 하는 방송 등의 전파매체에 독자들을 거의 빼앗기지 않았다. 그런 데다가 각종 사건에 관한 방송의 짧막한 보도가 대중들의 호기심을 자극해서 신문을 더 사 보게 만들었다.

그 결과 매스 미디어 시대를 맞이해서도 신문들의 발행부수는 계속 증가해서, 일간신문의 발행부수만도 1950년대에 500만 부나 늘어나 총발행부수가 5,900만 부에 이르게 되었다.[9] 특히 1955년에는 신문발행부수가 급격히 증가해서, 신문용지소모량이 6,600만 톤에 달하는 새로운 기록을 돌파하자 용지 값도 뛰어올라 톤당 132달러(1952년도에는 126달러)나 될 정도였다.

• 계속 증가한 신문광고량과 광고에 대한 연구

한편 1950년대에는 신문광고량과 그에 따른 광고료수입이 크게 증가한 것도 특기할 만한데, 1950년도 현재, 모든 매체광고를 포함한 미국의 전체 광고비는 55억 달러였으나, 1960년에는 110억 달러로서, 10년 동안에 거의 배로 증가했다. 그리고 전체 광고비 중에서 신문광고가 차지한 비율은 약 3분의 1로서, 1950년에는 약 18억 달러였던 것이 1960년에는 약 36억 달러로 늘어났다. 이렇게 광고비가 50%나 증가한 것은 광고요금이 올랐기 때문이기도 하지만, 광고료의 인상률을 밀라인율(milline rate)로 따져보면 10%밖에 오르지 않았다.

1950년대에 신문광고비가 크게 증가한 것은 광고량이 증가했기 때문이라고 볼 수 있는데, 1950년대에는 제2차 세계대전의 후유증도 사라지면서 각종 산업이 다시 발달해서 광고를 많이 냈기 때문이다. 신문광고량이 증가하자 광고지면의 양도 늘어나서, 대부분의 일간신문들은 전체 지면의 60–40%를 광고에 할애했으며, 나머지 40–60%만 기사로 채웠다. 이러한 광고와 기사의 비율

9 하지만 이러한 일간신문의 증가율은 사실상 성인인구의 증가율을 약간 상회하는 것이었고, 1940년대의 증가율에 비하면 약 50% 정도밖에 되지 않는 것이었다. 그러나 그간에 대부분 신문들의 구독료가 인상되어 1960년 현재 1부당 5센트 이하를 받는 신문은 거의 없었다는 사실을 감안할 때, 일간신문의 발행부수만도 500만 부가 증가한 것은 결코 적은 것이 아니었다.

은 1920년대와 정반대였는데, 1920년대는 기사가 전체 지면의 60%를 차지하고, 나머지 40%가 광고였다(Casey and Copeland, Jr., 1957, pp. 175-186).

신문광고량이 증가하자, 일부 신문, 예컨대 「뉴올리언스 타임스-피키윤」(*New Orleans Times-Picayune*) 등은 조간과 석간신문의 광고를 한데 묶어서 팔기도 했다. 그러자 정부 당국이 공정거래법을 근거로 해서 이러한 행위를 하지 말라고 명령을 내렸다. 그러자 이를 「뉴올리언스 타임스-피키윤」이 법원에 제소했는데, 1953년 대법원이 「뉴올리언스 타임스-피키윤」지에 승소판결을 내림으로써, 조간과 석간을 내는 신문들은 두 신문의 광고를 한데 묶어서 팔게 되었다.

그러나 법원이 신문광고의 게재거부는 못하도록 했는데, 오하이오주의 「로레인 저널」(*Lorain Journal*)지가 그 경쟁매체인 라디오방송에도 동시에 광고하려는 광고물의 신문게재를 거부했다. 그러자 이를 광고주가 법원에 제소했는데, 대법원은 셔먼공정거래법(Sherman Anti-Trust Act)을 근거로 「로레인 저널」지에 대해 그런 광고를 거부하지 못하도록 판결을 내렸기 때문이다.

한편 1950년대에는 실험심리학·사회심리학 등 행동과학적 지식과 연구방법을 광고분야에 도입해서 소비자들의 구매동기와 광고효과 등을 연구하고, 그 연구결과를 광고 메시지의 작성 등에 응용하기도 했다. 그런가 하면 광고제작기술도 발달되어 컬러광고가 크게 유행했다.

• 신문제작기술의 발달과 제작시설의 현대화

위와 같이 컬러광고가 유행하게 되자, 각 신문사들은 컬러인쇄기를 도입하는 등 새로운 인쇄시설을 갖추고, 현대적 사옥을 신축하고, 조판·인쇄공장을 확장하는 데 많은 투자를 했다. 예컨대, 「뉴욕 타임스」지의 경우만 해도 4,000만 달러를 새로운 시설에 투자했으며, 「시카고 선-타임스」지는 2,000만 달러짜리 사옥을 신축했고, 그 밖의 5-6개 신문들도 각각 1,000만 달러 이상을 투자했다. 이 밖에도 많은 신문들이 새로운 시설과 사옥을 신축하는 데 많은 투자를 했다. 그리하여 1957년에는 전국의 신문들이 투자한 금액이 모두 합쳐 1억 3,000만 달러에 달했으며, 1959년에도 약 1억 달러를 투자했다. 이는 날로 증가하는 발행부수와 광고량에 부응하기 위한 것이었으나, 또한 발행부수와 광고량의 증가로 재정적 여유도 생겼기 때문이다.

이처럼 각 신문이 새로운 시설과 신문제작기술 등의 현대화에 많은 투자를 함으로써 신문제작기술에 일대 혁신이 일어나게 되었는데, 그중에서 가장 큰 혁신의 하나는 옵셋인쇄방법 등 CTS인쇄방식(cold-type system)의 도입과 보편화였다. 그리하여 1950년대 말에는 소규모 신문들까지 CTS인쇄방식으로 신문을 인쇄함으로써, 종래 오랫동안 사용해 오던 활판인쇄 등 HTS인쇄방식(hot-type system)은 거의 사라지게 되었다.

한편 인쇄한 신문들을 많은 인력이 매달려서 부수를 헤아리고 분류해서 포장한 뒤에 트럭에 싣던 복잡한 신문운송작업도 자동화되어, 단추만 누르면 기계가 일괄적으로 신속하게 해 낼 수 있게 되었다. 그리하여 그간에 신문제작기술의 낙후성 때문에 신문들이 많은 비난을 받아 왔지만, 이러한 비난은 1950년대에 거의 사라지게 되었다. 또한 신문의 제작과 운송 작업 등이 자동화되자 신문사들은 많은 인력을 절약할 수 있어서 뉴스의 취재와 편집 분야에 더 많은 신경을 쓸 수 있게 되었다.

• 신문기능공과 기자들의 거센 임금투쟁과 파업

위와 같이 신문의 제작과 운송 작업 등의 자동화로 신문사들은 많은 인력을 절약할 수 있었으나, 그 대신 조판공과 인쇄공 등은 일자리를 잃게 되었다. 그러자 조판공들은 광고주나 광고대행사들이 미리 신문광고물을 조판해 오지 못하도록 요구했다. 그러나 이러한 요구를 광고주와 광고대행사들이 거부하자, 국제조판공노동조합(International Typographical Union)은 광고주와 광고대행사들을 법원에 제소했다. 그러자 1953년 연방대법원은 조판공 측의 요구를 받아들여, 만약 광고주나 광고대행사가 신문광고물을 조판해 올 경우, 그것을 조판공들이 다시 재조판하도록 하는 결정을 내렸다.

한편 조판공과 인쇄공 등 신문기능공들은 강력한 임금투쟁을 벌이며 파업을 하기도 했다. 그리하여 1950년대 10년 동안에 시간당 임금이 모두 25%, 즉 돈으로는 90센트 이상이나 올라서, 1950년대 말에는 조판공의 시간당 평균 임금이 3.40달러가 되었으며, 인쇄공의 경우는 3.28달러가 되었다. 당시 임금투쟁과 파업을 가장 거세게 벌인 신문기능공들은 국제조판공노동조합 산하의 기능공들이었는데, 1959년 현재 109년의 역사를 가졌던 국제조판공노조는 미국 전체에 782개 지부를 갖고 있었으며, 회원 수가 10만 명에 달했다.

이들 신문기능공들 이외에 신문기자들도 노동조합을 결성하여 임금투쟁을 벌였는데, 당시 회원이 모두 3만 명으로 미국에서 가장 규모가 컸던 미국신문기자노동조합(American Newspaper Guild)은 1953년 창립 20주년을 맞아서, 경력기자의 주당 임금을 최소한 150달러 이상으로 인상시킬 목표를 세우고 임금투쟁에 나섰다. 그러다가 1957년 임금투쟁 목표를 다시 200달러로 올렸는데, 비록 이러한 목표를 완전히 달성하지는 못했으나, 1959년에는 6년 이상 경력기자의 주당 평균 임금은 150달러로, 그리고 신참기자의 주당 평균 임금은 100달러로 올렸다.

이처럼 임금인상과 또한 작업환경 등의 개선을 위한 투쟁과 파업은 특히 1950년대 후반에 급격히 증가해서, 1957년에는 모두 31건, 1958년에는 38건, 1959년에는 37건의 파업사태가 일어났다. 1957년에는 「크리스찬 사이언스 모니터」지를 제외한 보스턴의 모든 신문의 기능공들이 21일 동안 파업을 단행했으며, 1958년 겨울에는 뉴욕의 모든 신문의 배달원들이 19일 동안이나 파업을 했다. 그런가 하면 기자들도 걸핏하면 파업을 단행했는데, 예컨대 「세인트루이스 글로브-디모크랫」(*St. Louis Globe-Democrat*)지는 1959년 기자들의 파업으로 무려 101일 동안이나 신문을 내지 못하기도 했다.

신문인들의 전문화를 위한 여러 가지 노력

비록 위와 같이 신문기자들이 파업을 하기도 했지만, 1950년대에는 신문기자들의 교육수준이 전반적으로 크게 높아졌고, 또한 전문성도 크게 향상되었다. 이는 언론인단체들이 기자들의 자질향상을 위해 노력했고, 대학에서도 기자들의 양성을 위한 교육이 활발히 이루어졌기 때문이다. 또한 그 이전에는 신문이나 자신들에 대한 외부로부터의 비판에 과민한 거부반응을 보였던 신문기자들도, 1950년대부터는 외부의 비판에 귀를 기울이면서 자신들의 임무와 자질 등에 관한 반성과 성찰을 시작했기 때문이다.

• 신문기자들의 자질향상을 위한 언론단체들의 노력

1950년대에 신문기자들의 전문성(professionalism)과 자질 등을 향상시키는 데 특히 많은 공헌을 한 것은 언론 관계 각종 단체들이었는데, 그중에서 신문 등 인쇄매체 관련단체(광고와 PR 관계 단체 제외)만도 1959년 현재 미국 전국에 모두 70여 개나 존재했다. 이들 중, 규모가 가장 큰 전국적 단체는 인랜드프레스협회(Inland Press Association)였고, 지역적 단체들 중에서는 남부신문발행인협회(Southern Newspaper Publishers Association)가 가장 영향력이 컸는데, 이들은 신문의 위상뿐 아니라, 기자들의 자질향상을 위해서도 많이 노력했다. 그런가 하면, 신문경영자협회(Newspaper Managers Association)는 1939년부터 매년 10월 첫 주를 신문주간으로 설정해서 신문인들에게 사회에 대한 봉사정신을 재다짐하는 기회를 갖도록 했다.

또한 1959년 말 현재 미국 50개 주들 중에서 4분의 3이 각각 독립된 신문협회를 설립하고, 각 도시에서는 프레스 클럽을 만들었으며, 신문 관계 대학동아리 시그마 델타 카이(Sigma Delta Chi)도 전국에 50여 개 지방조직을 갖고, 신문과 신문인들의 전문성 향상에 노력했다. 그런가 하면, 1952년에는 신문편집인들이 국제신문편집인협회(International Press Institute)를 창설해서 1946년 설립한 미대륙신문편집인협회(Inter-American Press Association)와 함께 세계 여러 나라 신문들의 발전과 신문인들의 자질향상에 중요한 역할을 했다.

• 대학에서의 기자양성교육과 인증제도의 확대

대학들에서도 신문학부, 신문학과 또는 매스 커뮤니케이션학과, 커뮤니케이션학부 등을 설치하여 유능하고 전문성을 갖춘 기자들의 양성교육을 실시했다. 1950년대에도 펜실베이니아대학 애넌버그 커뮤니케이션학부(Annenbergh School of Communication)를 비롯하여 여러 개의 학부 또는 학과들이 신설되어, 그 숫자가 1960년에는 전국에 130여 개에 달했다.

그러자 이들 교육기관에서 신문학교육의 수준과 질을 갖추게 하기 위한 인증제도를 만들어서 미국신문학교육이사회(American Council on Education for Journalism)로 하여금 각 대학의 신문학부, 신문학과, 또는 커뮤니케이션학부 등의 교과과정과 실제 교육실태를 평가해 그에 합격하면 인증해 주도록 했는데, 이러한 인증을 받은 신문학부, 신문학과 또는 커뮤니케이션학부가 1959년 현재 48개에 달했다.

그런가 하면, 신문학교육자들도 각종 단체를 만들어서 신문학과 기자양성 교육에 앞장섰는데, 이를 좀 더 효율적으로 수행하기 위해, 1950년 미국신문학부와 신문학과연합회(American Association of Schools and Departments of Journalism)와 미국신문학부행정가협회(American Society of Journalism School Administrators)가 미국신문학교사협회(American Association of Teachers of Journalism) 산하로 들어가면서, 미국신문학교사협회 명칭을 미국신문학교육협회(American Association for Education in Journalism)로 바꾸었다.

부록

- 미국신문왕 조셉 퓰리처, 그의 생애와 공적
- 주요 참고문헌

미국신문왕 조셉 퓰리처, 그의 생애와 공적

조셉 퓰리처(Joseph Pulitzer)라는 이름이나, '퓰리처 신문상'(Pulitzer Prizes in Journalism)이라는 말을 들어 보지 못한 사람은 아마도 없을 것이다. 퓰리처는 1864년 17세의 나이로 돈 한 푼 없이 영어도 전혀 모른 채 미국으로 건너와, 타고난 근면성과 재능·검약·인내심 그리고 얼마간의 행운을 바탕으로 미국의 '신문왕'이 되었다. 또한 큰돈도 벌어서, 1911년 그가 죽었을 때 당시 금액으로 1,900만 달러라는 엄청난 유산을 남겼다. 그러나 그가 이 세상에 남겨 놓은 더 값진 유산은 민주주의를 바탕으로 한 그의 숭고한 언론사상이었다.

1847년 헝가리의 조그만 읍내에서 태어나

퓰리처는 1847년 4월 10일 헝가리의 한 조그만 시골 읍내 마코(Mako)에서 마자르인(Magyar)과 유태인(Jewish)의 피가 절반씩 섞인 아버지 필립 폴리처(Philip Politzer)와 독일인 어머니 루이스 베르거(Louise Berger) 사이에서 태어났다. 그러나 그는 마코에 오래 살지 않고, 부모를 따라 부다페스트(Budapest)로 이주, 거기서 어린 시절을 보냈다. 가게 점원으로 일하던 아버지 밑에서 그리 어렵지 않게 살던 퓰리처는 어머니 쪽 종교인 가톨릭 계통의 학교에 다니며 유년 시절을 보냈다.

그러나 그의 아버지가 갑자기 세상을 떠나고 어머니가 재혼하자, 퓰리처의 운명은 변하기 시작했다. 의붓아버지 막스 블라우(Max Blau)는 성격이 난폭하여 어머니와 가정불화가 잦았다. 이에 환멸을 느낀 퓰리처는 17세 나이에 가출을 결심, 부다페스트를 떠나고 말았다. 오스트리아 비엔나로 간 퓰리처는 그곳 육군에 지원했으나, 시력이 약하고 건강도 나빠서 퇴짜를 맞았다. 그러자 프랑스 파리로 가서 또 군인이 되려 했으나 역시 거절당했다. 그 후 영국 런던으로 건너가 보았으나, 그곳에서도 역시 뜻을 이루지 못하고 말았다.

돈이 거의 떨어진 퓰리처는 고향 헝가리로 되돌아갈 것을 결심, 귀국 길에 독일 함부르크(Hamburg)에 들렀을 때, 거기서 우연히 미국으로 건너갈 수 있는 기회를 잡게 되었다. 당시 미국에서는 남북전쟁이 한창이었는데, 병력동원에 쪼들린 북군이 유럽으로부터 청년들을 사들여다가 충원하고 있었다. 바로 그즈음 함부르크에 들른 퓰리처는 미국 북군의 모병 이야기를 듣고, 군인이 되려는 자신의 오랜 꿈의 실현을 위해 미국으로 건너갈 것을 결심하고, 한 독일인의 소개로 미국행 선박에 오르게 되었다.

항해 도중 그를 소개한 독일인과 선장 사이의 밀담을 우연히 엿들은 퓰리처는, 그것이 모병이 아니라 한 사람당 500달러라는 부당거래에 의해 자신이 팔려가고 있다는 사실을 알고, 분개해서 탈주할 것을 결심했다. 1864년 봄 어느 날, 그가 탄 배가 드디어 미국 보스턴항구에 도착하자, 퓰리처는 어둠을 이용해 선박에서 빠져나와 헤엄을 쳐서 육지로 도망치고 말았다.

미국에 상륙, 드디어 그가 꿈꿔 온 군인이 되다

이렇게 해서 17세 나이로 미국대륙에 상륙한 퓰리처는 도보로 또는 지나가는 마차를 가끔 얻어 타며, 1주일 이상 걸려 뉴욕에 도착했다. 뉴욕 시티 파크(City Park)에 있던 북군사령부를 찾아간 그는 링컨기마대에 입대, 드디어 그가 꿈꿔 온 군인이 되었다. 입대할 때 그의 이름을 기록한 접수계 병사가 퓰리처의 본명인 '조셉 폴리처'(Joseph Politzer)를 '조셉 폴체스'(Joseph Poultzes)로 잘못 기록하는 바람에 그는 군복무기간 내내 그 잘못된 이름을 계속 사용해야만 했다.

군대에 있는 동안 퓰리처, 아니 폴체스는 여러 가지 고초를 겪어야만 했다. 부정과 불의를 보고는 참지 못하는 그의 불굴의 정신과 성격 때문에, 그리고 영어도 제대로 못하는 주제에 상관의 그릇된 명령에 대해서는 항상 순종하지 않고 말대꾸를 하는 통에, 상관들로부터 많은 미움을 샀다. 또한 그의 끝없는 지식욕 때문에 동료 군인들로부터 시기와 질투를 당하기도 했다.

1865년 4월 남북전쟁이 갑자기 끝나자, 뉴욕에 주둔하고 있던 링컨기마대는 7월 7일 소속 장병들에게 귀향명령을 내렸다. 그리하여 퓰리처는 갈 곳도 없고, 돈도 거의 없는 신세가 되어 이국땅에 혼자 내동댕이쳐졌지만, 그래도 미국에 남기로 했다. 그가 성장한 유럽 사회와 여러 가지로 다른, 자유와 민주주의를 그 바탕으로 삼고 있는 미국 사회에 그는 도취해 있었기 때문이다. 그래서 미국에 남기로 결심한 그는 자신의 성도 영국식에 가깝도록 '퓰리처'(Pulitzer)로 고쳤다.

하지만 뉴욕에서는 일자리를 얻기가 극히 힘들었다. 그래서 동료군인의 권고에 따라 서부의 미주리주 세인트루이스(St. Louis)로 가기로 하여 도보로 미시시피 강가에 도착했을 때, 다행히도 그곳으로 가는 배를 만났다. 그리하여 선원으로 일을 해 주면서 목적지에 도착한 퓰리처는 그곳에서 여러 가지 육체노동을 하면서도 항상 도서관에 다니며 영어도 배울 겸 많은 공부를 했다. 그는 총명한 청년이었다. 그러나 자신의 재능과 적성이 어느 분야에 맞는지 알지 못해 여러 가지로 방황만 거듭했다. 그때 아주 우연한 기회에 우연한 장소에서 자신의 재능과 적성에 맞는 분야를 찾을 기회를 얻게 되었다.

우연히 기자가 되어, 자신의 적성 찾아 능력 발휘

하루는 퓰리처가 길을 가다가 두 명의 신사가 길가에서 서양장기를 두고 있는 것을 보고 훈수를 들었다. 그러다가 한 신사의 눈에 들어 그의 신문사에 취직하게 되었는데, 그 신사는 세인트루이스에서 발행한 독일어신문 「베스틀리헤 포스트」(*Westliche Post*)지 사장인 동시에 연방상원의원인 칼 슈르츠(Carl Schurz)였다. 바로 이 신사의 눈에 우연히 들어 그의 신문사에 기자로 취직함으로써, 드디어 퓰리처는 신문인, 아니 신문왕으로서 그의 천재성을 발휘할 기회를 찾게 되었던 것이다.

끝을 모르는 그의 왕성한 지식욕, 언제나 사실에 근거를 둔 그의 예리한 판단력, 부정과 불의에 대항하여 싸우기 좋아하는 그의 불굴의 정신과 정의감 등등—이러한 그의 속성들이 신문계에 첫발을 내디딘 퓰리처를 얼마 되지 않아 일약 유명기자로 만들어 놓았다. 처음에는 사회부기자로 활약하다가 정치부기자가 된 퓰리처는 불편부당과 공정공평 정신으로 정치 관계 뉴스들을 취재, 보도함으로써, 당시 미국에서 만연한 정당·정론신문(political organs)들의 폐습을 시정하는 데 앞장섰다.

이러한 퓰리처를 자기와 같은 정치인으로 만들려는 슈르츠 사장의 권고에 따라 주의원으로 출마해서 당선된 퓰리처는 정치적·사회적 부정부패에 더욱 과감하게 대항해서 용맹을 날리기도 했다. 그러면서도 그는 「베스틀리헤 포스트」지 편집인으로서 자신의 책무를 결코 게을리하지 않았다. 그러자 이러한 퓰리처에게 슈르츠가 신문사 경영까지 맡겼다.

「베스틀리헤 포스트」지 발행인이 된 퓰리처는 정치기사와 인정미담기사(human interest story)를 제1면에 게재하는 등, 우선 지면쇄신을 단행했다. 그러면서 기자들에게 기사문장을 되도록 짧게 쓰는 동시에 기사는 육하원칙에 따라 "언제·어디서·누가·무엇을·왜·어떻게 했느냐"는 식으로 쓰게 했다. 그러자 신문발행부수가 날로 증가했다. 그리하여 퓰리처는 신문경영인으로서도 비상한 재능이 있음이 드러났는데, 그때 그의 나이는 불과 25세였다. 그러나 그간의 과로 때문에 건강이 나빠진 퓰리처는 신문사 일을 그만두고 고향 헝가리로 여행을 떠났다.

헝가리와 유럽 여러 곳 여행을 마치고 다시 세인트루이스로 돌아온 퓰리처는, 경영난 때문에 팔려고 내놓은 독일어신문 「세인트루이스 슈타츠-차이퉁」(*St. Louis Staats-Zeitung*)지를 매입했다. 그러자 "그건 돈을 내버리는 일"이라고 모두들 비웃었다. 그러나 그 이튿날, 퓰리처는 「세인트루이스 슈타츠-차이퉁」지가 갖고 있던 AP통신사와의 뉴스계약권을 「세인트루이스 모닝 글로브」(*St. Louis Morning Globe*) 신문사에 2만 달러에 팔아넘겨 많은 이익을 남겼다. 당시에는 AP통신사와의 뉴스계약권을 얻기가 힘들어, 그에 소위 '권리금'이라는 것이 많이 붙어 있었기 때문이다.

이틀 만에 거금 2만 달러를 번 퓰리처는 그 돈을 가지고 1878년 봄, 동부의 워싱턴으로 갔다. 그러면서 그의 친구들에게는 "뉴욕 「선」(*Sun*)지의 워싱턴특파원으로 취직이 되어서 간다"고 말했다. 하지만 그것은 거짓말이었고, 실은 유럽 여행을 마치고 돌아오는 길에 워싱턴에 들렀을 때, 그곳에서 친구 소개로 알게 된 케이트 데이비스(Kate Davis) 양과 사랑에 빠져 있었기 때문이었다. 그래서 워싱턴으로 온 퓰리처는 신문분야에서 직업을 구하려고 백방으로 노력했지만, 일자리를 구하지 못한 채, 케이트와 결혼식을 올리고 다시 유럽으로 신혼여행을 떠났다.

「포스트-디스패치」지 발행인 겸 편집인이 되다

1878년 초겨울, 미국으로 돌아온 퓰리처는 아내와 함께 다시 세인트루이스로 돌아갔는데, 그때 그의 수중에는 돈도 거의 바닥이 나고 있었다. 그런데 그즈음 「세인트루이스 디스패치」(*St. Louis Dispatch*)라는 신문이 매물로 나왔다는 사실을 알게 되었다. 이 신문은 사업이 잘 되지 않았지만, 신문사 사옥이 좋았고 또한 AP통신사와 뉴스계약권도 갖고 있었다. 따라서 사옥 건물과 AP통신사계약권을 따로 떼어서 팔면 「세인트루이스 디스패치」지를 인수할 수 있다고 계산한 퓰리처는 이 신문을 2,500달러에 사들였다.

그러자 그가 전에 일했던 독일어신문 「베스틀리헤 포스트」지의 당시 발행인 존 딜론(John Dillon)이 찾아와서 두 신문을 합병하자고 제의했다. 이러한 제의를 수락한 퓰리처는 두 신문을 하나로 합병하면서 그 제호를 「세인트루이스 포스트-디스패치」(*St. Louis Post-Dispatch*)로 고치고, 이 신문의 발행인 겸 편집인이 되었다. 그리고 1878년 12월 12일 「세인트루이스 포스트-디스패치」 첫 호를 내놓았는데, 그 제1면에는 아래와 같은 편집 방침이 실려 있었다.

> 「세인트루이스 포스트-디스패치」는 정당들이 아니라 시민들을 위해 봉사할 것이다. 공화당 대변지도 되지 않을 것이며, 민주당 대변지도 되지 않을 것이며, 오직 시민들을 위해 사실만 보도할 것이다. 대통령이나 의회도 지지하지 않을 것이며, 다만 그들을 주의 깊게 주시하면서 만약 부정과 부패가 있으면 그에 대항하여 싸울 것이다. 「세인트루이스 포스트-디스패치」지가 항상 견지하고자 하는 사상은 우리의 국가가 그 수립의 기초로 삼은 "진정한 민주주의, 진정한 자유정부" 사상과 동일하다.

이러한 편집방침을 밝힌 「세인트루이스 포스트-디스패치」지의 첫 호가 나온 날, 퓰리처는 모든 기자들을 불러 놓고, 다시 한 번 신문이 나아갈 방향과 자신의 계획을 설명했다.

"우리 신문은 독자들에게 모든 뉴스, 그러나 다른 신문들에서 찾아볼 수 없는 것들을 제공한다. 독자들은 정치기사만 원하고 있지 않다. 우리 신문은 독자들에게 생동감 넘치는 뉴스, 흥미진진한 뒷이야기, 풍부한 삽화들을 제공한다. 또한 우리 신문은 우리 지역에 관한 수많은 조그만 기사들과 수많은 인명들을 싣는다."

이렇게 말하면서 퓰리처는 느닷없이 한 기자를 지명하며, "어젯밤, 세인트루이스시 북부에서 한 소녀가 도깨비를 만났다"고 하는데, 그 사건을 취재해서 기사로 써 오라고 지시했다. 이러한 지시를 받은 기자는 퓰리처를 멍하니 쳐다보며 "도

대체 어떤 식의 빌어먹을 신문을 만들려고 하는 거야" 하고 속으로 불만을 터트렸다. 그러나 발행인 겸 편집인의 명령이라 할 수 없이 도깨비를 만났다는 소녀를 찾아보고, 그에 관한 기사를 써다가 퓰리처에게 내밀었다. 그러자 그의 면전에서 퓰리처는 그 기사를 거의 모두 고쳐 가면서 다시 썼다. 이에 화가 난 기자가 퓰리처에게 대들었다.

"퓰리처 씨, 당신이 지금 쓰고 있는 용어나 문체는… 그것은 올바른 저널리즘이 아닙니다. 저속하고 선정주의적인 것들입니다."

퓰리처는 그 기자를 마주 쳐다보면서 이렇게 대꾸했다.

"자네 말이 옳네. 그러나 선정, 생동! 그것이 바로 우리의 「세인트루이스 포스트-디스패치」가 추구하려는 것일세."

그러면서 퓰리처는 책상 위에 놓인 기사를 가리키며 말을 이어 갔다.

"난 이러한 종류의 기사를 좋은 것이라고 생각하네. 한 소녀가 도깨비를 만났다. 칠흑 같이 어두운 밤에 으슥한 거리에서. 그때 하늘에서 스산한 달이 검은 구름을 헤치고 갑자기 얼굴을 내밀었다. 그때 그 소녀는 눈앞에 우뚝 선 장대처럼 커다란 그림자를 보고서…"

"아닙니다. 그건 바보의 장난 같은 기사입니다."

이렇게 그 기자가 외치자, 퓰리처는 그에게 나지막하면서도, 그러나 단호한 어조로 말을 끝냈다.

"이러한 식의 기사, 이러한 나의 식의 신문기사가 마음에 들지 않거들랑 다른 신문사에 가서 일자리를 구해 보게. 「세인트루이스 포스트-디스패치」는 독자들에게 정보와 함께 즐거움도 주려고 하네."

잘나가던 퓰리처에게 갑자기 불행이…

당시 다른 신문들과는 크게 색다른, 새로운 스타일의 「세인트루이스 포스트-디스패치」(이하 「포스트-디스패치」로 약칭)지가 나오자, 날개 돋힌 듯이 팔려 나가기 시작했다. 그러면서 그 명성 또한 높아져 「포스트-디스패치」지는 일약 대신문으로 발전했다. 또한 돈도 많이 들어오자, 퓰리처는 존 딜론 소유의 주식을 모두 매입해서 독자적인 사주 겸 발행인이 되었다. 그간에 그의 부인 케이트도 세 명의 아이들을 낳아서, 가정생활에도 행복이 넘쳤다. 그러나 뜻하지 않은 불행이 갑자기 닥쳐왔다.

1882년 10월 5일 낮 「포스트-디스패치」 편집국 사무실에서 갑자기 한 발의 총성이 울렸다. 퓰리처 밑에서 편집국장으로 일하던 존 카커릴(John Cockerill)이 아론조 슬레이백(Alonzo W. Slayback)이라는 변호사를 총으로 쏘아 죽인 것이었다. 자기에게 불리한 기사를 신문에 실었다고 항의하기 위해 카커릴을 찾아온 슬레이백 변호사가 먼저 총으로 카커릴을 위협했다. 그러자 생명의 위협을 느낀 카커릴도 총을 꺼내 슬레이백을 향해 방아쇠를 당겼다. 따라서 이건 어디까지나 정당방위였다.

그러나 그간에 「포스트-디스패치」지가 자신들의 부정과 비리 등을 폭로한 것에 불만을 품고 있던 무리들이 이 총격 사건을 빌미로 삼아 군중들을 충동질해서 「포스트-디스패치」 신문사를 습격해서 유리창을 깨고 나무막대기에 불을 붙여 신문사 안으로 마구 던지며 소란을 피웠다.

이러한 끔찍한 사건을 당한 뒤, 「포스트-디스패치」는 그전만치 잘 팔리지 않았다. 게다가 습격받은 그날 밤의 악몽과 그간의 과로로 인하여 퓰리처의 건강도 나빠지기 시작했다. 그러면서 그는 신경쇠약에 걸려, 마치 세인트루이스시 전체가 자기를 비웃는 것 같은 느낌을 뿌리치기 어려웠다. 이에 환멸을 느낀 퓰리처는 세인트루이스를 떠나기로 결심하고, 모든 신문사 일을 그의 친구이자 과거의 동업자 존 딜론에게 맡긴 채, 가족과 함께 뉴욕으로 떠났다.

뉴욕으로 나와서 「뉴욕 월드」지를 매입

뉴욕에 도착한 뒤, 그의 부인 케이트는 퓰리처를 병원으로 데려가서 의사의 진단을 받아 보았다. 남편의 건강이 극히 나빠 장기간의 휴식이 필요하다는 의사의 말을 들은 케이트는 집에 돌아와서 퓰리처에게 유럽 여행을 함께 떠나자고 졸랐다. 그러나 그때 신문을 열심히 읽고 있던 퓰리처는 고개를 가로저었다.

"케이트, 미안하지만, 여행은 갈 수 없어. 난 여기서 신문사를 하나 사서 또 신문 일을 해 볼 생각이야. 그러나 그건 돈을 벌자는 것은 아니야. 세인트루이스의 「포스트-디스패치」는 나에게 충분한 돈을 안겨 줬어. 내가 바라는 것은 오직 한 도시가 아니라, 미국 전체에 영향을 미칠 수 있는 신문, 그러한 신문을 만들고 싶다는 거야. 뉴욕에서 내는 신문만이 그것이 가능해. 대통령선거도 얼마 남지 않았어. 국민들에게 누구를 선택할 것이냐 하는 것도 올바로 알려 줘야 해. 난 이 나라의 장래를 결정하는 데 공헌하고 싶단 말이야, 케이트. 난 미국 국민들에게 진실을 이야기해 주고, 정치인들과 다른 신문발행인들에게는 신문이 대중의 선(goodness)을 위하는 데 얼마나 중요한 구실을 하는지를 보여 주고 싶어."

"그러나, 조셉! 당신은 환자란 말이에요. 당신은 당장 휴식이 필요해요. 신문은 유럽 여행을 다녀온 뒤에도 얼마든지 할 수 있잖아요."

케이트는 이렇게 말했지만, 퓰리처는 끄덕도 하지 않았다. 바로 그날 그는 「뉴욕 월드」(*New York World*)라는 신문을 팔려고 내놓았다는 것, 그 신문사는 훌륭한 인쇄시설을 갖고 있다는 것, 그리고 30만 달러면 그 신문사를 살 수 있다는 것을 들었기 때문이었다. 현재는 「뉴욕 월드」지가 독자도 많지 않고, 별 볼일 없는 신문이지만, 「세인트루이스 포스트-디스패치」에서 얻은 경험을 살려서 잘만 하면 성공할 자신감이 퓰리처에게는 있었다.

1883년 5월 10일, 퓰리처는 「뉴욕 월드」를 사들였다. 매매계약을 막 끝내고, 저녁 무렵 그는 신문사로 들어갔다. 조용하던 편집실이 5분도 채 못 되어서 시끌벅적하기 시작했다. "자네는 이 사건을 좀 더 자세히 취재해 오게." "자네는 아무개 기자를 불러오게." … 퓰리처의 낭랑한 음성이 편집실에서 쉴 새 없이 들려 나왔다. 한편 그는 존 카커릴—「세인트루이스 포스트-디스패치」 신문사에서 그와 함께 일하다가 슬레이백 변호사를 총으로 쏘아 죽였던—편집국장을 당장 뉴욕으로 불러올리도록 지시했다.

「뉴욕 월드」는 약자와 가난한 사람 편에 서다

퓰리처가 「뉴욕 월드」지의 새 주인이 된 이튿날, 그러니까 1883년 5월 11일, 새로운 「뉴욕 월드」지 첫 호가 나왔는데, 그것은 바로 '센세이션'(sensation) 그 자체였다. 이런 신문을 보고, 뉴욕의 다른 신문사 사람들은 고개를 절래절래 흔들며, "이게 신문이야?" "이따위 신문은 뉴욕에서는 얼마가지 못할 거야" 하며 제멋대로 지껄여댔다. 하지만 퓰리처는 자신하고 있었다.—당시 뉴욕에서 최대발행부수를 자랑하던 「뉴욕 타임스」(*New York Times*)지를 곧 꺾어 버리겠다고.

「뉴욕 월드」지의 사설은 주로 퓰리처 자신이 직접 썼는데, 그중 한 사설—뉴욕의 부자들과 저명인사들의 비위를 비판한 사설은 가난한 서민들의 심금을 울려놓았다. "부유층은 좋은 옷을 입고, 맛있는 음식을 먹고 다니면서, 자신들이 이 나라 주인인 것처럼 착각하고 있다. 그러나 이 나라의 진정한 주인은 이 나라를 건설한 근로자들이다"라고 퓰리처는 일갈했다. 그러면서 이 나라의 진정한 주인들의 권익 보호를 위해, 앞으로 「뉴욕 월드」지가 추진하고자 하는 열 가지 과제들을 아래와 같이 제시했다.

① 부유층만이 살 수 있는 값비싼 상품에는 높은 세금을 부과하게 만든다.
② 자손에게 유산으로 물려주는 부동산과 동산에도 과세하게 만든다.
③ 값비싼 수입품에는 세금을 많이 부과하게 만든다.
④ 특전이나 특혜를 누리고 있는 기업에도 세금을 많이 부과하게 만든다.
⑤ 외국에서 들여오는 모든 상품에 세금을 부과하게 만든다.
⑥ 대기업에도 높은 세금을 부과하게 만든다.
⑦ 정부와 그 산하 기관들의 서비스를 개선하게 만든다.
⑧ 부정하고 부패한 공무원들에게는 무거운 징계를 내리게 만든다.
⑨ 각종 선거 때 표를 매수하는 자는 고하를 막론하고 엄벌에 처하게 만든다.
⑩ 자신의 고용자들로 하여금 특정 후보에게 투표하도록 강요하는 고용주도 엄벌에 처하도록 만든다.

바로 이런 것들은 당시 미국사회에서 반드시 해결해야 할 선결과제들이었는데, 이러한 과제들의 해결에 「뉴욕 월드」지가 앞장서겠다고 하자 가난한 서민들은 자신들의 진정한 대변자를 만난 듯 기뻐했다. 그 결과, 「뉴욕 월드」지의 판매부수가 급격히 증가하는 바람에 신문용지 공급자들이 용지를 제때 충분히 공급하지 못해 곤혹을 치르기도 할 정도였다. 이는 「뉴욕 월드」지가 사실보도에 충실했고, 일반대중이 궁금해 하는 뉴스들을 이해하기 쉬운 말과 문장을 사용해서 보도했기 때문이기도 했다.

그 결과, 퓰리처가 「뉴욕 월드」지를 처음 샀을 때는 발행부수가 2만 3,761부였던 것이 3개월 뒤에는 3만 9,000부로 껑충 뛰었다. 또 4개월 뒤인 1883년도 말에는 당시 뉴욕에서 최대발행부수를 자랑하던 「뉴욕 타임스」지와 맞먹게 되었다. 그리고 다음 해에는, 퓰리처가 새로운 「뉴욕 월드」지의 첫 호를 낼 때 다짐했듯이 발행부수에서 「뉴욕 타임스」지를 꺾어 버렸다. 그러나 이에 만족하지 않고, 퓰리처는 「뉴욕 월드」지를 3개의 판, 즉 조간판인 「모닝 월드」(*Morning World*), 석간판인 「이브닝 월드」(*Evening World*), 그리고 일요일판인 「선데이 월드」(*Sunday World*)로 나누어 발행하기 시작했다.

퓰리처, '자유의 여신상' 건립에도 앞장

이렇게 퓰리처는 신문을 계속 확장해 나가면서, 뉴욕주 하원의원에도 출마해서 당선되었다. 그러나 이는 정치인이 되겠다는 야심에서가 아니라 다른 목적 때문이었다. 그것은 바로 프랑스 국민들이 1886년 미국 독립 100주년을 축하하기 위해 기증한 '자유의 여신상'(Statue of Liberty)을 미국으로 운반해다가 건립하는 데 필요한 모금운동을 추진하기 위해서였다. 1884년 프랑스 국민들이 '자유의 여신상'을 제작해 미국에 기증하면서, 운반과 받침대는 미국 측에서 맡으라고 했으나, 이에 필요한 경비 지출을 미국 연방의회가 거부했다. 그래서 국민들로부터 성금을 모아 '자유의 여신상'을 미국으로 운반해 오고 그 받침대도 만들기로 했지만, 경제사정이 나빠지면서 모금액이 턱없이 부족했다.

그러자 뉴욕주 하원의원에 당선된 퓰리처는 그의 「뉴욕 월드」지 등을 통해 모금운동을 벌이면서 국민들로부터 5–10센트씩 받아, 모두 10만 달러를 모았다. 그리하여 그 돈으로 '자유의 여신상'을 프랑스에서 가져오고 그 받침대를 만들어, 저 유명한 '자유의 여신상'을 뉴욕항구에 세우고 1886년 10월 28일 제막식을 거행했다. 이렇게 해서 세운 '자유의 여신상'은 한 손으로 횃불을 높이 들고, 퓰리처처럼 자유를 찾아 미국으로 건너오는 수많은 이민자들과, 뉴욕을 찾는 방문객들을 오늘날까지도 반겨 주게 되었다.

그러나 이처럼 '자유의 여신상'도 세우고 자신의 신문들도 확장하는 등, 그의 끝없는 의욕과 활동들은 퓰리처의 건강을 좀먹어 들어가고 있었다. 그리하여 그는 극도의 신경쇠약에 빠졌고, 얼마가지 않아 거의 실명 상태에까지 이르게 되었다. 결국, 한창 나이인 43세의 퓰리처는 그가 그토록 사랑한 부인과 세 자녀들과 헤어져 1890년 10월 16일부터 요양선을 타고 선상생활을 시작해야만 했다.

그때부터 20여 년 간, 그는 안정을 위해 요양선을 타고 여기저기 조용한 바다를 찾아다니면서 여생을 보내야 했다. 때문에 그가 관여하고 있던 모든 사업들은 비서들을 통해 전보(telegram)로 지시나 결정을 내려서 처리해야만 했다. 그러면서도 퓰리처는 「뉴욕 월드」 신문사의 새 사옥 빌딩을 완성했고, 1896년까지는 「뉴욕 월드」지를 계속해서 뉴욕 최대 발행부수의 신문으로 유지해 나갔다. 그러나 그즈음 막강한 경쟁자가 새로 나타나자, 퓰리처는 멀리 선상에서 그 경쟁자와 힘겨운 싸움을 벌여야만 했다.

허스트의 「뉴욕 저널」과 힘겨운 경쟁

그 경쟁자는 저 멀리 캘리포니아주 샌프란시스코에서 올라온 윌리엄 랜돌프 허스트(William Randolph Hearst)였는데, 그는 뉴욕으로 와서 먼저 퓰리처의 「뉴욕 월드」지에서 일하면서 경영과 편집 방침 등의 실태를 파악했다. 그런 다음, 「뉴욕 모닝 저널」(*New York Morning Journal*)이라는 조그만 신문을 사서 제호를 「뉴욕 저널」로 바꾼 뒤, 「뉴욕 월드」지의 유능한 편집자와 기자들을 많은 보수를 미끼로 데려왔다. 그리고는 「뉴욕 월드」지의 수법에 한술 더 떠서 극도의 선정주의적 신문을 발행하기 시작했다. 그러자 「뉴욕 월드」지와 「뉴욕 저널」지 간에 소위 '황색신문전쟁'이 불붙기 시작했다.

허스트의 「뉴욕 저널」지가 풍부한 사진, 피 튀기는 범죄기사, 흥미진진한 스캔들과 가십기사, 특종사건 뒷이야기 등등의 선정적 기사들로 매일 지면을 꽉 채우자, 판매부수가 날로 올라가기 시작했다. 「뉴욕 저널」지가 '성(sex)과 범죄' 관계 기사들을 지나치게 많이 다루자 일부 보수주의자들이 불매운동을 벌이기도 했지만, 그것은 오히려 「뉴욕 저널」지를 광고해 주는 꼴이 되어 판매부수만 올려 주고 말았다.

그리하여 「뉴욕 저널」지의 발행부수가 「뉴욕 월드」지에 육박해 오자, 퓰리처도 그냥 가만히 앉아서 당할 수만은 없었다. 그래서 처음에는 「뉴욕 월드」지의 구독료와 광고료를 내리는 등의 대응책을 써 봤으나, 그에 맞서 허스트도 「뉴욕 저널」지의 구독료와 광고료를 내렸다. 그러면서 허스트는 퓰리처의 「이브닝 월드」지에 대항하기 위해, 「이브닝 저널」이라는 석간판도 발행하기 시작했다.

이렇게 되자, 퓰리처도 부득이 선정주의 기사로 허스트에 맞섰다. 그러자 이번에는 허스트가 퓰리처의 「선데이 월드」지의 편집진들을 돈으로 매수해서, 이들을 몽땅 데려다가 「선데이 저널」이라는 일요판 신문도 새로 만들어, 1896년 1월부터 발행하기 시작했다. 이 「선데이 저널」에는 "아메리칸 유머리스트"(American Humorist)라는 제목의 컬러 만화를 무려 8쪽에 걸쳐 실었는데, 이 신문만화도 당시 「선데이 월드」지가 연재하던 "호간스 앨리"(Hogan's Alley)라는 제목의 만화를 모방한 것으로, 다만 제목과 내용만 달리했을 뿐이었다. 그럼에도 「선데이 저널」지의 "아메리칸 유머리스트"라는 만화는 독자들로부터 대단한 인기를 끌어서, 「선데이 저널」지의 발행부수를 크게 올려 주었다.

「선데이 월드」와 「선데이 저널」지 만화 주인공 꼬마들을 모두 노란색으로 인쇄했기 때문에, 독자들이 그들을 '노란 꼬마'(yellow kid)라고 불렀다. 그래서 당시 「뉴욕 프레스」(*New York Press*)지의 편집인 어빈 워드(Ervin Ward)가 「선데이 월드」지와 「선데이 저널」지를 가리켜 '황색신문'(yellow paper)이라고 비꼰 것을 시작으로, 이들 두 신문을 대중들이 황색신문이라고 부르게 되었다. 그 뒤 이들 두 신문과 비슷한 선정주의적 신문들도 모두 '황색신문'이라고 부르게 되었는데, 이러한 황색신문들은 1890년대 후반에 한창 극성을 부렸다. 그러나 1900년대 초부터 점차 쇠퇴하자, 자연히 허스트와 퓰리처 간의 경쟁도 점차 누그러지게 되었다.

유언, 아니 여러 가지 유지를 미리 남기다

1910년 10월 어느 날 이른 아침, 구름이 잔뜩 낀 하늘은 온통 짙은 회색빛을 띠고 있었다. 그러나 파도는 잔잔한 대서양 바다 위에 한 척의 하얀색 배가 소리 없이 흘러가고 있었으며, 그 배 안의 한 선실에는 체구가 자그마한 노인이 조용히 누워 잠자고 있었다. 그때 나지막한 노크 소리가 났으며, 그 소리에 잠을 깬 노인이 손으로 더듬어 침대 머리맡 전등 스위치를 누르자, 은은한 불빛이 선실을 비추었다.

"안녕히 주무셨습니까? 사장님."

선실로 들어선 그의 비서는 노인에게 조용히 인사를 했다.

"잘 잤나? 더닝햄. 난 오랫만에 아주 잘 잤네. 오늘은 아주 중요한 날일세. 자네도 알고 있지?"

"예, 잘 알고 있습니다. 어제 밤에 사모님께서 보낸 전보가 왔습니다. 모든 것에 대해… 사장님의 모든 계획에 대해 사모님께서는 그대로 찬성하신다고요."

"오! 나의 사랑하는 케이트! 물론 케이트는 찬성할 걸세. 내가 집에 있을 때 이 계획에 대해 함께 이야기한 적이 있으니까 말일세."

63세의 퓰리처와 그를 여러 해 동안 모셔 온 비서 자베즈 더닝햄(Jabez E. Dunningham)은 이런 대화를 서로 주고받았다.

아침 식사 후, 퓰리처는 비서들을 모두 도서실로 모이게 했다. 그리고는 조용히 입을 열었다.

"제군들, 나는 오늘 자네들에게 나의 유언을 읽어 주려고 하네. 물론 나는 눈 때문에 직접 읽을 수는 없으니까, 더닝햄 군에게 읽게 하겠네."

비서들 입에서는 놀라움의 소리가 나즈막하게 흘러나왔다. 더닝햄이 곧 유언장을 책상 위에 꺼내 놓고 읽기 시작했다.

"나, 뉴욕의 조셉 퓰리처는 건전한 정신 상태에서 유언하나니…."

바로 그때 퓰리처는 더닝햄에게 그만 읽으라고 지시했다. 그리고 말했다.

"법률용어들은 듣고 이해하기가 어렵단 말이야. 그러니 내가 죽은 뒤에 내 재산을 어떻게 처리할 것이냐 하는 것과, 왜 내가 그렇게 하기로 했는지에 대해 내가 직접 말로 설명하기로 하겠네.

첫째로 나는 100만 달러를 뉴욕 필하모니 음악협회에 기부하기로 하겠네. 둘째로 또 100만 달러를 뉴욕 메트로폴리탄 미술박물관에 기증하겠네. 그리고 셋째로, 난 토머스 제퍼슨(Thomas Jefferson)의 동상을 세워 주고자 하네. 이를 위해 2만 5,000달러를 내놓겠네. 이러한 나의 계획에 대해 내 친구들은 찬성하지 않겠지만, 미국의 민주주의 사상을 확립시켜 준 제퍼슨에게 우리는 아직까지 충분한 명예를 돌려주지 못했다고 난 생각하네. … 한 인간이 어떤 생각을 한다고 해서, 또는 무엇을 신봉하고 있다고 해서, 그 한 가지 이유만으로는 그를 처벌할 수 없다는 것, 그것은 곧 제퍼슨의 민주주의 사상이었네. 이러한 토머스 제퍼슨의 사상은 항상 나를 인도해 주었네."

이렇게 말하고 나서, 잠시 동안 숨을 돌렸다가 다시 말을 시작했을 때, 퓰리처의 목소리는 어떤 감동에 차 있었다. 또한 그의 얼굴은 밝게 빛나고 있었으며, 비록 시력은 잃었지만 천정을 바라보는 그의 눈은 그 무엇인가 아름다운 꿈을 꾸고 있는 듯했다.

"「월드」지를 위해서는 이미 충분한 돈을 남겨 놓았으니까, 그것은 영원히 계속될 걸세. 난 「월드」가 돈을 벌어야 한다고 결코 생각해 본 적이 없네. 오직 국민들을 돕는 데 기여할 것만 원해 왔네. 또한 선(virtue)을 위해 악(vice)에 대항하고, 정의(justice)를 위해 불의(injustice)에 대항해서 용감하게 싸울 것만 원해 왔네. 「월드」를 위해 남긴 돈, 그 돈만으로는 그 생명을 지키는 데 부족할지 모르겠네. 그러나 민주주의 사상의 바탕 위에 선 신문, 그리고 대중의 선을 위해 일하는 신문은 반드시 성공할 수 있다는 걸 우리는 경험을 통해 증명하지 않았던가! 내 자신의 생명은 머지않아 끝나겠지만, 「월드」는 결코 죽지 않을 걸세!"

신문학부와 신문상을 만들 것도 간곡히 유언

그 자리에 있던 사람들은 모두 퓰리처의 얼굴에 나타나 있는 결연한, 그러나 아름다운 미소를 보며 감동에 젖어 가늘게 흐느끼기 시작했다. 퓰리처는 다시 그의 말을 이어 내려갔다.

"그 다음, 넷째로 내가 마음속으로 가장 소중하게 여겨 온 또 하나의 선물이 있네. 그것은 바로 신문인(newspaperman)들을 진정한 저널리스트(journalist)로 훈련시키는 일을 돕고자 하는 것일세. 난 모든 신문인들이 독자들에 대한 의무와 책임을 이해하고, 그것을 가슴으로 느낄 수 있도록 교육시키고 싶네. 저널리스트들은 잘 훈련되어 있어야 하고, 또한 많은 지식을 갖고 있어야 한다고 난 믿고 있네. 그러므로 난 컬럼비아대학에 내 돈 200만 달러를 주고 신문학부(School of Journalism)를 설치해 주도록 요청하겠네."

"신문학부?" '신문학부'라는 퓰리처의 말은 들은 비서들은 모두 놀라서 서로 얼굴을 쳐다봤다. 그도 그럴 것이 아직까지 대학에 '신문학부'나 '신문학과'가 있다는 말을 들어 본 적이 없었기 때문이다. 이를 눈치챈 퓰리처는 미소를 지으며 말을 이어 나갔다.

"자네들이 지금 무엇들을 생각하고 있는지 난 알겠네. 그건 아주 새로운 것이지! 이러한 내 계획을 들으면 사람들은 비웃을 걸세. '신문인은 만들어지는 것이 아니라, 태어나는 것'이라고 하면서. '신문인을 위한 최선의 학교와 선생은 바로 사건현장이요, 또한 경험'이라는 것에 대해서는 나도 동감이네. 신문인은 사건현장에서 배워야 하고, 또한 독자들로부터도 배우지 않으면 안 되니까.

그러나 내가 대학에 신문학부를 설립하고자 하는 가장 큰 이유는 젊은이들에게 사고(thinking) 방법을 가르쳐 주기 위해서일세. 또한 그들이 역사와 문학 그리고 과학과 예술을 알지 못한다면, 어떻게 논설—신문의 심장인 논설기사들을 쓸 수 있겠는가? 또한 훌륭한 저널리스트가 되려면 기사를 정확하고 공정하고 객관적으로 쓰는 방법도 배워야 하며, 무엇이 훌륭한 기사를 만드느냐 하는 것도 충분히, 그리고 올바로 이해할 수 있어야 된다고 난 생각하는 바일세. 바로 이러한 것을 젊은이들에게 가르쳐 주어야 하겠다는 것이 바로 내가 신문학부를 대학에 설립하려는 이유일세."

그 다음 할 말을 생각하는 듯, 퓰리처는 잠시 동안 말을 멈췄다가 다시 입을 열었다.

"다섯째로, 나는 미국의 작가나 신문기자들이 탁월한 작품이나 신문기사에 대해 높은 가치를 두도록 하기 위해 상금도 내놓겠네. 이 상은 매년 미국 생활을 소재로 한 최고의 소설과, 최고의 논설기사, 최고의 보도기사를 선정해서, 그 작가와 기자에게 수여하도록 해 주게."

이렇게 퓰리처는 말하면서, 그의 유언을 경청하는 비서들 중 한 명을 지적하며, 그에게 갑자기 질문을 던졌다.

"아일랜드 군! 자네는 나의 이러한 계획에 대해 어떻게 생각하는가? 자네는 신문인이 아니니까, 솔직한 의견을 나에게 말해 주게."

아일랜드는 조금도 주저함이 없이 큰 소리로 대답했다.

"사장님 계획은 아주 멋지다고 생각합니다. 파스퇴르는 과학분야에서, 셰익스피어는 문학분야에서 그랬듯이, 사장님이 언론분야에서 신문상을 제정해서 기자들에게 수여하신다면 모든 사람들이 신문인들을 존경하게 될 것이며 신문은 또한 선(virtue)을 위한 강력한 수단으로 인정받게 될 것입니다."

이 말을 들은 퓰리처는 입가에 미소를 머금으며 아버지와 같은 인자한 목소리로 아일랜드에게 이렇게 말했다.

"난 자네 말이 그대로 맞았으면 좋겠네. 아니, 그 반쯤만 맞더라도 내 인생은 실패했다고 볼 수 없겠지. 「월드」지는 완전한 신문이 되지 못했어. 우리는 종종 그릇된 정치 후보자들을 지지하기도 했거든. 그것은 우리도 인간이기 때문에 어쩔 수 없었던 일이었는지도 몰라. 어쨌든, 우리의 일은 아직 끝난 것이 아니야. 내가 보기에는 아직도 '부자는 더 부자가 되고, 가난한 자는 더 가난해지고, 강한 자는 더 강해지고, 약한 자는 더 약해지는 현상'이 우리 사회에서 더 심해지고 있어. 우리는 모든 사람들의 진정한 민주주의의 실현을 위해 더 노력하지 않으면 안 돼. 내가 여기서 이렇게 유언하고 있는 것은 단순히 내 유산을 어떻게 처리하라는 것이 아니라, 신문은 계속 투쟁해야 하고, 학교는 젊은이들을 올바로 가르쳐야 하며, 돈은 그것이 정말로 필요한 사람들을 위해 쓰여야 한다는 것을 말하려는 것이야."

유언을 마치고 더닝햄의 팔을 의지해서 방문을 나서는 퓰리처의 몸은 극도로 허약해 보였으나, 그의 의지는 더욱 불타고 있었다. 비록 그의 육체적 눈은 코앞의 사물을 분간할 수 없었지만, 그의 마음은 먼 훗날의 장래를 멀리, 그리고 정확하게 꿰뚫어 보고 있는 듯했다.

그의 육신은 갔지만, 그의 정신은 영원히 남아

그로부터 1년 뒤인 1911년 10월 29일, 미국의 위인이요, 신문왕이던 조셉 퓰리처는 사우스캐롤라이나주 찰스턴(Charleston) 항구에 정박하고 있던 그의 요양선 위에서 조용히 눈을 감았다. 아무런 고통도 없이 마지막 숨을 거두는 순간, 그는 부드럽고 나지막한 목소리로 "Leise ganz leise—ganz leise"(조용히, 아주 조용히—아주 조용히)라고 독일어로 중얼거리며 조용히 숨을 거두었다.

요양선에 있던 사람들의 눈에서는 심장으로부터 치솟는 눈물이 터져 나왔다. 그들이 그렇게도 사랑하고 존경했던 위대한 인간 조셉 퓰리처를 이 땅에서 영원히 잃어버렸기 때문이다. 그러나 언론의 자유와 민주주의를 위해 몸바친 그의 숭고한 정신은 결코 잊을 수 없었다.

퓰리처가 타계한 지 20년 뒤, 미국에 불어닥친 경제공황의 타격으로, 그가 그토록 아꼈던 「뉴욕 월드」지는 불행하게도 1931년 다른 사람의 손으로 넘어갔다. 그러나 「세인트루이스 포스트-디스패치」지는 그의 아들 조셉 퓰리처 2세가 계속 발행했으며, 오늘날에도 그의 자손들이 계속해서 발행하고 있다.

> 「세인트루이스 포스트-디스패치」는 미국의 기본 사상을 따를 것이며, 그 사상은 언제나 우리를 인도할 것이다. 「포스트-디스패치」는 개선과 개혁을 위해 싸울 것이며, 불의와 부패를 언제나 공격할 것이다. 「포스트-디스패치」는 어떠한 정당에도 결코 속하지 않을 것이며, 오직 가난한 사람들을 도우면서, 공중의 선(public virtue)만 지지할 것이다. 「포스트-디스패치」는 언제나 자유로울 것이다.

「세인트루이스 포스트-디스패치」 신문사 벽에는 퓰리처가 남긴 위와 같은 사시(社是)가 동판에 새겨져 걸려 있다. 이를 보면서, 이 신문사 사람들은 오늘도 퓰리처의 유지를 받들어 맡은 바 사명과 책임을 다하고 있다.

유언에 따라 신문학부를 설립하고 신문상도 수여

신록이 무르익는 매년 5월이 되면 미국 언론계에는 아주 중요한 행사가 하나 열린다. 그것은 바로 퓰리처의 유지에 따라, 컬럼비아대학 이사회와 12개 주요 신문사 대표들로 구성된 심사위원회에서 그 전해에 가장 우수한 기사를 썼거나, 훌륭한 업적을 남긴 기자를 선정해 영예의 '퓰리처 신문상'(Pulitzer Prize in Journalism)을 시상하는 행사이다. 상금이랬자 고작 1,000달러 안팎의 적은 액수지만, 이 상의 비중은 대단하여 미국에서 기자들에게 주는 수많은 상들 중에서 가장 영예로운 상으로 손꼽히고 있다. 이 '퓰리처 신문상'은 1917년부터 현재까지 매년 수여하는데, 오늘날에는 기자 개인이 아니라, 신문사·신문체인·통신사 또는 언론인단체에게도 주고 있다.

한편 퓰리처가 생전에 그렇게 소망했던 신문학부도 그의 유언에 따라 컬럼비아대학에 설치되어 유능한 기자들을 양성하고 있다. 그러나 1912년에야 신문학부를 설치함으로써 '첫 번째 신문학부'라는 명예는 애석하게도 미주리대학에 빼앗기고 말았다. 대학에 신문학부를 설치하는 문제는 사실상 퓰리처가 유언하기 10여 년 전부터 그 자신이 직접 추진했다. 그리하여 1890년 하버드대학에 100만 달러를 내놓는다는 조건으로 신문학부 설치를 제의했다. 하지만 당시만 해도 '신문학'(journalism)이란 아주 생소한 학문이었기 때문에 퓰리처의 제의를 당시 하버드대학 총장 엘리엇이 거절했다. 그러자 퓰리처는 컬럼비아대학에 똑같은 제의를 1892년과 1903년에 두 번이나 했다. 그러나 컬럼비아대학도 역시 거절했다가 1911년 퓰리처가 사망한 뒤에야 그의 유지와 200만 달러를 받아들여 1912년 신문학부를 신설했다.

그러나 그때는 이미 미주리대학에 신문학부가 설치되어 있었다. 또한 그 밖의 여러 대학에서도 신문학교육을 실시했는데, 20세기로 들어서면서 신문학이 독립된 학문의 하나로 대학사회에서 인정받았기 때문이다. 그리하여 1904년 일리노이대학이 미국 최초로 신문학을 전공하려는 학생들을 위해 4년제 교과과정을 설치했으며, 이듬해에는 위스콘신대학도 신문학강좌를 개설했다. 그리고 4년 뒤인 1908년 미주리대학이 미국뿐 아니라, 세계 최초로 신문학부(School of Journalism)를 창설했다.

주요 참고문헌

Barnhart, Thomas F. (1941), *The Weekly Newspaper: A Bibliography, 1925–1941*. Minneapolis, MN: Burgess.

Barrett, Joseph W. (1991), *Joseph Pulitzer and His World*. New York: Vangard Press.

Bleyer, Williard G. (1927), *Main Currents in the History of American Journalism*. Boston: Houghton Miffin.

Bleyer, Williard G. (1934), "Freedom of the Press," *Journalism Quarterly*, Vol. 11 (March, 1934).

Brigham, Clarence S. (1947), *History and Bibliography of American Newspapers: 1690–1820*. Worcester, MA: The American Antiquarian Society.

Britt, George (1935), *Forty Years — Forty Millions: The Career of Frank A. Munsey*. New York: Farrar and Rinehart.

Casey, Ralph D. and Thomas H. Copeland Jr. (1957), "Current 'News-Hole' Policies of Daily Newspapers," *Journalism Quarterly*, Vol. 34, pp. 175–186.

Caswell, Lucy S. (Ed.) (1989), *Guide to Sources in American Journalism History*. Westport, CT: Greenwood.

Cochran, Negley D. (1933), *E. W. Scripps*. New York: Harcourt, Brace and Co.

Creelman, James (1901), *On the Great Highway*. Boston: Lothrop Pub. Co.

Dickens, Charles (1842), *American Notes*. London: Chapman & Hall.

Drewry, John E. (Ed.) (1942), *Post Biographies of Famous Journalists*. Athens: University of Georgia Press.

Drewry, John E. (Ed.) (1947), *More Post Biographies*. Athens: University of Georgia Press.

Duniway, Clyde A. (1906), *The Development of Freedom of the Press in Massachusetts*. New York: Longmans, Green & Co.

Emery, Edwin (1965), *The Story of America as Reported by Its Newspaper, 1690–1965*. New York: Simon and Shuster.

Emery, Edwin (1972), *The Press and America: An Interpretative History of the Mass Media*. 3rd ed. Englewood Cliffs, NJ: Prentice-Hall.

Emery, Michael C., R. Smith Schuneman and Edwin Emery (Eds.) (1970), *America's Front Page News 1690–1970*. Minneapolis: Vis-Com and 3M Co.

Ford, Edwin H. (1938), *History of Journalism in the United States: A Bibliography of Books and Annotated Articles*. Minneapolis: Burgess.

Ford, Edwin H. and Edwin Emery (Eds.) (1954), *Highlights in the History of the American Press*. Minneapolis: University of Minnesota Press.

Ford, Paul L. (Ed.) (1904), *The Works of Thomas Jefferson,* Vol. IX. New York: Putnam.

Gilbert, Frank (1872), "Chicago Newspaper Man," *Lakeside Monthly*, Vol. VIII (August, 1872).

Greeley, Horace (1872), *The Autobiography of Horace Greeley*. New York: E. B. Treat.

Gregory, Winifred (Ed.) (1937), *American Newspapers, 1821–1936*. New York: Bibliographical Society of America.

Hamilton, Thomas (1833), *Men and Manners in America*, Vol. II. Philadelphia: Carey, Lea & Blanchard.

Hudson, Frederic (1873), *Journalism in the United States from 1960 to 1872*. New York: Harper and Brothers.

Ireland, Alleyne (1914), *Joseph Pulitzer: Reminiscences of a Secretary*. New York: Mitchell Kennerley.

Kobre, Sidney (1944), *The Development of the Colonial Newspapers*. Pittsburgh: The Colonial Press.

Kobre, Sidney (1969), *Development of American Journalism*. Dubuque, IA: Brown.

Lazarsfeld, Paul F. and Patricia L. Kendall (1948), *Radio Listening in America*. New York: Prentice-Hall.

Lee, Alfred McClung (1937), *The Daily Newspaper in America*. New York: Macmil-

lan.
Mott, Frank Luther (1962), *American Journalism: A History, 1690–1960*. 3rd ed. New York: Macmillan.
Olson, Kenneth E. (1930), *Typography and Mechanics of the Newspaper*. New York: D. Appleton & Co.
Parton, James (1854), *Life of Horace Greeley*. New York: Kessinger Pub. Co.
Payne, George Henry (1920), *History of Journalism in the United States*. New York: D. Appleton & Co.
Peel, Roy V. and Thomas C. Donnelly (1935), *The 1932 Campaign*. New York: Da Capo Press.
Presbrey, Frank (1929), *The History and Development of Advertising*. Garden City: Doubleday, Doran & Co.
Pulitzer, Joseph (1904), "The College of Journalism," *North American Review* (May, 1904), pp. 641–680.
Robinson, Elie (1938), *Biographical Sketches of James M. Bradford, Pioneer Printer*. St. Fancisville, LA: St. Francisville Democrat.
Rutland, Robert A. (1973), *The Newsmongers*. New York: Dial.
Schlesinger, A. M. (1935), "The Colonial Newspapers and the Stamp Act," *New England Quarterly Journal*, Vol. 8 (January, 1935), pp. 63–83.
Scott, John A. (1990), *The Facts on File History of the American People*. New York: Facts on File.
Seitz, Don C. (1924), *Joseph Pulitzer: His Life and Letters*. New York: Simon and Schuster.
Seitz, Don C. (1928), *The James Gorden Bennetts*. Indianapolis: Bobbs-Merrill Co.
Shuman, Edwin L. (1903), *Practical Journalism*. New York: D. Appleton & Co.
Snyder, Louis L. (Ed.) (1962), *Masterpieces of War Reporting*. New York: Julian Messner.
Stewart, Kenneth and John Tebbel (1952), *Makers of Modern Journalism*. New York:

Prentice-Hall.

Tebbel, John (1952), *The Life and Good Times of Randolph Hearst*. New York: E. P. Dutton & Co.

Tebbel, John (1975), *The Compact History of the American Newspaper*. New York: Crowell.

Thomas, C. M. (1932), "The Publication of Newspapers during the American Revolution," *Journalism Quarterly*, Vol. IX, No. 4 (December, 1932).

Thomas, Isaiah (1810), *The History of Printing in America, with a Biography of Printers and an Account of Newspapers*. Worcester, MA: The American Antiquarian Society.

Tocqueville, Alexis de (1835), *Démocratie en Amérique*, Part I, Chapter XI. New York: Alfred A. Knopf.

Trumbull, James H. (1886), *Memorial History of Hartford County, Connecticut 1633–1884*, Vol. II. Boston: Edward L. Osgood Publisher.

Turnbull, George S. (1936), "Some Notes on the History of the Interview," *Journalism Quarterly*, Vol. XIII (September, 1936), pp. 272–279.

Wiegand, Steve (2001), *U. S. History for Dummies*. New York: IDG Books Worldwide, Inc.

Wilcox, Delos F. (1900), "The American Newspaper: A Study in Social Psychology," *Annals of the American Academy of Political and Social Science*, Vol. 16 (July, 1900), pp. 56–92.

Wiley, Malcolm M. and William Weinfield (1934), "The County Weekly and the Emergence of One-Newspaper Places," *Journalism Quarterly*, Vol. 11 (September, 1934), pp. 246–257.

Wingate, Charles F. (Ed.) (1875), *Views and Interviews on Journalism*. New York: F. B. Patterson.

Woodward, William E. (1928), *Meet General Grant*. New York: The Literary Guild of America.

주요 정기간행물

American Journalism Review

Bulletin of the American Society of Newspaper Editors

Columbia Journalism Review

Editor & Publisher

Journal of Communication

Journalism History

Journalism Monography

Journalism Quarterly

Journalist (1884–1907)

찾아보기

ㄴ

ㄷ

ㅂ

ㅅ

ㅇ

ㅊ

ㅋ

ㅌ

ㅍ

ㅎ

저자소개

차배근 (車培根)

강원도 횡성 출생 / 서울대학교 사범대학 국어과 졸업 / 미국 켄트주립대학(Kent State University) 대학원 커뮤니케이션학과 졸업(언론학 박사) / 서울대학교 언론정보학과 교수 / 현재 서울대학교 명예교수

주요 저서로는 『커뮤니케이션학개론(상, 하)』(1976), 『사회통계방법』(1977), 『매스커뮤니케이션 효과이론』(1986), 『설득커뮤니케이션 이론』(1989), 『사회과학 연구방법(개정판)』(공저, 2013), 『한국신문학사』(공저, 1977), 『중국전근대언론사』(1984), 『중국조선민족언론사』(1997), 『개화기 일본유학생들의 언론출판활동연구(I)』(2000), 『우리신문 100년』(공저, 2001), 『서울대학교 대학신문사 I: 1952-1961』(2004), 『중국근대언론발달사』(2008) 등이 있다.